WOLFGANG BOMBA

Verfassungsmäßigkeit berufs- und standesrechtlicher Werbebeschränkungen für Angehörige freier Berufe

AF819551

Schriften zum Öffentlichen Recht

Band 917

Verfassungsmäßigkeit berufs- und standesrechtlicher Werbebeschränkungen für Angehörige freier Berufe

Dargestellt am Beispiel der Regelungen für Rechtsanwälte, Ärzte und Apotheker

Von

Wolfgang Bomba

Duncker & Humblot · Berlin

Die Juristische Fakultät der Universität Regensburg
hat diese Arbeit im Jahre 2002
als Dissertation angenommen.

Bibliografische Information Der Deutschen Bibliothek

Die Deutsche Bibliothek verzeichnet diese Publikation in
der Deutschen Nationalbibliografie; detaillierte bibliografische
Daten sind im Internet über <http://dnb.ddb.de> abrufbar.

Alle Rechte vorbehalten
© 2003 Duncker & Humblot GmbH, Berlin
Fremddatenübernahme und Druck:
Berliner Buchdruckerei Union GmbH, Berlin
Printed in Germany

ISSN 0582-0200
ISBN 3-428-11039-0

Gedruckt auf alterungsbeständigem (säurefreiem) Papier
entsprechend ISO 9706 ♾

Vorwort

Die vorliegende Untersuchung wurde im Sommersemester 2002 von der Juristischen Fakultät der Universität Regensburg als Dissertation angenommen. Im Hinblick auf Rechtslage, Rechtsprechung und Literatur ist die Arbeit auf dem Stand vom Januar 2002.

Das Thema der Studie geht auf eine Anregung meines Doktorvaters, Herrn Prof. Dr. Gerrit Manssen, zurück. Ihm möchte ich an dieser Stelle meinen herzlichen Dank dafür aussprechen, daß er die Entstehung der Arbeit durch vielfältigen fachlichen Rat und konstruktive Kritik stets interessiert und engagiert gefördert hat.

Auch bei Herrn Prof. Dr. Ulrich Becker, LL.M., möchte ich mich bedanken: einerseits für die zügige Erstellung des Zweitgutachtens, andererseits dafür, daß er während der Zeit meiner Tätigkeit an seinem Lehrstuhl stets zu wertvollen Hinweisen zum Dissertationsvorhaben bereit war.

Des weiteren gilt mein Dank Herrn Prof. em. Dr. Dr. h. c. Ekkehard Schumann. Er förderte mein Interesse an rechtswissenschaftlichen Fragestellungen, nicht zuletzt durch sein im Sommersemester 1998 abgehaltenes Seminar zur juristischen Methodenlehre, und motivierte mich maßgeblich, möglichst bald die Promotion anzustreben.

Finanziell (und ideell) erfuhr ich große Unterstützung durch ein Graduiertenstipendium des Cusanuswerks, wofür ich ebenfalls herzlich danken möchte.

Widmen will ich die Arbeit Manfred und Anne sowie Claudia.

Nürnberg, Oktober 2002

Wolfgang Bomba

Inhaltsübersicht

Erster Teil

Vierter Teil

Verfassungsmäßigkeit der einzelnen Werbebeschränkungen 183

Fünfter Teil

Zusammenfassung, Ausblick 371

Inhaltsverzeichnis

Abkürzungs- und Gesetzesverzeichnis

a. A.	andere(r) Ansicht
a. a. O.	am angegebenen Ort
AAppO	Approbationsordnung für Apotheker v. 19. 7. 1989 (BGBl. I, S. 1489), zuletzt geändert durch 2. VO zur Änderung der Approbationsordnung für Apotheker (2. AAppO-ÄndV) v. 14. 12. 2000 (BGBl. I, S. 1714)
ABDA	Arbeitsgemeinschaft der Berufsvertretungen Deutscher Apotheker
ABl.	Amtsblatt
Abs.	Absatz
ÄAppO	Approbationsordnung für Ärzte v. 28. 10. 1970 (BGBl. I, S. 1458) i. d. F. der Bek. v. 14. 7. 1987 (BGBl. I, S. 1593), zuletzt geändert durch Art. 2 VO zur Approbation von Tierärztinnen und Tierärzten sowie zur Änderung anderer approbationsrechtlicher Vorschriften v. 10. 11. 1999 (BGBl. I, S. 2162)
a. F.	alte(r) Fassung
AGH	Anwaltsgerichtshof
ALR	Preußisches Allgemeines Landrecht
Alt.	Alternative
AMG	Gesetz über den Verkehr mit Arzneimitteln (Arzneimittelgesetz) v. 24. 8. 1976 (BGBl. I, S. 2445, 2448) i. d. F. d. Bek. v. 11. 12. 1998 (BGBl. I, S. 3586), zuletzt geändert durch Art. 2 § 10 G zur Neuordnung seuchenrechtlicher Vorschriften (Seuchenrechtsneuordnungsgesetz – SeuchRNeuG) v. 20. 7. 2001 (BGBl. I, S. 1045)
AMPreisV	Arzneimittelpreisverordnung v. 14. 11. 1980 (BGBl. I, S. 2147), zuletzt geändert durch Art. 2 § 12 G zur Neuordnung seuchenrechtlicher Vorschriften (Seuchenrechtsneuordnungsgesetz – SeuchRNeuG) v. 20. 7. 2001 (BGBl. I, S. 1045)
AnwBl.	Anwaltsblatt [Zeitschrift]
AöR	Archiv des öffentlichen Rechts [Zeitschrift]
ApBetrO	Verordnung über den Betrieb von Apotheken (Apothekenbetriebsordnung) v. 9. 2. 1987 (BGBl. I, S. 547) i. d. F. d. Bek. v. 26. 9. 1995 (BGBl. I, S. 1195), zuletzt geändert durch Art. 2 Nr. 2 4. VO zur Änderung der Gefahrstoffverordnung v. 18. 10. 1999 (BGBl. I, S. 2059)

ApoG	Gesetz über das Apothekenwesen (Apothekengesetz) v. 20. 8. 1960 (BGBl. I, S. 697) i. d. F. d. Bek. v. 15. 10. 1980 (BGBl. I, S. 1993), zuletzt geändert durch Art. 1 des Gesetzes zur Anpassung des Apothekenrechts und berufsrechtlicher Vorschriften an das Europäische Gemeinschaftsrecht v. 23. 8. 1994 (BGBl. I, S. 2189)
ArztR	Arztrecht [Zeitschrift]
AT	Allgemeiner Teil
Aufl.	Auflage
Az.	Aktenzeichen
Bad.-Württ.	Baden-Württemberg
BÄO	Bundesärzteordnung v. 2. 10. 1961 (BGBl. I, S. 1857) i. d. F. d. Bek. v. 16. 4. 1987 (BGBl. I, S. 1218), zuletzt geändert nach Maßgabe des Art. 7 durch Art. 1 Nr. 1 G zur Anpassung des EWR-Ausführungsgesetzes v. 27. 9. 1993 (BGBl. I, S. 1666) i. V. m. Bek. v. 16. 12. 1993 (BGBl. I, S. 2436)
BApO	Bundesapothekerordnung v. 5. 6. 1968 (BGBl. I, S. 601) i. d. F. d. Bek. v. 19. 7. 1989 (BGBl. I, S. 1478, 1842), zuletzt geändert nach Maßgabe des Art. 7 durch Art. 1 Nr. 1 G zur Anpassung des EWR-Ausführungsgesetzes v. 27. 9. 1993 (BGBl. I, S. 1666) i. V. m. Bek. v. 16. 12. 1993 (BGBl. I, S. 2436)
BauNVO	Baunutzungsverordnung i. d. F. d. Bek. v. 23. 1. 1990 (BGBl. I, S. 132), zuletzt geändert durch Art. 3 des Investitionserleichterungs- und Wohnbaulandgesetzes v. 22. 4. 1993 (BGBl. I, S. 466, 479)
BayÄBl.	Bayerisches Ärzteblatt [Zeitschrift]
BayBOÄ	Berufsordnung für die Ärzte Bayerns v. 12. 10. 1997 (BayÄBl. 1997, S. 385 incl. Beiheft), zuletzt geändert am 8. 10. 2000 m. W. v. 1. 1. 2001 (BayÄBl. 2000, S. 572); Vorgängerregelungen: Berufsordnung für die Ärzte Bayerns v. 4. 10. 1970 (BayÄBl. 1970, S. 989); Berufsordnung für die Ärzte Bayerns v. 9. 10. 1977 (BayÄBl. 1977, Sondernummer Dezember 1977)
BayBOApo	Berufsordnung für Apothekerinnen und Apotheker (BayBOApo) vom 11. 11. 1992 (PZ 1993, S. 1344), zuletzt geändert am 11. 1. 2000 (PZ 2000, S. 227); Vorgängerregelung: Berufsordnung v. 12. 11. 1983 (Beschlußfassung der Delegiertenversammlungen v. 4. 12. 1982 und v. 12. 11. 1983), genehmigt durch das Bayerische Staatsministerium des Innern am 28. 11. 1983 (Nr. IE8 – 5412 – 11 / 83) m. W. v. 1. 1. 1984 (PZ 1983, S. 2795); [Bestandteil beider Fassungen sind die jeweiligen Werberichtlinien – WRL]
bayer.	bayerisch(e / r / s)
BayHKaG	Gesetz über die Berufsausübung, die Berufsvertretungen und die Berufsgerichtsbarkeit der Ärzte, Zahnärzte, Tierärzte und Apo-

	theker (Heilberufe-Kammergesetz) i. d. F. d. Bek. 20. 7. 1994 (GVBl. S. 853, ber. GVBl. 1995, S. 325, BayRS 2122-3-A), zuletzt geändert durch Urt. d. BVerfG v. 27. 10. 1998 (BGBl. I, S. 3430)
BayHSchG	Bayerisches Hochschulgesetz i. d. F. d. Bek. v. 2. 10. 1998 (GVBl. S. 740, BayRS 2210-1-1-WFK), zuletzt geändert durch § 36 Zweites Bayerisches Gesetz zur Anpassung des Landesrechts an den Euro v. 24. 4. 2001 (GVBl. S. 140)
BayObLG	Bayer. Oberstes Landesgericht
BayObLGZ	Entscheidungen des Bayerischen Obersten Landesgerichts in Zivilsachen. Neue Folge. Herausgegeben von den Zivilsenaten des Gerichts
BayVBl.	Bayerische Verwaltungsblätter [Zeitschrift]
BayWBOÄ	Weiterbildungsordnung für die Ärzte Bayerns v. 1. 10. 1993 (BayÄBl. 9/1993), in der Fassung vom 11. 10. 1998 (BayÄBl. 1998, S. 429), zuletzt geändert am 8. 10. 2000 (BayÄBl. 2000, S. 571)
BB	Betriebsberater, Zeitschrift für Recht und Wirtschaft
Bd.	Band
Beil.	Beilage
Beschl.	Beschluß
betr.	betrifft
Bf.	Beschwerdeführer
BFH	Bundesfinanzhof
BG	Berufsgericht
BGB	Bürgerliches Gesetzbuch v. 18. 8. 1896 (RGBl. S. 195; BGBl. III 400-2), zuletzt geändert durch G zur Modernisierung des Schuldrechts v. 26. 11. 2001 (BGBl. I, S. 3138)
BGBl.	Bundesgesetzblatt
BGH	Bundesgerichtshof
BGHSt	Entscheidungen des Bundesgerichtshofs in Strafsachen, herausgegeben von den Mitgliedern des Bundesgerichtshofs und der Bundesanwaltschaft
BGHZ	Entscheidungen des Bundesgerichtshofs in Zivilsachen, herausgegeben von den Mitgliedern des Bundesgerichtshofs und der Bundesanwaltschaft
BKartA	Bundeskartellamt
BLÄK	Bayer. Landesärztekammer
BNotO	Bundesnotarordnung i. d. F. d. Bek. v. 24. 2. 1961 (BGBl. I, S. 97), zuletzt geändert durch Art. 22 G zur Änderung des Begriffs „Erziehungsurlaub" v. 30. 11. 2000 (BGBl. I, S. 1638)
BO	Berufsordnung
BORA	Berufsordnung [für Rechtsanwältinnen und Rechtsanwälte] (BORA) v. 29. 11. 1996 (BRAK-Mitt. 1996, S. 241), in Kraft getreten nach Maßgabe des Bescheides des Bundesministeriums der Ju-

	stiz v. 7. 3. 1997 (BRAK-Mitt. 1997, S. 81), geändert am 15./16. 2. 2001 (BRAK-Mitt. 2001, S. 177) m. W. v. 1. 11. 2001 (vgl. Bescheid der Bundesministerin der Justiz v. 4. 7. 2001, eingegangen bei der BRAK am 5. 7. 2001, BRAK-Mitt. 2001, S. 183)
BOStB	Berufsordnung der Bundessteuerberaterkammer i. d. F. d. Bek. v. 2. 6. 1997 (DStR, Beihefter zu Heft 26/1997 v. 27. 6. 1997), geändert durch Beschlüsse der Satzungsversammlung der Bundessteuerberaterkammer v. 13./14. 10. 1998 (DStR 1999, S. 342)
BRAGO	Bundesgebührenordnung für Rechtsanwälte v. 26. 7. 1957 (BGBl. I, S. 907), zuletzt geändert durch Art. 8 Abs. 1 G über Fernabsatzverträge und andere Fragen des Verbraucherrechts sowie zur Umstellung von Vorschriften auf Euro v. 27. 6. 2000 (BGBl. I, S. 897)
BRAK	Bundesrechtsanwaltskammer
BRAK-Mitt.	BRAK-Mitteilungen [Zeitschrift]
BRAO	Bundesrechtsanwaltsordnung v. 1. 8. 1959 (BGBl. I, S. 565), zuletzt geändert durch Gesetz zur Beendigung der Diskriminierung gleichgeschlechtlicher Lebensgemeinschaften: Lebenspartnerschaften, v. 16. 2. 2001 (BGBl. I, S. 266)
BStBl.	Bundessteuerblatt
BT	Besonderer Teil
BT-Drs.	Bundestagsdrucksache
BVerfG	Bundesverfassungsgericht
BVerfGE	Entscheidungen des Bundesverfassungsgerichts, herausgegeben von den Mitgliedern des Bundesverfassungsgerichts
BVerfGG	Gesetz über das Bundesverfassungsgericht i. d. F. d. Bek. v. 11. 8. 1993 (BGBl. I, S. 1823, BGBl. III/FNA 1104–1), zuletzt geändert durch Art. 1 G zur Änderung des BVerfGG und des G über das Amtsgehalt der Mitglieder des Bundesverfassungsgerichts v. 16. 7. 1998 (BGBl. I, S. 1823)
BVerwG	Bundesverwaltungsgericht
BVerwGE	Entscheidungen des Bundesverwaltungsgerichts
CCBE	Conseil des Barreaux de la Communauté Européenne (Rat der Rechtsanwälte der Europäischen Gemeinschaft)
DÄBl.	Deutsches Ärzteblatt [Zeitschrift]
DAZ	Deutsche Apotheker-Zeitung [Zeitschrift]
DB	Der Betrieb [Zeitschrift]
ders.	derselbe
dgl.	dergleichen
DIN	Deutsches Institut für Normung e. V.
DJT	Deutscher Juristen-Tag
DÖV	Die öffentliche Verwaltung [Zeitschrift]
DRiG	Deutsches Richtergesetz i. d. F. d. Bek. v. 19. 4. 1972 (BGBl. I, S. 713), zuletzt geändert durch Sozialgesetzbuch – Neuntes Buch

	– (SGB IX): Rehabilitation und Teilhabe behinderter Menschen v. 19. 6. 2001 (BGBl. I, S. 1046)
DStR	Deutsches Steuerrecht [Zeitschrift]
dtsch.	deutsch(e / r / s)
DVBl.	Deutsches Verwaltungsblatt [Zeitschrift]
EAG	Europäische Atom-Gemeinschaft
EG	Europäische Gemeinschaft(en); [als Normbezeichnung:] EG-Vertrag [neueste Fassung]
EGE	Entscheidungen der Ehrengerichtshöfe der Rechtsanwaltschaft des Bundesgebietes einschl. des Landes Berlin, herausgegeben vom Präsidium der Bundesrechtsanwaltskammer
EGH	Ehrengerichtshof für deutsche Rechtsanwälte
EGHE	Die Entscheidungen des Ehrengerichtshofs für deutsche Rechtsanwälte, herausgegeben vom Deutschen Anwaltverein
EGMR	Europäischer Gerichtshof für Menschenrechte
EGV	1. Vertrag zur Gründung der Europäischen Gemeinschaft v. 25. 3. 1957 (BGBl. II, S. 766; das deutsche Gesetz zum EWG-Vertrag [und zum EAG-Vertrag vom selben Tag] stammt v. 27. 7. 1957, BGBl. II, S. 753), i. d. F. des Vertrags von Amsterdam vom 2. 10. 1997 (ABl. EG Nr. C 340 v. 10. 11. 1997, S. 1; BGBl. 1998 II, S. 386); 2. Bezeichnung von Normen des EG-Vertrags in der Fassung vor der in Amsterdam verabschiedeten
EigPrüfG	Gesetz über die Eignungsprüfung für die Zulassung zur Rechtsanwaltschaft v. 6. 7. 1990 (BGBl. I, S. 1349), außer Kraft getreten mit Erlaß des EuRAG [vgl. dort]
Einf.	Einführung
Einl.	Einleitung
EKMR	Europäische Kommission für Menschenrechte
EMRK	(Europäische) Konvention zum Schutze der Menschenrechte und Grundfreiheiten v. 4. 11. 1950 (BGBl. 1951 II, S. 686), mit verschiedenen Protokollen, deren vorläufig letztes, Nr. 11, vom 11. 5. 1994 stammt (G v. 24. 7. 1995, BGBl. II, S. 578)
EPA	Europäisches Patentamt
EPI	Institut der beim Europäischen Patentamt zugelassenen Vertreter
EPÜ	Übereinkommen über die Erteilung europäischer Patente (Europäisches Patentübereinkommen) v. 5. 10. 1973 (G v. 21. 6. 1976, BGBl. II, S. 649, 826), zuletzt geändert durch Beschluß v. 5. 12. 1996, in Kraft seit 1. 7. 1997 (BGBl. II, S. 763)
Erl.	Erläuterung
EStG	1. [allgemein:] Einkommensteuergesetz; 2. Einkommensteuergesetz (EStG) 1997 i. d. F. d. Bek. v. 16. 4. 1997 (BGBl. I, S. 821), zuletzt geändert durch Art. 1 G zur Regelung der Bemessungsgrundlage für Zuschlagsteuern v. 21. 12. 2000 (BGBl. I, S. 1978)

et al.	et alii (lat. für: und andere)
EU	Europäische Union
EuG	Europäisches Gericht Erster Instanz
EuGH	Europäischer Gerichtshof
EuGRZ	Europäische Grundrechte-Zeitschrift
EuR	Europarecht [Zeitschrift]
EuRAG	Gesetz über die Tätigkeit europäischer Rechtsanwälte in Deutschland (EuRAG) v. 9. 3. 2000 (BGBl. I, S. 182, ber. 1349)
europ.	europäisch(e / r / s)
EuZW	Europäische Zeitschrift für Wirtschaftsrecht
EWG	Europäische Wirtschaftsgemeinschaft
EWiR	Entscheidungen zum Wirtschaftsrecht [Zeitschrift]
EWIV	Europäische wirtschaftliche Interessenvereinigung
EWIV-Ausführungsgesetz	Gesetz zur Ausführung der EWG-Verordnung über die Europäische wirtschaftliche Interessenvereinigung v. 14. 4. 1988 (BGBl. I, S. 514), zuletzt geändert nach Maßgabe des Art. 29 durch Art. 5 G zur Neuregelung des Kaufmanns- und Firmenrechts und zur Änderung anderer handels- und gesellschaftsrechtlicher Vorschriften (Handelsrechtsreformgesetz – HRefG) v. 22. 6. 1998 (BGBl. I, S. 1474)
EWR	Europäischer Wirtschaftsraum
EWR-Abkommen	Abkommen v. 2. 5. 1992 über den Europäischen Wirtschaftsraum und hierzu ergangenes deutsches Zustimmungsgesetz v. 31. 3. 1993 (BGBl. II, S. 266)
EWS	Europäisches Wirtschafts- und Steuerrecht [Zeitschrift]
f.	folgende
FAO	Fachanwaltsordnung (BRAK-Mitt. 1996, S. 249), zuletzt geändert m. W. v. 1. 9. 1999 (BRAK-Mitt. 1999, S. 121 ff.)
FAZ	Frankfurter Allgemeine Zeitung
ff.	fortfolgende
Fn.	Fußnote
FS	Festschrift
GA	Generalanwalt
GbR	Gesellschaft bürgerlichen Rechts
GewArch.	Gewerbearchiv [Zeitschrift]
GewO	Gewerbeordnung i. d. F. d. Bek. v. 22. 2. 1999 (BGBl. I, S. 202; BGBl. III / FNA 7100 – 1), zuletzt geändert durch Art. 26 G zur Einführung des Euro in Sozial- und Arbeitsrecht sowie zur Änderung anderer Vorschriften (4. Euro-Einführungsgesetz) v. 21. 12. 2000 (BGBl. I, S. 1983)
GG	Grundgesetz für die Bundesrepublik Deutschland v. 23. 5. 1949 (BGBl. I, S. 1), zuletzt geändert durch G zur Änderung des Grundgesetzes (Art. 12 a) v. 19. 12. 2000 (BGBl. I, S. 1755)
ggf.	gegebenenfalls

GKV	Gesetzliche Krankenversicherung
GKV-NOG	2. Gesetz zur Neuordnung von Selbstverwaltung und Eigenverantwortung in der gesetzlichen Krankenversicherung (2. GKV-Neuordnungsgesetz – 2. GKV-NOG) vom 23. 6. 1997 (BGBl. I, S. 1520), zuletzt geändert durch G zur Reform der gesetzlichen Krankenversicherung ab dem Jahr 2000 (GKV-Gesundheitsreformgesetz 2000) v. 22. 12. 1999 (BGBl. I, S. 2626)
GOÄ	Gebührenordnung für Ärzte i. d. F. d. Bek. v. 9. 2. 1996 (BGBl. I, S. 210), zuletzt geändert durch Art. 17 G zur Reform der gesetzlichen Krankenversicherung ab dem Jahr 2000 (GKV-Gesundheitsreformgesetz 2000) v. 22. 12. 1999 (BGBl. I, S. 2626)
griech.	griechisch(e / r / s)
GRUR	Gewerblicher Rechtsschutz und Urheberrecht [Zeitschrift]
GSG	1. [inoffizielle Abkürzung für:] Gesetz zur Sicherung und Strukturverbesserung der gesetzlichen Krankenversicherung (Gesundheitsstrukturgesetz) v. 21. 3. 1992 (BGBl. I, S. 2266), gem. Art. 35 Abs. 1 zum 1. 1. 1993 in Kraft getreten, zuletzt geändert durch Art. 2 G zur Rechtsangleichung in der Gesetzlichen Krankenversicherung v. 22. 12. 1999 (BGBl. I, S. 2657)
	2. [offizielle Abkürzung für:] G über technische Arbeitsmittel v. 24. 6. 1968 (BGBl. I, S. 717) i. d. F. d. Bek. v. 23. 10. 1992 (BGBl. I, S. 1793), zuletzt geändert durch Art. 1 G zur Änderung des Gerätesicherheitsgesetzes und des Chemikaliengesetzes v. 27. 12. 2000 (BGBl. I, S. 2048)
GVBl.	Gesetz- und Verordnungsblatt
hans.	hanseatisch(e / r / s)
HdB	Handbuch
HGB	Handelsgesetzbuch v. 10. 5. 1897 (RGBl. S. 219; BGBl. III / FNA 4100 – 1), zuletzt geändert durch G zur Namensaktie und zur Erleichterung der Stimmrechtsausübung (Namensaktiengesetz – NaStraG) v. 18. 1. 2001 (BGBl. I, S. 123)
h. M.	herrschende Meinung
Hrsg.	Herausgeber
Hs.	Halbsatz
HStR	Handbuch des Staatsrechts der Bundesrepublik Deutschland [vgl. Literaturverzeichnis unter Isensee, Josef / Kirchhof, Paul]
HWG	Gesetz über die Werbung auf dem Gebiete des Heilwesens (Heilmittelwerbegesetz) v. 11. 7. 1965 (BGBl. I, S. 604) i. d. F. d. Bek. v. 19. 10. 1994 (BGBl. I, S. 3068), zuletzt geändert durch Art. 2 G zur vergleichenden Werbung und zur Änderung wettbewerbsrechtlicher Vorschriften v. 1. 9. 2000 (BGBl. I, S. 1375)
i. d. F.	in der Fassung
i. d. F. d. Bek. v.	in der Fassung der Bekanntmachung vom
i. d. R.	in der Regel
i. Erg.	im Ergebnis

IHK-Gesetz	Gesetz zur vorläufigen Regelung des Rechts der Industrie- und Handelskammern v. 18. 12. 1956 (BGBl. I, S. 920), zuletzt geändert nach Maßgabe des Art. 2 durch Art. 1 G zur Änderung des Gesetzes zur vorläufigen Regelung des Rechts der Industrie- und Handelskammern (IHK-GÄndG) v. 23. 7. 1998 (BGBl. I, S. 1887, 3158)
incl.	inclusive
insbes.	insbesondere
i. S. v.	im Sinne von
ISO	International Organisation for Standardization
i. ü.	im übrigen
i. V. m.	in Verbindung mit
JR	Juristische Rundschau [Zeitschrift]
JuS	Juristische Schulung [Zeitschrift]
JW	Juristische Wochenschrift [Zeitschrift]
JZ	Juristen-Zeitung [Zeitschrift]
Kap.	Kapitel
KG	Kammergericht
KGHB-LSA	Gesetz über die Kammern für Heilberufe Sachsen-Anhalt v. 13. 7. 1994 (GVBl. LSA S. 832), geändert durch G v. 9. 7. 1996 (GVBl. LSA S. 220)
lat.	lateinisch(e / r / s)
LBG	Landesberufsgericht
LG	Landgericht
lit.	litera (lat. für: Buchstabe)
Lit.	Literatur
MBO-Ä	Muster-Berufsordnung für die deutschen Ärztinnen und Ärzte i. d. F. der Beschlüsse des 100. Dtsch. Ärztetages in Eisenach 1997 (DÄBl. 94 [1997], S. A-2354 ff., geändert durch die Beschlüsse des 103. Dtsch. Ärztetages in Köln 2000, DÄBl. 97 [2000], S. A-2730 ff.)
MDR	Monatsschrift für Deutsches Recht [Zeitschrift]
MedR	Medizinrecht [Zeitschrift]
m. Anm.	mit Anmerkung
m. w. N.	mit weiteren Nachweisen
m. W. v.	mit Wirkung vom
NJW	Neue Juristische Wochenschrift [Zeitschrift]
NJW-CoR	NJW-Computerreport [Zeitschrift]
NJW-RR	NJW-Rechtsprechungsreport Zivilrecht [Zeitschrift]
Nr.	Nummer
NRW	Nordrhein-Westfalen
öfftl.	öffentlich(e / r / s)
OHG	Offene Handelsgesellschaft
OLG	Oberlandesgericht

OVG	Oberverwaltungsgericht
PAO	Patentanwaltsordnung v. 7. 9. 1966 (BGBl. I, S. 557), zuletzt geändert durch Art. 5 G zur Umsetzung von Richtlinien der Europäischen Gemeinschaft auf dem Gebiet des Berufsrechts der Rechtsanwälte v. 9. 3. 2000 (BGBl. I, S. 182)
PAngV	Preisangabenverordnung v. 14. 3. 1985 (BGBl. I, S. 580) i. d. F. d. Bek. v. 28. 7. 2000 (BGBl. I, S. 1244)
PartGG	Partnerschaftsgesellschaftsgesetz v. 25. 7. 1994 (BGBl. I, S. 1744), zuletzt geändert durch Art. 2 des Zweiten G zur Änderung der Finanzgerichtsordnung und anderer Gesetze (2. FGOÄndG) v. 19. 12. 2000 (BGBl. I, S. 1757)
PharmaR	Pharma-Recht [Zeitschrift]
preuß.	preußisch(e / r / s)
PZ	Pharmazeutische Zeitung [Zeitschrift]
RADG	Gesetz zur Durchführung der Richtlinie des Rates der Europäischen Gemeinschaften v. 22. 3. 1977 zur Erleichterung der tatsächlichen Ausübung des freien Dienstleistungsverkehrs der Rechtsanwälte (RADG) v. 16. 8. 1980 (BGBl. I, S. 1453), außer Kraft getreten mit Erlaß des EuRAG [vgl. dort]
RADRL	Rechtsanwaltsdienstleistungsrichtlinie (= RL 77 / 249 / EWG)
RÄO	Reichsärzteordnung
RAK	Rechtsanwaltskammer
RAO	Rechtsanwaltsordnung
RBerG	Rechtsberatungsgesetz v. 13. 12. 1935 (RGBl. I, S. 1478; BGBl. III / FNA 303 – 12), zuletzt geändert durch G zur Änderung des Einführungsgesetzes zur Insolvenzordnung und anderer Gesetze (EGInsOÄndG) v. 19. 12. 1998 (BGBl. I, S. 3836)
RG	Reichsgericht
RGBl.	Reichsgesetzblatt
RGZ	Entscheidungen des Reichsgerichts in Zivilsachen
Rh.-Pf.	Rheinland-Pfalz
RL	Richtlinie
RL 64 / 221 / EWG	Richtlinie Nr. 64 / 221 / EWG v. 25. 2. 1964 zur Koordinierung der Sondervorschriften für die Einreise und den Aufenthalt von Ausländern, soweit sie aus Gründen der öffentlichen Ordnung, Sicherheit oder Gesundheit gerechtfertigt sind (ABl. Nr. 56 v. 4. 4. 1964, S. 850)
RL 77 / 249 / EWG	Richtlinie Nr. 77 / 249 / EWG des Rates der Europäischen Gemeinschaften v. 22. 3. 1977 zur Erleichterung der tatsächlichen Ausübung des freien Dienstleistungsverkehrs der Rechtsanwälte (ABl. Nr. L 78 v. 26. 3. 1977, S. 17)
RL 85 / 432 / EWG	Richtlinie Nr. 85 / 432 / EWG des Rates v. 16. 9. 1985 zur Koordinierung der Rechts- und Verwaltungsvorschriften über bestimmte pharmazeutische Tätigkeiten (ABl. Nr. L 253 v. 24. 9. 1985, S. 34)

RL 85/433/EWG	Richtlinie Nr. 85/433/EWG des Rates vom 16. 9. 1985 über die gegenseitige Anerkennung der Diplome, Prüfungszeugnisse und sonstigen Befähigungsnachweise des Apothekers und über Maßnahmen zur Erleichterung der tatsächlichen Ausübung des Niederlassungsrechts für bestimmte pharmazeutische Tätigkeiten (ABl. Nr. L 253 v. 24. 9. 1985, S. 37 ff.)
RL 89/48/EWG	Richtlinie Nr. 89/48/EWG des Rates der Europäischen Gemeinschaften v. 21. 12. 1988 über eine allgemeine Regelung zur Anerkennung der Hochschuldiplome, die eine mindestens dreijährige Berufsausbildung abschließen (ABl. Nr. L 19 v. 24. 1. 1989, S. 16)
RL 93/16/EWG	Richtlinie Nr. 93/16/EWG des Rates vom 5. 4. 1993 zur Erleichterung der Freizügigkeit für Ärzte und zur gegenseitigen Anerkennung ihrer Diplome, Prüfungszeugnisse und sonstigen Befähigungsnachweise (ABl. Nr. L 165 v. 7. 7. 1993, S. 1)
RL 98/5/EG	Richtlinie Nr. 98/5/EG des Europäischen Parlaments und des Rates v. 16. 2. 1998 zur Erleichterung der ständigen Ausübung des Rechtsanwaltsberufs in einem anderen Mitgliedstaat als dem, in dem die Qualifikation erworben wurde (ABl. Nr. L 77 v. 14. 3. 1998, S. 36)
RL 98/34/EG	Richtlinie Nr. 98/34/EG des Europäischen Parlaments und des Rates v. 22. 6. 1998 über ein Informationsverfahren auf dem Gebiet der Normen und technischen Vorschriften (ABl. Nr. L 204 v. 21. 7. 1998, S. 37)
RL 98/48/EG	Richtlinie Nr. 98/48/EG des Europäischen Parlaments und des Rates v. 20. 7. 1998 zur Änderung der Richtlinie 98/34/EG über ein Informationsverfahren auf dem Gebiet der Normen und technischen Vorschriften (ABl. Nr. L 217 v. 5. 8. 1998, S. 18)
RL 2000/31/EG	Richtlinie Nr. 2000/31/EG des Europäischen Parlaments und des Rates v. 8. 6. 2000 über bestimmte rechtliche Aspekte der Dienste der Informationsgesellschaft, insbesondere des elektronischen Geschäftsverkehrs, im Binnenmarkt („Richtlinie über den elektronischen Geschäftsverkehr“, „e-commerce-Richtlinie“, ABl. Nr. L 178 v. 17. 7. 2000, S. 1)
Rn.	Randnummer
Rs.	Rechtssache
Rspr.	Rechtsprechung
Rz.	Randziffer
S.	Seite
s.	siehe
sc.	scilicet (lat. für: nämlich)
SGB V	Sozialgesetzbuch V: Gesetzliche Krankenversicherung v. 20. 12. 1988 (BGBl. I, S. 2477), zuletzt geändert nach Maßgabe des Art. 6 durch Art. 2 G zur Neuregelung der sozialversicherungsrechtlichen Behandlung von einmalig gezahltem Arbeits-

	entgelt (Einmalzahlungs-Neuregelungsgesetz) v. 21. 12. 2000 (BGBl. I, S. 1971)
Slg.	Sammlung
SNWG	Gesetz über die Werbung für Säuglingsanfangsnahrung und Folgenahrung (Säuglingsnahrungswerbegesetz – SNWG) v. 10. 10. 1994 (BGBl. I. S. 2846)
sog.	sogenannt(e / r / s)
statist.	statistisch(e / r / s)
StBerG	Steuerberatungsgesetz v. 16. 8. 1961 (BGBl. I, S. 1301) i. d. F. d. Bek. v. 4. 11. 1975 (BGBl. I, S. 2735), zuletzt geändert durch Art. 1 und Art. 5 des Gesetzes zur Änderung von Vorschriften über die Tätigkeit der Steuerberater (7. StBÄndG) v. 24. 6. 2000 (BGBl. I, S. 874)
Stbg.	Die Steuerberatung [Zeitschrift]
StGB	Strafgesetzbuch i. d. F. d. Bek. v. 13. 11. 1998 (BGBl. I, S. 3322), Neubekanntmachung des StGB für das Deutsche Reich v. 15. 5. 1871 (RGBl. S. 127; BGBl. III / FNA 450 – 2), zuletzt geändert durch G zur Regelung des Rechts der Untersuchungsausschüsse des Deutschen Bundestags (Untersuchungsausschußgesetz) v. 19. 6. 2001 (BGBl. I, S. 1142)
StRiLiRA	Grundsätze des anwaltlichen Standesrechts (Richtlinien gem. § 177 Abs. 2 Nr. 2 BRAO a. F.)
st. Rspr.	ständige Rechtsprechung
TDG	Gesetz über die Nutzung von Telediensten (Teledienstegesetz) v. 22. 7. 1997 (BGBl. I, S. 1870), zuletzt geändert durch Art. 6 Abs. 4 G über Fernabsatzverträge und andere Fragen des Verbraucherrechts sowie zur Umstellung von Vorschriften auf Euro v. 27. 6. 2000 (BGBl. I, S. 897)
TPG	Gesetz über die Spende, Entnahme und Übertragung von Organen (Transplantationsgesetz – TPG) v. 5. 11. 1997 (BGBl. I, S. 2631)
u.	und
u. a.	unter anderem
Urt.	Urteil
u. U.	unter Umständen
UWG	Gesetz gegen den unlauteren Wettbewerb v. 7. 6. 1909 (RGBl. S. 499; BGBl. III / FNA 43 – 1), zuletzt geändert durch Art. 1 G zur vergleichenden Werbung und zur Änderung wettbewerbsrechtlicher Vorschriften v. 1. 9. 2000 (BGBl. I, S. 1375)
v.	von / vom
Verf.	Verfasser
Verw.	Die Verwaltung [Zeitschrift]
VG	Verwaltungsgericht
VGH	Verwaltungsgerichtshof
vgl.	vergleiche

VO	Verordnung
VO 2137/85/EWG	Verordnung Nr. 2137/85/EWG des Rates v. 25. 7. 1985 über die Schaffung einer Europäischen wirtschaftlichen Interessenvereinigung (EWIV; ABl. Nr. L 199 v. 31. 7. 1985, S. 1)
Vorb.	Vorbemerkung
VVDStRL	Veröffentlichungen der Vereinigung Deutscher Staatsrechtslehrer
WerbeVOStBerG	Verordnung über Art und Inhalt der zulässigen Hinweise auf die Befugnis zur Hilfeleistung in Steuersachen v. 25. 11. 1976 (BGBl. I, S. 3245), aufgehoben durch Art. 8 Nr. 1 G zur Änderung von Vorschriften über die Tätigkeit der Steuerberater (7. StBÄndG) v. 24. 6. 2000 (BGBl. I, S. 874)
WRL	Werberichtlinien [Bestandteil der BayBOApo in der jeweils aktuellen Fassung, s. dort]
WRP	Wettbewerb in Recht und Praxis [Zeitschrift]
WuW	Wirtschaft und Wettbewerb [Zeitschrift]
WuW/E	WuW-Entscheidungssammlung zum Kartellrecht
WWW	WorldWideWeb
z. B.	zum Beispiel
ZIP	Zeitschrift für Wirtschaftsrecht
ZLR	Zeitschrift für das gesamte Lebensmittelrecht
ZRP	Zeitschrift für Rechtspolitik.

Erster Teil

Einleitung

A. Das Berufs- und Standesrecht der freien Berufe im Wandel

Seit etwa zwei Jahrzehnten befindet sich das Recht der freien Berufe, zu denen neben anderen Berufsgruppen Architekten, Apotheker, Ärzte, Zahnärzte, Rechtsanwälte, Patentanwälte, Notare, Steuerberater und Wirtschaftsprüfer gehören,[1] in stetiger Bewegung.[2] Änderungen im Berufsrecht des Bundes[3] folgten einem Wandel der Auffassungen in Rechtsprechung[4] und Literatur[5] über die Bedeutung des von den berufsständischen Organisationen gesetzten Standesrechts. Dieses unterlag infolgedessen ebenfalls vielfältigen Änderungen.[6]

Insbesondere die Frage der Zulässigkeit von Werbemaßnahmen von Freiberuflern besitzt wegen der beständig wachsenden Zahl der Angehörigen dieser Berufsgruppe[7] und der sich hieraus ergebenden steigenden Konkurrenz, auch mit anderen

---

1 Vgl. hierzu etwa *Fleischmann*, Freie Berufe, S. 16 ff.; *Stober*, Wirtschaftsverwaltungsrecht BT II, S. 269 ff.; *Taupitz*, Standesordnungen, S. 86 ff.

2 Vgl. speziell zum Werberecht *Kornblum*, BB 1985, S. 65, 66 f.; *Mävers*, Anwalt 2001, Heft 8/9, S. 10 ff.; *Pettiti*, EuGRZ 1985, S. 176, 177 (zustimmendes Votum zur „Barthold-Entscheidung" des EGMR, EuGRZ 1985, S. 170); *Ring*, Werberecht der Rechtsanwälte, Rn. 1; *Taupitz*, Standesordnungen, S. 1 ff.

3 Vgl. z. B. den durch das Dritte Gesetz zur Änderung der Wirtschaftsprüferordnung vom 15. 7. 1994 (BGBl. I, S. 1569) neugefaßten § 52 WPO; zur aktuellen Rechtslage im Berufsrecht der Rechtsanwälte, Ärzte und Apotheker vgl. unten, Dritter Teil, A.

4 Vgl. etwa für das Standesrecht der Rechtsanwälte BVerfGE 76, 171; BVerfGE 76, 196.

5 Vgl. etwa *Kleine-Cosack*, NJW 1988, S. 164 ff.; *Zuck*, NJW 1988, S. 175 ff.

6 Vgl. z. B. die Schaffung einer Berufsordnung für Steuerberater durch die Bundessteuerberaterkammer i. d. F. d. Bek. v. 2. 6. 1997 (DStR, Beil. zu Heft 26/1997 v. 27. 6. 1997), geändert durch Beschlüsse der Satzungsversammlung der Bundessteuerberaterkammer v. 13./14. 10. 1998 (DStR 1999, S. 342); das Standesrecht der Rechtsanwälte, Ärzte und Apotheker wird im folgenden ausführlich dargestellt.

7 Vgl. *Kleine-Cosack*, Werberecht, Rn. 5, 11; *Papier/Petz*, NJW 1994, S. 1553, 1554 (im Hinblick auf Ärzte); vgl. auch *Taupitz*, Standesordnungen, S. 13.

Folgende Zahlen aus dem Statistischen Jahrbuch für die Bundesrepublik Deutschland, Ausgaben 1998 u. 2000 (Hrsg.: Statist. Bundesamt), mögen die Entwicklung verdeutlichen:

a) Entwicklung der Zahl der zugelassenen Rechtsanwälte (ohne Anwaltsnotare):

58.504 im Jahre 1993,
65.576 im Jahre 1995,

Berufsgruppen, große Bedeutung. Nachdem in den USA bereits in den 70er Jahren die Werberegelungen des Berufs- und Standesrechts weitgehend liberalisiert worden sind,[8] läßt sich seit längerem auch in der Bundesrepublik eine ähnliche Tendenz beobachten. Neben einer für das häufig als wissenschaftlich vernachlässigt angesehene[9] Standesrecht der Freiberufler beachtlich breiten Diskussion über die bestehenden Regelungen[10] nahmen sich sowohl Gesetzgeber als auch die zur Satzungsgebung ermächtigten berufsständischen Vereinigungen der Werbeproblematik an. Es kam so beispielsweise im Jahre 1994 zu Novellierungen der Bundesrechtsanwaltsordnung (BRAO), der Patentanwaltsordnung (PAO) und des Steuerberatungsgesetzes (StBerG), die nun spezielle Vorschriften über Werbung enthalten.[11] Die berufsständischen Vereinigungen erließen auf der Grundlage neu geschaffener Ermächtigungsgrundlagen Berufsordnungen, die die Zulässigkeit von Werbung ausdrücklich regeln. So enthält z. B. die auf § 86 Abs. 2 Nr. 2, Abs. 3, 4 StBerG gestützte Berufsordnung der Bundessteuerberaterkammer (BOStB) detaillierte Vorschriften über zulässige und unzulässige Werbemaßnahmen; ausführlich wird dieser Bereich auch in der Berufsordnung der Rechtsanwälte (BORA) geregelt. Im Standesrecht der Ärzte und Apotheker gab es in den letzten Jahren Neuerungen, die verstärkt Informationen des jeweiligen Freiberuflers gegenüber der Öffentlichkeit gestatten.[12] Insgesamt lassen sich im Werberecht der freien Berufe in vielerlei Hinsicht Liberalisierungen feststellen.

76.074 im Jahre 1997,
88.861 im Jahre 1999, s. S. 345 des Statistischen Jahrbuchs 2000,

b) Entwicklung der Zahl der Ärzte:
259.981 im Jahre 1993, s. S. 428 des Statistischen Jahrbuchs 1998,
273.880 im Jahre 1995,
282.737 im Jahre 1997,
291.171 im Jahre 1999, s. S. 426 des Statistischen Jahrbuchs 2000,

c) Entwicklung der Zahl der Apotheker:
47.363 im Jahre 1993, s. S. 428 des Statistischen Jahrbuchs 1998,
49.429 im Jahre 1995,
52.076 im Jahre 1997,
53.001 im Jahre 1999, s. S. 426 des Statistischen Jahrbuchs 2000.

8 Vgl. v. a. die Supreme-Court-Entscheidung Bates vs. State Bar of Arizona, 433 U.S. 350 (1977); hierzu und allgemein zur Problematik *Prinz*, Anwaltswerbung, S. 63 ff.; *Oberreit/Knapp*, AnwBl. 1980, S. 328, 329.

9 Vgl. *Jarass*, NJW 1982, S. 1833; *Kleine-Cosack*, NJW 1988, S. 164, 174 spricht von „stiefmütterliche[r] Behandlung dieses Rechtsgebiets durch die Rechtswissenschaft"; *Taupitz*, Standesordnungen, S. 7; vgl. auch den Titel einer veröffentlichten Vorlesung von *Steindorff*: Freie Berufe – Stiefkinder der Rechtsordnung?

10 Vgl. für Ärzte z. B. *Laufs*, NJW 1995, S. 1590, 1595 f.; *Papier/Petz*, NJW 1994, S. 1553 ff.; *K. Schulte*, Werbeverbot für Ärzte; zur Werbung durch Apotheker vgl. etwa Hufen, ZLR 1997, S. 39 ff.; *Ring*, NJW 1997, S. 768 ff.; für Werbemaßnahmen von Rechtsanwälten vgl. *v. Falkenhausen*, NJW 1992, S. 25 ff.; *Schumann*, NJW 1990, S. 2089, 2096 f.

11 Diese finden sich in den durch das G zur Neuordnung des Berufsrechts der Rechtsanwälte und der Patentanwälte (vom 2. 9. 1994, BGBl. I, S. 2278) neueingefügten Normen § 43 b BRAO und § 39 b PAO; vgl. auch § 57a StBerG.

12 Vgl. näher unten, Dritter Teil, C., D., E.

B. Gegenstand und Methode der Untersuchung

Ob nach den umfangreichen Änderungen der Werberegelungen für Freiberufler in Rechtsprechung, Gesetz- und Satzungsgebung nunmehr insgesamt ein verfassungsrechtlich befriedigender Zustand besteht, soll durch vorliegende Arbeit untersucht werden. Nach der Definition von wichtigen Begriffen (Zweiter Teil) werden die gegenwärtig für Rechtsanwälte, Ärzte und Apotheker geltenden Regelungen über Werbemaßnahmen dargestellt (Dritter Teil). Im Vierten Teil, dem Hauptteil der Studie, werden die vorgestellten Regelungen einer eingehenden verfassungsrechtlichen Prüfung unterzogen. Wichtigster Prüfungsmaßstab ist Art. 12 Abs. 1 Satz 2 Grundgesetz (GG),[13] der die Freiheit der Berufsausübung gewährleistet. Daneben spielt die Meinungsäußerungsfreiheit des Art. 5 Abs. 1 Satz 1, 1. Hs. GG eine große Rolle, in Einzelfällen außerdem andere Grundrechte, etwa die Pressefreiheit. Berücksichtigt werden auch europarechtliche Aspekte. Probleme des Rechts des unlauteren Wettbewerbs[14] sowie des europäischen Kartellrechts[15] werden ebenfalls angesprochen, soweit sie engeren Bezug zum Berufs- und Standesrecht haben. Der Fünfte Teil faßt die Ergebnisse zusammen.

Exemplarisch werden drei gewissermaßen klassische freie Berufe herangezogen: der des Rechtsanwalts, des Arztes und des Apothekers. Der Rechtsanwalt steht stellvertretend für die Gruppe der rechts- und steuerberatenden Berufe, deren Berufs- und Standesrecht im vergangenen Jahrzehnt neu geregelt wurde, und der daneben noch Patentanwalt, Wirtschaftsprüfer bzw. Vereidigter Buchprüfer und Steuerberater angehören.[16] Bedingt durch eine im Vergleich zur Rechtsanwaltschaft andere Zuständigkeitsverteilung zwischen Bund und Ländern[17] ist das Recht der Heilberufe, deren wichtigste Vertreter Ärzte und Apotheker sind, hauptsächlich Landesrecht und Satzungsrecht der berufsständischen Selbstverwaltungsorgane, der Landesärzte- bzw. Landesapothekerkammern; vorliegende Arbeit zieht exemplarisch das bayerische Landes- und Satzungsrecht heran.

Der Apotheker nimmt eine Sonderstellung unter den Berufen des Gesundheitswesens ein. Seine Tätigkeit ist einerseits ein freier Beruf,[18] andererseits kaufmännischer und damit gewerblicher Natur.[19] Aus diesem Doppelcharakter resultieren

---

13 Vgl. BVerfGE 57, 121, 130 f.; 60, 215, 229; 71, 162, 172 ff.; 71, 183, 196; 76, 196, 207; 85, 248, 256; OLG Düsseldorf, NJW 1992, S. 2833 f.; vgl. auch *Papier/Petz,* NJW 1994, S. 1553, 1555 ff.; *Sodan,* Freie Berufe, S. 75.

14 Vgl. hierzu *Ring,* Wettbewerbsrecht, passim; vgl. zu den Grenzen, die das Kartellrecht für Werbemaßnahmen von Freiberuflern zieht, *v. Falkenhausen/Hausmann,* AnwBl. 1996, S. 486 ff.

15 Vgl. zum europäischen Kartellrecht *Römermann,* MDR 1998, S. 1149 f.

16 Vgl. hierzu allgemein *Kleine-Cosack,* Werberecht, passim.

17 Näheres dazu unten, Dritter Teil, A. I.

18 Vgl. BVerfGE 5, 25, 29 f.; *Manssen,* in: v. Mangoldt/Klein, GG, Art. 12, Rn. 164; *Ring,* Wettbewerbsrecht, S. 461 f.; *Ring,* NJW 1997, S. 769 f.; *Pitschas,* in: R. Schmidt, Öffentl. Wirtschaftsrecht BT II, § 9, Rn. 107.

Besonderheiten auch und gerade im Recht der Werbemaßnahmen, denn der Apotheker steht bezüglich einiger von ihm vertriebener Produkte, dem sog. Randsortiment, also der nicht verschreibungs- und apothekenpflichtigen Waren, im Wettbewerb mit anderen Kaufleuten.[20] Bei der Prüfung der Verfassungsmäßigkeit der Neufassung der Werberichtlinien[21], die Bestandteil der Berufsordnung (BayBO-Apo) der Bayerischen Landesapothekerkammer sind, ist auf dieses Spezifikum Rücksicht zu nehmen, insbesondere im Hinblick auf den Gleichheitssatz des Art. 3 Abs. 1 GG.

19 Vgl. BVerfGE 94, 372, 375; *Sodan,* Freie Berufe, S. 198 ff.

20 Vgl. *Manssen,* in: v. Mangoldt / Klein, GG, Art. 12, Rn. 164.

21 Werberichtlinien (WRL) i. d. F. v. 24. 6. 1998 (PZ 1998, S. 2763).

Zweiter Teil

Begriffsbestimmungen

A. Freier Beruf[1]

Da bei den sogenannten freien Berufen starke Reglementierungen der Berufsausübung bestehen, bezüglich der Möglichkeiten von Werbung sogar strengere als bei vielen Gewerbetreibenden, stellt sich bei unbefangener Betrachtung die Frage, worin denn eigentlich die „Freiheit“ der freien Berufe bestehen soll. Mehr als das: Es ist schon zweifelhaft, ob und inwiefern der Begriff „freier Beruf“ de lege lata überhaupt Anknüpfungspunkt für Rechtsfolgen sein darf oder nicht.[2] Anders ausgedrückt: Möglicherweise ist es nicht ausgeschlossen, daß die meisten Regelungen – auch die Werbebeschränkungen –, die für Apotheker, Ärzte und Rechtsanwälte gelten, auch dann bestünden, wenn diese Berufe nicht als „freie Berufe“ bezeichnet würden, was in letzter Konsequenz hieße, daß der Begriff „freier Beruf“ insbesondere für die Problemstellung der vorliegenden Arbeit keine Bedeutung hätte. Dem BVerfG zufolge lassen sich aus dem Begriff „freier Beruf“ präzise normative Wirkungen nicht ableiten, speziell „nicht in dem Sinn, daß dem Angehörigen des Berufs grundsätzlich und von vornherein ein irgendwie bestimmbarer erhöhter Anspruch auf Freiheit vor gesetzgeberischen Eingriffen rechtlich verbürgt sei.“[3] Mögen sich auch aus dem Begriff „freier Beruf“ unmittelbar keine präzisen Rechtsfolgen ergeben, so hat er doch insofern tatsächliche Bedeutung, als die „materialen Wesensmerkmale und Begriffselemente des ‚freien Berufs'“ von der öffentlichen Gewalt häufig unmittelbar beachtet werden.[4] Ein Beispiel für den Einfluß des Begriffs „freier Beruf“ auf die berufsbildprägende Gesetzgebung ist, daß in einem der traditionellen Merkmale der Freiberuflichkeit, dem Erfordernis einer besonderen Qualifikation, eine Rechtfertigung für die Errichtung subjektiver Zulassungsvoraussetzungen gesehen wird.[5] Vereinzelt wird sogar direkt an den Begriff der Frei-

---

1 Im folgenden soll das Adjektiv „frei“ in der Zusammensetzung mit „Beruf“ kleingeschrieben werden, weil es sprachwissenschaftlich keinen Grund für eine Großschreibung des Begriffs „frei“ in diesem Zusammenhang gibt (anders ggf. bei wörtlichen Zitaten; hier wird die Schreibweise des Autors beibehalten); vgl. näher zur Frage der Groß-/Kleinschreibung des Adjektivs „frei“ im Begriff „freier Beruf“ *Michalski/Römermann,* PartGG, § 1, Rn. 29, Fn. 107 m. w. N.

2 Vgl. *Manssen,* Verw. 1999, S. 557, 559.

3 BVerfGE 10, 354, 364.

4 Vgl. *Scholz,* in: Maunz/Dürig, GG, Art. 12, Rn. 256 (hierher stammt auch das Zitat).

beruflichkeit angeknüpft, z. B. in § 18 Abs. 1 Einkommensteuergesetz (EStG) 1997.[6]

Nicht nur des rein tatsächlichen Einflusses des Begriffs „freier Beruf" auf die berufsbezogene Normsetzung wegen ist eine Auseinandersetzung mit seinen „materialen Wesensmerkmale[n] und Begriffselemente[n]"[7] für die Problemstellung der vorliegenden Studie unumgänglich. Ein weiterer Grund hierfür liegt darin, daß die Besonderheiten im Werberecht der Ärzte, Apotheker und Rechtsanwälte häufig mit einzelnen Charakteristika der Freiberuflichkeit oder dieser generell begründet und gerechtfertigt werden.[8] So wird z. B. von der „im Typus des freien Berufs wurzelnde[n] Grundidee des Verzichts auf gezielte Selbstanpreisung"[9] gesprochen. Für die Beurteilung der Zulässigkeit von Werberestriktionen für Freiberufler ist es daher hilfreich, Eigenschaften und Charakteristika der Freiberuflichkeit zu klären;[10] erst danach kann man die Eignung dieses Kriteriums zur Einschränkung von Grundrechten angemessen bewerten.

Für zwei der für vorliegende Untersuchung exemplarisch ausgewählten Berufsgruppen ist gesetzlich angeordnet, daß sie zu den freien Berufen gehören: § 2 Abs. 1 BRAO und § 1 Abs. 2, 2. Hs. Bundesärzteordnung (BÄO) bestimmen, daß Rechtsanwalt bzw. Arzt einen freien Beruf ausüben. Daß dies auch für Apotheker gilt, ist zwar gesetzlich nicht ausdrücklich geregelt,[11] jedoch in Rechtsprechung und Schrifttum anerkannt.[12]

Weniger problematisch als die Klärung der Frage, was unter dem Adjektiv „frei" im Begriff „freier Beruf" zu verstehen ist, ist die Bestimmung des Begriffselements „Beruf". Hierzu hat sich in Rechtsprechung und Literatur eine nahezu allgemein anerkannte Definition herausgebildet. Unter Beruf wird jede auf gewisse Dauer angelegte, der Schaffung und Erhaltung einer Lebensgrundlage dienende Tätigkeit verstanden.[13] Ein umstrittenes Merkmal ist, ob diese Tätigkeit erlaubt sein muß, wie teilweise gefordert,[14] von anderer Seite jedoch mit dem Hinweis

5 Vgl. hierzu und zur Bedeutung einer Definition des Begriffs „freier Beruf" *Groepper,* GewArch. 2000, S. 366 f.

6 Vgl. hierzu näher unten, III.

7 *Scholz,* in: Maunz / Dürig, GG, Art. 12, Rn. 256.

8 Vgl. im einzelnen unten, Vierter Teil, E.

9 *Tettinger,* GewArch. 1999, S. 265, 269; *ders.*, MedR 2001, S. 287, 292 (gleicher Wortlaut); vgl. auch *Ratzel,* MedR 1995, S. 91: „Die Beschränkung anpreisenden Verhaltens gilt als Wesenszug freier Berufe."

10 Vgl. *Michalski,* Begriff des freien Berufs, S. 12.

11 Vgl. hierzu *Ring,* NJW 1997, S. 768, 769.

12 Vgl. z. B. *Manssen,* in: v. Mangoldt / Klein, GG, Art. 12, Rn. 157, 164; *Ring,* Wettbewerbsrecht, S. 460 ff.; *ders.*, NJW 1997, S. 768, 769.

13 Vgl. BVerfGE 7, 377, 397 ff.; *Manssen,* in: v. Mangoldt / Klein, GG, Art. 12, Rn. 33; *Tettinger,* in: Sachs, GG, Art. 12, Rn. 29; *Wieland,* in: Dreier, GG, Art. 12, Rn. 42 ff.

14 Vgl. BVerfGE 7, 377, 397: „[. . .], sondern auch die vom Einzelnen frei gewählten untypischen (erlaubten) Betätigungen [. . .]"; 13, 97, 106.

darauf abgelehnt wird, daß es der Gesetzgeber dann in der Hand hätte, verbindlich über den Grundrechtsschutz einzelner Tätigkeiten zu entscheiden.[15] Der Streit darüber, ob eine als Beruf anzuerkennende Tätigkeit gestattet sein muß bzw., wie vermittelnd vorgeschlagen wird, zumindest nicht sozial- oder gemeinschaftsschädlich sein darf,[16] gewinnt vorliegend keine Bedeutung, da die Tätigkeiten des Rechtsanwalts, Arztes und Apothekers weder verboten noch gemeinschaftsschädlich sind.

I. Entwicklung des Begriffs „freier Beruf"

Häufig wird versucht, die Charakteristika der freien Berufe als Folge eines bereits in der Antike beginnenden Entwicklungsprozesses darzustellen.[17] Überzeugender als diese Deutung ist es jedoch, den Begriff des freien Berufs im heutigen Sinn als ein Produkt sozialer und rechtlicher Veränderungen anzusehen, die sich erst im 18. Jahrhundert abspielten und in der Mitte des 19. Jahrhunderts ihren Höhepunkt erreichten.[18]

Mehrere Autoren sehen in den sieben antiken „artes liberales"[19] frühe Vorläufer der freien Berufe und führen den Begriff der Freiberuflichkeit dadurch auf das Altertum zurück.[20] Die auf dieser Sichtweise beruhende etymologische Herleitung des Begriffs „freier Beruf" aus dem lateinischen „ars liberalis" ist jedoch nicht richtig: „Frei" heißt im Lateinischen „liber"; „liberalis" hingegen bedeutet „eines freien Mannes würdig"; auch ist es sprachlich verfehlt, „artes" mit „Berufe" zu übersetzen.[21]

Eine Parallele der sieben „artes liberales" zur modernen Freiberuflichkeit läßt sich allenfalls in der noch heute teilweise vertretenen (für die Frage der Zulässig-

---

15 Vgl. *Manssen,* in: v. Mangoldt / Klein, GG, Art. 12, Rn. 39; vgl. auch *Tettinger,* in: Sachs, GG, Art. 12, Rn. 37, 38; *Wieland,* in: Dreier, GG, Art. 12, Rn. 51.

16 Vgl. z. B. BVerwGE 22, 286, 289; *Gubelt,* in: v. Münch / Kunig, GG, Art. 12, Rn. 9; *Manssen,* in: v. Mangoldt / Klein, GG, Art. 12, Rn. 39; vgl. auch *Model / Müller,* GG, Art. 12, Rn. 4: „Erlaubte Tätigkeit = Beruf ist daher nicht gesetzlich erlaubte, sondern nach der allgemeinen Wertordnung erlaubte Tätigkeit."

17 Vgl. z. B. *Reinhart,* GRUR 1976, S. 517, 521: „[...] die Jahrtausende alte besondere Stellung des freiberuflich Tätigen [...]." Kritisch *Michalski,* Begriff des freien Berufs, S. 17 ff.

18 Vgl. *Taupitz,* Standesordnungen, S. 110.

19 Zu den artes liberales gehören das sog. Quadrivium, dem Arithmetik, Geometrie, Astronomie und Musik angehörten, und das sog. Trivium, dem Grammatik, Rhetorik und Dialektik zuzurechnen sind, vgl. *Menge / Müller,* Wörterbuch Latein, unter „liberalis", S. 207.

20 So z. B. *Lücke,* Hierarchie des ärztlichen Dienstes, S. 39; eingeschränkt *Michalski,* Begriff des freien Berufs, S. 17 f.

21 Vgl. *Sodan,* Freie Berufe, S. 16; s. auch *Menge / Müller,* Wörterbuch Latein, unter dem Stichwort „liberalis", S. 207; für „ars", S. 34, findet sich u. a. die Übersetzung „Gewerbe", „Handwerk".

keit von Werbemaßnahmen bedeutsamen) Ansicht sehen, Primärzweck der freiberuflichen Beschäftigung sei nicht das Erzielen eines Gewinns, sondern die Tätigkeit um ihrer selbst willen.[22] Die Beschäftigung mit den „artes liberales“ sollte der gelegentlichen geistigen Erbauung dienen, nicht dem Erwerb eines Lebensunterhalts, und füllte nicht die vollständige Lebenszeit derer aus, die sich wirtschaftlich eine Beschäftigung mit den „artes liberales“ leisten konnten.[23] Die Herleitung der Charakteristika der freien Berufe – heute werden diese Berufe meist auch zur Erzielung eines Lebensunterhalts betrieben – aus der Antike gelingt daher nur unbefriedigend.[24]

Im Mittelalter wurden die sieben „artes liberales“ in Kloster-, Dom- und Kathedralschulen gepflegt; auch die jungen Universitäten – genannt seien nur die Gründungen in Bologna im Jahre 1048, Paris 1150 und Oxford 1167 – übernahmen diese Einteilung des zu vermittelnden Lehrstoffes, wobei bezeichnend ist, daß der Begriff „artes liberales“ zur damaligen Zeit wohl eher mit „freie Künste“ übersetzt worden sein dürfte als mit „freie Berufe“.[25] Die „septem artes liberales“ wurden zum Inbegriff der Wissenschaft,[26] hatten aber zu jener Zeit noch keinen entscheidenden Einfluß auf die Entwicklung des Begriffs des freien Berufs. Dieser entstand vielmehr erst in der Neuzeit. Als Reaktion auf eine übermäßige staatliche Reglementierung Ende des 18. und zu Beginn des 19. Jahrhunderts entwickelten einzelne Berufsstände zu dieser Zeit diejenigen Besonderheiten, die später mit dem Begriff „freiberuflich“ bezeichnet wurden.[27] In vielen Staaten auf dem Gebiet des damaligen Heiligen Römischen Reiches waren v. a. Anwälte, Ärzte und Apotheker vom jeweiligen Herrscher eng abhängig. So wurden z. B. in Preußen die Aufgaben der Anwaltschaft durch die Justizreform des Großkanzlers v. Carmer[28] auf verbeamtete und festbesoldete „Assistenzräte“ übertragen. Auch Ärzte und Apotheker hatten eine beamtenähnliche Stellung.[29] Daß die Ideen des Liberalismus bei Angehörigen der solcherart in ihrer Berufsausübung eingeschränkten Berufsstände auf offene Ohren stießen, ist verständlich: Der Gedanke einer Freiheit von staatlicher Bevormundung war besonders wirksam für diejenigen Berufstätigen, die ihre Tätigkeit als Ausübung einer „freien Wissenschaft“ ansahen, und die andererseits vom Staat besonders stark vereinnahmt worden waren; der Begriff „freier Beruf“ wurde zu einem Schlüsselbegriff der angestrebten Befreiung vornehmlich der Anwälte, Ärzte und Apotheker aus der staatlichen Bevormundung, indem man den

---

22 Vgl. z. B. *Fleischmann,* Freie Berufe, S. 46; *Taupitz,* Standesordnungen, S. 59 ff.

23 Vgl. *Sodan,* Freie Berufe, S. 17.

24 Vgl. allgemein zu diesem Problem auch *Kornblum,* BB 1985, S. 65, 67 f.

25 Vgl. *Sodan,* Freie Berufe, S. 17.

26 Vgl. *Michalski,* Begriff des freien Berufs, S. 18.

27 Vgl. zur Bewertung dieses Vorgangs *Sodan,* Freie Berufe, S. 19; *Taupitz,* Standesordnungen, S. 113 f.

28 V. Carmer war auch einer der Kodifikatoren des Preuß. Allgemeinen Landrechts von 1794, vgl. *Hattenhauer,* ALR, S. 4.

29 Vgl. *Sodan,* Freie Berufe, S. 19 ff.

Gehalt des für die Anwaltschaft von Rudolph v. Gneist geprägten berühmten Begriffs der „freien Advokatur“[30] entsprechend auf andere Berufe ausdehnte.[31] In der Folgezeit wurden die Gedanken v. Gneists – Freiheit der Berufsangehörigen vom Staat einerseits, „gesetzliche[...] Regelung der genossenschaftlichen Bildung“[32] von Selbstverwaltungsorganen der jeweiligen Berufsstände andererseits – teilweise in die Realität umgesetzt. So erfüllte die neue Reichsrechtsanwaltsordnung vom 1. Juli 1878[33] die wesentlichen Forderungen der Reformbewegung, insbesondere durch das Ende der staatlichen Disziplinaraufsicht.[34] Den Ärzten wurde in einigen Ländern durch neue Bestimmungen die Bildung von Ausschüssen, Bezirksvereinen oder Ärztekammern zur Wahrung der Standesinteressen und Ausübung von Disziplinargewalt gestattet.[35] Ähnlich sieht die Entwicklung des Begriffs „freier Beruf“ auch das BVerfG: „Er kennzeichnet einen Sachverhalt, der aus einer bestimmten gesellschaftlichen Situation erwachsen ist, der des frühen Liberalismus. [...] Hier traf sich das Selbstbewußtsein der unabhängigen, ihres Wertes bewußten, frei schaffenden Persönlichkeit mit der allgemeinen Haltung des liberalen Bürgertums in der grundsätzlichen Abwehr staatlicher Eingriffe in die eigenverantwortliche Lebensführung und -gestaltung.“[36]

II. Die Bedeutung des Freiheitsbegriffs des Grundgesetzes für den Begriff „freier Beruf“

Die Entstehung der Gruppe der freien Berufe im frühliberalen Staat könnte zu der Überlegung führen, das Adjektiv „frei“ mit dem Freiheitsbegriff des Grundgesetzes auszufüllen.[37] Ein derartiges Verständnis des Begriffs „frei“ in diesem Zusammenhang wäre jedoch verfehlt.[38] Die Freiheit des Berufs ist durch das Grundgesetz nicht einer einzelnen Gruppe vorbehalten, sondern für alle Tätigkeiten gewährleistet. Weil es auf eine tatsächlich nicht bestehende Bevorzugung freier Be-

---

30 Der Begriff findet sich im Titel einer Schrift *v. Gneists:* Freie Advocatur. Die erste Forderung aller Justizreform in Preußen, Berlin 1867.

31 Vgl. *Taupitz,* Standesordnungen, S. 121.

32 *V. Gneist,* Freie Advocatur, S. 57: das gesamte Zitat lautet: „Diese staatliche Fürsorge [gemeint: die Pflicht des Staates, durch seine Einrichtungen dafür zu sorgen, „dass diese Ausgleichung der Rechtsvertretung trotz der Ungleichheit der Befähigung jedem ermöglicht“ wird, d. Verf.] kann aber nicht in einer Einwirkung auf den Advocaten in der Richtung seiner Tätigkeit im Einzelnen bestehen, sondern nur in einer gesetzlichen Regelung der genossenschaftlichen Bildung der Advocatur in folgenden Richtungen: [...].“

33 RGBl. 1878, S. 177.

34 Vgl. *Taupitz,* Standesordnungen, S. 128.

35 Vgl. *Sodan,* Freie Berufe, S. 24.

36 BVerfGE 10, 354, 364 f.

37 Vgl. *Sodan,* Freie Berufe, S. 47 ff.

38 Vgl. *Manssen,* Verw. 1999, S. 557, 558.

rufe hindeuten könnte, ist ein mit dem Freiheitsbegriff des Grundgesetzes konkretisiertes Verständnis des Adjektivs „frei“ irreführend und abzulehnen.[39]

III. Der Begriff „freier Beruf“ im deutschen und europäischen Recht

Der Begriff „freier Beruf“ wurde nicht von der Gesetzgebung geschaffen oder gestaltet; vielmehr existierte er seit jeher als soziologische Größe und wurde lediglich normierend ins positive Recht übernommen;[40] deswegen, aber auch, weil bei dieser Übernahme dem Gesetzgeber die essentiellen Merkmale der Freiberuflichkeit nicht immer gegenwärtig gewesen sein dürften,[41] ist strittig, ob der Begriff „freier Beruf“ ein Rechtsbegriff ist oder nicht.[42]

In die deutsche Gesetzessprache fand der Begriff „freier Beruf“ über das Steuerrecht Eingang[43] (vgl. § 35 Abs. 1 EStG v. 10. August 1925[44]). § 18 Abs. 1 Nr. 1 EStG 1997[45] bestimmt, daß zu den Einkünften aus „selbständiger Arbeit“ die „Einkünfte aus freiberuflicher Tätigkeit“ zu zählen seien. Hierzu „gehören die selbständig ausgeübte wissenschaftliche, künstlerische, schriftstellerische, unterrichtende oder erzieherische Tätigkeit, die selbständige Berufstätigkeit der Ärzte, Zahnärzte, Tierärzte, Rechtsanwälte, Notare, Patentanwälte, Vermessungsingenieure, Ingenieure, Architekten, Handelschemiker, Wirtschaftsprüfer, Steuerberater, beratenden Volks- und Betriebswirte, vereidigten Buchprüfer (vereidigten Bücherrevisoren), Steuerbevollmächtigten, Heilpraktiker, Dentisten, Krankengymnasten, Journalisten, Bildberichterstatter, Dolmetscher, Übersetzer, Lotsen und ähnlicher Berufe.“ Mit letzterer Wendung „und ähnlicher Berufe“ knüpft § 18 Abs. 1 Nr. 1 EStG 1997 direkt an den Begriff „freiberufliche Tätigkeit“ an. Dieser seltene Fall einer sich unmittelbar aus der Charakterisierung einer Tätigkeit als „freiberuflich“ ergebenden Rechtsfolge ist ein Indiz dafür, daß der Begriff „freier Beruf“ vom Gesetzgeber als Rechtsbegriff gesehen wird.

Die einzige Legaldefinition des Begriffs „freier Beruf“ findet sich derzeit im Gesellschaftsrecht. § 1 Abs. 2 Satz 1 des Partnerschaftsgesellschaftsgesetzes (PartGG) lautet: „Die Freien Berufe haben im allgemeinen auf der Grundlage besonderer beruflicher Qualifikation oder schöpferischer Begabung die persönliche,

---

39 Vgl. *Sodan,* Freie Berufe, S. 60, 62.

40 Vgl. *Rittner,* Unternehmen und freier Beruf, S. 4.

41 Vgl. *Michalski,* Begriff des freien Berufs, S. 32 f.

42 Vgl. als die Eigenschaft des Begriffs als Rechtsbegriff ablehnende Stimmen BVerfGE 10, 354, 364; ferner KG, DB 1960, S. 407, 408 m. Anm. *v. Beringe,* S. 409; bejahend: *Fleischmann,* Freie Berufe, S. 105; *Michalski,* Begriff des freien Berufs, S. 156 ff.

43 *Sodan,* Freie Berufe, S. 26.

44 RGBl. 1925 I, S. 189.

45 Vgl. zu § 18 EStG *Tipke/Lang,* Steuerrecht, Rn. 494 ff.

eigenverantwortliche und fachlich unabhängige Erbringung von Dienstleistungen höherer Art im Interesse der Auftraggeber und der Allgemeinheit zum Inhalt." Welche Berufe insbesondere zu den freien zu zählen sind, legt § 1 Abs. 2 Satz 2 PartGG in einer Aufzählung fest, die der des § 18 Abs. 1 Nr. 1 EStG weitgehend gleicht, was dem Willen des Gesetzgebers entspricht.[46]

An beiden Katalogen fällt auf, daß der Beruf des Apothekers nicht genannt wird. Der Grund hierfür ist, daß der Gesetzgeber die Apotheker aufgrund des für sie geltenden Berufsrechts als nicht fähig zur Bildung von Partnerschaftsgesellschaften angesehen hat: § 8 Apothekengesetz (ApoG) bestimmt als für Apotheker einzig mögliche Kooperationsformen die GbR und die OHG.[47]

Ob die Definition des § 1 Abs. 2 Satz 1 PartGG das Phänomen des freien Berufs voll erfaßt, ist fraglich. So wird an dieser Begriffsbestimmung kritisiert, daß sie – wie schon aus ihrem Wortlaut erkennbar sei – keinen Anspruch auf Allgemeingültigkeit erhebe.[48] Richtig ist zumindest, daß durch die Worte „im allgemeinen" die gesetzgeberische Erwartung spezialgesetzlicher Abweichung indiziert wird.[49] Daß der Gesetzgeber seiner eigenen Definition die Schaffung einer klaren Abgrenzung nicht zugetraut zu haben scheint, zeigt sich auch daran, daß noch im selben Absatz des § 1 PartGG eine Aufzählung wichtiger freier Berufe folgt. Viel mehr als ein bloßer politischer „Programmsatz ohne eigenen normativen Gehalt"[50] ist in der Legaldefinition des § 1 Abs. 2 Satz 1 PartGG nicht zu erblicken.

Berücksichtigung finden Besonderheiten der freiberuflichen Berufsausübung auch im Baurecht (vgl. § 13 Baunutzungsverordnung)[51].

Für eine Reihe von rechts- und wirtschaftsberatenden Berufen wird der freiberufliche Charakter im Berufsrecht festgelegt. Bestimmt wird darüber hinaus, daß diese Berufe kein Gewerbe seien. Für vorliegende Untersuchung wichtig sind vor allem die Regelungen für den Beruf des Rechtsanwalts; ähnliche Bestimmungen bestehen z. B. auch für Steuerberater.[52] Für viele Heilberufe gilt entsprechendes, insbesondere für den des Arztes.[53] Anders ist die Rechtslage für Apotheker: daß auch diese einen freien Beruf ausüben, ist nicht ausdrücklich normiert, ergibt sich aber aus einer Gesamtschau der einschlägigen Berufsausübungsregelungen, z. B. des Grundsatzes der persönlichen Leitung der Apotheke in § 7 Abs. 1 ApothG.[54] Zugleich enthält die Tätigkeit des Apothekers gewerbli-

---

46 Diese Ähnlichkeit ermöglicht eine Übertragung der steuerrechtlichen Rechtsprechung, vgl. die Begründung zum Regierungsentwurf eines Partnerschaftsgesellschaftsgesetzes, BT-Drs. 12/6152, S. 10.

47 Vgl. Begründung der Regierung, BT-Drs. 12/6152, S. 10.

48 Vgl. *Michalski/Römermann*, PartGG, § 1, Rn. 31 a.

49 Vgl. *Tettinger*, DÖV 2000, S. 534, 536.

50 *Michalski/Römermann*, PartGG, § 1, Rn. 31a.

51 Vgl. zu § 13 BauNVO *Schlez*, BauNVO, § 13, Rn. 1.

52 Vgl. § 2 Abs. 1 und 2 BRAO, § 32 Abs. 2 StBerG.

53 Vgl. § 1 Abs. 2 BÄO.

che Elemente: Heute liegt das Schwergewicht apothekerlicher Berufstätigkeit darin, fertige Arzneimittel der Pharmaindustrie bzw. apothekenübliche Waren im Sinne von § 12 Apothekenbetriebsordnung (ApBetrO) zu vertreiben.[55] Deswegen wird der Betrieb einer Apotheke nach überwiegender Ansicht in Rechtsprechung und Literatur auch als Gewerbe angesehen.[56]

Der Begriff „freiberuflich“ findet sich auch im EG-Recht (vgl. Art. 50 Abs. 2 lit. d EG).

IV. Schwierigkeiten einer Definition des Begriffs „freier Beruf“

Der Begriff „freier Beruf“ wird zwar in einer Reihe von Normen erwähnt. Der Gesetzgeber unterließ es jedoch zunächst, eine Legaldefinition des Begriffs zu formulieren;[57] § 1 Abs. 2 Satz 1 PartGG wurde erst nachträglich eingefügt.[58] Das PartGG alter Fassung enthielt wegen Bedenken der Bundesregierung keine Definition des Begriffs „freier Beruf“ – dieselben Vorbehalte dürften auch der Grund für das Fehlen einer Begriffsbestimmung in anderen Gesetzen sein: Man habe deshalb auf eine Legaldefinition verzichtet, weil der Begriff „freier Beruf“ eine soziologische Wortschöpfung sei, die sich nur sehr schwer in eine justiziable Begriffsfassung bringen lasse.[59]

Die Schwierigkeiten einer Definition des Begriffs „freier Beruf“, die auch von Vertretern der Literatur[60] anerkannt werden, beruhen hauptsächlich auf zwei Gründen. Zum einen werden unter den Begriff „freier Beruf“ eine Vielzahl unterschiedlichster Tätigkeiten zusammengefaßt, die sich einer Betrachtung unter einheitlichen Gesichtspunkten nur schwer erschließen.[61] Zum anderen haben nur wenige freie Berufe eine gesetzliche Ordnung gefunden, „die eine rechtliche Vergleichbarkeit überhaupt erst ermöglicht.“[62] Hinzu kommt, daß die gesetzlichen Normen, die

---

54 Vgl. etwa *Pitschas,* in: R. Schmidt, Öffentl. Wirtschaftsrecht BT II, § 9, Rn. 107, 187; vgl. ferner zum Charakter des Apothekerberufs als einem freien Beruf *Fleischmann,* Freie Berufe, S. 93 ff.; *Ring,* Wettbewerbsrecht, S. 461 f.

55 Vgl. *Ring,* Wettbewerbsrecht, S. 463; vgl. auch *Manssen,* BayVBl. 2001, S. 641, 643.

56 Vgl. etwa BVerfGE 5, 25, 29; 17, 232, 238 f.; *Dünisch,* BayVBl. 1982, S. 102, 107; *Hörle,* WRP 1983, S. 596, 597; *Ring,* Wettbewerbsrecht, S. 463 ff.

57 Vgl. *Taupitz,* Standesordnungen, S. 12.

58 Die Definition wurde erst durch das Gesetz zur Änderung des Umwandlungsgesetzes, des Partnerschaftsgesellschaftsgesetzes und anderer Gesetze v. 22. 7. 1998 (BGBl. I, S. 1878) eingefügt.

59 Vgl. BT-Drs. 12/6152, S. 9; *Karl,* Recht der freien Berufe, S. 9.

60 Vgl. etwa schon im Jahre 1916 *Heuss,* in: FS für Brentano, S. 237; vgl. ferner z. B. *Taupitz,* Standesordnungen, S. 17 f.; *Tettinger,* NJW 1987, S. 294, 296.

61 Vgl. den Überblick über wichtige freie Berufe bei *Deneke,* Die freien Berufe, S. 117, 119 ff.

62 *Fleischmann,* Freie Berufe, S. 16.

den Begriff „freier Beruf" enthalten, aufgrund der geschilderten Resignation des Gesetzgebers so formuliert sind, daß sie auch in der Gesamtschau lediglich erkennen lassen, welche einzelnen Merkmale als typisch für freie Berufe erachtet werden, nicht aber, wie sich der Gesetzgeber stillschweigend eine Definition vorgestellt haben mag. Aus diesem Grund hält es etwa der Bundesfinanzhof nicht für möglich, „aus dem Katalog der in § 18 Abs. 1 Nr. 1 EStG aufgezählten freien Berufe gemeinsame Tatbestandsvoraussetzungen abzuleiten [...]."[63]

Eine weitere Schwierigkeit, den Begriff „freier Beruf" anhand der klassischen Begriffslehre als abstrakten Begriff mit konstitutiven Begriffsmerkmalen[64] zu definieren, liegt in der Vielzahl der Erscheinungsformen freier Berufe in der Realität begründet (man denke nur an die unterschiedlichen Tätigkeitsbilder allein bei Ärzten: hier gibt es selbständige neben angestellten oder gar verbeamteten); diese Vielfalt macht es bisweilen schlichtweg unmöglich, Gemeinsamkeiten von den einzelnen Phänotypen zu abstrahieren.

V. Definitionsversuche in der Literatur

Wagte es der Gesetzgeber nur an einer Stelle, den Begriff „freier Beruf" zu definieren, so sind andererseits die Versuche einer Begriffsbestimmung trotz der genannten Schwierigkeiten in der Literatur zahlreich, und zwar besonders in der zweiten Hälfte des 20. Jahrhunderts.

Die theoretische Beschäftigung mit den unter den Begriff „freier Beruf" zusammengefaßten Berufsgruppen setzt schon in der 1. Hälfte des 20. Jahrhunderts ein: So befaßte man sich z. B. mit dem Verhältnis der Freiberufler zum Staat.[65] Auch unternahm man es, den Begriffsbestandteil „frei" wirtschaftstheoretisch zu deuten.[66] Unter den neueren Definitionsversuchen ragt der von J. F. Volrad Deneke heraus,[67] demzufolge drei Merkmale für den Begriff konstituierend seien. Erforderlich sei, daß „ideelle Leistungen und Lieferungen" und „persönliche Leistungen und Ergebnisse persönlicher Leistungen" jeweils „in wirtschaftlicher Selbständig-

---

63 BFH, BStBl. 1984 II, S. 823, 824.

64 Vgl. zur klassischen Begriffslehre (Bildung von Begriffen mittels Abstraktion) *Larenz,* Methodenlehre, S. 439 ff.; vgl. zu den konstitutiven Merkmalen *Strache,* Denken in Standards, S. 35. Die traditionelle Begriffslehre, die letztlich auf Aristoteles basiert, bezieht den Begriff „Definition", also „Abgrenzung" (vgl. *Menge/Müller,* Wörterbuch Latein, S. 103, unter den Stichworten „definio" und „definitio") insbesondere auf die Einordnung eines Begriffs unter eine Gattung (das „genus proximum") und die Unterscheidung anderer Begriffe derselben Gattung vom betreffenden Begriff durch Angabe eines oder mehrerer kennzeichnender Unterschiede (der „differentia specifica"); vgl. hierzu *H. L. A. Hart,* Begriff des Rechts, S. 29.

65 Vgl. *Triepel,* in: FS für Binding, S. 3 ff.

66 Vgl. *Feuchtwanger,* Die freien Berufe, S. 17 f.

67 Vgl. *Deneke,* Klassifizierung der freien Berufe, S. 9 ff.

keit"[68] erbracht werden. Für das Vorliegen des Merkmals „wirtschaftliche Selbständigkeit" genüge es, daß die in Frage stehende Berufstätigkeit „üblicherweise, überwiegend oder mindestens in erheblichem Umfange in wirtschaftlich selbständiger Stellung ausgeübt"[69] werde. Hiernach ist etwa auch ein angestellter Rechtsanwalt trotz bestehender wirtschaftlicher Abhängigkeit Angehöriger eines freien Berufs. Diese Definition, die lediglich drei Kriterien aufweist, ist etwas unscharf: Es bleibt unklar, mit welcher Begründung z. B. die in der steuergerichtlichen Rechtsprechung nicht als freiberuflich anerkannten Beschäftigungen eines Berufssportlers, Detektivs oder Ehevermittlers aus dem Kreis der freiberuflichen Tätigkeiten ausgegrenzt werden sollen.[70]

Ein anderer Versuch der Definition der Freiberuflichkeit geht davon aus, daß das einzige konstituierende Kriterium dieses Begriffs die Existenz standesrechtlicher Wettbewerbsbestimmungen sei.[71] Allein dieses Kriterium zu verwenden, genügt indes nicht. Von der kaum überschaubar großen Anzahl der als frei anerkannten Berufen[72] sind nur die wenigsten gesetzlich genau normiert.[73] Es fällt nicht schwer, Berufe zu finden, die als freie Berufe anerkannt sind, die jedoch überhaupt keine standesrechtliche Regelung erfahren haben, insbesondere keine, die sich mit Werbung befaßt: Hierzu zählen vor allem die nicht in Berufskammern organisierten freien Berufe,[74] etwa Berufe im Bereich der bildenden Kunst oder Erziehungs- und Lehrberufe.[75] Es ist nicht einzusehen, wieso diese Berufe nur aufgrund des Fehlens standesrechtlicher Werbebestimmungen nicht zu den freien Berufen gezählt werden sollen, zumal im Bereich der Werbung in den letzten Jahren eine Entwicklung der Deregulierung eingesetzt hat, die das Kriterium der Existenz von Werbebeschränkungen möglicherweise in Zukunft völlig unbrauchbar machen würde (dann nämlich, wenn im Zuge weitergehender Liberalisierungen keine spezifisch berufsrechtlichen Werbenormen mehr existierten). Auch andere Versuche einer abstrakten Definition des Begriffs überzeugen in vielerlei Hinsicht nicht völlig.[76]

Bisweilen versuchen Autoren, der Schwierigkeiten einer einheitlichen abstrakten Definition des „freien Berufs" mit Hilfe der Bildung mehrerer Definitionen,

---

68 *Deneke,* Klassifizierung der freien Berufe, S. 24.

69 *Deneke,* Klassifizierung der freien Berufe, S. 27 f.

70 Vgl. *Sodan,* Freie Berufe, S. 44; *Michalski,* Begriff des freien Berufs, S. 26 f.

71 Vgl. *Ring,* Wettbewerbsrecht, S. 575 f.

72 Vgl. die Beschreibungen der einzelnen Berufe bei *Deneke,* Klassifizierung der freien Berufe, S. 37 ff.

73 Vgl. etwa *Fleischmann,* Freie Berufe, S. 16.

74 Vgl. zum Kreis der „verkammerten" freien Berufe *Hahn,* Öffentlich-rechtliche Alterssicherung, S. 33 ff.

75 Vgl. zur Freiberuflichkeit dieser Tätigkeiten *Deneke,* Die freien Berufe, S. 156, 158.

76 Vgl. z. B. diejenigen von *Michalski,* Begriff des freien Berufs, S. 156; *Müller,* Einbeziehung der freien Berufe in das Handelsrecht, S. 27 ff., 60 ff., der zwischen „notwendigen" und „vermeidbaren" Merkmalen unterscheiden will; vgl. auch die Definition des Bundesverbandes der freien Berufe, Presseinformation v. 14. 6. 1995, zit. bei *Sodan,* Freie Berufe, S. 45.

die jeweils in einem anderen Kontext gelten sollen, Herr zu werden (sog. „gegliederte Begriffsbildung“[77]). Auf diese Weise wird der Begriff „freier Beruf“ relativ, d. h., er hat in verschiedenen Zusammenhängen jeweils andere Bedeutung.[78] So ist etwa eine Zweigliederung des „freien Berufs“ in einen nationalökonomischen und sozialethischen Begriff vorgenommen worden,[79] wobei man allerdings den Charakter der freien Berufe auf deren Abgrenzbarkeit als soziale Gruppe reduziert hat, ohne materielle Eigenschaften der Freiberuflichkeit festzulegen.[80]

Ein anderer Autor versucht eine Dreigliederung des Begriffs: „ein juristischer Relations- oder Ordnungsbegriff, wie er dem Steuerrecht zugrunde liegt, ein materialer Rechtsbegriff, wie er sich aus den Regelungen des Berufsrechts ergibt und schließlich ein rein soziologischer Begriff, der eine bestimmte Gruppe von Selbständigen erfaßt.“[81]

VI. Der Begriff „freier Beruf“ als Typusbegriff

1. Zusammenfassung und Kritik der dargestellten Definitionsversuche

Die dargestellten Definitionsversuche weisen überwiegend dieselben Merkmale auf, abgesehen von der Definition anhand lediglich eines Kriteriums, der Existenz von berufsspezifischen Wettbewerbsbeschränkungen. Übereinstimmung besteht darin, daß Angehörige freier Berufe Leistungen geistiger Art erbringen.[82] Diese Leistungen werden persönlich vollzogen[83] und erst durch eine besondere fachliche Qualifikation des Leistungserbringers ermöglicht.[84] Als kennzeichnend für freiberufliche Tätigkeit wird ferner die wirtschaftliche Unabhängigkeit des Leistenden angesehen.[85] Unabhängig sei der Freiberufler auch von fachlichen Weisungen.[86] Die Leistungen werden außerdem durch den Freiberufler aufgrund eines Vertrauensverhältnisses zum Auftraggeber erbracht.[87]

---

77 Vgl. zu diesem Begriff etwa *Hahn*, Öffentlich-rechtliche Alterssicherung, S. 28 f.

78 Vgl. *Römer*, Notariatsverfassung und Grundgesetz, S. 40; vgl. zur Üblichkeit der gegliederten Begriffsbildung *Fleischmann*, Freie Berufe, S. 111.

79 Vgl. *Deneke*, Die freien Berufe, S. 116.

80 Vgl. etwa *Rittner*, Unternehmen und freier Beruf, S. 19, Fn. 50.

81 *Fleischmann*, Freie Berufe, S. 111.

82 Vgl. etwa *Deneke*, Klassifizierung der freien Berufe, S. 24; *Fleischmann*, Freie Berufe, S. 41.

83 Vgl. *Deneke*, Die freien Berufe, S. 116.

84 Vgl. *Fleischmann*, Freie Berufe, S. 41.

85 Vgl. *Deneke*, Klassifizierung der freien Berufe, S. 24; *Fleischmann*, Freie Berufe, S. 41.

86 Vgl. *Deneke*, Die freien Berufe, S. 116.

87 Vgl. *Fleischmann*, Freie Berufe, S. 92; *Michalski*, Begriff des freien Berufs, S. 156.

Außer den dargestellten Gemeinsamkeiten besteht bei allen Definitionsversuchen noch eine andere: sämtlich unterliegen sie starker Kritik. Bemängelt wird zum einen, daß sie zwar bestimmte auch empirisch belegbare Charakteristika be- und umschrieben, diese Merkmale jedoch nicht verallgemeinerungsfähig seien.[88] Schwerer noch wiegt der Hinweis darauf, daß viele Definitionen abstufbare Merkmale enthielten, die für eine Definition untauglich seien, weil sie eine exakte Abgrenzung und damit auch eine logisch nachvollziehbare Subsumtion unter den Begriff „freier Beruf" verhinderten.[89] Dies gilt z. B. für Merkmale wie „bestimmte fachliche Vorbildung" oder „im wesentlichen geistige Leistung"[90]. Welche Leistungen „im wesentlichen" geistig sind, ist eine Frage der Wertung; eindeutig subsumieren lassen sich Tätigkeiten unter derart unbestimmte Begriffe häufig nicht.

Die Tatsache, daß viele Definitionsversuche solche abstufbaren Merkmale enthalten, könnte noch als Folge der Schwierigkeiten einer exakten Begriffsbestimmung anzusehen sein, die sich aus den oben dargestellten Gründen ergeben. Daß einige Autoren den Begriff „freier Beruf" gegliedert bilden, d. h., für verschiedene Sinnzusammenhänge unterschiedliche Definitionen liefern, ist jedoch ein starkes Indiz dafür, daß eine einheitliche abstrakte Begriffsbestimmung der Freiberuflichkeit nicht möglich ist.[91]

Für eine Beschäftigung mit einzelnen Teilbereichen des Phänomens „freier Beruf" mag eine gegliederte Begriffsbildung ausreichen; diese muß nicht immer ein Zeichen begrifflicher Unschärfe sein, da die Auswahl der begriffsbildenden Merkmale legitimerweise maßgeblich durch den mit der Klassifikation verfolgten Zweck bestimmt wird.[92]

Vorliegende Arbeit hat zum Ziel, die Rechtmäßigkeit spezifisch berufs- und standesrechtlicher Werbevorschriften zu untersuchen. Für ein angemessenes Verständnis des Begriffs der Freiberuflichkeit, mit dem Werberestriktionen häufig gerechtfertigt werden sollen, ist eine Teildefinition nur bedingt hilfreich. Da eine Einheitsdefinition, die sowohl soziologische als auch rechtliche Aspekte umfaßt, nach der Methode der Bildung abstrakter Begriffe nicht möglich ist, muß eine andere Lösung gefunden werden.

---

88 Vgl. *Ring*, Wettbewerbsrecht, S. 575.

89 Vgl. *Sodan*, Freie Berufe, S. 45; *Taupitz*, Standesordnungen, S. 22.

90 *Fleischmann*, Freie Berufe, S. 41.

91 Vgl. *Quaas*, MedR 2001, S. 34, 35: „Der Freie Beruf ist also ein – rechtlich – undefinierbarer Begriff." Vgl. auch *Sodan*, Freie Berufe, S. 63; *Taupitz*, Standesordnungen, S. 23 ff.

92 Vgl. auch *Larenz*, Methodenlehre, S. 469.

2. Alternative zum abstrakten Begriff: Typusbegriff „freier Beruf“

Ein Ausweg aus dem Definitionsdilemma findet sich in der Verwendung des Typusdenkens, das mehrere Autoren im Zusammenhang mit dem Begriff „freier Beruf“ zu verwenden vorschlagen, um der „Fülle dieser sozialen Erscheinung gerecht zu werden.“[93] So sei statt der Suche nach einem abstrakt-generellen Einheitsbegriff eine typisierende berufsbildorientierte Sicht – verbunden mit einigen wenigen zentralen Kriterien freiberuflicher Tätigkeit – vorzuziehen.[94] Typusbegriffe lassen sich – im Gegensatz zu den abstrakt-allgemeinen oder „Klassenbegriffen“[95] – schon dann auf einen Gegenstand anwenden, wenn dieser nicht alle den Typusbegriff auszeichnenden Merkmale erfüllt.[96] Der Typusbegriff besitzt keine geschlossene Anzahl ihn konstituierender Kriterien, sondern lediglich eine Reihe ihn prägender, eben typischer Merkmale.[97]

Im Typusdenken wird ein scheinbar leichter Ausweg aus begrifflichen Konstruktionsschwierigkeiten gesehen,[98] gleichsam eine „Befreiung von den spanischen Stiefeln der scholastisch befangenen Klassenbegriffs-Logik“[99]. Für die gedankliche Erfassung des Phänomens der Freiberuflichkeit kann die Anwendung der Methode des Typusdenkens deswegen nützlich sein, weil diese eine wertende Entscheidung darüber ermöglicht, ob es gerechtfertigt erscheint, einen Beruf den freien Berufen zuzurechnen oder nicht, ohne eine Einteilung der verschiedenen Berufstätigkeiten nach deskriptiven Eigenschaften formallogisch vornehmen zu müssen.[100] Bei all den Chancen, die sich durch das Denken in Typen eröffnen, dürfen jedoch dessen Gefahren nicht übersehen werden. Diese liegen v. a. darin, daß die Diskussion konkreter Rechtsprobleme unbestimmt wird, da nicht immer eindeutig ist, ob ein Objekt bei Fehlen eines Merkmals dem Typusbegriff grundsätzlich nicht mehr unterfällt oder ob dieses Merkmal des Typus nur ausnahmsweise fehlt.[101] Besonders ge-

---

93 *Taupitz*, Standesordnungen, S. 23; für weitere Autoren, die die Verwendung des Typusdenkens vorschlagen, vgl. etwa *Görl*, Freie Berufe im Steuerrecht, S. 38, 42 ff.; *Hummes*, Sonderstellung der freien Berufe, S. 83 ff.; *Müller*, Einbeziehung der Freien Berufe in das Handelsrecht, S. 25 ff.; *Sodan*, Freie Berufe, S. 63 ff.

94 *Pitschas*, in: R. Schmidt, Öffentl. Wirtschaftsrecht BT II, § 9, Rn. 5.

95 Vgl. zu diesem Begriff *Engisch*, Idee der Konkretisierung, S. 246; *Kaufmann*, Analogie, S. 47.

96 Vgl. *Larenz*, Methodenlehre, S. 461 ff.; *Leenen*, Typus und Rechtsfindung, S. 44 ff.; *Strache*, Denken in Standards, S. 53 ff.; *Taupitz*, Standesordnungen, S. 24.

97 Vgl. das griech. Wort „typos“ (hier transliteriert), das mit „Eindruck“, „Abdruck“, „Gepräge“, „Gestalt“, „Form“ übersetzt werden kann, vgl. *Menge*, Wörterbuch Griechisch, S. 450 (s. auch das Wort „Schreibmaschinentype“); vgl. ferner *Hummes*, Sonderstellung der freien Berufe, S. 86 ff. im Hinblick auf den Begriff „freier Beruf“.

98 Vgl. *Taupitz*, Standesordnungen, S. 25.

99 *Heyde*, Studium Generale 1952, S. 235, 244.

100 Vgl. *Taupitz*, Standesordnungen, S. 26.

101 Vgl. *Taupitz*, Standesordnungen, S. 28 f.

fährlich ist das Denken in Typen überall dort, wo der Rechtssicherheit erhöhte Bedeutung zukommt. So ist es mit den rechtsstaatlichen Prinzipien der Gesetzmäßigkeit und der Bestimmtheit (Art. 103 Abs. 2 GG) nicht vereinbar, mit Typusbegriffen beschriebene Verhaltensweisen zum Anknüpfungspunkt für strafrechtliche Sanktionen zu machen. Entsprechendes gilt für die Eingriffsverwaltung, aber auch im Hinblick auf berufsrechtliche Sanktionen.[102] In grundrechtsrelevanten Bereichen sollte deswegen auf den Gebrauch von Typusbegriffen soweit wie möglich verzichtet werden.[103] Für die Verwendung des Typusdenkens im Zusammenhang mit dem Begriff „freier Beruf" bestehen hingegen aus rechtsstaatlicher Sicht dann keine Bedenken, wenn man die Prämisse des BVerfG akzeptiert, daß allein aus der Zuordnung einer Tätigkeit zu den freien Berufen keine normativen Wirkungen für ihre Behandlung im Recht (oder auch nur im öffentlichen Recht) ausgehen.[104] Wie zu zeigen sein wird, ist diese Vorgabe, an der auch erkennbar wird, daß das BVerfG den Begriff „freier Beruf" nicht als Rechtsbegriff verstanden wissen will, gerade auf dem Gebiet des Werberechts noch nicht allgemein anerkannt.[105]

3. Unterarten des Typusbegriffs „freier Beruf"

Im wesentlichen lassen sich zwei Spezifikationen des Typusbegriffs „freier Beruf" unterscheiden:[106] der empirische Gestalttypus und der axiologische Idealtypus.

Der empirische Gestalttypus „freier Beruf" trägt charakteristische Züge, die sich durch Erfahrung (Empirie) soziologisch bestätigen lassen. In der Realität kommen nicht bei allen im Sinne des empirischen Gestalttypus freiberuflichen Tätigkeiten alle charakteristischen Wesenszüge in gleicher Ausprägung vor; es lassen sich mitunter Tätigkeiten finden, die „typischer" sind.

„Axiologischer Idealtypus" ist der Typus, dem deswegen ein Wertvorzug gegenüber den verschiedenen Mischformen zugemessen wird, weil er nicht Abbild „der Wirklichkeit, sondern „Vorbild" oder „Urbild" sein will."[107] Zwar wird auch er, ebenso wie der empirische Gestalttypus, aus der Realität abgeleitet. Er ist jedoch

---

102 Vgl. hierzu näher unten, Vierter Teil, B. IX.

103 In diesem Zusammenhang sei an den Mißbrauch des Denkens in Typen zur Zeit des Nationalsozialismus erinnert (vgl. hierzu z. B. *Rüthers,* Unbegrenzte Auslegung, S. 307 ff.), insbesondere an die Lehre vom Tätertypus, auf die die bis heute gültige Formulierung des § 211 Strafgesetzbuch (StGB) zurückzuführen ist (vgl. *Roxin,* Strafrecht AT I, § 6, Rn. 10 ff.).

104 Vgl. BVerfGE 10, 354, 364.

105 So werden z. B. Werbebeschränkungen häufig mit der Zugehörigkeit eines Berufs zu den freien Berufen begründet, vgl. näher unten, Vierter Teil, E. VI.

106 Nach *Taupitz,* Standesordnungen, S. 34 ff.

107 *Taupitz,* Standesordnungen, S. 34; an derselben Stelle finden sich auch die Ausführungen zum empirischen Gestalttypus; zum Wertvorzug vgl. S. 35.

eine Modellvorstellung, bei der für die Beschreibung extreme Bezugspunkte gewählt werden, also die wesentlichen Züge einseitig gesteigert werden.[108]

Der von Max Weber als „Idealtypus" bezeichnete Typus[109] ist demgegenüber noch am empirischen Durchschnittstypus orientiert. Beide haben primär klassifizierende Funktion; der axiologische Idealtypus wendet sich hingegen auch an die Berufsausübenden selbst. Als Zielbild hält das Berufs- und Standesrecht den Berufsangehörigen immer wieder „den" freien Beruf in diesem Sinne vor, an dem sich das berufliche Handeln zu orientieren habe; der axiologische Idealtypus gewinnt damit insbesondere bei der Rechtfertigung von Werberestriktionen Bedeutung.[110]

4. Unterscheidung Berufsstand – einzelne Berufsangehörige

Die Zuordnung einer Profession zu den freien Berufen wird nach Merkmalen vorgenommen, die innerhalb des Gesamtberufs, also bei den Tätigkeiten der überwiegenden Mehrzahl der Berufsangehörigen, vorherrschen. Diese Eigenschaften charakterisieren dann auch solche Beschäftigungen als freiberuflich, die aufgrund einer Einzelfallbetrachtung anders einzustufen wären. Mit anderen Worten: Es kann jemand, ohne selbst freiberuflich (im untechnischen Sinn) tätig zu sein, Angehöriger eines freien Berufs sein. Dies ist z. B. bei angestellten Rechtsanwälten der Fall.

Auch der umgekehrte Fall ist denkbar: Jemand kann freiberuflich (im untechnischen Sinne) tätig sein, ohne einem freien Berufsstand anzugehören. Dies ist etwa bei einem selbständigen Privatlehrer der Fall. Obwohl bei einzelnen Lehrern durchaus eine Anzahl „typisch" freiberuflicher Merkmale vorhanden ist, wird das Berufsbild der Lehrer in Deutschland von angestellten oder verbeamteten Berufstätigen geprägt, weswegen der Beruf des Lehrers nicht zu den freien Berufen gezählt wird.[111]

VII. Typische Merkmale des Begriffs „freier Beruf"

Merkmale, die in den oben dargestellten Versuchen zur Definition vom einheitlichen oder gegliederten abstrakten Begriff „freier Beruf" verwendet wurden, können auch bei der Bildung des Typusbegriffs „freier Beruf" herangezogen werden. Zwar sind diese Kriterien für die Bildung eines abstrakten Begriffs „freier Beruf"

---

108 Vgl. *Weber*, in: Gesammelte Aufsätze zur Wissenschaftslehre, S. 146, 191.

109 Vgl. *Weber*, in: Gesammelte Aufsätze zur Wissenschaftslehre, S. 146, 199 ff.

110 Vgl. näher unten, Vierter Teil, E. VI. 1.

111 Vgl. zur Unterscheidung zwischen einzelnen Berufsangehörigen und dem Berufsstand *Taupitz*, Standesordnungen, S. 36 ff.

untauglich, weil entsprechende Charakteristika entweder auch bei nicht freiberuflichen Berufen zu finden sind, andererseits solche Wesenszüge in verschiedenen als frei anerkannten Berufen fehlen.[112] Für die Verwendung innerhalb eines Typusbegriffs „freier Beruf" sind die angesprochenen Merkmale jedoch durchaus geeignet: Ein solcher Begriff konstituiert sich aus Merkmalen, die ihm aufgrund einer wertenden Beurteilung des gesamten Berufsbildes zugerechnet werden.[113] Die Herausarbeitung der typischen Merkmale der freien Berufe wird im folgenden insbesondere anhand der Tätigkeiten des Rechtsanwalts und des Arztes vorgenommen. Dies geschieht nicht nur deshalb, weil die vorliegende Arbeit hauptsächlich berufs- und standesrechtliche Werberegelungen untersuchen will, sondern auch, weil sich die „freie Advokatur" als „zentraler (selbst)bewußtseins- und traditionsbildender Faktor der Freien Berufe offenbart"[114], und zudem, weil die Strukturen dieser beiden Berufe als Idealausprägung der Freiberuflichkeit angesehen werden können.[115]

Pauschal ausgedrückt stehen die „freien Berufe" eingespannt zwischen den abhängig Beschäftigten (Beamten, Angestellten), Gewerbetreibenden und Berufen der Urproduktion.[116] Dies gilt zumindest für den axiologischen Idealtypus des freien Berufs.[117] Eine Besonderheit weist die Stellung des Apothekers auf, der nicht nur Freiberufler, sondern auch Gewerbetreibender ist.[118]

Den schon als traditionell zu bezeichnenden typischen Merkmalen des Begriffs „freier Beruf" liegt, wie allen anderen Berufen, die allgemeine Vorstellung des Gesetzgebers und der Rechtsprechung vom Begriff „Beruf" zugrunde.[119]

1. 1. Merkmal: Erbringung ideeller Leistungen

Kennzeichnend für die freiberufliche Tätigkeit ist die Produktion ideeller Leistungen.[120] Dies schließt nicht aus, daß die Leistung eines Freiberuflers auch mate-

---

112 Vgl. für das von ihm so genannte Merkmal „idealistische Berufskomponente" *Hummes,* Sonderstellung der freien Berufe, S. 65.

113 So *Taupitz,* Standesordnungen, S. 39.

114 *Pitschas,* in: R. Schmidt, Öffentl. Wirtschaftsrecht BT II, § 9, Rn. 6.

115 Vgl. *Hummes,* Sonderstellung der freien Berufe, S. 86.

116 Vgl. *Taupitz,* Standesordnungen, S. 39.

117 Vgl. zum axiologischen Idealtypus oben, VI. 3.

118 Vgl. bereits oben, Erster Teil, B.

119 Vgl. hierzu oben, vor I.

120 Vgl. *Deneke,* Die freien Berufe, S. 116 f.; *Fleischmann,* Freie Berufe, S. 27 ff.; *Pitschas,* in: R. Schmidt, Öffentl. Wirtschaftsrecht BT II, § 9, Rn. 12; vgl. auch BVerfGE 10, 354, 365: „[...] Verwirklichung ideeller Werte im gesellschaftlichen Leben". Kritisch zum Merkmal „geistige Tätigkeit" *Gleißner-Klein,* Private Standesregeln im Wettbewerbsrecht, S. 71 f.: „Die damit angesprochene Trennung von Hand- und Kopfarbeit mutet im Zuge der technischen und wirtschaftlichen Entwicklung fast schon anachronistisch an. Der Anteil von handwerklichen oder gewerblichen Berufen mit einfachen Tätigkeiten mechanischer Art geht

rielle Elemente enthalten kann (man stelle sich etwa einen Zahnersatz vor, der von einem Zahnarzt erstellt wurde). Entscheidend ist jedoch, daß das ideelle Element überwiegt. Dies ist bei den Tätigkeiten von Rechtsanwälten, Ärzten und Apothekern der Fall, auch wenn sich bei allen drei Berufen eine gewisse Gleichheit des Ablaufs einzelner Tätigkeitselemente feststellen läßt.

2. 2. Merkmal: Persönliche Leistungen, Ergebnisse persönlicher Leistungen werden erbracht

Bei der Leistungserbringung durch den Freiberufler steht dessen Persönlichkeit im Vordergrund.[121] Die Art, wie ein Rechtsanwalt, Arzt oder Apotheker mit einem bestimmten Fall umgeht, ist von seiner Person direkt geprägt. Der Persönlichkeit der Leistungserbringung widerspricht auch nicht zwingend, daß an den Leistungen von Freiberuflern häufig andere Personen beteiligt sind, wenn der Rechtsanwalt, Arzt oder Apotheker sich dieser lediglich als untergeordneter Helfer bedient, die Gesamtleistung jedoch maßgeblich durch ihn bestimmt ist.[122] Das persönliche Gepräge der Leistung des Freiberuflers bleibt in diesem Fall erhalten, auch wenn die Mitwirkenden selbst Freiberufler sind, wenn also z. B. ein Arzt zur Leistungserstellung bei ihm angestellte andere Ärzte einsetzt.

3. 3. Merkmal: die Leistungen werden eigenbestimmt, eigenverantwortlich und frei von sachlichen Weisungen erbracht

Der Freiberufler unterliegt bei der inhaltlichen Gestaltung der Leistung typischerweise keinen Weisungen dritter Personen.[123] Dies schließt es nicht aus, daß die äußere Gestaltung des Arbeitsablaufs durchaus fremdbestimmt sein kann. Kennzeichnend ist jedoch, daß i. d. R. keine fachlichen Weisungen erteilt werden können. Zweifel an diesem Merkmal können im Hinblick auf angestellte Rechtsanwälte oder Ärzte aufkommen, denn nicht immer ist in derartigen Dienstverhältnissen klar zu unterscheiden, ob es sich bei einer Weisung nur um eine solche organisatorischer Art handelt oder ob sie nicht doch auch fachliche Elemente enthält, in-

---

immer weiter zurück. [...] Freie Berufe verrichten zwar in der Regel geistige Tätigkeiten, doch unterscheiden sie sich dadurch nicht (mehr) von Gewerbetreibenden."

121 Vgl. BVerfGE 46, 224, 241 f.; *Fleischmann,* Freie Berufe, S. 35 ff.; *Pitschas,* in: R. Schmidt, Öffentl. Wirtschaftsrecht BT II, § 9, Rn. 13; *Rittner,* Unternehmen und freier Beruf, S. 19 ff.

122 Vgl. auch *Höppner,* AnwBl. 1979, S. 446; zu den Voraussetzungen der Zulässigkeit einer Delegation von Tätigkeiten durch Ärzte vgl. *Peikert,* MedR 2000, S. 352 ff.

123 Vgl. BVerfGE 9, 338, 351; 16, 286, 294 f.; *Fleischmann,* Freie Berufe, S. 92; *Höppner,* BB 1961, S. 1209; *Michalski,* Begriff des freien Berufs, S. 97 ff.; *Pitschas,* in: R. Schmidt, Öffentl. Wirtschaftsrecht BT II, § 9, Rn. 14; vgl. zu diesem Merkmal im Hinblick auf vertragsärztliche Tätigkeit *Muschallik,* MedR 1995, S. 6 ff.

dem sie z. B. die Art einer Fallbearbeitung vorschreibt. Ein letzter Kernbereich der eigenverantwortlichen Ausführung eines Auftrags wird jedoch auch hier allein schon deswegen anzunehmen sein, weil eine Kontrolle darüber, ob sich der Ausführende exakt an die vorgegebenen Weisungen gehalten hat, nur selten möglich ist. Auch können die Weisungen gar nicht so genau sein, daß dem jeweiligen angestellten Freiberufler nicht noch eigener Spielraum etwa im Hinblick auf die anzuwendende Methode verbliebe. Ein Kernbereich fachlicher Weisungsfreiheit ist also regelmäßig anzunehmen. Mit der Eigenbestimmtheit in der sachlichen Ausführung der Leistung korrespondiert die Verantwortlichkeit des Freiberuflers für das Ergebnis seiner Tätigkeit.

4. 4. Merkmal: wirtschaftliche Selbständigkeit

Im Kriterium der wirtschaftlichen Selbständigkeit ist die Abgrenzung der freiberuflichen Tätigkeit gegenüber der weisungsgebundenen Beamten- und der abhängigen Arbeitnehmertätigkeit zu sehen.[124] Es ist als Postulat (Ausprägung des axiologischen Idealtypus) dahingehend zu verstehen, daß die betreffende Berufstätigkeit üblicherweise in wirtschaftlich selbständiger Stellung ausgeübt werden muß.[125] Empirisch läßt sich eine Anzahl von Angehörigen traditionellerweise als „frei“ betrachteter Berufe beobachten, die wirtschaftlich nicht unabhängig sind: zu denken ist hier an angestellte Rechtsanwälte oder Krankenhausärzte. Dieses Phänomen allein ändert jedoch, da es zwischen dem einzelnen Berufsangehörigen und dem gesamten Berufsstand zu differenzieren gilt,[126] nichts an der Typizität des Merkmals „wirtschaftliche Selbständigkeit“. Die wirtschaftliche Selbständigkeit manifestiert sich insbesondere in den Honorar- und Gebührenordnungen, z. B. der Bundesgebührenordnung für Rechtsanwälte (BRAGO). Die Gebührenordnungen legen eine Untergrenze für die Bezahlung der Tätigkeit fest und schränken so die wirtschaftliche Abhängigkeit zum Auftraggeber ein.[127]

5. 5. Merkmal: Erfordernis einer qualifizierten Ausbildung bzw. schöpferischen Befähigung[128]

Das Merkmal einer qualifizierten Ausbildung bzw. schöpferischen Befähigung, also einer besonderen Begabung zu einem bestimmten Tätigwerden, ist historisch auch erklärbar aus dem Versuch der freien Berufsstände, sich von verwandten Be-

124 Vgl. BVerfGE 16, 286, 294 f.; BVerwGE 68, 324, 327; *Michalski,* Begriff des freien Berufs, S. 111 ff.

125 Vgl. *Deneke,* Klassifizierung der freien Berufe, S. 27 f.

126 Vgl. oben, VI. 4.

127 Vgl. *Pitschas,* in: R. Schmidt, Öffentl. Wirtschaftsrecht BT II, § 9, Rn. 15.

128 Vgl. zu diesem Merkmal allgemein *Sodan,* Freie Berufe, S. 77 ff.

rufen mit niedrigeren Qualifikationsanforderungen abzugrenzen.[129] Solche Parallelberufe sind für Rechtsanwälte etwa Rechtsbeistände, für Ärzte Heilpraktiker, für Apotheker Drogisten. Die Ausübung vieler freier Berufe wird von einer hohen Qualifikation abhängig gemacht. So fordert beispielsweise § 4 BRAO für die Zulassung zur Rechtsanwaltschaft die Befähigung zum Richteramt nach dem Deutschen Richtergesetz, die gem. § 5 Abs. 1 DRiG durch die Absolvierung eines Hochschulstudiums und eines Vorbereitungsdienstes erworben wird. § 3 Abs. 1 Nr. 4 und 5 BÄO macht die Approbation für Ärzte von einem mindestens sechsjährigen Hochschulstudium und einer zweijährigen Tätigkeit als Arzt im Praktikum abhängig. Für Apotheker findet sich die entsprechende Regelung in § 4 Abs. 1 Nr. 4 Bundesapothekerordnung (BApO), der eine Gesamtausbildungszeit von mindestens fünf Jahren festschreibt.

6. 6. Merkmal: besonderes Vertrauensverhältnis zwischen Freiberufler und Auftraggeber

Zwischen Freiberufler und seinem Auftraggeber – sei er nun Mandant, Patient oder Kunde – besteht typischerweise ein besonderes Vertrauensverhältnis.[130] Der Vertragspartner des Freiberuflers kann in vielen Fällen nicht selbst beurteilen, wie gut die von seinem Rechtsanwalt, Arzt oder Apotheker usw. erbrachte Dienstleistung wirklich ist. Er muß deshalb darauf vertrauen, daß der Freiberufler, an den er sich gewandt hat, seinen Fall in seinem Sinne bestmöglich behandelt. Voraussetzung dafür, daß solches Vertrauen auf die fachliche Befähigung des Freiberuflers entstehen kann, ist, daß dieser eine qualifizierte Ausbildung erfahren hat (5. Merkmal).

Mandanten, Patienten und Kunden müssen ihrem jeweiligen Vertragspartner gegenüber insbesondere auch deswegen besonderes Vertrauen haben können, weil sie dem Rechtsanwalt, Arzt oder Apotheker meist sehr intime Geheimnisse aus ihrer Privat-, bisweilen sogar der Intimsphäre offenbaren,[131] bezüglich deren sie sich diskrete Behandlung erhoffen. Diese Ausprägung des Vertrauensverhältnisses ist durch die § 203 StGB – „Verletzung von Privatgeheimnissen" – und § 204 StGB – „Verwertung fremder Geheimnisse" – auch strafrechtlich abgesichert.[132] Der Freiberufler andererseits muß sich auf die Richtigkeit der Informationen seines Vertragspartners verlassen können, um seine Aufgabe angemessen zu erfül-

---

129 Vgl. *Taupitz,* Standesordnungen, S. 49 f.

130 Vgl. *Fleischmann,* Freie Berufe, S. 53 f.; *Henke,* NJW 1974, S. 2035, 2036; *Michalski,* Begriff des freien Berufs, S. 80 ff.; *Zuck,* in: Herrmann / Backhaus (Hrsg.), Staatlich gebundene Freiberufe im Wandel, S. 1, 7.

131 Vgl. *Gleißner-Klein,* Private Standesregeln im Wettbewerbsrecht, S. 79 ff.

132 Vgl. *Sodan,* Freie Berufe, S. 80; vgl. auch *Pitschas,* in: R. Schmidt, Öffentl. Wirtschaftsrecht BT II, § 9, Rn. 21, der die Existenz von Berufsgeheimnissen als eigenständiges Merkmal des Typus „freier Beruf" behandelt.

len.[133] Trotz des relativ engen persönlichen Vertrauensverhältnisses ist eine gewisse Distanz des Freiberuflers zu seinem Vertragspartner nötig, damit er sachgerecht und ohne emotionale Bindung tätig werden kann.[134]

7. 7. Merkmal: Axiom des Altruismus als Motiv für das Tätigwerden[135]

Zum axiomatischen Idealtypus[136] des freien Berufes gehört die Forderung, der jeweilige Berufsangehörige solle seine Tätigkeit altruistisch ausüben.[137] Dieser Altruismus hat zwei Ausprägungen.

Einerseits erfordert er, die eigenen wirtschaftlichen Interessen bei der Berufsausübung zurücktreten zu lassen.[138] Idealerweise soll die Arbeit vom Freiberufler um ihrer selbst willen durchgeführt werden. Dieser Auffassung entspricht der Versuch des Gesetzgebers, alle Bereiche der Berufsausübung, die Bezug zum materiellen Gewinn des Freiberuflers haben, zu reglementieren. Hieraus erklärt sich beispielsweise die Existenz von staatlichen Gebühren- und Honorarregelungen. Auch der aus der Antike stammende Begriff „Honorar" selbst entspringt diesem Gedanken. Das lateinische „honorarium" bedeutet „Ehrengabe", die als Anerkennung vergeben wurde, und nicht etwa „Lohn", der die Gegenleistung für eine Tätigkeit darstellt.[139] Im Zusammenhang „mit der dienenden Funktion des Freien Berufs"[140] stehen auch mehr oder weniger strikte Reglementierungen der Werbung: Die Systemfunktion des freien Berufs setze, so wird behauptet, einem „überzogenen Gewinnstreben, u. a. durch aufdringliche Werbung, Grenzen."[141]

Die andere Komponente des Axioms des Altruismus der freien Berufe besteht darin, daß Angehörige dieser Berufe in besonderer Weise den Interessen ihres Auftraggebers, des Standes, dem sie angehören, und dem Gemeinwohl verpflichtet sein sollen.[142] Insbesondere diese Gemeinwohlorientierung hat ihren Ursprung

---

133 In diesem Zusammenhang relevant sind Informationspflichten des Mandanten gegenüber dem Rechtsanwalt, vgl. *Borgmann,* BRAK-Mitt. 2001, S. 72 f.

134 Vgl. *Taupitz,* Standesordnungen, S. 53.

135 Vgl. allgemein zu diesem Merkmal z. B. *Pitschas,* in: R. Schmidt, Öffentl. Wirtschaftsrecht BT II, § 9, Rn. 17 ff.

136 Vgl. hierzu oben, VI. 3.

137 Vgl. z. B. *Ottmann/Adam,* BayÄBl. 2001, S. 144: „Die Berufsausübung unterliegt dem ausdrücklichen Postulat, altruistisch und nicht egoistisch motiviert zu sein." Kritisch zu diesem Merkmal *Gleißner-Klein,* Private Standesregeln im Wettbewerbsrecht, S. 72 f.

138 Vgl. bereits RGZ 66, 143, 148; *Taupitz,* Standesordnungen, S. 59 ff.

139 Vgl. *Drosdowski,* Etymologie, S. 290 (Stichwort „Honorar").

140 *Quaas,* MedR 2001, S. 34, 35.

141 *Pitschas,* in: R. Schmidt, Öffentl. Wirtschaftsrecht BT II, § 9, Rn. 18.

142 Vgl. *Taupitz,* Standesordnungen, S. 63; für die Rechtsanwaltschaft insbesondere *Schiefer,* NJW 1987, S. 1969, 1972.

wohl in einer Erwartung der Gesellschaft, der Freiberufler verwirkliche mit seiner Tätigkeit gewisse Werteinstellungen.[143] Besonders deutlich wird diese „ethische Ausrichtung“[144] in den Berufsgesetzen angesprochen. Gem. § 1 BRAO ist der Rechtsanwalt „Organ der Rechtspflege“. Für Apotheker bestimmt die Vorschrift des § 1 Satz 2 BApO, sie dienten der Gesundheit des einzelnen Menschen und des gesamten Volkes. § 1 Abs. 1 BÄO lautet entsprechend. Die Forderung altruistischer Gesinnung zeigt sich auch daran, daß die meisten Berufsgesetze und Standesordnungen vom Freiberufler verlangen, dem „Ansehen und der Würde“ seines Standes gerecht zu werden. So spricht § 43 Satz 2 BRAO davon, der Freiberufler habe sich „der Achtung und des Vertrauens, welche die Stellung des Rechtsanwalts erfordert, würdig zu erweisen.“ Der Gedanke einer altruistischen Orientierung liegt auch der vom BVerfG im Hinblick auf die rechtsanwaltliche Tätigkeit geprägten Formel vom „staatlich gebundenen Vertrauensberuf“[145] zugrunde. Nicht zu verwechseln ist dieser Begriff mit dem des „staatlich gebundenen freien Berufs“. Hierzu zählen solche Tätigkeiten, die dem Typus des freien Berufs zugerechnet werden können, die jedoch zusätzlich ein Element einer Bindung zum Staat aufweisen, das anderen freien Berufen nicht zueigen ist: das der staatlichen Beauftragung.[146] Beispiele für solche staatlich gebundenen freien Berufe sind diejenigen des Notars[147] (vgl. §§ 1, 12 Bundesnotarordnung – BNotO) und des Öffentlich bestellten Vermessungsingenieurs (ÖbVI)[148].

8. 8. Merkmal: Berufsständische Autonomie

Typisch für die freien Berufe ist, daß sie „berufsständische Autonomie“ besitzen.[149] Seitens des Staates wurde den Berufskammern einer Reihe freier Berufe ein begrenztes Recht zur Selbstverwaltung verliehen. So ist z. B. die (Spitzen-) Standesorganisation der Rechtsanwälte, die Bundesrechtsanwaltskammer[150], im

---

143 Vgl. *Pitschas,* in: R. Schmidt, Öffentl. Wirtschaftsrecht BT II, § 9, Rn. 18.

144 Vgl. *Poll,* JR 1996, S. 441, 444.

145 BVerfGE 38, 105, 119.

146 Vgl. *Herrmann,* in: Herrmann / Backhaus (Hrsg.), Staatlich gebundene Freiberufe im Wandel, S. 143, 144, 147 ff.

147 Daraus, daß Notare Träger eines öffentlichen Amtes sind, läßt es sich erklären, daß sie hinsichtlich der Werbemöglichkeiten strengeren Bindungen unterliegen als Rechtsanwälte, vgl. *Schippel,* in: Seybold / Hornig / Schippel, BNotO, § 29, Rn. 3; für Anwaltsnotare ergeben sich hieraus Schwierigkeiten im Hinblick auf die Anwendung von Standesrecht, vgl. *Schippel,* in: Seybold / Hornig / Schippel, BNotO, § 29, Rn. 3, 19 ff.; vgl. zur Abgrenzung erlaubter Werbeeffekte von berufswidriger Werbung bei Notaren BGH, NJW-RR 2002, S. 58 (betr. das Anbringen von Namensschildern).

148 Vgl. zu diesem Beruf *Sodan,* in: Herrmann / Backhaus (Hrsg.), Staatlich gebundene Freiberufe im Wandel, S. 41 ff.

149 Vgl. zum Merkmal allgemein: *Fleischmann,* Freie Berufe, S. 137; *Redeker,* DVBl. 1952, S. 201 ff.; vgl. für Ärzte insbesondere *Laufs,* MedR 1986, S. 163, 165.

150 Vgl. §§ 175 ff. BRAO.

Rahmen des § 177 BRAO zur Selbstverwaltung berechtigt. Entsprechendes gilt für die auf Länderebene bestehenden Ärztekammern und die Landesapothekerkammern.[151] Eine Ausprägung dieser Autonomie ist etwa die Möglichkeit zur Überwachung beruflicher Verhaltensstandards, äußerstenfalls mittels Sanktionen berufsständischer Gerichte.[152]

Das Merkmal des Vorliegens berufsständischer Autonomie ist jedoch für die Zuordnung eines Berufs zu den freien Berufen kein dominanter Aspekt, was sich daran zeigt, daß durchaus Unterschiede in der Intensität der Inpflichtnahme von Angehörigen freier Berufe in unterschiedlichen Ländern der Bundesrepublik bestehen.[153] Die Verwendung alleine des Merkmals der Existenz berufsständischer Regelungen zur Zuordnung eines Berufs zu den freien Berufen genügt deswegen nicht.[154]

9. 9. Merkmal: Ermächtigung zum Erlaß verbindlicher Regelungen durch die berufsständischen Vereinigungen, insbesondere im Hinblick auf Werbung[155]

Eigentlich eher eine weitere Ausprägung der berufsständischen Autonomie der freien Berufe als ein eigenständiges Merkmal ist die Existenz berufsständischer Regelungen. Den berufsständischen Vereinigungen wird durch die betreffenden Berufsgesetze auch die Befugnis zum Erlaß berufsständischer Regelungen erteilt.[156] Die Existenz standes- und berufsrechtlicher Werbevorschriften ist ebenfalls typisch für freie Berufe; als einziges Kriterium zur Einordnung einer Tätigkeit als freiberuflich[157] taugt die Existenz spezifischer Werberegelungen jedoch nicht.[158]

Derartige Werbevorschriften engen die Möglichkeiten zu modernen Marketingmaßnahmen auch heute noch teilweise empfindlich ein. Die Werbevorschriften sind materiell Ausprägungen des Gebots, das Gewinnstreben hintanzustellen, und werden daher von einigen Autoren ausschließlich diesem Merkmal der Freiberuflichkeit zugerechnet.[159]

---

151 Vgl. näher zur Berufsorganisation unten, Dritter Teil, A. I.

152 Vgl. z. B. für Rechtsanwälte § 113 ff. BRAO.

153 Vgl. *Tettinger,* DÖV 2000, S. 534, 536 m. w. N.

154 Vgl. auch BVerfG, NJW 2000, S. 859, 860.

155 Vgl. hierzu *Sodan,* Freie Berufe, S. 73, der das „Verbot berufswidriger Werbung" als eigenes Merkmal des Typusbegriffs „freier Beruf" betrachtet.

156 Vgl. näher unten, Dritter Teil, A. IV.

157 Vgl. *Ring,* Wettbewerbsrecht, S. 575 f.

158 Vgl. *Tettinger,* MedR 2001, S. 287, 288; BVerfG, NJW 2000, S. 859, 860.

159 Vgl. *Taupitz,* Standesordnungen, S. 62 f., vgl. aber auch S. 40.

VIII. Zusammenfassung: Begriff „freier Beruf"

Wie dargestellt, ist eine zufriedenstellende abstrakte Definition des Begriffs „freier Beruf" nicht möglich. Der Tatsache, daß unter ihn eine Anzahl verschiedenartiger sozialer Tätigkeitsphänomene fallen, wird es eher gerecht, den Begriff „freier Beruf" als Typusbegriff zu verstehen. Dieser zeichnet sich durch folgende Merkmale aus: (1) Ideelle Leistungen werden (2) persönlich, (3) eigenbestimmt, eigenverantwortlich und weisungsfrei in (4) wirtschaftlicher Selbständigkeit (5) durch einen qualifiziert Ausgebildeten und / oder schöpferisch Befähigten (6) aufgrund eines besonderen Vertrauensverhältnisses erbracht. (7) Erwartet wird vom Freiberufler, daß er grundsätzlich aus altruistischen Motiven tätig wird. Die Standes- bzw. Berufsorganisationen freier Berufe sind (8) mit berufsständischer Autonomie ausgestattet, die (9) insbesondere auch Rechtssetzungsmacht mit sich bringt.

B. Berufsbild: Begriff und Bedeutung des Begriffs für Werberegelungen

Seit jeher wird versucht, die Existenz von Werbebeschränkungen für Freiberufler mit dem Argument, das „Berufsbild" der jeweiligen Profession müsse geschützt werden, zu rechtfertigen.[160] Was genau mit dem Begriff „Berufsbild" gemeint ist, ist dabei fraglich. Eine Untersuchung über Beschränkungen der Berufsfreiheit muß primär von einem verfassungsrechtlichen Begriff von Beruf und Berufsbild ausgehen. Der Begriff „Beruf"[161] wird in Art. 12 GG ausdrücklich genannt, der Begriff „Berufsbild" hingegen findet sich im Grundgesetz nicht. Vielmehr haben ihn Rechtsprechung[162] und Lehre zur Ergänzung des Begriffs „Beruf" entwickelt.

Der Begriff des Berufsbildes stammt aus einer Schrift Ubers aus dem Jahr 1952[163]. Uber verstand hierunter die Summe der durch „Vorstellungen der Allgemeinheit" festgelegten Merkmale eines Berufs.[164] Im Rahmen seiner Rechtsprechung zu Art. 12 GG hat das BVerfG klargestellt, daß nicht nur solche Tätigkeiten, die soziologisch nachweisbar anerkannt sind, einen Beruf darstellen: Der Berufsbegriff „umfaßt nicht nur alle Berufe, die sich in bestimmten tradierten oder sogar rechtlich fixierten ‚Berufsbildern' darstellen, sondern auch die vom einzelnen frei gewählten untypischen (erlaubten) Betätigungen, aus denen sich dann wieder neue, feste Berufsbilder ergeben mögen."[165] Aus dieser Verwendung des Begriffs „Be-

160 Vgl. näher unten, Vierter Teil, E. VI. 1.

161 Zum Begriff vgl. oben, A., vor I.

162 Zur Berufsbildlehre des BVerfG vgl. *Fröhler / Mörtel,* GewArch. 1978, S. 249 ff.

163 Vgl. *Uber,* Freiheit des Berufs, Hamburg 1952.

164 Vgl. *Uber,* Freiheit des Berufs, S. 91.

165 BVerfGE 7, 377, 397.

rufsbild" kann man schließen, daß das BVerfG hierunter nicht nur tradierte Anschauungen über einen Beruf versteht. Die Rede ist vielmehr auch von „rechtlich fixierten" Berufsbildern und solchen, die noch nicht gefestigt sind. Anders als der Begriff „Berufsbild" vermuten läßt, handelt es sich hierbei nicht (nur) um die Abbildung von Seiendem, sondern auch – wie z. B. am Phänomen gesetzlich fixierter Berufsbildelemente deutlich wird –, um die normative Festlegung von etwas Sein-Sollendem:[166] Das Berufsbild hat nicht nur die Funktion, soziale Realität abzubilden, sondern auch, diese zu gestalten. Die zunächst offene Frage, ob der Gesetzgeber die Merkmale eines Berufs fixieren dürfe, obwohl ein soziologisch feststellbares Berufsbild bereits besteht, bejahte das BVerfG in der Folgezeit.[167] Das sich aus dieser Auffassung ergebende Problem, wie sich die soziologischen Pendants der rechtlich fixierten Berufsbilder zu diesen selbst verhalten, wurde dahingehend entschieden, daß die soziologisch feststellbaren Berufsbilder nicht nur zur Auslegung der gesetzlich fixierten Berufsbilder dienen könnten, sondern auch zur Schließung von Lücken derselben.[168] Sogar Beschränkungen der Berufsausübung, die sich lediglich durch die Auslegung von Berufsausübungsbestimmungen mit Hilfe des soziologisch feststellbaren Berufsbildes ergeben, hatte das BVerfG anerkannt: „Aus der Gesamtregelung der Bundesnotarordnung und des Beurkundungsgesetzes unter Berücksichtigung ihrer Auslegung in Rechtsprechung und Schrifttum ergibt sich [...] eine hinreichend erkennbare und bestimmte, den Anforderungen des Gesetzesvorbehalts genügende Regelung der Berufsausübung."[169] Diese Rechtsprechung erhielt das Gericht jedoch nicht aufrecht: In einer Entscheidung vom 8. April 1998[170] wird es den Instanzgerichten verwehrt, Verbote allein aus Berufsbildern herzuleiten. Allerdings ist der Topos des Berufsbildes nicht etwa bedeutungslos geworden: Gesetzgeber und Rechtsanwender können dem BVerfG zufolge[171] zur Rechtfertigung von Beschränkungen der Berufsausübungsfreiheit, und damit auch von Werbebeschränkungen, nach wie vor auf das Berufsbild Bezug nehmen, soweit dieses Gemeinwohlbelangen dient.

Nach der Rechtsprechung des BVerfG lassen sich ein rechtlich fixiertes und ein soziologisch feststellbares Berufsbild unterscheiden. Ersteres läßt sich als „äußeres" Berufsbild, letzteres als „inneres Berufsbild" bezeichnen.[172]

Das äußere Berufsbild ist die Summe der Normen, die die Eigenschaften eines bestimmten Berufs regeln. Für Rechtsanwälte finden sich solche Normen vornehmlich in der BRAO, für Ärzte und Apotheker in BÄO bzw. BApO.

---

166 Vgl. *H. A. Hesse,* AöR Bd. 95 (1970), S. 449, 458 f.

167 Vgl. BVerfGE 13, 97, 106; vgl. ferner zur Möglichkeit der gestaltenden Ordnung von Berufen durch den Gesetzgeber BVerfGE 21, 173.

168 Vgl. BVerfGE 54, 237, 245 ff.

169 BVerfGE 54, 237, 247.

170 Beschl. v. 8. 4. 1998 – 1 BvR 1773/96 –, BVerfGE 98, 49, 59 ff.

171 Vgl. z. B. BVerfGE 97, 12, 27.

172 Vgl. *Zuck,* in: FS für Geiß, S. 323 ff.

Unter dem inneren Berufsbild soll hier nicht nur die Summe der Anschauungen über einen Beruf in der Bevölkerung verstanden werden, wie es die Auffassung Ubers unter Zugrundelegung der neueren Terminologie sein dürfte. Dies würde beispielsweise bei weniger bekannten Berufen zu Schwierigkeiten führen, da sich solche Anschauungen unter Umständen noch gar nicht gebildet haben. Vielmehr soll unter dem inneren Berufsbild die Summe der Anschauungen der Bevölkerung, der Standesvertreter, vor allem aber der Berufsangehörigen über einen bestimmten Beruf verstanden werden.[173] Diese Begriffsauffassung entspricht dem in der modernen Sozialwissenschaft vertretenen Berufsbildverständnis. Hier werden drei Berufsbilder unterschieden, und zwar nach dem Kriterium der Perspektive derjenigen Personen, die sie entwickeln: das Selbstbild einer Profession, also das Berufsbild, das die Berufsangehörigen von ihrem eigenen Beruf haben, das Fremdbild eines Berufs, das die Bevölkerung von ihm und seinen Berufsangehörigen hat, und das wahrgenommene, perzipierte Fremdbild eines Berufs, womit dasjenige gemeint ist, das die Angehörigen eines Berufs bei anderen Personen vermuten.[174]

C. Berufsrecht – Standesrecht

Was genau unter dem Begriff „Berufsrecht" verstanden wird, und wie und ob überhaupt eine Abgrenzung dieses Begriffs zum Begriff „Standesrecht" zu ziehen ist, kommt in den einschlägigen Erörterungen nicht immer klar zum Ausdruck. Häufig wird zwischen beiden Begriffen sogar überhaupt kein Unterschied gemacht.[175] Im Bericht der Bundesregierung über die Lage der freien Berufe 1979 etwa wird vereinfachend von „Berufs- und Standesrecht"[176], in einer anderen Veröffentlichung von „Berufsstandesrecht"[177] gesprochen.

Ein Indiz dafür, daß zwischen beiden Begriffen ein Unterschied besteht, ist, daß beide existieren und nicht immer synonym verwendet werden.[178] So wird zum Beispiel nur zum Begriff „Standesrecht" aktuell diskutiert, ob der Begriff noch angemessen sei.[179]

Unter Berufsrecht ist rein semantisch der „Inbegriff der Normen [zu] verstehen, die in irgendeiner Form die Ausübung eines bestimmten Berufs regeln."[180] Zum

173 Vgl. *Zuck*, in: FS für Geiß, S. 323, der von einem„schwer zu entwirrende[m] Gemisch von tradierten Vorgaben, eigenen Interessenlagen und zusammenfassenden Schlüssen aus dem berufsrechtlichen Normengeflecht, der Berufsethik und der Berufspolitik" spricht.

174 Vgl. *Hommerich*, in: Hommerich / Prütting, Berufsbild des Syndikusanwalts, S. 49 f.

175 Vgl. kritisch hierzu *Taupitz*, Standesordnungen, S. 156 f.

176 Vgl. BT-Drs. 8 / 3139, S. 20 ff.

177 Nach *Lücke*, Hierarchie des ärztlichen Dienstes, S. 22, soll diesen Ausdruck der Wirtschaftspolitische Ausschuß des Bundestages benutzt haben; *Lücke*, a. a. O., sieht darin ein „Beispiel der [sc. auf diesem Gebiet bestehenden, d. Verf.] begrifflichen Verwirrung".

178 Vgl. *Taupitz*, Standesordnungen, S. 157.

179 Vgl. *Creifelds / Weber*, Rechtswörterbuch, S. 1237.

Berufsrecht in diesem Sinne gehören u. a. Regelungen über die Berufszulassung, die Berufsausübung, die Berufsgerichtsbarkeit und die berufsständische Organisation.[181]

Eine Möglichkeit für die Erfassung des Begriffs „Standesrecht" besteht darin, diesen Begriff – ebenso wie den Begriff „Berufsrecht" – rein materiell aufzufassen. So werden unter „Standesrecht i. e. S." mit Blick auf die Anwaltschaft solche Normen verstanden, die die „Stellung und das Verhalten des Rechtsanwalts gegenüber anderen Rechtsanwälten, seiner Rechtsanwaltskammer und anderen Kammermitgliedern regeln"[182], denn nur insoweit werde der Rechtsanwalt als Mitglied seines Standes beschrieben. Materielles Standesrecht in diesem Sinne findet sich z. B. auch in der BRAO (vgl. nur die Vorschriften über die Rechtsanwaltskammern, §§ 60 ff. BRAO). Die Abgrenzung zum Begriff „Berufsrecht" ist indes bei einem rein materiellen Verständnis des Begriffs „Standesrecht" nur schwierig vorzunehmen: Erst nach Feststellung des Regelungsgehalts jeder einzelnen Norm könnte diese dem richtigen Bereich zugeordnet werden. Ein materielles Verständnis des Begriffs „Standesrecht" ist unpraktikabel und deswegen abzulehnen.

Im folgenden sollen unter „Standesrecht" vielmehr rein formal diejenigen Normen verstanden werden, die von den berufsständischen Vereinigungen aufgrund besonderer gesetzlicher Ermächtigungen erlassen worden sind.[183]

Neben Regelungen zur Organisation der Berufsstandesvereinigungen[184] enthält das Standesrecht auch Vorschriften zur Berufsausübung. So wird z. B. durch § 191 a Abs. 2 i. V. m. § 59 b BRAO der Satzungsversammlung bei der Bundesrechtsanwaltskammer die Kompetenz zum Erlaß einer Berufsordnung zugestanden. Demnach fällt das Standesrecht, das stets berufsbezogen ist, nach der oben genannten Definition unter den Begriff „Berufsrecht". Hieraus ergibt sich, daß Berufsrecht der Oberbegriff ist, der das Standesrecht mitumfaßt.[185] Korrekterweise müßte deswegen innerhalb des (materiell verstandenen) Begriffs „Berufsrecht" unterschieden werden zwischen dem vom Staat selbst erlassenen Berufsrecht und dem von den berufsständischen Vereinigungen kodifizierten Berufsrecht, dem Standesrecht.

Zur terminologischen Erleichterung soll im folgenden vereinfachend unter „Berufsrecht" lediglich das staatlich gesetzte, Berufe betreffende Recht verstanden werden.

---

180 *Taupitz,* Standesordnungen, S. 157.

181 Vgl. BT-Drs. 8/3139, S. 20.

182 *Zuck,* MDR 1996, S. 1204, 1208.

183 Vgl. auch *Taupitz,* Standesordnungen, S. 157.

184 Vgl. z. B. die Hauptsatzung der Bayerischen Landesapothekerkammer vom 27. 9. 1958, zuletzt geändert am 16. 4. 1999 (PZ 1999, S. 1680).

185 Vgl. *Creifelds/Weber,* Rechtswörterbuch, unter dem Begriff „Standesrecht", S. 1237; vgl. zur Einordnung des Begriffs „Arztrecht" in diesem Zusammenhang *Laufs,* Arztrecht, Rn. 50.

Kritisiert wird am Begriff Standesrecht, seine Verwendung sei aufgrund der fortschreitenden Verrechtlichung im Bereich des Berufsrechts heute „nicht unbedingt passend“[186]. Teilweise wird der Begriff Standesrecht bereits durch den des Berufsrechts ersetzt angesehen; Grund hierfür sei ein „Wandel des Zeitgeistes“, der sich in modernen Begriffen ausdrücke, die „ein besseres Gespür für demokratische Strukturen erkennen“[187] lassen. Diese Feststellungen mögen zwar richtig sein, sie verbieten jedoch den Gebrauch des Begriffs „Standesrecht“ keineswegs. Der Begriff „Stand“ mag bisher auf veraltete Strukturen hingedeutet haben, schließt es aber nicht aus, daß unter ihn auch Organisationen fallen, die sich erst in jüngerer Zeit demokratisch organisieren. Berücksichtigt man, daß etwa die bei der Bundesrechtsanwaltskammer neu eingerichtete Satzungsversammlung (vgl. §§ 191 a ff. BRAO) ein durch Wahlen zusammengesetztes Gremium ist, das allen rechtsstaatlichen Anforderungen genügt – aus diesem Grund wird sie zu Recht auch „Parlament der Rechtsanwaltschaft“[188] genannt –, wird deutlich, daß der Begriff Standesrecht nicht nur demokratisch nicht legitimierte Regeln umfassen muß. Daß das Wort möglicherweise vorbelastet ist, hindert nicht, von ihm dennoch Gebrauch zu machen.

Genannt seien an dieser Stelle noch einige Normkomplexe, die für die jeweiligen Berufsangehörigen nicht unmittelbar verbindlich und deswegen nicht „Recht“ im juristisch-technischen Sinne sind,[189] die jedoch mittelbare Bedeutung erlangen können: Hierzu gehören z. B. Richtlinien, Ehrenkodices, Geschäftsordnungen oder die Standessitte.[190]

D. Werbung

Eine Legaldefinition des Begriffs „Werbung“ findet sich derzeit nirgendwo, insbesondere nicht im Gesetz gegen den unlauteren Wettbewerb (UWG), dem Heilmittelwerbegesetz (HWG), dem Säuglingsnahrungswerbegesetz (SNWG) oder der (vor kurzem aufgehobenen[191]) Verordnung über Art und Inhalt der zulässigen Hinweise auf die Befugnis zur Hilfeleistung in Steuersachen (WerbeVOStBerG). Auch Berufsrecht und Standesrecht der Rechtsanwälte, Ärzte und Apotheker enthalten zwar Vorschriften über Werbung, jedoch keine Bestimmung dieses Begriffs.

Eine Möglichkeit der Definition ist es, unter Werbung die Anpreisung eines Produkts oder einer Leistung zu verstehen, gleich ob sie in Wort, Bild oder Ton erfolgt.[192] Eine Stufe abstrakter bestimmt die Rechtsprechung, Werbung sei ein Ver-

186 *Creifelds/Weber*, Rechtswörterbuch, unter dem Begriff „Standesrecht“, S. 1237.

187 *Hartung*, in: Hartung/Holl, Berufsordnung, 2. Aufl., Einf. Rn. 58.

188 *Hartung*, AnwBl. 2000, S. 9.

189 Vgl. hierzu *Taupitz*, Standesordnungen, S. 171 f.

190 Vgl. *Taupitz*, Standesordnungen, S. 158.

191 Vgl. näher Abkürzungs- und Gesetzesverzeichnis.

halten, das darauf angelegt sei, andere dafür zu gewinnen, die Leistung desjenigen, für den geworben werde, in Anspruch zu nehmen.[193] Diese Definition ist insofern weiter, als darunter auch rein sachliche Informationen fallen, die ein Freiberufler der Öffentlichkeit bekanntgibt, nämlich dann, wenn sie mit der Absicht, andere zur Inanspruchnahme seiner Leistung zu bewegen, ans Publikum getragen werden. Solche sachlichen Auskünfte über die eigene Tätigkeit können jedoch nicht immer unter die erstgenannte Definition subsumiert werden, da der Wortlaut von „anpreisen" bedeutet, die Leistung, die man bekanntmacht, besonders zu schätzen (was bei der Weitergabe rein sachlicher Informationen über die eigene Tätigkeit nicht der Fall sein muß; man denke etwa an die Pflicht des Arztes, ein Praxisschild anzubringen, vgl. § 17 Abs. 3 Satz 1 Berufsordnung für die Ärzte Bayerns – BayBOÄ); das Verb „anpreisen" ist ein Kompositum von „preisen", das dem altfranzösischen „preisier" entlehnt ist, welches wiederum vom spätlateinischen „pretiare" abstammt. Dieses Verb bedeutet „hochschätzen" (vgl. englisch „appreciate").[194] Das dem Anpreisen entsprechende Fremdwort ist „Reklame"[195]. Dieser Begriff stammt aus dem Französischen und wurde im 19. Jahrhundert in den deutschen Sprachgebrauch übernommen.[196] Seitdem wurden für lange Zeit alle Maßnahmen, mit deren Hilfe die Aufmerksamkeit des Publikums auf ein Gut oder eine Idee gelenkt werden sollte, als Reklame bezeichnet.[197] Seit einigen Jahrzehnten wird der Begriff „Reklame" eher negativ verstanden und steht für aufdringliche Werbung.[198] Definitionen wie die erstgenannte, die unter „Werbung" nur „Anpreisung" oder „Reklame" verstehen, greifen zu kurz: Sie werden dem Wortlaut des Begriffs „Werbung" nicht gerecht, der soviel bedeutet wie „sich um jemanden bemühen, jemanden für etwas zu interessieren, zu gewinnen suchen"[199]. Vorzugswürdig scheint daher allgemein, aber auch insbesondere für vorliegende Arbeit, die sich nicht nur mit Normen über Reklame, sondern auch mit solchen über sachliche Information gegenüber Publikum und Kollegen beschäftigen will, die Definition der Rechtsprechung.[200] Kriti-

---

192 Vgl. *Ring,* Werberecht der Rechtsanwälte, Rn. 21; vgl. auch *Rieger,* Lexikon des Arztrechts, 1984, Rn. 1902.

193 Vgl. BGH, NJW 1992, S. 45; vgl. auch BVerfGE 71, 162, 167; um zu vermeiden, daß der zu definierende Begriff in die Definition aufgenommen wird, müßte sie eigentlich heißen: Werbung ist ein Verhalten, das darauf angelegt ist, andere dafür zu gewinnen, die Leistung desjenigen, für den sich dieses Verhalten ereignet, in Anspruch zu nehmen.

194 Vgl. *Drosdowski,* Etymologie, S. 548 (Stichwort „Preis").

195 Vgl. *Drosdowski,* Etymologie, S. 584 (Stichwort „Reklame").

196 Vgl. die Stellungnahme von *Henssler* im Protokoll Nr. 102 des Rechtsausschusses des Deutschen Bundestages, S. 143.

197 Vgl. *Drosdowski,* Etymologie, S. 584: hiernach hatte der Begriff „Reklame" zunächst die Bedeutung „bezahlte Buchbesprechung".

198 Vgl. *Hundhausen,* Wirtschaftswerbung, S. 6.

199 *Drosdowski,* Etymologie, S. 808 (Stichwort „werben"); vgl. *Römermann,* in: Hartung / Holl, Berufsordnung, 2. Aufl., § 6 BO, Rn. 36.

200 Vgl. auch *Feuerich / Braun,* BRAO, 5. Aufl., § 43 b, Rn. 5; *Rieger,* MedR 1999, S. 513; ferner *Redeker,* AnwBl. 1988, S. 14, 19: „[...], es geht um die unvermeidbare Tatsache, daß

siert wird an dieser Definition allerdings unter anderem, sie betreibe Begriffsverwirrung zwischen Werbung und Marketing.[201] Die Ausrichtung des gesamten unternehmerischen Verhaltens auf den (potentiellen) Mandanten bzw. Patienten oder Kunden mit dem Ziel, die Entwicklung des Geschäftsbetriebs voranzubringen, sei Marketing. Werbung hingegen sei der Teil des Marketings, der durch den Einsatz von Medien (Werbeträgern) den Personenzielgruppen bestimmte Botschaften über verfügbare Dienstleistungen vermitteln solle, um bei diesen eine positive Einstellung hervorzurufen und die Erteilung von Aufträgen und damit eine Erhöhung des Geschäftserfolgs zu erreichen. Das entscheidende Merkmal der Information und Kommunikation sei in der Definition der Rechtsprechung nicht angesprochen worden.[202] Um dieses Merkmal müßte die Definition der Rechtsprechung konsequenterweise erweitert werden. Sie lautete dann folgendermaßen: „Werbung ist ein Verhalten, das darauf angelegt ist, durch Information und / oder Kommunikation andere dafür zu gewinnen, die Leistung desjenigen, für den dieses Verhalten geschieht, in Anspruch zu nehmen." Dieser Werbungsbegriff, der das kommunikative Element in den Vordergrund stellt, herrscht in der Betriebswirtschaftslehre vor.[203] Eine Einladung zu einer in den Räumen eines Rechtsanwalts durchgeführten Vernissage[204] oder das Überreichen einer Flasche Champagner, die keinerlei Angaben über die Rechtsanwaltskanzlei oder gar Werbeslogans enthält, an den im Prozeß erfolgreichen Großkunden[205] fielen nach dieser Ansicht nicht unter den Begriff „Werbung", da in beiden Fällen rein tatsächliche Handlungen vorlägen.

Ist jedoch schon fraglich, ob nicht auch dem Überreichen einer Champagnerflasche oder dem Abhalten einer Vernissage ein kommunikativer Aspekt innewohnt – immerhin wird zumindest die Information vermittelt, die Kanzlei habe genügend finanzielle Mittel, die betreffenden Maßnahmen zu ergreifen –, so erscheint die Verwendung eines rein betriebswirtschaftlichen Begriffs von Werbung im Bereich des Berufs- und Standesrechts auch deswegen verfehlt, weil ein solcher die Auffassung des Normgebers nicht berücksichtigt. Zwar führt der Wortlaut einzelner Werbenormen zur Annahme, eine Maßnahme könne erst dann als Werbung qualifiziert werden, wenn sie einen gewissen Informationsgehalt habe; so spricht z. B. der mit „Werbung" überschriebene § 6 der rechtsanwaltlichen Berufsordnung (BORA) von „Information" und „Informationsmitteln", woraus geschlossen wird, daß alle Maß-

---

jedes Erscheinen des Namens eines Anwalts in den Medien, [...], auch Praxiswerbung sein kann, gewollt oder ungewollt."

201 So *Römermann,* in: Hartung / Holl, Berufsordnung, 2. Aufl., § 6 BO, Rn. 39 ff.

202 Vgl. *Römermann,* in: Hartung / Holl, Berufsordnung, 2. Aufl., § 6 BO, Rn. 41 ff.; *Huff,* MDR 1999, S. 464.

203 Vgl. etwa *Schneck,* Lexikon der Betriebswirtschaft, unter dem Stichwort „Werbung", S. 768 ff.; vgl. auch *Wöhe,* Einführung BWL, der den Themenkreis Werbung unter dem Oberbegriff „Kommunikationspolitk" behandelt, S. 576, 579 ff.

204 Vgl. *Römermann,* in: Hartung / Holl, Berufsordnung, 2. Aufl., Berufsrechts- und Werbe-ABC, Stichwort „Kunstausstellung (Vernissage)".

205 Vgl. *Römermann,* in: Hartung / Holl, Berufsordnung, 2. Aufl., § 6 BO, Rn. 45.

nahmen, die keine Informationen enthalten, zumindest durch die Berufsordnung nicht verboten seien.[206] Andererseits ergibt sich aus anderen Normen, daß der Normgeber unter Werbung nicht nur den engen Bereich der Informationsvermittlung verstanden haben muß, sondern auch darüber hinausgehende Maßnahmen (vgl. etwa § 43 b BRAO, der Werbung insoweit erlaubt, als sie über die berufliche Tätigkeit sachlich unterrichtet, woran deutlich wird, daß der Normgeber offenbar auch von der Möglichkeit nicht sachlich unterrichtender Werbung ausgeht). Hierfür spricht auch, daß Sinn und Zweck der einschlägigen Vorschriften des Berufs- und Standesrechts darin bestehen, die gesamte Darstellung der Freiberufler in der Öffentlichkeit zu reglementieren,[207] und nicht etwa nur den Bereich nüchterner Information über die eigene Tätigkeit.

Die Definition der Rechtsprechung[208] umfaßt auch Maßnahmen, die in betriebswirtschaftlicher Begrifflichkeit eher unter den Begriff „Marketing" fielen als unter den Werbungsbegriff. Verwendet man jedoch diese weite Definition, wird man dem Regelungszweck des Berufs- und Standesrechts eher gerecht als durch die engere Auffassung des Begriffs „Werbung". Ob eine Werbemaßnahme vorliegt, muß objektiv danach ermittelt werden, wie ein Verhalten nach der Verkehrsauffassung zu beurteilen ist, nicht danach, wie es der Informierende verstanden wissen will.[209] Andererseits genügt es nicht, daß ein Verhalten nur die Wirkung hat, daß der Leistungserbringer in der Öffentlichkeit bekannt wird und sich hieraus, gleichsam als Nebeneffekt, eine Umsatzsteigerung ergibt;[210] hier fehlt es am Merkmal der Finalität der Handlung (das Verhalten kann u. U. gar nicht „darauf angelegt sein"[211], die Leistung zum Zwecke vermehrter Inanspruchnahme bekanntzumachen).

Für das Begriffsverständnis der Rechtsprechung spricht außerdem, daß es dem üblichen Sprachgebrauch der Standardsprache[212] entspricht. So läßt sich etwa das Wort „Werbegeschenk" gut unter die Werbebegriffsdefinition des BVerfG subsumieren. Die soeben genannte Champagnerflasche fiele jedoch als Werbegeschenk

206 Vgl. *Römermann,* in: Hartung / Holl, Berufsordnung, 2. Aufl., § 6 BO, Rn. 57; Grenzen wären hier jedoch z. B. durch die Generalklausel des § 43 BRAO oder das Wettbewerbsrecht vorgegeben.

207 Vgl. z. B. BT-Drs. 12/4993, S. 28 (Begründung des Entwurfs des § 43 b BRAO): „[...], müssen Rechtsanwälte die Möglichkeit haben, sich Mandanten und potentiellen Mandanten darstellen zu können"; dieser Gedanke gilt sinngemäß auch für die Regelungen für andere freie Berufe.

208 Vgl. BGH, NJW 1992, S. 45.

209 Vgl. *Kleine-Cosack,* BRAO, § 43 b, Rn. 18.

210 Vgl. *Kleine-Cosack,* BRAO, § 43 b, Rn. 18.

211 So die Terminologie des BGH, vgl. BGH, NJW 1992, S. 45.

212 Vgl. zu diesem Begriff, der synonym mit dem Begriff „Hochsprache" ist, welcher aus Gründen der Verhinderung einer Assoziation vermeintlicher Überlegenheit dieser Sprachart gegenüber anderen Erscheinungsformen der Sprache vermieden werden soll, *Lühr,* Neuhochdeutsch, S. 26: „Die Standardsprache ist eine überregional gebräuchliche Sprache, die im Sprachverkehr der oberen und mittleren sozialen Schichten verwendet wird. Es handelt sich also um die Sprache des größten Teils der Gebildeten einer Sprachgemeinschaft."

ohne werbenden Aufdruck nicht unter die neuerdings vertretene Werbungsdefinition.[213] Werbegeschenke dieser Art, also solche, die keinen Aufdruck mit Informationen über den Freiberufler enthalten, aus dem Werbungsbegriff auszunehmen, hieße, die Semantik der deutschen Sprache zu ignorieren.[214]

Daß die weite Definition der Rechtsprechung allerdings einer gewissen Restriktion bedarf, gesteht auch das BVerfG zu. Die Einschränkung wird jedoch nicht durch eine Modifikation der Definition des Begriffs „Werbung" vorgenommen. Stattdessen unterscheidet das Gericht zwischen „Werbung im engeren Sinne" und „werbewirksamem Verhalten"[215]. Hierunter fallen z. B. wissenschaftliche Veröffentlichungen oder das Führen der Berufsbezeichnung auch im Privatleben. Diese Verhaltensweisen können zunächst unter die Definition des Begriffs „Werbung" subsumiert werden. Gleichwohl werden die Werbevorschriften auf solche Verhaltensweisen, die nicht Werbung im engeren Sinne darstellen, mit Rücksicht auf den Regelungsbereich des Art. 12 Abs. 1 GG vom BVerfG nicht angewendet.

Zusammenfassend läßt sich Werbung als ein Verhalten definieren, das darauf angelegt und objektiv geeignet ist, andere dafür zu gewinnen, die Leistung desjenigen, für den dieses Verhalten geschieht, in Anspruch zu nehmen.

---

213 Vgl. *Römermann,* in: Hartung / Holl, Berufsordnung, 2. Aufl., Berufsrechts- und Werbe-ABC, Stichwort: „Werbegeschenke".

214 Vgl. für die hier vertretene Meinung, einen spezifisch berufs- und standesrechtlichen, weiten Begriff von Werbung zu verwenden, *Härting,* AnwBl. 2000, S. 343, 344; gegen die Anwendung eines betriebswirtschaftlichen Begriffs von Werbung spricht sich auch *Kornblum,* BB 1985, S. 65, 68, aus.

215 BVerfG, NJW 1997, S. 2510, 2511.

Dritter Teil

Werberegelungen des Berufs- und Standesrechts der Rechtsanwälte, Ärzte und Apotheker

A. Überblick

I. Organisation der Rechtsanwalt-, Ärzte- und Apothekerschaft

Bedingt durch den föderalen Aufbau der Bundesrepublik stellt sich die Gesetzeslage für Rechtsanwälte anders dar als die für Ärzte und Apotheker.

1. Rechtsanwaltschaft

Maßgebliches Gesetz für Rechtsanwälte ist die BRAO, die gem. Art. 74 Abs. 1 Nr. 1 und Art. 72 Abs. 2 GG vom Bund erlassen worden ist. Die BRAO regelt Stellung, Zulassung und Berufsausübung der Rechtsanwälte, insbesondere auch die Organisation der Rechtsanwaltschaft. Die Rechtsanwälte sind zu Rechtsanwaltskammern zusammengeschlossen.[1] Diese bilden die Bundesrechtsanwaltskammer.[2] Die Kammern sind Körperschaften des öffentlichen Rechts.[3] Als solche erfassen die Rechtsanwaltskammern alle in ihrem Bereich zugelassenen Rechtsanwälte zwangsweise.[4] Dieser Bereich ist in der Regel deckungsgleich mit einem Oberlandesgerichtsbezirk.[5] Der Bundesrechtsanwaltskammer gehören die Rechtsanwaltskammern an, nicht der einzelne Rechtsanwalt.[6] Die bei der Bundesrechtsanwaltskammer eingerichtete Satzungsversammlung ist gem. § 191 a Abs. 2 i. V. m. § 59 b BRAO ermächtigt worden, eine Berufsordnung zu erlassen. Außer dieser Berufsordnung spielt das Gesetz über die Tätigkeit europäischer Rechtsanwälte in Deutschland (EuRAG) eine gewisse Rolle im Werbebereich. Es regelt in Umset-

1 Vgl. §§ 60 ff. BRAO.

2 Vgl. §§ 175 ff. BRAO.

3 Vgl. § 62 Abs. 1, § 176 Abs. 1 BRAO; vgl. näher *Schuppert*, Erfüllung öffentlicher Aufgaben, S. 65 ff.

4 Vgl. § 60 Abs. 1 BRAO.

5 Zur Ausnahme vgl. § 61 BRAO.

6 Vgl. *Kleine-Cosack*, BRAO, § 175, Rn. 1.

zung von drei EG-Richtlinien[7] die Zulassung und Berufsausübung von Rechtsanwälten aus Mitgliedstaaten der Europäischen Union[8] und des Abkommens über den Europäischen Wirtschaftsraum (EWR-Abkommen) in Deutschland.[9]

2. Ärzte- und Apothekerschaft

Die Berufsausübung der Ärzte und Apotheker ist, anders als die der Rechtsanwälte, nicht bundeseinheitlich geregelt. Gem. Art. 70 Abs. 1 GG haben die Länder die Gesetzgebungszuständigkeit für Materien, die nicht durch Art. 73 ff. GG dem Bund zugewiesen sind. Art. 74 Abs. 1 Nr. 19 GG regelt die konkurrierende Gesetzgebungszuständigkeit lediglich für die Zulassung zu ärztlichen und anderen Heilberufen, nicht aber für deren Ausübung. Die Gesetzgebungskompetenz im Bereich der Berufsausübung bei Heilberufen haben folglich die Länder inne.[10] Bayern hat von dieser Kompetenz im Heilberufekammergesetz (BayHKaG) Gebrauch gemacht. Entsprechende Regelungen, die meist mit „Kammergesetz"[11] oder „Heilberufsgesetz"[12] bezeichnet sind, bestehen auch in den anderen Ländern der Bundesrepublik Deutschland.[13]

Das BayHKaG regelt neben der Berufsausübung, der Weiterbildung, der Berufsaufsicht und der Berufsgerichtsbarkeit bei Ärzten, Zahnärzten, Tierärzten und Apothekern insbesondere auch die Organisation dieser Berufe. Die Berufsvertre-

---

7 Umgesetzt wurden durch das EuRAG die Rechtsanwaltsdienstleistungsrichtlinie (RL 77/249/EWG), die Niederlassungsrichtlinie (RL 98/5/EG) und die Hochschuldiplomanerkennungsrichtlinie (RL 89/48/EWG); außer Kraft traten mit Erlaß des EuRAG das Rechtsanwaltsdienstleistungsgesetz (RADG) und das Eignungsprüfungsgesetz (EigPrüfG); vgl. zur Umsetzung der Richtlinien durch das EuRAG *Jessnitzer/Blumberg*, BRAO, § 4, Rn. 2; *Andreas Klein*, AnwBl. 2000, S. 190 f.; zur Richtlinie 77/249/EWG vgl. allgemein *Hofmann*, Internationales Anwaltsrecht, S. 26 ff.; detailliert zu geschichtlichen Voraussetzungen, Entstehungsgeschichte und Inhalt dieser Richtlinie *L. Schneider*, Anwaltsrecht im EG-Raum, S. 1 ff.; zur Richtlinie 98/5/EG vgl. *E. Hoffmann/Neundörfer*, AnwBl. 1999, S. 680 ff.; zur Europarechtskonformität dieser RL vgl. EuGH, NJW 2001, S. 137.

8 Zur Terminologie: immer dann, wenn es sich um Sachverhalte handelt, die Bezug zur Europäischen Gemeinschaft haben, sollte eigentlich von „EG", nicht von „EU" gesprochen werden, vgl. *Jeske*, NJW 2001, S. 1986, 1987; der Sprachgebrauch der vorliegenden Arbeit lehnt sich allerdings an wiedergegebene Texte an; so wird z. B. im EuRAG mißverständlicherweise von „EU" gesprochen, obwohl es sich bei diesem Gesetz eigentlich um ein Gesetz zur Umsetzung von EG-Richtlinien handelt und der Begriff „EG" daher häufig treffender wäre (vgl. z. B. § 1 EuRAG).

9 Vgl. § 1 EuRAG.

10 Vgl. BVerfGE 4, 74, 82 f.; 7, 18, 25; *Ring*, Werberecht der Ärzte, Rn. 13.

11 Z. B. Berliner Kammergesetz in der Fassung v. 4. 9. 1978 (GVBl. Berlin, S. 1937, 1980), zuletzt geändert am 17. 12. 1997 (GVBl. Berlin, S. 678).

12 Vgl. z. B. Heilberufsgesetz Brandenburg v. 28. 1. 1992 (GVBl. I v. 21. 1. 1992 Nr. 2, S. 30).

13 Eine Übersicht über die Kammergesetze der Länder findet sich bei *Ring*, Werberecht der Ärzte, Rn. 14.

tung der Ärzte besteht aus den ärztlichen Kreisverbänden, den ärztlichen Bezirksverbänden und der Landesärztekammer (vgl. Art. 1 BayHKaG).

Die Apotheker sind in der Landesapothekerkammer organisiert, der die einzelnen Apotheker direkt angehören.[14] Sowohl die Berufsvertretungen der Ärzte als auch die der Apotheker sind Körperschaften des öffentlichen Rechts.[15] Die ärztlichen Kreisverbände und die Landesapothekerkammer erfassen die in Bayern tätigen oder lebenden Ärzte bzw. Apotheker zwangsweise.[16] Die ärztlichen Bezirksverbände setzen sich aus den ärztlichen Kreisverbänden zusammen,[17] welche Delegierte zur Landesärztekammer entsenden.[18]

Die Landesärztekammer wird in Art. 20 BayHKaG ermächtigt, eine Berufsordnung zu erlassen, deren möglicher Inhalt in Art. 19 BayHKaG beschrieben wird. Eine Ermächtigung zum Erlaß einer Berufsordnung besteht auch für die Landesapothekerkammer (vgl. Art. 59 Abs. 1 i. V. m. Art. 20 BayHKaG).

Die Bundesärztekammer ist ein nichtrechtsfähiger, dem Privatrecht zuzuordnender Verein, in dem sich die Landesärztekammern zusammengeschlossen haben.[19] Sie besitzt den Rang einer gesetzlich beauftragten und ermächtigten Institution (vgl. §§ 137 a, 137 b des 2. GKV-Neuordnungsgesetzes – GKV-NOG –, § 16 Transplantationsgesetz – TPG).[20] Als Hauptversammlung und oberstes beschlußfassendes Gremium der Bundesärztekammer tagt in der Regel einmal jährlich der Deutsche Ärztetag, dem Delegierte der Landesärztekammern angehören, deren Zahl im Verhältnis zur Zahl der in der jeweiligen entsendenden Kammer zusammengeschlossenen Ärzte steht.[21]

Ähnliches gilt für die am 20. September 1956 auf privatrechtlicher Grundlage gegründete „Arbeitsgemeinschaft Deutscher Apothekerkammern (Bundesapothekerkammer)".[22] Auch die Nachfolgeorganisation der im Juni 1950 gegründeten „Arbeitsgemeinschaft der Berufsvertretungen Deutscher Apotheker", die „Bundesvereinigung Deutscher Apothekerverbände – ABDA", die seit dem 15. Okt. 1992

---

14 Vgl. Art. 52 Abs. 1, Art. 53 Abs. 1 BayHKaG.

15 Vgl. für die ärztlichen Kreisverbände Art. 3 Abs. 2 Satz 1 BayHKaG, für die ärztlichen Bezirksverbände Art. 7 Abs 1 Satz 3 BayHKaG, für die Bayer. Landesärztekammer Art. 10 Abs. 1 Satz 3 BayHKaG, für die Bayer. Landesapothekerkammer Art. 52 Abs. 2 Satz 1 BayHKaG; vgl. zur Eigenschaft der Kammern als Körperschaften des öffentlichen Rechts auch *Schuppert,* Erfüllung öffentlicher Aufgaben, S. 65 ff.

16 Vgl. Art. 4 Abs. 1, 2, Art. 53 Abs. 1 BayHKaG.

17 Vgl. Art. 7 Abs. 1 Satz 1 BayHKaG.

18 Vgl. Art. 10 Abs. 1 Satz 1 BayHKaG.

19 Vgl. *Laufs,* in: Laufs / Uhlenbruck, Handbuch des Arztrechts, § 13, Rn. 13 ff.; *Narr,* Ärztliches Berufsrecht, Bd. II, Rn. B 66.

20 Vgl. *Taupitz,* MedR 1998, S. 1, 2, Fn. 23.

21 Vgl. *Laufs,* in: Laufs / Uhlenbruck, Handbuch des Arztrechts, § 13, Rn. 16.

22 Vgl. zu dieser und den im folgenden genannten Berufsvereinigungen der Apotheker *Taupitz,* Standesordnungen, S. 348.

die Bezeichnung „ABDA – Bundesvereinigung Deutscher Apothekerverbände" führt, ist privatrechtlich organisiert.[23] In ihr sind die Bundesapothekerkammer und der Deutsche Apotheker-Verein e.V. zusammengeschlossen.[24] Anläßlich des periodisch stattfindenden „Deutschen Apothekertages" trifft sich die „Hauptversammlung der deutschen Apotheker" als eine Versammlung von Delegierten der ABDA, als deren Organ sie fungiert.[25]

II. Normen der staatlichen Berufsgesetze, die Regelungen über Werbung enthalten

Die staatlichen Berufsgesetze behandeln das Problem der Zulässigkeit von Werbung durch Angehörige des jeweiligen Berufsstandes nicht detailliert. So enthält zwar § 43 b BRAO eine Regelung über die Zulässigkeit von Werbung durch Rechtsanwälte. § 59 b Abs. 1, 2 Nr. 3 BRAO jedoch bestimmt, daß die besonderen Berufspflichten im Zusammenhang mit der Werbung in der Berufsordnung geregelt werden. Einen Sonderfall betrifft § 5 Abs. 2 Satz 2 EuRAG, der die Verwendung der Bezeichnung „europäischer Rechtsanwalt" zu Werbezwecken verbietet. Für Ärzte statuieren die Art. 17 und 18 Abs. 1 BayHKaG allgemeine Berufspflichten; Art. 19 Nr. 7 BayHKaG bestimmt, daß die Berufsordnung weitere Vorschriften über das Ausmaß des Verbots oder der Beschränkung der Werbung enthalten kann. Diese Regelungen gelten gem. Art. 59 Abs. 1 BayHKaG für die Apothekerschaft entsprechend.[26]

Die staatlichen Berufsgesetze – die BRAO als Bundesgesetz und die Kammergesetze der Länder, z. B. das BayHKaG – sind im Sinne der üblichen Definition im materiellen Sinne Gesetze, also hoheitliche Anordnungen, die für eine unbestimmte Vielzahl von Personen allgemein verbindliche Regelungen enthalten.[27] Sie sind Gesetze auch im formellen Sinn, da sie entweder vom Bundestag oder einem Landesparlament, den Trägern der Gesetzgebungskompetenz, im vorgeschriebenen Verfahren erlassen worden sind.[28] Als materielle und formelle Gesetze gelten sie für alle auf dem Hoheitsgebiet der Bundesrepublik Deutschland bzw. ihres

---

23 Vgl. *Schiedermair/Pohl*, Gesetzeskunde für Apotheker, S. 154.

24 Die Satzung der ABDA findet sich in PZ 1984, S. 1872.

25 Vgl. *Taupitz*, Standesordnungen, S. 349, Fn. 19.

26 Eventuell liegt der Grund für das Fehlen einer detaillierten gesetzlichen Regelung der Werbung bei Ärzten und Apothekern darin, daß der Gesetzgeber die Möglichkeiten der Selbstkontrolle der Werbetätigkeit durch die Ärzte- und Apothekerschaft für ausreichend hielt, vgl. auch *Taupitz*, NJW 1986, S. 2851, 2854.

27 Die Definition findet man etwa bei *Creifelds/Weber*, Rechtswörterbuch, unter dem Begriff „Gesetz", S. 564; vgl. ähnlich *Conrad/Elster/Lexis/Loening*, Handwörterbuch Staatswissenschaften, Bd. IV, S. 727.

28 Vgl. zum Begriff des Gesetzes im formellen Sinn *Creifelds/Weber*, Rechtswörterbuch, S. 564.

jeweiligen Landes lebenden Personen, die die inhaltlichen Voraussetzungen der jeweiligen Norm erfüllen.

III. Geltung des staatlichen Berufsrechts für ausländische Freiberufler

Wegen der Zunahme internationaler Berufstätigkeit ist es von hohem Interesse, ob und inwieweit die Werberegelungen des staatlichen Berufsrechts auch für ausländische Freiberufler gelten.

1. Geltung des staatlichen Berufsrechts für ausländische Rechtsanwälte in Deutschland

Bei in Deutschland praktizierenden ausländischen Rechtsanwälten sind zwei Gruppen zu unterscheiden.

a) Rechtsanwälte, die nicht europäisch im Sinne des § 1 EuRAG sind

Rechtsanwälte, die nicht europäisch im Sinne des § 1 EuRAG sind, dürfen die Tätigkeit eines Rechtsanwalts in Deutschland kraft ihrer Eigenschaft als Rechtsanwalt ihres Herkunftsstaats nicht ausüben. Sie unterliegen daher als im Sinne des deutschen Rechts Nichtanwälte zunächst nicht dem deutschen Berufsrecht.

Gem. § 206 BRAO besteht jedoch für solche Anwälte die Möglichkeit, sich in Deutschland niederzulassen. Hierbei gilt für Angehörige eines Mitgliedsstaates der Welthandelsorganisation die Regelung des § 206 Abs. 1 Satz 1 BRAO: durch die Aufnahme in die örtlich zuständige Rechtsanwaltskammer werden sie zur Rechtsbesorgung auf den Gebieten des Rechts des Herkunftsstaates und des Völkerrechts ermächtigt. § 206 Abs. 2 BRAO regelt die Niederlassung von Anwälten aus Staaten, die weder der Europäischen Gemeinschaft noch der Welthandelsorganisation angehören, wobei die Rechtsbesorgung auf das Gebiet des Rechts des Heimatstaats beschränkt ist; außerdem muß Gegenseitigkeit bei Zulassungen gewährleistet sein. § 207 Abs. 2 Satz 1 BRAO bestimmt hinsichtlich der Stellung des Rechtsanwalts nach Aufnahme in die Rechtsanwaltskammer, daß weite Bereiche der BRAO anwendbar sind, insbesondere deren dritter Teil, der die Werberegelung des § 43 b BRAO enthält.

b) Im Sinne des § 1 EuRAG europäische Rechtsanwälte

Europäische Rechtsanwälte im Sinne des § 1 EuRAG sind Staatsangehörige der Mitgliedstaaten der Europäischen Union und der anderen Vertragsstaaten des Abkommens über den Europäischen Wirtschaftsraum (EWR)[29], die berechtigt sind, als Rechtsanwalt unter einer der in der Anlage zum Gesetz genannten Berufsbezeichnungen tätig zu sein.

Europäische Rechtsanwälte können sich in Deutschland gem. §§ 2 ff. EuRAG niederlassen und dann die Tätigkeit eines deutschen Rechtsanwalts gem. §§ 1 bis 3 BRAO ausüben. Für solche durch Aufnahme in die örtlich zuständige Rechtsanwaltskammer niedergelassenen europäischen Rechtsanwälte besteht keine Begrenzung ihres Tätigkeitsfeldes auf bestimmte Rechtsgebiete. Gem. § 6 Abs. 1 EuRAG gelten für diese Rechtsanwälte die meisten Teile der BRAO, insbesondere deren Dritter Teil, der den § 43 b BRAO enthält. Im Sinne des § 1 EuRAG europäische Rechtsanwälte, die sich in Deutschland nicht niederlassen wollen, hier jedoch vorübergehend tätig sind (sog. dienstleistende europäische Rechtsanwälte, vgl. § 25 Abs. 1 EuRAG), haben gem. § 27 Abs. 1 EuRAG bei der Vertretung oder Verteidigung eines Mandanten oder vor Behörden die Stellung eines Rechtsanwalts, insbesondere dessen Rechte und Pflichten; bei der Ausübung sonstiger Tätigkeiten müssen dienstleistende europäische Rechtsanwälte gem. § 27 Abs. 2 EuRAG die für einen Rechtsanwalt geltenden Regeln, insbesondere § 43 b BRAO einhalten, der ausdrücklich genannt wird.

Für europäische Rechtsanwälte gilt auch § 5 Abs. 2 Satz 2 EuRAG, der die Führung der Bezeichnung „europäischer Rechtsanwalt“ verbietet.

2. Geltung des staatlichen Berufsrechts für ausländische Ärzte

Das (bayerische) staatliche Berufsrecht für Ärzte enthält zwar keine explizite Werbebeschränkung. Gleichwohl kann die Generalklausel des Art. 17 BayHKaG in diesem Zusammenhang eine Rolle spielen.[30] Dem staatlichen Berufsrecht für Ärzte – sei es Bundes- oder Landesrecht – unterliegen alle Personen, die ärztlich tätig sind. Die Entscheidung darüber, wer zu diesem Personenkreis zugelassen werden kann, steht gem. Art. 74 Abs. 1 Nr. 19 GG (Zulassung zu ärztlichen und anderen Heilberufen), Art. 72 Abs. 2 GG dem Bund zu, der von seiner Kompetenz in der BÄO Gebrauch gemacht hat.

---

29 Vgl. zum EWR Abkürzungs- und Gesetzesverzeichnis.

30 Allerdings ist zu berücksichtigen, daß sich ein Rückgriff auf die Generalklausel als Grundlage zur Einschränkung von Grundrechten in detailliert geregelten Bereichen verbietet; vgl. auch OVG NRW, ArztR 2000, S. 173, 174: „Ein Rückgriff auf die Generalklausel ist aber nur möglich, soweit es um Verstöße gegen dem Kernbereich zuzurechnende Pflichten des Zahnarztes geht.“ (Die Entscheidung betraf eine Werbung mittels Patientenrundschreiben).

Nach der BÄO bedarf derjenige, der ärztlich tätig sein will, in der Regel der Approbation. Diese kann von Deutschen gem. § 3 Abs. 1 Satz 1 Nr. 1 bis 5 BÄO erlangt werden. Angehörige eines Staates, der Mitglied der EG oder des Abkommens über den EWR ist, erhalten die Approbation unter ähnlichen Voraussetzungen; insbesondere werden die in einem solchen Staat abgelegten Prüfungen weitgehend anerkannt (vgl. § 3 Abs. 1 Satz 2 BÄO).[31] Die BÄO eröffnet Personen aus Ländern, die nicht EG- / EWR-Staaten sind, die Möglichkeit, aufgrund einer Erlaubnis ärztlich tätig zu werden (vgl. § 2 Abs. 2, § 10 BÄO); die Erlaubnis wird in der Regel nur für eine vorübergehende Berufsausübung erteilt (vgl. § 10 Abs. 1 bis 3 BÄO). Ärzte aus EG- und EWR-Staaten können außerdem in Deutschland vorübergehend dienstleistend tätig werden (vgl. § 2 Abs. 3, § 10 b BÄO); hierfür ist keine Erlaubnis erforderlich, wohl aber eine Anzeige bei der zuständigen Behörde (vgl. § 10 b Abs. 2 Satz 1 BÄO; Art. 41 Abs. 2 BayHKaG schränkt die Anzeigepflicht auf Tätigkeiten ein, die mit einem vorübergehenden Aufenthalt im Geltungsbereich des Gesetzes verbunden sind, wodurch Dienstleistungen, die ohne körperliche Anwesenheit des Dienstleistungserbringers ablaufen – z. B. per Telephon oder Post – ausgenommen werden). § 10 b Abs. 3 BÄO ordnet klarstellend an, daß der Dienstleistungserbringer beim Erbringen der Dienstleistung die Rechte und Pflichten eines Arztes hat; insbesondere gilt für ihn während der Leistungserbringung deutsches Berufsrecht.

3. Geltung des staatlichen Berufsrechts für ausländische Apotheker

a) Ausländische Apotheker aus Nicht-EG- / EWR-Staaten, die in Deutschland dauerhaft oder vorübergehend als Apotheker tätig werden

Zwar enthält das Berufsrecht für Apotheker weder auf Bundes- noch auf bayerischer Landesebene genaue Regelungen über Werbung; einzelne Bestimmungen der Berufsgesetze können jedoch auch im Bereich der Werbung relevant werden (z. B. § 1 Satz 1 BApO; vgl. auch die Generalklausel in Art. 59 Abs. 1 i. V. m. Art. 17 BayHKaG).

Das staatliche Berufsrecht für Apotheker gilt auch für Ausländer, soweit sie in Deutschland als Apotheker dauerhaft oder vorübergehend tätig werden. Hierfür bedürfen ausländische Apotheker grundsätzlich der deutschen Approbation (vgl. § 2 Abs. 1 BApO); für Ausländer aus einem EG- oder EWR-Staat gelten für die Erlangung der Approbation ähnliche Voraussetzungen wie für deutsche Pharmazeuten; insbesondere werden Befähigungsnachweise der Mitgliedstaaten grundsätzlich an-

---

[31] Vgl. hierzu auch die RL 93/16/EWG des Rates vom 5. 4. 1993 zur Erleichterung der Freizügigkeit für Ärzte und zur gegenseitigen Anerkennung ihrer Diplome, Prüfungszeugnisse und sonstigen Befähigungsnachweise (ABl. Nr. L 165 v. 7. 7. 1993, S. 1).

erkannt (vgl. § 4 Abs. 1 Nr. 1, Abs. 1 a BApO). Die vorübergehende Ausübung des Apothekerberufs ist unter gewissen Voraussetzungen auch aufgrund einer Erlaubnis zulässig (vgl. § 2 Abs. 2 BApO).

b) Dienstleistungen ausländischer Apotheker aus EG- / EWR-Staaten

Für dienstleistende europäische Apotheker gibt es keine der Regelung für dienstleistende europäische Ärzte in der BÄO entsprechende Normierung auf Bundesebene; gem. § 2 Abs. 2 BApO bedürfen auch Apotheker aus EG- oder EWR-Staaten für eine vorübergehende Tätigkeit, insbesondere auch für die Erbringung von Dienstleistungen in Deutschland, einer Erlaubnis; Erleichterungen gegenüber Apothekern aus dritten Staaten, etwa eine Ausnahme von der Erlaubnispflicht, sind für EG- / EWR-Apotheker noch nicht kodifiziert. Das Fehlen einer Normierung auf Bundesebene hängt damit zusammen, daß die Dienstleistungsfreiheit für Apotheker durch die EG sekundärrechtlich noch nicht geregelt ist,[32] obwohl sie in der Praxis entgegen einer Ansicht in der Literatur[33] zunehmend relevant werden dürfte. Regelungen des Landesrechts gehen jedoch von der Möglichkeit grenzüberschreitender Dienstleistungen von Apothekern unter den gleichen Voraussetzungen, wie sie für Ärzte aus EG- / EWR-Staaten gelten – diese unterliegen lediglich einer Anzeigepflicht –, aus.[34] Gleich, ob man das Erfordernis einer Erlaubnis europarechtlich für zulässig hält oder Apothekern im Hinblick auf Art. 49 EG zugesteht, ledig-

---

32 Vgl. Präambel der RL 85 / 433 / EWG: „Es läßt sich nur schwer beurteilen, inwieweit zur Zeit Regeln zweckmäßig wären, die den freien Dienstleistungsverkehr der Apotheker erleichtern. Daher ist es nicht angebracht, im Augenblick derartige Regeln zu erlassen.“

33 Vgl. *Ress / Ukrow*, Niederlassungsrecht von Apothekern, S. 6: „[...] die gleichfalls für Apotheker aufgrund der Dienstleistungsfreiheit theoretisch bestehende Möglichkeit, ihre pharmazeutische Dienstleistung von einem Sitz im Inland aus in das EG-Ausland zu erbringen, wird in der Praxis derzeit kaum Relevanz haben“; vgl. ferner *Messal*, KGHB-LSA, § 4, Erl. 2: „Allerdings gelten diese Grundsätze nicht für Apotheker, die ja keine ambulante Tätigkeit außerhalb ihrer Apotheke ausüben und auch nicht ausüben dürfen. Folglich fehlt eine mit § 10 b BÄO vergleichbare Vorschrift in der BApO für Apotheker als Dienstleistungserbringer.“ *Messal* berücksichtigt nicht, daß die Regelung des § 4 Abs. 3 KGHB-LSA, die die Unterwerfung dienstleistender europäischer Heilberufler unter die Berufsordnung regelt, auch für dienstleistende europäische Apotheker gilt, vgl. § 4 Abs. 1 i. V. m. § 1 Abs. 1, § 4 Abs. 3 KGHB-LSA.

34 Vgl. Art. 59 Abs. 1 i. V. m. Art. 41 Abs. 2 BayHKaG: Art. 59 Abs. 1 BayHKaG verweist für die Berufsausübung der Apotheker auf die „Vorschriften des Ersten Teils“ des Gesetzes, somit auch auf Art. 41 BayHKaG; ausdrücklich ausgenommen von der Verweisung ist nur Art. 18 Abs. 2 BayHKaG. Gem. Art. 59 Abs. 1 i. V. m. Art. 41 Abs. 2 BayHKaG sind dienstleistende europäische Apotheker verpflichtet, die Dienstleistung (lediglich) anzuzeigen, wenn damit ein vorübergehender Aufenthalt im Geltungsbereich dieses Gesetzes verbunden ist. Gem. Art. 59 Abs. 1 i. V. m. Art. 41 Abs. 3 BayHKaG gelten für diese Apotheker u. a. einzelne Vorschriften des staatlichen Berufsrechts, nämlich Art. 17 (die berufsrechtliche Generalklausel), 38 und 39 sowie der Fünfte Teil des BayHKaG. Vgl. auch die Regelung § 4 Abs. 2, 3 i. V. m. § 1 des Gesetzes über die Kammern für Heilberufe Sachsen-Anhalt v. 13. 7. 1994 (GVBl. LSA, S. 832), geändert durch Gesetz v. 9. 7. 1996 (GVBl. LSA, S. 220).

lich aufgrund einer Anzeige bei der zuständigen Behörde in Deutschland dienstleistend tätig zu werden:[35] Für Apotheker aus EG- oder EWR-Staaten gilt bei Dienstleistungen in Deutschland staatliches Berufsrecht.

IV. Standesrecht

Die Bundesrechtsanwaltskammer, die bayerische Landesärztekammer und die bayerische Landesapothekerkammer haben von den ihnen durch die BRAO (vgl. § 191 a Abs. 2 i. V. m. § 59 b BRAO) bzw. das BayHKaG (vgl. Art. 20 BayHKaG für die Ärzteschaft, Art. 59 Abs. 1 i. V. m. Art. 20 BayHKaG für die Apothekerschaft) erteilten Ermächtigungen zum Erlaß von Berufsordnungen Gebrauch gemacht.

1. Die einzelnen Normen, die Werberegelungen enthalten

a) Rechtsanwälte

(1) §§ 6 bis 10 BORA;

(2) § 29 BORA i. V. m. Nr. 2.6 der Berufsregeln der Rechtsanwälte der Europäischen Union (CCBE) vom 28. Oktober 1988 in der Fassung vom 28. November 1998[36].

---

[35] Die vorübergehende Tätigkeit europäischer Apotheker in Deutschland unterfällt dem Anwendungsbereich der Dienstleistungsfreiheit des Art. 49 EG in ihrer aktivischen Ausprägung (vgl. zu dieser z. B. *Hakenberg,* in: Lenz, EGV, Art. 49/50, Rn. 18). Das Erfordernis einer Erlaubnis ist – wenn nicht sogar eine versteckte Diskriminierung – zumindest doch eine allgemeine Beschränkung der Dienstleistungsfreiheit (vgl. insbes. EuGH, Rs. C-76/90 [Säger], Slg. 1991, I-4221, Rn. 14; *Hakenberg,* in: Lenz, EGV, Art. 49/50, Rn. 22, 23; *Holoubek,* in: Schwarze, EU-Kommentar, Art. 49 EGV, Rn. 77 ff.; *Kluth,* in: Calliess/Ruffert, EUV/EGV, Art. 50 EGV, Rn. 56 ff.); zur Rechtfertigung müßte sich mindestens ein zwingender „Grund des Allgemeininteresses" finden lassen; die Beschränkung müßte zudem im Hinblick auf diesen verhältnismäßig (geeignet und erforderlich) sein (vgl. z. B. EuGH, Rs. C-3/95 (Broede), Slg. 1996, I-6511, Rn. 28). Ein solcher „Grund des Allgemeininteresses" läßt sich jedoch nicht finden, insbesondere wenn man bedenkt, daß die Gleichwertigkeit der pharmazeutischen Studiengänge innerhalb der Europäischen Gemeinschaft durch die RL 85/433/EWG grundsätzlich anerkannt ist. Aufgrund der unmittelbaren Geltung der Grundfreiheiten (h. M.; vgl. grundlegend EuGH, Rs. 26/62 [van Gend & Loos], Slg. 1963, 1 ff.; Rs. 33/74 [van Binsbergen], Slg. 1974, 1299, Rn. 18 ff. [betr. Dienstleistungsfreiheit]; *Carl,* Beratende Berufe, S. 118 f.; *D. Ehlers,* NVwZ 1990, S. 810, 811; vgl. insbesondere zur Dienstleistungsfreiheit *Kluth,* in: Calliess/Ruffert, EUV/EGV, Art. 50 EGV, Rn. 34 f.; *Hakenberg,* in: Lenz, EGV, Art. 49/50, Rn. 28; *Schweitzer/Hummer,* Europarecht, Rn. 1193; differenzierend *Troberg,* in: v. d. Groeben/Thiesing/Ehlermann, EWG-Vertrag, Art. 52, Rn. 42, Art. 59, Rn. 31) unterliegen Apotheker aus EG-Staaten (entsprechende Überlegungen gelten für Apotheker aus EWR-Mitgliedstaaten) in Deutschland keiner Erlaubnispflicht.

[36] CCBE ist die Abkürzung für „Conseil des Barreaux de la Communauté Européenne"; die Berufsregeln sind eine Anlage zu § 29 BORA; die aktuelle Fassung ist abgedruckt in AnwBl. 2001, S. 337 ff. (vgl. i. ü. Abkürzungsverzeichnis).

b) Ärzte

(1) § 11 Abs. 2 Satz 2, § 27 i. V. m. Kap. D I Nr. 1 bis 5, § 28, § 34 Abs. 3 BayBOÄ;

(2) Richtlinien der Bundesärztekammer für die publizistische Tätigkeit von Ärzten[37];

(3) „Darstellungsmöglichkeiten des Arztes im Internet", Interpretationsbeschluß des Vorstandes der Deutschen Ärztekammer zu Kap. D I Nr. 6 MBO-Ä[38].

c) Apotheker

§ 8 Abs. 2 Satz 2 BayBOApo i. V. m. der am 24. Juni 1998 verabschiedeten Neufassung der Werberichtlinien.

2. Rechtsnatur und Verbindlichkeit der Berufsordnungen

a) Die berufsständischen Vereinigungen als Teil der mittelbaren Staatsverwaltung

Als Körperschaften des öffentlichen Rechts haben die Bundesrechtsanwaltskammer und die Landesärzte- bzw. Landesapothekerkammern unter anderem die Aufgabe, die Berufsausübung ihrer Mitglieder detailliert zu regeln. Hierzu dient der Erlaß von Berufsordnungen. Die Kammern üben außerdem z. B. die Standesaufsicht aus und regeln teilweise auch den Wettbewerb der Berufsangehörigen; sie nehmen damit in eigener Verantwortung staatliche Aufgaben wahr.[39] Aufgrund der ihnen zugewiesenen berufsständischen Autonomie bilden sie einen Teil der mittelbaren Staatsverwaltung.[40] Darüberhinaus sind sie Interessenvertretungen ihrer Mitglieder.[41]

b) Die Satzung als den Selbstverwaltungskörperschaften eigene Form der Rechtsnorm

Aus der Funktion der Kammern und dem materiellen Regelungsgehalt der Gesetze, die die Selbstverwaltungskörperschaften zum Erlaß von Berufsordnungen

---

37 DÄBl. 76 (1979), S. 112 f.

38 DÄBl. 96 (1999), S. A-228.

39 Vgl. *Kleine-Cosack*, Berufsständische Autonomie, S. 54.

40 Vgl. *Maurer*, Allg. Verwaltungsrecht, § 23, Rn. 32.

41 Vgl. *Kleine-Cosack*, Berufsständische Autonomie, S. 55.

ermächtigen, dem BayHKaG und der BRAO, ergibt sich, was in § 191 a Abs. 2 i. V. m. § 59 b Abs. 1 BRAO ausdrücklich für die Berufsordnung der Rechtsanwälte geregelt ist: daß nämlich die Berufsordnungen als Satzungen zu erlassen sind. Die Rechtsform der Verordnung, in der gem. Art. 80 Abs. 1 GG durch Bundesregierung, Bundesminister oder Landesregierung Rechtsnormen erlassen werden können, wenn ein Gesetz es vorsieht, kommt nicht in Betracht: Nicht diese staatlichen Stellen, sondern ausdrücklich die Kammern werden im Bayerischen Heilberufekammergesetz und der BRAO zum Erlaß der Berufsordnungen ermächtigt.[42] Auch ein Fall der Delegation der Ermächtigung zum Normerlaß gem. Art. 80 Abs. 1 Satz 4 GG liegt nicht vor.[43]

c) Verbindlichkeit des Satzungsrechts der Kammern

aa) Geltung des Satzungsrechts kraft eigener Hoheitsgewalt der Kammer

Der Hoheitsgewalt und damit der Regelungskompetenz der jeweiligen Berufskammer sind nur die Kammermitglieder[44] bzw. die Mitglieder derjenigen Körperschaften unterworfen, aus denen sich die jeweils satzungsgebende Berufskammer zusammensetzt.[45] Primär gelten die Berufsordnungen für diesen Personenkreis.[46]

(1) Regelungsgewalt der Bundesrechtsanwaltskammer

Der Regelungsgewalt der Bundesrechtsanwaltskammer unterliegen folgende Personengruppen, die jeweils einer Rechtsanwaltskammer angehören:

(a) Rechtsanwälte, die im Bezirk des Oberlandesgerichts zugelassen sind, an dem die Rechtsanwaltskammer ihren Sitz hat (§ 60 Abs. 1 Satz 1, 1. Alt. BRAO);

---

[42] Vgl. *Lücke,* Hierarchie des ärztlichen Dienstes, S. 25; *Taupitz,* Standesordnungen, S. 645 f.; vgl. allgemein zur Frage des Anwendungsbereichs von Art. 80 Abs. 1 GG BVerfGE 12, 319, 325; 21, 54, 62; hiernach ist Art. 80 Abs. 1 GG auf „andere unter dem Gesetz stehende Rechtsquellen" als Verordnungen nicht anwendbar.

[43] Vgl. *Taupitz,* Standesordnungen, S. 645 f.

[44] Vgl. *Brandstetter,* Erlaß von Berufsordnungen, S. 148; *Kleine-Cosack,* Berufsständische Autonomie, S. 266 ff.; vgl. auch *Maurer,* Allg. Verwaltungsrecht, § 4, Rn. 17; für Rechtsanwälte insbesondere *Hartung,* in: Hartung / Holl, Berufsordnung, 2. Aufl., Einf. Rn. 20.

[45] Vgl. zur Berufsorganisation oben, I.; anders ist die Situation bei denjenigen freien Berufen, deren Angehörige nicht in öffentlich-rechtlichen Kammern zusammengefaßt sind: möglicherweise bestehende Berufsordnungen, die von privaten Verbänden erlassen werden können, binden deren Mitglieder nur auf privat-, nämlich vereinsrechtlicher Basis, vgl. z. B. die Berufsordnungen für Heilpraktiker, hierzu *Gleißner-Klein,* Private Standesregeln im Wettbewerbsrecht, S. 26.

[46] Möglich sind jedoch gesetzlich angeordnete Geltungserweiterungen, vgl. sogleich unten, bb).

(b) Rechtsanwaltsgesellschaften, die dort ihren Sitz haben (§ 60 Abs. 1 Satz 1, 2. Alt. BRAO);

(c) die Geschäftsführer der Rechtsanwaltsgesellschaften, sofern sie nicht schon aus anderen Gründen der Rechtsanwaltskammer angehören (§ 60 Abs. 1 Satz 2 BRAO);

(d) gem. § 206 BRAO zugelassene ausländische Rechtsanwälte (§ 60 Abs. 1 Satz 2 BRAO);[47]

(e) Inhaber einer Erlaubnis nach dem Rechtsberatungsgesetz (RBerG)[48] (§ 209 BRAO);

(f) gem. § 2 ff. EuRAG niedergelassene europäische Rechtsanwälte (§ 2 Abs. 1 EuRAG).[49]

(2) Regelungsgewalt der Bayerischen Landesärztekammer

Der Regelungsgewalt der Bayerischen Landesärztekammer sind die Mitglieder der ärztlichen Kreisverbände unterworfen. Im einzelnen sind dies folgende Personengruppen:

(a) Ärzte, die in Bayern ärztlich tätig sind, Art. 4 Abs. 1 Nr. 1 BayHKaG; die ärztliche Tätigkeit im Sinne dieser Vorschrift setzt die Approbation (vgl. § 2 Abs. 1 BÄO) oder eine Erlaubnis (vgl. § 2 Abs. 2 , § 10 BÄO) voraus. Angehörige von Staaten der EG oder des Europäischen Wirtschaftsraums können außerdem vorübergehend dienstleistend ärztlich tätig werden; die Dienstleistung muß jedoch bei der zuständigen Behörde angezeigt werden (vgl. § 2 Abs. 3, § 10 b BÄO); nach bayerischer Gesetzeslage gilt die Anzeigepflicht nur für Tätigkeiten, die mit einem vorübergehenden Aufenthalt in Bayern verbunden sind (vgl. Art. 41 Abs. 2 Satz 1 BayHKaG).

Zweifelhaft ist, ob trotz des Wortlauts von Art. 4 Abs. 1 Nr. 1 BayHKaG Ärzte, die nur vorübergehend in Bayern tätig sind, Mitglieder eines ärztlichen Kreisverbandes werden. Dafür, daß dies der Fall ist, spricht außer dem Wortlaut des Art. 4 Abs. 1 Nr. 1 auch Art. 4 Abs. 2 Satz 1 BayHKaG, der bestimmt, daß die Mitgliedschaft bei dem Kreisverband begründet wird, in dessen Bereich der Betreffende „sonst ärztlich tätig ist". Daß auch bei vorübergehender ärztlicher Tätigkeit eine Zwangsmitgliedschaft begründet wird, ergibt sich außerdem aus Art. 4 Abs. 3

---

47 Vgl. näher oben, III. 1.

48 Gem. Art. 1 § 1 RBerG dürfen geschäftsmäßige Rechtsberatung und ähnliche Tätigkeiten nur von Personen betrieben werden, denen eine behördliche Erlaubnis hierfür verliehen worden ist, wobei das RBerG gem. Art. 1 § 3 unter anderem nicht für die Tätigkeit von Rechtsanwälten und Notaren gilt. Weitere Ausnahmen von der Erlaubnispflicht sind in Art. 1 § 5 RBerG aufgezählt, vgl. auch LG Stuttgart, NJW-RR 2001, S. 918.

49 Vgl. zur Niederlassungs- und Dienstleistungsfreiheit der Anwälte in der EG auch *Clausnitzer,* BRAK-Mitt. 1989, S. 59 ff. (teilweise überholt).

Satz 1 BayHKaG, wonach Ärzte, die einer anderen Kammer außerhalb Bayerns angehören, von der Mitgliedschaft im ärztlichen Kreisverband entbunden werden können; gem. Art. 41 Abs. 1 BayHKaG sind dienstleistende Ärzte aus EU- oder EWR-Staaten von der Mitgliedschaft befreit, solange sie in einem anderen EU- oder EWR-Staat ihren gewöhnlichen Aufenthalt haben.[50]

(b) Ärzte, die, ohne ärztlich tätig zu sein, in Bayern ihre Hauptwohnung im Sinne des Melderechts haben, Art. 4 Abs. 1 Nr. 2 BayHKaG. Die Vorschrift erfaßt vornehmlich Ärzte, die sich im Ruhestand befinden. Nicht von dieser Vorschrift erfaßt werden solche Ärzte, die in Bayern ihre Hauptwohnung haben, jedoch außerhalb Bayerns ärztlich tätig sind, wenn sie in einer Berufsvereinigung des Tätigkeitsstaates aufgenommen werden, z. B. Ärzte, die in Oberbayern wohnen, aber in Salzburg praktizieren. Diese können jedoch nach Art. 4 Abs. 1 Nr. 1, Abs. 3 Satz 2 BayHKaG durch gelegentliche Tätigkeit in Bayern Mitglied eines ärztlichen Kreisverbandes werden.

(3) Regelungsgewalt der Bayerischen Landesapothekerkammer

Der Regelungsgewalt der Bayerischen Landesapothekerkammer sind deren Mitglieder unterworfen. Hierzu zählen:

(a) alle zur Berufsausübung berechtigten Apotheker, die in Bayern als solche tätig sind (vgl. Art. 53 Abs. 1 Nr. 1 BayHKaG). Da näheres zur Mitgliedschaft dieses Personenkreises nicht ausdrücklich festgelegt ist, können die Bestimmungen über die Mitgliedschaft in den ärztlichen Kreisverbänden gem. Art. 59 Abs. 1 BayHKaG sinngemäß angewendet werden. Gem. Art. 4 Abs. 1 Nr. 1, Abs. 3 Satz 2 i. V. m. Art. 59 Abs. 1 BayHKaG sind folgende Personen Mitglieder der Bayerischen Landesapothekerkammer:

- in Deutschland approbierte Apotheker (vgl. § 2 Abs. 1 BApO), seien sie Deutsche (vgl. § 4 Abs. 1 BApO) oder Angehörige eines Staates, der der EG oder dem EWR angehört (vgl. § 4 Abs. 1, Abs. 1 a BApO);
- Apotheker, die ihren Beruf aufgrund einer Erlaubnis ausüben (vgl. § 2 Abs. 2, § 11 BApO), jedoch nur, wenn sie aufgrund der Berufsausübung in Bayern die Mitgliedschaft in ihrer heimatlichen Berufsorganisation verlieren; hierzu zählen allerdings nicht dienstleistende Apotheker aus einem Mitgliedstaat der EG oder dem EWR, da diese für die Ausübung von Dienstleistungen keiner Erlaubnis bedürfen (vgl. Art. 59 Abs. 1 i. V. m. Art. 41 Abs. 1, 2 BayHKaG);[51]

---

50 Vgl. auch die Erwägungsgründe der RL 93/16/EWG: „Im Falle einer Dienstleistung würde das Erfordernis der Eintragung oder Mitgliedschaft bei Berufsverbänden oder -körperschaften, die an sich mit der festen und dauerhaften Tätigkeit im Aufnahmestaat verbunden ist, zweifellos eine Behinderung für den Dienstleistungserbringer darstellen, der seine Tätigkeit nur vorübergehend ausübt. Auf dieses Erfordernis ist daher zu verzichten."

51 Vgl. oben, III. 3.

(b) Apotheker, die, ohne als solche tätig zu sein, in Bayern ihre Hauptwohnung haben (vgl. Art. 53 Abs. 1 Nr. 2 BayHKaG).

bb) Geltung der Berufsordnungen für Externe kraft gesetzlicher Anordnung

Die Geltung der Berufsordnungen kann mittels parlamentarischen Gesetzes auch auf solche Personen erstreckt werden, die der Hoheitsgewalt der jeweiligen Kammer nicht unterliegen,[52] wenn die Erstreckung der Normsetzungskompetenz der Berufskammer auf Nichtmitglieder aufgrund engen Sachzusammenhangs geboten ist.[53]

Für dienstleistende europäische Rechtsanwälte bestimmt § 27 Abs. 1 EuRAG, daß sie im Zusammenhang mit der Vertretung oder Verteidigung eines Mandanten im Bereich der Rechtspflege oder vor Behörden die Stellung eines Rechtsanwalts haben, insbesondere dessen Rechte und Pflichten, soweit diese nicht die Zugehörigkeit zu einer Rechtsanwaltskammer oder die Kanzlei betreffen. Aus dieser Gleichstellung des dienstleistenden europäischen Anwalts mit seinen in Deutschland zugelassenen Kollegen ergibt sich, daß auch die für diese geltenden Standesregeln eingehalten werden müssen,[54] insbesondere die Werberegelungen der §§ 6–10 BORA. Die Geltung der Berufsordnung in solchen Fällen ergibt sich auch aus § 34 Abs. 2 BORA, der allerdings mangels Regelungsgewalt der Bundesrechtsanwaltskammer gegenüber Nichtmitgliedern lediglich klarstellende Funktion hat.

Bei „sonstigen Tätigkeiten" außer den in Abs. 1 genannten müssen dienstleistende europäische Rechtsanwälte gem. § 27 Abs. 2 EuRAG die für einen Rechtsanwalt geltenden Regeln insoweit beachten, als sie nicht mit der Niederlassung in Deutschland untrennbar verbunden sind, wegen ihrer allgemeinen Bedeutung beachtet werden können und das Verlangen, sie einzuhalten, gerechtfertigt ist, um eine ordnungsgemäße Ausübung der Tätigkeiten des Rechtsanwalts sowie die Wahrung des Ansehens und des Vertrauens zu gewährleisten, welche die Stellung des Rechtsanwalts erfordert. § 43 b BRAO gilt ausdrücklich, die §§ 6–10 BORA unter den genannten Voraussetzungen,[55] was auch durch § 34 Abs. 2 BORA klar-

---

52 Vgl. z. B. *Brandstetter,* Erlaß von Berufsordnungen, S. 151 ff.; *Kleine-Cosack,* Berufsständische Autonomie, S. 267; *Sue,* Anwaltliches Standesrecht, S. 80; vgl. ferner BVerwGE 7, 17, 28.

53 Vgl. *Brandstetter,* Erlaß von Berufsordnungen, S. 151; *Taupitz,* Standesordnungen, S. 679.

54 Vgl. *Feuerich/Braun,* BRAO, 5. Aufl., § 27 EuRAG, Rn. 1, 2; vgl. auch Art. 4 Abs. 2 RL 77/249/EWG.

55 Vgl. *Feuerich/Braun,* BRAO, 5. Aufl., § 27 EuRAG, Rn. 5; vgl. allgemein zum Bereich Geltungserstreckung auch *Taupitz,* Standesordnungen, S. 1258, der als Beispiel für eine Erstreckung der Regelungsgewalt der Bundesrechtsanwaltskammer § 3 des inzwischen außer Kraft getretenen RADG nennt, der sich auf die (allerdings nicht satzungsförmigen) Standes-

gestellt wird. Zu beachten ist, daß bei allen im Sinne der Nr. 1.5 CCBE-Berufsregeln grenzüberschreitenden Tätigkeiten des dienstleistenden europäischen Rechtsanwalts die grundsätzlich geltenden §§ 6–10 BORA durch den ebenfalls in Bezug genommenen § 29 Abs. 1 BORA i. V. m. Nr. 2.6 CCBE-Berufsregeln überlagert werden können, insoweit nämlich, als diese Regeln nicht auf Recht verweisen, das gegen die deutsche Rechtsordnung verstößt.[56] Hierbei ist § 29 Abs. 1 BORA so formuliert, daß er nicht nur die grenzüberschreitende Tätigkeit von Deutschland nach außen,[57] sondern auch solche dienstleistender europäischer Rechtsanwälte nach Deutschland hin erfaßt.[58]

Für dienstleistende Ärzte aus einem EG- oder EWR-Mitgliedstaat ordnet § 10 b Abs. 3 Satz 1 BÄO an, daß sie beim Erbringen der Dienstleistung die Rechte und Pflichten eines Arztes haben. Diese sind außer im staatlichen Berufsrecht auch in den Berufsordnungen der Landesärztekammern geregelt; ausdrücklich wird die Geltung der Bayerischen Berufsordnung für dienstleistende Ärzte aus einem EG- oder EWR-Staat auch durch Art. 41 Abs. 3 Satz 2 BayHKaG angeordnet. Zusätzlich bestimmt Kap. D III Nr. 13 BayBOÄ, daß hierbei die Vorschriften der Berufsordnung zu beachten sind, und zwar insbesondere auch im Hinblick auf Werbetätigkeiten: Die Ankündigung ärztlicher Tätigkeit „ist [. . .] nur in dem Umfang gestattet, als sie nach dieser Berufsordnung erlaubt ist.“ Gem. § 10 b Abs. 3 Satz 1 BÄO, Art. 41 Abs. 3 BayHKaG gilt für dienstleistende europäische Ärzte jedoch ohnehin auch deutsches Standesrecht, sodaß es sich bei Kap. D III Nr. 13 BayBOÄ – bedenkt man, daß die Landesärztekammern nur gegenüber ihren Mitgliedern über Regelungsgewalt verfügen – lediglich um eine Klarstellung handelt. Mißverständlich ist die Formulierung „im Geltungsbereich dieser Berufsordnung“, denn sie suggeriert eine Gebietshoheit der Personalkörperschaft Landesärztekammer,[59] könnte also vergessen lassen, daß deren Regelungsgewalt personaler Natur ist; allenfalls durch Gesetz kann es – wie gesehen – nachträglich zu Geltungserstreckungen der Berufsordnung auf Nichtmitglieder kommen. Denkbar sind z. B. Fälle, in denen ausländische Ärzte, die ambulant in Bayern tätig werden, für diese Tätigkeit Werbesendungen verschicken.

---

regeln der Anwälte bezieht; vgl. auch *Merle,* Freizügigkeit für Rechtsanwälte, S. 165: „Jedoch dient es dem Schutz der Rechtssuchenden und der Sicherheit der allgemeinen Rechtspflege und somit dem Allgemeininteresse, wenn der dienstleistende Rechtsanwalt sich gewissen innerstaatlichen Berufsregeln – wie Standesrecht und Standesaufsicht – unterwerfen muß.“ Vgl. auch AGH NRW, Beschl. v. 3. 11. 2000 – 2 ZU 21 / 00 –, BRAK-Mitt. 2001, S. 92, der § 27 Abs. 2 EuRAG allerdings noch nicht berücksichtigt.

56 Vgl. hierzu auch unten, C. IV. 10.

57 Vgl. zur grenzüberschreitenden Tätigkeit von in Deutschland niedergelassenen Rechtsanwälten unten, B. II.

58 Vgl. zur Situation vor Erlaß des EuRAG *Jessnitzer / Blumberg,* § 43, Rn. 5.

59 Vgl. zur Unterscheidung von Gebiets- und Personalkörperschaft *Maurer,* Allg. Verwaltungsrecht, § 23, Rn. 3, 30.

Ärzte, die aufgrund einer Erlaubnis praktizieren, haben gem. § 10 Abs. 6 BÄO die Rechte und Pflichten eines Arztes; die Vorschriften der Landesberufsgesetze und der Berufsordnungen gelten hiernach auch für solche Ärzte.

Für dienstleistende Apotheker aus einem EG- oder EWR-Mitgliedstaat, die zum vorübergehenden Tätigwerden keiner Erlaubnis bedürfen,[60] gelten gem. Art. 59 Abs. 1 i. V. m. Art. 41 Abs. 3 BayHKaG unter anderem die Regelungen der Berufsordnung entsprechend, soweit sie nicht einen gewöhnlichen Aufenthalt voraussetzen. Ähnliche Regelungen bestehen auch in anderen Ländern der Bundesrepublik, so z. B. in § 4 Abs. 2, 3 des Gesetzes über die Kammern für Heilberufe Sachsen-Anhalt[61].

Für Apotheker, die aufgrund einer Erlaubnis in Deutschland arbeiten, bestimmt § 11 Abs. 4 BApO, daß sie „im übrigen die in den Vorschriften des Bundesrechts begründeten Rechte und Pflichten" eines Apothekers haben. Trotz des Wortlauts „Vorschriften des Bundesrechts" unterliegen sie auch den Landesberufsordnungen, in Bayern allerdings ohnehin bereits deswegen, weil sie Mitglieder der Bayerischen Landesapothekerkammer sind.[62]

cc) Wirkung der Berufsordnungen gegenüber Dritten

Abgesehen von den Fällen, in denen die Erstreckung einer Regelung auf außerhalb der Berufskammern stehende Dritte ausdrücklich per Gesetz angeordnet ist, haben die Berufsordnungen auch rein tatsächliche Außenwirkung auf Personen, die nicht Kammermitglieder sind. Werberestriktionen können z. B. zur Folge haben, daß Werbeagenturen auf einen Teil ihrer potentiellen Kundschaft verzichten müssen; Regeln der Berufsausübung wirken auch auf das Vertragsverhältnis des Freiberuflers zu seinem Kunden ein. Diese tatsächlichen Außenwirkungen resultieren jedoch alle nicht aus Verhaltensanforderungen gegenüber Außenstehenden, sondern sind bloße Rechtsreflexe aus den Anforderungen der jeweiligen Berufsordnung gegenüber dem Freiberufler.[63] Auch wenn solche Wirkungen vom Normgeber nicht beabsichtigt sind, müssen sie doch den allgemeinen Rechtmäßigkeitsanforderungen entsprechen, insbesondere dann, wenn sie in Grundrechte eingreifen.[64]

---

[60] Sie können sich hierfür auf die Grundfreiheiten des EG-Vertrags bzw. des EWR-Vertrags berufen, vgl. oben, III. 3. b.

[61] Vgl. näher hierzu Fn. 269, 270.

[62] Vgl. *Paintner/Reithmeier*, Apotheken-Vorschriften, Abschnitt BR I 1 (BApO), § 11, Rn. 38.

[63] Vgl. *Brandstetter*, Erlaß von Berufsordnungen, S. 151 ff.; *Taupitz*, Standesordnungen, S. 1289 ff.

[64] Vgl. zu möglicherweise von freiberuflichen Werberestriktionen betroffenen Grundrechten Dritter unten, Vierter Teil, C.

dd) Sonderfälle

Problematisch sind Fälle, in denen Sanatorien, Kliniken oder Institute, die Ärzte oder Apotheker beschäftigen, Werbemaßnahmen für ihre Einrichtung vornehmen, die durch die Berufsordnung nicht erlaubt wären, wenn sie einer der angestellten Freiberufler durchführte. Zunächst gilt auch hier der Grundsatz, daß dritte (juristische) Personen, die nicht der Regelungskompetenz der jeweiligen Kammer unterliegen, an das von dieser gesetzte Standesrecht nicht gebunden sind. Eine andere Frage ist, ob nicht eine Werbemaßnahme der betreffenden Einrichtung einem Arzt zuzurechnen ist, etwa dem ärztlichen Direktor, der aufgrund seiner beherrschenden Stellung die Werbung maßgeblich mitgestaltet hat. Ist eine solche Zurechnung möglich, kann der betreffende Arzt – evtl. auch nur durch Unterlassen – gegen ärztliches Standesrecht verstoßen (vgl. z. B. § 27 Abs. 2 Satz 1 BayBOÄ). In solchen Konstellationen kann das die Werbung initiierende Institut, das zu diesem Verstoß des Arztes gegen Standesrecht gewissermaßen Beihilfe leistet, als wettbewerbsrechtlicher Störer auf Unterlassung in Anspruch genommen werden.[65] Mittelbar kann Standes- (wie Berufs-)recht also Bindungswirkungen auch gegenüber solchen (juristischen) Personen entfalten, die nicht direkte Normadressaten sind.

Erwägenswert ist, ob nicht die Organe der berufsständischen Kammern selbst an die von diesen aufgestellten Berufsordnungen gebunden sind. Auch für die Regelungen der Berufsordnungen über Werbung gilt, daß Normadressat der einzelne ist, nicht die Gesamtheit der Freiberufler. Allerdings wird der wettbewerbsrechtliche Pflichtenkreis der Ärztekammern von den Vorschriften der Berufsordnung, die sich an den einzelnen richten, wesentlich mitgeprägt,[66] was ebenso für die Bundesrechtsanwaltskammer und die Landesapothekerkammern im Hinblick auf deren Berufsordnungen gilt. Werbemaßnahmen, die der einzelne Freiberufler nicht vornehmen dürfte, sind damit wettbewerbswidrig und stellen einen Verstoß gegen § 1 UWG dar.[67]

3. Die Musterberufsordnung für die deutschen Ärztinnen und Ärzte (MBO-Ä); Vorgaben der Bundesapothekerkammer

Die MBO-Ä von 1997, inzwischen durch Beschlüsse des 103. Deutschen Ärztetages 2000 geändert, enthält Empfehlungen des Deutschen Ärztetages an die Landesärztekammern für den Inhalt der von diesen zu erlassenden Berufsordnungen, ist jedoch selbst nicht rechtsverbindlich; die Landesärztekammern orientieren sich

---

65 Vgl. BGH, MedR 1995, S. 113, 114; vgl. auch Hans. OLG Hamburg, MedR 1995, S. 115 m. Anm. *Rieger*, S. 117; OLG München, Urt. v. 21. 10. 1999 – 29 U 2435/99 –, bei *Röver*, MedR 2000, S. 229; OLG Nürnberg, Urt. v. 26. 10. 1999 – 3 U 1519/99 –, bei *Röver*, MedR 2000, S. 271; vgl. näher zu § 27 Abs. 2 BayBOÄ unten, D. III. 4.

66 Vgl. *Piper*, in: FS für Brandner, S. 449, 470.

67 Vgl. BGHZ 90, 232, 236 f.; *Piper*, in: FS für Brandner, S. 449, 470.

beim Erlaß der Berufsordnungen in der Regel an der MBO-Ä.[68] So ist auch die Bayerische Landesärztekammer den Empfehlungen zum Thema Werbung der MBO-Ä 1997 gefolgt: Die Neufassung aus dem Jahre 2000 des § 27 MBO-Ä und des Kapitels D MBO-Ä, das ergänzende Bestimmungen zu einzelnen ärztlichen Berufspflichten vorsieht, hat die Landesärztekammer am 8. Oktober 2000 in die Berufsordnung für die bayerischen Ärztinnen und Ärzte übernommen, die in dieser Fassung am 1. Januar 2001 in Kraft trat.

Die Bundesapothekerkammer beschloß am 30. August 1973 eine Musterberufsordnung für Apotheker, die von der „Hauptversammlung der Deutschen Apotheker" anläßlich des Deutschen Apothekertages 1973 auch angenommen wurde.[69] Ähnlich wie die MBO-Ä war diese Musterberufsordnung als Empfehlung für die Landesapothekerkammern konzipiert. Das Regelwerk wurde jedoch nicht überarbeitet. Spätestens seit 1989 schließlich sieht die Bundesapothekerkammer davon ab, die Musterberufsordnung weiterhin zu empfehlen, abzuändern oder neu zu fassen, um Verwicklungen mit dem Bundeskartellamt zu vermeiden.[70]

4. Die CCBE-Berufsregeln für die Rechtsanwälte der Europäischen Union

Auch auf europäischer Ebene gibt es mit den Berufsregeln der Rechtsanwälte der Europäischen Union eine Art internationales Standesrecht. Der Rat der Anwaltschaften der Europäischen Gemeinschaft („Conseil des Barreaux de la Communauté Européenne", Abkürzung: CCBE) ist die von den europäischen und nationalen Behörden anerkannte europäische Vertretung aller Mitglied-Anwaltsorganisationen.[71] Die nationalen Anwaltsorganisationen werden durch Delegationen vertreten, die in der zweimal jährlich tagenden Vollversammlung und dem Ständigen Ausschuß des CCBE eine ihrer Mitgliederzahl entsprechende Stimmenzahl haben; aus der Vollversammlung wird das aus dem Präsidenten und zwei Stellvertretern bestehende, den CCBE vertretende Präsidium gewählt. Der CCBE ist seit November 1998 eine „association internationale sans but lucratif" (aisbl.) nach belgischem Recht, die in etwa mit einem eingetragenen Verein deutschen Rechts vergleichbar ist.[72]

Nachdem der Versuch aufgegeben worden war, eine Harmonisierung der in der Europäischen Gemeinschaft vertretenen Standesrechtsordnungen vorzunehmen, wurde beschlossen, wenigstens für den grenzüberschreitenden Rechtsverkehr ein-

68 Vgl. auch *K. Schulte,* Werbeverbot für Ärzte, S. 23.

69 Vgl. DAZ 1973, S. 1617, 1626.

70 Vgl. hierzu näher *Taupitz,* Standesordnungen, S. 349 m. w. N.

71 Vgl. zum CCBE *de Gryse,* AnwBl. 1988, S. 631; *de Ricci,* AnwBl. 1988, S. 630; *Thys,* AnwBl. 1988, S. 631 f.

72 Vgl. *Mattik,* AnwBl. 1999, S. 381, 390.

heitliche Standesregeln zu schaffen.[73] So kam es am 28. Oktober 1988 in Straßburg zur einstimmigen Verabschiedung der „Standesregeln der Rechtsanwälte der Europäischen Gemeinschaft" durch die Delegationen der Anwaltsorganisationen aus den damals noch 12 Mitgliedstaaten.

Die Standesregeln, die seit ihrer Ablösung durch den von der CCBE-Vollversammlung am 28. November 1998 in Lyon beschlossenen „Code of conduct"[74] auf deutsch „Berufsregeln der Rechtsanwälte der Europäischen Union" heißen, sind als solche in Ermangelung einer demokratischen Legitimation und des u. a. darauf begründeten Fehlens einer Regelungskompetenz des CCBE gegenüber dem einzelnen Rechtsanwalt nicht verbindlich. Jedoch haben alle Mitgliedstaaten der Europäischen Gemeinschaft entweder durch Wiederholung oder durch Verweis die CCBE-Berufsregeln in ihre eigenen Vorschriften übernommen, Deutschland durch den § 29 Abs. 1 BORA; durch diese Vorschrift wird ein Rechtsanwendungsbefehl bezüglich der CCBE-Berufsregeln ausgesprochen.[75] Bei im Sinne der Nr. 1.5 der CCBE-Berufsregeln grenzüberschreitenden Tätigkeiten von Rechtsanwälten, die dem deutschen Standesrecht unterliegen, gelten gem. § 29 BORA nicht die Vorschriften der BORA, sondern diejenigen der CCBE-Berufsregeln. Diese verdrängen das nationale Berufsrecht insoweit, als sie nicht im Widerspruch zu deutschem Recht, einschließlich Verordnungsrecht, oder dem Gemeinschaftsrecht stehen; in diesem Fall ist ein dem deutschem Standesrecht unterliegender Rechtsanwalt an das höherrangige Recht gebunden.[76] Grenzüberschreitende Tätigkeiten gem. Nr. 1.5 CCBE-Berufsregeln sind Tätigkeiten gegenüber Rechtsanwälten anderer Staaten der Europäischen Union und des Europäischen Wirtschaftsraums im Sinne der (Rechtsanwaltsdienstleistungs)-Richtlinie Nr. 77/249/EWG (vgl. Nr. 1.4 CCBE-Berufsregeln) anläßlich anwaltlicher Berufsausübung (lit. a) und „die berufliche Tätigkeit eines Rechtsanwalts in einem anderen Mitgliedstaat, gleichgültig, ob er dort anwesend ist oder nicht" (lit. b). Letzterer Tatbestand kann also bereits durch eine Briefsendung ins Ausland erfüllt sein.

Problematisch an der Verweisung des § 29 Abs. 1 BORA ist, daß sie nicht dynamisch, sondern statisch ist.[77] Die Gefahr, daß die Berufsordnung auf veraltetes europäisches Berufsrecht verweist, hatte sich zeitweise verwirklicht. Bis zur Änderung des § 29 Abs. 1 BORA durch die Satzungsversammlung bei der Bundesrechtsanwaltskammer am 15./16. Februar 2001 galten die seit der Änderung durch die Vollversammlung des CCBE am 28. November 1998 in Lyon überholten Stan-

---

73 Vgl. zur Notwendigkeit einer Vereinheitlichung der rechtsanwaltlichen Standesregeln in Europa *Weil*, AnwBl. 1988, S. 632.

74 Vgl. *Mattik*, AnwBl. 1999, S. 381, 390.

75 Vgl. *Lörcher*, in: Hartung/Holl, Berufsordnung, 2. Aufl., § 29 BO, Rn. 58; CCBE Einf., Rn. 12.

76 Vgl. § 29 Abs. 1 Satz 1 BORA: „[...], soweit nicht europäisches Gemeinschaftsrecht oder deutsches Verfassungs-, Gesetzes- oder Verordnungsrecht Vorrang haben."

77 Vgl. *Lörcher*, in: Hartung/Holl, Berufsordnung, 2. Aufl., § 29 BO, Rn. 60 ff.

desregeln des CCBE von 1988 für deutsche Rechtsanwälte weiter; die aktuelle Fassung des § 29 Abs. 1 BORA verweist – wiederum als statische Verweisung – auf die Neufassung der CCBE-Berufsregeln.[78]

5. Richtlinien, Leitlinien und sonstige Vorgaben

Von gewisser werberechtlicher Relevanz sind die „Richtlinien für die publizistische Tätigkeit von Ärzten“[79] der Bundesärztekammer.

Nach den von der Bundesärztekammer und der Kassenärztlichen Bundesvereinigung auf der Grundlage eines Vorschlags der „Zentralstelle der deutschen Ärzteschaft zur Qualitätssicherung in der Medizin“ (ÄZQ) verabschiedeten „Beurteilungskriterien für Leitlinien in der medizinischen Versorgung“[80] sollte der Begriff „Richtlinien“ Regelungen des Handelns oder Unterlassens vorbehalten bleiben, die von einer rechtlich legitimierten Institution konsentiert, schriftlich fixiert und veröffentlicht wurden, für den Rechtsraum dieser Institution verbindlich sind, und deren Nichtbeachtung definierte Sanktionen nach sich zieht.[81]

Die „Richtlinien für die publizistische Tätigkeit von Ärzten“ der Bundesärztekammer sind keine Richtlinien in diesem Sinne. Sie sind für Ärzte nicht unmittelbar verbindlich. Der einzelne Arzt ist der Bundesärztekammer, die lediglich ein Zusammenschluß der Landesärztekammern auf privatrechtlicher Basis ist,[82] nicht unterworfen, sodaß die Richtlinien ihn nicht direkt verpflichten.[83] Sie können allerdings berufsrechtlich insofern mittelbar verbindlich werden, als sich die Berufsgerichtsbarkeit zur Ausfüllung von unbestimmten Rechtsbegriffen, etwa des Begriffs „berufswidrige Werbung“[84], an ihnen orientiert.[85] Auf diese Art und Weise kann die Nichtbeachtung von Richtlinien zu einer berufsrechtlichen Verfehlung führen.[86] Anders verhält es sich mit den mißverständlicherweise als Richtlinien bezeichneten Werberichtlinien der Bayerischen Landesapothekerkammer. Diese wurden gem. § 8 Abs. 2 Satz 2 BayBOApo erlassen und sind nach dieser Vorschrift Bestandteil der Berufsordnung, mithin vollverbindliches Satzungsrecht.

---

78 Vgl. zur Änderung des § 29 Abs. 1 BORA die Vorbemerkung zum Abdruck der Neuregelung in AnwBl. 2001, S. 337.

79 DÄBl. 76 (1979), S. 112 f.

80 BÄK / KBV (Hrsg.), DÄBl. 94 (1997), S. A-2154 f.

81 Vgl. BÄK / KBV (Hrsg.), DÄBl. 94 (1997), S. A-2154.

82 Vgl. oben, I.

83 Vgl. auch *Vesting,* MedR 1998, S. 168 ff.; *Ring,* Werberecht der Ärzte, Rn. 551.

84 Vgl. § 27 Abs. 2 BayBOÄ.

85 Zivilrechtliche Bedeutung gewinnen sie über § 276 BGB, vgl. *Laufs,* NJW 1999, S. 1758, 1759.

86 Vgl. *D. Hart,* MedR 1998, S. 8, 14.

Bestimmungen über die Werbung von Freiberuflern, die als Leitlinien[87] bezeichnet sind, gibt es nicht.

Für den Interpretationsbeschluß des Vorstandes der Bundesärztekammer zu Kap. D I Nr. 6 MBO-Ä[88], dem die Regelung in Kap. D I Nr. 5 BayBOÄ nachgebildet ist, gilt entsprechendes wie für die Richtlinien der Bundesärztekammer. Auch der Interpretationsbeschluß dient lediglich als Erkenntnisquelle dafür, wie nach Ansicht des Vorstandes der Bundesärztekammer eine berufskonforme Auslegung der Bestimmung der MBO-Ä über Darstellungsmöglichkeiten im Internet vorzunehmen ist, wobei die Gefahr besteht, daß durch die Beachtung dieses Interpretationsbeschlusses durch die Gerichte lediglich die Meinung „verdienter Standesgenossen" berücksichtigt wird – der Vorstand der Bundesärztekammer wird durch die Präsidenten der Landesärztekammern gebildet,[89] und diese dürften in der Regel erfahrene Ärzte vornehmlich konservativerer Prägung sein. Die Rechtsprechung sollte daher den Interpretationsbeschluß lediglich subsidiär heranziehen, zunächst jedoch die Vorschriften der jeweiligen Ärzteordnung eigenständig interpretieren.

V. Gewohnheitsrecht

Gelegentlich wird die Existenz kodifizierter Werbebeschränkungen bei freien Berufen gewohnheitsrechtlich erklärt.[90] Eine andere Frage ist, ob sich nicht ausdrücklich festgeschriebene Werbebeschränkungen auf Gewohnheitsrecht stützen lassen. Grundsätzlich ist die Geltung von Gewohnheitsrecht nicht ausgeschlossen, soweit gewohnheitsrechtliche Rechtssätze dem Grundgesetz nicht widersprechen;[91] unter diesen Voraussetzungen sind auch Eingriffe in Grundrechte mittels Gewohnheitsrecht denkbar.

Daß im Bereich freiberuflicher Werbung Gewohnheitsrecht gelten soll, ist jedoch abzulehnen. Damit eine Verhaltensnorm zu Gewohnheitsrecht wird, müssen zwei Elemente erfüllt sein. Zum einen muß die Norm von der überwiegenden Mehrheit derjenigen, für die sie gelten soll, für Recht gehalten werden (opinio iuris), zum anderen muß sie von der überwiegenden Zahl der Betroffenen aus Gewohnheit befolgt werden (consuetudo).[92] In Sachgebieten, die durch kodifiziertes Recht geregelt sind, kommt es auf eine Befolgung einer Norm aus Gewohnheit nicht mehr an; in solchen Bereichen kann Gewohnheitsrecht als solches nicht mehr

---

87 Vgl. zu diesem Begriff BÄK / KBV (Hrsg.), DÄBl. 94 (1997), S. A-2154.

88 DÄBl. 96 (1999), S. A-228.

89 Vgl. *Narr*, Ärztliches Berufsrecht, Bd. II, Rn. B 66, S. 426 f.

90 Vgl. *Schardey*, AnwBl. 1979, S. 256.

91 Vgl. zur Möglichkeit der Anwendung von Gewohnheitsrecht z. B. BVerfGE 15, 226, 233; 57, 121, 131.

92 Vgl. z. B. *N. Horn*, Rechtswissenschaft, Rn. 28 f.

fortbestehen.[93] Daß das Werberecht der freien Berufe zum großen Teil mittels Berufs- und Standesrecht geregelt ist, wird durch die Vielzahl der einschlägigen Werberegeln indiziert. Hierfür spricht außerdem, daß dem allgemeinen Prinzip des Vorbehalts des Gesetzes, das den grundrechtlichen Gesetzesvorbehalten eng verwandt ist,[94] entnommen werden kann, daß existierendes Gewohnheitsrecht möglichst durch formell-gesetzliche Regelungen bestätigt oder abgelöst werden soll.[95] Allenfalls bei Regelungslücken könnte Gewohnheitsrecht auch in Bereichen, die grundsätzlich kodifiziert sind, ausnahmsweise noch Bedeutung erlangen. Ob allerdings heute noch eine allgemeine Überzeugung der Geltung von Werbebeschränkungen bei freien Berufen besteht (die opinio iuris), ist in Anbetracht der Tatsache, wie umstritten diese in Rechtsprechung und Literatur sind, eher zu verneinen. Gewohnheitsrecht als solches ist im Bereich der Werbebeschränkungen bei freien Berufen folglich bedeutungslos. Nicht zu verwechseln ist die Bildung bzw. Anwendung von Gewohnheitsrecht jedoch mit der Ausfüllung von Generalklauseln, die sich in berufs- und standesrechtlichen Werbebeschränkungen häufig finden (vgl. z. B. § 27 Abs. 1 Satz 3 BayBOÄ: „berufswidrige Werbung"). Solchen Generalklauseln kommt nach wie vor hohe Bedeutung zu.

VI. Exkurs: das Verhältnis von Berufs- und Standesrecht zum Recht des unlauteren Wettbewerbs

Die Problematik, in welchem Verhältnis Berufs- und Standesrecht zum Recht des unlauteren Wettbewerbes, insbesondere zu §§ 1, 3 UWG, steht, ist vorliegend in mehrfacher Hinsicht relevant; insbesondere für die Prüfung der Verfassungsmäßigkeit der einzelnen Normen des Werberechts der freien Berufe spielt dieses Verhältnis eine Rolle. So stellt sich für einige Werbebeschränkungen die Frage, ob nicht die wettbewerbsrechtliche Erfassung eines Sachverhalts dessen berufs- oder standesrechtliche Regelung entbehrlich macht, wenn man davon ausgeht, daß das UWG auf Angehörige freier Berufe generell anwendbar ist.

1. Schutzzweck beider Rechtsgebiete

Für standes- und berufsrechtliche Werbebeschränkungen werden, wie im einzelnen zu erörtern sein wird, unterschiedliche Schutzzwecke vorgetragen:[96] Werbebe-

---

93 Vgl. auch BVerfGE 9, 109, 117; *Menger*, VerwArch. Bd. 64 (1973), S. 423, 425; a. A. aber *Leisner*, Berufsordnungsrecht und Werbeverbote, S. 12: „[...] und daß andererseits die eingehenden gesetzlichen Regelungen der Apothekerpflichten allein Gewohnheitsrecht noch nicht ausschließen."

94 Vgl. *Maurer*, Allg. Verwaltungsrecht, § 6, Rn. 7.

95 Vgl. *Sue*, Anwaltliches Standesrecht, S. 59 f.

96 Vgl. Vierter Teil, E.

schränkungen für Rechtsanwälte sollen z. B. der Erhaltung der Funktionsfähigkeit der Rechtspflege dienen, ärztliche Werbebeschränkungen beispielsweise der Gesundheit der Bevölkerung, Werberestriktionen für Apotheker der Sicherstellung einer ordnungsgemäßen Versorgung der Bevölkerung mit Arzneimitteln.

Der Schutzzweck des Wettbewerbsrechts ist die Erhaltung der Lauterkeit des Wettbewerbs (dieser ist Schutzobjekt) zugunsten der Konkurrenten, übrigen Marktteilnehmer und der Allgemeinheit (diese sind Schutzsubjekt).[97] Anders als das Berufs- und Standesrecht schützt das Wettbewerbsrecht zugunsten der Allgemeinheit also nicht eine Vielzahl von Interessen, sondern lediglich den Wettbewerb.[98] Werden durch das Wettbewerbsrecht auch andere Rechtsgüter der Allgemeinheit geschützt, so handelt es sich bei diesem Schutz um einen bloßen Rechtsreflex.

Die Schutzzwecke der berufs- und standesrechtlichen Werbebeschränkungen unterscheiden sich folglich vom Regelungszweck des Wettbewerbsrechts.

2. Anwendungsbereich des Wettbewerbsrechts

Das Wettbewerbsrecht findet auch auf Angehörige freier Berufe Anwendung.[99] Insbesondere die Tatbestandsmerkmale der §§ 1, 3 UWG „geschäftlicher Verkehr" und „zu Zwecken des Wettbewerbs" sind bei Werbemaßnahmen von Freiberuflern in der Regel gegeben: Der Begriff „geschäftlicher Verkehr" wird im weitesten Sinne verstanden, sodaß auch die anwaltliche, ärztliche und die Tätigkeit des Apothekers erfaßt werden; ein Handeln „zu Zwecken des Wettbewerbs" liegt in jedem Verhalten, das äußerlich geeignet ist, den Absatz oder Bezug einer Person zum Nachteil einer anderen Person zu fördern.[100]

Einzelne Fallgestaltungen freiberuflicher Werbung lassen sich einerseits unter berufs- und standesrechtliche Werbebeschränkungen subsumieren, andererseits unter Vorschriften des Wettbewerbsrecht. Relevant werden in solchen Fällen immer wieder die Generalklausel des § 1 UWG, der einen Unterlassungs- und Schadensersatzanspruch gegen denjenigen gewährt, der „im geschäftlichen Verkehre zu Zwecken des Wettbewerbes Handlungen vornimmt, die gegen die guten Sitten verstoßen", und § 3 UWG, der unter denselben Voraussetzungen dieselbe Rechtsfolge für Irreführungen vorsieht. Die Ansprüche können unter anderem von Konkurrenten, aber auch von bestimmten Vereinigungen geltend gemacht werden (vgl. § 13 UWG).[101]

---

97 Vgl. *Emmerich,* Recht des unlauteren Wettbewerbs, S. 12; *Piper,* in: Köhler/Piper, UWG, Einf. Rn. 22, 23.

98 Vgl. *Emmerich,* Recht des unlauteren Wettbewerbs, S. 14 f.; abweichend *Baumbach/Hefermehl,* Wettbewerbsrecht, Allg. Rn. 88.

99 Vgl. zur Anwendbarkeit des Wettbewerbsrecht auf die freien Berufe z. B. *Baumbach/Hefermehl,* Wettbewerbsrecht, Einl. UWG, Rn. 200, § 1 UWG, Rn. 678.

100 Vgl. *Baumbach/Hefermehl,* Wettbewerbsrecht, Einl. UWG, Rn. 208, 215 m. w. N.

101 Vgl. näher hierzu sogleich unter 5.

3. Verstoß gegen Wettbewerbsrecht durch Verstoß gegen Berufs- und Standesrecht

Hinsichtlich des Verhältnisses zwischen Wettbewerbs- und Berufs- bzw. Standesrecht ist fraglich, ob ein Verstoß gegen berufsrechtliche Werbebeschränkungen per se schon als Verstoß gegen § 1 UWG – Fallgruppe Rechtsbruch[102] – gewertet werden kann, oder ob hierfür die gesonderte Feststellung eines Vorsprungs im Wettbewerb notwendig ist.[103] Ein Verstoß gegen § 1 UWG (Verstoß gegen die guten Sitten im Wettbewerb, Generalklausel) kann in Fällen eines Verstoßes gegen andere Rechtsnormen vorliegen, wobei die Dogmatik zu § 1 UWG zwischen Verstößen gegen wertbezogene und solchen gegen wertneutrale Normen unterscheidet.[104] Nur bei Mißachtung wertbezogener Normen, also solcher, die unmittelbar wettbewerbsbezogen sind, liegt automatisch ein Verstoß gegen § 1 UWG vor. Bei wertneutralen Normen, die keinen direkten Wettbewerbsbezug aufweisen, müssen zur Bejahung eines Verstoßes gegen die guten Sitten weitere Umstände hinzutreten, insbesondere ein sachlich ungerechtfertigter Vorsprung im Wettbewerb.[105] Als wertbezogen wird z. B. § 43 b BRAO angesehen.[106]

4. Verstoß gegen Berufs- und Standesrecht durch Verstoß gegen Wettbewerbsrecht

Gelegentlich ordnen Normen an, daß ein Verstoß gegen Wettbewerbsrecht zugleich ein solcher gegen Berufs- bzw. Standesrecht ist. So heißt es z. B. in Abschnitt II Abs. 1 der Werberichtlinien der Bayer. Landesapothekerkammer: „Unzulässig ist die Werbung, die unlauteren Wettbewerb darstellt." Bedeutung erlangen in diesem Zusammenhang auch die berufsrechtlichen Generalklauseln (vgl. § 43 BRAO für Rechtsanwälte, Art. 17 BayHKaG für Ärzte, Art. 59 Abs. 1 i. V. m. Art. 17 BayHKaG für Apotheker). Über sie kann unter gewissen Umständen ein Verstoß gegen Wettbewerbsrecht zu einem Verstoß gegen Berufsrecht werden, was Folgen z. B. für die Ahndbarkeit eines Verhaltens im berufsrechtlichen Verfahren hat.[107]

---

102 Vgl. hierzu *Piper,* in: Köhler / Piper, UWG, § 1, Rn. 611 ff.; speziell zum Rechtsbruch bei Verstößen gegen Berufs- und Standesrecht Rn. 672 ff.

103 Vgl. z. B. *Büttner,* in: FS für Vieregge, S. 99, 108 f.; *Westermann,* in: FS für Barz, S. 545, 559.

104 Vgl. *Piper,* in: Köhler / Piper, UWG, § 1, Rn. 612 ff.

105 Vgl. *Büttner,* in: FS für Vieregge, S. 99, 109: „Im übrigen [sc. bei wertneutralen Normen, d. Verf.] besteht keine Notwendigkeit, die berufsrechtlichen Werbebeschränkungen [. . .] automatisch mit dem wettbewerbsrechtlichen Schutz des § 1 UWG auszustatten." Vgl. auch *Piper,* in: Köhler / Piper, UWG, § 1, Rn. 614, 659 ff.

106 Vgl. OLG Düsseldorf, NJW-RR 2001, S. 922.

107 Vgl. zu § 43 BRAO näher unten, C. IV. 1. a).

5. Prozessuale Fragen der Verfolgung von Wettbewerbsverstößen von Freiberuflern

Konkurrenten der Freiberufler sind gem. § 13 Abs. 2 Nr. 1 UWG prozeßführungsbefugt. Umstritten ist hingegen, ob gem. § 13 Abs. 2 Nr. 2 UWG auch Berufskammern gegen ihre Angehörigen als Kläger im wettbewerbsrechtlichen Verfahren auftreten können;[108] diese Frage ist im Hinblick auf die Rechtfertigung der Existenz spezifisch berufs- und standesrechtlicher Werbebeschränkungen von gewisser Bedeutung.

Dafür, den berufsständischen Kammern die Möglichkeit zuzugestehen, gegen ihre eigenen Mitglieder im Wege der wettbewerbsrechtlichen Unterlassungsklage vorzugehen, spricht, daß es Sinn und Zweck des Wettbewerbsrechts ist, wettbewerbsbeeinträchtigende Methoden im öffentlichen Interesse zu verhindern;[109] Funktionsbereich und Aufgabenkreis der Kammern gehen nach Auffassung der Rechtsprechung über die ihnen durch Gesetz oder Satzung zugewiesenen Aufgaben hinaus und umfassen auch Belange, die den jeweiligen Berufsstand als ganzen betreffen.[110] Gegen eine Prozeßführungsbefugnis berufsständischer Kammern spricht nicht das Argument, daß dadurch die Erforderlichkeit hoheitlicher Verkammerung in Frage gestellt werden könnte.[111] Hierin liegt eine lediglich apodiktische Behauptung der Zulässigkeit des gegenwärtigen Kammersystems; richtigerweise wäre aus der Erkenntnis, durch Anwendung des Wettbewerbsrechts könnte möglicherweise eine Verkammerung in einem Umfang wie dem bestehenden in Frage gestellt werden, die Folgerung zu ziehen, Teile dieser Verkammerung mangels Erforderlichkeit zurückzunehmen.[112]

Dagegen, eine Prozeßführungsbefugnis der Berufskammern aus § 13 Abs. 2 Nr. 2 UWG ableiten zu wollen, spricht jedoch der Wortlaut dieser Norm. Ob Berufskammern „Verbände zur Förderung gewerblicher Interessen" in diesem Sinne sind, ist deswegen zweifelhaft, weil in § 13 Abs. 2 Nr. 4 UWG Industrie- und Handelskammern und Handwerkskammern explizit aufgeführt werden: Warum die Berufskammern, deren Hauptaufgabe es nicht ist, gewerbliche Interessen ihrer Mit-

---

108 Vgl. BGHZ 109, 153, 156; dafür *Piper,* in: FS für Brandner, S. 449, 471 f.; kritisch *Achim Krämer,* in: FS für Piper, S. 327, 332; differenzierend *Büttner,* in: FS für Vieregge, S. 99, 118 ff.

109 Vgl. z. B. Piper, in: *Köhler/Piper,* UWG, Einf. Rn. 23: Schutzsubjekt des Wettbewerbsrechts sind hiernach nicht nur Mitbewerber, sondern auch die Verbraucher, sonstigen Marktteilnehmer und die Allgemeinheit sowie, in deren Interesse, auch der Leistungswettbewerb als solcher.

110 Vgl. BGHZ 109, 153, 156 ff. (zu Rechtsanwaltskammern); von einer Klagemöglichkeit der Rechtsanwaltskammern geht z. B. auch BGH, NJW-RR 1994, S. 1480, 1481, aus.

111 Vgl. *Pietzcker,* NJW 1982, S. 1840, 1846.

112 Vgl. auch *Huff,* FAZ Nr. 177 v. 3. 8. 1998, S. 15: „Müßte hierfür [sc. zur Verhinderung von Verstößen gegen Berufsrecht, d. Verf.] nicht eigentlich das berufsrechtliche Instrumentarium, einer der wesentlichen Gründe für die Zulässigkeit von Pflichtkammern, ausreichen? Die Kammern sind dabei, ihre Existenz in Frage zu stellen [. . .]."

glieder zu fördern, automatisch unter § 13 Abs. 2 Nr. 2 UWG subsumiert werden können sollen, wenn die Industrie- und Handels- sowie die Handwerkskammern, die doch gem. § 1 IHK-Gesetz die Aufgabe haben, „für die Förderung der gewerblichen Wirtschaft" bzw. zugunsten der „wirtschaftlichen Interessen des Handwerks" zu wirken, in § 13 Abs. 2 Nr. 4 UWG eigens erwähnt werden, ist fraglich.[113] Vielmehr dürfen Berufskammern aus Gründen des Demokratieprinzips nur öffentliche Interessen verfolgen, nicht aber gewerbliche.[114] Kann man in der Verfolgung von Berufsrechtsverstößen durch das Wettbewerbsrecht noch einen Schutz öffentlicher Interessen erkennen – zwar heißt es in § 13 Abs. 2 Nr. 2 UWG „gewerbliche" und nicht etwa „wettbewerbliche" Interessen, immerhin aber dient das Wettbewerbsrecht dem öffentlichen Interesse „Wettbewerbsschutz" –, so spricht doch das Prinzip der Gesetzmäßigkeit der Verwaltung entscheidend dagegen, Verstöße gegen Berufs- und Standesrecht anders als auf den durch berufs- und standesrechtliche Normen vorgesehenen Wegen zu verfolgen: Die Berufsgesetze halten ein zur Bekämpfung von Verstößen ausreichendes und feindifferenziertes Instrumentarium bereit, weswegen kein Bedürfnis dafür besteht, die Vorschrift des § 13 UWG, die doch keine Kompetenznorm des Berufsaufsichtsrechts darstellt, zivilrechtlich derart zu erweitern; nicht ausgeschlossen ist es nach diesen Erwägungen allerdings, daß den Berufskammern Prozeßführungsbefugnis insoweit zukommt, als sich die Unterlassungsklage gegen die Beeinträchtigung wettbewerblicher Interessen der Gesamtheit aller Mitglieder durch Außenstehende richtet, gegen die nicht mit Mitteln des Berufsrechts vorgegangen werden kann.[115]

Berufs- und standesrechtliche Werbebeschränkungen sind daher im Hinblick auf das Wettbewerbsrecht nicht etwa überflüssig: Berufskammern können ein Fehlverhalten ihrer Angehörigen nach hier vertretener Auffassung in den meisten Fällen nur dann verfolgen, wenn es außer von Wettbewerbsrecht auch von Berufs- und Standesrecht erfaßt wird. Allerdings wäre selbst dann, wenn man den Berufskammern die Möglichkeit der Erhebung von Wettbewerbsklagen allgemein zugestehen wollte, eine spezifisch berufs- und standesrechtliche Kodifikation von Werbebeschränkungen nicht unnötig: Eine solche gesonderte Erfassung wäre deswegen erforderlich, weil nur durch sie eine differenzierte Ahndung von sozialschädlichen Verhaltensweisen möglich ist, und zwar auch außergerichtlich. So kommen außer der in den Berufsordnungen festgeschriebenen Rügemöglichkeit (vgl. z. B. § 74 BRAO) auch in der Intensität mildere, auf § 73 Abs. 2 Nr. 1, 4 BRAO gestützte wohlwollende oder mißbilligende Belehrungen durch den Kammervorstand in Betracht.[116] Demgegenüber stellt es ein vor allem im Hinblick auf die möglicherweise entstehenden, mitunter beträchtlichen Kosten nicht erforderliches und deswegen unverhältnismäßiges Vorgehen dar, wenn Berufskammern anstelle milderer, weil

---

113 Vgl. *Büttner,* in: FS für Vieregge, S. 99, 118.

114 Vgl. *Pietzcker,* NJW 1982, S. 1840, 1842.

115 Vgl. *Büttner,* in: FS für Vieregge, S. 99, 119.

116 Vgl. z. B. BVerfGE 50, 16, 26 ff.; BGH, NJW 1984, S. 1042; vgl. auch *Hartstang,* Anwaltsrecht, S. 724 ff.

insbesondere auch günstigerer Maßnahmen den Weg wettbewerbsrechtlicher Unterlassungsklagen einschlagen.[117] Eine solche „Flucht ins Privatrecht"[118] durch die Berufskammern ist entgegen der Rechtsprechung aus den genannten Gründen abzulehnen.

B. Internationale (Werbe-)Tätigkeit von Freiberuflern und anzuwendende Regelungen des Berufs- und Standesrechts[119]

Probleme hinsichtlich der Anwendung des Berufs- und Standesrechts, insbesondere der Werberegelungen, ergeben sich durch die zunehmende internationale Vernetzung bei der Erbringung von Dienstleistungen, insbesondere innerhalb des Geltungsbereichs des EG-Vertrages (vgl. z. B. Art. 49 EG). Der Begriff „internationale (Werbe-)Tätigkeit" wird hier im weitesten Sinne verstanden; er umfaßt Grenzüberschreitungen von Personen und Leistungen, aber auch das dauernde Verweilen von Freiberuflern in einem anderen Staat als dem der ursprünglichen Zulassung bzw. Approbation.

I. Allgemeine Grundsätze der Anwendung von Verwaltungsrechtsnormen bei Sachverhalten mit Auslandsbezug

Die Frage, welches Recht auf Sachverhalte mit Auslandsberührung anzuwenden ist, gehört zum Problemkreis des internationalen Verwaltungsrechts,[120] wobei dieser Begriff ähnlich irreführend ist wie derjenige des „internationalen Privatrechts":[121] Beide bezeichnen nämlich rein nationale Kollisionsregeln. Ein Teilbereich dieses Problems ist die Frage nach der Reichweite des deutschen Berufs- und Standesrechts. So muß geklärt werden, inwieweit Sachverhalte mit Auslandsberührung überhaupt von nationalem Recht erfaßt werden können, auch wenn dies gelegentlich ausdrücklich vorgesehen ist, z. B. in § 29 Abs. 2 BORA.

---

117 Vgl. zu den mitunter hohen Kosten *Büttner,* in: FS für Vieregge, S. 99, 122, der von Gebührenstreitwerten von bis zu 75.000 DM für Unterlassungsklagen wegen Verstoßes gegen Berufsrecht berichtet; solche Streitwerte können Kosten verursachen, die den Betrag der berufsrechtlich vorgesehenen Geldbußen weit übersteigen.

118 Davon spricht *Pietzcker,* NJW 1982, S. 1840, 1843.

119 Zur Problematik der Anwendung von Wettbewerbsrecht bei Werbung mit Auslandsberührungen vgl. *Beckmann,* WRP 1993, S. 651 ff.

120 Vgl. hierzu grundlegend *Neumeyer,* Internationales Verwaltungsrecht; *Vogel,* Anwendungsbereich der Verwaltungsrechtsnorm, S. 151 ff.; *Wolff/Bachof/Stober,* Verwaltungsrecht I, § 21, Rn. 12; § 27, Rn. 16.

121 Vgl. *M. Friedlaender,* AnwBl. 1954, S. 1.

Grundsätzlich ist die Regelung der Berufszulassung und Berufsausübung Sache des jeweiligen Staates, in dem sie stattfinden soll; dieser hat die Territorialhoheit über sein Staatsgebiet.[122] Das Problem, inwieweit ein Staat Regelungsgewalt über seine Angehörigen auch im Ausland hat, gehört teilweise zum Regelungskreis des Völkerrechts (zumindest, soweit damit die Beziehung des Staates zu einem anderen beeinflußt wird), dessen allgemeine Grundsätze gem. Art. 25 GG Bestandteil des Bundesrechts sind; einen allgemeinen völkerrechtlichen Grundsatz, welches Recht bei Fällen mit Auslandsbezug anzuwenden wäre, gibt es jedoch nicht.[123] Vielmehr haben Staaten bei der Entscheidung, welche Situationen sie ihrer Regelungsgewalt (noch) unterwerfen wollen, grundsätzlich freies Ermessen.[124] Dieses wird allerdings dadurch eingeschränkt, daß es zumindest eines entfernten sinnvollen Anknüpfungspunktes zur Regelung bedarf.[125]

Für die Geltung des staatlichen Berufsrechts ergibt sich hierbei folgendes: Räumlich gesehen gilt das staatliche Berufsrecht im Zuständigkeitsbereich des jeweiligen Hoheitsträgers, personell gesehen gilt es für diejenigen Personen, die unter die Regelung der betreffenden Norm fallen.[126] Die BÄO regelt beispielsweise die Zulassung zum ärztlichen Beruf, § 43 b BRAO regelt die Werbung von Rechtsanwälten im gesamten Bundesgebiet: Es gilt primär das Territorialprinzip. Völkerrechtlich ist es jedoch nicht grundsätzlich verboten, daß es für grenzüberschreitende Sachverhalte auch zu einer Anknüpfung an die Person kommen kann: Ebenso wie es auch im Strafrecht das sogenannte „aktive Personalitätsprinzip" gibt (vgl. z. B. § 7 Abs. 2 Nr. 1 StGB), ist die Anwendung deutschen Berufsrechts auf die Tätigkeit von Freiberuflern im Ausland nicht generell ausgeschlossen;[127] ob und inwieweit deutsches Recht im Einzelfall gilt, muß jedoch genau ermittelt werden.[128] Hierbei sind zwei Gesichtspunkte zu beachten, die häufig dazu führen werden, daß deutsches Berufsrecht letztlich für die Tätigkeit des Freiberuflers im Ausland entgegen der primären Vermutung, gegenüber deutschen Staatsbürgern gelte deutsches Recht,[129] keine Bedeutung hat:

(1) Ausländische Staaten haben für ihr Gebiet zunächst ebenfalls die Regelungshoheit, weswegen der Vorrang dem Recht des Ortes gebührt, an dem der Freiberufler tätig wird.[130]

---

122 Vgl. zur Staatsgewalt z. B. *Seidl-Hohenveldern / Stein,* Völkerrecht, § 66.

123 Vgl. auch *Dahm,* Völkerrecht I, S. 6.

124 Vgl. *Willandsen,* NJW 1989, S. 1128, 1129.

125 Vgl. VG Schleswig, NJW 1989, S. 1178; *Dahm,* Völkerrecht I, S. 255; *Willandsen,* NJW 1989, S. 1128, 1129.

126 Vgl. z. B. *Wolff / Bachof / Stober,* Verwaltungsrecht I, § 27, Rn. 13, 14.

127 Vgl. für Rechtsanwälte *Eylmann,* in: Henssler / Prütting, BRAO, Vorb. § 43, Rn. 8; vgl. dazu, daß auch im öffentlichen Recht das Territorium nicht der einzige Anknüpfungspunkt für die Regelung von Kollisionen ist, Kopp, DVBl. 1967, S. 469; Vogel, Anwendungsbereich der Verwaltungsrechtsnorm, S. 89 ff., sieht die Bedeutung des Territorialprinzips schwinden.

128 Vgl. auch VG Schleswig, NJW 1989, S. 1178.

129 Vgl. hierzu *Wolff / Bachof / Stober,* Verwaltungsrecht I, § 21, Rn. 12.

(2) Deutsche Freiberufler müssen, schon im Hinblick auf ihre Konkurrenzfähigkeit, ihren Kollegen im Ausland gegenüber gleichbehandelt werden.[131]

In Anbetracht dieser Argumente bedarf es für die Anwendung deutschen Berufsrechts auf die Tätigkeit deutscher Freiberufler im Ausland schwerwiegender Gründe.[132] Ein solcher ist z. B. die Wirkung einer Handlung auch auf deutschem Gebiet.[133] Nicht geeignet als Anknüpfungspunkt ist das Kriterium, welches (Privat-) recht auf einen aufgrund einer Werbetätigkeit abgeschlossenen Vertrag zur Anwendung kommt (bzw. auf einen fiktiven Vertrag zur Anwendung käme): Werbung mit Auslandsbezug zeitigt nicht immer nur in einem Land Wirkungen, weswegen dieses Kriterium nicht weiterführt, da in solchen Fällen Verträge nach mehreren Privatrechtsordnungen möglich wären.[134]

In Bezug auf Werbenormen des staatlichen Berufsrechts – für die hier betrachteten Berufe kommt als spezielle Werberegelung dieser Normqualität lediglich § 43 b BRAO in Betracht (vgl. aber z. B. auch § 8 StBerG) –, die strenger sind als das Recht des Staates, in dem der Freiberufler tätig wird, folgt daraus, daß sie für die Werbetätigkeit deutscher Freiberufler im Ausland nur dann gelten, wenn diese Tätigkeit einen näheren Bezug zu deutschem Gebiet hat.

Anderes gilt für das von den berufsständischen Vereinigungen, den Kammern, erlassene Standesrecht. Dieses knüpft an die Mitgliedschaft in der Kammer an (sieht man von gesetzlichen Geltungserstreckungen einmal ab);[135] weil die Berufskammern keine Gebiets-, sondern Personalkörperschaften sind,[136] gilt hier primär das Personalitätsprinzip.[137] Das heißt jedoch nicht, daß inländisches Standesrecht die gesamte Berufsausübung eines deutschen Freiberuflers im Ausland regeln

130 Vgl. auch OLG Düsseldorf, NJW 1994, S. 869 („Als solcher [sc. als Begehungsort, d. Verf.] kann [...] in der Regel nur der Ort angesehen werden, an dem wettbewerbliche Interessen der Mitbewerber aufeinandertreffen. [...] Wenn es um die Beurteilung von Maßnahmen bei der Gewinnung von Mandanten geht, ist der Marktort, an dem diese Maßnahmen auf den potentiellen Mandanten einwirken sollen, [...] der für die Bestimmung des anwendbaren Rechts maßgebliche Ort der wettbewerblichen Interessenkollision."); *Jessnitzer/Blumberg*, BRAO, § 43, Rn. 5.

131 Vgl. *Everling*, Gutachten C zum 58. DJT, S. 29, 30.

132 Vgl. hierzu VG Schleswig, NJW 1989, S. 1178: „Eine Anordnung dieses Inhalts [...] wäre jedoch von der insoweit allein in Betracht kommenden Ermächtigungsgrundlage [...] nicht gedeckt, weil der Bekl. in ihr seine Aufsichtsbefugnisse auch auf Vorgänge erstreckt, die sich ausschließlich im Ausland abspielen, und er dadurch in die Territorialhoheit des Königreichs Dänemark eingreift, ohne daß der Sinn und Zweck des Rechtsberatungsgesetzes einen solchen Eingriff in die Territorialhoheit eines fremden Staates rechtfertigt."

133 Vgl. *Everling*, Gutachten C zum 58. DJT, S. 30.

134 Vgl. zu Fragen des internationalen Privatrechts bei Anwaltsverträgen mit einer internationalen Anwaltssozietät *Mankowski*, AnwBl. 2001, S. 249 ff.

135 Vgl. *Brandstetter*, Erlaß von Berufsordnungen, S. 148 ff.

136 Zum Unterschied zwischen beiden vgl. z. B. *Maurer*, Allg. Verwaltungsrecht, § 23, Rn. 3, 30.

137 Vgl. auch *Wolff/Bachof/Stober*, Verwaltungsrecht I, § 27, Rn. 14.

dürfte; die Geltung der jeweiligen Berufsordnung wird ebenso wie die des staatlichen Berufsrechts durch die Territorialhoheit des anderen Staats und durch die Notwendigkeit einer Gleichstellung des deutschen Freiberuflers mit seinen Konkurrenten im Ausland eingeschränkt.

Für Freiberufler mit doppelter Zulassung bzw. Approbation gilt deutsches Recht von vorneherein dann nicht, wenn sich die Werbetätigkeit im Ausland nur auf die Tätigkeit als nach dem Recht eines anderen Staates zugelassener bzw. approbierter Freiberufler bezieht.

II. Grenzüberschreitende (Werbe-)Tätigkeit von Rechtsanwälten[138]

1. Grenzüberschreitende Tätigkeit von Rechtsanwälten aus Deutschland mit Auslandsbezug

a) Berufsrecht

Rechtsanwälte, die bei ihrer Tätigkeit in Deutschland dem deutschen Berufsrecht unterliegen – an Werberegelungen spielen insbesondere § 43 b BRAO und § 5 Abs. 2 Satz 2 EuRAG eine Rolle –, sind unter Berücksichtigung des Territorialprinzips und des Aspekts der Gleichbehandlung mit den Rechtsanwälten des anderen Staates bei Werbetätigkeiten mit Auslandsbezug vorrangig dem Recht des Orts dieser Tätigkeit unterworfen; nur dann, wenn die im Ausland erlaubte Werbung Ausstrahlungswirkung nach Deutschland hat, gilt § 43 b BRAO als Beschränkung.[139] Wirbt der Rechtsanwalt im Ausland für seine gem. § 28 Abs. 1, § 29 a BRAO zulässigerweise errichtete Niederlassung im Ausland, und hat diese Werbung keine Wirkung auf deutschem Staatsgebiet, so gilt deutsches Berufsrecht nicht: alleine an den Gegenstand der Beratung anzuknüpfen – mag diese sich auch ausschließlich auf deutsches Recht beziehen – rechtfertigt eine Durchbrechung des Territorialprinzips nicht.

Ähnliches gilt für grenzüberschreitende Werbetätigkeiten mit Bezug auf einen EG-Mitgliedstaat. Gem. Art. 4 Abs. 1 der Rechtsanwaltsdienstleistungsrichtlinie (RL 77/249/EWG, RADRL)[140] hat der dienstleistende europäische Rechtsanwalt die „Bedingungen" zu beachten, die für die in diesem Staat niedergelassenen Anwälte gelten, gem. Art. 4 Abs. 2 RL 77/249/EWG sind neben den dem Rechtsanwalt „im Herkunftsstaat obliegenden Verpflichtungen" die Standesregeln des Aufnahmestaats zu beachten. Zu den gem. Art. 4 Abs. 1 RL 77/249/EWG zu beachtenden „Bedingungen" zählt das Berufsrecht des Aufnahmestaats, da es nicht zum

138 Vgl. allgemein hierzu auch *Rabe*, NJW 1987, S. 2185 ff. (teilweise überholt).

139 Vgl. auch *Eylmann*, in: Henssler/Prütting, BRAO, Vorb. § 43, Rn. 8.

140 Vgl. hierzu *Brangsch*, NJW 1981, S. 1177, 1178.

Standesrecht gehört – der Begriff „Standesregeln“ in Art. 4 Abs. 2 RL 77/249/EWG ist ähnlich wie das in dieser Arbeit als „Standesrecht“ bezeichnete Phänomen zu verstehen.[141] Gem. Art. 4 Abs. 2 RL 77/249/EWG gelten für grenzüberschreitende Tätigkeiten folglich die Berufsrechtsnormen sowohl des Herkunfts- als auch des Aufnahmestaats nebeneinander, weswegen es zu Kollisionen unterschiedlich strenger Regelungen kommen kann; eine Harmonisierung der Berufsausübungsregelungen für Rechtsanwälte wurde bislang nur im Bereich des Standesrechts erreicht (vgl. die Berufsregeln des CCBE). Für die Lösung von Konflikten müssen die oben genannten Erwägungen berücksichtigt werden: die Gebietshoheit des fremden EG-Staates und die Notwendigkeit einer Gleichbehandlung des Dienstleisters mit seinen Kollegen im Ausland. Nur ausnahmsweise kann § 43 b BRAO gelten, nämlich dann, wenn zwar das Recht des Staates, in dem die Dienstleistung stattfindet (des „Empfänger“- oder „Aufnahmestaates“), liberaler ist, die Werbemaßnahme des deutschen Rechtsanwalts jedoch auch in Deutschland Wirkungen entfaltet.

b) Standesrecht

Rechtsanwälte, die dem deutschen Standesrecht unterliegen,[142] haben für den grenzüberschreitenden Rechtsverkehr mit Bezug auf einen europäischen Staat, dessen Rechtsanwaltschaft im CCBE mitgliedschaftlich vertreten ist (kurz: CCBE-Staat), gem. § 29 Abs. 1 BORA die Berufsregeln des CCBE zu berücksichtigen. Art. 4 Abs. 2 RL 77/249/EWG ist insoweit praktisch überholt, da alle CCBE-Staaten für den grenzüberschreitenden Rechtsverkehr die Berufsregeln des CCBE entweder durch Verweis oder wörtliche Übernahme in ihr jeweiliges Standesrecht anwendbar machen.[143] Für grenzüberschreitende Werbemaßnahmen gilt § 29 Abs. 1 BORA i. V. m. Nr. 2.6 CCBE-Berufsregeln,[144] die dem Recht des Staates, in dem die Tätigkeit geleistet wird, den Vorrang einräumen, wenn dieses strenger ist als das Standesrecht des Herkunftsstaates des Rechtsanwalts.

Für den grenzüberschreitenden Rechtsverkehr mit Staaten, deren Rechtsanwaltschaft nicht dem CCBE angehört, gilt gem. § 29 Abs. 2 BORA für den der Berufsordnung unterworfenen Rechtsanwalt die Berufsordnung; für die grenzüberschreitende Werbung mit Bezug zu einem solchen Land erlangen damit die §§ 6 ff. BORA Bedeutung.[145] Hierfür ist jedoch die Einschränkung zu machen, daß das Territorialprinzip und die Notwendigkeit einer Gleichberechtigung des deutschen Rechtsanwalts mit seinen ausländischen Kollegen die Geltung dieser Normen im Einzelfall aufheben können.[146]

---

141 Vgl. sogleich die Ausführungen zum anzuwendenden Standesrecht, b).

142 Vgl. zur Geltung des Standesrechts für Rechtsanwälte oben, A. IV. 2. c).

143 Vgl. *Merle*, Freizügigkeit für Rechtsanwälte, S. 162.

144 Zum Inhalt vgl. oben, A. IV. 4.

145 Vgl. auch *Zuck*, NJW 1987, S. 3033, 3036.

2. Grenzüberschreitende Tätigkeit ausländischer Rechtsanwälte mit Deutschlandbezug

a) (Auch) in Deutschland niedergelassene Rechtsanwälte

Für Rechtsanwälte, die (auch) in Deutschland niedergelassen sind – gleich, ob sie aus einem Mitgliedstaat der EU stammen oder nicht –, gilt deutsches Berufsrecht kraft Anordnung (vgl. z. B. § 6 Abs. 1 EuRAG, § 207 Abs. 2 Satz 1 BRAO), deutsches Standesrecht kraft Mitgliedschaft in einer Rechtsanwaltskammer.[147] Betreiben sie im Ausland Werbung für ihre Kanzlei in Deutschland, gelten die § 43 b BRAO, §§ 6 ff. BORA mit denselben Einschränkungen, die auch für die Werbung nur in Deutschland zugelassener Rechtsanwälte gelten.[148] Für Rechtsanwälte, die eine Doppelzulassung besitzen, gelten die Werbebeschränkungen des deutschen Berufs- und Standesrechts nur für Werbemaßnahmen zugunsten ihrer Tätigkeit als in Deutschland zugelassener Anwalt; eine Aufspaltung von Werbemaßnahmen in Elemente, die für die Tätigkeit in Deutschland und solche, die für die Tätigkeit des Anwalts im Ausland werben, dürfte indes häufig schwer möglich sein. Beispiel: Wirbt ein in Deutschland und Tschechien zugelassener Anwalt für seine Tätigkeit als Spezialist des tschechischen Gesellschaftsrechts in einer Prager Tageszeitung, kann sich die betreffende Annonce sowohl für seine Tätigkeit als tschechischer, aber auch für seine Tätigkeit als deutscher Rechtsanwalt werblich auswirken. Ob in solchen Fällen deutsches Recht gilt, muß anhand aller Umstände der jeweiligen Konstellation geklärt werden. Im Beispiel dürften die geringen Auswirkungen der Annonce in Deutschland eine Durchbrechung des hier zugunsten der Tschechischen Republik streitenden Territorialprinzips nicht rechtfertigen, sodaß von der Anwendung deutschen Rechts abzusehen wäre.

b) Dienstleistende Rechtsanwälte

aa) Im Sinne des § 1 EuRAG europäische Rechtsanwälte

Wie bereits erörtert, gelten für dienstleistende europäische Rechtsanwälte grundsätzlich die §§ 43 b BRAO, 6–10 BORA bzw., wenn seine Voraussetzungen erfüllt

---

146 Vgl. hierzu *M. Friedlaender*, AnwBl. 1954, S. 1, 6 f.: „Die verwaltungs- und standesrechtliche Stellung des deutschen Rechtsanwalts richtet sich nur nach deutschem Recht, wenn er, wie wir auch hier voraussetzen, in Deutschland niedergelassen ist. [...] Deutsches Recht gilt ferner bezüglich [...] der Standespflichten. Daß im einzelnen Falle, wenn der RA. im Ausland eine Handlung vorgenommen hat, ausländische Verhältnisse doch bei Beurteilung seines Verhaltens eine Rolle spielen können, bedeutet keine Einschränkung des oben Gesagten: daß die Umstände des Einzelfalles, das ‚Milieu', in dem dieser sich abspielt, zu berücksichtigen sind, ist ein Erfordernis jeder, also auch der Berufs-Ethik."

147 Vgl. mißverständlich *Zuck*, NJW 1987, S. 3033, 3035; vgl. näher zu den Möglichkeiten der Zulassung oben, A. III. 1.

148 Vgl. soeben unter 1.

sind, § 29 Abs. 1 BORA i. V. m. Nr. 2.6 CCBE-Berufsregeln (vgl. § 27 EuRAG).[149]

bb) Nicht-CCBE-Rechtsanwälte

Rechtsanwälte, die nur in einem Staat, dessen Rechtsanwaltsorganisation nicht dem CCBE angehört, zugelassen sind, nicht aber in Deutschland, können hier nicht kraft ihrer Eigenschaft als Rechtsanwalt dieses Staates tätig werden.[150] Sie unterliegen, da sie weder zugelassene noch rechtmäßigerweise (europäische) dienstleistende Rechtsanwälte sind, nicht dem sachlichen Geltungsbereich der BRAO oder dem EuRAG; jedoch finden auf sie sachlich einschlägige Vorschriften Anwendung, insbesondere das RBerG. Für die Vornahme von Werbung in Deutschland gilt außerdem das UWG; hinsichtlich der Anwendung dieses Gesetzes für Sachverhalte im Ausland gilt Internationales Privatrecht.[151]

III. Grenzüberschreitende (Werbe-)Tätigkeit von Ärzten und Apothekern

Die Werbetätigkeit, die zum Bereich der Berufsausübung gehört, wird für die Heilberufe insbesondere durch Standesrecht geregelt, sieht man von den Generalklauseln im Berufsrecht (vgl. z. B. Art. 17 BayHKaG) einmal ab, die nur in Ausnahmefällen Bedeutung erlangen. Zu ermitteln ist also der Geltungsbereich der Bayerischen Berufsordnungen für Ärzte und Apotheker. Als gegenüber der Regelung für Rechtsanwälte hervortretende Besonderheit stellt sich die Tatsache dar, daß die Berufsausübung von Heilberuflern durch die betreffenden Landeskammern eigenständig geregelt werden kann, wobei die Ärzte- und Apothekerkammern in der Regel für den Bereich eines Landes der Bundesrepublik zuständig sind (Ausnahmen finden sich z. B. in Nordrhein-Westfalen).[152] Keine Besonderheiten ergeben sich aus dem apothekenrechtlichen Phänomen des sogenannten Mehrbesitzverbotes[153], das in Wirklichkeit lediglich ein Mehrbetriebsverbot ist. Dieses wurde europarechtlichen Anforderungen der in Art. 43 EG garantierten Niederlassungsfreiheit angepaßt:[154] Nach heutiger Rechtslage (vgl. § 1 Abs. 2, § 3

149 Vgl. oben, A. III. 1.; A. IV. 2. c).

150 Vgl. *M. Friedlaender,* AnwBl. 1954, S. 1, 4: „Ist er [sc. der ausländische Rechtsanwalt, d. Verf.] zur deutschen Rechtsanwaltschaft nicht zugelassen, so gilt er in Deutschland nicht als Rechtsanwalt, auch nicht als ausländischer Anwalt; er ist vielmehr eine Person, die geschäftsmäßig oder gewerbsmäßig fremde Rechtsangelegenheiten besorgt, und unterliegt den diesbezüglichen Vorschriften."

151 Vgl. OLG Düsseldorf, NJW 1994, S. 869, 870 m. w. N.

152 Vgl. die Zusammenstellung bei *Taupitz,* Standesordnungen, S. 1374, 1376 f.

153 Vgl. hierzu ausführlich *Taupitz/Schelling,* NJW 1999, S. 1751 ff.

Nr. 5, § 7 Satz 1, § 2 Abs. 2 ApBetrO) ist es Bürgern aus anderen EU- oder EWR-Staaten, die in einem anderen Mitgliedstaat bereits eine Apotheke betreiben, erlaubt, eine weitere Apotheke in Deutschland zu führen; deutsche Apotheker dürfen neben ihrer Apotheke im Inland eine oder weitere Apotheken in EU- oder EWR-Staaten eröffnen.

1. Grenzüberschreitende (Werbe-)Tätigkeit von Ärzten und Apothekern, die der Regelungsgewalt der Bayerischen Landesärztekammer bzw. der Bayerischen Landesapothekerkammer unterliegen, gegenüber außerbayerischen Gebieten

Die Regelungsgewalt der Bayerischen Landesärztekammer erstreckt sich auf die Mitglieder der ärztlichen Kreisverbände, die der Bayerischen Landesapothekerkammer auf ihre Mitglieder. Darüber hinaus gelten die Länderberufsordnungen per gesetzlicher Anordnung auch für dienstleistende europäische Ärzte (vgl. § 10 b Abs. 3 Satz 1 BÄO, Art. 41 Abs. 3 Satz 2 BayHKaG) bzw. Apotheker (Art. 59 Abs. 1 i. V. m. Art. 41 Abs. 3 Satz 2 BayHKaG). Ärzte und Apotheker, für die die bayerischen Berufsordnungen gelten, haben diese zu beachten, wenn sie in Bayern als Arzt oder Apotheker tätig werden. Grundsätzlich gelten die Vorschriften der Berufsordnungen auch für die (Werbe-)tätigkeit, die in Bayern stattfindet, jedoch Bezug zu Gebieten außerhalb des Geltungsbereichs der Berufsordnungen hat. Die Berufsordnungen regeln das berufliche Verhalten ihrer Mitglieder, knüpfen also primär an personale Elemente an, sieht man von der Geltungserstreckung in § 10 b Abs. 3 Satz 1 BÄO, Art. 41 Abs. 3 Satz 2 BayHKaG, Art. 59 Abs. 1 i. V. m. Art. 41 Abs. 3 Satz 2 BayHKaG ab; Kriterien, wonach Zweifelsfälle zu entscheiden sind, stellen z. B. der Ort der Vornahme der Werbung oder die Tätigkeit, für die geworben wird, dar (dieses Kriterium wird bei Doppelzulassungen relevant).[155]

Für Tätigkeiten von dienstleistenden europäischen Ärzten oder Apothekern in Bayern, die den Bayerischen Berufsordnungen kraft Anordnung unterliegen, gelten die Werberegelungen auch dann, wenn diese Tätigkeit wiederum zu einem anderen EU-Staat hin grenzüberschreitend ist; so gilt z. B. die BayBOÄ für einen dienstleistenden niederländischen Arzt gem. § 10 b Abs. 3 Satz 1 BÄO, Art. 41 Abs. 3 Satz 2 BayHKaG, auch wenn dieser Arzt seine vorübergehende bayerische Tätigkeit z. B. in Österreich ankündigt.

---

154 Vgl. Gesetz zur Anpassung des Apothekenrechts und berufsrechtlicher Vorschriften an das Europäische Gemeinschaftsrecht v. 23. 8. 1994 (BGBl. I, S. 2189); vgl. hierzu näher *Taupitz/Schelling,* NJW 1999, S. 1751, 1756.

155 Vgl. auch *Eylmann,* in: Henssler/Prütting, BRAO, Vorb. § 43, Rn. 8.

a) Übriges Bundesgebiet

Die eben beschriebene primär personale Anknüpfung der Berufsordnungen führt dazu, daß die ärztliche Tätigkeit von Mitgliedern bayerischer ärztlicher Kreisverbände bzw. die apothekerliche Tätigkeit von Mitgliedern der Bayerischen Landesapothekerkammer in anderen Ländern der Bundesrepublik den bayerischen Berufsordnungen unterliegt. Es besteht im Inland kein Anlaß, von der personalen Anknüpfung abzuweichen; insbesondere entfallen völkerrechtliche Erwägungen, da Völkerrecht bei rein innerstaatlichen Sachverhalten – auch innerhalb eines Bundesstaates wie der Bundesrepublik Deutschland – nicht zur Anwendung kommt. Inhaltliche Unterschiede der einzelnen ärztlichen Landesberufsordnungen bestehen indes nicht, da sich die Landesärztekammern bei Erlaß ihrer Berufsordnungen weitgehend an die MBO-Ä gehalten haben.[156]

b) Europäische Gemeinschaft / Europäischer Wirtschaftsraum

Für die grenzüberschreitende Tätigkeit von Ärzten, die der Regelungsgewalt der Bayerischen Landesärztekammer unterliegen – dies können z. B. auch in Deutschland niedergelassene ausländische Ärzte sein –, gilt Kap. D III Nr. 12 BayBOÄ, der u. a. Regelungen über die Anzeige der Aufnahme einer Praxis im Ausland und Vorkehrungen zur Sicherstellung der Versorgung der Patienten am Heimatort enthält. Daraus, daß Kap. D III mit „Pflichten bei grenzüberschreitender ärztlicher Tätigkeit“ überschrieben ist, könnte man e contrario schließen, daß die Beschränkungen der Berufsordnung für die Werbetätigkeit deutscher Ärzte im Ausland von vorneherein nicht gelten sollen; jedoch enthält Kap. D lediglich „ergänzende Bestimmungen“, was darauf hindeutet, daß nicht von vorneherein auf den Geltungsanspruch der Berufsordnung verzichtet werden soll. Wenngleich es keine der RL 77/249/EWG (RADRL) entsprechende europarechtliche Sekundärnormierung gibt,[157] muß dennoch auch für Werbemaßnahmen zugunsten der deutschen Praxis des Arztes das Recht des Staates beachtet werden, in dem die ärztliche (Werbe-)tätigkeit stattfindet. Nur dann, wenn die Werbetätigkeit Auswirkungen auch im (bayerischen) Inland hat, gilt die Bayerische Berufsordnung unter der Voraussetzung, daß das Recht des anderen Staates liberaler ist. Ist etwa eine Werbemaßnahme in Österreich erlaubt, die in Bayern verboten ist, und macht der Arzt von dieser Maßnahme zugunsten seiner Praxis in Oberbayern Gebrauch, so gilt das strengere bayerische Werberecht dann, wenn die Werbemaßnahmen auch gegenüber potentiellen Patienten im Inland wirken; eine Radiosendung, die ohne weiteres auch in Bayern empfangen werden kann, ist insoweit anders zu bewerten als eine Anzeige

---

156 Vgl. *Ratzel / Lippert,* in: Ratzel / Lippert, MBO-Ä, Vorwort; *Ring,* Werberecht der Ärzte, Rn. 27.

157 Vgl. aber die Richtlinie 93/16/EWG, die sich primär auf das Niederlassungsrecht für Ärzte bezieht.

in einer Regionalzeitung eines Orts im (von Bayern weit entfernten) Burgenland. Diese Lösung verhindert die Möglichkeit einer Umgehung strengeren inländischen Standesrechts.

Problematisch hinsichtlich des anzuwendenden Rechts sind Fälle, in denen in Deutschland zugelassene Ärzte oder Apotheker im Ausland werben, wenn diese Werbung Werbewirkungen gegenüber potentiellen Patienten im Inland entfaltet, jedoch nicht im Gebiet derjenigen Ärzte- bzw. Apothekerkammer, der der betreffende Freiberufler angehört: Welchen Vorschriften unterliegt z. B. die Werbung eines bayerischen Arztes in Tschechien, die auch Ausstrahlung auf sächsisches Gebiet hat: denen der sächsischen oder denen der bayerischen Berufsordnung?

Der Geltungsgrund der von den Kammern erlassenen Berufsordnungen ist die Mitgliedschaft des einzelnen Freiberuflers in der betreffenden Personalkörperschaft; die Anknüpfung für die Normunterwerfung ist primär personal. Wenn die Werbung eines Freiberuflers im Ausland auch Auswirkungen in Gebieten anderer Kammern hat – vorausgesetzt, sie strahlt nicht ohnehin schon direkt vom Gebiet der jeweiligen Kammer in eines einer anderen deutschen Kammer aus[158] – unterliegt diese Werbung der Berufsordnung der Kammer, der der Freiberufler angehört; im Beispielsfall unterliegt die Werbung des bayerischen Arztes in Tschechien dann, wenn sie in Sachsen Auswirkungen hat, auch hinsichtlich der Auswirkungen in Sachsen der bayerischen Berufsordnung. Wenngleich die Auswirkungen im Gebiet der anderen Kammer sich im Beispielsfall lediglich unter Zwischenschaltung eines fremden Staates ergeben, besteht kein Anlaß, im Hinblick auf die Auswirkungen der im Ausland stattfindenden Werbung im außerbayerischen Inland mittels völkerrechtlicher Grundsätze vom Prinzip der personalen Anknüpfung abzuweichen.[159]

Für Ärzte, die sowohl in Deutschland als auch in einem anderen EG- oder EWR-Staat niedergelassen sind, kann deutsches Werberecht von vorneherein nur für Werbung zugunsten ihrer Tätigkeit in Deutschland gelten; für Eingriffe in das Territorialprinzip besteht bei Werbemaßnahmen dieser Ärzte im Ausland ausschließlich zugunsten ihrer nicht in Deutschland stattfindenden Tätigkeit kein Bedürfnis: Ein in Frankreich und Deutschland approbierter Arzt, der in Frankreich für seine französische Praxis wirbt, unterliegt hinsichtlich dieser Werbung deutschem Berufs- und Standesrecht nicht.[160]

---

158 Vgl. hierzu oben, a).

159 Eine weiterführende Frage ist, ob eine Landesärzte- oder Landesapothekerkammer zur Ahndung von Berufsvergehen ihrer Angehörigen auf dem Gebiet einer anderen Landesärzte- oder Landesapothekerkammer verpflichtet ist, insbesondere im Hinblick auf das Prinzip der Bundestreue; vgl. zur Wirkung dieses Prinzips unter den einzelnen Ländern *Degenhart*, Staatsrecht I, Rn. 218; vgl. auch Art. 60 Abs. 1 Satz 2 BayHKaG, der die Verfolgung von Berufspflichtverletzungen regelt, die Mitglieder der Bayer. Berufsvertretungen während ihrer Zugehörigkeit zu einer vergleichbaren Berufsvertretung im Geltungsbereich der BÄO begangen haben.

160 Dies gilt natürlich erst recht, wenn ein Deutscher nur im Ausland als Arzt approbiert und niedergelassen ist, vgl. *Baruch*, Der Allgemeinarzt 2001, S. 576, 578.

Für Apotheker gibt es keine ausdrückliche innerstaatliche Normierung von Pflichten bei grenzüberschreitender Tätigkeit innerhalb des EG-/EWR-Gebiets; auch ist im Hinblick auf Dienstleistungen von Apothekern noch keine sekundärrechtliche Normierung vorgenommen worden.[161] Die Werbebeschränkungen der BayBOApo gelten zum einen nur für Werbetätigkeiten, die sich auf die bayerische Apotheke des Apothekers beziehen (dies ist relevant bei Doppelzulassungen: Werbung eines auch der bayerischen Landesapothekerkammer angehörenden Apothekers für seine ausländische Apotheke im Ausland wird von deutschem Berufs- und Standesrecht von vorneherein nicht erfaßt); zum anderen gelten die inländischen Werbebeschränkungen nur unter Berücksichtigung des Territorialprinzips zugunsten des Staates, in dem die Werbemaßnahme stattfindet, und der Notwendigkeit einer Gleichstellung des Apothekers mit seinen Kollegen im Ausland. Daraus folgt, daß bayerische Werbebeschränkungen nur gelten, wenn die Werbung im Ausland zugunsten der Apotheke in Bayern auch Ausstrahlungswirkung nach Bayern bzw. das übrige Bundesgebiet hat.

c) Übriges Ausland

Für die Geltung der Werberegelungen der Berufsordnung für die Bayerischen Ärzte und Apotheker im Hinblick auf grenzüberschreitende Tätigkeiten mit Bezug zum übrigen Ausland gilt entsprechendes wie für solche Tätigkeiten mit Bezug zu EG- und EWR-Staaten. Die Werbung einer bayerischen Ärztin in Ungarn für ihre bayerische Tätigkeit unterliegt daher dann dem bayerischen Standesrecht, wenn sie Wirkungen auch im Inland zeitigt, dieselben Wirkungen jedoch in Ungarn nicht verboten sind. Bei Heilberuflern mit Doppelzulassung gilt deutsches Berufs- und Standesrecht nur für Werbemaßnahmen zugunsten der inländischen Tätigkeit.

2. Grenzüberschreitende (Werbe-)Tätigkeit außerbayerischer Ärzte und Apotheker mit Bezug auf Bayern

a) Ärzte und Apotheker aus anderen Ländern der Bundesrepublik Deutschland

Ärzte und Apotheker aus anderen Ländern der Bundesrepublik, die gelegentlich in Bayern tätig sind (Apotheker können z. B. beratend tätig werden), werden nicht Mitglied eines bayerischen ärztlichen Kreisverbands bzw. der Bayerischen Landesapothekerkammer, wenn sie nicht die Mitgliedschaft in ihrer heimatlichen Berufsorganisation verlieren (vgl. Art. 4 Abs. 3 Satz 2 BayHKaG für Ärzte, Art. 59 Abs. 1 i. V. m. Art. 4 Abs. 3 Satz 2 BayHKaG für Apotheker). In solchen Fällen unterlie-

---

161 Vgl. aber die RL 85/432/EWG sowie die RL 85/433/EWG, die beide die Niederlassung von Apothekern betreffen.

gen sie bezüglich Werbemaßnahmen – wenn diese auch Bezug zu Bayern haben, z. B. bei Anzeigen in bayerischen Zeitungen – dem Standesrecht ihrer Berufsvertretung; für Ärzte stimmt dieses inhaltlich weitgehend mit der bayerischen Regelung überein.[162]

b) Ärzte und Apotheker aus EG-/EWR-Staaten

Daß für die vorübergehende grenzüberschreitende Tätigkeit von Ärzten und Apothekern aus EG- oder EWR-Staaten deutsches Berufs- und Standesrecht gilt, wurde bereits geklärt.[163]

Für niedergelassene Ärzte und Apotheker gilt ebenfalls deutsches Berufs- und Standesrecht, letzteres schon wegen der Zugehörigkeit dieser Personen zum ärztlichen Kreisverband bzw. zur Landesapothekerkammer.

c) Ärzte und Apotheker aus sonstigen Ländern

Ärzte aus dritten Staaten bedürfen, auch wenn sie nur vorübergehend in Deutschland tätig werden wollen, zumindest einer Erlaubnis gem. § 2 Abs. 2, § 10 BÄO. Gleiches gilt für Apotheker aus Drittstaaten (vgl. § 2 Abs. 2, § 11 BApO). Gem. § 10 Abs. 6 BÄO haben solche Ärzte die Rechte und Pflichten eines Arztes, d. h., für sie gilt deutsches Berufs- und Standesrecht. Entsprechendes sieht die Regelung für Apotheker vor (vgl. § 11 Abs. 4 BApO), die trotz ihrer Formulierung auch auf Landesberufs- und Standesrecht verweist.[164]

IV. Sonderfall: grenzüberschreitende Werbung von Freiberuflern mittels Computerkommunikationsnetzen (Internet) innerhalb der Europäischen Gemeinschaft

Für die immer wichtiger werdende[165] grenzüberschreitende Werbung in Computerkommunikationsnetzen[166] solcher Freiberufler, die einem EG-Mitgliedsstaat an-

---

162 Vgl. *Ratzel/Lippert,* in: Ratzel/Lippert, MBO-Ä, Vorwort; *Ring,* Werberecht der Ärzte, Rn. 27.

163 Vgl. oben, A. III. 2., 3. b); A. IV. 2. c) bb).

164 Vgl. auch *Paintner/Reithmeier,* Apotheken-Vorschriften, Abschnitt BR I 1 (BApO), § 11, Rn. 38.

165 Vgl. auch (im Hinblick auf Steuerberater) *Daumke,* Berufsrecht für den Steuerberater, S. 30.

166 Unter den Computerkommunikationsnetzen spielt das „WorldWideWeb" (WWW), eine Dienstleistung des „Internet", die wohl bedeutendste Rolle; es ermöglicht, sich auf einer

gehören, können sich hinsichtlich des anzuwendenden Rechts Besonderheiten aus der RL 2000/31/EG, der „e-commerce-Richtlinie“, ergeben. Art. 8 Abs. 1 RL 2000/31/EG legt fest, daß die Mitgliedstaaten die Zulässigkeit der Verwendung „kommerzieller Kommunikationen, die Bestandteil eines von einem Angehörigen eines reglementierten Berufes angebotenen Dienstes der Informationsgesellschaft sind oder einen solchen Dienst darstellen“, sicherstellen müssen, „soweit die berufsrechtlichen Regeln, [...], eingehalten werden.“ Die Vorgaben der RL 2000/31/EG müssen von den Mitgliedstaaten bis zum 17. Januar 2002 umgesetzt worden sein (vgl. Art. 22 Abs. 1 RL 2000/31/EG); sollte dies nicht geschehen, kann die Richtlinie nach Ablauf der Frist u. U. unmittelbar angewendet werden.[167] Vor Ablauf der Umsetzungsfrist verbieten Richtlinien den Mitgliedstaaten, Vorschriften zu erlassen, die geeignet sind, die Erreichung des Zieles der Richtlinie ernstlich in Frage zu stellen, wie der EuGH aus den ex-Art. 191 Abs. 2, ex-Art. 5 Abs. 2 i. V. m. ex-Art. 189 Abs. 3 EGV a. F. abgeleitet hat (vgl. Art. 254 Abs. 2, Art. 10 Abs. 2, Art. 249 Abs. 3 EG n. F.);[168] Richtlinien entfalten damit vor Ablauf der Umsetzungsfrist ein Frustrationsverbot.[169]

1. Voraussetzungen des Art. 8 Abs. 1 RL 2000/31/EG

Rechtsanwälte, Ärzte und Apotheker müßten, damit Art. 8 Abs. 1 RL 2000/31/EG einschlägig ist, als Angehörige reglementierter Berufe dadurch, daß sie Werbemaßnahmen mittels eines Computerkommunikationsnetzes (z. B. des Internets) vornehmen, „kommerzielle Kommunikation als Bestandteil eines Dienstes der Informationsgesellschaft“ oder als „Dienst der Informationsgesellschaft“ betreiben.

a) „Angehörige reglementierter Berufe“

Unter i. S. d. Art. 2 lit. g RL 2000/31/EG „reglementierten Berufen“ sind alle Berufe im Sinne von Artikel 1 lit. d der Hochschuldiplomanerkennungsrichtlinie (RL 89/48/EWG) zu verstehen, d. h. solche, deren Aufnahme oder Ausübung in einem Mitgliedstaat direkt oder indirekt durch Rechts- oder Verwaltungsvorschriften an den Besitz eines „Diploms“ gebunden ist. Gem. Art. 1 lit. a RL 89/48/EWG gelten als „Diplome“ alle Diplome, Prüfungszeugnisse oder sonstige Befähigungsnachweise, die in einem Mitgliedstaat von der zuständigen Stelle ausgestellt

---

eigenen, von jedem an das System angeschlossenen Computer aus abrufbaren Seite, der „Homepage“, zu präsentieren; vgl. näher *Ratzel,* in: Ratzel/Lippert, MBO-Ä, Kap. D I Nr. 6, Rn. 2; *Römermann,* in: Hartung/Holl, Berufsordnung, 2. Aufl., vor § 6 BO, Rn. 206 ff.

167 Vgl. z. B. EuGH, Rs. 9/70 (Grad gg. Finanzamt Traunstein), Slg. 1970, 825, 837 ff.

168 Vgl. EuGH, Rs. C-129/96 (Inter-Environnement Wallonie ASBL), Slg. 1997, I-7411, Rz. 41, 44, 45.

169 Vgl. *Weiß,* DVBl. 1998, S. 568, 571 ff.

werden, und aus denen hervorgeht, daß der Diplominhaber ein mindestens dreijähriges Studium an einer Hochschule (oder einer entsprechenden Einrichtung) und ggf. eine zusätzlich erforderliche Berufsausbildung absolviert hat, sowie, daß er über die für den Zugang zu einem [reglementierten][170] Beruf erforderlichen Voraussetzungen verfügt; als Diplome gelten auch „diese Diplome, Prüfungszeugnisse und sonstigen Befähigungsnachweise insgesamt", also die Gesamtheit der die genannten Sachverhalte bezeugenden Urkunden. Zur Ausübung der Berufe des Rechtsanwalts, des Arztes und des Apothekers sind nach deutschem Berufszulassungsrecht zusammengesetzte „Diplome" im Sinne des Art. 1 lit. a RL 89/48/EWG nötig: Für alle drei Berufe wird ein mindestens dreijähriges Hochschulstudium vorausgesetzt;[171] für die Zulassung bzw. Approbation ist die Vorlage des Prüfungszeugnisses sowie von Urkunden über die ggf. erforderliche zusätzliche berufliche Ausbildung (z. B. Praktikumsbescheinigungen) und über das Vorliegen sonstiger Voraussetzungen zur Ausübung des Berufs notwendig.[172] Die Berufe Rechtsanwalt, Arzt und Apotheker sind also reglementierte Berufe in diesem Sinne; die einzelnen Berufstätigen sind „Angehörige reglementierter Berufe".

b) Kommerzielle Kommunikation als Bestandteil eines Dienstes der Informationsgesellschaft oder als Dienst der Informationsgesellschaft

Unter „kommerzieller Kommunikation" sind gem. Art. 2 lit. g alle Formen der Kommunikation zu verstehen, die der Förderung des Absatzes von Waren und Dienstleistungen oder des Erscheinungsbildes u. a. von Unternehmen, Organisationen oder natürlichen Personen dienen, die einen reglementierten Beruf ausüben. Ausgenommen vom Begriff der „kommerziellen Kommunikation" sind unter anderem Angaben „in Bezug auf Waren oder Dienstleistungen oder das Erscheinungsbild eines Unternehmens, einer Organisation oder Person, die unabhängig und insbesondere ohne finanzielle Gegenleistung gemacht werden".

---

170 An dieser Stelle wird in Art. 1 lit. a RL 89/48/EWG der Begriff „reglementiert" zur Kennzeichnung der Berufe benutzt, zu denen die Zeugnisinhaber Zugang haben sollen; Art. 1 lit. d nötigt dazu, für die Definition des Begriffs „reglementierte berufliche Tätigkeit" auf Art. 1 lit. a zurückzugreifen (der eben wiederum den Begriff „reglementiert" enthält); der Begriff „reglementierte berufliche Tätigkeit" wird letztlich also eigentlich durch sich selbst, oder anders: er wird überhaupt nicht definiert (Fall einer petitio principii).

171 Vgl. für Rechtsanwälte: § 4 BRAO i. V. m. §§ 5, 5 a DRiG (das Studium muß dreieinhalb Jahre dauern, in Ausnahmefällen kann es kürzer sein) bzw. i. V. m. EuRAG (das die Eingliederung europäischer Rechtsanwälte regelt); vgl. für Ärzte § 1 Abs. 2 ÄAppO (sechs Jahre Studium incl. praktische Ausbildung); vgl. für Apotheker § 1 Approbationsordnung für Apotheker (AAppO).

172 Vgl. für Rechtsanwälte § 6 BRAO: die Zulassung zur Rechtsanwaltschaft wird auf Antrag erteilt; der Antragsteller hat im Antrag die Zulassungsvoraussetzungen darzulegen, vgl. *Henssler*, in: Henssler/Prütting, BRAO, § 6, Rn. 4; für Apotheker und Ärzte gilt entsprechendes, vgl. § 20 AAppO bzw. § 35 ÄAppO.

Zur Definition des Begriffs „Dienste der Informationsgesellschaft“ verweist Art. 2 lit. a RL 2000/31/EG auf die Definition des Begriffs „Dienst“ in Art. 1 Nr. 2 RL 98/34/EG[173] in der Fassung der RL 98/48/EG[174]. Hiernach ist unter Dienst eine „Dienstleistung der Informationsgesellschaft“ zu verstehen, „d. h. jede in der Regel gegen Entgelt elektronisch im Fernabsatz und auf individuellen Abruf eines Empfängers erbrachte Dienstleistung.“ Der Begriff „Dienste der Informationsgesellschaft“ erfaßt dem 18. Erwägungsgrund RL 2000/31/EG zufolge einen weiten Bereich wirtschaftlicher Tätigkeiten, unter anderem auch Dienste, die nicht von denjenigen vergütet werden, die sie empfangen, wie etwa Online-Informationsdienste.[175]

Werbemaßnahmen von Freiberuflern im Internet sind als Online-Informationsdienste „Dienste der Informationsgesellschaft“; sie fallen unter den Begriff „kommerzielle Kommunikation“, soweit sie nicht vom Anwendungsbereich ausgenommen sind, weil sie „unabhängig und insbesondere ohne finanzielle Gegenleistung“ gemacht werden. Ob dies der Fall ist, muß für jede einzelne Internet-Werbemaßnahme gesondert bestimmt werden.

c) Zwischenergebnis

Werbemaßnahmen von Freiberuflern im Internet werden unter gewissen Voraussetzungen von der RL 2000/31/EG erfaßt.

2. Das auf Werbemaßnahmen, die der RL 2000/31/EG unterfallen, anzuwendende Recht

Für „Dienste der Informationsgesellschaft“ gelten gem. Art. 3 Abs. 1 RL 2000/31/EG grundsätzlich die Rechtsvorschriften des Mitgliedstaates, in dessen Hoheitsgebiet der Anbieter der Dienste niedergelassen ist. Gem. Art. 8 Abs. 1 RL 2000/31/EG ist von den Mitgliedstaaten die Möglichkeit der Verwendung kommerzieller Kommunikationen von Angehörigen reglementierter Berufe sicherzustellen, „soweit die berufsrechtlichen Regeln, insbesondere zur Wahrung der Unabhängigkeit, Würde und Ehre des Berufs, des Berufsgeheimnisses und eines lauteren Verhaltens gegenüber Kunden und Berufskollegen, eingehalten werden.“ Dieser Vorbehalt bezieht sich auf das Berufsrecht desjenigen Staates, von dem aus die Internet-Werbung

---

173 Richtlinie Nr. 98/34/EG des Europäischen Parlaments und des Rates v. 22. 6. 1998 über ein Informationsverfahren auf dem Gebiet der Normen und technischen Vorschriften (ABl. Nr. L 204 v. 21. 7. 1998, S. 37).

174 Richtlinie Nr. 98/48/EG des Europäischen Parlaments und des Rates v. 20. 7. 1998 zur Änderung der Richtlinie 98/34/EG über ein Informationsverfahren auf dem Gebiet der Normen und technischen Vorschriften (ABl. Nr. L 217 v. 5. 8. 1998, S. 18).

175 Vgl. auch *Hanika,* MedR 2000, S. 205, 206.

betrieben wird. Durch die Vorschrift wird die Einhaltung gewisser berufsbezogener Mindestvoraussetzungen der Werbung für den Fall garantiert, daß das Berufsrecht dieses Staates die genannten Maßstäbe nicht berücksichtigen sollte.[176]

Art. 8 Abs. 4 RL 2000/31/EG bestimmt, daß die Richtlinie zusätzlich zu den Richtlinien betreffend den Zugang zu und die Ausübung von Tätigkeiten im Rahmen der reglementierten Berufe Anwendung findet. Deren Bestimmungen über das anzuwendende Recht bleiben also unberührt; die Schlußfolgerung, für Internet-Werbung gelte nur das Berufs- und Standesrecht des Staates, von dem aus die Werbung ins Netz gesendet wird (unter Vorbehalt der in Art. 8 Abs. 1 RL 2000/31/EG festgelegten Mindestvoraussetzungen), läßt sich also nicht ziehen.

Richtlinien, die nach Art. 8 Abs. 4 RL 2000/31/EG zusätzlich zu dieser Richtlinie Bedeutung erlangen, sind diejenigen, die Modalitäten der Dienstleistungsfreiheit regeln: Internet-Werbung, die Bezug nur zur Niederlassungsfreiheit hat, ist aufgrund der internationalen Empfangbarkeit dieser Werbung kaum denkbar. Wenn man auch Internet-Werbung für Kanzleien oder Praxen selbst nicht als Dienstleistung ansehen will, so unterfällt sie dennoch immer dem Anwendungsbereich der Dienstleistungsfreiheit (vgl. Art. 49 EG) in ihrer Ausprägung als passive Dienstleistungsfreiheit[177]: Internet-Werbung geschieht in der Erwartung, daß auch Ausländer den betreffenden Freiberufler über Binnengrenzen hinweg zu dem Zweck aufsuchen, Dienste des Freiberuflers in Empfang zu nehmen. Solche Werbung wird, als der Dienstleistung (hier in ihrer passivischen Ausprägung) vorgelagert, von Art. 49 EG erfaßt.[178]

a) Internetwerbung von Rechtsanwälten in Deutschland

In der EG hat ein Rechtsanwalt gem. Art. 4 Abs. 4 RL 77/249/EWG (RADRL) bei kurzfristig grenzüberschreitendem Geschäftsverkehr (Dienstleistungen), insbesondere im Hinblick auf Werbung, die Berufsausübungsregeln des Herkunfts- und des Aufnahmestaates einzuhalten. Internet-Werbung von Rechtsanwälten im europäischen Ausland, die nach Deutschland ausstrahlt, muß also den Anforderungen des Berufs- und Standesrechts des Staates, von dem aus die Werbung „ins Netz" gestellt wird, als auch denen des deutschen Berufsrechts entsprechen, was sich auch aus § 27 Abs. 2 EuRAG ergibt, der eine Umsetzung der RL 77/249/EWG in nationales Recht darstellt.[179] Dasselbe Ergebnis folgt aus den dargestellten völkerrechtlichen Grundsätzen. So hat ein in Deutschland approbierter bayerischer Arzt,

---

176 Vgl. *Berger,* NJW 2001, S. 1530, 1531.

177 Vgl. z. B. *Hakenberg,* in: Lenz, EGV, Art. 49/50, Rn. 18.

178 Vgl. EuGH, Rs. C-275/92 (Schindler), Slg. 1994, I-1039, Rn. 22, 25, der den Versand von Werbematerial für eine Lotterie der Dienstleistungsfreiheit in ihrer Ausprägung als Korrespondenzdienstleistungsfreiheit (Rn. 29) zuordnet.

179 Vgl. näher oben, Fn. 242.

der eine Internet-Seite seiner Praxis in Deutschland von einem Computer in Italien aus ins Internet eingibt, sowohl italienisches als auch deutsches (bayerisches) Berufsrecht zu beachten, letzteres kraft seiner Mitgliedschaft in der Bayer. Landesärztekammer sowie des völkerrechtlichen Anknüpfungspunktes „Ausstrahlungswirkung".[180]

b) Internetwerbung von Ärzten und Apothekern in Deutschland

Gem. Art. 17 Abs. 1 Satz 2 RL 93/16 haben Ärzte, die in einem anderen EG-Staat als dem, in dem sie approbiert sind, Dienstleistungen erbringen, hierbei die „gleichen Rechte und Pflichten wie die Staatsangehörigen des Aufnahmestaats", d. h., sie müssen das Berufs- und Standesrecht des Aufnahmestaats beachten. Für Internetwerbung von Ärzten, die in Deutschland empfangen werden kann, gelten also sowohl das Recht des Staates, von dem aus die Werbung ins Netz gebracht wird (vgl. Art. 8 Abs. 1 RL 2000/31/EG), als auch deutsches Berufs- und Standesrecht. Dieses Ergebnis steht im Einklang mit den erörterten völkerrechtlichen Grundsätzen der Anwendbarkeit des nationalen Berufs- und Standesrechts.

Für die Erbringung von Dienstleistungen durch Apotheker bestehen gegenwärtig keine Richtlinien.[181] Aus völkerrechtlichen Erwägungen heraus gilt jedoch neben dem (u. a.) nach Art. 8 Abs. 1 RL 2000/31/EG zu beachtenden Berufs- und Standesrecht des Staates, von dem aus ein Apotheker Werbung ins Netz bringt, auch deutsches Berufs- und Standesrecht: hinreichender Anknüpfungspunkt ist die Empfangbarkeit und damit Wirksamkeit der Werbung im Inland.

C. Die Regelungen für Rechtsanwälte im einzelnen

Die für Rechtsanwälte bestehenden Werberegelungen leiten sich zum großen Teil aus dem Berufsbild ab, das die BRAO und eine Anzahl gerichtlicher Entscheidungen entworfen haben.[182] Die Rechtsprechung gebraucht in vielfach fragwürdiger Weise insbesondere die Berufsbildbestimmungen der BRAO zur Rechtfertigung von Werbebeschränkungen, wobei sie – was der Kritik aus der Literatur unterliegt – ein „mehr als antiquiertes, wirklichkeitsfremdes"[183] Berufsbild zugrundelegt.

---

180 Zu beachten sind bei Internetwerbungen je nach Fallkonstellation außerdem andere Vorschriften, z. B. das Teledienstegesetz (TDG); vgl. zur Relevanz des TDG für die Internetpräsentation von Rechtsanwälten LG Hamburg, NJW-RR 2001, S. 1075.

181 Vgl. die Präambel in RL 85/433/EWG.

182 Vgl. allgemein zur Berufsbildlehre des BVerfG *Fröhler/Mörtel,* GewArch. 1978, S. 249 ff.

183 *Kleine-Cosack,* BRAO, vor § 1, Rn. 2.

I. Überblick über die geschichtliche Entwicklung des Rechtsanwaltberufs

Das heute vorherrschende (äußere und innere) Berufsbild des Rechtsanwalts ist das Ergebnis einer komplexen historischen Entwicklung und wird erst aus dieser heraus verständlich.

In altrömischer Zeit war die Rechtskunde den Priestern als Geheimwissenschaft vorbehalten. Eine weltliche Rechtsgelehrsamkeit konnte sich erst unter Tiberius Coruncanius (Mitte des 3. Jahrhunderts v. Chr.) herausbilden. Es entwickelten sich im Laufe der Zeit zwei Beschäftigungen, die mit denen des heutigen Rechtsanwalts vergleichbar sind: der „advocatus" (auch „iuris-consultus") diente als Rechtsberater, der „patronus" (auch „orator" genannt) war Vertreter der Partei vor Gericht; die Rechtsberatung geschah in der Regel nicht geschäftsmäßig, vielmehr unentgeltlich, manchmal gegen ein „honorarium", einen „Ehrensold".[184] Hieraus erklärt sich nach der methodisch fragwürdigen Herleitung der freien Berufe aus den „artes liberales" der Antike[185] eines der heute noch den Begriff des freien Berufs prägenden Merkmale: das Axiom des Altruismus, die (normative) Eigenschaft des einzelnen Freiberuflers, die eigenen wirtschaftlichen Interessen bei der Berufsausübung zurückzustellen und nur um der Sache selbst willen tätig zu werden. Im Jahre 319 n. Chr. gab Kaiser Constantin die Rechtsberatung (Advokatur) frei: Der Berufsstand konnte sich nun relativ unabhängig vom Staat selbst organisieren.[186] Da die Advokaten geeignete Quelle für die Rekrutierung neuer Staatsbeamter waren, wurde ihr Berufsstand stark privilegiert.[187] Die Prokuratoren hingegen bildeten keine eigene Berufsgruppe; vielmehr konnte jeder Römer ohne besondere Qualifikation eine gerichtliche Vertretung übernehmen.

Die Unterscheidung zwischen rechtskundigem Berater und hilfeleistendem Vertreter findet sich auch im germanischen Recht; im englischen Recht hat sie sich bis heute erhalten, wenn auch mit erheblichen Modifikationen in Funktion und Bezeichnung.[188] Im 15. Jahrhundert gab es in Deutschland eine strenge Aufgabenverteilung unter den juristischen Berufen: Der vom kanonischen Recht beeinflußte Advokatenstand war für die schriftliche, der Prokuratorenstand für die mündliche Vertretung der Partei zuständig.[189] Diese Trennung wurde erst im 19. Jahrhundert durch die Zulassung der Advokaten auch zur Prokuratur, also der Vertretung der Partei vor Gericht, aufgehoben; zu dieser Zeit entstand in Deutschland der freiberuflich tätige Angehörige der Professionen heutigen Typs. Damit einhergehend wurde erst im 19. Jahrhundert das Idealbild des Rechtsanwalts geprägt, der sich

---

184 Vgl. *Weißler,* Geschichte der Rechtsanwaltschaft, S. 92.

185 Vgl. oben, Zweiter Teil, A. I.

186 Vgl. *Weißler,* Geschichte der Rechtsanwaltschaft, S. 95.

187 Vgl. *Poll,* JR 1996, S. 441, 442.

188 Vgl. hierzu *Rozenberg,* The search for justice, S. 136, 138.

189 Vgl. *Weißler,* Geschichte der Rechtsanwaltschaft, S. 117.

hauptsächlich durch die oben geschilderten Merkmale der Freiberuflichkeit auszeichnet, die auf die durch liberalistische Ideen begründete Emanzipation der Rechtsanwälte von staatlicher Bevormundung zurückgehen.[190] Die Geschichte des Freien Berufs ist insofern wesentlich von der Entwicklung des Anwaltsstandes geprägt.

II. Das Berufsbild des Rechtsanwalts in der Bundesrepublik Deutschland heute

Eine Reihe von Normen nennt zwar einzelne Elemente der Tätigkeit des Rechtsanwalts, denen sich noch eine Anzahl anderer, durch Rechtsprechung und Literatur entwickelter Eigenschaften hinzugesellen. Diese Tätigkeitsmerkmale sind aber nicht Merkmale eines abstrakt-allgemeinen Begriffs[191] des Rechtsanwaltberufs. Vielmehr ist – wie der Begriff des freien Berufs – auch der Begriff „Berufsbild des Rechtsanwalts" ein Typusbegriff. Anders ausgedrückt: Weder aus dem in der BRAO verankerten Berufsbild noch aus vorkonstitutionellem Gewohnheitsrecht läßt sich ein einheitliches Bild des Rechtsanwaltsberufs ableiten, wie das Bayerische Oberste Landesgericht in einem aufsehenerregenden Beschluß[192] festgestellt hat. Ebenso wie der Beruf des niedergelassenen Arztes oder Zahnarztes ist der Beruf des Kanzleirechtsanwalts also ein durch Rechtstradition und allgemeine gesellschaftliche Anschauung geprägter typischer Beruf. Neben dieser Ausprägung des Rechtsanwaltsberufs gibt es jedoch noch eine Reihe anderer, z. B. den angestellten oder den Syndikusrechtsanwalt ebenso wie den Rechtsanwalt als Konkursverwalter, Beirat oder Treuhänder. Nicht alle der im folgenden dargestellten Merkmalen lassen sich daher bei jedem Rechtsanwalt finden.

Wie bereits ausgeführt,[193] ist zwischen gesetzlich fixierten Elementen und solchen zu unterscheiden, die durch Rechtsprechung und Literatur festgelegt werden; auch der Rechtsanwaltberuf hat ein äußeres und ein inneres Berufsbild.[194] Zu bedenken ist hierbei, daß das innere Berufsbild sich am äußeren zu orientieren hat: Der gesetzliche Rahmen ist die Grundlage für die Entwicklung von Eigenschaften, die dem Rechtsanwaltsberuf durch Rechtsprechung und Literatur, möglicherweise auch durch Erwartungshaltungen in der Gesellschaft, beigelegt werden. In der folgenden Darstellung wird daher nicht streng zwischen innerem und äußerem Be-

---

190 Vgl. ausführlich zum Begriff „freier Beruf" oben, Zweiter Teil, A.

191 Allgemein zur Begriffsbildung vgl. oben, Zweiter Teil, A. VI. 1., 2.

192 Vgl. BayObLG, Beschl. vom 24. 11. 1994 – 3 Z BR 115/94 –, abgedruckt in: BayObLGZ 1994, 353 = NJW 1995, S. 199 m. Anm. *Taupitz* auf S. 369 ff. und *Boin* auf S. 371 ff. = AnwBl. 1995, S. 35 m. Anm. *Ahlers* auf S. 3 ff. = BRAK-Mitt. 1995, S. 34 m. Anm. Kempter auf S. 4 f. = MDR 1995, S. 95 m. Anm. *L. Koch* auf S. 446 = JuS 1995, S. 261 m. Anm. *Emmerich*, S. 261 f.

193 Vgl. oben, Zweiter Teil, B.

194 Vgl. *Zuck*, AnwBl. 2000, S. 3 ff.; *Zuck*, in: FS für Geiß, S. 323 ff.

rufsbild unterschieden; vielmehr werden Elemente des inneren Berufsbildes bei der jeweils entsprechenden Regelung des äußeren Berufsbildes mitbehandelt.

Das äußere Berufsbild des Rechtsanwalts ist in der Bundesrepublik Deutschland hauptsächlich in der BRAO geregelt; diese enthält die für die Untersuchung des anwaltlichen Werberechts wesentlichen Berufsbildeigenschaften.[195]

1. § 1 BRAO: der Rechtsanwalt als unabhängiges Organ der Rechtspflege

Die Eigenschaft des Rechtsanwalts als Organ der Rechtspflege bedeutet, daß es die wichtigste Aufgabe des Rechtsanwalts ist, zur Verwirklichung und Vollziehung des Rechts durch Mitwirkung an der Findung gerichtlicher Entscheidungen und damit an der Rechtsprechung beizutragen.[196] Die mit dieser Aufgabe in Zusammenhang stehende Einbindung des Rechtsanwalts in die staatliche Rechtspflege ist in den letzten Jahren insbesondere durch Einflüsse, die die Entwicklung des Europäischen Marktes zur Ursache haben, in die Kritik geraten.[197] So wird etwa angemerkt, der mißverständliche Begriff „Organ" rücke die Tätigkeit des Rechtsanwalts zu sehr in die Nähe des öffentlichen Dienstes.[198] Stattdessen solle seine Unabhängigkeit ebensostark wie seine Eigenschaft als Rechtspflegeorgan berücksichtigt werden.[199] Dieser begrüßenswerten Tendenz läuft die Verwendung des lange Zeit zur Charakterisierung der anwaltlichen Position benutzten Begriffs „staatlich gebundener Beruf" zuwider.[200] Diese Bezeichnung sollte ihrer Mißverständlichkeit wegen aufgegeben werden.[201]

Die Unabhängigkeit des Rechtsanwalts ist primär eine Unabhängigkeit vom Staat. Dieses Prinzip der „freien Advokatur"[202] ist gekennzeichnet durch die freie berufliche Selbstbestimmung des einzelnen Anwalts.[203] Unabhängig ist der

---

195 Eine ausführliche Darstellung der den Beruf des Rechtsanwalts regelnden Bestimmungen im Grundgesetz bietet *Rick,* Die verfassungsrechtliche Stellung des Rechtsanwalts, passim.

196 Vgl. *Kleine-Cosack,* BRAO, § 1, Rn. 2 a.

197 Vgl. *Jessnitzer/Blumberg,* BRAO, § 1, Rn. 1 m. w. N.

198 Vgl. *Kleine-Cosack,* BRAO, § 1, Rn. 13, der sich auf Formulierungen des BVerfG bezieht, wonach der Rechtsanwalt eine „öffentliche Aufgabe" oder eine „originäre Staatsaufgabe" wahrnehme (BVerfGE 17, 376).

199 Vgl. *Haas,* BRAK-Mitt. 1992, S. 1 und 65.

200 In einer Entscheidung vom 8. 10. 1974 spricht z. B. das BVerfG von einem „staatlich gebundenen Vertrauensberuf", BVerfGE 38, 105, 119.

201 Vgl. etwa *Schier,* AnwBl. 1984, S. 410, 414.

202 Vgl. *v. Gneist,* Freie Advocatur, S. 61: „Die Advocatur ist vielmehr, heute wie immer, eine freie Wissenschaft und Kunst, 'so alt wie das Richteramt, so edel wie die Tugend, so nothwendig wie die Gerechtigkeit.' Man mag diese Phrase des alten Kanzlers d'Aguesseu nicht lieben: [. . .]."

203 Vgl. auch *Jessnitzer/Blumberg,* BRAO, § 1, Rn. 2.

Rechtsanwalt im Idealfall bezüglich der Methode der Behandlung eines Mandats auch von seinem Auftraggeber. Mag man diese Unabhängigkeit deswegen nicht anerkennen, weil durch Annahme eines Mandats teilweise Weisungen des Auftraggebers erfüllt werden müssen – immerhin geht der Rechtsanwalt als Dienstverpflichteter einen Geschäftsbesorgungsvertrag gem. §§ 675, 611 BGB ein –, so besteht doch die Unabhängigkeit des Rechtsanwalts zumindest in der rechtlichen Freiheit, sich vertraglich nicht binden zu müssen.[204] Die Unabhängigkeit vom Staat erst ermöglicht es, daß der Rechtsanwalt sich des Mandanten ohne Rücksicht etwa auf persönliches Fortkommen annehmen kann, oder, wie § 1 Abs. 2 BORA bestimmt: „Die Freiheitsrechte des Rechtsanwalts gewährleisten die Teilhabe des Bürgers am Recht."

Daß die gesetzlich statuierte Unabhängigkeit von anderen Faktoren als dem Staat nicht mehr als eine typische Eigenschaft des Rechtsanwalts darstellt, zeigt sich an der in der BRAO nicht eigens geregelten Problematik der Syndikusanwälte.[205] In das Berufsbild des Anwalts, das durch dessen Eigenschaft als unabhängiges Organ der Rechtspflege gekennzeichnet ist, läßt sich ohne methodische Probleme vornehmlich die Tätigkeit einfügen, die der Syndikus als Anwalt außerhalb seines Dienstverhältnisses ausübt.[206] So dürfte die Unabhängigkeit von anderen Faktoren als dem Staat eher als Postulat zu verstehen sein.

2. § 2 BRAO: Der Rechtsanwalt übt einen freien Beruf aus, kein Gewerbe

Gem. § 2 Abs. 1 BRAO übt der Rechtsanwalt einen freien Beruf aus. Diese das Merkmal der Unabhängigkeit aus § 1 BRAO ergänzende Bestimmung hat den Begriff des freien Berufs zur Grundlage, wie er oben entwickelt wurde.[207] Ergänzend hierzu bestimmt § 1 Abs. 1 BORA, der Rechtsanwalt übe seinen Beruf selbstbestimmt und unreglementiert aus.

Problematisch erscheint die Bestimmung des § 2 Abs. 2 BRAO, daß der Rechtsanwalt kein Gewerbe ausübe;[208] diese Vorschrift wird gelegentlich als gesetzliche Grundlage für den Begriff der Berufswidrigkeit und damit für die Zulässigkeit von Werbebeschränkungen oder Werbeverboten angesehen.[209] Unter Gewerbe ist ein selbständiges, gleichmäßig fortgesetztes und maßgebend von erwerbswirtschaftli-

---

204 Vgl. *Kleine-Cosack*, BRAO, § 1, Rn. 10.

205 Vgl. *Kleine-Cosack*, BRAO, vor § 1, Rn. 4; vgl. die Regelungen über die besonderen Berufspflichten der Rechtsanwälte in ständigen Dienstverhältnissen in § 46 BRAO.

206 Vgl. auch BVerfGE 87, 287, 327 ff.

207 Vgl. Zweiter Teil, A.; *Jessnitzer/Blumberg*, BRAO, § 2, Rn. 1.

208 Vgl. zur Abgrenzung der anwaltlichen Tätigkeit vom Gewerbe z. B. *Boin*, AnwBl. 2000, S. 168 ff.

209 Vgl. *Jähnke*, NJW 1988, S. 1888, 1891.

chem Gewinnstreben bestimmtes Handeln zu verstehen.[210] Es erscheint realitätsfern anzunehmen, daß die Interessen der meisten Rechtsanwälte hauptsächlich ideeller Natur sind und nicht etwa zumindest auch vom Gewinnstreben geleitet. Dies dürfte umso mehr deswegen gelten, als gerade das Jurastudium von vielen als Verlegenheitslösung gewählt wird. Schon Theodor Storm z. B. äußerte über seine Motivation, Jura zu studieren: „Warum ich mich der Jurisprudenz ergab? Es ist das Studium, das man ohne besondere Neigung ergreifen kann; auch war mein Vater ja Jurist."[211] Eine Umfrage hat ergeben, daß 79% der Jurastudenten ihr Studienfach aufgrund eines „breiten Anwendungsbereichs" gewählt haben, 4% aufgrund eines numerus clausus in anderen Fächern, 9% aus Verlegenheit, nur lediglich ein Drittel hingegen aus Interesse am Fach, wobei Mehrfachnennungen bei der Umfrage möglich waren.[212] Nach derselben Studie ergriffen von den befragten Rechtsanwälten 64% aus Gründen der Unabhängigkeit diesen Beruf, 23% bzw. 10% mangels Arbeitsmöglichkeiten in Justiz oder Wirtschaft, 21% aus Prestigegründen und 20% ausdrücklich aus Gründen der Verdienstchancen; Mehrfachnennungen waren möglich. Von einer rein oder doch überwiegend ideellen Einstellung vieler Rechtsanwälte zu ihrer Tätigkeit kann angesichts dieser Zahlen schwerlich gesprochen werden. Die rechtsanwaltliche Tätigkeit ließe sich also rein faktisch unter den Gewerbebegriff subsumieren. Wenn die BRAO für das Berufsbild des Rechtsanwalts normativ das Gegenteil bestimmt, verbirgt sich dahinter ein Postulat. Mit der oben genannten Begrifflichkeit gesprochen ist die Bestimmung der Nichtgewerblichkeit ein Element des „axiologischen Idealtypus" des Rechtsanwalts.[213] Kritisiert wird denn auch an der Bestimmung des § 2 Abs. 2 BRAO, sie schreibe ein überholtes, tradiertes Berufsbild fest, das den Anwaltsberuf mehr in die Nähe der „artes liberales" rücke, weswegen nicht verwunderlich sei, daß der Anwalt den Anschluß an die moderne Dienstleistungsgesellschaft verpaßt habe.[214] An der Bestimmung des § 2 Abs. 2 BRAO müßte denn de lege ferenda auch nicht zwingend festgehalten werden:[215] Wie aufgezeigt, stammt die freiberufliche Tradition des Anwaltsberufs eben nicht unmittelbar aus der römischen Antike, sodaß sich eine Annäherung an die „artes liberales" sogar eigentlich verbieten dürfte.[216] Zum anderen wäre es auch methodisch nicht unmöglich, der Rechtsanwaltschaft zumindest teilweise gewerblichen Charakter zuzugestehen; wie das Beispiel der Apothekerschaft zeigt,

210 Vgl. BGH, JZ 1996, S. 1183, 1184 m. Anm. *Henssler,* JZ 1996, S. 1186 ff.

211 Zitiert nach *D. Zimmermann,* Zitatenlexikon, S. 115.

212 Vgl. *Kääb,* BRAK-Mitt. 2000, S. 65 ff.: knapp 4000 Berufsanfänger der Rechtsanwaltskammern Celle, Koblenz, Mecklenburg-Vorpommern, München und Nürnberg wurden im Frühjahr 1999 durch das Institut für freie Berufe (IFB) an der Friedrich-Alexander-Universität Erlangen-Nürnberg im Auftrag der „Selbsthilfe der Rechtsanwälte e.V." (München) schriftlich befragt. 1420 haben geantwortet, was nach empirisch-statistischen Erfahrungswerten eine gute Rücklaufquote darstellt, die zuverlässige Ergebnisse liefert.

213 Vgl. oben, Zweiter Teil, A. VI. 3.

214 Vgl. *Kleine-Cosack,* BRAO, § 2, Rn. 5.

215 A. A. *Boin,* AnwBl. 2000, S. 168, 172 f.

216 Vgl. oben, Zweiter Teil, A. I.

schließen sich freiberufliche Tätigkeit und Gewerblichkeit nicht notwendigerweise aus. Für Apotheker ist anerkannt, daß sie als Freiberufler zugleich auch Gewerbetreibende sind.[217]

3. § 3 Abs. 1 BRAO: der Rechtsanwalt als berufener, unabhängiger Berater und Vertreter in allen Rechtsangelegenheiten

Der in § 3 Abs. 1 BRAO statuierte Grundsatz verleiht der Rechtsanwaltschaft auf weiten Gebieten das Monopol bei der Unterstützung des Bürgers in rechtlichen Fragen. Die Regelung des § 3 Abs. 1 BRAO wird durch das RBerG ergänzt. Die Aufgabe des Rechtsanwalts beschränkt sich nicht nur auf die Beratung und Vertretung von Mandanten im Zusammenhang mit Verfahren vor Gerichten, Schiedsgerichten und Behörden, sondern umfaßt auch die vorbeugende (kautelarische) Beratung und Vertretung von Klienten gegenüber anderen Personen im Rechtsverkehr.[218] Daß der einzelne Rechtsanwalt zur Beratung in allen Rechtsangelegenheiten berechtigt ist, heißt noch nicht, daß er dazu auch in der Lage ist. Gerade im Hinblick auf die immer rasantere Fortentwicklung einzelner Rechtsgebiete kann die Vorschrift des § 3 Abs. 1 BRAO allenfalls so verstanden werden, daß zur Beratung und Vertretung in allen Rechtsangelegenheiten die Rechtsanwaltschaft insgesamt berufen ist.[219]

III. Geschichtlicher Überblick über die Werberegelungen für Rechtsanwälte

Schon seit Jahrhunderten wird ein grundsätzliches Werbeverbot für Rechtsanwälte als Selbstverständlichkeit erachtet.[220]

1. 17. und 18. Jahrhundert

Im 17. und 18. Jahrhundert warf man dem ohnehin schon in zweifelhaftem Ruf stehenden Advokatenstand vor, die Bürger zu unnötigen Prozessen zu überreden, weshalb etwa die Fuldische Advocatenordnung von 1775 es unter Strafe stellte, „auf dem Lande herumzuziehen“ und „Prozesse zu werben, [...]“[221].

---

217 Vgl. hierzu BVerfGE 5, 25, 29 f.; BVerfG NJW 1996, S. 3070, 3071; *Manssen*, in: v. Mangoldt/Klein, GG, Art. 12, Rn. 164; *Ring*, Wettbewerbsrecht, S. 461 ff.; *Ring*, NJW 1997, S. 769 f.; *Sodan*, Freie Berufe, S. 198 ff.

218 Vgl. *Jessnitzer/Blumberg*, BRAO, § 3, Rn. 1.

219 Vgl. *Kleine-Cosack*, BRAO, § 3, Rn. 5.

220 Vgl. *Römermann*, in: Hartung/Holl, Berufsordnung, 2. Aufl., vor § 6 BO, Rn. 8.

221 Zitiert nach *Prinz*, Anwaltswerbung, S. 85.

2. 19. Jahrhundert

Im 19. Jahrhundert lassen sich erstmals Überlegungen beobachten, die das Werbeverbot mit der anwaltlichen Standeswürde zu begründen versuchen.[222] Zur Durchsetzung der freien Advokatur strebte die Rechtsanwaltschaft an, eigene Standesorganisationen (Kammern) zur Wahrung der Disziplin zu schaffen, die zur Emanzipation der Anwälte aus staatlicher Bevormundung beitragen sollten: Seit 1846 organisierten sich Rechtsanwälte im Deutschen Anwaltstag, seit 1871 im Deutschen Anwaltverein; hier wurden schon seit 1874 Vorarbeiten für die Rechtsanwaltsordnung (RAO[223]) von 1878 geleistet.[224] Diese enthielt zwar keine explizite Werberegelung; die Generalklausel des § 28 RAO[225] wurde jedoch von den anwaltlichen Ehrengerichten dahingehend ausgelegt, daß Werbung um Praxis mit der Würde des Anwalts unvereinbar und damit unzulässig sei.[226]

3. Die Standesrichtlinien für Rechtsanwälte von 1929

Die ersten Standesrichtlinien, die der Deutsche Anwaltsverein im Jahre 1929 veröffentlichte[227], enthielten detaillierte Regelungen des Werbeverbots, das bis anhin ausschließlich aus § 28 RAO abgeleitet worden war.[228] Neufassungen der Standesrichtlinien unter der Reichsrechtsanwaltsordnung 1936[229] und der BRAO änderten im Hinblick auf die Zulässigkeit von Werbung inhaltlich nichts mehr.[230] So heißt es in § 2 Abs. 1 Satz 1 der Richtlinien für Rechtsanwälte in der Fassung von 1973[231]: „Der Rechtsanwalt handelt standeswidrig, wenn er um Praxis wirbt."

---

222 Vgl. *Prinz*, Anwaltswerbung, S. 87.

223 Rechtsanwaltsordnung v. 1. 7. 1878 (RGBl. S. 177).

224 Vgl. *Prinz*, Anwaltswerbung, S. 88.

225 Sie lautet: „Der Rechtsanwalt ist verpflichtet, seine Berufsthätigkeit gewissenhaft auszuüben und durch sein Verhalten in Ausübung des Berufs sowie außerhalb desselben sich der Achtung würdig zu zeigen, die sein Beruf erfordert."

226 Vgl. EGH, Erkenntnis v. 16. 11. 1883, EGHE I, 28, 32; *Römermann*, in: Hartung / Holl, Berufsordnung, 2. Aufl., vor § 6 BO, Rn. 11.

227 AnwBl. 1929, S. 172 (Beilage) und Beilage zu Heft 6 der JW 1929; vgl. zu diesen „Vademecum" genannten Standesrichtlinien *Zuck*, in: Lingenberg / Hummel / Zuck / Eich, Anwaltliches Standesrecht, Einl., Rn. 3.

228 Vgl. z. B. *A. Friedlaender / M. Friedlaender*, RAO, Exkurs II zu § 28, Rn. 89 ff.

229 Vom 21. 2. 1936 (RGBl. I, S. 107).

230 Vgl. auch *Prinz*, Anwaltswerbung, S. 90 ff.

231 Richtlinien für Rechtsanwälte vom 21. 6. 1973, zu finden z. B. in *Lingenberg / Hummel / Zuck / Eich*, Anwaltliches Standesrecht, jeweils mit Kommentierung; vgl. auch *Feuerich*, BRAO, 2. Aufl., § 43, Rn. 29 ff.; zu dieser und zur Vorgängerfassung der Standesrichtlinien vgl. *Hartung*, MDR 1999, S. 1301, 1302 f.

4. Die Entscheidungen des Bundesverfassungsgerichts vom 14. Juli 1987

An der Argumentation, es verstoße gegen die Würde des Standes, Werbemaßnahmen vorzunehmen, wurde kritisiert, sie diene in Wahrheit dem Schutz alteingesessener Anwälte vor unliebsamer neuer Konkurrenz.[232] Ob dieser Gedanke das Motiv für zwei aufsehenerregende Entscheidungen des BVerfG war, kann nicht sicher festgestellt werden, letztlich aber auch offenbleiben. Zumindest brachten diese zwei Beschlüsse vom 14. Juli 1987[233], die wegen ihrer revolutionierenden Wirkung auch „Quatorze-Juillet-Entscheidungen“[234] oder „Bastille-Entscheidungen“[235] genannt wurden, das bis dahin geltende Standesrecht, das in den Richtlinien für Rechtsanwälte seine Ausprägung fand, zu Fall, mit entsprechend großer Resonanz in der juristischen Literatur.[236] In der Entscheidung – 1 BvR 362/79 – gab das Gericht der Verfassungsbeschwerde eines Rechtsanwalts statt, der vom Vorstand der für ihn zuständigen Rechtsanwaltskammer wegen eines angeblichen Verstoßes gegen das anwaltliche Werbeverbot gerügt worden war, woraufhin er erfolglos versucht hatte, eine ihm günstige Entscheidung beim anwaltlichen Ehrengericht zu erwirken. Das BVerfG beschloß, daß die Richtlinien für Rechtsanwälte keine geeignete Grundlage für eine Einschränkung der Freiheit der Berufsausübung des Art. 12 Abs. 1 GG darstellten.[237] Ausdrücklich rückte es von der bisherigen Rechtsprechung ab, wonach die anwaltlichen Standesrichtlinien zwar nicht als Rechtsnormen, jedoch als ein zur Konkretisierung der in § 43 BRAO kodifizierten Generalklausel geeignetes Mittel angesehen wurden.[238] Eine weitergehende Funktion der Richtlinien als die, gewissermaßen als Spiegel für das anwaltliche Standesethos zu dienen, könne den Richtlinien fortan nicht mehr zuerkannt werden; stattdessen setzten Eingriffe in die Berufsfreiheit demokratisch legitimierte Regelungen voraus. Das heiße jedoch nicht, daß im Rechtsstaat jede Entscheidung durch das Parlament getroffen werden müsse. Innerhalb bestimmter Grenzen könnten auch berufsständische Vereinigungen zur Rechtssetzung ermächtigt werden. Hierbei müsse jedoch zur Vorbeugung gegen die Gefahr eines Übergewichts von Verbandsinteressen berücksichtigt werden, daß mit zunehmender Eingriffsintensität der von der berufsständischen Vereinigung erlassenen Regelung die Anforderungen an die Bestimmtheit der Ermächtigung stiegen: „Am ehesten darf ein Be-

---

232 Vgl. *Eylmann,* AnwBl. 1996, S. 481, 485; *Römermann,* in: Hartung/Holl, Berufsordnung, 2. Aufl., vor § 6 BO, Rn. 13.

233 Beschl. d. Ersten Senats v. 14. 7. 1987 – 1 BvR 537/81 und 195/87 –, BVerfGE 76, 171; Beschl. d. Ersten Senats v. 14. 7. 1987 – 1 BvR 362/79 –, BVerfGE 76, 196; die Beschlüsse sind ferner abgedruckt u. a. in NJW 1988, S. 191 ff. und S. 194 ff.

234 *Zuck,* in: FS für Geiß, S. 323, 327.

235 Vgl. *Prütting,* in: Hommerich/Prütting, Berufsbild des Syndikusanwalts, S. 28.

236 Nachweise bei *Breuer,* Anwaltliche Werbung, S. 79 ff.

237 Vgl. BVerfGE 76, 171; 76, 196, 205.

238 Vgl. BVerfGE 76, 171, 187 ff.

rufsverband zur Normierung solcher Berufspflichten ermächtigt werden, die keinen statusbildenden Charakter haben [...]."[239] Die zentralen Gegenstände einer Gesetzgebungsmaterie müssen vom Gesetzgeber selbst getroffen werden.[240]

Folge der Entscheidungen des BVerfG war, daß die Richtlinien des anwaltlichen Standesrechts nur noch für eine Übergangszeit bis zu einer den Vorgaben der Beschlüsse entsprechenden gesetzlichen Regelung Bedeutung haben konnten, soweit sie den materiellrechtlichen Anforderungen an Grundrechtseinschränkungen genügten, und soweit die Fortgeltung zur Aufrechterhaltung einer funktionsfähigen Rechtspflege unerläßlich war.[241]

5. Die Novelle der BRAO und die neue Berufsordnung

Aufgrund der beiden Beschlüsse des BVerfG entwickelte sich eine lebhafte Diskussion darüber, wie eine Neuregelung des anwaltlichen Berufsrechts aussehen müßte, die den Vorgaben des Gerichts entsprach. Insbesondere wurden mehrere Vorschläge für ein neues Werberecht der Rechtsanwaltschaft gemacht.[242] Durch das Gesetz zur Neuordnung des Berufsrechts der Rechtsanwälte und Patentanwälte vom 2. September 1994[243] wurden schließlich folgende Ergänzungen der BRAO vorgenommen:

(1) § 43 b wurde neu eingefügt. Dieser ermöglicht Werbung, soweit sie sachlich und nicht auf eine Auftragserteilung im Einzelfall gerichtet ist. Die Vorschrift ist mit dem von der Bundesregierung in das Gesetzgebungsverfahren eingebrachten Entwurf nahezu identisch, jedoch enthielt dieser noch das Verbot der „reklamehaften" Werbung.[244]

(2) § 59 b wurde neu eingefügt. Dieser enthält den möglichen Inhalt einer in Satzungsform zu erlassenden Berufsordnung.

(3) Die ebenfalls neueingefügten §§ 191 a bis 191 e bestimmen die Satzungsversammlung zu der Institution, die die Berufsordnung verabschiedet, und regeln Verfahrensfragen des Satzungserlasses. Die Neuregelung läßt zwar mehrere Fragen offen, so z. B. die, welche Stellung die Satzungsversammlung innerhalb der Organi-

---

239 BVerfGE 76, 171, 185.

240 Vgl. BVerfGE 49, 89, 126; 61, 260, 275; 76, 171, 184 f.; *Starck,* Grundgesetz und ärztliche Berufsordnungen, S. 18.

241 Vgl. BVerfGE 76, 171, 189 f.; vgl. zu den Einzelheiten der Fortgeltung BRAK (Richtlinienausschuß), BRAK-Mitt. 1988, S. 11 ff.; *Zuck,* in: Lingenberg / Hummel / Zuck / Eich, Anwaltliches Standesrecht, S. N 34 ff.

242 Vgl. Nachweise bei *Römermann,* in: Hartung / Holl, Berufsordnung, 2. Aufl., vor § 6 BO, Rn. 17 ff.; vgl. zu Einzelheiten der Fortgeltung der Richtlinien des Standesrechts für eine Übergangszeit auch *Kleine-Cosack,* NJW 1988, S. 164, 170 ff.

243 BGBl. 1994 I, S. 2278.

244 Vgl. BT-Drs. 12 / 4993, S. 5.

sation der Bundesrechtsanwaltskammer inne hat;[245] insgesamt ist sie jedoch verfassungsgemäß.[246]

Die neueingerichtete Satzungsversammlung verabschiedete schließlich einen Vorschlag des von ihr eingerichteten Werbungsausschusses (Ausschuß Zwei der Satzungsversammlung) mit geringen Änderungen am 29. November 1996 als Berufsordnung für die Rechtsanwaltschaft (BORA).[247]

IV. Die heutige Situation: ausgewählte Beispiele anwaltlicher Werbemaßnahmen[248]

Der Klärung bedarf, welche Beschränkungen im Bereich anwaltlicher Werbung nach den Liberalisierungen in diesem Bereich überhaupt noch bestehen. So dürfen Rechtsanwälte heute mit Mitteln werben, die einzusetzen noch vor zwei Jahrzehnten undenkbar gewesen wäre. Ein Blick in die Rechtsprechung auch der Zeit nach den bahnbrechenden Beschlüssen des BVerfG von 1987[249] und den darauf folgenden Änderungen der Rechtslage, der Novellierung der BRAO und dem Erlaß der BORA[250], zeigt jedoch, daß ein Umdenken insgesamt nur sehr langsam stattfindet. So werden z. B. Werbeanzeigen auf Fahrzeugen (Bussen, Straßenbahnen, Taxis) ebenso wie die Verwendung von Werbeslogans („Ihre Rechtsfragen sind unsere Aufgabe") als unzulässig angesehen,[251] obwohl der Unterschied zu (mitunter sehr werbewirksamen) Auftritten im Fernsehen, die der Vorstand der Hanseatischen Rechtsanwaltskammer Hamburg für generell zulässig hält,[252] nicht recht zu erkennen ist. Im folgenden sollen die Vorschriften, die die anwaltliche Werbung regeln, vorgestellt und kurz kommentiert werden. Ausgehend von den einzelnen Vorschriften werden anwaltliche Werbemaßnahmen dargestellt, die die Rechtsprechung und Teile der Literatur als unzulässig ansehen.

---

245 Vgl. *Hartung*, in: Henssler / Prütting, BRAO, § 191 a, Rn. 7 ff.

246 Vgl. *Hartung*, in: Hartung / Holl, Berufsordnung, 2. Aufl., Einf. Rn. 28; insbesondere besteht der Träger der Satzungskompetenz aus Delegierten; auch der Grundsatz der Trennung der Verwaltungsräume von Bund und Ländern (vgl. Art. 30, 83 GG) ist nicht verletzt, da das durch die Mitglieder der Satzungsversammlung verkörperte „Parlament der Rechtsanwaltschaft" (*Hartung*, AnwBl. 2000, S. 9), das den Verwaltungsapparat der Bundesrechtsanwaltskammer lediglich im Wege der Verwaltungsleihe benutzt, länderübergreifend ist (vgl. *Hartung*, in: Hartung / Holl, Berufsordnung, 2. Aufl., Einf. Rn. 28).

247 Vgl. Abkürzungs- und Gesetzesverzeichnis (unter „BORA").

248 Einen Überblick über eine Vielzahl von faktisch möglichen Werbemaßnahmen liefert *Streck*, AnwBl. 1995, S. 64 ff.

249 Vgl. oben, III. 4.

250 Vgl. hierzu oben, III. 5.

251 Vgl. zur Werbung auf Fahrzeugen LG Nürnberg-Fürth, MDR 1998, S. 1505, 1506; zum zitierten Werbeslogan OLG Köln, MDR 1998, S. 1505.

252 Vgl. *v. Falkenhausen*, AnwBl. 1994, S. 513, 514.

1. § 43 b BRAO: Werbung

Für die Norm mit dem Wortlaut „Werbung ist dem Rechtsanwalt nur erlaubt, soweit sie über die berufliche Tätigkeit in Form und Inhalt sachlich unterrichtet und nicht auf die Erteilung eines Auftrags im Einzelfall gerichtet ist" stellen sich zwei Fragen. Zu klären ist ihr Verhältnis zur Generalklausel des § 43 BRAO. Desweiteren muß der Regelungsgehalt des § 43 b BRAO genauer erörtert werden.

a) Verhältnis des § 43 b zu § 43 BRAO

§ 43 BRAO enthält als Generalklausel die sogenannte „allgemeine Berufspflicht" des Rechtsanwalts. Er lautet: „[Satz 1] Der Rechtsanwalt hat seinen Beruf gewissenhaft auszuüben. [Satz 2] Er hat sich innerhalb und außerhalb des Berufes der Achtung und des Vertrauens, welche die Stellung des Rechtsanwalts erfordert, würdig zu erweisen." Da § 43 b BRAO eine Regelung über die anwaltliche Werbung enthält, stellt sich die Frage, ob und gegebenenfalls inwieweit § 43 BRAO daneben auf Werbemaßnahmen von Rechtsanwälten anwendbar ist. Der Gesetzgeber der Novelle der BRAO von 1994, durch die § 43 b BRAO eingefügt worden ist, hat die Problematik erkannt und sich bewußt für ein Fortbestehen der Generalklausel ausgesprochen.[253] Grundsätzlich kann auf eine Generalklausel nur subsidiär zurückgegriffen werden, also dann, wenn ein Sachverhalt nicht von einer speziellen Regelung erfaßt wird. Fraglich ist im Hinblick auf anwaltliche Werbung also, ob dieser Bereich nicht erschöpfend durch die §§ 43 b BRAO, 6 ff. BORA geregelt worden ist. Dann verböte sich ein Rückgriff auf § 43 BRAO ebenso wie für den Fall, daß Gesetz- oder Satzungsgeber bewußt auf die Regelung eines Sachverhalts verzichtet haben.[254] Die Regelung des § 43 b BRAO i. V. m. der auf einer umfassenden Satzungsermächtigung beruhenden Normierung der §§ 6 ff. BORA regelt abstrakt die gesamte Problematik der Zulässigkeit anwaltlicher Werbung. Daher kann § 43 BRAO in diesem Bereich nicht angewendet werden, § 43 b BRAO und §§ 6 ff. BORA sind gegenüber § 43 BRAO leges speciales.[255] Auf die Frage, ob § 43 BRAO in Fällen, für die keine Spezialregelung besteht, angewendet werden kann, kommt es vorliegend nicht an.[256]

---

253 Vgl. BT-Drs. 12/4993, S. 27.

254 Vgl. *Kleine-Cosack,* BRAO, § 43, Rn. 10.

255 Vgl. für § 43 b ausdrücklich *Eylmann,* in: Henssler/Prütting, BRAO, § 43 b, Rn. 12.

256 Vgl. verneinend zur Frage, ob § 43 BRAO als Grundlage der Ahndung eines Verhaltens im anwaltsgerichtlichen Verfahren angewendet werden kann, *Feuerich/Braun,* BRAO, 5. Aufl., § 43, Rn. 4; *Eylmann,* in: Henssler/Prütting, BRAO, § 43, Rn. 17; bejahend, unter Hinweis auf den Wortlaut des § 113 Abs. 1 BRAO, wonach ein Verstoß gegen jede „in diesem Gesetz" kodifizierte Pflicht verfolgt werden kann, *Kleine-Cosack,* BRAO, § 43, Rn. 7, 8; vgl. auch *Eylmann,* in: Henssler/Prütting, BRAO, § 113, Rn. 2, der zugesteht, daß der Wortlaut diese Deutung tatsächlich zuläßt.

Trotz bestehender berufs- und standesrechtlicher Regelungen hat § 43 BRAO gewisse Bedeutung im Bereich anwaltlicher Werbung: Soweit diese nämlich nicht berufsgesetzlich, wohl aber durch Vorgaben solcher Gesetze, die für jede Werbung gelten, geregelt wird, fungiert § 43 BRAO als Transmissionsnorm, die außerhalb der Berufsgesetze festgelegte Pflichten ins Berufsrecht transportiert.[257] Solche Normen enthält beispielsweise das UWG, das neben dem StGB einen wichtigen Anwendungsbereich des § 43 BRAO darstellt.[258] Insbesondere § 3 UWG, der irreführende Angaben im geschäftlichen Verkehr verbietet, wirkt sich mittels § 43 BRAO auf die anwaltliche Werbung aus.[259] Verstöße gegen die genannten Gesetze werden durch § 43 BRAO zu Verstößen auch gegen Berufsrecht.[260]

b) Charakter der Regelung des § 43 b BRAO

Die anwaltlichen Berufspflichten werden bisweilen folgendermaßen unterteilt: § 43 regele die allgemeine Berufspflicht, § 43 a BRAO die Grundpflichten des Anwalts. Besondere Berufspflichten seien diejenigen, die sich aus den Regelungsmaterien des § 59 b Abs. 2 Nr. 2 ff. BRAO ergäben.[261] Wollte man von dieser Unterteilung ausgehen, so regelte § 43 b BRAO mit einer Norm, die eine unter § 59 b Abs. 2 Nr. 2 ff. BRAO fallende Materie betrifft, eine besondere anwaltliche Berufspflicht. Die Charakterisierung des § 43 b BRAO als Pflicht des Rechtsanwalts läßt aber die Intention dieser Vorschrift außer Betracht. Wille des Gesetzgebers war es, die schon bestehenden Möglichkeiten für Rechtsanwälte, durch Informationen auf sich aufmerksam zu machen, maßvoll zu erweitern.[262] Um diesem Anliegen gerecht zu werden, sollte im Zusammenhang mit § 43 b BRAO nicht von einer anwaltlichen Berufspflicht, sondern lieber von einer Werbe- und Informationsfreiheit[263] oder einem (subjektiven) Werberecht des Anwalts gesprochen werden.

---

257 Vgl. *Kleine-Cosack*, BRAO, § 43, Rn. 5.

258 Normen des Strafgesetzbuches, die über § 43 BRAO zu spezifisch berufsrechtlichen Pflichtverstößen führen, sind z. B. die § 203 (Verletzung von Privatgeheimnissen), § 356 (Parteiverrat).

259 Vgl. *Kleine-Cosack*, BRAO, § 43 b, Rn. 2; vgl. auch AGH Bad.-Württ., BRAK-Mitt. 1995, S. 169, 170.

260 Vgl. zum Verhältnis des Berufs- und Standesrecht gegenüber dem Wettbewerbsrecht oben, A. VI.

261 Vgl. *Zuck*, MDR 1996, S. 1204, 1211, der allerdings die besonderen Berufspflichten fälschlicherweise nur dem § 59 b Abs. 2 Nr. 2 BRAO zuordnet.

262 Vgl. BT-Drs. 12/4993, S. 28.

263 Vgl. auch *Henssler*, ZIP 1996, S. 485, 486.

c) Die einzelnen Tatbestandsmerkmale des § 43 b BRAO

aa) Werbung

Damit ein Sachverhalt unter die Regelung des § 43 b BRAO fällt, muß er eine Werbemaßnahme enthalten. Unter „Werbung" ist nach der hier zugrundegelegten Auffassung ein Vorgang zu verstehen, der darauf angelegt ist, andere dafür zu gewinnen, die Leistung desjenigen, für den sich dieser Vorgang abspielt, in Anspruch zu nehmen.[264] Nicht nur primär zu Werbezwecken geschaltete Anzeigen in Zeitungen fallen beispielsweise unter diese Definition; auch Stellenanzeigen lassen sich hierunter subsumieren, zumindest dann, wenn sich Anhaltspunkte dafür ergeben, daß der Inserent den Nebenzweck verfolgt, Kunden zu akquirieren.[265]

Ausnahmsweise kann auch in Fällen, in denen eine Werbung im Sinne dieser Definition nicht vorliegt, § 43 b BRAO angewendet werden, nämlich dann, wenn ein Rechtsanwalt die Vorschrift dadurch umgehen will, daß er nicht unmittelbar, sondern nur mittelbar versucht, durch werbeähnliches Verhalten auf seine beruflichen Leistungen aufmerksam zu machen.[266] Eine solche Umgehung liegt jedoch nicht in jedem von Werbung zu unterscheidenden werbewirksamen Verhalten. Werbewirksames Verhalten ist z. B. das (berechtigte) Führen der Berufsbezeichnung Rechtsanwalt auch im Privatleben. Dieses Verhalten wird nicht an § 43 b BRAO gemessen, da es das Tatbestandsmerkmal „Werbung" nicht erfüllt.[267]

bb) Berufsbezogene Unterrichtung

Die vom Rechtsanwalt vorgenommenen Werbemaßnahmen sind nur dann zulässig, wenn sie berufsbezogenen Inhalt haben, d. h. über seine Tätigkeit unterrichten. Angaben über die Person des Rechtsanwalts können ebenso wie solche über die Tätigkeit berufsbezogen sein: § 43 b BRAO muß teleologisch so ausgelegt werden, daß durch ihn sachliche Informationen auch über die Person des Rechtsanwalts nicht ausgeschlossen werden.[268]

Wegen des Erfordernisses berufsbezogener Information werden Werbegeschenke teilweise dem Kreis der zulässigen Werbemittel nicht zugerechnet.[269] Ausnah-

264 Vgl. z. B. BGH, NJW 1992, S. 45.

265 Vgl. OLG Dresden, AnwBl. 2001, S. 175, 176 = NJW-RR 2001, S. 919 f.; vgl. auch LG Nürnberg-Fürth, AnwBl. 2001, S. 364.

266 Vgl. *Kleine-Cosack,* BRAO, § 43 b, Rn. 19; vgl. auch Hans. RAK Hamburg, AnwBl. 1995, S. 89.

267 Vgl. zur Unterscheidung Werbung – werbewirksames Verhalten BVerfG, NJW 1997, S. 2510, 2511; vgl. auch oben, Zweiter Teil, D.

268 Vgl. *Feuerich/Braun,* BRAO, 5. Aufl., § 6 BO, Rn. 11; *Römermann,* in: Hartung/Holl, Berufsordnung, 2. Aufl., § 6 BO, Rn. 55.

men gelten nach Auffassung der Literatur allenfalls für Werbeträger, deren Wert völlig hinter der darauf enthaltenen Information über die Rechtsanwaltskanzlei zurücktritt.[270] Ein Beispiel neuerer Zeit sind Papiertragetaschen mit Aufdruck.[271] Empfänge, Vernissagen, Dichterlesungen und ähnliche Veranstaltungen sind differenziert zu beurteilen: Dienen sie nicht der planmäßigen Gewinnung neuer Mandanten, etwa dann, wenn ehemalige Klienten aus seltenem Anlaß eingeladen werden, fallen sie schon gar nicht unter den Begriff der Werbung.[272] Solche Veranstaltungen wurden schon vor Erlaß des § 43 b BRAO als zulässig erachtet.[273] Wird zu einem solchen Anlaß jedoch beispielsweise ein neuer Mitarbeiter vorgestellt, liegt eine Werbemaßnahme vor. Diese Informationswerbung verliert allerdings trotz der sie möglicherweise prägenden künstlerischen Elemente der Veranstaltung nicht ihren sachlichen Charakter, ist also erlaubt.[274] Obwohl auch in neuerer Zeit noch Urteile ergehen, die die Zulässigkeit von Ereignissen dieser Art verneinen,[275] setzt sich insbesondere auch in der Rspr. des BGH die Auffassung durch, die berufsrechtliche Problematik von Empfängen und dgl. liberaler zu handhaben.[276] Insbesondere die Auslegung des Merkmals „berufsbezogene Unterrichtung" wird denkbar weit vorgenommen: „Eine Werbung unterrichtet über die berufliche Tätigkeit eines Rechtsanwalts, wenn sie die interessierte Öffentlichkeit darauf aufmerksam macht, daß der Werbende oder Beworbene als Rechtsanwalt tätig ist."[277]

Die praxisrelevante Problematik der Angabe von Tätigkeitsschwerpunkten wird unten behandelt.[278]

---

269 Vgl. OLG Düsseldorf, NJW-RR 1992, S. 489; Hans. RAK Hamburg, AnwBl. 1995, S. 89; *L. Koch,* AnwBl. 1995, S. 474, 475.

270 Vgl. *Eylmann,* in: Henssler / Prütting, BRAO, § 43 b, Rn. 49.

271 Vgl. *Jessnitzer / Blumberg,* BRAO, § 43 b, Rn. 14.

272 Vgl. *Römermann,* in: Hartung / Holl, Berufsordnung, 2. Aufl., Berufsrechts- und Werbe-ABC, Stichwort „Kunstausstellung"; Römermann stellt das Merkmal „Information" bei seiner Definition von Werbung in den Vordergrund.

273 Vgl. KG, WRP 1973, S. 477; OLG Hamm, NJW-RR 1990, S. 1133; *Kornblum,* AnwBl. 1988, S. 361, 366.

274 Vgl. *Eylmann,* in: Henssler / Prütting, BRAO, § 43 b, Rn. 50.

275 Vgl. Brandenburg. OLG, AnwBl. 1998, S. 157 = MDR 1998, S. 310 m. Anm. *Creutz,* S. 311 f. = NJW 1998, S. 2061.

276 Vgl. zum Anbieten eines kostenlosen Imbisses während einer längeren Veranstaltung BGH, NJW 2001, S. 2087, womit die ältere Rspr. des BGH zu diesem Bereich teilweise überholt wird, vgl. insbes. BGHZ 115, 105 = AnwBl. 1991, S. 529 m. Anm. *Senninger,* S. 532; v. *Falkenhausen,* NJW 1992, S. 25 ff.; *Jessnitzer / Blumberg,* BRAO, § 43 b, Rn. 14 m. w. N. Zur neuen Rspr. des BGH vgl. auch *Huff,* Anwalt 2001, Heft 8 / 9, S. 6 ff.

277 BGH, NJW 2001, S. 2087, 2088.

278 Vgl. unten, 6.

cc) Sachlichkeit von Form und Inhalt

Werbemaßnahmen von Rechtsanwälten müssen in der Form sachlich sein. Formen, wie sie die gewerbliche Wirtschaft nutzt, insbesondere solche, die auf das Unterbewußtsein des Adressaten wirken sollen, sind dem Rechtsanwalt nach überwiegender Ansicht insbesondere in der Rechtsprechung nicht erlaubt.[279] So wurde unlängst die Plazierung einer Werbeanzeige auf einer drehbaren Werbesäule als unzulässig beurteilt,[280] ebenso eine Zeitungsanzeige eines Rechtsanwalts unter anderem deswegen, weil sie neben den Zeitungsanzeigen von Gewerbetreibenden erschienen war, was das OLG Celle als Indiz für die Absicht einer reklamehaften Selbstherausstellung ansah.[281] In der Größe eines Inserats alleine ist nach Ansicht des OLG Düsseldorf ein Verstoß gegen § 43 b BRAO nicht zu erblicken: Eine ganzseitige Zeitungsanzeige im Rahmen der Auseinandersetzung eines Anwalts mit einem Verein gegen unlautere Rechtsanwaltswerbung wurde für zulässig gehalten, wobei als weitere Bewertungskriterien die farbliche Gestaltung, der Umfang des Textes und die engzeilige Druckweise dienten.[282]

Als Verstoß gegen § 43 b BRAO wurden auch Werbeschriftzüge auf einem Linienbus[283] und auf einem Taxi gewertet, wobei die Richter insbesondere die Suggestivwirkung solcher Methoden als mit dem Sachlichkeitsgebot nicht vereinbar ansahen.[284]

Auch inhaltlich muß die Werbung des Rechtsanwalts dem Gebot der Sachlichkeit entsprechen. Der Rechtsanwalt darf nüchtern über seine Tätigkeit informieren; simple Selbstanpreisungen beispielsweise sind ihm jedoch untersagt, ebenso Werturteile über die eigene Dienstleistung, weil sie weitgehend von subjektiven Einschätzungen abhängen.[285] Für unsachlich wurde der Hinweis auf Hausbesuche durch den Rechtsanwalt gehalten, da eine solche Werbung als „anlockend und anbiedernd" erscheine.[286] Ebenso wurde die Überschrift „Wenn der Steuerfahnder 3 x klingelt ..." über einem ansonsten werberechtlich einwandfreien redaktionellen Beitrag eines Rechtsanwalts in einer Tageszeitung als unzulässig beurteilt: Sie sei nämlich ausschließlich darauf ausgerichtet, Leser anzulocken.[287]

Für zulässig werden Angaben über eine mögliche Zertifizierung der Kanzlei (nicht der anwaltlichen Tätigkeit als solcher) nach der Norm DIN ISO 9001[288] ge-

---

279 Vgl. *Kleine-Cosack*, BRAO, § 43 b, Rn. 30 m. w. N.

280 Vgl. OLG Frankfurt, BRAK-Mitt. 1999, S. 195.

281 Vgl. OLG Celle, BRAK-Mitt. 1996, S. 46, 47; vgl. auch OLG Karlsruhe, NJW-RR 1992, S. 300.

282 Vgl. OLG Düsseldorf, NJW-RR 2001, S. 922, 926.

283 Vgl. AGH NRW, AnwBl. 1999, S. 557.

284 Vgl. LG Nürnberg-Fürth, MDR 1998, S. 1505 f.

285 Vgl. BGH, NJW 2001, S. 2087, 2088.

286 Vgl. LG Bonn, NJW-RR 2001, S. 916, 917.

287 Vgl. OLG Oldenburg, NJW 2001, S. 2026, 2027.

halten.[289] Die Beteiligung eines Rechtsanwalts an einer nichtjuristischen Fachmesse mit einem eigenen Stand ist nicht von vorneherein verboten; vielmehr kommt es auf die Gestaltung der Präsentation im Einzelfall an.[290] Die Internet-Adresse „recht-freundlich.de" wurde insbesondere im Hinblick auf das Sachlichkeitsgebot für zulässig gehalten.[291]

Ein Anlaß für die Werbemaßnahme muß nicht gegeben sein;[292] hierfür spricht außer dem Wortlaut, der keinen Anlaß für eine Werbemaßnahme fordert, auch, daß der Gesetzentwurf zu dieser Frage keinen Regelungsvorschlag enthält.[293] Der Rechtsanwalt darf grundsätzlich jederzeit für seine Tätigkeit werben.

dd) Verbot der auf Erteilung eines Auftrags im Einzelfall gerichteten Werbung

Der Rechtsanwalt darf seine Werbemaßnahmen nicht auf die Erteilung eines Auftrags in einem Einzelfall richten. Was genau mit diesem Verbot gemeint ist, ist fraglich. Das Stichwort „Werbung um Praxis", unter dem die Problematik auch diskutiert wird,[294] bringt kaum mehr Klarheit. In der Literatur wurde zum Problem „Verbot der Werbung um Praxis" der Versuch einer Systematisierung von Werbemaßnahmen nach dem Grad ihres Einzelfallbezugs unternommen: Danach werden Informationswerbung und Mandatswerbung unterschieden,[295] wobei letztere der Werbung um den Auftrag im Einzelfall entspricht. Die Unterscheidung zwischen Informationswerbung und Mandatswerbung führt ebenfalls nicht weiter, denn letztlich ist jede Werbemaßnahme auf die Erteilung eines Mandats ausgerichtet.[296] Eine derartige Kategorisierung einzelner Werbemaßnahmen ist deswegen nicht möglich. Einen Ausweg zum Verständnis des Verbots des Einzelfallauftrags bietet eine teleologische Betrachtung des § 43 b BRAO. Diesem liegt die Intention zugrunde,

---

288 DIN ist die Abkürzung für „Deutsches Institut für Normung e. V.", ISO steht für „International Organisation for Standardization", vgl. zu beiden Institutionen näher *Römermann,* in: Hartung / Holl, Berufsordnung, 2. Aufl., vor § 6 BO, Rn. 187 ff.

289 Vgl. LG Detmold, Urt. v. 14. 9. 1999 – 8 O 118 / 99 –, inzwischen rechtskräftig, nachdem die Berufung auf Empfehlung des OLG Hamm am 14. 3. 2000 (Az. 4 U 166 / 99) zurückgenommen worden ist, mitgeteilt bei *Stückemann,* AnwBl. 2001, S. 111.

290 Vgl. auch BGH, NJW 1999, S. 2444 (im Hinblick auf Steuerberater); BVerfG, Beschl. v. 11. 11. 1999 – 1 BvR 754 / 98 –, Rn. 15, veröffentlicht im Internet (Internetadresse: http:// www.bverfg.de).

291 Vgl. LG Hannover, NJW-RR 2001, S. 917.

292 Vgl. BGH, NJW 1997, S. 2522; OLG Nürnberg, AnwBl. 1995, S. 265 (im Hinblick auf Steuerberater).

293 Vgl. auch die Begründung zum Entwurf, BT-Drs. 12 / 4993, S. 28 f.; vgl. zu dieser Fragestellung auch *Kleine-Cosack,* BRAO, § 43 b, Rn. 34 f.

294 Vgl. z. B. BVerfGE 82, 18, 27.

295 Vgl. *Zuck,* NJW 1988, S. 175, 180.

296 Vgl. *Kleine-Cosack,* BRAO, § 43 b, Rn. 36.

die Funktionsfähigkeit der Rechtspflege zu wahren:[297] Rechtssuchende sollen sich in schwierigen Situationen nicht einem als unangemessen empfundenen Bedrängen von Rechtsanwälten ausgesetzt sehen. Aus dieser Absicht des Gesetzgebers ergibt sich jedoch nicht, daß sich Rechtsanwälte nicht um die Gewinnung eines einzelnen Mandanten bemühen dürften.[298] Die gegenteilige Auffassung[299] setzt sich über die Absicht des Gesetzgebers hinweg, Personen lediglich nicht bedrängt oder überrumpelt zu sehen; sie mißachtet außerdem den Wortlaut des § 43 b BRAO, der nicht etwa vom Verbot der Werbung gegenüber „einzelnen potentiellen Mandanten" spricht, sondern von Werbung in einem „Einzelfall"[300]. Hiernach müssen Postwurfsendungen, Rundschreiben an einen ausgewählten Personenkreis sowie die Hinterlegung von Visitenkarten und Informationsblättern etwa in Autoreparaturwerkstätten oder bei Ärzten, auf die ein unbestimmter Personenkreis Zugriff hat, als zulässig erachtet werden,[301] jedenfalls dann, wenn nicht Dritte im Auftrage des Rechtsanwalts Personen im Falle konkreten Beratungsbedarfs mit diesen Informationen versehen sollen.[302] In diesem Falle läge wieder die durch § 43 b BRAO verbotene Werbung im Einzelfall vor. Verhindert werden sollen durch § 43 b BRAO hauptsächlich Auswüchse, wie sie z. B. bei der Giftgaskatastrophe von Bhophal (Indien) vorgekommen sind, anläßlich deren US-amerikanische Rechtsanwälte an den Unfallort reisten, um Mandate der ca. 200.000 (!) teilweise schwerverletzten Opfer bzw. der Angehörigen der 2000 Toten für Schadensersatzklagen gegen den Urheber des Unglücks, den US-Konzern Union Carbide zu erhalten, wobei sie sich ein Erfolgshonorar in Höhe von 35% versprechen ließen.[303]

2. § 6 Abs. 1 BORA: Werbung

a) Das Verhältnis von § 6 Abs. 1 BORA zu § 43 b BRAO

Durch § 191 a i. V. m. § 59 b Abs. 1, Abs. 2 Nr. 3 BRAO wird es ermöglicht, daß eine Berufsordnung für Rechtsanwälte „im Rahmen der Vorschriften" der BRAO „das Nähere zu den beruflichen Rechten und Pflichten" regelt, und zwar u. a. „die besonderen Berufspflichten im Zusammenhang mit der Werbung und Angaben über selbstbenannte Interessenschwerpunkte". Die Berufsordnung darf also

297 Vgl. *Eylmann,* in: Henssler / Prütting, BRAO, § 43 b, Rn. 9 ff., 11.

298 Vgl. neuerdings BGH, NJW 2001, S. 2087, 2089; BGH, AnwBl. 2001, S. 628 f.; *Römermann,* in: Hartung / Holl, Berufsordnung, 2. Aufl., § 43 b BRAO, Rn. 14 ff.

299 Vgl. z. B. OLG Dresden, NJW 1999, S. 144, 148 f.

300 Vgl. *Eylmann,* in: Henssler / Prütting, BRAO, § 43 b, Rn. 45; *Feuerich / Braun,* BRAO, 5. Aufl., § 6 BO, Rn. 22.

301 Vgl. zur Zulässigkeit von Postwurfsendungen *Andreas Krämer,* AnwBl. 2000, S. 337, 339, 341.

302 Vgl. *Eylmann,* in: Henssler / Prütting, BRAO, § 43 b, Rn. 46.

303 Vgl. *Römermann,* in: Hartung / Holl, Berufsordnung, 2. Aufl., § 43 b BRAO, Rn. 7.

die Vorschrift des § 43 b BRAO konkretisieren. Inwieweit § 6 Abs. 1 BORA eine solche Konkretisierung des § 43 b BRAO tatsächlich leistet, ist zweifelhaft. Absatz 1 des mit „Werbung“ überschriebenen § 6 BORA lautet: „Der Rechtsanwalt darf über seine Dienstleistung und seine Person informieren, soweit die Angaben sachlich unterrichten und berufsbezogen sind.“ Eine Gegenüberstellung der einzelnen Tatbestandsmerkmale des § 6 Abs. 1 BORA mit denen des § 43 b BRAO ergibt folgendes Bild: Die Merkmale (1) „sachliche Unterrichtung“ (§ 43 b BRAO: „in Form und Inhalt sachlich unterrichtet“) und (2) „über die rechtsanwaltliche Dienstleistung“ (§ 43 b BRAO: „über die berufliche Tätigkeit“) stimmen inhaltlich überein. § 43 b BRAO fordert über § 6 BORA hinausgehend, daß die Werbung nicht auf die Erteilung eines Auftrags im Einzelfall gerichtet sein darf. § 6 BORA wiederum ermöglicht auch eine sachliche Information über die Person des Rechtsanwalts. Dem Wortlaut nach scheint die Berufsordnung die Werbemöglichkeiten für Rechtsanwälte hierdurch inhaltlich gegenüber der BRAO zu erweitern. § 43 b BRAO ist allerdings teleologisch so auszulegen, daß auch er eine sachliche Information über die Person des Rechtsanwalts nicht ausschließt.[304] § 6 BORA hält sich also im von der BRAO vorgegebenen Rahmen.

b) Die einzelnen Tatbestandsmerkmale des § 6 Abs. 1 BORA

aa) Informationen über Person und Dienstleistung – Sachlichkeit dieser Informationen in Form und Inhalt

Die Merkmale „Informationen über Person und Dienstleistung“ und „Sachlichkeit dieser Informationen in Form und Inhalt“ des § 6 Abs. 1 BORA sind in gleicher Weise auszulegen wie die inhaltsgleichen Merkmale des § 43 b BRAO. Insoweit wird auf die obigen Ausführungen verwiesen.[305]

bb) Werbung um einen Auftrag im Einzelfall

Das Verbot der Werbung um einen Auftrag im Einzelfall findet sich in § 6 Abs. 1 BORA nicht. Aus welchen Gründen dies der Fall ist, und ob aus dem Gesamtzusammenhang der Berufsordnung ein solches Verbot konkludent aus § 6 Abs. 1 BORA hervorgeht,[306] kann offenbleiben, da in Zweifelsfällen § 43 b BRAO vorrangig zu beachten ist.

---

304 Vgl. *Feuerich/Braun,* BRAO, 5. Aufl., § 6 BO, Rn. 11; *Römermann,* in: Hartung/Holl, Berufsordnung, 2. Aufl., § 6 BO, Rn. 55.

305 Vgl. 1. c) bb), cc).

306 Vgl. *Römermann,* in: Hartung/Holl, Berufsordnung, 2. Aufl., § 43 b BRAO, Rn. 5.

3. § 6 Abs. 2 BORA: Praxisbroschüren und ähnliches

a) § 6 Abs. 2 Satz 1 BORA

§ 6 Abs. 2 Satz 1 BORA erklärt Praxisbroschüren, Rundschreiben und andere vergleichbare Informationsmittel für zulässig. Kanzleibroschüren wurden schon vor Erlaß der Berufsordnung als erlaubt angesehen, sodaß es sich insoweit um eine überflüssige Klarstellung handelt.[307] Bezüglich des Textes einer solchen Praxisbroschüre gelten die Beschränkungen des § 6 Abs. 1 BORA, hinsichtlich der Aufmachung gilt das Gebot der Sachlichkeit der Form des § 43 b BRAO. Jedoch ist ein großzügiger Maßstab angebracht; Geschmacksfragen sind nicht justitiabel: „Wenn das klassische Gruppenfoto der Anwälte hinter dem am Schreibtisch sitzenden Seniorpartner, der die Hand auf seinen Palandt gelegt hat, zuweilen auch etwas idyllisch wirken mag, führt dies noch lange nicht zur Unzulässigkeit."[308]

Unter „andere vergleichbare Informationsmittel" ist auch Werbung in Computerkommunikationsnetzen, insbesondere dem Internet, zu verstehen.[309] Die Rechtsprechung hält Gästebücher auf Internet-Homepages von Rechtsanwälten für unzulässig.[310]

b) § 6 Abs. 2 Satz 2 BORA

§ 7 BORA enthält Regelungen über die Höchstzahl der Tätigkeits- und Interessenschwerpunkte, die der Anwalt benennen darf. Diese Regelungen werden durch § 6 Abs. 2 Satz 2 BORA für die in Satz 1 genannten Werbeträger, also Praxisbroschüren, Rundschreiben und andere vergleichbare Informationsmittel, durchbrochen. Trotz der Gefahr einer Vermischung von Tätigkeits- und Interessenschwerpunkten, der durch die Regelung des § 7 BORA vorgebeugt werden sollte,[311] sprechen Wortlaut und Systematik des Gesetzes für den Fortfall dieser ansonsten zwingenden Differenzierung in Praxisbroschüren und Rundschreiben.[312]

Nach neuerer Rechtsprechung sind unter „andere vergleichbare Informationsmittel" auch Zeitungsanzeigen zu verstehen;[313] in ihnen soll hiernach eine Beschränkung hinsichtlich der Angabe von Schwerpunkten ebensowenig bestehen wie für Praxisbroschüren.

---

307 Vgl. *Eylmann,* in: Henssler / Prütting, BRAO, § 43 b, Rn. 37.

308 *Römermann,* in: Hartung / Holl, Berufsordnung, 2. Aufl., § 6 BO, Rn. 117.

309 Vgl. *Berger,* NJW 2001, S. 1530, 1532.

310 Vgl. OLG Nürnberg, NJW 1999, 2126; LG Nürnberg-Fürth, DB 1998, S. 1404.

311 Vgl. auch den hierzu bestehenden Grundgedanken in BT-Drs. 12 / 4993, S. 28.

312 Vgl. *Römermann,* in: Hartung / Holl, Berufsordnung, 2. Aufl., § 6 BO, Rn. 135.

313 Vgl. OLG Nürnberg, NJW 2001, 2481, 2482 f.

4. § 6 Abs. 3 BORA: Angabe von Erfolgs- und Umsatzzahlen

§ 6 Abs. 3 Satz 1 BORA verbietet die Angabe von Erfolgs- und Umsatzzahlen.

§ 6 Abs. 3 Satz 2 BORA lautet: „Hinweise auf Mandate und Mandanten sind nur in den in Absatz 2 benannten Informationsmitteln oder auf Anfrage zulässig, soweit der Mandant ausdrücklich eingewilligt hat.“

Sinn und Zweck des Verbots von Werbung mit Erfolgs- und Umsatzzahlen werden in der Verhinderung einer Irreführung des Publikums gesehen: Der Erfolg und die Qualifikation eines Anwalts ließen sich nicht in Ziffern ausdrücken.[314] Das Verbot der Nennung von Mandaten und Mandanten zu Werbezwecken ohne deren Einwilligung beruht auf der anwaltlichen Schweigepflicht (vgl. § 43 a Abs. 2 BRAO)[315], die wiederum auf dem die anwaltliche Tätigkeit begründenden Vertrauensverhältnis des Rechtsanwalts zum Mandanten basiert und durch § 203 Abs. 1 Nr. 3 StGB auch strafrechtlich abgesichert ist.

5. § 6 Abs. 4 BORA: Werbung durch Dritte

§ 6 Abs. 4 BORA lautet: „Der Rechtsanwalt darf nicht daran mitwirken, daß Dritte für ihn Werbung betreiben, die ihm selbst verboten ist.“ Der Erlaß dieser Vorschrift wurde durch die Ende 1993 in der Zeitschrift „Focus“ erschienene Serie „Die 500 besten Anwälte“ initiiert, in der eine Anzahl Rechtsanwälte nach teilweise eigener Einschätzung als die besten ihres jeweiligen Spezialgebiets unter Nennung von Name, Adresse und Telephonnummer vorgestellt wurde.[316] Die Mitwirkung der betreffenden Rechtsanwälte an der Erstellung der Artikelserie wäre gem. § 6 Abs. 4 BORA berufsrechtlich nicht zulässig gewesen.

Nach einer älteren Ansicht[317] ist ein Anwalt zur Mitwirkung an Werbemaßnahmen, die Dritte zu seinen Gunsten vornehmen, richtigerweise nicht befugt; er ist jedoch entgegen dieser Ansicht nicht verpflichtet, gegen solche Maßnahmen unter allen Umständen aktiv einzuschreiten.[318] Fälle, in denen Rechtsanwälte sich dritter Personen gezielt bedienen, um diese für sie verbotene Werbung betreiben zu lassen, unterfallen jedoch als mittelbare Werbung schon dem Verbot des § 6 Abs. 1 BORA.[319]

---

314 Vgl. *Feuerich/Braun,* BRAO, 5. Aufl., § 6 BO, Rn. 53.

315 Vgl. hierzu näher *Jessnitzer/Blumberg,* BRAO, § 43 a, Rn. 2.

316 Vgl. *Römermann,* in: Hartung/Holl, Berufsordnung, 2. Aufl., § 6 BO, Rn. 155.

317 Vgl. etwa *Henssler,* ZIP 1996, S. 485, 486.

318 Vgl. *Römermann,* in: Hartung/Holl, Berufsordnung, 2. Aufl., § 6 BO, Rn. 164.

319 Vgl. oben, 2.

6. § 7 BORA: Interessen- und Tätigkeitsschwerpunkte

§ 7 Abs. 1 BORA legt fest, daß – unabhängig von der Angabe von Fachanwaltsbezeichnungen – nur Interessen- und/oder Tätigkeitsschwerpunkte benannt werden dürfen.[320] Sätze 2 und 3 der Norm lauten: „Insgesamt sind nicht mehr als fünf Benennungen zulässig, davon höchstens drei Tätigkeitsschwerpunkte. Interessen- und Tätigkeitsschwerpunkte sind jeweils als solche zu bezeichnen." § 7 Abs. 2 BORA bestimmt, daß Tätigkeitsschwerpunkte nur benennen darf, wer nach der Zulassung mindestens zwei Jahre auf dem benannten Gebiet nachhaltig tätig gewesen ist.

§ 7 BORA gehört – obwohl die Norm Elemente des Weiterbildungsrechts enthält – vornehmlich dem Recht der anwaltlichen Werbung an. Die Nennung von Interessen- und Tätigkeitsschwerpunkten erfolgt aus Gründen der Profilierung gegenüber dem rechtssuchenden Publikum und damit zum Zwecke der Werbung. Die Vorschrift bezieht sich nach Ansicht der Rechtsprechung ausschließlich auf die Person des Rechtsanwalts, nicht auch auf die Bezeichnung der Kanzlei als solche.[321]

Nach Auffassung der Satzungsversammlung sollte durch § 7 BORA die „Qualifikationsleiter" Interessenschwerpunkt – Tätigkeitsschwerpunkt – Fachanwaltsbezeichnung verfestigt werden.[322] War bisher nicht explizit geregelt, unter welcher Bezeichnung und unter welchen Voraussetzungen Rechtsbereiche angegeben werden dürfen,[323] wird durch § 7 Abs. 2 BORA nun klargestellt, daß ein Rechtsanwalt einen Teilbereich seiner Berufstätigkeit als Tätigkeitsschwerpunkt erst nach einer zweijährigen Berufserfahrung in diesem Teilbereich angeben darf. Die Größe der Teilbereiche ist nicht vorgegeben,[324] wobei die zahlenmäßige Begrenzung in § 7 BORA viele Rechtsanwälte eher zur Angabe von größeren Rechtsgebieten bewegen dürfte, wie z. B. „Wirtschaftsrecht" anstelle einzelner Teilbereiche dieses Rechtsgebiets; auch die Angabe von nicht ausschließlich Juristen vorbehaltenen Tätigkeitsbereichen ist möglich (etwa der Hinweis „Mediation")[325].

---

320 Zur Führung von Zusatzbezeichnungen, insbesondere akademischen Graden, vgl. AGH Rh.-Pf., BRAK-Mitt. 2001, S. 145.

321 Vgl. BGH, NJW 2001, S. 1573, 1574 = AnwBl. 2001, S. 296, 297; BGH, BRAK-Mitt. 2001, S. 139; BGH, BRAK-Mitt. 2001, S. 298 = AnwBl. 2001, S. 686; OLG Nürnberg, NJW 2001, S. 2481.

322 Vgl. *Römermann,* in: Hartung/Holl, Berufsordnung, 2. Aufl., § 7 BO, Rn. 29.

323 Vgl. auch BGHZ 115, 105, 112 ff.; OLG Düsseldorf, AnwBl. 1992, S. 135.

324 Vgl. aber BVerfG, NJW 2001, S. 2620, das aus der Auffassung der Satzungsversammlung schließt, daß hiernach nur Rechtsgebiete der Größe angegeben werden könnten, für die auch eine Fachanwaltsbezeichnung verliehen werden könnte (vgl. § 59 b Abs. 2 Nr. 2 lit. a BRAO); diese Schlußfolgerung muß aus der Ansicht der Satzungsversammlung nicht zwingend gezogen werden, vgl. näher unten, Vierter Teil, F. III. 3).

325 Vgl. *Henssler,* AnwBl. 1997, S. 129, 133 f.; vgl. zur Bezeichnung „Mediator" AGH NRW, BRAK-Mitt. 2000, S. 196; *Staehle,* BRAK-Mitt. 2000, S. 86, 87.

Das BVerfG unterscheidet neuerdings zwischen Tätigkeitsschwerpunkten bzw. Fachanwaltsbezeichnungen im engeren Sinne und „Dienstleistungen, die im Rahmen eines Tätigkeitsschwerpunktes bzw. einer fachanwaltlichen Tätigkeit erbracht werden“:[326] Die Angabe der Tätigkeiten „Lohn- und Gehaltsabrechnung, laufende Finanzbuchhaltung, Jahresabschlüsse, Steuererklärungen und Finanzgerichtsverfahren“ in einer Anzeige mehrerer Rechtsanwälte, von denen einer Fachanwalt für Steuerrecht ist, wurde vom BVerfG nicht als Nennung von Tätigkeits- oder Interessenschwerpunkten im Sinne des § 7 BORA gewertet, weswegen die auf diese Norm gestützte Rüge der zuständigen Rechtsanwaltskammer rechtswidrig war: „Jedenfalls handelt es sich bei den von den Beschwerdeführern in der Anzeige genannten Tätigkeiten [...] um *Dienstleistungen,* die der Bf. zu 1 – im Rahmen seiner Tätigkeit als Fachanwalt für Steuerrecht – und die Bf. zu 3 – im Rahmen ihres Tätigkeitsschwerpunkts Steuerrecht – erbringen. Es sind keine Bereiche anwaltlicher Tätigkeit, die über die Fachanwaltsbezeichnung oder den Tätigkeitsschwerpunkt hinausgingen.“[327] Auf dieser Linie liegt auch, daß das BVerfG nunmehr auch Erläuterungen zu einer Fachanwaltsbezeichnung in Form der Angabe von Ausschnitten der fachanwaltlichen Tätigkeit für zulässig erklärt hat: Ein Rechtsanwalt, Fachanwalt für Strafrecht, hatte in einer Zeitungsanzeige neben seiner Bezeichnung als Fachanwalt auch zehn „strafrechtliche Tätigkeitsgebiete“ (darunter z. B. „Jugendstrafrecht“, „Umweltstrafverfahren“, „Kapitalstrafverfahren“) angegeben. Dies ist nach Auffassung des BVerfG gem. § 7 BORA nicht verboten, da die Beschränkungen des § 7 Abs. 1 BORA nur „unabhängig von der Angabe von Fachanwaltsbezeichnungen“ bestünden; konkretisierende Angaben zur Fachanwaltsbezeichnung sind bei richtigem Verständnis der Vorschrift folglich zulässig.[328]

Nach einem neueren Urteil des OLG Nürnberg gilt § 7 BORA nicht für Zeitungsanzeigen: Diese seien Praxisbroschüren und Rundschreiben sowohl im Hinblick auf ihren Verbreitungsgrad als auch auf den Adressatenkreis vergleichbar, weshalb aufgrund der Ausnahmeregelung § 6 Abs. 2 BORA und einer verfassungskonformen Interpretation des § 7 BORA eine Beschränkung der Angabe von Schwerpunkten in Zeitungsanzeigen nicht in Betracht komme.[329]

Für die Angabe von Tätigkeitsschwerpunkten ist eine zweijährige Tätigkeit gerade als Rechtsanwalt nötig, wie sich aus dem Wortlaut der Norm ergibt.[330]

---

326 Vgl. BVerfG, NJW 2001, S. 2620.

327 BVerfG, NJW 2001, S. 2620; Hervorhebung vom Verfasser.

328 Vgl. BVerfG, NJW 2001, S. 1926, 1927; s. hierzu *Grunewald,* NJW 2002, S. 188, 191.

329 Vgl. OLG Nürnberg, NJW 2001, S. 2481, 2482 f.; das Gericht zieht zum Nachweis der Vergleichbarkeit eine Entscheidung des OLG München heran (NJW 2000, S. 2824), die sich auf einen Fall bezieht, in dem eine 12-seitige Kanzleibroschüre an 30.000 (!) Adressaten versandt wurde.

330 Vgl. *Feuerich/Braun,* BRAO, 5. Aufl., § 7 BO, Rn. 6.

7. § 8 BORA: Kundgabe beruflicher Zusammenarbeit

§ 8 BORA regelt Möglichkeiten der Kundgabe beruflicher Zusammenarbeit zwischen Rechtsanwälten. Die Norm gehört nur zum kleineren Teil dem Recht der anwaltlichen Werbung an; hauptsächlich unterfällt die Vorschrift dem Bereich der beruflichen Zusammenarbeit. Da jedoch von Anzeigen beruflicher Zusammenarbeit mitunter ein beträchtlicher Werbeeffekt ausgehen kann,[331] seien kurz zwei kommentierende Hinweise zu § 8 BORA gegeben. Die bisher auf § 3 UWG gestützte Rechtsprechung zur Scheinsozietät[332] ist durch den Erlaß von § 8 BORA überholt.[333] Auch wenn nach wie vor Rechtssuchende den Eindruck haben mögen, alle in einer Anzeige genannten Rechtsanwälte seien ihnen durch eine Auftragserteilung als gleichrangige Partner einer Sozietät gleichermaßen verpflichtet, ist es nunmehr durch § 8 BORA ausdrücklich gestattet, auch lediglich angestellte Anwälte und freie Mitarbeiter der Sozietät mitaufzuführen, ohne deren Stellung kenntlich zu machen; die Scheinsozietät ist somit zulässig.[334] Unzulässig ist nach wie vor aber die Angabe einer Kooperation in einem Einzelfall, ferner der Hinweis auf Angestellte und freie Mitarbeiter, wenn es sich nicht um gem. § 59 a BRAO sozietätsfähige Personen handelt.[335]

8. § 9 BORA: Kurzbezeichnungen

§ 9 BORA regelt die Zulässigkeit von Kurzbezeichnungen bei beruflicher Zusammenarbeit. Die Norm ist eine Ergänzung zu § 8 BORA, der die Kundgabe beruflicher Zusammenarbeit betrifft. § 9 BORA gehört somit einerseits dem Bereich der beruflichen Zusammenarbeit von Rechtsanwälten an, weist andererseits aber auch enge Bezüge zur anwaltlichen Werbung auf. Wohl deswegen hat sich die Satzungsversammlung letztlich für die Einordnung der Norm in den Regelungskomplex „Werbung" entschieden.

Die Kurzbezeichnung muß gem. § 9 Abs. 1 Satz 2 BORA bei Unterhaltung mehrerer Kanzleien einheitlich geführt werden. Die Führung von Phantasiebezeichnungen wird grundsätzlich weder durch § 9 BORA noch durch § 43 b BRAO ausgeschlossen.[336]

---

331 Vgl. im Hinblick auf überörtliche oder internationale Rechtsanwaltszusammenschlüsse *Taupitz,* EWiR 1996, S. 703.

332 Vgl. z. B. BGH, MDR 1996, S. 966.

333 Vgl. *Römermann,* in: Hartung/Holl, Berufsordnung, 2. Aufl., § 8 BO, Rn. 26.

334 Vgl. *Feuerich/Braun,* BRAO, 5. Aufl., § 8 BO, Rn. 3.

335 Vgl. *Römermann,* in: Hartung/Holl, Berufsordnung, 2. Aufl., § 8 BO, Rn. 21; vgl. auch *Feuerich/Braun,* BRAO, 5. Aufl., § 8 BO, Rn. 6, 9.

336 Vgl. OLG Karlsruhe, AnwBl. 2001, S. 240.

Gem. § 9 Abs. 2 BORA dürfen Namen früherer Kanzleiinhaber, Gesellschafter, Angestellter oder freier Mitarbeiter in der Kurzbezeichnung weitergeführt werden. Gem. § 9 Abs. 3 BORA darf die Kurzbezeichnung „im übrigen nur einen auf die gemeinschaftliche Berufsausübung hinweisenden Zusatz enthalten."

9. § 10 BORA: Briefbögen

§ 10 BORA enthält eine gegenüber den §§ 8, 9 BORA speziellere Regelung über die Gestaltung von Briefbögen. Diese sind als Werbeträger auch nach der in jüngerer Zeit erfolgenden relativen Liberalisierung immer noch außerordentlich bedeutsam.

Gem. § 10 Abs. 1 BORA müssen auf Briefbögen auch bei Verwendung einer Kurzbezeichnung die Namen sämtlicher Gesellschafter mit mindestens einem ausgeschriebenen Vornamen aufgeführt werden. § 10 Abs. 2 BORA verpflichtet bei beruflicher Zusammenarbeit mit einem Nichtrechtsanwalt zur Angabe des Berufs dieses Kollegen, § 10 Abs. 3 BORA regelt die Verpflichtung, bei Unterhaltung mehrerer Kanzleien für jeden auf dem Briefbogen genannten Mitarbeiter dessen Kanzleianschrift anzugeben. Gem. § 10 Abs. 4 BORA muß bei Nennung von ausgeschiedenen Mitarbeitern auf dem Briefbogen deren Ausscheiden kenntlich gemacht werden.

10. § 29 Abs. 1 BORA i. V. m. Nr. 2.6 CCBE-Berufsregeln: Berufsordnung und CCBE-Berufsregeln

Gem. Nr. 2.6.1 Satz 1 CCBE-Berufsregeln, die mittels § 29 Abs. 1 BORA bei i. S. d. Nr. 1.5 CCBE-Berufsregeln grenzüberschreitender Tätigkeit zu verbindlichem Recht werden,[337] darf ein Rechtsanwalt nicht werben oder für sich werben lassen, wo dies unzulässig ist. Ist also das Werberecht eines Staates, auf den die grenzüberschreitende Tätigkeit eines dem deutschen Standesrecht unterliegenden Rechtsanwalts[338] bezogen ist, restriktiver als die Regelungen des deutschen Berufs- und Standesrechts und verbietet es bestimmte Werbung, so ist es dem Rechtsanwalt gem. Nr. 2.6.1 CCBE-Berufsregeln versagt, solche Werbung im betreffenden Staat zu betreiben, auch wenn die fragliche Maßnahme nach deutschem Recht zulässig wäre. Nr. 2.6.1 Satz 2 CCBE-Berufsregeln bestimmt, daß im umgekehrten Fall, wenn also das Recht der Standesorganisation, der der Rechtsanwalt angehört, strenger ist als die im anderen Staat geltenden Normen, die restriktivere Regelung beachtet werden muß.[339]

---

337 Vgl. näher oben, A. IV. 4.

338 Vgl. oben, A. IV. 2.

339 Vgl. auch *Lörcher*, in: Hartung / Holl, Berufsordnung, 2. Aufl., Nr. 2.6 CCBE, Rn. 3.

Nr. 2.6.2 CCBE-Berufsregeln enthält eine Konfliktregelung:[340] Werbung gilt hiernach als an einem Ort vorgenommen, wo sie zulässig ist, wenn sie für diesen Ort bestimmt war und der Rechtsanwalt nachweist, daß die Kenntnisnahme an einem anderen Ort zufällig erfolgt ist.

11. § 5 Abs. 2 Satz 2 EuRAG: Bezeichnung „europäischer Rechtsanwalt“

§ 5 Abs. 2 Satz 2 EuRAG bestimmt, daß die Bezeichnung „europäischer Rechtsanwalt“ weder als Berufsbezeichnung noch in der Werbung verwendet werden darf. Dahinter steht der Gedanke, daß diese Bezeichnung nur eine technische Bedeutung hat, die aus § 1 EuRAG hervorgeht, jedoch nichts über eine besondere europarechtsbezogene Qualifikation des betreffenden Anwalts aussagt. Die Vorschrift soll auch Irreführungen vorbeugen, die sich aus der Vermutung ergeben könnten, durch die Bezeichnung „europäischer Rechtsanwalt“ werde auf eine solche besondere Befähigung im Bereich des Europarechts hingewiesen.[341]

D. Die Regelungen für Ärzte im einzelnen

Da die für Ärzte bestehenden Werbebeschränkungen ihren Ursprung im Berufsbild des Arztes haben, sei dieses vorweg kurz skizziert [unter I.]. Anschließend wird die Geschichte ärztlicher Werbeverbote dargestellt [vgl. II.]. Danach werden die einschlägigen Normen der (Bayerischen) Berufsordnung behandelt, die wegen ihrer engen Anlehnung an die MBO-Ä, die Vorbild auch für die Berufsordnungen der anderen Landesärztekammern ist, exemplarisch für die in Deutschland bestehenden ärztlichen Berufsordnungen herangezogen werden kann [vgl. III.].

I. Das Berufsbild des Arztes

Das äußere Berufsbild des Arztes wird in der Bundesrepublik Deutschland vor allem durch die BÄO, die Kammergesetze der Länder und die von den Landesärztekammern erlassenen Berufsordnungen geprägt.

---

340 Vgl. näher *Lörcher*, in: Hartung / Holl, Berufsordnung, 2. Aufl., Nr. 2.6 CCBE, Rn. 4.

341 Vgl. *Feuerich / Braun*, BRAO, 5. Aufl., § 5 EuRAG, Rn. 6.

1. Aufgabe des Arztes

§ 1 Abs. 1 BÄO lautet: „Der Arzt dient der Gesundheit des einzelnen Menschen und des gesamten Volkes.“ In Ergänzung hierzu bestimmt § 1 Abs. 2 BayBOÄ: „Aufgabe des Arztes ist es, das Leben zu erhalten, die Gesundheit zu schützen und wiederherzustellen, Leiden zu lindern, Sterbenden Beistand zu leisten und an der Erhaltung der natürlichen Lebensgrundlagen im Hinblick auf ihre Bedeutung für die Gesundheit der Menschen mitzuwirken.“ Dieser Heilauftrag des Arztes beherrscht seine gesamte Tätigkeit und muß ihm oberste Richtschnur sein, wie bereits im römischen Recht anerkannt war: „salus aegroti suprema lex“[342]. Seine Aufgabe hat der Arzt „lege artis“, d. h. nach den anerkannten Regeln ärztlicher Kunst zu erfüllen. Der Heilauftrag ist Grundlage und Ausprägung des Prinzips der Humanität, das die ärztliche Tätigkeit durchdringt.[343] Die unmittelbare Einflußnahme des Arztes auf menschliches Schicksal, in vielen Fällen auch die – durch Wahl und Erfolg der Behandlungsmethode – mittelbare Entscheidung über Leben oder Tod des Patienten machen den ärztlichen Beruf in besonderem Maße regelungsbedürftig. Die enge Beziehung des Arztberufs zu Gütern, die für den Menschen essentiell sind – Gesundheit und Leben –, hat seit frühester Zeit mehr als bei anderen Berufen die Entstehung einer eigenen Standesethik begünstigt. Besonders wichtig war schon bald der in abgewandelter Form noch heute nachwirkende „Eid des Hippokrates“[344], in dem die Heilaufgabe und insbesondere das Prinzip der Humanität festgeschrieben sind. Auf ihm basieren neuere Regelwerke, wie z. B. das Genfer Ärztegelöbnis oder auch die Gelöbnisse der Berufsordnungen. Aufdringliche Werbung wird mit der Aufgabe des Arztes und dem Humanitätsprinzip für nicht vereinbar gehalten: „Der ärztliche Dienst [...] hat primär die Hilfe für den kranken Menschen zum Ziel, nicht den Umsatz; er bedient sich zuträglicher Hinweise, nicht des lockenden Selbstlobs. Anziehende und durchdringende Werbung deutet auf den Primat der Ökonomie, der sich auf die Humanität der Krankenversorgung negativ auswirken muß.“[345]

Unter Berücksichtigung dieser Grundsätze spielt beim ärztlichen Handeln eine individuelle Kategorie eine große Rolle: das Gewissen des Arztes. So befindet sich der Arzt, wie das BVerwG feststellt, in den „entscheidenden Augenblicken seiner Tätigkeit [...] in einer unvertretbaren Einsamkeit, in der er – gestützt auf sein fachliches Können – allein auf sein Gewissen gestellt ist.“[346] Diese Gewissensfreiheit des Arztes ist eine „immanente und wesenseigene Beschränkung jeder berufsständischen Rechtssetzungsgewalt.“[347] Diese Beschränkung der Rechtssetzungstä-

---

342 Zitiert nach *Laufs,* in: FS für Geiger, S. 228, 229.

343 Vgl. *Laufs,* in: Laufs / Uhlenbruck, Handbuch des Arztrechts, § 1, Rn. 1.

344 Vgl. hierzu *Lichtenthaeler,* Eid des Hippokrates, passim.

345 *Laufs,* NJW 2001, S. 1768, 1769.

346 BVerwGE 27, 303, 305.

347 BVerwGE 27, 303, 307.

tigkeit findet wiederum ihre Grenze in Art. 1 Abs. 1 GG, hier in seiner Ausprägung als Element einer objektiven Wertordnung.[348]

Der Charakter der ärztlichen Tätigkeit bedingt auch ein besonderes Verhältnis ethischer und rechtlicher Vorgaben zur Berufsausübung: „Die Standesethik steht nicht isoliert neben dem Recht. Sie wirkt allenthalben und ständig in die rechtlichen Beziehungen des Arztes zum Patienten hinein. Was die Standesethik vom Arzte fordert, übernimmt das Recht weithin zugleich als rechtliche Pflicht. Weit mehr als sonst in den sozialen Beziehungen des Menschen fließt im ärztlichen Berufsbereich das Ethische mit dem Rechtlichen zusammen."[349] Gerade im Bereich des ärztlichen Standesrechts verdient die Frage des Verhältnisses von Recht und Moral daher besondere Beachtung.[350]

So ist auch das Verhältnis des Patienten zum Arzt ein eigentümliches: zwar besteht ein Behandlungsvertrag, häufig auch mit einem anderen als dem Arzt selbst, etwa einem Krankenhausträger. Jedoch geht dieses Verhältnis Arzt – Patient im Idealfall über eine bloße Vertragsbeziehung hinaus. Bestenfalls liegt eine echte Vertrauensbeziehung vor, die „in starkem Maße in der menschlichen Beziehung wurzelt, [...]."[351] Diese Grundsätze finden auch in § 2 Abs. 1 Satz 1 BayBOÄ Anerkennung: „Der Arzt übt seinen Beruf nach seinem Gewissen, den Geboten der ärztlichen Ethik und der Menschlichkeit aus."

Das Vertrauen der Öffentlichkeit gegenüber den Freiberuflern insgesamt, das als einer der Gründe für die den Angehörigen freier Berufe auferlegten Werbebeschränkungen betrachtet wird,[352] ist gegenüber der Ärzteschaft in besonders hohem Maße vonnöten.

2. Der Arztberuf als freier Beruf

§ 1 Abs. 2 BÄO bestimmt inhaltsgleich mit § 1 Abs. 1 Satz 2, 3 BayBOÄ: „Der ärztliche Beruf ist kein Gewerbe; er ist seiner Natur nach ein freier Beruf." Mit der Formulierung „seiner Natur nach" soll zum Ausdruck kommen, daß die ärztliche Tätigkeit nicht aufgrund gesetzgeberischer Entscheidung, sondern ihrem Wesen nach freiberuflichen Charakter hat.[353]

---

348 Vgl. hierzu BVerfGE 7, 198.

349 *Eberhard Schmidt,* Der Arzt im Strafrecht, in: Ponsold, Lehrbuch der gerichtlichen Medizin, S. 2, zitiert nach: BVerfGE 52, 131, 170.

350 Vgl. hierzu unten, Vierter Teil, E. VI. 1.

351 BGHZ 29, 46, 53.

352 Vgl. *Jarass,* NJW 1982, S. 1834, 1838: „Das besondere Vertrauen, das die freien Berufe in der Öffentlichkeit genießen, verpflichtet."

353 Vgl. *Laufs,* MedR 1986, S. 163, 165; *Quaas,* MedR 2001, S. 34, 35 f.; vgl. aber auch *Kern,* NJW 2000, S. 833, 834, der die Nichtgewerblichkeit des niedergelassenen Arztes schlicht als bloße gesetzliche Fiktion ansieht.

Worin der Charakter der Freiberuflichkeit beim Arzt besteht, ist angesichts des Phänomens angestellter Ärzte, mehr noch aber der hohen Zahl von Kassenärzten, also solchen, die im öffentlichen Gesundheitswesen als Vertragsärzte der gesetzlichen Krankenversicherung zugelassen sind, fraglich. Entfällt der freiberufliche Charakter ärztlicher Tätigkeit noch nicht alleine dadurch, daß es einzelne verbeamtete oder angestellte Ärzte gibt – wie oben ausführlich dargestellt, wird der Begriff „Freier Beruf" hier als Typusbegriff verstanden, mit der Folge, daß nicht bei jedem Phänotyp eines Berufs jedes Merkmal vorliegen muß, damit dieser zu den freien Berufen gezählt werden kann – so ist es schon schwieriger, die weit verbreitete und deswegen bei der Ermittlung der Frage, wie sich ärztliche Tätigkeit typischerweise gestaltet, nicht vernachlässigbare Erscheinung des Kassenarztes richtig einzuordnen. Insbesondere die zentralen Merkmale der eigenbestimmten Leistungserbringung (3. Merkmal der Darstellung oben[354]) und der wirtschaftlichen Selbständigkeit (4. Merkmal der obigen Darstellung[355]) liegen bei den Kassenärzten aufgrund ihrer Einbeziehung in ein „subtil organisiertes öffentlich-rechtliches System"[356] nicht sehr stark ausgeprägt vor; verbreitet ist diesbezüglich auch die Bezeichnung des Arztberufs als „staatlich gebundener Beruf"[357]. Häufig hindern die freie Behandlung finanzielle Zwänge, die durch Verschreibungsregeln und fortschreitende Budgetierung durch die Krankenkassen vorgegeben werden.[358] Eine Lösung dieses Subsumtionsdilemmas könnte in der Konstruktion zweier ärztlicher Professionen liegen:[359] der des freiberuflichen Arztes und einer anderen, nicht freiberuflichen Arzttätigkeit. Von einer solchen Zweiteilung scheint zunächst das BVerfG auszugehen: „Es mag ärztliche Tätigkeiten geben, die sich in der Aufgabenstellung und durch ihre rechtliche Ausgestaltung so sehr vom Beruf des frei praktizierenden Arztes unterscheiden, daß man sie als besonderen Beruf ansehen muß, wie etwa die des Amtsarztes."[360] Eine Formulierung des BGH allerdings deutet darauf hin, daß die Entscheidung des BVerfG wohl nicht als Fixierung zweier ärztlicher Berufsbilder gedacht sein dürfte: Die Tätigkeit des niedergelassenen Arztes wird hier als ein typischer Beruf bezeichnet, neben dem sich als „zweite Form der ärztlichen bzw. zahnärztlichen Berufsausübung die des angestellten Arztes"[361] entwickelt habe. Auch die Annahme einer Doppelstellung, gewissermaßen eines „Zwitters" Kassenarzt zwischen freiem und staatlich gebundenen Beruf,[362] überzeugt nicht. Richtigerweise wird vielmehr nicht von mehreren ärztlichen Beru-

354 Vgl. Zweiter Teil, A. VII. 3.

355 Vgl. Zweiter Teil, A. VII. 4.

356 BVerfGE 11, 30, 40.

357 Vgl. *Triepel,* in: FS für Binding, Bd. 2, S. 1 ff., 47 ff.

358 Vgl. *Hufen,* MedR 1996, S. 394, 395; *Laufs,* in: Laufs / Uhlenbruck, Handbuch des Arztrechts, § 3, Rn. 13; *Quaas,* MedR 2001, S. 34, 37.

359 Vgl. *Ratzel / Lippert,* in: Ratzel / Lippert, MBO-Ä, § 1, Rn. 7.

360 BVerfGE 11, 30, 41.

361 BGHZ 124, 224, 227 f.

362 Vgl. etwa *Bürck,* MedR 1989, S. 63.

fen auszugehen sein, sondern lediglich von zwei verschiedenen Arten, ärztlich berufstätig zu sein: Der einheitliche ärztliche Beruf wird aufgespalten in einen „privaten Beruf im engeren Sinne des Art. 12 Abs. 1 GG" und in eine öffentlich-rechtliche Betätigung der Kassenärzte, die zwar nicht öffentlicher Dienst im Sinne des Art. 33 Abs. 5 GG ist,[363] wohl aber ein öffentliches Amt im Sinne des Art. 33 Abs. 2 und 3 GG.[364] Nur ein solches Verständnis der ärztlichen Tätigkeit wird auch dem Wortlaut des § 1 Abs. 2 BÄO gerecht, der lautet: „Der ärztliche Beruf [...]" und mit dieser Formulierung die Einheitlichkeit der ärztlichen Tätigkeit vorgibt.[365]

Wenn auch angestellte oder Kassenärzte gerade die Merkmale wirtschaftlicher Eigenständigkeit und Eigenbestimmtheit der Leistungserbringung nicht in Reinform erfüllen, so ist doch auch bei ihnen eine spezifisch ärztliche Ausprägung dieser Merkmale der Freiberuflichkeit zumindest in einem Kernbestand vorhanden: die Therapiefreiheit. Diese wird zwar außer durch die schon genannte Budgetierung auch durch andere Faktoren, etwa Kontingentierungen oder durch vom Gesundheitssystem faktisch vorgegebene Zwänge zur Spezialisierung beeinträchtigt,[366] ist aber nach wie vor „Kernstück der ärztlichen Profession"[367]. Die Therapiefreiheit umfaßt drei Elemente:[368] die Entscheidung, ob überhaupt eine Behandlung stattfinden soll, die Entscheidung über die anzuwendende Behandlungsmethode und die ärztliche Gewissensfreiheit, die darin besteht, daß kein Arzt zu einer seinem Gewissen widersprechenden Methode oder einer bestimmten Arzneimitteltherapie gezwungen werden darf. Auch für angestellte oder verbeamtete Ärzte gilt der durch die Bundesärzteordnung und das ärztliche Standesrecht allen Ärzten gewährte Freiheitsraum, was sich z. B. auf das Weisungsrecht und die Direktionsbefugnis des Arbeitgebers auswirkt.[369]

---

363 Vgl. BVerfGE 11, 30, 39.

364 Vgl. *Sodan*, Freie Berufe, S. 155; vgl. auch *H.-J. Kraemer*, DVBl. 1958, S. 850, 852; der Begriff des „öffentlichen Amtes" in Art. 33 Abs. 2, 3 GG ist weit zu verstehen und umfaßt auch die Beschäftigung bei nicht-staatlichen juristischen Personen des öffentlichen Rechts – solche sind die Krankenkassen, vgl. § 4 Abs. 1 Sozialgesetzbuch V (SGB V); vgl. *Jachmann*, in: v. Mangoldt / Klein, GG, Art. 33, Rn. 15; *Lübbe-Wolf*, in: Dreier, GG, Art. 33, Rn. 38.

365 Vgl. auch die Gesetzesbegründung, BT-Drs. 3 / 2745, S. 5: „Der Beruf des Arztes wird zu den „freien" Berufen gerechnet, wenn er auch nicht nur freiberuflich ausgeübt wird."

366 Vgl. *Hufen*, MedR 1996, S. 394, 398: „Das GSG [sc. Gesundheitsstrukturgesetz; die von Hufen gewählte Abkürzung „GSG" steht seit einiger Zeit offiziell für das G über technische Arbeitsmittel v. 24. 6. 1968 (BGBl. I, S. 717) i. d. F. d. Bek. v. 23. 10. 1992 (BGBl. I, S. 1793), das zu seinem Kurztitel „Gerätesicherheitsgesetz" die Abkürzung „GSG" erhalten hat, vgl. Art. 1 G zur Änderung des Gerätesicherheitsgesetzes und des Chemikaliengesetzes v. 27. 12. 2000 (BGBl. I, S. 2048), d. Verf.] kreiert im Grunde einen neuen Beruf eines Arztes, der in eigentümlichen Schutzzonen wirtschaftet, aber gleichwohl vom vollen Risiko des freien Arztes betroffen ist, für den die Therapiefreiheit vielfach nur noch auf dem Papier steht, [...]"; vgl. auch *Laufs*, in: FS für Deutsch, S. 625 ff.

367 *Laufs*, in: Laufs / Uhlenbruck, Handbuch des Arztrechts, § 3, Rn. 13.

368 Vgl. *Zuck*, NJW 1991, S. 2933 f.

369 Vgl. *Laufs*, in: FS für Geiger, S. 228, 229; *ders.*, Ärztlicher Heilauftrag, S. 15.

Vor allem der freiberufliche Charakter des ärztlichen Berufs bedingt nach Ansicht einer Vielzahl von Autoren ein berufstypisches Werbeverbot:[370] „Das Verbot berufswidriger Werbung kennzeichnet den freien Beruf. [...] Zurückhaltung und Unaufdringlichkeit kennzeichnen den ärztlichen Dienst; Werbung läßt sich schwerlich damit vereinbaren."[371]

II. Entwicklung der Werbebeschränkungen für Ärzte

Schon seit ältester Zeit wurde Werbung durch Ärzte für standeswidrig gehalten. So betrachtete es bereits Hippokrates als Verfehlung, wenn ein Arzt auch nur öffentliche Vorträge hielt.[372] Früher noch als der Begriff des „freien Berufs", der letztlich erst zu Zeiten des Frühliberalismus entstand,[373] wurde es als Berufspflicht der Ärzteschaft angesehen, auf Werbung zu verzichten. Insbesondere seriös ausgebildete Ärzte achteten im Mittelalter zur Abgrenzung von Kurpfuschern darauf, selbst von Reklame abzusehen. Vereinigungen der „niederen" Heilkundler, wie man Chirurgen, Bader, Barbiere und andere gewerbliche Heilbehandler in Abgrenzung zu den seit Entstehung der medizinischen Fakultäten im 14. und 15. Jahrhundert akademisch ausgebildeten Ärzten genannt hat,[374] verboten ihren Angehörigen in selbstaufgestellten Statuten, den sogenannten Zunftordnungen[375], beispielsweise, zu Werbezwecken auf dem Rasierbecken trommelnd umherzuziehen.[376] Auch die Ausbildungsstätten der „höheren", also akademisch gebildeten Mediziner, die Fakultäten, beschäftigten sich mit dem Problem der Werbung. Wenngleich anzunehmen ist, daß die „höheren" Mediziner wohl eher als die „niederen" Heilpersonen ohnehin freiwillig auf die Vornahme von Werbemaßnahmen verzichteten, allein schon, um sich von jenen abzugrenzen, so suchten die Fakultäten dennoch ausdrücklich zu verbieten, daß mit von ihnen ausgestellten Zeugnissen Werbung getrieben wurde.[377]

---

370 Vgl. z. B. *Doepner,* WRP 1977, S. 318, 319, 322; *Rieger,* Lexikon des Arztrechts, 1984, Rn. 1900.

371 *Laufs,* NJW 1997, S. 3071, 3072.

372 Vgl. *I. Fischer,* Ärztliche Standespflichten, S. 93.

373 Vgl. oben, Zweiter Teil, A. I.

374 Vgl. zur allmählichen Herausbildung einer wissenschaftlich gebildeten Ärzteschaft *Taupitz,* Standesordnungen, S. 226 ff.; vgl. zum Begriff „niederer Heilkünstler" *Taupitz,* Standesordnungen, S. 229.

375 Vgl. zu den Zunftordnungen *Taupitz,* Standesordnungen, S. 213 ff.

376 Vgl. *I. Fischer,* Ärztliche Standespflichten, S. 94 f., der sich auf die Statuten der Barbiere von Cambrai von 1445 bezieht: verboten war es, „de parcourir la ville le bassin à la main, en cloquetant dessus pour attirer les clients."

377 Vgl. *I. Fischer,* Ärztliche Standespflichten, S. 92, der ein Zeugnis der Wiener Fakultät aus dem Jahre 1659 für den „Oculista, Schnidt- und Wundtarzt" Hans Jacob Auenmüller wiedergibt: „Es soll aber mehrgedachter Hanns Jacob Auenmüller diß Vnßer wolgemeintes Testimonium nicht mit vnd auff den Jahr- oder Wochenmärckten öffentlich aufhängen, sondern

In der frühen Neuzeit versuchten Ärzte, das neuaufgekommene Medium Zeitung für Werbezwecke zu nutzen,[378] was allerdings schon bald ausdrücklich verboten wurde.[379]

Zu Beginn des 19. Jahrhunderts bildete sich eine Vielzahl medizinisch-ärztlicher Vereine, die im Einklang mit Gedanken des Liberalismus versuchten, nach und nach in Emanzipation vom Staat die Interessen der Ärzteschaft stärker zu vertreten.[380] Die Partikularstaaten des deutschen Reichs gaben schließlich nach Ende des Deutsch-Französischen Krieges Forderungen nach beruflicher Selbstverwaltung der seit 1872 regelmäßig tagenden Deutschen Ärztetage mit dem Erlaß von Kammergesetzen nach.[381] Zur Vereinheitlichung des ärztlichen Standesrechts kam es jedoch erst nach dem Ersten Weltkrieg, und zwar mit der „Standesordnung für die deutschen Ärzte" von 1925/26, die allerdings noch nicht allgemein rechtsverbindlich war.[382] Im Zuge der Abschaffung der Länder als eigener Rechtssubjekte unter der Nazi-Herrschaft wurde auch das bislang landesrechtlich geregelte ärztliche Standesrecht vereinheitlicht: § 14 der Reichsärzteordnung[383] ermöglichte es der Reichsärztekammer, am 5. November 1937 eine für die gesamte deutsche Ärzteschaft unmittelbar verbindliche[384] „Berufsordnung für die deutschen Ärzte"[385] zu erlassen, deren § 20 (Überschrift: „Werbung und Anpreisung") ein Werbeverbot enthielt und folgendermaßen lautete: „Jede Werbung und Anpreisung ist dem Arzte untersagt. Insbesondere ist es verboten: 1. die Besprechung von Heilmitteln oder Heilverfahren in Veröffentlichungen oder auf anderem Wege, wie in Vorträgen, im Rundfunk oder Film, mit einer Werbung für die eigene Praxis zu verbinden, 2. Krankengeschichten und Operationen in anderen als fachwissenschaftlichen Schriften bekanntzugeben, 3. unentgeltliche oder briefliche Behandlung anzukündigen, private Polikliniken oder andere unentgeltliche Sprechstunden anzukündigen." Die §§ 35 bis 38 der Berufsordnung von 1937 enthalten Regelungen über Anzeigen, Praxisschilder und Briefbögen.

---

solches bey sich behalten, vnd allein auff bedorffendten Fall bey der Obrigkeit vnd anderen wo eß die Nothdurfft erfordert fürweisen vnd gebrauchen."

378 *I. Fischer,* Ärztliche Standespflichten, S. 95.

379 *Baas,* Entwicklung des ärztlichen Standes, S. 354: „Auch Annoncen in Zeitungen dienten so sehr schon der ärztlichen Reclame, dass bereits im Jahre 1720 der Censor in Nürnberg verbot, Mittel in den Zeitungen anzupreisen, was vereinzelt und ohne Nachahmung blieb bis heute; [...]." Vgl. zur Umgehung eines Werbeverbots in Zeitungen *I. Fischer,* Ärztliche Standespflichten, S. 96.

380 Vgl. *Taupitz,* Standesordnungen, S. 248 f.

381 Vgl. *Ring,* Werberecht der Ärzte, Rn. 48.

382 Vgl. *Spann,* Ärztliche Rechts- und Standeskunde, S. 217.

383 Reichsärzteordnung (RÄO) v. 13. 12. 1935 (RGBl. 1935 I, S. 1433); vgl. hierzu, teilweise den Ungeist der Zeit atmend, *Volkmann,* DÄBl. 1937, S. 377 ff.

384 Vgl. BVerfGE 33, 125, 129.

385 Berufsordnung für die deutschen Ärzte v. 5. 11. 1937 (DÄBl. 1937, S. 1031).

Die Zeit unmittelbar nach dem Zweiten Weltkrieg war von einem Rechtsdualismus geprägt: Bis die sich neu konstituierenden Landesärztekammern auf der Grundlage der vom 53. Deutschen Ärztetag 1950 beschlossenen „Berufs- und Facharztordnung für die deutschen Ärzte" verbindliches Kammerrecht schufen, galten Teile der Reichsärzteordnung und die Berufsordnung von 1937 mehrere Jahre als Landesrecht fort.[386]

III. Die Vorschriften der Berufsordnung für die Ärzte Bayerns (BayBOÄ)

Art. 20 BayHKaG ermächtigt die Bayerische Landesärztekammer zum Erlaß einer Berufssatzung, die gem. Art. 19 Nr. 7 BayHKaG Vorschriften über „das Ausmaß des Verbots oder der Beschränkung der Werbung" enthalten kann. Die neueste Fassung der Berufsordnung, die am 1. Januar 2001 in Kraft getreten ist, lehnt sich eng an die von der Bundesärztekammer neu verabschiedete MBO-Ä an.[387] Die Berufsordnung für die Ärzte Bayerns (BayBOÄ) regelt in §§ 27, 28 und im Kapitel D, das mit „Ergänzende Bestimmungen zu einzelnen ärztlichen Berufspflichten" überschrieben ist, unter Abschnitt I („Regeln der beruflichen Kommunikation, insbesondere zulässiger Inhalt und Umfang sachlicher Informationen über die berufliche Tätigkeit") Nr. 1 bis 5 die Thematik „Werbung". Der sich durch diese Gliederung ergebende Eindruck, die in Kapitel D aufgeführten Pflichten seien solche geringerer Verbindlichkeit, ist falsch; ausdrücklich verweist § 27 Abs. 1 Satz 2 BayBOÄ auf diese Normen, woraus deren Vollwertigkeit ersichtlich wird. Gesetzestechnisch ist die Regelung aufgrund der aus dieser Verweisungsmethode folgenden Unübersichtlichkeit fragwürdig, wenn nicht gar mißlungen.

Inhaltlich fällt an der BayBOÄ negativ auf, daß die Berufsordnung sich einer bezüglich des Umfangs des Werbeverbots mißverständlichen Begrifflichkeit bedient. Der Erörterung der Systematik der Werberegelungen der BayBOÄ [vgl. 2.] und der Darstellung der einzelnen Vorschriften [vgl. 3. ff.] sollen daher einige begriffliche Erläuterungen vorangestellt werden [vgl. 1.].

1. Der Begriff der Werbung in der BayBOÄ

§ 27 Abs. 1 BayBOÄ bestimmt in Satz 1: „Dem Arzt sind sachliche Informationen über seine Berufstätigkeit gestattet." Satz 3 der Norm lautet: „Berufswidrige Werbung ist dem Arzt untersagt." Nach der hier zugrundegelegten Definition[388]

---

386 Vgl. BVerfGE 4, 74; 6, 246, 254; *Taupitz*, Standesordnungen, S. 296 f. m. w. N.

387 Für Fundstellen vgl. Abkürzungs- und Gesetzesverzeichnis.

388 „Werbung ist jede Maßnahme, die darauf angelegt und objektiv geeignet ist, andere dazu zu bewegen, die Leistung desjenigen, für den die Maßnahme vorgenommen wird, in Anspruch zu nehmen.", vgl. oben, Zweiter Teil, D.

fallen unter den Begriff „Werbung“ auch sachliche Informationen, die dem Arzt nach Maßgabe des § 27 Abs. 1 Satz 1 und ergänzend Kap. D I Nr. 1 bis 5 BayBOÄ erlaubt sind. Nur mittelbar läßt sich aus § 27 Abs. 1 BayBOÄ entnehmen, daß solche Informationen Werbung sind, die jedoch nicht berufswidrig ist, daß also ein absolutes Werbeverbot, wie es die Überschrift der Norm („Erlaubte sachliche Information über die berufliche Tätigkeit – berufswidrige Werbung“) suggeriert, nicht mehr besteht. Es ist bedauerlich, daß der Satzunggeber diese Tatsache nicht deutlicher hervorgehoben hat, zumal das BVerfG schon im Jahr 1985 entschieden hat, daß § 21 Abs. 1 der BayBOÄ alter Fassung, der ein absolutes Werbeverbot enthielt, so ausgelegt werden müsse, daß er nur die berufswidrige Werbung verbiete.[389] Mit der Änderung der MBO-Ä durch den 103. Deutschen Ärztetag 2000 in Köln[390] und der sich daran orientierenden Neufassung der Berufsordnung für die Ärzte Bayerns durch den 53. Bayerischen Ärztetag 2000 hat jedoch immerhin ein gewisser terminologischer Fortschritt in § 27 BayBOÄ stattgefunden. § 27 Abs. 1 BayBOÄ in der Fassung vom 12. Oktober 1997 enthielt nämlich einerseits ein Verbot jeglicher Werbung, erlaubte aber sachliche Informationen. Der sich hieraus ergebende begriffliche Widerspruch hatte allein durch eine strenge Abgrenzung der Werbung von Information gelöst werden können. So wurde z. B. zwischen „zulässiger Information (Werbung) einerseits und unzulässiger Reklame andererseits“[391] unterschieden. Ein solche Unterscheidung ist jedoch realitätsfern, da beide Bereiche häufig ineinander übergehen.[392] So enthält z. B. auch Reklame informative Elemente, reine Information andererseits kann einen starken Werbeeffekt besitzen. Im Grundsatz ist die aktuelle Berufsordnung für die Ärzte Bayerns also so zu verstehen, daß nicht berufswidrige (berufskonforme) Werbung durch Ärzte möglich ist, für die in § 27 Abs. 1 Satz 2 genannten Informationsmedien jedoch nur nach Maßgabe des Kapitels D I Nr. 2 bis 5 BayBOÄ.

2. Die Systematik der Werberegelungen in der BayBOÄ

§ 27 Abs. 1 BayBOÄ behandelt die unmittelbare Werbung des Arztes für seine Tätigkeit. Die unmittelbare Werbung des Arztes für Arzneimittel wird durch § 34 Abs. 3 BayBOÄ verboten, im übrigen gelten auch für Ärzte die Vorschriften des HWG. § 27 Abs. 2 regelt Fallgruppen der mittelbaren Werbung, also derjenigen Werbung, die andere zugunsten des Arztes vornehmen. § 27 Abs. 2 Satz 1 untersagt es dem Arzt, eine Werbung, die ihm selbst verboten wäre, durch andere weder zu veranlassen noch zu dulden. Die Alternative „veranlassen“ grenzt die mittelbare von der unmittelbaren Werbung ab. Um im Sinne des § 27 Abs. 1 BayBOÄ unmittelbare Werbung zu betreiben, muß der Arzt tatsächlich in persona handeln; eine

---

389 Vgl. BVerfGE 71, 162, 174.

390 Vgl. DÄBl. 97 (2000), S. A-2730.

391 Vgl. *Ratzel*, in: Ratzel / Lippert, MBO-Ä, §§ 27 / 28, Rn. 3.

392 Ähnlich *K. Schulte*, Werbeverbot für Ärzte, S. 35.

durch ihn veranlaßte, seitens eines Dritten durchgeführte und daher dem Arzt selbst zurechenbare Werbemaßnahme genügt hierfür nicht, fällt vielmehr unter § 27 Abs. 2 Satz 1 BayBOÄ. Ein Sonderfall der mittelbaren Werbung ist die anpreisende Herausstellung von Ärzten durch Sanatorien, Kliniken oder andere Institutionen. Auch diese Art mittelbarer Werbung darf der Arzt nicht tolerieren, wenn sie bei Vornahme durch ihn selbst berufswidrig wäre (vgl. § 27 Abs. 2 Satz 2 BayBOÄ).

§ 27 Abs. 2 Satz 3 BayBOÄ bestimmt, der Arzt dürfe nicht dulden, „daß Berichte oder Bildberichte veröffentlicht werden, die seine ärztliche Tätigkeit oder seine Person berufswidrig werbend herausstellen." Satz 3 stellt sich somit als weitere Spezialregelung der mittelbaren Werbung dar. Der Gehalt der Norm überschneidet sich teilweise mit dem des § 28 BayBOÄ, der dem Arzt Veröffentlichungen (Satz 1) und Vorträge (Satz 2) medizinischen Inhalts gestattet, „soweit die Person sowie das Handeln des Arztes nicht berufswidrig werbend herausgestellt werden." § 28 BayBOÄ hat in Abgrenzung zu § 27 Abs. 2 Satz 2 BayBOÄ jedoch den Arzt als Urheber einer Veröffentlichung im Blickfeld, weniger als den Gegenstand eines Berichts, betrifft also Fälle, die zugleich unter § 27 Abs. 1 BayBOÄ fallen; § 28 BayBOÄ ist gegenüber dem § 27 Abs. 1 BayBOÄ spezieller.

Kapitel D I enthält ergänzende Vorschriften zur beruflichen Kommunikation, insbesondere über den zulässigen „Inhalt und Umfang sachlicher Informationen über die berufliche Tätigkeit".

3. § 27 Abs. 1 BayBOÄ: erlaubte sachliche Information – berufswidrige Werbung

§ 27 Abs. 1 Satz 1 BayBOÄ gestattet dem Arzt sachliche Informationen über seine Berufstätigkeit. Satz 2 schränkt diese Erlaubnis für Praxisschilder, Anzeigen, Verzeichnisse, Patienteninformationen in Praxisräumen, öffentlich abrufbare Arztinformationen in Computerkommunikationsnetzen und Ankündigungen auf Briefbögen, Rezeptvordrucken, Stempeln sowie im sonstigen beruflichen Schriftverkehr insofern ein, als er für diese Informationsträger auf die Vorschriften in Kapitel D I Nr. 2 bis 5 BayBOÄ verweist. § 27 Abs. 1 Satz 3 BayBOÄ untersagt dem Arzt berufswidrige Werbung, Satz 4 bestimmt als solche insbesondere anpreisende, irreführende oder vergleichende Werbung. Wie oben geklärt,[393] muß es neben berufswidriger auch berufskonforme Werbung geben. Dies folgt auch daraus, daß das BVerfG ein Verbot jeglicher Werbung indirekt als unverhältnismäßig beurteilt hat.[394] Wie die Rechtsprechung die Abgrenzung zwischen berufswidriger und erlaubter Werbung vorgenommen hat, sei im folgenden anhand einiger Beispiele dargestellt. Dabei ist zu beachten, daß die Verwendung einer Anzahl von Werbeträ-

---

393 Vgl. 1.

394 Vgl. BVerfGE 71, 162, 174.

gern nicht allein an Hand von § 27 Abs. 1 BayBOÄ beurteilt wird, sondern auch an Hand der Vorschriften des Kapitels D I Nr. 2 bis 5 BayBOÄ, die gem. § 27 Abs. 1 Satz 2 BayBOÄ der Konkretisierung dienen. Zunächst werden Beispiele behandelt, die nur an § 27 Abs. 1 BayBOÄ meßbar sind; Fälle von Werbung, die auch unter Kap. D I BayBOÄ fallen, werden unten dargestellt.[395]

a) Rundschreiben

Rundschreiben fallen nicht unter „Ankündigungen im sonstigen beruflichen Schriftverkehr“ und damit nicht unter Kap. D I, da der Begriff „Schriftverkehr“ semantisch auf eine wechselseitige Beziehung zwischen Sender und Empfänger eines Schreibens hindeutet, Rundschreiben aber auch an solche Personen gesandt werden können, zu denen bisher noch kein geschäftlicher, auf Wechselseitigkeit beruhender Kontakt besteht. Ob das Anschreiben von bisher noch nicht vom betreffenden Arzt behandelten Personen berufsrechtlich zulässig ist, wurde höchstrichterlich noch nicht entschieden. Das LBG Stuttgart hat die Versendung einer „Patienteninformation“ eines Augenarztes, der sachlich über eine neue Behandlungsmethode berichtete, jedoch für zulässig gehalten;[396] das Schreiben wurde allerdings nur an gegenwärtige und ehemalige Patienten versandt.[397] Die Ankündigung einer Praxiseröffnung mittels einer Postwurfsendung hingegen wurde als unzulässig bewertet.[398] Der Inhalt dieses Schreibens – die Bekanntgabe einer Praxiseröffnung – könnte aber auch unter Kap. D I Nr. 3 (Anzeige einer Praxiseröffnung) subsumiert werden. Vertritt man diese Ansicht, wäre die Postwurfsendung unzulässig, weil Anzeigen „über die Niederlassung“ (dieser Begriff meint die Eröffnung einer Praxis) nur in Zeitungen erfolgen dürfen. Rundschreiben an Kollegen sind unter den Voraussetzungen der Sonderregelung des Kap. D I Nr. 1 BayBOÄ statthaft.[399]

b) Fernsehwerbung

Die Fernsehwerbung eines Arztes wurde vom OLG München als Verstoß gegen §§ 1, 3 UWG beurteilt, allerdings wegen unzutreffender Aussagen des Arztes.[400] Leider enthält die Entscheidung keine Ausführungen dazu, ob Fernsehwerbung

---

395 Vgl. unten, 6.

396 LBG für Ärzte Bad.-Württ., MedR 1996, S. 387.

397 Anders bewertete das Hans. OLG Hamburg, ArztR 2000, S. 49, ein Rundschreiben an bisherige Patienten.

398 Bezirksberufsgericht für Ärzte Freiburg, Urt. v. 12. 11. 1980 – 5/80 –, *Luyken*, Entscheidungssammlung, A. 2.13 Nr. 2.12.

399 Vgl. unten, 6. a).

400 OLG München, ArztR 1996, S. 107 f.

durch Ärzte generell als unzulässig anzusehen ist, etwa aus dem Grund, weil sie hauptsächlich von der gewerblichen Wirtschaft genutzt wird.

c) Empfänge, Vernissagen und ähnliche Veranstaltungen

Als unzulässig wurde das Angebot eines „Tags der offenen Tür“ angesehen.[401] Auch die Einladung zur Feier der Eröffnung einer Kunstausstellung in den Praxisräumen wurde als berufswidrige Werbung beurteilt.[402] Offensichtlich differenziert die Rechtsprechung aber nach dem Kreis der Gäste. So sah sie es als nicht berufsrechtswidrig an, eine Kunstausstellung während der üblichen Öffnungszeiten der Praxis nur für Patienten durchzuführen.[403] Ähnlich wurde eine Niederlassungsfeier mit fest umrissenem Personenkreis beurteilt: „Es ist aus standesrechtlicher Sicht eine unbedenkliche Selbstverständlichkeit, daß die Niederlassung in eigener Praxis durch eine Praxiseröffnungsfeier festlich begangen wird.“[404]

d) Veröffentlichungen in Büchern

Buchveröffentlichungen fallen unter die Regelung des § 28 Satz 1 BayBOÄ, soweit sie „Veröffentlichungen medizinischen Inhalts“ sind. Elemente von Büchern, die persönliche Eigenschaften des publizierenden Arztes sowie dessen Biographie betreffen, werden hingegen primär von § 27 Abs. 1 BayBOÄ erfaßt. Eine Aufspaltung einzelner Publikationen in Abschnitte, die unter § 27 Abs. 1 und solche, die unter § 28 Satz 1 BayBOÄ fallen, ist jedoch kaum möglich. Die Problematik von Buchveröffentlichungen soll daher zusammenhängend bei § 28 BayBOÄ behandelt werden.[405]

4. § 27 Abs. 2 BayBOÄ: Werbung durch Dritte

a) Überblick

§ 27 Abs. 2 BayBOÄ enthält ein umfassendes Verbot mittelbarer Arztwerbung. Die Norm erfaßt zwei der drei Fallgruppen[406] dieser Art von Werbung: zum einen

---

401 Vgl. Bezirksberufsgericht für Ärzte Freiburg, Urt. v. 25. 8. 1982 – 6 / 82 –, *Luyken*, Entscheidungssammlung, A 2.13 Nr. 2.23.

402 Vgl. BG für die Heilberufe beim OLG München, Urt. v. 27. 1. 1982 – BG – Ä 8 / 81 –, *Luyken*, Entscheidungssammlung, A. 2.13 Nr. 20.

403 Vgl. BG für Heilberufe beim VG Frankfurt, Urt. v. 10. 7. 1979 – BG 3 / 77 –, *Luyken*, Entscheidungssammlung, A. 2.13 Nr. 15.

404 Vgl. BG für Heilberufe beim VG Münster, Beschl. v. 17. 10. 1979 – T – 5 / 79 –, *Luyken*, Entscheidungssammlung, A. 2.13 Nr. 16, 2. Leitsatz.

405 Vgl. unten, 5.

(1) Werbung für den Arzt in den Medien, die entweder (a) – soweit sie durch Berichte oder Bildberichte erfolgt – unter § 27 Abs. 2 Satz 3 BayBOÄ fällt – hiernach darf solche Werbung nicht geduldet werden –, oder, wenn sie anderweitig vorgenommen wird, (b) unter die allgemeine Norm des § 27 Abs. 2 Satz 1 BayBOÄ subsumierbar ist – hiernach darf solche Werbung nicht veranlaßt und nicht geduldet werden; zum anderen

(2) den Fall der Sanatoriumswerbung, also die Werbung eines Sanatoriums oder einer sonstigen Institution – in welcher Rechtsform auch immer sie organisiert ist – für die bei ihr beschäftigten Ärzte. Gem. § 27 Abs. 2 Satz 2 BayBOÄ gilt das Veranlassungs- und Duldungsverbot jedoch für Sanatoriumswerbung nur, wenn diese eine „anpreisende Herausstellung" enthält.

Eine dritte Fallgruppe mittelbarer Werbung für Ärzte, die Aufnahme des Arztes und seiner Praxis in Verzeichnisse, die öffentlich zugänglich sind, hat in Kapitel D I Nr. 4 BayBOÄ eine spezielle Regelung erfahren.

Die Tatsache, daß ein Arzt über einen Empfang anläßlich seiner Niederlassung in der Zeitung berichten ließ, beurteilte die Rechtsprechung als berufswidrige Werbemaßnahme.[407] Diese Fallkonstellation fiele unter § 27 Abs. 2 Satz 1 BayBOÄ (Veranlassung berufswidriger Werbung).

b) Sonderfall: Sanatoriumswerbung

Eine besondere Fallgruppe stellt die Werbung von Sanatorien für Ärzte dar, die bei ihnen angestellt oder sonst tätig sind. Werbung ohne Nennung des Arztnamens ist hierbei berufsrechtlich nicht relevant.[408] Der Betrieb eines Sanatoriums ist gewerblicher Natur, die Ausübung des Arztberufs hingegen nicht.[409] Aufgrund dieser Doppelnatur des Sanatoriumsbetriebs bestehen für die ärztliche Berufsausübung in diesem Fall gegenüber der Tätigkeit von Ärzten z. B. in öffentlichen Kliniken gewisse Besonderheiten. Als Anknüpfungspunkt zur Vermeidung von rechtspolitisch unerwünschter Werbung bietet sich das Handeln zweier Personen an: einerseits die Veranlassung oder Duldung einer Werbung durch den angestellten oder sonstwie beschäftigten Arzt [vgl. unten, aa)]; andererseits das Handeln des Sanatoriumsbetreibers, gleich, ob er Arzt ist oder nicht, wobei sich in letzterer Situation Schwierigkeiten dabei ergeben, den Betreiber mit Mitteln des Berufsrechts zu erreichen [vgl. unten, bb)].

---

406 Vgl. *Ring*, Werberecht der Ärzte, Rn. 459.

407 Vgl. LBG für Heilberufe beim OVG Rh.-Pf., NJW 1990, S. 1555.

408 Vgl. BVerfGE 71, 183, 194.

409 Vgl. zu dieser Diskrepanz im einzelnen *Ring*, Werberecht der Ärzte, Rn. 462.

aa) Erste Anknüpfungsmöglichkeit: die Veranlassung oder Duldung berufswidriger Werbung durch den Arzt, mit dessen Namen geworben wird

Die Vorschrift des § 27 Abs. 2 Satz 2 BayBOÄ bestimmt, daß eine berufswidrige Werbung für Ärzte durch andere auch dann nicht veranlaßt oder geduldet werden darf, wenn sie eine „anpreisende Herausstellung [...] in Ankündigungen von Sanatorien, Kliniken, Institutionen oder anderen Unternehmen“[410] darstellt. Bei derartigen Einrichtungen beschäftigte Ärzte müssen eine solche anpreisende Herausstellung verhindern. § 27 Abs. 2 Satz 2 BayBOÄ gestattet Werbung für Sanatoriumsärzte in größerem Umfang als die mittelbare Werbung für sonstige Ärzte. Allen Nicht-Sanatoriums-Ärzten ist die Veranlassung und Duldung berufswidriger Werbung untersagt (wenn man alle anderen Werbemaßnahmen als die durch § 27 Abs. 2 Satz 1 BayBOÄ zugelassene sachliche Information als berufswidrig bezeichnet). Sanatoriumsärzte jedoch dürfen lediglich „anpreisende Herausstellungen“ nicht veranlassen und dulden.[411] Diese Besonderheit wird damit gerechtfertigt, daß Kliniken und Sanatorien häufig mit großem finanziellen Aufwand betrieben werden und daher zur Sicherung ihrer Existenz ganz besonders auf Werbemaßnahmen angewiesen sind;[412] als Kriterium, welchen Institutionen die erweiterten Möglichkeiten der Sanatoriumswerbung zugute kommen, fordert die Rechtsprechung, daß in der Einrichtung „(zumindest auch) stationäre Behandlungen durchgeführt werden“[413]. Die Privilegierung von Kliniken im Hinblick auf Werbemöglichkeiten gegenüber niedergelassenen Ärzten gilt auch für Werbung für ambulante ärztliche Leistungen der jeweiligen Einrichtung.[414] Andererseits bestehen für die Werbung von Ärzten für belegärztliche Tätigkeiten nur deswegen, weil diese Verrichtungen örtlich in einem Krankenhaus stattfinden, keine Erleichterungen.[415]

Dem Umstand erhöhten betriebswirtschaftlichen Aufwands wurde auch schon durch die Vorgängervorschrift des § 27 Abs. 2 Satz 1 BayBOÄ, den § 19 Abs. 2 Sätze 1 und 2 BayBOÄ i. d. F. v. 1970[416], Rechnung getragen. Hiernach war die Angabe eines Hauptindikationsgebiets und die Nennung des ärztlichen Inhabers bzw. des leitenden Arztes gestattet. Das BVerfG beurteilte diese Regelung jedoch

---

410 Vgl. zur Werbung eines „Notfalldienstes für Privatpatienten“ BGH, ArztR 2000, S. 49; vgl. zur Werbung eines Unternehmens, das einen „Ärztlichen Hotelservice“ betreibt, BGH, ArztR 2000, S. 50.

411 Vgl. *Ratzel*, in: Ratzel / Lippert, MBO-Ä, §§ 27 / 28, Rn. 10.

412 Vgl. z. B. *Ring*, Werberecht der Ärzte, Rn. 504.

413 BGH, MedR 1995, S. 113, 114; vgl. *Rieger*, MedR 1995, S. 114, 115.

414 Vgl. BVerfG, NJW 2000, S. 2734, 2735 = MedR 2000, S. 523, 524 m. Anm. *Rieger*, S. 525 f.

415 Vgl. BGH, NJW 2000, S. 1789 = MedR 2000, S. 533 m. Anm. *Lehment*, S. 536 f.

416 Berufsordnung für die Ärzte Bayerns v. 4. 10. 1970 (BayÄBl. 1970, S. 989); vgl. auch die insoweit kaum veränderte Fassung v. 9. 10. 1977 (BayÄBl. 1977, Sondernummer Dezember 1977).

als zu restriktiv.[417] Unter Berücksichtigung der Tatsache, daß es Ärzten erlaubt sei, Sanatorien zu betreiben, sei die Regelung unverhältnismäßig; außerdem müsse der hohe Kostenaufwand für den Sanatorienbetrieb beachtet werden.[418] Die gegenwärtige Regelung versucht, durch die Erweiterung der Werbemöglichkeiten für Sanatorien den Vorgaben des BVerfG gerecht zu werden; § 27 Abs. 2 Satz 2 BayBOÄ enthält keine Beschränkung der Zahl der angebbaren Indikationsgebiete mehr.

bb) Zweite Anknüpfungsmöglichkeit: das Handeln des Sanatoriumsbetreibers selbst

Gesetz- bzw. satzungsgeberisch problematischer als die Anknüpfung an ein Veranlassen oder Dulden von Werbung des beim Sanatorium beschäftigten Arztes stellt sich die Anknüpfung an das Handeln des Sanatoriumsbetreibers selbst dar, wenn er Werbung in Form von anpreisenden Herausstellungen der bei ihm angestellten Mediziner betreibt. Verhältnismäßig unkompliziert ist es, wenn der Sanatoriumsbetreiber selbst Arzt ist: Er unterliegt dann als Mitglied eines ärztlichen Kreisverbandes in vollem Umfang der Berufsordnung (vgl. Art. 4 Abs. 1, Art. 10 Abs. 1 BayHKaG). Hinsichtlich der ärztlichen Tätigkeit – der eigenen wie auch derjenigen angestellter Ärzte – in dem von ihm betriebenen Sanatorium hat er folglich dieselben Rechte und Pflichten wie jeder andere Arzt, unterliegt insbesondere denselben Werberestriktionen.[419] Einschlägig ist insofern § 27 Abs. 1 BayBOÄ. Lediglich für die rein gewerblichen Dienstleistungen der Einrichtung, etwa Verpflegung und Beherbergung, gelten die berufsrechtlichen Werbebeschränkungen nicht.

Schwierig stellt sich die Situation dar, wenn der Sanatoriumsbetreiber kein Arzt ist und aus diesem Grund nicht der Berufsordnung unterliegt. In diesem Fall stellt sich die Frage, ob und gegebenenfalls warum die Regelungen des Standesrechts vom Sanatoriumsbetreiber, der eine natürliche oder juristische Person, etwa eine GmbH sein kann, zu beachten sind. Die Berufsordnungen der Ärztekammern sind nur für diejenigen direkt verbindlich, die der Regelungsgewalt der jeweiligen Kammer unterworfen sind. Auf dritte Personen kann die Geltung dieses Rechts mittels gesetzlicher Anordnung erstreckt werden; eine solche Anordnung existiert im vorliegenden Zusammenhang indes nicht. Damit entfalten die ärztlichen Berufsordnungen für nichtärztliche Sanatoriumsbetreiber keine unmittelbare Bindung.[420] Dem steht nicht entgegen, daß einzelne Regelungen in den Berufsordnungen rein tatsächliche Wirkungen gegenüber Dritten zeitigen können:[421] Hierbei handelt es sich um bloße Rechtsreflexe.

---

417 Vgl. BVerfGE 71, 183.

418 Vgl. BVerfGE 71, 183, 195, 199.

419 Vgl. *Ring,* Werberecht der Ärzte, Rn. 509.

420 Vgl. z. B. *Taupitz,* in: FS für Geiß, 503, 504; vgl. ferner BGHZ 124, 224 = MedR 1994, S. 152 m. Anm. *Taupitz,* S. 154.

421 Vgl. auch *Bonvie,* MedR 1994, S. 308, 312.

Nichtärztliche Sanatoriumsbetreiber sind jedoch in mehrfacher Hinsicht an die berufs- und standesrechtlichen Werberestriktionen mittelbar gebunden. Wettbewerbsrechtlich kann ein nichtärztlicher Sanatorieninhaber als Störer angesehen werden, wenn sich die von ihm betriebene Werbung als Umgehung des ärztlichen Werbeverbots darstellt (Gedanke der Rechtsumgehung).[422] Zum wettbewerbsrechtlichen Störer kann ein nichtärztlicher Sanatorienbetreiber auch unter dem Aspekt der Mitwirkung an der Herbeiführung eines rechtswidrigen Erfolges werden, wenn er durch sein Werbeverhalten die bei ihm angestellten Ärzte zu einer nicht gestatteten Duldung berufswidriger Werbung veranlaßt.[423] Eine mittelbare Bindung juristischer Personen an ärztliche Werbebeschränkungen besteht schließlich auch aus innerbetrieblichen Treuepflichten heraus.[424] Es ist einer juristischen Person nämlich verwehrt, die bei ihr beschäftigten Ärzte daran zu hindern, ihren Berufspflichten – auch denjenigen, die die Werbung betreffen – nachzukommen;[425] deswegen sind z. B. Weisungen, die die einzelnen Ärzte zwingen könnten, gegen Werbevorschriften des Standesrechts zu verstoßen, unzulässig.

5. § 28 BayBOÄ: öffentliches Wirken und Medientätigkeit

§ 28 Satz 1 BayBOÄ gestattet dem Arzt Veröffentlichungen medizinischen Inhalts oder die Mitwirkung an aufklärenden Veröffentlichungen in den Medien, also in Presse, Hörfunk und Fernsehen, soweit die Veröffentlichung und die Mitwirkung des Arztes auf sachliche Information begrenzt und die Person sowie das Handeln des Arztes nicht berufswidrig werbend herausgestellt werden. Gem. § 28 Satz 2 BayBOÄ gilt dasselbe auch für öffentliche Vorträge medizinischen Inhalts. Die Vorschrift des § 28 BayBOÄ betrifft also einerseits direkte, das heißt vom Arzt selbst vorgenommene Werbung, die z. B. dann vorliegt, wenn der Arzt eigenständig einen Artikel über sein ärztliches Wirken verfaßt und dessen wortgetreuen Abdruck in einer Zeitschrift veranlaßt; sie regelt andererseits aber auch die Mitwirkung an „aufklärenden Veröffentlichungen", wobei neben Veröffentlichungen, die mehrere Ärzte in Co-Autorenschaft vornehmen, etwa an den Bericht einer Forschergruppe über eine von ihr entdeckte Behandlungsmethode einer bestimmten Krankheit, oder auch an Zeitungsartikel über die Tätigkeit des Arztes zu denken ist, die nicht direkt von ihm stammen, an deren Entstehung er aber z. B. durch Bereitstellung von Bildmaterial oder Beantwortung von Fragen, v. a. im Rahmen eines Interviews, beteiligt war.[426] Mithin werden durch § 28 Satz 1 BayBOÄ auch Fälle mittelbarer Werbung geregelt. Ob § 28 Satz 1 BayBOÄ wissenschaftliche

---

422 Vgl. OLG Köln, NJW 1994, S. 3017, 3019; *Piper*, in: FS für Brandner, S. 449, 465; vgl. auch *Taupitz*, NJW 1996, S. 3033, 3038.

423 Vgl. BGH, MedR 1999, S. 370, 372; *Taupitz*, in: FS für Geiß, S. 503, 508.

424 Vgl. *Taupitz*, in: FS für Geiß, S. 503, 506 f.

425 Vgl. BGHZ 70, 158, 167.

426 Vgl. z. B. Hans. OLG Hamburg, WRP 1979, S. 312.

Beiträge in Fachzeitschriften mitumfaßt oder nicht,[427] ist meist unerheblich, da sich entsprechende Artikel oft ohnehin durch Sachlichkeit auszeichnen und deswegen – wenn sie im Einzelfall Werbung darstellen – zumindest nach § 27 Abs. 1 BayBOÄ zulässig sind. Konkretisiert wird die Regelung des § 28 BayBOÄ durch die „Richtlinien für die publizistische Tätigkeit von Ärzten" [vgl. a)], aber auch durch Vorgaben der Rechtsprechung [vgl. b)].

a) Die Richtlinien für die publizistische Tätigkeit von Ärzten[428]

Die vom Vorstand der Bundesärztekammer beschlossenen „Richtlinien für die publizistische Tätigkeit von Ärzten" besitzen keine Rechtsnormqualität.[429] Sie können jedoch als ein Indiz für das Bestehen einer Berufsauffassung angesehen werden, das die Rechtsprechung bei der Auslegung von § 28 BayBOÄ heranziehen kann. Darin besteht ihre Bedeutung, und auf diese Weise erlangen sie zumindest mittelbar eine gewisse Beachtlichkeit für den jeweiligen Arzt. Nur so ist die in den Richtlinien festgelegte Anordnung „[...] sind folgende Punkte [...] zu beachten: [...]" zu verstehen. Nr. 1 bis 5 der Richtlinien bestimmen inhaltlich im wesentlichen das gleiche wie die §§ 27, 28 BayBOÄ. Nr. 6 der Richtlinien verlangt vom Arzt, er solle sich vor Veröffentlichungen, und zwar auch bei Funk- und Fernsehsendungen, das Recht vorbehalten, „Einsicht zu nehmen und Korrekturen anzubringen. Die endgültige Form der Veröffentlichung ist nach Möglichkeit zu überprüfen."[430] Die Tatsache, daß die Rechtsprechung teilweise eine Pflicht des Arztes, sich unter gewissen Voraussetzungen ein Einsichtsrecht in das Manuskript eines Artikels vorzubehalten, bejaht hat,[431] kann als Indiz dafür angesehen werden, daß sie sich bei der Konkretisierung der ärztlichen Berufspflichten auch auf die Richtlinien stützt. Nr. 7 der Richtlinien schließlich betrifft Live-Sendungen und Magnetaufzeichnungen.

b) Konkretisierung des § 28 BayBOÄ durch Vorgaben der Rechtsprechung

In der Literatur werden gegen die Mitwirkung von Ärzten als Ratgeber in Zeitschriften aus berufsrechtlicher Sicht keine Einwände erhoben.[432] Auch die Mitwir-

---

427 Dagegen z. B. *Ring*, Werberecht der Ärzte, Rn. 539.

428 DÄBl. 76 (1979), S. 112 f.

429 Vgl. oben, A. IV. 5.

430 Vgl. zu den Anforderungen, die das BVerfG an Ärzte bei einer Zusammenarbeit mit der Presse stellt, unten, Vierter Teil, F. IV. 2. a) bb).

431 Vgl. z. B. BGH, MedR 1987, S. 185.

432 Vgl. *Ring*, Werberecht der Ärzte, Rn. 559; a. A. im Hinblick auf die Zulässigkeit der Beantwortung von Leseranfragen durch Ärzte jedoch *Rieger*, Lexikon des Arztrechts, 1984, Rn. 1914.

kung an anderen Beiträgen in Zeitschriften wird dann, wenn die Vorgaben der jeweiligen ärztlichen Berufsordnung und der Richtlinien für die publizistische Tätigkeit von Ärzten berücksichtigt werden, für zulässig gehalten.[433] Die Rechtsprechung hat jedoch in einer Entscheidung zu den § 21 Abs. 2, § 22 BerlinerBOÄ[434], die den § 27 Abs. 2 Satz 3, § 28 BayBOÄ entsprechen, entschieden, ein Arzt habe gegen beide Vorschriften damit verstoßen, daß er sich in Berufskleidung innerhalb eines redaktionellen Ratgeber-Artikels in einer Illustrierten hätte abbilden lassen.[435] Dies und auch die im Artikel abgedruckten Angaben über Schwerpunkte seiner ärztlichen Tätigkeit seien objektiv zur Information der Leserschaft nicht nötig gewesen.

6. Die ergänzenden Bestimmungen des Kap. D I BayBOÄ

Kapitel D I BayBOÄ enthält ergänzende Bestimmungen zu den §§ 27, 28 BayBOÄ, und zwar „Regeln der beruflichen Kommunikation", insbesondere über den zulässigen Inhalt „und Umfang sachlicher Informationen über die berufliche Tätigkeit", wie es in der Überschrift heißt. Der Katalog der durch Kap. D I BayBOÄ geregelten ärztlichen Informations- oder, terminologisch richtiger, Werbemaßnahmen ist nicht als abschließende Aufzählung der zulässigen Möglichkeiten der Arztwerbung anzusehen. Es gilt also nicht, daß das, was nicht ausdrücklich erlaubt ist, verboten ist.[436] Vielmehr betreffen die einzelnen Normen nur den jeweils von ihnen umfaßten Bereich, schließen jedoch andere Werbeträger nicht aus. Diese Folgerung ergibt sich e contrario aus dem Wortlaut des § 27 Abs. 1 Satz 1 BayBOÄ, der bestimmt, daß für Praxisschilder und andere im einzelnen aufgezählte Werbeträger die Vorschriften des Kapitels D I Nr. 2 bis 5 BayBOÄ gelten; für nicht genannte Werbeträger sind diese Normen nicht heranzuziehen.

a) Kap. D I Nr. 1: Information anderer Ärzte

Die Vorschrift erlaubt es Ärzten, Kollegen über ihre Qualifikation und ihr Leistungsangebot zu informieren, wobei jede berufswidrig werbende Herausstellung der eigenen Tätigkeit untersagt ist. Für eine räumliche Beschränkung auf den Einzugsbereich der Praxis, wie sie in der Literatur für die entsprechende Formulierung des Kap. D I Nr. 1 MBO-Ä angenommen wird,[437] gibt es keine Anhaltspunkte.

---

433 Vgl. *Jarass,* NJW 1982, S. 1833, 1839.

434 I. d. F. v. 30. 1. 1990 (Amtsblatt Berlin 1990, S. 1694).

435 Vgl. KG, PharmaR 1996, S. 400, 401.

436 Vgl. *Römermann,* in: Hartung / Holl, Berufsordnung, 2. Aufl., § 6 BO, Rn. 56 f.

437 Vgl. *Ratzel,* in: Ratzel / Lippert, MBO-Ä, Kap. D I Nr. 1, Rn. 2.

b) Kap. D I Nr. 2: Praxisschilder

§ 17 Abs. 3 Satz 2 BayBOÄ (Satz 1 statuiert die Verpflichtung, daß der Arzt seine Niederlassung durch ein Praxisschild kenntlich machen muß) und § 27 Abs. 1 Satz 2 BayBOÄ verweisen zur Gestaltung von Praxisschildern auf die detaillierte Regelung in Kap. D I Nr. 2 BayBOÄ.

aa) Überblick

Das Praxisschild muß als obligatorische Angaben gem. Kap. D I Nr. 2 Abs. 1 Namen, Arztbezeichnung bzw. Facharztbezeichnung nach der Weiterbildungsordnung („Gebiet", vgl. § 1 Abs. 3, § 2 Abs. 1 BayWBOÄ) – in der dort vorgesehenen Formulierung – sowie Angaben über Sprechstunden enthalten.

Die Absätze 2 bis 11 enthalten Regelungen über fakultative Angaben auf dem Praxisschild; diese Vorgaben sind abschließend, wie in Abs. 12 bestimmt wird. Für die Form des Praxisschildes legt Abs. 13 Einzelheiten fest, Abs. 14 regelt die Möglichkeit, ausgelagerte Praxisräume ebenfalls mit einem Praxisschild zu versehen.

bb) Einzelheiten, insbesondere Fälle, in denen Praxisschilder als unzulässig beurteilt wurden

Mißachtet ein Arzt die Vorschriften des Kap. D I Nr. 2 BayBOÄ, liegt hierin ein Verstoß gegen § 27 Abs. 1 i. V. m. dem entsprechenden Absatz des Kap. D I Nr. 2 BayBOÄ: Die Vorschriften des Kap. D sind laut Überschrift lediglich „ergänzende Bestimmungen zu einzelnen ärztlichen Berufspflichten", auf die § 27 Abs. 1 BayBOÄ verweist.

Kap. D I Nr. 2 Abs. 2 BayBOÄ ermöglicht in Grenzen die Angabe von weiteren Qualifikationen sowie von Privatwohnung, Kommunikationsverbindungen, medizinisch-akademischen Graden und ärztlichen Titeln. Die Angabe weiterer Qualifikationen umfaßt z. B. den Hinweis auf „Schwerpunkte" (diese sind Teil eines „Gebiets") und „Bereiche" (Zusatzqualifikation, vgl. § 2 Abs. 2 BayWBOÄ).[438] Zu beachten ist, daß nicht jeder Facharzt jede Zusatzbezeichnung führen darf; nur solche Zusatzbezeichnungen dürfen geführt werden, die sich inhaltlich mit dem Gebiet, für das der betreffende Arzt die Facharztausbildung besitzt, zumindest teilweise decken, wobei nicht festgelegt und daher umstritten ist, welche Zusatzbezeichnungen in Verbindung mit welchen Fachgebiets- und Schwerpunktbezeichnungen bekanntgegeben werden dürfen.[439]

---

438 Vgl. zum Zusatz „Akupunktur" auf dem Praxisschild BVerwG, NJW 2001, S. 3425; Niedersächs. OVG, Urt. v. 4. 11. 1999 – 8 L 1821/99 –, bei *Röver,* MedR 2001, S. 307.

439 Vgl. näher *H. Koch,* BayÄBl. 2001, Beil. zu Heft 1, S. 1, 5.

Beispiel für ein vollständiges Praxisschild (nach Abs. 1 und 2):

Dr. med. XY, Facharzt für Chirurgie – Schwerpunkt: Unfallchirurgie –, Handchirurgie Sprechstunde: nach Vereinbarung

Die Angaben in der ersten Zeile sind obligatorisch (vgl. Kap. D I Nr. 2 Abs. 1 BayBOÄ); die Nennung des Schwerpunktes (hier: § 2 Abs. 1 Nr. 5 BayWBOÄ, 3. Schwerpunkt) und der Zusatzbezeichnung „Handchirurgie" („Bereich" gem. § 2 Abs. 2 Nr. 7 BayWBOÄ) erfolgen freiwillig; die Sprechstunde muß angegeben werden (vgl. Kap. D I Nr. 2 Abs. 1 BayBOÄ).

Kap. D I Nr. 2 Abs. 3 BayBOÄ weist in der Neufassung gegenüber der Fassung der BayBOÄ vom 12. Oktober 1997, die am 1. Januar 1998 in Kraft getreten war, eine gewisse Liberalisierung auf: Nunmehr darf nicht mehr nur eine Zulassung zu den Krankenkassen oder die Tätigkeit als Durchgangsarzt angegeben werden, sondern drei weitere mögliche Besonderheiten, etwa der Hinweis „Dialyse". Nach Abs. 3, 4 und 5 darf das Schild unter gewissen, im einzelnen festgelegten Voraussetzungen auch Hinweise auf eine Tätigkeit als Belegarzt, die Durchführung ambulanter Operationen oder die Bezeichnung „Praxisklinik" enthalten, nachdem die Landesärztekammer, wie Abs. 7 festlegt, von dieser Absicht in Kenntnis gesetzt worden ist. Abs. 8 enthält Einzelheiten zur Führung der Bezeichnung „Professor", ein in Rechtsprechung und Literatur vielerörtertes Thema.[440] Abs. 9 bestimmt, daß bei Berufsausübungsgemeinschaften der Name und die Arztbezeichnung jedes in der Gemeinschaft tätigen Arztes anzugeben ist. Abs. 10 betrifft Berufsausübungsgemeinschaften zwischen Ärzten und Angehörigen anderer Fachberufe. Abs. 11 verbietet die Ankündigung von bloßen Organisationsgemeinschaften. In Abs. 12 ist festgelegt, daß Zusätze, die nicht gemäß den Absätzen 2 bis 11 erlaubt sind, nicht auf dem Praxisschild erscheinen dürfen. Ein Beispiel für einen solchen Zusatz ist etwa die Bezeichnung „Ärztehaus", die von der Rechtsprechung wiederholt als unzulässig beurteilt wurde.[441]

Abs. 13 regelt formale Aspekte. Hiernach darf das Praxisschild nicht aufdringlich gestaltet und angebracht sein und muß das übliche Maß (etwa 35 x 50 cm) einhalten (lit. a). Gegebenenfalls darf ein Zusatzschild angebracht werden (etwa bei versteckt liegenden Eingängen, lit. b). Bei Praxisverlegung darf an der ehemaligen Praxis bis zur Dauer eines halben Jahres ein Hinweisschild angebracht sein (lit. c). Abs. 14 knüpft die Beschilderung ausgelagerter Praxisräume[442] an eine Genehmigung des ärztlichen Kreisverbandes.

---

440 Vgl. Nachweise bei *Ratzel,* in: Ratzel/Lippert, MBO-Ä, Kap. D I Nr. 2, Rn. 5, 6; vgl. auch *Ring,* Werberecht der Ärzte, Rn. 244 ff.

441 Vgl. etwa LG Cottbus, NJW 1997, S. 2458.

c) Kap. D I Nr. 3: Anzeigen

Kap. D I Nr. 3 regelt detailliert die Zulässigkeit von Zeitungsanzeigen. Abs. 1 betrifft hierbei den Sonderfall von Anzeigen über die Niederlassung oder Zulassung zur vertragsärztlichen Versorgung, die nur in Zeitungen erscheinen dürfen. Die Anzeigen sind inhaltlich wie Praxisschilder auszugestalten und dürfen nur dreimal je Anlaß innerhalb eines Zeitraums von drei Monaten in derselben Zeitung erscheinen. Abs. 2 bestimmt, daß Zeitungsanzeigen im übrigen nur bei Praxisaufgabe, Praxisübergabe, längerer Abwesenheit von der Praxis oder Krankheit und bei Änderung von Sprechstundenzeit oder Telephonnummer zulässig sind, und zwar höchstens dreimal pro Anlaß und Zeitung. Eine entgegenstehende Ansicht, wonach in Orten, in denen es mehrere Tageszeitungen gibt, die Obergrenze insgesamt gelten soll, ist aufgrund des klaren Wortlauts der BayBOÄ auf Bayern nicht übertragbar.[443] Gem. Abs. 3 müssen sich die Zeitungsanzeigen eines Arztes formal und inhaltlich nach den örtlichen Gepflogenheiten richten. Insbesondere eine gehäufte Namensnennung wird für unzulässig gehalten.[444]

Als mögliche Anzeigenorgane werden lediglich lokale Zeitungen angesehen.[445] Für diese Sichtweise spricht Abs. 3, der von örtlichen Gepflogenheiten spricht.

Einschränkungen für ärztliche Anzeigen bestehen also in mehrfacher Hinsicht:

(1) im Hinblick auf die zulässigen Medien: Anzeigen über die Niederlassung und die Zulassung des Arztes zur vertragsärztlichen Versorgung dürfen nur in Zeitungen erfolgen, nicht etwa auch durch Flugblätter oder Postwurfsendungen;[446] im Hinblick auf die in Kap. D I Nr. 3 Abs. 2 genannten Ereignisse (z. B. Praxisübergabe, Verlegung der Praxis) ließe sich eine solche Auslegung jedoch nicht rechtfertigen, da hiernach „Anzeigen in Zeitungen nur bei [...]" gestattet sind; die Bekanntmachung dieser Ereignisse in anderen Medien als Zeitungen wird durch Kap. D I Nr. 3 BayBOÄ nicht ausgeschlossen;

(2) örtlich: Ärzte dürfen nicht in überörtlichen Presseerzeugnissen inserieren;

(3) zeitlich: Die Zeitdauer, innerhalb derer ein Ereignis bekanntgemacht werden darf, wird durch Abs. 1 für Niederlassungs- und Zulassungsanzeigen vorgeschrieben;

(4) initial: Dem Arzt wird nicht erlaubt, anlaßlos zu inserieren. So darf er nicht einfach Werbeanzeigen in die Zeitung setzen; nicht einmal Anzeigen bei Praxisjubiläen werden für zulässig gehalten;[447]

---

442 Vgl. zur Auslegung des Begriffs „ausgelagerte Praxisräume" VGH Bad.-Württ., MedR 2000, S. 439.

443 Vgl. hierzu auch *Ratzel,* in: Ratzel / Lippert, MBO-Ä, Kap. D I Nr. 3, Rn. 3.

444 Vgl. LBG für Heilberufe beim OVG Rh.-Pf., ArztR 2000, S. 17, 18.

445 Vgl. *Ring,* Werberecht der Ärzte, Rn. 290.

446 Vgl. im Hinblick auf entsprechende Vorschriften Bezirksberufsgericht für Ärzte Freiburg, Urt. v. 12. 11. 1980 – 5 / 80 –, *Luyken,* Entscheidungssammlung, A. 2.13 Nr. 2.12.

(5) inhaltlich / formal: Durch den Hinweis auf die auf Praxisschildern erlaubten Informationen und auf die Ortsüblichkeit werden auch inhaltliche und formale Beschränkungen aufgestellt.

d) Kap. D I Nr. 4: Verzeichnisse

In für die Öffentlichkeit bestimmte Informationsmedien, die allen ärztlichen Berufskollegen zu gleichen Bedingungen offenstehen, dürfen sich Ärzte eintragen lassen, soweit sich die Eintragung auf nach Kap. D I Nr. 2 ankündigbare Bezeichnungen beschränkt (vgl. Kap. D I Nr. 4 Abs. 1). Solche Verzeichnisse sind etwa Telephonbücher und Branchenfernsprechbücher,[448] z. B. die „Gelben Seiten".[449] Zum zulässigen Inhalt einer solchen Eintragung hat das BVerwG entschieden, daß auch ein rechtmäßigerweise von der Praxis in einiger räumlicher Entfernung betriebener Herzkatheter-Meßplatz eines Arztes mit Anschrift und Telephonnummer eintragungsfähig ist.[450] Gem. Abs. 2 kann das Verzeichnis weitere Angaben enthalten, wenn unter anderem die Voraussetzungen des Kap. D I Nr. 5 BayBOÄ eingehalten werden.[451] Ein Praxisverbund darf gem. Abs. 3 bekanntgegeben werden.

e) Kap. D I Nr. 5: weitere Werbemöglichkeiten

Kap. D I Nr. 5 BayBOÄ eröffnet dem Arzt weitere Werbemöglichkeiten, von denen namentlich die öffentlich abrufbaren Arztinformationen in Computerkommunikationsnetzen von hoher Bedeutung sein dürften.

aa) Patienteninformationen in den Praxisräumen, Computerkommunikationsnetze[452]

Gem. Abs. 1 sind sachliche Informationen bezüglich der Erbringung ärztlicher Leistungen sowie in Abs. 3 näher spezifizierte organisatorische Hinweise (z. B. zur Praxislage, Verkehrsanbindung etc.) in den Praxisräumen und in öffentlich abrufbarer Form in Computerkommunikationsnetzen zulässig. Unter solchen ist insbesondere das „World Wide Web" (WWW), eine Dienstleistung des „Internet", zu

---

447 Vgl. LBG für Heilberufe beim OVG Rh.-Pf., ArztR 2000, S. 17, 18.

448 Vgl. *Ratzel,* in: Ratzel / Lippert, MBO-Ä, Kap. D I Nr. 3, Rn. 5.

449 Vgl. BVerwG, NJW 1998, S. 2759.

450 Vgl. BVerwG, NJW 1998, S. 2759.

451 Vgl. dazu sogleich, e).

452 Zu Internet-Präsentationen von Krankenhäusern unter Berücksichtigung des ärztlichen Berufsrechts vgl. *Simon / Schmittmann,* MedR 2001, S. 228 ff.

verstehen, die es dem einzelnen ermöglicht, sich auf einer eigenen Seite, der „Homepage", zu präsentieren.[453]

Ein Urteil des OLG Koblenz hielt jedoch die Darstellung eines Zahnarztes unter der Überschrift „Das Praxisteam" und einer allgemein gehaltenen Beschreibung der Praxis für berufswidrig, wobei es darauf hinwies, daß diese Werbung der Reklame eines Kaufmanns nahestehe.[454] Den unbestimmten Rechtsbegriff „sachliche Information" nutzt die Rechtsprechung offensichtlich gelegentlich dazu, in anderen Branchen längst übliche Selbstdarstellungen bei Ärzten zu unterbinden.[455] Nach aktueller bayerischer Rechtslage dürfte die Internetseite des Arztes auch nach Auffassung der Bayer. Landesärztekammer zulässig sein: „Sachliche Information auf den Internetseiten eines Arztes muss immer im Zusammenhang mit der konkreten ärztlichen Berufsausübung stehen. [Anm.: Dies war konkret der Fall, d. Verf.] Das entscheidende Kriterium für die Zulässigkeit des Einstellens einer Information auf den Internetseiten eines Arztes ist, ob sie im Informationsinteresse des potenziellen Patienten liegt [Anm.: Dies dürfte bei Informationen über das Praxis-„team" der Fall sein, d. Verf.] oder ob der Patient primär zur Inanspruchnahme der Leistung dieses Arztes motiviert werden soll."[456]

Erlaubt sein dürfte als sachliche Information, die im Zusammenhang mit der Erbringung ärztlicher Leistung steht, auch der Hinweis auf die Mitgliedschaft des Arztes in einem Praxisverbund (vgl. Kap. D II Nr. 11 BayBOÄ).[457]

bb) Ankündigungen auf Briefbögen, Rezeptvordrucken, Stempeln sowie im sonstigen beruflichen Schriftverkehr

Gem. Kap. D I Nr. 5 Abs. 4 BayBOÄ gelten die für die zuvor genannten Medien bestehenden Regelungen auch für Ankündigungen auf Briefbögen, Rezeptvordrukken, Stempeln und im sonstigen beruflichen Schriftverkehr. Der Verweis bezieht sich aus systematischen Gründen nur auf die in Kap. D I Nr. 5 Abs. 1 bis 3 BayBOÄ genannten Hinweise, und nicht mehr, wie die alte Fassung[458] der Berufsordnung, auf die Regelungen über Praxisschilder.

---

453 Vgl. zu technischen Einzelheiten oben, B. IV. m. w. N.

454 Vgl. OLG Koblenz, MedR 1998, S. 29, 31 m. Anm. *Heinrich,* S. 32 = NJW 1997, S. 1932 = ZIP 1997, S. 377 m. Anm. *Ring,* S. 381.

455 Vgl. *Heinrich,* MedR 1998, S. 32, 33.

456 BLÄK (Hrsg.), Merkblatt, S. 1 f.

457 Vgl. hierzu, i. Erg. gleich, *Rieger,* MedR 1998, S. 75, 80.

458 Vgl. Kap. D I Nr. 4 BayBOÄ i. d. F. v. 12. 10. 1997.

7. Vorschriften, die Spezialfälle von Werbung betreffen: § 34 Abs. 3, § 11 Abs. 2 Satz 2 BayBOÄ, HWG

Regelungen über die Werbung des Arztes für Arzneimittel, also eine ärztliche Fremdwerbung, finden sich in § 34 Abs. 3 BayBOÄ und dem HWG.[459] Gem. § 34 Abs. 3 BayBOÄ ist es dem Arzt untersagt, Werbevorträge über Arzneimittel und ähnliche Produkte zu halten oder Gutachten zu erstellen, die zur Werbung für diese Gegenstände bestimmt sind. Zweck des Verbots ist es, jegliche Abhängigkeit des Arztes von Herstellern von Arzneimitteln und ähnlichen Produkten zu vermeiden; insbesondere soll das Verordnungsverhalten des Arztes unbeeinflußt bleiben.[460] Hierdurch wird auch das Vertrauen des Patienten darauf geschützt, daß der Arzt sich bei seiner Therapie streng an medizinische Notwendigkeiten hält und sich nicht an ökonomischen Interessen orientiert. Den gleichen Zwecken wie § 34 Abs. 3 BayBOÄ dienen übrigens auch die Bestimmungen der §§ 11, 12 HWG, die ein detailliertes Verbot der Werbung für Arzneimittel außerhalb der Fachkreise enthalten, das auch für Ärzte gilt.[461] Insbesondere die Werbung mit „der bildlichen Darstellung von Personen in der Berufskleidung oder bei der Ausübung der Tätigkeit von Angehörigen der Heilberufe“[462] ist verboten.

§ 11 Abs. 2 Satz 2 BayBOÄ verbietet es, Heilerfolge – insbesondere bei nicht heilbaren Krankheiten – als gewiß zuzusichern.

E. Die Regelungen für Apotheker im einzelnen

Werbebeschränkungen für Apotheker werden maßgeblich durch das überlieferte Berufsbild vom „Apotheker in der Apotheke“ geprägt [vgl. hierzu I.]. Bei der Prüfung der Zulässigkeit von Werberegelungen kommt der Einteilung des Apothekensortiments eine gewisse Rolle zu [vgl. hierzu II.]. Erst nach einem Blick auf das allgemeine Heilmittelwerberecht [vgl. hierzu III.] erschließen sich die spezifisch standesrechtlichen Werbebeschränkungen [vgl. hierzu IV.] vollständig.

---

459 Die Thematik „Werbung des Arztes für Arzneimittel“ ist nicht neu, vgl. *I. Fischer,* Ärztliche Standespflichten, S. 93, der über die Anpreisung von Arzneimitteln durch Ärzte im 13. Jahrhundert berichtet.

460 Vgl. *Ratzel,* in: Ratzel / Lippert, MBO-Ä, § 34, Rn. 4.

461 Vgl. *K. Schulte,* Werbeverbot für Ärzte, S. 157.

462 § 11 Nr. 4 HWG.

I. Das Berufsbild des Apothekers

1. Geschichtlicher Überblick über die Entwicklung von Beruf und Organisation der Apotheker

Bestimmend für die Entwicklung des Apothekerberufs war seit jeher dessen fachliche Nähe zur Tätigkeit des Arztes gewesen, die zu verschiedenen Zeiten in Abhängigkeitsverhältnisse unterschiedlicher Intensität mündete.

In der Antike hatte eine grundsätzliche Trennung von Medizin und Pharmazie bestanden. Später wurde diese Trennung auch in Arabien für notwendig gehalten, weshalb es nicht verwundert, daß die älteste nachgewiesene Apotheke seit dem 8. Jahrhundert in Bagdad bestand.[463] Das Apothekenwesen in Europa ging im frühen Mittelalter von den Klöstern aus; die zunächst rein klosterinternen Apotheken öffneten sich teilweise für die Bevölkerung und beeinflußten schließlich die Bildung erster weltlicher Apotheken, deren erste deutsche wohl um 1225 in Köln entstand.[464] Als das eigentliche Geburtsjahr des Apothekerstandes wird das Jahr 1241 angesehen:[465] Kaiser Friedrich II. verkündete zu dieser Zeit die „Novae constitutiones", ein Edikt, mit dem er die 1231 verkündeten „Constitutiones Regni Siciliae" bekräftigte.[466] In ihnen wurde neben anderen Regelungsgegenständen die Trennung von Pharmazie und Medizin zum ersten Mal ausdrücklich festgelegt (vgl. Buch III, Tit. 45, 46)[467]. Obwohl versucht wurde, diese Trennung durch ausdrückliche Verbote einer gleichzeitigen Ausübung des Arzt- und Apothekerberufs durchzusetzen,[468] war es doch faktisch so, daß Arzt und Apotheker häufig ein- und dieselbe Person waren.[469] Doch auch die Nur-Apotheker unterstanden lange Zeit der Kontrolle von Ärzten, insbesondere in der öffentlichen Gesundheitsverwaltung.[470]

Der Apothekerberuf war in seiner reinen Form, also in der von der Heilbehandlung getrennten Variante, seit jeher stärker als andere Berufe des Gesundheitswesens kaufmännisch geprägt.[471] In dieser Prägung hat das bis in die Gegenwart reichende Spannungsverhältnis zwischen kaufmännischen Elementen einerseits und wissenschaftlichem Charakter der Tätigkeit andererseits seinen Ursprung. Der wissenschaftliche Charakter des Apothekerberufs entwickelte sich – dies gilt nicht für die Tätigkeit der Apotheker, die nebenbei Ärzte waren – jedoch wohl erst im Laufe

---

463 Vgl. *Schiedermair/Pohl,* Gesetzeskunde für Apotheker, S. 25.

464 Vgl. *Schiedermair/Pohl,* Gesetzeskunde für Apotheker, S. 26.

465 Vgl. *R. Braun,* in: ABDA (Hrsg.), Apothekenreport Nr. 40, S. 3.

466 Vgl. *Schiedermair/Pohl,* Gesetzeskunde für Apotheker, S. 27.

467 Abgedruckt in Übersetzung bei *Schiedermair/Pohl,* Gesetzeskunde für Apotheker, S. 27 f.

468 Vgl. *A. Schmidt,* Kölner Apotheken, S. 16 ff.

469 Vgl. *Breyer,* ApoG, S. 50 ff.

470 Vgl. *Breyer,* ApoG, S. 56 f.

471 Vgl. auch *Breyer,* ApoG, S. 60 ff.

des Mittelalters. So dürfte sich der Apothekerstand aus dem mittelalterlichen spezialisierten (legalen) Drogenhandelsgewerbe entwickelt haben;[472] Indiz dafür, daß die Ursprünge der Apothekerschaft im Krämergewerbe liegen, ist die (wenn auch häufig unfreiwillige) Zugehörigkeit der Apotheker zu Gewerbezünften.[473] Zum ersten Mal werden in der ältesten bekannten Apothekerordnung des deutschsprachigen Raums, dem Basler „Apothekereid" (ca. 1300), vom angehenden Apotheker bestimmte Kenntnisse der Apothekerkunst verlangt; auch die Regensburger Apothekerordnung von 1397 forderte, daß der Apotheker sein „Antitarium wohl künne."[474]

Im Laufe der Zeit gelang es durch zunehmende Reduzierung der Fremdkontrolle der Berufsausübung, den Apothekerberuf insbesondere von dem des Arztes zu emanzipieren.[475] Die völlige Unabhängigkeit der Apothekerschaft setzte sich allerdings erst in der jüngeren Neuzeit durch. So wurden im 19. Jahrhundert nach und nach eine Reihe staatlich anerkannter Standesorganisationen der Apothekerschaft geschaffen.[476] Die bayerischen Apotheker erhielten erst 1908 eine feste Organisation, die aus Apothekerkammern für das Gebiet jedes Regierungsbezirkes bestand.[477] Deutschlandweit waren die Apotheker seit 1872 im Deutschen Apothekerverein organisiert.[478] Durch die Nationalsozialisten wurde die „Reichsapothekerkammer" als einheitliche Berufsvertretung der Apotheker geschaffen.[479] Nach dem zweiten Weltkrieg wurde das Berufsausübungsrecht der Apotheker – wie auch das der Ärzte – gem. Art. 70, 74 Abs. 1 Nr. 19 GG Landesrecht, wenn man der These folgt, daß auch der Beruf des Apothekers zu den Heilberufen gehört:[480] Gem. Art. 74 Abs. 1 Nr. 19 GG unterliegt ausschließlich die Zulassung zu den Heilberufen der Zuständigkeit des Bundes. Akzeptiert man diese Kompetenzverteilung nicht und vertritt stattdessen die Ansicht, daß die Regelung des Berufsrechts der Apotheker gem. Art. 74 Abs. 1 Nr. 11 GG der konkurrierenden Gesetzgebungszuständigkeit des Bundes unterliegt, sind die Länder gem. Art. 72 Abs. 1 GG zur Normierung des Berufsausübungsrechts der Apotheker trotzdem berechtigt, und zwar deswegen, weil der Bund von seiner vermeintlichen Zuständigkeit keinen Gebrauch gemacht hat.[481]

---

472 Vgl. *A. Schmidt,* Kölner Apotheken, S. 25.

473 Vgl. *Adlung / Urdang,* Pharmaziegeschichte, S. 237; vgl. i. ü. auch *A. Schmidt,* Kölner Apotheken, S. 16 (zur Funktion von Salbenhändlern als Arzneibereiter in der Antike).

474 Vgl. hierzu *Adlung / Urdang,* Pharmaziegeschichte, S. 131 f.

475 Vgl. auch *H. Hoffmann,* ApoG, Einl. Rn. 5.

476 Vgl. *Taupitz,* Standesordnungen, S. 340.

477 Vgl. Königlich allerhöchste Verordnung, die Apothekerkammern betreffend, v. 26. 4. 1908 (Gesetz- und Verordnungsblatt für das Königreich Bayern v. 27. 4. 1908, S. 267).

478 Vgl. *Adlung / Urdang,* Pharmaziegeschichte, S. 240 ff.

479 Vgl. § 5 Abs. 1 Reichsapothekerordnung v. 18. 4. 1937 (RGBl. I, S. 457); vgl. zur Reichsapothekerkammer auch *Meßner,* DÄBl. 1937, S. 629, 630 (an mehreren Stellen von der Nazi-Ideologie durchdrungen).

480 Vgl. z. B. BVerwGE 4, 51, 52 f.

481 Vgl. KG, PharmaR 1988, S. 11, 18.

2. Charakteristika des Apothekerberufs heute

a) Aufgabe des Apothekers

Gem. § 1 BApO ist der Apotheker berufen, die Bevölkerung ordnungsgemäß mit Arzneimitteln zu versorgen, womit er der Gesundheit des einzelnen Menschen und des gesamten Volkes dient. Dementsprechend bestimmt § 1 Abs. 1 ApoG unter Betonung des Gesellschaftsbezuges der Aufgabe des Apothekers: „Den Apotheken obliegt die im öffentlichen Interesse gebotene Sicherstellung einer ordnungsgemäßen Arzneimittelversorgung der Bevölkerung." Dieser Aufgabe kommt der Apotheker heute in erster Linie durch den Verkauf von Arzneimitteln nach, die von der pharmazeutischen Industrie produziert werden; die Herstellung von Heilmitteln durch den Apotheker selbst, Rezeptur im individuellen Fall, Defektur bei größerer Anzahl der Medikamente genannt (vgl. §§ 7, 8 ApBetrO), hat inzwischen nur noch sehr geringe Bedeutung;[482] sie machte im Jahre 1991 lediglich etwa 1% der Tätigkeit des Apothekers aus.[483] Die Aufgabe des Arzneimittelverkaufs wird durch eine umfangreiche Pflichtenpalette ergänzt: Der Apotheker hat den ordnungsgemäßen Zustand der Medikamente zu prüfen (vgl. § 6 ApBetrO) und Patienten sowie gegebenenfalls Ärzte zu informieren und zu beraten (vgl. § 20 Abs. 1 ApBetrO), wobei die Beratung von Patienten bei der Selbstmedikation, d. h. dann, wenn der Patient versucht, sich mit nicht verschreibungspflichtigen Medikamenten ohne Aufsuchen eines Arztes zu versorgen, eine besonders große Rolle spielt.[484]

b) Der „Apotheker in seiner Apotheke"

Gem. § 2 Abs. 1 BApO bedarf derjenige, der den Apothekerberuf ausüben will, der Approbation als Apotheker, die nach einer gem. § 5 Abs. 1 BApO vom Bundesgesundheitsminister erlassenen Approbationsordnung (AAppO) erteilt wird, wenn der Kandidat u. a. ein ordnungsgemäßes Pharmaziestudium absolviert hat (vgl. § 1 Abs. 1 AAppO).

Gem. § 1 Abs. 2 ApoG bedarf der Betrieb einer Apotheke der Erlaubnis der zuständigen Behörde. Diese Erlaubnis zum Apothekenbetrieb gilt nur für den Apotheker, dem sie erteilt ist, ist also persönlicher Natur, und nur für die Räume, die in ihr bezeichnet sind (vgl. § 1 Abs. 3 ApoG). Gem. § 3 Nr. 5 ApoG erlischt die für eine Apotheke erteilte Erlaubnis, wenn dem Apotheker die Erlaubnis für den Betrieb einer anderen Apotheke erteilt wird, die keine Zweigapotheke ist. Dieses durch § 23 ApoG auch strafrechtlich abgesicherte „Mehrbesitzverbot" – richtiger-

---

482 Vgl. *Ring*, NJW 1997, S. 768, 769; s. hierzu auch *Manssen*, BayVBl. 2001, S. 641, 643.

483 Vgl. *Blume*, in: ABDA (Hrsg.), Apothekenreport Nr. 40, S. 13.

484 Vgl. zur Beratung insbesondere *Pieck*, in: Gebler / Kindl, Pharmazie, S. 97 ff.; vgl. zu den genannten und weiteren Aufgaben des Apothekers ABDA (Hrsg.), Apothekenreport Nr. 31, S. 6.

weise eher als „Mehrbetriebsverbot“ zu bezeichnen[485] – wurde im Jahre 1964 vom BVerfG als verfassungskonform beurteilt;[486] die Verfassungsmäßigkeit des Verbots wird jedoch bezweifelt.[487] Die gesetzlichen Vorgaben haben das Berufsbild dahingehend geprägt, daß der akademisch gebildete „Apotheker in seiner Apotheke“ der Regelfall ist. Untypisch und zahlenmäßig weniger bedeutsam ist die Tätigkeit von Apothekern in Krankenhausapotheken (vgl. § 14 ApoG). Auch im Bereich der Bundeswehr (vgl. § 15 ApoG), in der pharmazeutischen Industrie, in der öffentlichen Gesundheitverwaltung sowie an Universitäten finden Apotheker Aufgabenfelder vor.[488]

c) Die Zwitterstellung des Apothekers als Freiberufler und Gewerbetreibender

Besonderheiten auch für das Werberecht der Apotheker ergeben sich aus deren Sonderstellung in berufskategorischer Hinsicht. Die BApO enthält zwar keine ausdrückliche Bestimmung zur Freiberuflichkeit des Apothekers. Im Vorwort der Bayerischen Berufsordnung für Apothekerinnen und Apotheker ist jedoch festgelegt: „Der Apotheker übt einen seiner Natur nach freien Beruf aus.“ Schon seit jeher wurde der Apotheker zu den höheren akademischen freien Berufen des Gesundheitswesens gezählt.[489] Als solchen qualifiziert ihn insbesondere das Erfordernis einer langjährigen wissenschaftlichen Ausbildung[490] sowie die Tatsache, daß er durch die Pflicht, die Bevölkerung mit Arzneimitteln zu versorgen, eine öffentliche Aufgabe erfüllt, nämlich die, zum „Dienst in der Gesundheitspflege berufen“[491] zu sein.[492] Die sich hieraus ergebenden Pflichten, z. B. Arzneimittel auf ihre einwandfreie Beschaffenheit hin zu überprüfen, stellen an den Apotheker hohe fachliche Anforderungen; er erbringt ideelle Dienstleistungen auch durch die auf wissenschaftlicher Grundlage basierende Herstellung von Medikamenten und erfüllt damit ein weiteres wesentliches Merkmal des Begriffs „freier Beruf“.[493] Der freiberufliche Charakter der Tätigkeit des Apothekers wird in § 6 Gewerbeordnung (GewO), durch den sein Beruf aus dem Anwendungsbereich der Gewerbeordnung ausgenommen wird, auch durch ein Bundesgesetz bestätigt.

---

485 Vgl. *Taupitz/Schelling,* NJW 1999, S. 1751.

486 Vgl. BVerfGE 17, 232.

487 Vgl. *Taupitz/Schelling,* NJW 1999, S. 1751, 1752 ff.; s. auch *Manssen,* der vom Apothekenbetriebsrecht als einem „einzige[n] rechtsstaatliche[n] Skandal“ spricht, BayVBl. 2001, S. 641, 643.

488 Vgl. ABDA (Hrsg.), Apothekenreport Nr. 31, S. 5 ff.

489 BVerfGE 5, 25, 29 f.

490 5. Merkmal der Freiberuflichkeit der obigen Darstellung, vgl. Zweiter Teil, A. VII. 5.

491 BayBOApo, Vorwort, Satz 1.

492 7. Merkmal der Freiberuflichkeit der Darstellung oben, „Axiom des Altruismus“ , vgl. Zweiter Teil, A. VII. 7.

493 1. Merkmal der Freiberuflichkeit der obigen Darstellung, vgl. Zweiter Teil, A. VII. 1.

Anerkannt ist indes, daß der Apotheker neben der Eigenschaft als Freiberufler auch die eines Gewerbetreibenden besitzt und insoweit z. B. den Normen des Handelsgesetzbuchs (HGB) unterliegt.[494] Der frühere Tätigkeitsschwerpunkt des Apothekers, die Herstellung von Arzneimitteln nach ärztlicher Anordnung, ist abgelöst worden durch den heute vorherrschenden Verkauf von Arzneimitteln und apothekenüblichen Waren[495] im Sinne des § 25 ApBetrO. Die öffentliche Aufgabe des Apothekers, die Bevölkerung mit Arzneimitteln zu versorgen, ändert an der Gewerblichkeit seiner Tätigkeit nichts.[496] Auch die Freiberuflichkeit der Tätigkeit des Apothekers schließt einen gewerblichen Charakter seines Berufs nicht aus.[497] Ein Widerspruch in sich, ein Oxymoron, liegt hierin nicht. Der Apotheker vereinigt in seiner Person sowohl die Verantwortung für die Erfüllung einer öffentlichen Aufgabe aufgrund seiner besonderen Qualifikation als auch die privatwirtschaftliche Funktion des Inhabers eines kaufmännischen Gewerbebetriebs.[498] Konsequenterweise gibt es in der BApO keine Bestimmung, die dem § 1 Abs. 2 BÄO entspricht, der festlegt, daß die ärztliche Tätigkeit kein Gewerbe ist.

II. Die von Apothekern vertriebenen Waren

Werberegelungen für Apotheker differenzieren mitunter nach verschiedenen Warengruppen.[499] Im folgenden soll daher ein kurzer Überblick über die von Apotheken vertriebenen Waren gegeben werden.

1. Apothekenpflichtige Arzneimittel

Nur in Apotheken verkauft werden dürfen grundsätzlich alle Arzneimittel im Sinne von § 2 Abs. 1 oder § 2 Abs. 2 Nr. 1 Arzneimittelgesetz (AMG). Das sind solche, die

a) verschreibungspflichtig sind (vgl. § 48 AMG), wobei in diesem Bereich keine Ausnahmen von der Apothekenpflicht möglich sind, und solche, die

b) nicht verschreibungspflichtig sind (vgl. § 43 Abs. 1 AMG). Im Bereich der nicht verschreibungspflichtigen Arzneimittel sind Ausnahmen von der Apothekenpflicht gem. §§ 44, 45 AMG möglich.

---

494 Vgl. BGHZ 8, 157, 160; *Baumbach/Duden/Hopt,* HGB, § 1 HGB, Rn. 19, wo Apotheker allerdings als nicht freiberuflich charakterisiert werden.

495 Vgl. *Blume,* in: ABDA (Hrsg.), Apothekenreport Nr. 40, S. 13.

496 Vgl. BVerfGE 5, 25, 29.

497 Vgl. *Dünisch,* BayVBl. 1982, S. 102, 107.

498 Vgl. BVerfGE 17, 232, 238.

499 Vgl. z. B. IV. 4. j) aa).

Das Apothekenmonopol für Arzneimittel beruht auf den Besonderheiten dieser Handelsware, die neben positiven, heilenden Wirkungen auch Gefährdungen des Kunden mit sich bringen kann, z. B. unerwünschte Nebenwirkungen[500]. Aufgrund dieser Gefahren muß der Arzneimittelverkauf einem wissenschaftlich gebildeten Fachmann obliegen, der als Kontrollinstanz für die Medikation des Patienten dienen kann, etwa indem er dem Patienten für die Anwendung des Medikaments Hinweise gibt oder auf Fehldosierungen bei der Verschreibung aufmerksam macht. Der Komplex der verschreibungspflichtigen Arzneimittel bestimmt etwa 62% des Apothekenumsatzes.[501]

2. Nicht apothekenpflichtige Arzneimittel

Ausnahmen von der allgemeinen Apothekenpflicht gem. § 43 Abs. 1 AMG werden durch die §§ 44, 45 AMG festgelegt.

§ 44 Abs. 1 AMG bestimmt, daß Arzneimittel, die von dem pharmazeutischen Unternehmer ausschließlich zu anderen Zwecken als zur Beseitigung oder Linderung von Krankheiten und ähnlichen Erscheinungen bestimmt sind, von der Apothekenpflicht befreit sind; § 44 Abs. 2 AMG zählt außerdem eine Reihe von Gegenständen auf, die ebenfalls nicht der Apothekenpflicht unterliegen, z. B. „natürliche Heilwässer sowie deren Salze, auch als Tabletten oder Pastillen" (Nr. 1 lit. a). § 45 AMG enthält eine Satzungsermächtigung für das Bundesgesundheitsministerium, weitere Stoffe von der Apothekenpflicht freizustellen. Aus § 43 Abs. 1 AMG ergibt sich im Umkehrschluß, daß in Apotheken auch solche Arzneimittel verkauft werden dürfen, die von der Apothekenpflicht befreit sind. Nicht verschreibungspflichtige Arzneimittel haben am Umsatz der Apotheken etwa zu 31% Anteil.[502] Für das Werberecht ist zu beachten, daß Apotheker bezüglich nicht-apothekenpflichtiger Arzneimittel mit anderen Gewerbetreibenden in Konkurrenz stehen.

3. Das Neben- oder Randsortiment des Apothekers

Gem. § 25 ApBetrO darf neben Arzneimitteln eine Reihe „apothekenüblicher Waren" in Verkehr gebracht werden. Diese werden auch als Rand- oder Nebensortiment bezeichnet.[503] § 25 ApBetrO nennt z. B. „Mittel und Gegenstände zur Kranken- und Säuglingspflege" (Nr. 2), „diätetische Lebensmittel [...]" (Nr. 5) oder „Bücher, Zeitschriften und andere Informationsträger, soweit sie zur Unterstützung

---

500 Vgl. hierzu *Pschyrembel,* Medizinisches Wörterbuch, S. 1043 (Stichwort „Nebenwirkung").

501 Vgl. *Ring,* NJW 1997, S. 768, 770.

502 Vgl. *Ring,* NJW 1997, S. 768, 771.

503 Zum Randsortiment vgl. z. B. *Scholtissek,* GewArch. 1992, S. 264 f.

der Information und Beratung über Arzneimittel und die in Nummern 1 bis 10 genannten Waren geeignet sind" (Nr. 11). Das Randsortiment machte 1997 etwa 7% des Apothekenumsatzes aus.[504] Immer wieder gibt es Fälle, in denen Apotheker versuchen, ihren Umsatz durch unzulässige Ausweitung des Randsortiments unrechtmäßig zu steigern. So hatte z. B. ein fränkischer Apotheker unter Berufung auf § 25 Nr. 5 ApBetrO Wein mit dem Slogan „Frankenwein ist Krankenwein" verkauft, was ihm schließlich rechtskräftig untersagt wurde.[505] Wie auch im Hinblick auf nicht-apothekenpflichtige Arzneimittel stehen Apotheken hinsichtlich des Randsortiments mit anderen Gewerbetreibenden in Konkurrenz.

III. Heilmittelwerberecht, allgemeines Wettbewerbsrecht

Die Werbung von Apothekern für Arzneimittel unterliegt dem allgemeinen Heilmittelwerberecht. Zu nennen sind hier insbesondere die Vorschriften der §§ 11, 12 HWG, die eine Werbung für Arzneimittel außerhalb der Fachkreise (vgl. hierzu § 2 HWG) stark einschränken. Auch das UWG findet auf Werbung für Apotheken selbst und auf Werbung von Apotheken für Arzneimittel und andere Waren uneingeschränkt Anwendung. Hier ist zu berücksichtigen, daß es Werbeverhalten gibt, das sowohl nach Wettbewerbsrecht als auch nach Berufs- bzw. Standesrecht gleichermaßen unzulässig ist. Diese Problematik darf nicht mit den Fällen verwechselt werden, in denen Wettbewerbsrecht deswegen einschlägig ist, weil ein Verhalten bereits von anderen Gesetzen erfaßt und für rechtswidrig gehalten wird.[506]

Bedeutung für Werbung von Apothekern hatte bis zu ihrem Außerkrafttreten ferner die Zugabeverordnung[507]. Gegen deren § 1 Abs. 1, Abs. 2 Buchstabe a und d hat ein Apotheker durch die kostenlose Hingabe einer Stofftragetasche (Händlereinkaufspreis mindestens 1,50 DM) verstoßen: Die auf der Tasche abgedruckte Bezeichnung der Apotheke („Pinguin-Apotheke") trat hinter einem mehrfarbig herausgestellten Motiv zurück; unter anderem deswegen wurde die Tasche nicht als Reklamegegenstand geringen Werts angesehen, dessen Hingabe unter allen Umständen handelsüblich ist.[508]

---

504 Vgl. *Ring,* NJW 1997, S. 768, 771.

505 Vgl. VGH München, NJW 1992, S. 931.

506 Vgl. allgemein zum Verhältnis von Wettbewerbsrecht zu Berufs- und Standesrecht oben, A. VI.

507 Die Zugabeverordnung in der im BGBl. III, Gliederungsnr. 43–4-1 veröffentlichten bereinigten Fassung, zuletzt geändert durch das Gesetz v. 25. 7. 1994 (BGBl. I, S. 1688), wurde durch das Gesetz zur Aufhebung der Zugabeverordnung und zur Anpassung weiterer Rechtsvorschriften v. 23. 7. 2001 (BGBl. I, S. 1661) aufgehoben.

508 Vgl. BGH, MDR 1994, S. 1000.

IV. Die Vorschriften der Bayerischen Berufsordnung für Apotheker (BayBOApo)

Die Möglichkeiten, Werbung zu betreiben, werden in Bayern durch § 8 BayBOApo und die darauf beruhenden Werberichtlinien der Landesapothekerkammer geregelt. Grundsätzlich gilt: „Der Apotheker ist, [...], berechtigt, angemessen zu werben", § 8 Abs. 2 BayBOApo. Umfaßt werden vom Standesrecht Werbemaßnahmen von Apothekern, die diese für ihre Apotheke, aber auch für das von ihnen vertriebene Warensortiment vornehmen.

1. § 8 Abs. 1 BayBOApo: Wettbewerb

§ 8 Abs. 1 BayBOApo bestimmt, daß unlauterer Wettbewerb verboten ist. Die Berufsordnung nimmt in dieser Bestimmung auf das UWG Bezug. Dieses regelt in verfassungsrechtlich unbedenklicher Weise die Berufsausübung auch der Apotheker.[509] Ein Verweis auf das UWG durch § 8 Abs. 1 BayBOApo ist daher verfassungsrechtlich zulässig.[510] Die Vorschrift ist allerdings nicht spezifisch werbungsbezogen; sie soll daher nicht weiter behandelt werden.

2. Die werberechtliche Generalklausel des § 8 Abs. 2 Satz 1 BayBOApo

Gem. § 8 Abs. 2 Satz 1 BayBOApo darf der Apotheker angemessen werben, soweit dem nicht gesetzliche[511] Werbeverbote entgegenstehen. § 8 Abs. 2 Satz 1 BayBOApo enthält eine Generalklausel, die insbesondere durch die Werberichtlinien, die Teil der Berufsordnung sind, konkretisiert wird.[512]

3. § 9 BayBOApo: Einzelfälle unlauteren Wettbewerbs

Die Vorschrift betrifft den Wettbewerb unter Apothekern im allgemeinen und ist damit keine reine Werberegelung. Sie enthält zwar Vorschriften über Maßnahmen, die nach dem hier vertretenen weiten Werbebegriff als Werbung zu bezeichnen

---

509 Vgl. auch BVerfGE 32, 311, 317.

510 Vgl. BVerfGE 94, 372, 390.

511 Die Formulierung in der amtlichen Bekanntmachung der Berufsordnung (PZ 1993, S. 1344, 1346) „soweit nicht *gesetzlich* Werbeverbote entgegenstehen" (Hervorhebung v. Verf.) weist wohl einen Rechtschreibfehler auf.

512 Vgl. für Beispiele zu den in den Berufsordnungen anderer Apothekerkammern üblichen Generalklauseln „unlautere und übertriebene Werbung" *Reemann/Mecking*, PZ 1999, S. 58 f.

sind, so z. B. als unangemessen anzusehende Zuwendungen und Geschenke an Angehörige anderer Heilberufe und andere Personen (vgl. § 9 Nr. 6 BayBOApo). Gleichwohl stehen hier rein wettbewerbsrechtliche Aspekte im Vordergrund, sodaß eine nähere Befassung mit § 9 BayBOApo nicht angezeigt ist.

4. Die Werberichtlinien (WRL) der Bayerischen Landesapothekerkammer[513]

Die Zulässigkeit von Werbemaßnahmen durch Apotheker in Bayern wird in Ausfüllung der Generalklausel des § 8 Abs. 2 Satz 1 BayBOApo durch die gem. § 8 Abs. 2 Satz 2 BayBOApo als Bestandteil der Berufsordnung beschlossenen Werberichtlinien (WRL) geregelt. Diese erläutern in Abschnitt I, warum § 8 Abs. 2 Satz 1 BayBOApo eine Beschränkung auf „angemessene" Werbung enthält: Nicht der Schutz vor Konkurrenz werde damit bezweckt, vielmehr sollen das berufliche Verantwortungsbewußtsein des Apothekers und das Vertrauen der Öffentlichkeit darauf gestärkt werden, daß im Vordergrund der apothekerlichen Tätigkeit die ordnungsgemäße Arzneimittelversorgung stehe. Bei der Beurteilung der Angemessenheit einer Werbung seien verschiedene Faktoren, etwa Werbeträger und Häufigkeit der Werbung, zu berücksichtigen. Zudem müsse an die Außenwerbung ein strengerer Maßstab angelegt werden als an Werbung innerhalb der Apotheke. Die Aufzählung von Fallgruppen unangemessener Werbung in Abschnitt II ist gem. Abschnitt I nicht erschöpfend, sondern lediglich beispielhaft. Andererseits liegt ein Verstoß gegen das Verbot berufswidriger Werbung immer dann vor, wenn eine der Fallgruppen erfüllt ist; lediglich bei Abs. 10 ist Raum für eine Berücksichtigung aller Umstände („vorbehaltlich der Umstände des Einzelfalls"), womit dieser Absatz, anders als die anderen, dieselbe Gesetzgebungstechnik wie die strafrechtlichen Regelbeispiele[514] aufweist.

Im folgenden sollen die Fallgruppen des Abschnitts II der Berufsordnung dargestellt werden, wobei zur Illustration auch Entscheidungen herangezogen werden, die Fälle behandeln, die sich nicht im Geltungsbereich der Bayerischen Berufsordnung abgespielt haben.

---

513 Die Werberichtlinien der Bayerischen Landesapothekerkammer sind in zwei mit „I" und „II" überschriebene Abschnitte unterteilt. An einer Stelle werden diese Abschnitte in den Werberichtlinien als „Ziffern" bezeichnet; obwohl dieser Begriff von der Bayer. Landesapothekerkammer selbst gewählt worden ist, erscheint dem Autor die Bezeichnung der beiden großen Teile der Werberichtlinien als „Abschnitte" besser: es ist üblich, einzelne Absätze, nicht aber ganze Normen in Ziffern zu unterteilen. Daher soll im folgenden von „Abschnitt" I bzw. II der Werberichtlinien die Rede sein.

514 Vgl. hierzu z. B. *Wessels/Hillenkamp*, Strafrecht BT II, Rn. 195 ff.

a) Abschnitt II Abs. 1 WRL: unlauterer Wettbewerb

Abschnitt II Abs. 1 der Werberichtlinien (im folgenden: WRL) bestimmt, daß Werbung verboten ist, die unlauteren Wettbewerb darstellt. Damit füllt Abschnitt II Abs. 1 WRL die Vorschrift des § 8 Abs. 1 BayBOApo aus, der ein allgemeines Verbot unlauteren Wettbewerbs enthält.[515]

Als Verstoß gegen § 1 UWG ist z. B. Werbung für die – grundsätzlich zulässige – Durchführung von Gewinnspielen zu werten, wenn diese den Teilnehmer nötigen, in die Apotheke zu kommen, etwa um seinen Gewinn abzuholen, weil er hierdurch einem psychologischen Kaufzwang ausgesetzt wird.[516] Auch der mißbräuchliche Einsatz fremder Autorität zu Werbezwecken kann gegen § 1 UWG und damit gegen Abschnitt II Abs. 1 WRL verstoßen (denkbar ist z. B. die Durchführung eines „Gesundheitstages" zusammen mit einer großen Krankenkasse, um hierdurch auf die Apotheke aufmerksam zu machen).[517]

b) Abschnitt II Abs. 2 WRL: Irreführung, Übertreibung

Hiernach ist Werbung unzulässig, wenn sie irreführend oder nach Form, Inhalt oder Häufigkeit übertrieben wirkt, sowie Werbung, die Arzneimittelfehlgebrauch begünstigt. Das Irreführungsverbot des Abschnitts II Abs. 2 WRL ist ein mittelbarer Verweis auf § 3 UWG, der nach dem oben zu § 8 Abs. 1 BayBOApo gesagten[518] zulässig ist. Als Irreführung wurde es angesehen, wenn ein Apotheker Aufkleber verteilt, die für Telephonwählscheiben vorgesehen sind und die neben den üblichen Notfallrufnummern auch die Nummer seiner Apotheke enthalten, da dadurch der nicht der Realität entsprechende Eindruck dauernder Rufbereitschaft des Apothekers erweckt werde.[519] Auch die Behauptung, die eigene Apotheke nehme eine Spitzenstellung ein, kann irreführende Werbung darstellen.[520] Unzulässig ist deswegen die Bezeichnung „Umweltapotheke", wenn die betreffende Apotheke dadurch eine tatsächlich nicht vorhandene Sonderstellung gegenüber anderen Apotheken einzunehmen vorgibt;[521] eine solche Sonderstellung läge etwa dann vor, wenn der Apotheker sich auf Umweltuntersuchungen spezialisierte, was allerdings berufsrechtlich kaum möglich ist (vgl. § 1 Satz 1 BApO, wonach die Aufgabe des Apothekers in der Arzneimittelversorgung besteht). Unbedenklich sind Vorträge des Apothekers zu wissenschaftlichen Themen, wenn die Veranstaltungen nicht ei-

---

515 Vgl. hierzu oben, 1.

516 Vgl. *Mogwitz,* PZ 1999, S. 2488 f.

517 Vgl. *Tisch,* PZ 1999, S. 3184 f.

518 Vgl. hierzu oben, 1.

519 Vgl. BVerfGE 94, 372, 381 f., 398.

520 Vgl. näher zum Themenkreis Alleinstellungswerbung *Mogwitz,* PZ 1999, S. 249.

521 Vgl. *Mogwitz,* PZ 1999, S. 1414; ferner *Mecking,* PZ 1999, S. 2630.

nem Arzneimittelfehlgebrauch Vorschub leisten, etwa indem sie suchtfördernd sind.[522] Nicht grundsätzlich unzulässig ist auch das Abhalten sonstiger Veranstaltungen, um Werbewirkungen für die eigene Apotheke zu erzielen, z. B. das Anbieten von Unterhaltungsangeboten für Kinder.[523]

Zum Verbot von Werbung, die Arzneimittelfehlgebrauch begünstigt, ist das HWG, das ebenfalls die Verhinderung von Fehlgebräuchen zum Ziel hat,[524] eine Parallele.

c) Abschnitt II Abs. 3 WRL: Außenwerbung für apothekenpflichtige Arzneimittel

Hiernach ist Werbung für apothekenpflichtige Arzneimittel außerhalb der Apothekenbetriebsräume unzulässig. Ziel der Vorschrift ist es, einem Arzneimittelfehlgebrauch, der durch Einnahme nicht wirklich benötigter Medikamente entstehen könnte, vorzubeugen.

d) Abschnitt II Abs. 4 WRL: Preiswerbung

Gem. Abschnitt II Abs. 4 WRL ist eine allgemeine Werbung mit Preisen, die die Apotheke als preisgünstiger herausstellt, unzulässig, wenn nicht deutlich auf die Einheitlichkeit des Abgabepreises für apothekenpflichtige Arzneimittel hingewiesen wird. Diese Einheitlichkeit des Abgabepreises ergibt sich aus der Arzneimittelpreisverordnung (AMPreisV). Zu beachten ist außerdem die Preisangabenverordnung (PAngV).[525]

Unter Abschnitt II Abs. 4 WRL fiele etwa das Verhalten eines Apothekers, der auf Schildern an 15 Einkaufswagen eines nahe bei seiner Apotheke gelegenen Supermarktes mit dem Slogan „Wir haben Dauerniedrigpreise – immer, W.-Apotheke, D. H." geworben hat. Die Bewertung dieses Verhaltens an Hand der Werberichtlinien von 1983[526] als Berufsvergehen wurde vom BVerfG bestätigt.[527] Solches Werbeverhalten unterfällt auch dem Verbot irreführender Angaben gem. § 3 UWG. Nicht von Abschnitt II Abs. 4 WRL erfaßt werden Gegenüberstellungen von früheren eigenen mit den aktuellen Preisen; solche Preisgegenüberstellungen müssen allerdings die Vorgaben anderer Gesetze (insbesondere das Irreführungs-

522 Vgl. *Laut*, PZ 1999, S. 1896.

523 Vgl. *Tisch*, PZ 1999, S. 4080, 4081.

524 Vgl. näher zum Schutzzweck des HWG *Doepner*, HWG, 2. Aufl., Einl. Rn. 40.

525 Vgl. zur Preisauszeichnung in Apotheken näher *Arnulf Klein*, PZ 1999, S. 3552 f.

526 Vgl. Abkürzungs- und Gesetzesverzeichnis.

527 Vgl. BVerfGE 94, 372, 382, 398; vgl. jedoch zur Werbung mit Preisen im Zusammenhang mit der Eröffnung einer Apotheke *Laut*, PZ 1999, S. 56 f.

verbot des § 3 UWG) berücksichtigen.[528] Sogenannte Lockvogelangebote können unter gewissen Umständen gegen Abschnitt II Abs. 4 WRL verstoßen.[529]

e) Abschnitt II Abs. 5 WRL: Werbung für gesetzwidrige und selbstverständliche Leistungen sowie für die kostenlose Durchführung von Blutdruckmessungen und physiologisch-chemischen Bestimmungen

Gem. Abschnitt II Abs. 5 WRL ist Werbung für gesetzwidrige Leistungen unzulässig, ebenso solche für gesetzlich vorgeschriebene Leistungen, die als Besonderheit hervorgehoben werden, und für kostenlose Durchführung von Blutdruckmessungen und physiologisch-chemischen Bestimmungen. Unter Abschnitt II Abs. 5 WRL wäre ein Verhalten des bereits unter d. erwähnten Apothekers zu subsumieren, der in einer lokalen Broschüre den kostenlosen fachmännischen Rat seiner Apotheke zu Arzneimitteln und deren Gebrauch angeboten hat. Diese Werbung mit selbstverständlichen Dienstleistungen, die jede Apotheke anbieten muß, hat das BVerfG als unzulässig eingestuft.[530] Bei Werbung für gesetzeswidrige Leistungen greift außerdem § 1 UWG. Werbung mit gesetzlich vorgeschriebenen Leistungen, die als Besonderheit hervorgehoben werden, verstößt wettbewerbsrechtlich gegen § 3 UWG.[531]

f) Abschnitt II Abs. 6 WRL: Werbung mit Zustelldiensten

Abschnitt II Abs. 6 WRL verbietet eine Werbung mit Zustelldiensten. Dieses Verbot ist Folge des in Deutschland bestehenden Arzneimittelversandverbots (vgl. § 43 AMG). Der Grund für letzteres ist, die Arzneimittelsicherheit durch die Verbindung von Verkauf und persönlicher Beratung sicherzustellen.[532]

Auch soll verhindert werden, daß Apotheken untereinander hinsichtlich einer ihrer Hauptaufgabe untergeordneten Tätigkeit in Wettbewerb treten; die ordnungsgemäße Versorgung der Bevölkerung mit Arzneimitteln kann ohne die aus wirtschaftlichem Konkurrenzdruck resultierende Organisation eines regelmäßigen Zustelldienstes besser sichergestellt werden. Die Vorschrift schließt jedoch nicht aus, daß der Apotheker in begründeten Einzelfällen, etwa bei gehbehinderten Patienten, Medikamente zustellen läßt oder selbst transportiert (vgl. § 17 Abs. 2 Satz 1 ApBetrO).

528 Vgl. näher zu Preisgegenüberstellungen in Apotheken *Arnulf Klein,* PZ 1999, S. 602.

529 Für Einzelheiten zu solchen Angeboten vgl. *Arnulf Klein,* PZ 1999, S. 1734, 1736.

530 Vgl. BVerfGE 94, 372, 398; vgl. zur Werbung mit Selbstverständlichkeiten auch *Mekking,* PZ 1999, S. 4265 ff.

531 Vgl. zum Verhältnis von Wettbewerbsrecht und Berufs- und Standesrecht oben, A. VI.

532 Vgl. *Auerbach,* PZ 1999, S. 910.

Eine Parallele hat die Vorschrift des Abschnitts II Abs. 6 WRL in § 8 Abs. 1 HWG, wonach eine Werbung verboten ist, die darauf hinwirkt, apothekenpflichtige Arzneimittel im Wege des Versandes zu beziehen.[533]

g) Abschnitt II Abs. 7 WRL: Überlassung von Ausstellungsflächen durch den Apotheker an Dritte

Abschnitt II Abs. 7 WRL lautet: „Unzulässig ist das Überlassen von Ausstellungsflächen der Apotheke gegen Entgelt oder sonstige Gegenleistung." Die Norm nimmt damit eine Sonderstellung innerhalb der Vorschriften über das Werberecht ein. Sie behandelt einen Fall, in dem sich der Apotheker primär an Werbung für einen Dritten beteiligt, indem er diesem Ausstellungsflächen zur Verfügung stellt. In einer solchen Bereitstellung von Ausstellungsflächen für einen Dritten liegt allerdings häufig auch eine mittelbare Werbung für den Apotheker. So kann bei der Vermietung von Ausstellungsflächen beispielsweise für den Stand eines Pharmakonzerns innerhalb der Apotheke der Eindruck entstehen, diese Apotheke arbeite mit dem Hersteller besonders eng zusammen. Eine solche mittelbare Werbung und die damit verbundene Kommerzialisierung der Apotheke sollen wohl vermieden werden.

h) Abschnitt II Abs. 8 WRL: Werbung in Arztpraxen

Gem. Abschnitt II Abs. 8 WRL ist eine an Patienten gerichtete Werbung in Arztpraxen und ähnlichen Einrichtungen unzulässig. Dieses Verbot soll aufdringlich erscheinende Werbungen verhindern und das Vertrauen des Patienten darauf schützen, der Apotheker betreibe seinen Beruf unabhängig von wirtschaftlichen Interessen. Möglichen Abhängigkeiten des Apothekers von demjenigen Arzt, der ihm eine Werbung gestattet, soll vorgebeugt werden; der Eindruck eines einvernehmlichen Zusammenwirkens von Arzt und Apotheker zur Gewinnerzielung wird durch Abschnitt II Abs. 8 WRL verhindert.[534] Außerdem sollen Ärzte nicht veranlaßt werden, ihrerseits gegen Berufsrecht zu verstoßen (vgl. z. B. §§ 3, 34 BayBOÄ).[535]

---

533 Vgl. hierzu *Zerres,* PZ 1999, S. 3902 f.

534 Vgl. näher zu unerlaubter Zusammenarbeit zwischen Arzt und Apotheker *H.-D. Horn,* PZ 1999, S. 3374 f.

535 Vgl. *Zerres,* PZ 1999, S. 2770.

i) Abschnitt II Abs. 9 WRL: Werbung, die an Bedingungen geknüpft ist

Hiernach ist dem Apotheker eine Werbung für jede Art von Arzneimitteln dann verboten, wenn ihr eine Verpflichtung zugrunde liegt, bestimmte Arzneimittel ausschließlich oder bevorzugt anzubieten oder abzugeben, oder anderweitig die Auswahl der von der Apotheke abzugebenden Arzneimittel auf das Angebot bestimmter Hersteller, Händler oder deren Gruppen zu beschränken. Die Vorschrift soll eine Gefährdung der fachlichen Weisungsunabhängigkeit des Apothekers, der einen freien Beruf ausübt, durch kommerziellen Druck von Pharmaherstellern und anderen Personengruppen, von denen der Apotheker abhängig werden könnte, verhindern. Denkbar sind etwa Fälle, in denen ein Pharmakonzern einem Apotheker finanzielle Unterstützung für Werbemaßnahmen unter der Bedingung gewährt, daß vornehmlich Erzeugnisse dieses Konzerns vertrieben werden.

j) Abschnitt II Abs. 10 WRL: weitere unzulässige Einzelfälle

Abschnitt II Abs. 10 WRL enthält eine nicht abschließende Aufzählung („insbesondere“) von Werbemaßnahmen, die vorbehaltlich des konkreten Einzelfalls unzulässig sind. Durch den Vorbehalt wird der Abwägung aller Umstände in jeder Situation Raum gelassen. Diese Gesetzgebungstechnik ist derjenigen der strafrechtlichen Regelbeispiele vergleichbar: Fällt ein Verhalten unter ein Regelbeispiel, liegt „in der Regel“ ein besonders schwerer Fall z. B. eines Diebstahls vor; es gibt aber Situationen, in denen trotz der Tatsache, daß ein Verhalten die Voraussetzungen eines Regelbeispiels erfüllt, wegen besonderer Umstände doch kein besonders schwerer Fall gegeben ist.[536] Ebenso gibt es bei Abschnitt II Abs. 10 WRL Fälle, die zwar unter eine der Fallgruppen zu subsumieren sind, jedoch trotzdem kein standesrechtswidriges Verhalten darstellen.

aa) Abschnitt II Abs. 10 lit. a WRL: Werbung für freiverkäufliche Arzneimittel und apothekenübliche Waren

Die Werbung für apothekenübliche Waren und freiverkäufliche Arzneimittel wird durch Abschnitt II Abs. 10 lit. a WRL nur insoweit verboten, als sie sich nicht im Rahmen der üblichen Werbung anderer Anbieter gleichartiger Waren hält. Werbung für apothekenpflichtige Arzneimittel hingegen ist außerhalb der Betriebsräume durch Abschnitt II Abs. 3 WRL generell verboten. Die Werberichtlinien nehmen also eine Unterscheidung zwischen Werbung für das Randsortiment und freiverkäufliche Arzneimittel und Werbung für apothekenpflichtige Arzneimittel vor. In Nr. 1 der Werberichtlinien von 1983[537] wurde in dieser Hinsicht noch nicht

---

536 Vgl. zu den Regelbeispielen z. B. *Wessels/Hillenkamp*, Strafrecht BT II, Rn. 195 ff.

537 Vgl. Abkürzungs- und Gesetzesverzeichnis.

differenziert: „Bei der berufsrechtlichen Beurteilung von Werbemaßnahmen ist nicht zwischen der Werbung für Arzneimittel und für Artikel des Randsortiments zu unterscheiden. Der Beruf des Apothekers ist nicht teilbar.“ Durch die Differenzierung der Werberichtlinien neuer Fassung wird der Tatsache Rechnung getragen, daß der Apotheker hinsichtlich nicht-apothekenpflichtiger Arzneimittel und des Randsortiments mit anderen Gewerbetreibenden, insbesondere mit Kaufleuten, die nicht vergleichbar strengen berufsrechtlichen Geboten unterworfen sind, in Konkurrenz steht.[538] Im Hinblick auf Werbemaßnahmen für das Randsortiment ist der Apotheker anderen Gewerbetreibenden dem Wortlaut der Werberichtlinien zufolge gleichgestellt. Bei der Werbung für freiverkäufliche Arzneimittel hingegen „hat der Apotheker seiner berufstypischen Verantwortung, Arzneimittelfehlgebrauch zu verhindern, gerecht zu werden“, das heißt, in diesem Bereich unterliegt er gewissen Einschränkungen.

bb) Abschnitt II Abs. 10 lit. b WRL: Dienstleistungen

Werbung für Dienstleistungen ist dem Apotheker verboten, soweit sie nicht seiner besonderen Stellung als Heilberufler und den Geboten einer wahren und sachlichen Information ohne anpreisende Zusätze entspricht. Als zulässig wurde es vom BVerfG schon unter der Geltung der Werberichtlinien von 1983[539] angesehen, daß ein Apotheker in großformatigen Zeitungsanzeigen darauf hingewiesen hat, in seiner Apotheke würden Hautanalysen durch eine Beraterin vorgenommen.[540]

cc) Abschnitt II Abs. 10 lit. c WRL: Werbung durch bildliche Darstellung des Apothekers

Nach lit. c ist es dem Apotheker untersagt, Werbung für Waren oder Dienstleistungen durch bildliche Darstellungen von Personen in der Berufskleidung oder bei der Ausübung der Tätigkeiten des Apothekerberufs zu betreiben. Die Vorschrift deckt sich teilweise mit § 11 Nr. 4 HWG, der Werbung für Arzneimittel und andere Gegenstände mit der bildlichen Darstellung von Personen, die einen Heilberuf ausüben, in der Berufskleidung außerhalb der Fachkreise, also gegenüber dem Publikum (vgl. § 2 HWG), verbietet. Da das HWG jedoch nur auf Arzneimittel (vgl. § 1 Abs. 1 Nr. 1 HWG) und andere Gegenstände mit Bezug zur Erkennung, Beseitigung oder Linderung von Krankheiten, Leiden, Körperschäden oder krankhaften Beschwerden (vgl. § 1 Abs. 1 Nr. 2 HWG) anwendbar ist, nicht jedoch auf sämtliche Gegenstände des Randsortiments der Apotheken (vgl. etwa § 25 Nr. 4 ApBetrO: Gegenstände der Hygiene und Körperpflege), ergibt sich für Teile dieses

[538] Vgl. BVerfGE 94, 372, 393.

[539] Vgl. Abkürzungs- und Gesetzesverzeichnis.

[540] Vgl. BVerfGE 94, 372, 382, 399.

Nebensortiments ein eigener Regelungsgehalt des Abschnitts II Abs. 10 lit. c WRL: Über das HWG hinaus darf der Apotheker auch für Waren des Nebensortiments nicht mit Abbildungen, die ihn in Berufskleidung zeigen, werben. In einem weiteren Punkt geht Abschnitt II Abs. 10 lit. c über § 11 Nr. 4 HWG hinaus: Nach dieser Norm ist eine Werbung mit Abbildungen von Personen in Berufskleidung oder bei der Ausübung des jeweiligen Heilberufs nur außerhalb der Fachkreise (vgl. § 2 HWG) unzulässig. Abschnitt II Abs. 10 lit. c WRL verbietet eine solche Werbung jedoch allgemein, also auch innerhalb der Fachkreise.

dd) Abschnitt II Abs. 10 lit. d WRL: entgeltliche Bildberichte

Hiernach ist das werbliche Herausstellen der Apotheke oder der beruflichen Tätigkeiten in (Bild-)Berichten oder redaktionellen Beiträgen unzulässig, die (üblicherweise) nur gegen Entgelt erstellt werden.[541]

ee) Abschnitt II Abs. 10 lit. e WRL: Anbieten von Speisen und Getränken

Unzulässig ist gem. lit. e das Anbieten von Speisen und Getränken zum Verzehr in der Apotheke über das Gewähren einer Warenprobe hinaus.[542]

k) Abschnitt II Abs. 11 WRL: Hinweisschilder

Hinweisschilder auf die Apotheke außerhalb des Apothekengebäudes ohne anpreisende Zusätze sind im Rahmen der Absätze 1 bis 10 zulässig.

---

541 Vgl. auch *Laut,* PZ 1999, S. 2358.

542 Vgl. näher zur Abgabe von Speisen und Getränken in Apotheken *H.-D. Horn,* PZ 1999, S. 1608 f.

Vierter Teil

Verfassungsmäßigkeit der einzelnen Werbebeschränkungen

A. Methodisches

In der einschlägigen Literatur zum Thema „Verfassungsmäßigkeit von Werbebeschränkungen des Berufs- und Standesrechts" wird oft nicht zwischen den einzelnen Werbenormen und den an diese anzulegenden Prüfungsmaßstäben differenziert. Häufig ist die Rede pauschal von „den Werbebeschränkungen"[1]. Rechtfertigungsargumente werden ohne nähere Unterscheidung für Eingriffe gleichermaßen in Art. 12 Abs. 1, Art. 5 Abs. 1 GG und andere Grundrechte herangezogen.[2] Vorliegend wird versucht, diese Defizite zu vermeiden. Hierzu soll zunächst auf die durch (rechtlich zwingend verbindliche) Werbebeschränkungen berührten Grundrechte eingegangen werden [vgl. B., C.; außer Betracht bleiben solche Regelungskomplexe, die den einzelnen Freiberufler nicht direkt binden, da sie keine Rechtsregeln im juristisch-technischen Sinn sind, namentlich die Richtlinien für die publizistische Tätigkeit von Ärzten]; nach einer kurzen Darstellung, wie Eingriffe in die betroffenen Grundrechte generell gerechtfertigt werden können [vgl. D.], wird der Frage nachgegangen, ob die für die bestehenden Werbebeschränkungen vorgetragenen Legitimationsversuche einer streng an öffentlichen Interessen und dem Übermaßverbot orientierten Sichtweise standhalten [s. E.]. Die hierbei gewonnenen Erkenntnisse werden bei der unter F. vorgenommenen Prüfung der Verfassungsmäßigkeit jeder einzelnen Werbenorm berücksichtigt. Ein europarechtlicher Exkurs soll die Betrachtung abschließen [vgl. G.].

---

1 Vgl. z. B. *S. Köhler*, Werbeverbot, S. 26: „Dem Werbeverbot [...].“; vgl. auch *Rieger*, Lexikon des Arztrechts, 1984, Rn. 1900: „Bei den berufsrechtlichen Vorschriften über das Werbeverbot [...], die verfassungsrechtlich nicht zu beanstanden sind.“

2 Eine erfreuliche Ausnahme stellen insbesondere Kommentare dar, die sich mit einzelnen Werbebeschränkungen gesondert befassen, so etwa *Römermann*, in: Hartung / Holl, Berufsordnung, 2. Aufl., der zunächst die Verfassungsmäßigkeit von Werbebeschränkungen generell behandelt, vgl. vor § 6 BO, Rn. 68 ff., und dann zusätzlich noch auf jede einzelne Werbebeschränkung eingeht, vgl. die Kommentierung zu §§ 6 ff. BORA.

B. Die betroffenen Grundrechte von Rechtsanwälten, Ärzten und Apothekern: Schutzbereiche, Eingriffe

I. Art. 12 Abs. 1 GG: Berufsfreiheit

1. Schutzbereich des Art. 12 Abs. 1 GG

a) Sachlicher Schutzbereich des Art. 12 Abs. 1 GG

Als einheitliches Grundrecht schützt Art. 12 Abs. 1 GG die Freiheit der Berufswahl, mit der Arbeitsplatz- und Ausbildungsstättenwahl zusammenhängen (vgl. Art. 12 Abs. 1 Satz 2 GG), und die Freiheit der Berufsausübung (vgl. Art. 12 Abs. 1 Satz 2 GG), die sich in der verfassungsrechtlichen Praxis schwer trennen lassen, gleichermaßen.[3] Unter Beruf ist eine auf Dauer angelegte, der Schaffung und Erhaltung einer Lebensgrundlage dienende, erlaubte bzw. nicht schlechthin gemeinschaftsschädliche Tätigkeit zu verstehen,[4] somit auch die Tätigkeit von Rechtsanwälten, Ärzten und Apothekern. Unter den Schutzbereich des Art. 12 Abs. 1 GG fallen alle mit dem Beruf zusammenhängenden Verrichtungen. Auch die berufliche Außendarstellung,[5] somit insbesondere auch die Werbung in der Öffentlichkeit für die eigene Tätigkeit, zählen hierzu:[6] Diese gehört zum Kernbereich beruflicher Betätigung.

Zweifeln könnte man daran, ob auch die Werbung des Arztes für Arzneimittel, die von § 34 BayBOÄ reglementiert wird, vom Schutzbereich erfaßt wird. Da jedoch entsprechende Werbemaßnahmen gerade auf der fachlichen Kompetenz des Arztes beruhen, sind sie berufsbezogen und unterfallen dem Schutzbereich des Art. 12 Abs. 1 GG.

Der sachliche Schutzbereich des Art. 12 Abs. 1 GG ist für die Tätigkeit des Rechtsanwalts, Arztes und Apothekers und die damit zusammenhängenden Werbemaßnahmen folglich eröffnet. Die Notwendigkeit einer Prüfung der Berufsordnungen am Maßstab des Art. 12 Abs. 1 GG läßt sich nicht mit dem Hinweis darauf umgehen, daß die Berufsfreiheit der öffentlich-rechtlich verfaßten freien Berufe schon allein dadurch bewahrt werde, daß sich diese der ihnen eingeräumten Ermächtigung zum Erlaß von Normen bedienten.[7]

---

[3] Vgl. BVerfGE 9, 338, 344 f.; *Manssen,* in: v. Mangoldt/Klein, GG, Art. 12, Rn. 2; *Scheuner,* DVBl. 1958, S. 845, 846; *Scholz,* in: Maunz/Dürig, GG, Art. 12, Rn. 14; *Tettinger,* in: Sachs, GG, Art. 12, Rn. 8, 8 a.

[4] Vgl. oben, Zweiter Teil, A., vor I., mit Nachweisen.

[5] Vgl. *Römermann,* in: Hartung/Holl, Berufsordnung, 2. Aufl., vor § 6 BO, Rn. 71.

[6] *Kleine-Cosack,* Werberecht, Rn. 58; *Mayen,* NJW 1995, S. 2317, 2318 ff.

[7] Vgl. im Hinblick auf die Ärzteschaft *Narr,* Ärztliches Berufsrecht, Bd. I, Rn. W 8 (S. 219).

b) Persönlicher Schutzbereich des Art. 12 Abs. 1 GG

Art. 12 Abs. 1 GG ist seinem Wortlaut zufolge lediglich Deutschengrundrecht. Wegen Art. 12 EG, des Diskriminierungsverbots, müssen jedoch Rechtsanwälte, Ärzte und Apotheker aus einem Mitgliedstaat der EG ihren deutschen Berufskollegen gleichgestellt werden. Strittig ist, ob dem Diskriminierungsverbot des Art. 12 EG dadurch Genüge getan wird, daß sich nicht-deutsche Freiberufler bezüglich der Berufswahl und -ausübung auf Art. 2 Abs. 1 GG berufen können, dem man für diesen Fall ein der Garantie des Art. 12 Abs. 1 GG entsprechendes Schutzniveau zuspricht,[8] oder ob es im Hinblick auf die Rechtsprechung des EuGH[9] notwendig ist, die betreffenden Bürger aus anderen EG-Mitgliedstaaten formell zu Inhabern der Berufsfreiheit des Art. 12 Abs. 1 GG zu machen.[10] Art. 12 EG verbietet Diskriminierungen aus Gründen der Staatsangehörigkeit. Das Diskriminierungsverbot und damit das Gebot gleichen Grundrechtsschutzes gilt jedoch nur im (sachlichen) Anwendungsbereich des EG-Vertrags. Dieser ist nicht immer mit dem Schutzbereich des Art. 12 Abs. 1 GG deckungsgleich:[11] Es gibt grenzüberschreitende Verhaltensweisen, die vom sachlichen Schutzbereich des Art. 12 Abs. 1 GG erfaßt werden, jedoch dem EG-Vertrag nicht unterfallen. Der Rückgriff auf Art. 2 Abs. 1 GG für Ausländer im Berufsbereich, den das BVerfG vornimmt,[12] ermöglicht eine Abstufung der berufsbezogenen Gewährleistungen je nachdem, ob ein Verhalten, insbesondere auch ein Werbeverhalten, eines EG-Ausländers dem EG-Vertrag unterfällt oder nicht.[13] Zudem hat diese Lösung den Vorteil, den Wortlaut des Art. 12 Abs. 1 GG nicht zu mißachten. Methodisch gesehen handelt es sich um einen Fall der europarechtskonformen Interpretation nationalen Rechts.[14] In Fällen, in denen sich EG-Ausländer im Anwendungsbereich des EG-Vertrags berufsbezogen (werbend) betätigen, kann ein dem Art. 12 Abs. 1 GG entsprechendes Schutzniveau z. B. dadurch erreicht werden, daß man nur solche Gesetze zur verfassungsmäßigen Ordnung zählt (und somit als Eingriffsrechtfertigung für geeignet hält), die unter Berücksichtigung des Art. 12 Abs. 1 GG auch für Deutsche gelten dürften.[15]

Ausländer, auch solche aus EG-Staaten, unterfallen nicht dem persönlichen Schutzbereich des Art. 12 Abs. 1 GG.

---

8 Vgl. *Manssen,* in: v. Mangoldt / Klein, GG, Art. 12, Rn. 260; *Tettinger,* in: Sachs, GG, Art. 12, Rn. 20, schlägt eine Änderung des Wortlauts von Art. 12 GG vor; vgl. ferner BVerfGE 78, 179, 196 f.; *Dürig,* in: Maunz / Dürig, GG, Art. 2, Rn. 66; *Starck,* in: v. Mangoldt / Klein, GG, Art. 2, Rn. 42.

9 Vgl. EuGH, Rs. 293 / 83 (Gravier), Slg. 1985, 593, 606 ff.

10 Vgl. *Jarass,* in: Jarass / Pieroth, GG, Art. 12, Rn. 9.

11 Vgl. *Bauer / Kahl,* JZ 1995, S. 1077, 1083.

12 Vgl. z. B. BVerfGE 78, 179, 196 unter Verweis auf *Isensee,* in: VVDStRL 32 (1974), S. 49, 80.

13 Vgl. *Bauer / Kahl,* JZ 1995, S. 1077, 1082 ff.

14 So *Bauer / Kahl,* JZ 1995, S. 1077, 1085.

15 Vgl. *Manssen,* in: v. Mangoldt / Klein, GG, Art. 12, Rn. 260 unter Berufung auf *Bauer / Kahl,* JZ 1995, S. 1077 ff.

2. Eingriff in den Schutzbereich des Art. 12 Abs. 1 GG

Desweiteren müßte durch die Werberegelungen in den Schutzbereich des Art. 12 Abs. 1 GG eingegriffen werden. Ein Eingriff ist nach neuerer Auffassung jedes staatliche Handeln, das dem einzelnen ein Verhalten, das in den Schutzbereich eines Grundrechts fällt, erschwert oder unmöglich macht.[16] Drei Arten von Eingriffen in den Schutzbereich des Art. 12 Abs. 1 GG werden nach der „Drei-Stufen-Lehre" unterschieden: Eingriffe in die Berufsausübungsfreiheit und Eingriffe in die Berufswahlfreiheit, wobei bei diesen zwischen subjektiven und objektiven Zulassungsschranken differenziert wird.[17] Werbevorschriften des Berufs- und Standesrechts stellen möglicherweise Eingriffe in die Berufsausübungsfreiheit dar. Daraus, daß Art. 12 Abs. 1 Satz 2 GG für Eingriffe in die Berufsausübungsfreiheit die Möglichkeit vorsieht, solche gesetzlich zu „regeln", ergeben sich keine dogmatischen Besonderheiten bezüglich des Eingriffsbegriffs;[18] insbesondere entfällt nicht die Eingriffsqualität einer „Regelung". Bei Eingriffen in die Berufsausübungsfreiheit wird zusätzlich zu den allgemeinen Eingriffsvoraussetzungen das Vorliegen einer subjektiv berufsregelnden Tendenz gefordert: Regelmäßig nur solche Regelungen, die sich ausschließlich oder zumindest hauptsächlich an beruflich Tätige richten, die also final auf die Berufsausübung gerichtet sind, sollen Eingriffsqualität besitzen können.[19] Eingriffe in die Berufsausübungsfreiheit bestehen bei denjenigen Werbevorschriften, die als staatliche Maßnahmen „die geschäftliche oder berufliche Werbung beschränken, [...]."[20] Sie besitzen die erforderliche subjektiv berufsregelnde Tendenz dann, wenn sie sich hauptsächlich an beruflich Tätige richten; diese Voraussetzung ist bei den Regelungen des Berufs- und Standesrechts erfüllt. Bisweilen geraten Werbebeschränkungen sogar in die Nähe von Berufswahlregelungen, dann nämlich, wenn sie eine Verdrängung des Betroffenen vom Markt zur Folge haben.[21]

a) Eingriffe in den Schutzbereich des Art. 12 Abs. 1 GG durch Werberegelungen für Rechtsanwälte

§ 43 b BRAO schränkt die Werbemöglichkeiten des Anwalts dahingehend ein, daß nur eine sachliche Unterrichtung, die nicht auf die Erteilung eines Auftrags im Einzelfall gerichtet ist, erlaubt ist. Andere Werbung wird dem Rechtsanwalt durch diese Regelung, die subjektiv berufsregelnde Tendenz hat, rechtlich unmöglich ge-

16 Vgl. z. B. *Bleckmann/Eckhoff,* DVBl. 1988, S. 373, 376.

17 Vgl. BVerfGE 7, 377, 405 ff.

18 Vgl. *Manssen,* in: v. Mangoldt/Klein, GG, Art. 12, Rn. 5, 69, 98; *Tettinger,* in: Sachs, GG, Art. 12, Rn. 81.

19 Vgl. BVerfGE 13, 181, 185 f.; *Tettinger,* in: Sachs, GG, Art. 12, Rn. 71.

20 BVerfGE 94, 372, 389; vgl. *Kleine-Cosack,* BRAO, § 43 b, Rn. 12.

21 Vgl. *Ebbing,* NJW-CoR 1996, S. 242, 247.

macht. Ein Eingriff in die Berufsausübungsfreiheit liegt vor. § 43 b BRAO gilt zwar gem. § 27 Abs. 2 EuRAG ausdrücklich auch für dienstleistende europäische Rechtsanwälte im Sinne des § 25 Abs. 1 EuRAG; diese sind jedoch nicht Träger der in Art. 12 Abs. 1 GG garantierten Berufsfreiheit, sodaß ein Eingriff im Hinblick auf diese Rechtsanwälte nicht in Frage kommt.[22]

Für den inhaltlich in etwa mit § 43 b BRAO übereinstimmenden[23] § 6 Abs. 1 BORA gelten diese Erwägungen entsprechend. Etwas anderes gilt für § 6 Abs. 2 Satz 1 BORA[24]. Diese Vorschrift erklärt gewisse Informationsmittel für zulässig. Da die Aufzählung der Informationsmittel nicht abschließend ist,[25] durch die Vorschrift andere Informationsträger also nicht ausgeschlossen werden, liegt ein Eingriff in die Berufsausübungsfreiheit nicht vor. Ob die Vorschrift überflüssig ist[26] oder nicht, ist eine andere Frage, die jedoch keinen Einfluß auf den Mangel der Eingriffsqualität der Norm hat. § 6 Abs. 2 Satz 2 BORA bestimmt, daß die in § 7 BORA genannten Beschränkungen nicht für Rundschreiben u. ä. gelten; ein Eingriff liegt hierin auch hinsichtlich der nicht ausgenommenen Werbeträger nicht, im Hinblick auf diese Werbeträger allenfalls in § 7 BORA. § 6 Abs. 3 BORA hingegen enthält eine Beschränkung hinsichtlich der auf Werbeträgern zulässigen Angaben; hierin liegt ein Eingriff, ebenso wie auch in § 6 Abs. 4 BORA, der den Rechtsanwalt an der Mitwirkung von Werbemaßnahmen zu seinen Gunsten durch Dritte hindert.

Werbebeschränkungen und somit Eingriffe enthalten auch § 7 Abs. 1 und § 7 Abs. 2 BORA, die Voraussetzungen und Grenzen für die Angabe von Tätigkeits- und Interessenschwerpunkten normieren. § 8 Satz 1 BORA macht den Hinweis auf gemeinschaftliche Berufsausübung von gewissen Voraussetzungen abhängig, enthält damit einen Eingriff; § 8 Satz 2 BORA hingegen stellt lediglich die Zulässigkeit der Bekanntgabe der Mitgliedschaft in einer Europäischen Wirtschaftlichen Interessenvereinigung klar, ist also keine Werbebeschränkung. § 9 Abs. 1 Satz 2 BORA enthält die Bestimmung, daß die nach § 9 Abs. 1 Satz 1 BORA zulässige Kurzbezeichnung bei Unterhaltung mehrerer Kanzleien einheitlich geführt werden muß; hierin liegt, anders als in § 9 Abs. 1 Satz 1 BORA, der lediglich eine Selbstverständlichkeit normiert,[27] ein Eingriff in Art. 12 Abs. 1 GG. § 9 Abs. 2 BORA enthält lediglich eine Feststellung, keinen Eingriff. § 9 Abs. 3 BORA schließt andere Zusätze als solche, die auf gemeinschaftliche Berufsausübung hinweisen,

---

22 Vgl. oben, 1. b); zum Schutz der Berufsausübung von Ausländern vgl. die Ausführungen unten, X.

23 Vgl. zum Regelungsgehalt dieser Norm und ihrem Verhältnis zu § 43 b BRAO oben, Dritter Teil, C. IV. 3.

24 Vgl. zum Regelungsgehalt oben, Dritter Teil, C. IV. 3. a).

25 Vgl. *Römermann,* in: Hartung / Holl, Berufordnung, § 6 BO, Rn. 112.

26 Vgl. z. B. *Römermann,* in: Hartung / Holl, Berufsordnung, 2. Aufl., vor § 6 BO, Rn. 59; § 6 BO, Rn. 112.

27 Vgl. *Römermann,* in: Hartung / Holl, Berufsordnung, 2. Aufl., § 9 BO, Rn. 10.

aus,[28] enthält also einen Eingriff in die Berufsausübungsfreiheit. Die detaillierten Vorschriften über die Gestaltung von Briefbögen des § 10 BORA enthalten sämtlich Eingriffe in Art. 12 Abs. 1 GG insofern, als andere als die genannten Angaben ausgeschlossen sind.

Die nur über § 29 Abs. 1 BORA geltende Nr. 2.6 CCBE-Berufsregeln bestimmt, daß der Rechtsanwalt bei grenzüberschreitender Tätigkeit dort nicht werben darf, wo dies unzulässig ist. Bei grenzüberschreitender Tätigkeit mit Bezug auf ein Land mit strengeren Werberegelungen enthält § 29 Abs. 1 BORA i. V. m. Nr. 2.6 CCBE-Berufsregeln folglich eine Verschärfung der deutschen Werbebeschränkungen; gem. § 29 Abs. 1 BORA sind die Berufsregeln des CCBE jedoch nur anwendbar, soweit sie keinen Verstoß gegen deutsches Recht, insbesondere das Grundgesetz enthalten. Diese Formulierung schließt einen (allerdings zu rechtfertigenden) Eingriff in Grundrechte nicht aus. Ein Eingriff in den Schutzbereich des Art. 12 Abs. 1 GG durch § 29 Abs. 1 BORA i. V. m. Nr. 2.6 CCBE-Berufsregeln kann jedoch nur im Hinblick auf grenzüberschreitende Tätigkeiten solcher Rechtsanwälte vorliegen, die der BORA unterworfen und zugleich Träger des Grundrechts des Art. 12 Abs. 1 GG sind.

Für im Sinne des EuRAG europäische Rechtsanwälte gilt nicht Art. 12 Abs. 1, sondern Art. 2 Abs. 1 GG,[29] weswegen § 5 Abs. 2 Satz 2 EuRAG keinen Eingriff in den Schutzbereich des Art. 12 Abs. 1 GG darstellt.

b) Eingriffe in den Schutzbereich des Art. 12 Abs. 1 GG durch Werberegelungen für Ärzte

Die für Ärzte in Bayern geltenden Werberegelungen sind als standesrechtliche Normen allesamt in der Berufsordnung für die Ärzte Bayerns (BayBOÄ) enthalten. § 27 Abs. 1 Satz 1 BayBOÄ erlaubt dem Arzt sachliche Informationen, § 27 Abs. 1 Satz 3 BayBOÄ untersagt dem Arzt berufswidrige Werbung, Satz 4 schließlich stellt fest, worin diese besteht. Die drei zusammenhängend zu lesenden Sätze stellen einen Eingriff dar: Jede berufswidrige Werbung – und berufswidrig ist eine Werbemaßnahme dann, wenn sie unsachlich ist – wird verboten. Eingriffe in die Berufsfreiheit im Sinne der oben genannten weiten Eingriffsdefinition[30] enthalten ferner Kap. D I Nr. 2 bis 5 BayBOÄ, jeweils i. V. m. § 27 Abs. 1 Satz 2 BayBOÄ, die Vorschriften über Form, Inhalt und Umfang gewisser Werbeträger machen, insoweit, als sie alle anderen Gestaltungen von Praxisschildern, Anzeigen, Verzeichnissen, Patienteninformationen in den Praxisräumen, öffentlich abrufbaren Arztinformationen in Computerkommunikationsnetzen und Ankündigungen auf Briefbö-

---

28 Vgl. zu dieser Auslegung des mißverständlich formulierten § 9 Abs. 3 BORA *Römermann,* in: Hartung / Holl, Berufsordnung, 2. Aufl., § 9 BO, Rn. 77 f.

29 Vgl. 1. b).

30 Vgl. vor a).

gen, Rezeptvordrucken, Stempeln sowie im sonstigen beruflichen Schriftverkehr verbieten als diejenigen, die detailliert beschrieben werden. Kap. D I Nr. 1 BayBOÄ, auf den § 27 BayBOÄ nicht verweist, enthält in Satz 1 die Feststellung, daß die Information anderer Ärzte möglich ist. Ein Eingriff liegt hierin nicht, jedoch in Satz 2, wonach jede berufswidrig werbende Herausstellung der eigenen Tätigkeit untersagt ist.

§ 27 Abs. 2 BayBOÄ, der dem Arzt die Veranlassung oder Duldung berufswidriger Werbung durch Dritte verbietet, und § 28 BayBOÄ, der andere als sachliche und berufswidrig werbende Veröffentlichungen und Vorträge medizinischen Inhalts ausschließt, enthalten ebenso wie § 11 Abs. 2 Satz 2 und § 34 Abs. 3 Satz 1 BayBOÄ, der ein striktes Verbot aufstellt, für Arznei- und ähnliche Mittel zu werben, Eingriffe in die Berufsausübungsfreiheit. Gleiches gilt für § 34 Abs. 3 Satz 2 BayBOÄ, der den Arzt dazu verpflichtet, eine Verwendung seiner Gutachten oder Zeugnisse zu Werbezwecken zu untersagen.

c) Eingriffe in den Schutzbereich des Art. 12 Abs. 1 GG durch Werberegelungen für Apotheker

In den Werberegelungen der BayBOApo finden sich mehrere Eingriffe in die Freiheit der Berufsausübung. § 8 Abs. 2 Satz 1 BayBOApo erlaubt lediglich angemessene Werbung, schließt also alle anderen Werbemaßnahmen aus, worin ein Eingriff liegt. § 8 Abs. 2 Satz 2 BayBOApo verweist hinsichtlich der Frage, worin unangemessene Werbung besteht, auf die von der Delegiertenversammlung als Bestandteil der Berufsordnung beschlossenen Werberichtlinien (WRL), deren Aufzählung nicht abschließend ist. Die in Abschnitt II Abs. 1 bis 11 WRL vorgenommenen Konkretisierungen enthalten keine eigenständigen Eingriffe in die Berufsausübungsfreiheit; der Eingriff wird auch in den Fallgruppen der Werberichtlinien über § 8 Abs. 2 Sätze 1, 2 BayBOApo vermittelt. Durch jeden Absatz des Abschnitts II WRL wird i. V. m. § 8 Abs. 2 Sätze 1, 2 BayBOApo in die Freiheit der Berufsausübung eingegriffen.

II. Art. 5 Abs. 1 Satz 1, 1. Hs. GG: Freiheit der Meinungsäußerung

Werbebeschränkungen des Berufs- und Standesrechts verletzen möglicherweise auch das Grundrecht der Freiheit der Meinungsäußerung, das in Art. 5 Abs. 1 Satz 1, 1. Hs. GG garantiert wird.

1. Schutzbereich des Art. 5 Abs. 1 Satz 1, 1. Hs. GG

Neben der Frage, inwiefern der Schutzbereich des Art. 5 Abs. 1 Satz 1, 1. Hs. GG betroffen ist, [vgl. a)], muß geklärt werden, in welchem Verhältnis die Schutzbereiche des Art. 12 Abs. 1 und des Art. 5 Abs. 1 GG zueinander stehen [vgl. hierzu b)].

a) Betroffenheit des Schutzbereichs des Art. 5 Abs. 1 Satz 1, 1. Hs. GG

Art. 5 Abs. 1 Satz 1, 1. Hs. GG schützt die Freiheit der Meinungsäußerung. Strittig ist, ob man in Werbeaussagen eine Meinungsäußerung sehen kann, ob also auch für sie der Schutzbereich des Art. 5 Abs. 1 Satz 1, 1. Hs. GG eröffnet ist.[31]

Für den Begriff der „Meinung" kennzeichnend ist das „Element der Stellungnahme, des Dafürhaltens, des Meinens im Rahmen der geistigen Auseinandersetzung; auf den Wert, die Richtigkeit, die Vernünftigkeit der Äußerung kommt es nicht an."[32] Werbemaßnahmen, auch solche von Freiberuflern, erfüllen diese Voraussetzungen. Daran ändert auch der Umstand nichts, daß – wie zur Ablehnung der Frage, ob Wirtschaftswerbung in den Schutzbereich der Meinungsäußerungsfreiheit fällt, vorgebracht wird[33] – Werbemaßnahmen weniger eine Meinung äußern wollen, als vielmehr auf eine Beeinflussung der Verbraucher gerichtet sind. Entgegen der v. a. in älteren Entscheidungen zu findenden Ansicht, im Hinblick auf Werbung sei der Schutzbereich des Art. 5 Abs. 1 Satz 1, 1. Hs. GG nicht eröffnet,[34] sind Werbemaßnahmen, auch solche von Freiberuflern, mit weiten Teilen des Schrifttums und der neueren höchstrichterlichen Rechtsprechung als Meinungsäußerungen zu bewerten,[35] allerdings nicht etwa deswegen, weil eine saubere Trennung zwischen kommerzieller Werbung und anderen (werblichen) Äußerungen nicht möglich wäre.[36]

Ob auch Tatsachenäußerungen und damit auch die reine Informationswerbung durch die Meinungsäußerungsfreiheit geschützt werden, ist fraglich. Zwar spricht

---

31 Verneinend: BVerfGE 40, 371, 382; BGHSt 5, 12, 22; 8, 360, 379; *Oppermann,* in: FS für Wacke, S. 393, 398 ff.; bejahend: *Bethge,* in: Sachs, GG, Art. 5, Rn. 25 a; *Jarass,* NJW 1982, S. 1833, 1834; *Kornblum,* AnwBl. 1988, S. 361, 363; *Lerche,* Werbung und Verfassung, S. 77 ff.; *Papier/Petz,* NJW 1994, S. 1553, 1561; *Starck,* in: v. Mangoldt/Klein, GG, Art. 5, Rn. 25; *Sue,* Anwaltliches Standesrecht, S. 140 ff.; *Tettinger,* in: Sachs, GG, Art. 12, Rn. 25 a; *Wacke,* in: FS für Schack, S. 197, 201 ff.; *Zuck,* NJW 1979, S. 1121, 1126.

32 BVerfGE 61, 1, 8.

33 Vgl. z. B. BVerwG, NJW 1954, S. 1133, 1134.

34 Vgl. z. B. BVerfGE 40, 371, 382; BVerwGE 2, 172, 178 f.; BGHSt 8, 360, 379.

35 Vgl. BVerfGE 71, 162, 175; *Friedrich,* WRP 1972, S. 113; unklar *Forstmann,* WRP 1977, S. 461, 463; *Jarass,* NJW 1982, S. 1833, 1834; *Lerche,* Werbung und Verfassung, S. 86; *Weides,* WRP 1976, S. 585, 587; *Wendt,* in: v. Münch/Kunig, GG, Art. 5, Rn. 11; *Zuck,* NJW 1979, S. 1121, 1126.

36 Vgl. aber *Ring,* Wettbewerbsrecht, S. 131.

einiges für die Ausklammerung solcher Tatsachenäußerungen aus dem Schutzbereich, etwa die deutliche Unterscheidbarkeit von Meinungen und Tatsachen im Hinblick auf ihren Wahrheitsgehalt;[37] indes ist zu beachten, daß in jeder Tatsachenäußerung regelmäßig zumindest konkludent auch ein Werturteil enthalten ist.[38] Das BVerfG sieht daher als eine Art Kompromißlösung auch Äußerungen, die Meinungselemente enthalten, als von Art. 5 Abs. 1 Satz 1, 1. Hs. GG geschützt an, wenn sich diese „Elemente [...] mit Elementen einer Tatsachenmitteilung oder -behauptung verbinden oder vermischen."[39] Werbung enthält Aussagen über die Leistungsfähigkeit des Werbenden. Selbst wenn diese Aussagen – wie es im Falle freiberuflicher Werbung häufig der Fall ist – sachlich-nüchterne Tatsachen enthalten, zeigen sich doch allein durch den Vorgang des Werbens wertende Elemente. Unter den Schutzbereich der Meinungsäußerungsfreiheit fällt daher auch die bloße Informationswerbung.

Als Menschenrecht steht die Meinungsäußerungsfreiheit des Art. 5 Abs. 1 Satz 1, 1. Hs. GG nicht nur deutschen, sondern auch ausländischen Freiberuflern zu.

Der Schutzbereich des Art. 5 Abs. 1 Satz 1, 1. Hs. GG ist im Hinblick auf Werbebeschränkungen des Berufs- und Standesrechts eröffnet.[40]

b) Verhältnis der Schutzbereiche von Art. 5 Abs. 1 Satz 1, 1. Hs. und Art. 12 Abs. 1 GG zueinander

Da durch Werbung von Freiberuflern die Schutzbereiche zweier Grundrechte berührt werden, stellt sich die Frage, wie sich diese zueinander verhalten. Beide Grundrechte könnten im Verhältnis der Spezialität zueinander stehen mit der Folge, daß eines von beiden durch das andere verdrängt würde; möglich wäre auch, daß beide Grundrechte gleichberechtigt nebeneinander stünden, wobei dann offen wäre, anhand welcher Schranken man Eingriffe bewerten müßte.

Ein Teil der Literatur vertritt die Ansicht, daß Werbung zwar in den Schutzbereich sowohl von Art. 5 Abs. 1 Satz 1, 1. Hs. als auch von Art. 12 Abs. 1 GG fällt, letzterer als Spezialgesetz jedoch die Meinungsäußerungsfreiheit verdränge:[41] es bestehe die Gefahr, daß im Falle einer gleichwertigen Anwendung beider Grundrechte deren Schranken zuungunsten des Grundrechtsträgers kumuliert würden.[42] Eine andere Ansicht will die Meinungsäußerungsfreiheit gegenüber der Berufsfrei-

---

37 Vgl. *Pieroth/Schlink,* Staatsrecht II, 16. Aufl., Rn. 552; vgl. auch *Bethge,* in: Sachs, GG, Art. 5, Rn. 27 ff.

38 Vgl. auch BVerfGE 12, 205, 260.

39 BVerfGE 61, 1, 9.

40 Vgl. für die entsprechende Rechtslage in den USA *Hempfing/Röhm,* JZ 1977, S. 710 ff.

41 So z. B. *Oppermann,* in: FS für Wacke, S. 393, 402; *Leisner,* Berufsordnungsrecht und Werbeverbote, S. 99.

42 Vgl. *Oppermann,* in: FS für Wacke, S. 393, 400.

heit vorrangig anwenden, weil die gegenüber Art. 12 Abs. 1 Satz 2 GG strengere Schrankenregelung des Art. 5 Abs. 2 GG stärkeren Schutz gewähre.[43] Nach einer dritten Meinung[44] sollen beide Grundrechte nebeneinander auf Werbemaßnahmen angewendet werden: „Auch ist [...] nicht etwa gesagt, daß die Einbettung entsprechender Werbemaßnahmen in Art. 5 GG sonstige Verfassungslokalisierungen (Art. 12, 14) ausschlösse; [...]. Das bedeutet, daß der prinzipielle verfassungsrechtliche Standort der Werbung notwendigerweise im Koordinatennetz der Art. 12 I, 14 I und 5 I GG liegen muß, sofern die konkrete wirtschaftswerbende Aussage überhaupt meinungsrechtlichen Gehalt besitzt."[45]

Gegen eine Verdrängung der Meinungsäußerungsfreiheit durch die Berufsfreiheit spricht, daß dadurch die eigenständige Garantie kommerzieller Werbung durch Art. 5 Abs. 1 Satz 1, 1. Hs. GG unzulässig eingeschränkt wird.[46] Auch stehen Art. 5 Abs. 1 Satz 1, 1. Hs. GG und Art. 12 Abs. 1 GG nicht im Verhältnis der Spezialität zueinander, was eine Verdrängung des einen Grundrechts durch das andere ausschließt. Voraussetzung für eine Spezialität wäre, daß das eine Grundrecht das strittige Verhalten durch gegenüber dem anderen Grundrecht zusätzliche Merkmale erfaßt.[47] Art. 12 Abs. 1 GG müßte, enthielte er wirklich das speziellere Grundrecht, Werbemaßnahmen unter allen Aspekten schützen, die auch schon von Art. 5 Abs. 1 GG berücksichtigt werden; darüber hinaus müßte er noch zusätzliche Merkmale aufweisen – letztere Voraussetzung wäre durch den spezifisch wirtschaftlichen Schutz, den Art. 12 Abs. 1 GG vermittelt, gegeben. Die erstgenannte Voraussetzung aber, daß Art. 12 Abs. 1 GG Werbung unter allen Aspekten des Art. 5 Abs. 1 GG schützt, liegt nicht vor: Der spezifische Kommunikationsbezug von Werbemaßnahmen wird nur durch Art. 5 Abs. 1 Satz 1, 1. Hs. GG garantiert; insbesondere freiberufliche Werbung, die sich auf komplexe ideelle Güter bezieht, lebt von hoher Kommunikationsdichte. Die Voraussetzungen einer Spezialität des Schutzbereichs von Art. 12 Abs. 1 gegenüber dem des Art. 5 Abs. 1 Satz 1, 1. Hs. GG sind also nicht erfüllt.

Das gegen eine gleichwertige Anwendung von Art. 5 Abs. 1 Satz 1, 1. Hs. und Art. 12 Abs. 1 GG vorgebrachte Argument der Schrankenkumulierung trägt nicht: Eine solche Kumulation von Grundrechtsschranken zuungunsten des Bürgers findet nicht statt, da Eingriffe in die Meinungsäußerungsfreiheit wegen des qualifizierten Gesetzesvorbehalts in Art. 5 Abs. 2 GG schwerer möglich sind als in andere Grundrechte.

Die Ansicht, die aufgrund der unterschiedlichen Schrankenregelungen in Art. 12 Abs. 1 Satz 2 und Art. 5 Abs. 2 GG Werbemaßnahmen nur unter dem Aspekt des Art. 5 Abs. 1 GG behandeln will, ist ebenfalls abzulehnen: Aufgrund unterschiedli-

---

43 Diese Ansicht vertritt *A. Koch*, Kommunikationsfreiheit, S. 68.

44 Vgl. z. B. *Jarass*, NJW 1982, S. 1833, 1834; *Lerche*, Werbung und Verfassung, S. 85.

45 *Lerche*, Werbung und Verfassung, S. 85.

46 Vgl.auch *Weides*, WRP 1976, S. 585, 587 ff.

47 Vgl. z. B. *Pieroth/Schlink*, Staatsrecht II, 11. Aufl., Rn. 371.

cher Schranken von zwei einschlägigen Grundrechten nur eines anzuwenden, ist methodisch nicht korrekt, da hierin ein unzulässiger Schluß von einer Rechtsfolge (der Beschränkbarkeit eines Grundrechts) auf deren Voraussetzungen (Anwendbarkeit eines Grundrechts) liegt.

Weil weder ein Spezialitätsverhältnis zwischen Art. 5 Abs. 1 Satz 1, 1. Hs. und Art. 12 Abs. 1 GG zugunsten des letzteren Grundrechts vorliegt, noch bei gleichzeitiger Anwendung beider Grundrechte eine Schrankenkumulation zuungunsten des Bürgers stattfindet, sind Werbemaßnahmen von Freiberuflern an beiden Grundrechten zu messen. Dieser Befund schließt jedoch nicht aus, daß jedes Grundrecht je nach Fallgestaltung unterschiedlich stark betroffen sein kann.

Art. 12 Abs. 1 GG ist im Kernbereich seiner Gewährleistungsgarantie berührt: zur selbständigen Berufstätigkeit, die typisch für Freiberufler ist, gehört es wesentlich, für die eigene Arbeit zu werben. Werbung für die eigene Tätigkeit ist zwar auch, aber nicht nur die Äußerung einer Meinung; anders als reine Meinungsäußerungen dient Werbung nicht nur der Beteiligung an einem kommunikativen Prozeß, sondern verfolgt auch wirtschaftliche Ziele. Deswegen ist die durch Art. 5 Abs. 1 Satz 1, 1. Hs. GG gewährleistete Meinungsfreiheit regelmäßig nicht im Kernbereich betroffen. Anders ist die Situation in den (selteneren) Fällen, in denen Freiberufler sich Werbemaßnahmen bedienen, bei denen die Meinungsäußerung ersichtlich im Vordergrund steht, etwa bei Buchveröffentlichungen, die auch autobiographische Züge enthalten:[48] Hier ist die Meinungsfreiheit dann zentral berührt, wenn es dem Autor weniger auf die Gewinnung neuer Mandanten bzw. Patienten oder Kunden als vielmehr auf die Meinungsäußerung als solche ankommt, z. B. auf die Anerkennung einer revolutionären Arbeitsmethode (etwa der vom BVerfG abgehandelten sogenannten Frischzellentherapie);[49] ein Kriterium für die Ermittlung des Grades der Betroffenheit einschlägiger Grundrechte können z. B. Absichten des Freiberuflers sein, wenn man diese überzeugend nachprüfen kann.

2. Eingriffe in den Schutzbereich des Art. 5 Abs. 1 Satz 1, 1. Hs. GG

a) Eingriffe durch Werberegelungen für Rechtsanwälte

§ 43 b BRAO und § 6 Abs. 1 BORA enthalten Eingriffe in den Schutzbereich des Art. 5 Abs. 1 Satz 1, 1. Halbsatz GG. In § 6 Abs. 2 Satz 1 BORA hingegen liegt, da es sich bei ihm nur um die Feststellung handelt, welche Informationsmittel zulässig sind, kein Eingriff, da die Aufzählung nicht abschließend ist.[50] Ebenso verhält es sich mit § 6 Abs. 2 Satz 2 BORA. Eingriffe hingegen liegen in § 6 Abs. 3, 4 und § 7 BORA, der dadurch, daß er die Angabe von Interessen- und Tä-

48 Vgl. BVerfGE 71, 162 ff.

49 Vgl. BVerfGE 71, 162, 182.

50 Vgl. *Römermann*, in: Hartung / Holl, Berufsordnung, 2. Aufl., § 6 BO, Rn. 112.

tigkeitsschwerpunkten von gewissen Voraussetzungen abhängig macht, die Freiheit der Meinungsäußerung empfindlich beschneidet. § 8 Satz 1 BORA enthält, anders als § 8 Satz 2 BORA, der lediglich die Möglichkeit der Bekanntgabe der Mitgliedschaft in einer EWIV feststellt, einen Eingriff. § 9 Abs. 1 Satz 1 BORA enthält mit der Feststellung, es könne bei gemeinsamer Berufsausübung eine Kurzbezeichnung geführt werden, lediglich eine Selbstverständlichkeit,[51] jedoch keinen Eingriff; § 9 Abs. 1 Satz 2 BORA und § 9 Abs. 3 BORA stellen Eingriffe dar; nicht so § 9 Abs. 2 BORA, der die Fortführung der Namen früherer Kanzleiangehöriger erlaubt. Die detaillierten Vorschriften des § 10 BORA über die formale und inhaltliche Gestaltung von Briefbögen enthalten hinsichtlich aller ausgeschlossenen Elemente Eingriffe, ebenso § 29 BORA i. V. m. Nr. 2.6 CCBE-Berufsregeln dann, wenn er gegenüber der eine entsprechende nationale Fallgestaltung betreffenden deutschen Regelung strenger ist. § 5 Abs. 2 Satz 2 EuRAG enthält einen Eingriff in die Meinungsfreiheit der unter das EuRAG fallenden ausländischen Rechtsanwälte.

b) Eingriffe durch Werberegelungen für Ärzte

§ 27 Abs. 1 BayBOÄ verhindert „berufswidrige" Werbung, wobei hierunter unsachliche, insbesondere anpreisende Werbung verstanden wird. Diese Norm enthält einen empfindlichen Eingriff in die Freiheit der Meinungsäußerung. Kap. D I Nr. 2 bis 5 BayBOÄ, jeweils i. V. m. § 27 Abs. 1 BayBOÄ, normieren Form, Inhalt und Umfang gewisser Werbeträger und greifen damit in den Schutzbereich des Art. 5 Abs. 1 Satz 1, 1. Hs. GG ein, der auch die Freiheit der Form der Meinungsäußerung schützt. Gleiches gilt für Kap. D I Nr. 1 Satz 2 BayBOÄ. Das Verbot, Werbung durch andere weder zu veranlassen noch zu dulden (vgl. § 27 Abs. 2 BayBOÄ), greift ebenso wie die Werbebeschränkungen der §§ 28, 34 Abs. 3 BayBOÄ in die Meinungsäußerungsfreiheit ein.

c) Eingriffe durch Werberegelungen für Apotheker

§ 8 Abs. 2 Satz 1 BayBOApo erlaubt dem einzelnen Apotheker „angemessene" Werbung, womit im wesentlichen sachliche Informationen gemeint sind; Anpreisungen, die dem Schutzbereich der Meinungsäußerungsfreiheit unterfallen, sind hiernach nicht erlaubt; deswegen liegt in der Norm ein Eingriff in diesen Schutzbereich. Worin unangemessene Werbung besteht, wird in der nicht abschließenden Aufzählung der Werberichtlinien festgelegt, die Bestandteil der Berufsordnung sind. Diese in Abschnitt II Abs. 1 bis 11 WRL festgelegten Vorgaben sind Konkretisierungen des § 8 Abs. 2 Satz 1 BayBOApo, stellen also keine eigenständigen Eingriffe dar; ein Eingriff liegt jeweils im entsprechenden Absatz der WRL i. V. m. § 8 Abs. 2 BayBOApo.

---

[51] Vgl. *Römermann*, in: Hartung / Holl, Berufsordnung, 2. Aufl., § 9 BO, Rn. 10.

III. Art. 5 Abs. 1 Satz 2, 1. Alt. GG: Pressefreiheit

Sieht man in der durch Art. 5 Abs. 1 Satz 2, 1. Alt. GG garantierten Pressefreiheit nicht nur einen Unterfall der Meinungsfreiheit, sondern ein eigenständiges Grundrecht,[52] kann auch sie relevant werden. Unter Presse werden alle zur Verbreitung geeigneten und bestimmten Druckerzeugnisse verstanden.[53] Der Schutzbereich der Pressefreiheit „reicht von der Beschaffung der Information bis zur Verbreitung der Nachrichten und Meinungen"[54], steht allerdings nur den im Pressewesen tätigen Personen und Unternehmen zu.[55] Freiberufler gehören dann zu diesem Kreis, wenn sie sich z. B. als Autor über ihre berufliche Tätigkeit in Buch- oder Artikelform äußern.[56] Vom Schutzbereich werden insbesondere auch Zeitungsanzeigen umfaßt.[57] Ob die Pressefreiheit im Kernbereich ihrer Gewährleistung betroffen ist, und wie sie sich zu anderen Grundrechten verhält, muß anhand der Besonderheiten des einzelnen Falles festgestellt werden.

Werbebeschränkungen können in Fallkonstellationen, in denen sich Freiberufler im Pressewesen betätigen, Eingriffe in den Schutzbereich der Pressefreiheit darstellen.[58]

IV. Art. 5 Abs. 1 Satz 2, 2. u. 3. Alt. GG: Rundfunk- bzw. Filmfreiheit

Für Werbemaßnahmen von Freiberuflern, die diese mittels Radio oder Fernsehen vornehmen, ist der Schutzbereich der Rundfunkfreiheit eröffnet: Unter dem Begriff „Rundfunk" ist Hör- und Fernsehfunk zu verstehen;[59] geschützt werden alle mit der Veranstaltung von Rundfunkprogrammen zusammenhängenden Tätigkeiten;[60] insbesondere unterfällt auch Werbung dem Schutzbereich.[61] Werbebe-

---

52 Vgl. BVerfGE 10, 118, 121; 12, 205, 260; 20, 162, 176; 21, 272, 279; zum unterschiedlichen Gehalt vgl. etwa *Jarass*, NJW 1981, S. 193, 194.

53 Vgl. *Bethge*, in: Sachs, GG, Art. 5, Rn. 68; *Herzog*, in: Maunz / Dürig, GG, Art. 5 Abs. I, II, Rn. 129; *Starck*, in: v. Mangoldt / Klein, GG, Art. 5, Rn. 59 ff.

54 BVerfGE 20, 162, 176; vgl. *Wendt*, in: v. Münch / Kunig, GG, Art. 5, Rn. 33.

55 Vgl. BVerfGE 20, 162, 175.

56 Vgl. die Fallkonstellation der „Frischzellentherapie"-Entscheidung BVerfGE 71, 162, in der das BVerfG jedoch die Pressefreiheit nicht gesondert abhandelt; s. auch *Jarass*, NJW 1982, S. 1833, 1834.

57 Vgl. *Wendt*, in: v. Münch / Kunig, GG, Art. 5, Rn. 32.

58 Vgl. auch das Vorbringen des Beschwerdeführers in BVerfGE 71, 162, 168.

59 Vgl. *Wendt*, in: v. Münch / Kunig, GG, Art. 5, Rn. 57; näher zum Schutzbereich *Bethge*, in: Sachs, GG, Art. 5, Rn. 90 ff.; *Starck*, in: v. Mangoldt / Klein, GG, Art. 5, Rn. 91 ff.

60 Vgl. BVerfGE 77, 65, 74; 78, 101, 103; *Schulze-Fielitz*, in: Dreier, GG, Art. 5 I, II, Rn. 80; *Starck*, in: v. Mangoldt / Klein, GG, Art. 5, Rn. 103.

61 Vgl. *Starck*, in: v. Mangoldt / Klein, GG, Art. 5, Rn. 102; *Wendt*, in: v. Münch / Kunig, GG, Art. 5, Rn. 47.

schränkungen, die sich auf Werbemaßnahmen im Rundfunk beziehen, können Eingriffe in die Rundfunkfreiheit darstellen.

Entsprechendes gilt für die durch Art. 5 Abs. 1 Satz 2, 3. Alt. GG garantierte Filmfreiheit, die z. B. bei Werbespots von Freiberuflern in Kinos bedeutsam werden kann.[62]

V. Art. 5 Abs. 3 Satz 1, 1. Alt. GG: Kunstfreiheit

Da eine abschließende Definition des Begriffs „Kunst" nicht möglich ist,[63] unterscheidet das BVerfG mehrere Kunstbegriffe:[64] einen materialen[65], einen formalen – Kriterium ist bei diesem die Zuordenbarkeit eines Werks zu einem bestimmten Typ –, und einen gleichsam offenen Kunstbegriff.[66] Zum Schutzbereich der Kunstfreiheit gehören die künstlerische Betätigung und die Darstellung der Ergebnisse dieser Betätigung in der Öffentlichkeit.[67] In Ausnahmefällen können Werbemaßnahmen von Freiberuflern, wenn sie künstlerisch gestaltet sind, einem der vom BVerfG vertretenen Kunstbegriffe unterfallen.[68] Werbebeschränkungen stellen sich dann als Eingriffe auch in den Schutzbereich der Kunstfreiheit dar.

VI. Art. 5 Abs. 3 Satz 1, 2. Alt. GG: Wissenschaftsfreiheit

Der Schutzbereich der durch Art. 5 Abs. 3 Satz 1, 2. Alt. GG gewährleisteten Freiheit der Wissenschaft ist im Bereich freiberuflicher Werbebeschränkungen nicht eröffnet. Werbemäßige Ankündigungen können „schon ihrer Natur nach nicht als Wissenschaft im Sinne eines ernsthaften, planmäßigen Versuchs zur Ermittlung der Wahrheit angesehen"[69] werden. Freiberufler werden durch Werbebeschränkungen weder an wissenschaftlicher Betätigung noch an einer öffentlichen Verbreitung der dabei gewonnenen Erkenntnisse gehindert.[70]

---

62 Zum Schutzbereich der Filmfreiheit vgl. *Bethge,* in: Sachs, GG, Art. 5, Rn. 116 ff.; *Schulze-Fielitz,* in: Dreier, GG, Art. 5 I, II, Rn. 84 f.; *Starck,* in: v. Mangoldt / Klein, GG, Art. 5, Rn. 152 ff.; *Wendt,* in: v. Münch / Kunig, GG, Art. 5, Rn. 61.

63 Vgl. BVerfGE 67, 213, 225; differenzierend *Wendt,* in: v. Münch / Kunig, GG, Art. 5, Rn. 89.

64 Zur Einteilung vgl. z. B. *Wendt,* in: v. Münch / Kunig, GG, Art. 5, Rn. 89 f.

65 Vgl. BVerfGE 30, 173, 188 f.

66 Vgl. BVerfGE 67, 213, 226 ff.

67 Vgl. BVerfGE 30, 173, 189.

68 Vgl. auch *Skouris,* EuZW 1995, S. 438, 441.

69 BVerfGE 71, 162, 176; vgl. zum Schutzbereich z. B. *Wendt,* in: v. Münch / Kunig, GG, Art. 5, Rn. 100.

70 Vgl. BVerfGE 71, 162, 176.

VII. Art. 14 Abs. 1 GG: Freiheit des Eigentums

Zum durch Art. 14 Abs. 1 GG gewährleisteten Eigentum zählen alle privatrechtlichen vermögenswerten Rechte und Güter[71] sowie solche öffentlich-rechtlichen Rechte, bei denen der rechtsbegründende Sachverhalt dem „einzelnen eine Rechtsposition verschafft, die der des Eigentümers entspricht."[72] Durch Art. 14 Abs. 1 GG werden nur der Bestand und die Nutzung dieser Güter garantiert, nicht jedoch der Erwerb. Dieser wird unter anderem durch Art. 12 Abs. 1 GG geschützt.[73] Bloße Gewinnchancen, Erwartungen und Aussichten unterfallen daher nicht dem Eigentumsgrundrecht.[74] Werbebeschränkungen für Freiberufler schmälern allenfalls solche bloßen Aussichten. Der Schutzbereich des Art. 14 Abs. 1 GG wird deswegen regelmäßig nicht berührt.[75]

Nur hinsichtlich der Gegenstände, mit denen Werbung getrieben wird, kann Art. 14 Abs. 1 GG im Einzelfall Wirkung entfalten.[76] Ausnahmsweise könnte Art. 14 Abs. 1 GG außerdem im Hinblick auf künstlerisch wertvolle Werbung einschlägig sein, nämlich unter Berücksichtigung der Tatsache, daß vom Schutzbereich Immaterialgüterrechte umfaßt, insbesondere auch die Verwertung geistigen Eigentums geschützt werden[77] (in diesem Bereich bezieht sich Art. 14 Abs. 1 GG nicht nur auf das Erworbene, sondern ausnahmsweise auch auf den Erwerb[78]). Das Grundrecht des Art. 14 Abs. 1 GG wäre in dieser Hinsicht jedoch nur dann einschlägig, wenn es dem Freiberufler bei der Verwendung seiner Werbemaßnahme weniger auf werbende Effekte, als auf die Verwertung der sich in der Werbung versteckenden künstlerischen oder ideellen Botschaft als solcher ankäme; Fälle dieser Art sind kaum denkbar.

---

71 Vgl. *Depenheuer,* in: v. Mangoldt / Klein, GG, Art. 14, Rn. 113 ff.; *Sieckmann,* in: Friauf / Höfling, GG, Art. 14, Rn. 43 ff.; *Wendt,* in: Sachs, GG, Art. 14, Rn. 22 ff.

72 BVerfGE 53, 257, 289; vgl. *Sieckmann,* in: Friauf / Höfling, GG, Art. 14, Rn. 47; *Wendt,* in: Sachs, GG, Art. 14, Rn. 28; differenzierend *Depenheuer,* in: v. Mangoldt / Klein, GG, Art. 14, Rn. 174 ff.

73 Vgl. BVerfGE 88, 366, 377; kritisch im Hinblick auf den Gewerbebetrieb *Wendt,* in: Sachs, GG, Art. 14, Rn. 49.

74 Vgl. BVerfGE 68, 193, 222; *Depenheuer,* in: v. Mangoldt / Klein, GG, Art. 14, Rn. 359; differenzierend *Wendt,* in: Sachs, GG, Art. 14, Rn. 44, 48 f.

75 Ebenso *Breuer,* Anwaltliche Werbung, S. 90.

76 Vgl. z. B. *Lerche,* Werbung und Verfassung, S. 88.

77 Vgl. insbesondere die Entscheidungen BVerfGE 31, 229; 31, 270; *Bryde,* in: v. Münch / Kunig, GG, Art. 14, Rn. 17; *Wieland,* in: Dreier, GG, Art. 14, Rn. 51 f.

78 Vgl. *Rittstieg,* in: AK-GG, Art. 14 / 15, Rn. 117.

VIII. Art. 101 Abs. 1 Satz 1 GG: Verbot von Ausnahmegerichten

Darin, daß Verstöße gegen Werbebeschränkungen von den Berufsgerichten geahndet werden können, liegt möglicherweise ein mittelbarer Verstoß gegen das Verbot von Ausnahmegerichten. Hierunter sind Gerichte zu verstehen, die entweder keine gesetzliche Grundlage haben, oder zwar eine gesetzliche Grundlage, aber keine abstrakt-generelle Festlegung ihrer Zuständigkeit.[79] Die früheren Ehren- und die heutigen Berufsgerichte waren / sind jedoch auf einer gesetzlichen Grundlage errichtet.[80] Auch werden ihre Kompetenzen abstrakt-generell festgelegt.[81] Die Berufsgerichte sind daher keine unzulässigen Ausnahmegerichte, sondern Gerichte für besondere Sachgebiete im Sinne des Art. 101 Abs. 2 GG.[82] Ein Verstoß gegen Art. 101 Abs. 1 Satz 1 GG scheidet schon aus diesem Grund aus.

IX. Art. 103 Abs. 2 GG: Gesetzlichkeitsgebot

Gem. Art. 103 Abs. 2 GG kann eine Tat nur bestraft werden, wenn die Strafbarkeit vor Tatbegehung gesetzlich bestimmt war. Die berufs- und standesrechtlichen Werbeverbote statuieren Berufspflichten. An Verstöße gegen solche Berufspflichten können berufsrechtliche Sanktionen geknüpft werden (vgl. § 113 BRAO, Art. 60 Abs. 1 BayHKaG), die bei Rechtsanwälten bis hin zur Ausschließung aus der Rechtsanwaltschaft (vgl. § 114 Abs. 1 Nr. 5 BRAO) reichen können; das Berufsrecht der Ärzte und Apotheker enthält zwar keine entsprechende Ausschlußregelung, sieht dafür aber andere schwerwiegende Maßnahmen vor, etwa Geldbußen bis zur Höhe von einhunderttausend Mark (vgl. Art. 61 Abs. 1 Nr. 2 BayHKaG). Fraglich ist, ob die genannten und andere berufsgerichtliche Sanktionen unter den Schutzbereich des Art. 103 Abs. 2 GG fallen; möglicherweise könnten dann auch berufs- und standesrechtliche Werbeverbote mittelbar gegen das Gesetzlichkeitsprinzip verstoßen.

Zwar spricht der Wortlaut gegen eine Erstreckung des Art. 103 Abs. 2 GG auf Sanktionen des Berufs- und Standesrechts;[83] wegen ihres den Kriminalstrafen ver-

---

79 Vgl. BVerfGE 3, 213, 223; vgl. *Kunig*, in: v. Münch / Kunig, GG, Art. 101, Rn. 6.

80 Vgl. für die Berufsgerichtsbarkeit der Rechtsanwälte §§ 92 ff. BRAO; für die der Ärzte und Apotheker Art. 62 ff. BayHKaG.

81 Vgl. für die Berufsgerichte der Rechtsanwälte §§ 113 ff. BRAO; für die der Ärzte und Apotheker Art. 60 ff. BayHKaG.

82 Vgl. z. B. BVerfGE 71, 162, 178; *Classen*, in: v. Mangoldt / Klein, GG, Art. 101, Rn. 64; *Degenhart*, in: Sachs, GG, Art. 101, Rn. 24; *Kunig*, in: v. Münch / Kunig, GG, Art. 101, Rn. 41 f.; kritisch zur anwaltlichen Berufsgerichtsbarkeit *Kleine-Cosack*, AnwBl. 1999, S. 565 ff.

83 Vgl. *Rüping*, in: Dolzer / Vogel, Bonner Kommentar, Art. 103 Abs. 2, Rn. 78; vgl. in diesem Zusammenhang auch die Problematik der Wiederaufnahme berufsgerichtlicher Ver-

gleichbaren Charakters aber muß Art. 103 Abs. 2 GG grundsätzlich auch für diese Sanktionen gelten:[84] Der Begriff der Strafbarkeit im Sinne des Art. 103 Abs. 2 GG umfaßt alle staatlichen Maßnahmen, die „eine mißbilligende hoheitliche Reaktion auf ein schuldhaftes Verhalten“[85] enthalten, also auch die an Verstöße gegen Werbebeschränkungen geknüpften Sanktionen.[86]

Eine Ausprägung des Art. 103 Abs. 2 GG ist das Bestimmtheitsgebot:[87] Die Vorschrift, aufgrund deren eine berufsgerichtliche Maßnahme verhängt werden soll, muß für den einzelnen Berufsangehörigen erkennen lassen, was genau sie ihm verbietet. Bezweifelt werden kann die Bestimmtheit derjenigen Werbebeschränkungen, die sich auf Generalklauseln stützen. So ist fraglich, ob die auszufüllenden Rechtsbegriffe der „sachlichen Unterrichtung“ (vgl. §§ 43 b BRAO, 6 Abs. 1 BORA), „sachlichen Information“ (vgl. § 27 Abs. 1 Satz 1 BayBOÄ) und der „angemessenen Werbung“ (vgl. § 8 Abs. 2 BayBOApo) nicht möglicherweise das Bestimmtheitsgebot verletzen. Insbesondere im Hinblick auf Apotheker wird geltend gemacht, daß es für diese aufgrund ihrer Nähe zu anderen gewerblichen Berufen besonders schwer erkennbar sei, wie weit die Werberestriktionen ihres Berufsrechts reichen.[88] Allerdings ist eine „jede Einzelheit berücksichtigende Aufzählung der mit einem Beruf verbundenen Pflichten [...] nicht möglich. Der Gesetzgeber muß daher auf allgemein formulierte Regeln zurückgreifen und darf auch Generalklauseln verwenden, die die Berufspflichten pauschal umschreiben.“[89] Bedenken gegen eine unzureichende Bestimmtheit der Werbebeschränkungen speziell im Berufsrecht der Ärzte und Apotheker haben auch deshalb keinen Bestand, weil die Berufsordnungen beider Berufe Konkretisierungen der jeweiligen Generalklausel vornehmen (vgl. Kap. D I BayBOÄ und die Werberichtlinien der Bayerischen Apothekerkammer, die § 8 Abs. 2 BayBOApo ergänzen). Dies gilt auch, obwohl die Werberichtlinien die BayBOApo nicht abschließend ausfüllen, wie sich aus Abschnitt I WRL ergibt.

Problematisch im Hinblick auf Art. 103 Abs. 2 GG könnte indes sein, daß spezifisch berufs- und standesrechtliche Werbebeschränkungen für Rechtsanwälte, Ärzte und Apotheker ihren Ursprung im freiberuflichen Charakter dieser Professionen

---

fahren nach Nichtig- oder Unvereinbarerklärung einer Norm durch das BVerfG (vgl. § 79 BVerfGG), hierzu LBG für Heilberufe beim OVG NRW, Beschl. v. 15. 2. 2000 – 12 A 1082/97. T –, bei *Röver,* MedR 2000, S. 591; *Tisch,* PZ 1997, S. 4168 f.

84 So BVerfGE 26, 186, 203 f.; vgl. auch BVerfGE 33, 125, 164; *Nolte,* in: v. Mangoldt/Klein, GG, Art. 103, Rn. 106 f.; *Schulze-Fielitz,* in: Dreier, GG, Art. 103 II, Rn. 16; differenzierend *Degenhart,* in: Sachs, GG, Art. 103, Rn. 53 f.; vgl. auch *Husmann,* NJW 1970, S. 1070.

85 BVerfGE 26, 186, 204; vgl. *Kunig,* in: v. Münch/Kunig, GG, Art. 103, Rn. 19, 34.

86 Vgl. BVerfGE 60, 215, 233 f.

87 Vgl. *Kunig,* in: v. Münch/Kunig, GG, Art. 103, Rn. 21; *Nolte,* in: v. Mangoldt/Klein, GG, Art. 103, Rn. 97.

88 Vgl. *Ring,* Wettbewerbsrecht, S. 518.

89 BVerfGE 94, 372, 394.

haben. Wie dargestellt,[90] erreicht der Begriff „freier Beruf" als Typusbegriff nicht den gleichen Grad an Bestimmtheit wie ein abstrakter Begriff, weswegen es mit Art. 103 Abs. 2 GG nicht vereinbar wäre, Rechtsfolgen direkt an den freiberuflichen Charakter einer Tätigkeit zu knüpfen, da die Zuordnung einzelner Berufe zur Gruppe der freien nicht immer eindeutig möglich ist. Die berufs- und standesrechtlichen Regelungen für Rechtsanwälte, Ärzte und Apotheker knüpfen indes nicht Sanktionen an Verstöße etwa gegen den freiberuflichen Charakter der jeweiligen Tätigkeit, sondern an Verstöße gegen Verhaltensnormen, die dem Bestimmtheitsgebot entsprechen. Auch unter dem Aspekt, daß eine Reihe von Werbebeschränkungen für Rechtsanwälte, Ärzte und Apotheker auf Merkmale der Freiberuflichkeit zurückzuführen ist, liegt eine Verletzung des Art. 103 Abs. 2 GG durch die betreffenden Normen nicht vor.

X. Art. 2 Abs. 1 GG: Allgemeine Handlungsfreiheit

Art. 2 Abs. 1 GG gewährleistet nicht nur das Recht des einzelnen auf freie Entfaltung in einem Kernbereich seiner Persönlichkeit (so die Persönlichkeitskerntheorie[91]), sondern wird als Gewährleistung allgemeiner Handlungsfreiheit verstanden.[92] Art. 2 Abs. 1 GG dient als Auffanggrundrecht: Wird ein Sachverhalt von spezielleren Freiheitsgrundrechten erfaßt, tritt die allgemeine Handlungsfreiheit als subsidiär zurück.[93] Im Hinblick auf Werbebeschränkungen für Freiberufler gehen die Grundrechte aus Art. 5 Abs. 1 und Art. 12 Abs. 1 demjenigen aus Art. 2 Abs. 1 GG vor. Bezüglich ausländischer Freiberufler stellt sich die Frage, inwieweit Art. 2 Abs. 1 GG als personelles Auffanggrundrecht den Mangel an Grundrechtsschutz aus Art. 12 Abs. 1 GG, der ein Deutschengrundrecht ist,[94] kompensieren kann. Die Einschränkungen, die der Verfassunggeber durch die Schaffung von Deutschengrundrechten vorgegeben hat, dürfen nicht durch eine undifferenzierte Anwendung des Art. 2 Abs. 1 GG auf Sachverhalte, die auch von Deutschengrundrechten erfaßt werden, mißachtet werden.[95] Art. 2 Abs. 1 GG schützt jedoch im Hinblick auf einen bei Deutschengrundrechten bestehenden Menschenwürde- oder Menschenrechtsgehalt auch Ausländer.[96] Die Freiheit der Berufswahl wird in

---

90 Vgl. oben, Zweiter Teil, A. VI. 2.

91 Vgl. z. B. *Peters*, Entfaltung der Persönlichkeit, S. 48 f.

92 Vgl. z. B. BVerfGE 6, 32, 36 ff.; 80, 137, 152 ff.; *Dreier*, in: Dreier, GG, Art. 2 I, Rn. 20; *Höfling*, in: Friauf/Höfling, GG, Art. 2, Rn. 19 ff., 31 f.; *Murswiek*, in: Sachs, GG, Art. 2, Rn. 10 f.; *Starck*, in: v. Mangoldt/Klein, GG, Art. 2, Rn. 8.

93 Vgl. *Dreier*, in: Dreier, GG, Art. 2 I, Rn. 22, 66; *Murswiek*, in: Sachs, GG, Art. 2, Rn. 10; *Starck*, in: v. Mangoldt/Klein, GG, Art. 2, Rn. 47.

94 Vgl. zur personellen Reichweite des Art. 12 Abs. 1 GG oben, I. 1. b).

95 Vgl. z. B. BVerfGE 78, 179, 196 f.; *Dürig*, in: Maunz/Dürig, GG, Art. 2 I, Rn. 66; *Starck*, in: v. Mangoldt/Klein, GG, Art. 2, Rn. 42.

96 Vgl. *Starck*, in: v. Mangoldt/Klein, GG, Art. 2, Rn. 44; Art. 1, Rn. 184; kritisch *Dreier*, in: Dreier, GG, Art. 2 I, Rn. 31 f.; vgl. auch *Sachs*, in: Sachs, GG, vor Art. 1, Rn. 72 f.

Art. 23 Nr. 1 der Allgemeinen Erklärung der Menschenrechte[97] ausdrücklich anerkannt; im Hinblick auf den einheitlichen Charakter des Grundrechts aus Art. 12 Abs. 1 GG[98], das als Parallele zu Art. 23 Nr. 1 der Allgemeinen Erklärung der Menschenrechte angesehen werden kann, besitzt auch die Freiheit der Berufsausübung Menschenrechtsgehalt. Der Schutzbereich des Art. 2 Abs. 1 GG umfaßt daher auch die professionelle Betätigung ausländischer Freiberufler in Deutschland; damit sind Werbemaßnahmen dieser Personengruppe für ihre Berufstätigkeit ebenfalls geschützt.

Soweit berufs- und standesrechtliche Werbebeschränkungen die Möglichkeiten der Werbung eingrenzen, liegen hierin Eingriffe in die für Ausländer durch Art. 2 Abs. 1 GG garantierte Berufsausübungsfreiheit.

XI. Art. 3 Abs. 1 GG: Allgemeiner Gleichheitssatz

Der Regelungsbereich des Art. 3 Abs. 1 GG ist eröffnet, wenn eine verfassungsrechtlich relevante Ungleichbehandlung vorliegt. Das ist nach der konventionellen Formulierung des BVerfG („alte Formel") dann der Fall, wenn wesentlich Gleiches willkürlich ungleich oder wesentlich Ungleiches willkürlich gleich behandelt wird.[99] Die dieser Formulierung aufgrund ihrer größeren Differenziertheit grundsätzlich vorzuziehende[100] „neue Formel" fordert eine Andersbehandlung einer Gruppe von Normadressaten gegenüber einer anderen Gruppe Normadressaten, obwohl „zwischen beiden Gruppen keine Unterschiede von solcher Art und solchem Gewicht bestehen, daß sie die ungleiche Behandlung rechtfertigen können."[101] Erforderlich ist nach beiden Formeln ein gemeinsamer Oberbegriff (genus proximum), der Bezugspunkt für den Vergleich zwischen beiden Gruppen ist. Voraussetzung ist außerdem, daß die Ungleichbehandlung durch dieselbe Rechtssetzungsgewalt erfolgt;[102] der Gleichheitssatz bindet Hoheitsträger nämlich nur innerhalb ihres jeweiligen Kompetenzbereichs.[103] Hoheitsträger

---

97 Verkündet von der Generalversammlung der Vereinten Nationen am 10. 12. 1948 (Resolution 217 (III): Universal Declaration of Human Rights, in: United Nations, General Assembly, Official Records third Session (part I) Resolutions (Doc. A / 810), S. 71).

98 Vgl. BVerfGE 9, 338, 344 f.; *Manssen,* in: v. Mangoldt / Klein, GG, Art. 12, Rn. 2; *Scheuner,* DVBl. 1958, S. 845, 846; *Scholz,* in: Maunz / Dürig, GG, Art. 12, Rn. 14; *Tettinger,* in: Sachs, GG, Art. 12, Rn. 8, 8 a.

99 Vgl. z. B. BVerfGE 49, 148, 165; zur Willkürformel vgl. z. B. *Osterloh,* in: Sachs, GG, Art. 3, Rn. 8 ff.

100 Vgl. *Herzog,* in: Maunz / Dürig, GG, Anhang Art. 3, Rn. 10; differenzierend *Heun,* in: Dreier, GG, Art. 3, Rn. 20; *Starck,* in: v. Mangoldt / Klein, GG, Art. 3, Rn. 11.

101 BVerfGE 55, 72, 88; vgl. zur „neuen Formel" ausführlich *Osterloh,* in: Sachs, GG, Art. 3, Rn. 13 ff.

102 Vgl. BVerfGE 33, 224, 231; *Fastenrath,* JZ 1987, S. 170, 173.

103 Vgl. *Gubelt,* in: v. Münch / Kunig, GG, Art. 3, Rn. 8; *Heun,* in: Dreier, GG, Art. 3, Rn. 41; vgl. auch *Starck,* in: v. Mangoldt / Klein, GG, Art. 3, Rn. 226.

sind Bund, Länder und Körperschaften des öffentlichen Rechts,[104] also auch die Berufskammern.

1. Ungleichbehandlung von Rechtsanwälten, Ärzten und Apothekern gegenüber anderen Freiberuflern

Wählt man als Bezugspunkt die Gruppe der freiberuflich Tätigen, liegt eine Ungleichbehandlung von Rechtsanwälten, Ärzten und Apothekern im Hinblick auf Werbebeschränkungen nicht vor: Ähnlich strenge Regelungen über Werbung gibt es auch für Angehörige anderer freier Berufe;[105] die Tatsache, daß Werbebeschränkungen nur selbständig tätige Freiberufler betreffen, ist bloße Folge des Umstandes, daß verbeamtete Ärzte und Apotheker oder angestellte Rechtsanwälte keinen Anlaß haben, Werbung zu betreiben.[106]

2. Ungleichbehandlung von Rechtsanwälten und Ärzten gegenüber anderen Berufstätigen

Für Rechtsanwälte und Ärzte bestehen spezifisch berufs- und standesrechtliche Werbebeschränkungen. Es gibt Berufsgruppen, für die keine berufs- oder standesrechtlichen Werberestriktionen bestehen. Geht man von der Gesamtheit aller Berufstätigen aus (diese sei also das genus proximum), werden Rechtsanwälte und Ärzte durch die ihnen auferlegten spezifisch berufs- und standesrechtlichen Werbebeschränkungen gegenüber Angehörigen von Berufen ohne entsprechende Regelung ungleich behandelt. Verfassungsrechtlich relevant wäre diese Ungleichbehandlung dann, wenn sie durch dieselbe Rechtssetzungsgewalt erfolgte.

Werberegelungen für sämtliche Berufsgruppen, auch für diejenigen, die keine spezifisch berufs- oder standesrechtlichen Restriktionen kennen, gehören dem Bereich des Wettbewerbsrechts an. Die Regelung dieser Materie, deren wichtigstes Gesetz das UWG ist, unterliegt gem. Art. 74 Abs. 1 Nr. 11 GG der Kompetenz des Bundes.

Die berufsspezifischen Werberegelungen finden sich bei Rechtsanwälten in § 43 b BRAO und den §§ 6 ff. BORA. Die BRAO stammt vom Bundesgesetzgeber, die BORA hingegen von einem selbständigen Hoheitsträger, der Bundesrechtsanwaltskammer (der das Handeln der Satzungsversammlung zuzurechnen ist, wenngleich fraglich ist, ob diese Organ der Bundesrechtsanwaltskammer ist oder nicht[107]). Da lediglich § 43 b BRAO von derselben Gesetzgebungsgewalt stammt wie die allge-

---

104 Vgl. *Herzog*, in: Maunz / Dürig, GG, Anhang Art. 3, Rn. 38.

105 Vgl. z. B. die Regelungen für Steuerberater in § 57 a StBG, §§ 10 ff. BOStB.

106 Vgl. BVerfGE 71, 162, 176.

107 Vgl. näher oben, Dritter Teil, C. III. 5.

meinen Wettbewerbsregeln, liegt eine verfassungsrechtlich relevante Ungleichbehandlung von Rechtsanwälten gegenüber Angehörigen von Berufen, für die keine berufs- oder standesrechtlichen Werberestriktionen gelten, nur in dieser Vorschrift.

Berufsspezifische Werbebeschränkungen für Ärzte finden sich vornehmlich in den Berufsordnungen der Landesärztekammern, in Bayern in der BayBOÄ. Da die Berufskammern, etwa die Bayer. Landesärztekammer, eigenständige Hoheitsträger sind, liegt in den von ihnen stammenden Werbebeschränkungen keine verfassungsrechtlich relevante Ungleichbehandlung von Ärzten gegenüber den Berufstätigen, für die im Hinblick auf Werbemaßnahmen nur allgemeines Wettbewerbsrecht und / oder das ebenfalls bundesgesetzlich geregelte Heilmittelwerberecht[108] gilt.

3. Ungleichbehandlung von Apothekern gegenüber anderen Gewerbetreibenden

Anders als Rechtsanwälte und Ärzte sind Apotheker nicht nur Freiberufler, sondern auch Gewerbetreibende. Wählt man als Oberbegriff die Gesamtheit der Gewerbetreibenden, läßt sich ein Vergleich zwischen Apothekern und sonstigen Gewerbetreibenden durchführen.[109] Für Apotheker bestehen spezifisch berufs- und standesrechtliche Werbebeschränkungen. Ausdrücklich heißt es etwa in Abschnitt I WRL, daß „Apotheker nicht uneingeschränkt wie sonstige Gewerbetreibende werben“ können. Gegenüber anderen Gewerbetreibenden werden Apotheker folglich ungleich behandelt.

Diese Ungleichbehandlung wäre jedoch nur dann verfassungsrechtlich relevant, wenn sie von ein- und derselben Rechtssetzungsgewalt vorgenommen worden wäre. Beim früher für Apotheken geltenden Selbsbedienungsverbot konnte ein Verstoß gegen den Gleichheitssatz auch deswegen festgestellt werden, weil die Voraussetzung gleicher Rechtssetzungsgewalt erfüllt war: in § 10 Abs. 2 ApBetrO a. F. war ein generelles Verbot der Selbstbedienung mit Arzneimitteln in Apotheken festgelegt; § 52 Abs. 1 Satz 2 AMG a. F. ermöglichte das Inverkehrbringen von Arzneimitteln im Wege der Selbstbedienung, wenn eine sachkundige Person zur Verfügung stand, wobei diese Regelung gem. § 52 Abs. 3 AMG a. F. nicht für Apo-

---

108 Die konkurrierende Gesetzgebungskompetenz des Bundes gem. Art. 74 Abs. 1 Nr. 19 GG umfaßt auch Regelungen über Werbung für Arzneimittel, vgl. *v. Münch*, in: v. Münch / Kunig, GG, Art. 74, Rn. 95.

109 Vgl. BVerfG, Beschl. des Ersten Senats v. 14. 4. 1987 – 1 BvL 25 / 84 –, BVerfGE 75, 166, 179 ff. Nach heutiger Rechtslage dürfen Arzneimittel in Apotheken gem. § 17 Abs. 1 Satz 2 ApBetrO nur durch pharmazeutisches Personal ausgehändigt werden; gem. § 52 Abs. 1 Nr. 2 AMG gilt auch im übrigen Einzelhandel ein Selbstbedienungsverbot im Hinblick auf Arzneimittel, von dem jedoch gem. § 52 Abs. 3 AMG für nicht-apothekenpflichtige Medikamente für den Fall, daß eine sachkundige Person zur Verfügung steht, eine Ausnahme gemacht wird, die entgegen § 52 Abs. 3 AMG a. F. auch für Apotheken gilt (was sich e contrario zusätzlich aus § 17 Abs. 3 ApBetrO ergibt, wonach der Apotheker apothekenpflichtige Arzneimittel nicht im Wege der Selbstbedienung in den Verkehr bringen darf).

theken galt. Im Hinblick auf nicht-apothekenpflichtige Arzneimittel wurden Apotheker durch das Selbstbedienungsverbot also strenger behandelt als der sonstige Einzelhandel, dem die Ermöglichung von Selbstbedienung mit nicht-apothekenpflichtigen Arzneimitteln erlaubt war. Beide einschlägigen Normen stammten von derselben Rechtssetzungsgewalt; das Bundesgesundheitsministerium, das die ApBetrO aufgrund verschiedener Ermächtigungsgrundlagen in AMG und ApoG erlassen hat,[110] besitzt als bloße Behörde keine eigene Rechtspersönlichkeit, ist somit kein eigener Hoheitsträger. Im Gegensatz hierzu sind die Werberegelungen in den Berufsordnungen der Landesapothekerkammern von gegenüber dem Bund unabhängigen Hoheitsträgern erlassen worden; aus diesem Grund liegt eine verfassungsrechtlich relevante Ungleichbehandlung von Apothekern gegenüber anderen Gewerbetreibenden, die nur dem durch den Bund geregelten allgemeinen Wettbewerbs- und dem Heilmittelwerberecht unterliegen, nicht vor.[111]

4. Ergebnis zu Art. 3 Abs. 1 GG, Folgerungen

Das Ergebnis, daß Freiberufler sich hinsichtlich der für sie bestehenden besonderen Werbebeschränkungen nicht auf Art. 3 Abs. 1 GG berufen können – sieht man von § 43 b BRAO einmal ab –, ist durch die bundesstaatliche Kompetenzverteilung vorgegeben. Diese ermöglicht Differenzierungen, die sich durch unterschiedliche Regelungen der einzelnen Hoheitsträger ergeben können, wobei sachliche Unterschiede durch Normierungen verschiedenrangiger Hoheitsträger (etwa des Bundes einerseits und einer Landesärztekammer andererseits) von regionalen Unterschieden zu trennen sind (etwa zweier Landesärztekammern, die andersgeartete Anforderungen hinsichtlich desselben Regelungsbereiches aufstellen):[112] Durch die bundesstaatliche Kompetenzverteilung ist über den Vereinheitlichungsbedarf einer Gesetzgebungsmaterie eine grundsätzliche Entscheidung getroffen worden.[113]

Daß eine Ungleichbehandlung immer dann zulässig sein soll, wenn sie Folge des Umstandes ist, daß für verschiedene Personen unterschiedliche Hoheitsträger mit eigenen Kompetenzen zuständig sind,[114] ist jedoch ein unbefriedigendes Ergebnis, das der Korrektur bedarf. Wenn auch Art. 3 Abs. 1 GG für die durch spezifisch berufs- und standesrechtliche Werbebeschränkungen für Rechtsanwälte, Ärzte und Apotheker vorgenommene Ungleichbehandlung formal nicht einschlägig ist – sieht man von § 43 b BRAO einmal ab –, muß die im Vergleich zu sonstigen

---

110 Im einzelnen sind die Vorschriften aufgeführt in BGBl. 1995 I, S. 1195.

111 Vgl. auch, im Hinblick auf die bundesstaatliche Kompetenzaufteilung, *Bethge,* AöR Bd. 110 (1985), S. 169, 207.

112 Vgl. *Kirchhof,* in: Isensee / Kirchhof, HStR V, § 124, Rn. 178 f.

113 Vgl. *Bethge,* AöR Bd. 110 (1985), S. 169, 201 f.; *Fastenrath,* JZ 1987, S. 170, 173.

114 So *Podlech,* Gleichheitssatz, S. 130 m. zahlreichen Nachweisen; BVerfGE 10, 354, 371; 17, 319, 331; 21, 54, 68.

Berufsgruppen strengere werberechtliche Behandlung von Freiberuflern doch in irgendeiner Weise berücksichtigt werden. Dies kann z. B. dadurch geschehen, daß das Schutzniveau anderer einschlägiger Grundrechte zumindest in solchen Fällen erhöht wird, in denen eine Strengerbehandlung von Freiberuflern besonders eklatant ist.

XII. Zusammenfassung: die betroffenen Grundrechte von Rechtsanwälten, Ärzten und Apothekern

Durch berufs- und standesrechtliche Werbebeschränkungen kann in folgende Grundrechte von Freiberuflern eingegriffen werden: Freiheit der Berufsausübung (Art. 12 Abs. 1 GG), Freiheit der Meinungsäußerung (Art. 5 Abs. 1 Satz 1, 1. Hs. GG), Pressefreiheit (Art. 5 Abs. 1 Satz 2, 1. Alt. GG), Rundfunk- bzw. Filmfreiheit (Art. 5 Abs. 1 Satz 2, 2. u. 3. Alt. GG), Kunstfreiheit (5 Abs. 3 Satz 1, 1. Alt. GG), Allgemeine Handlungsfreiheit (Art. 2 Abs. 1 GG); § 43 b BRAO enthält eine verfassungsrechtlich relevante Ungleichbehandlung (Art. 3 Abs. 1 GG).

C. Die betroffenen Grundrechte des einzelnen aus dem Publikum: Schutzbereiche, Eingriffe

I. Art. 5 Abs. 1 Satz 1, 2. Hs. GG: Recht, sich aus allgemein zugänglichen Quellen ungehindert zu unterrichten

Durch Werbebeschränkungen könnte in das durch Art. 5 Abs. 1 Satz 1, 2. Hs. GG verbürgte Recht des einzelnen, sich aus allgemein zugänglichen Quellen ungehindert unterrichten zu dürfen, eingegriffen werden.

1. Schutzbereich des Art. 5 Abs. 1 Satz 1, 2. Hs. GG

Werbemaßnahmen von Freiberuflern müßten allgemein zugängliche Quellen sein. Quellen im Sinne des Art. 5 Abs. 1 Satz 1, 2. Hs. GG sind alle Informationsträger, soweit sie Meinungen oder Nachrichten zu öffentlichen oder privaten Angelegenheiten enthalten.[115] Werbemaßnahmen von Freiberuflern, die entweder in gedruckter (Zeitungsanzeigen, Rundbriefe, Plakate), akustischer (Hörfunk) oder anderer Form (Fernsehwerbung) stattfinden, sind Informationsquellen in diesem Sinne. Allgemein zugänglich sind Quellen dann, wenn sie aufgrund der tatsächli-

---

[115] Vgl. näher *Bethge,* in: Sachs, GG, Art. 5, Rn. 54; *Schulze-Fielitz,* in: Dreier, GG, Art. 5 I, II, Rn. 57; *Starck,* in: v. Mangoldt / Klein, GG, Art. 5, Rn. 42.

chen Umstände dazu geeignet und bestimmt sind, der Allgemeinheit – also einer individuell nicht bestimmbaren Anzahl von Personen – zur Information zu dienen,[116] wobei es auf die faktische Zugänglichkeit ankommt.[117] Werbung von Freiberuflern, die bereits veröffentlicht ist, ist allgemein zugänglich. Für diese ist der Schutzbereich eröffnet.

Dies gilt jedoch nicht für geplante Werbemaßnahmen, die aufgrund eines bestehenden berufs- oder standesrechtlichen Werbeverbots nicht durchgeführt werden. Diese Maßnahmen sind, wenn sie sich im Entwurfsstadium befinden, keine der Allgemeinheit zugänglichen Informationsquellen, weswegen im Hinblick darauf der Schutzbereich des Rechts, sich aus allgemein zugänglichen Quellen ungehindert informieren zu dürfen, nicht eröffnet ist.[118]

2. Eingriff, Ergebnis zu Art. 5 Abs. 1 Satz 1, 2. Hs. GG

In die Freiheit, sich zu informieren, kann durch Verbote und Erlaubnisvorbehalte, insbesondere aber auch durch tatsächliche Maßnahmen eingegriffen werden.[119] Durch die für Rechtsanwälte, Ärzte und Apotheker bestehenden berufs- und standesrechtlichen Werbebeschränkungen wird jedoch nicht die Kenntnisnahme bereits vollzogener Werbemaßnahmen verhindert; verhindert wird allenfalls die Vornahme geplanter Werbemaßnahmen. Maßnahmen, die sich erst im Planungsstadium befinden, unterfallen schon nicht dem Schutzbereich der Informationsfreiheit. Durch Werbebeschränkungen des Berufs- und Standesrechts wird das Recht, sich aus allgemein zugänglichen Quellen ungehindert zu informieren, mangels Eingriffs nicht verletzt.[120]

II. Art. 5 Abs. 1 Satz 2, 1. Alt. GG: Pressefreiheit

In Werbebeschränkungen für Freiberufler können mittelbare Eingriffe in die Pressefreiheit[121] auch von dritten Personen liegen. Mehrfach wurde dieses Grund-

---

116 Vgl. *Bethge,* in: Sachs, GG, Art. 5, Rn. 55 f.; *Schulze-Fielitz,* in: Dreier, GG, Art. 5 I, II, Rn. 58; *Starck,* in: v. Mangoldt / Klein, GG, Art. 5, Rn. 45; *Wendt,* in: v. Münch / Kunig, GG, Art. 5, Rn. 23.

117 Vgl. *Herzog,* in: Maunz / Dürig, GG, Art. 5 I, II, Rn. 90; *Schulze-Fielitz,* in: Dreier, GG, Art. 5 I, II, Rn. 58, spricht von „faktische[r] Bestimmung der allgemeinen Zugänglichkeit".

118 Anders jedoch *Papier / Petz,* NJW 1994, S. 1553, 1561.

119 Vgl. *Schulze-Fielitz,* in: Dreier, GG, Art. 5 I, II, Rn. 96; *Starck,* in: v. Mangoldt / Klein, GG, Art. 5, Rn. 55; vgl. auch *Wendt,* in: v. Münch / Kunig, GG, Art. 5, Rn. 27.

120 Unklar diesbezüglich *Nagel,* Werbeverbote, S. 92 ff.

121 Zum Schutzbereich der Pressefreiheit und zur Rechtfertigung von Eingriffen in diese vgl. oben, B. III.

recht im Zusammenhang mit sogenannten „Bestenlisten“ oder „Rankings“ von Freiberuflern in Magazinen, unter anderem dem Nachrichtenmagazin „Focus“, von der Rechtsprechung behandelt.[122]

III. Recht auf Selbstbestimmung im gesundheitlichen Bereich, insbesondere Recht auf freie Arztwahl

Nach neueren Ansätzen in der Literatur greifen Werbebeschränkungen für Ärzte in das Recht auf Selbstbestimmung des Patienten im gesundheitlichen Bereich ein,[123] das auch ein Recht auf freie Arztwahl umfasse.[124] Diese sei „nur dann wirklich frei, wenn man dem Patienten zu einem frühen Zeitpunkt, d. h. schon außerhalb der Praxis, einen vergleichenden Überblick über das zur Verfügung stehende Angebot und die Qualität des Angebots bietet.“[125]

Teilweise wird das Recht auf Selbstbestimmung im gesundheitlichen Bereich aus Art. 2 Abs. 2 Satz 1 GG abgeleitet;[126] es dürfte jedoch eher auf dem in Art. 1 Abs. 1, Art. 2 Abs. 1 GG verankerten allgemeinen Persönlichkeitsrecht beruhen.[127] Einfachgesetzlich anerkannt wird das Recht auf freie Arztwahl in Bayern durch § 7 Abs. 2 BayBOÄ. Zu unterscheiden vom Recht auf freie Arztwahl im Arzt-Patienten-Verhältnis ist dasjenige im Verhältnis zwischen Patient und Krankenversicherung (vgl. § 76 SGB V).[128] Dieses Recht spielt im vorliegenden Zusammenhang keine Rolle.

Ein Eingriff in das Recht auf freie Arztwahl in seiner abwehrrechtlichen Eigenschaft wird jedoch durch Werbebeschränkungen nicht vorgenommen, denn jeder Patient kann trotz bestehender Werberestriktionen den Arzt seiner Wahl aufsuchen. Die Annahme, das auf Art. 1 Abs. 1, Art. 2 Abs. 1 GG beruhende Recht auf freie Arztwahl sei in seiner schutzpflichtbegründenden Funktion[129] verletzt,[130] über-

---

122 Vgl. BGH, NJW 1997, S. 2679 = MedR 1998, S. 131 („Die Besten I“) m. Anm. *Taupitz*, S. 132; BGH, NJW 1997, S. 2681 („Die Besten II“); OLG München, MedR 1999, S. 76 (betr. „Focus-Ärzteliste“) m. Anm. *Barth*, S. 79 f.; vgl. näher unten, F. I. 2.

123 Vgl. zu dieser Argumentation *Barth*, MedR 1999, S. 79, 80: „Dementsprechend muß der Patient für die Auswahl eines Arztes die notwendigen qualitätsbezogenen Informationen vorliegen haben, wird doch andernfalls in sein Grundrecht auf freie Arztwahl eingegriffen.“ S. zum Patientenrecht auf freie Arztwahl auch *Barth*, Mediziner-Marketing, S. 169 ff.

124 Vgl. *Rieger*, MedR 1999, S. 279, 280.

125 *A. P. F. Ehlers*, in: FS für Deutsch, S. 531, 540.

126 Vgl. *Rieger*, MedR 1999, S. 279, 280.

127 Vgl. zur dogmatischen Herleitung des allgemeinen Persönlichkeitsrechts z. B. *Dreier*, in: Dreier, GG, Art. 2 I, Rn. 50; *Höfling*, in: Friauf / Höfling, GG, Art. 2, Rn. 34; *Murswiek*, in: Sachs, GG, Art. 2, Rn. 59 ff.; *Starck*, in: v. Mangoldt / Klein, GG, Art. 1, Rn. 100.

128 Vgl. zur Abgrenzung *Barth*, Mediziner-Marketing, S. 170 f.; vgl. allgemein zur freien Arztwahl im Krankenversicherungsrecht *Barth*, Mediziner-Marketing, S. 281 ff.; *G. Schneider*, MedR 2000, S. 497, 500.

zeugt nicht nur deswegen nicht, weil Schutzpflichten des Staates in der Regel zugunsten eines Privaten gegenüber der Gefährdung durch einen anderen Privaten entstehen,[131] Werbebeschränkungen hingegen nicht von privater, sondern von staatlicher Seite auferlegt werden, wenn auch teilweise von Organen der mittelbaren Staatsverwaltung. Will man grundsätzlich eine Pflicht des Staates annehmen, zu einer umfassenden Information des potentiellen Patienten möglichst viel beizutragen, so ist aus Gewaltenteilungsgründen[132] das Vorliegen einer aus einem Grundrecht abgeleiteten justitiablen Schutzpflicht doch immer erst dann zu bejahen, wenn durch das Untätigbleiben des Staates ein Mindestmaß an Gefährdung erreicht wird (sog. Untermaßverbot).[133] Wollte man das Recht auf freie Arztwahl aus Art. 2 Abs. 2 Satz 1, 2. Alt. GG (Recht auf körperliche Unversehrtheit) ableiten, so wäre ein schutzpflichtbegründendes Maß an Desinformation der Patientenschaft gegenwärtig ebensowenig zu bejahen. Entsprechende Überlegungen gelten für die Annahme einer aus den genannten Grundrechten abgeleiteten Pflicht des Staates zur Förderung von Information.[134]

Allerdings müssen legitime Informationsinteressen des Patienten[135] trotz der Tatsache, daß Werbebeschränkungen das Recht auf freie Arztwahl nicht verletzen, grundsätzlich berücksichtigt werden. Dies kann bei der Abwägung der Zulässigkeit von Werbebeschränkungen im Rahmen der Prüfung von Verletzungen anderer Grundrechte geschehen. Ein Verstoß gegen Informationsbedürfnisse liegt etwa dann vor, wenn Patienten auch bei schweren und langen Krankheiten wegen Werberestriktionen „‚im Dunkeln' tappen müssen und auf [...] Zufälligkeiten beim Zugang zu den möglicherweise hilfebringenden Spezialbehandlungen verwiesen sind."[136]

---

129 Vgl. zur Eigenschaft von Grundrechten als Schutzpflichten z. B. BVerfGE 53, 30, 57 ff. (betr. atomare Gefahren); *Jarass*, AöR Bd. 120 (1995), S. 345, 351 ff.; *Manssen*, Grundrechte, Rn. 39 ff.; *Stern*, Staatsrecht III / 1, § 69 IV 1, S. 931 f.

130 Vgl. *Barth*, Mediziner-Marketing, S. 183 f.

131 Vgl. *Pietrzak*, JuS 1994, S. 748; *Stern*, Staatsrecht III / 1, § 69 IV 5, S. 946.

132 Vgl. *Isensee*, in: Isensee / Kirchhof, HStR V, § 111, Rn. 162; vgl. zur entsprechenden Problematik bei sozialen Grundrechten und Staatszielbestimmungen *Kutscha*, ZRP 1993, S. 339, 343.

133 Vgl. BVerfGE 92, 26, 46; *Isensee*, in: Isensee / Kirchhof, HStR V, § 111, Rn. 165; kritisch *Hain*, DVBl. 1993, S. 982 ff.

134 Vgl. zur Eigenschaft von Grundrechten als Basis staatlicher Förderungspflichten *Kopp*, NJW 1994, S. 1753 ff.; *Jarass*, AöR Bd. 120 (1995), S. 345, 350, spricht in diesem Zusammenhang von der „Leistungsfunktion" der Grundrechte.

135 Vgl. hierzu *Cramer / Henkel*, MedR 2000, S. 565, 570.

136 *Papier / Petz*, NJW 1994, S. 1553, 1561.

IV. Zusammenfassung: die betroffenen Grundrechte des einzelnen aus dem Publikum

Durch spezifisch berufs- und standesrechtliche Werbebeschränkungen für Rechtsanwälte, Ärzte und Apotheker werden keine Grundrechte des einzelnen aus dem Publikum verletzt.

D. Rechtfertigung der durch Werbebeschränkungen vorgenommenen Grundrechtseingriffe

Die durch Werbebeschränkungen vorgenommenen Grundrechtseingriffe müssen verfassungsrechtlich gerechtfertigt werden können, um die betroffenen Grundrechte nicht zu verletzen. Eingriffe in Grundrechte mit Gesetzesvorbehalt – vorliegend die Grundrechte aus Art. 12 Abs. 1, Art. 5 Abs. 1, Art. 2 Abs. 1 GG – müssen dem jeweiligen Gesetzesvorbehalt genügen [vgl. näher I.], Eingriffe in Grundrechte ohne Gesetzesvorbehalt – hier kommt die Kunstfreiheit (vgl. Art. 5 Abs. 3 Satz 1, 1. Alt. GG) in Betracht – können durch kollidierendes Verfassungsrecht gerechtfertigt werden [vgl. II.]. Neben formellen Fragen der Rechtfertigung [vgl. III.] spielt auf deren materieller Ebene [vgl. IV.] das Übermaßverbot eine herausragende Rolle.

I. Die Anforderungen der Gesetzesvorbehalte der Art. 12 Abs. 1 Satz 2, Art. 5 Abs. 2, Art. 2 Abs. 1 GG

1. Der Gesetzesvorbehalt des Art. 12 Abs. 1 Satz 2 GG

Art. 12 Abs. 1 Satz 2 GG ermächtigt den Gesetzgeber mittels einfachen (oder „schlichten“[137]) Gesetzesvorbehalts zur Regelung der Berufsausübung durch Gesetz oder aufgrund Gesetzes. Aus der Verwendung des Begriffs „regeln“ können dogmatische Konsequenzen dahingehend, an die Rechtfertigung von Eingriffen geringere Anforderungen zu stellen als bei anderen Grundrechten, nicht gezogen werden.[138] Die durch die genannten Werbebeschränkungen vorgenommenen „Regelungen“ im Berufs- und Standesrecht von Rechtsanwälten, Ärzten und Apothekern müssen als Eingriffe in den Schutzbereich des Art. 12 Abs. 1 GG ebenso wie Eingriffe in andere Grundrechte sämtlichen Rechtfertigungsvoraussetzungen genügen.

Ob der Regelungsvorbehalt des Art. 12 Abs. 1 Satz 2 GG nur für Eingriffe in die Freiheit der Berufsausübung gilt[139] oder nicht[140], ist zwar umstritten, kann aber im

137 Vgl. *Sachs,* Verfassungsrecht II, Kap. A 9, Rn. 15.

138 Vgl. bereits B. I. 2. mit Nachweisen.

139 Vgl. etwa *Hufen,* NJW 1994, S. 2913, 2917.

vorliegenden Zusammenhang offen bleiben, da die durch Werbeberegelungen vorgenommenen Eingriffe ausschließlich die Berufsausübung betreffen und damit unproblematisch dem Regelungsvorbehalt unterliegen.

Erforderlich für Eingriffe in die Freiheit der Berufsausübung ist entweder ein formelles („durch Gesetz") oder ein aufgrund einer gesetzlichen Ermächtigung ergangenes materielles Gesetz, also eine Rechtsverordnung oder Satzung:[141] Die Verfassung gebietet nicht, daß ausschließlich der staatliche Gesetzgeber oder die von ihm ermächtigte Exekutive tätig werden: „Vielmehr sind solche Regelungen innerhalb bestimmter Grenzen auch in Gestalt von Satzungen zulässig, die von einer mit Autonomie ausgestatteten Körperschaft erlassen werden."[142] Unter formellen Aspekten nicht ausreichend sind allerdings z. B. bloße Verwaltungsvorschriften oder Standesrichtlinien; insbesondere die früheren „Richtlinien des anwaltlichen Standesrechts", die von der Bundesrechtsanwaltskammer aufgrund § 177 Abs. 2 Nr. 2 BRAO alter Fassung festgestellt worden waren, bildeten keine ausreichende Grundlage für Einschränkungen der Berufsausübung.[143]

Zusammengefaßt gelten für Regelungen aufgrund Gesetzes folgende Grundsätze:

1. Grundsatz: Die ein Grundrecht besonders stark einschränkenden, wesentlichen Entscheidungen muß der demokratisch legitimierte Gesetzgeber selbst treffen. Welche Materien dem Parlamentsvorbehalt[144] unterworfen sind, kann mit Hilfe der Wesentlichkeitstheorie[145] festgestellt werden. Im Berufsbereich führt die Wesentlichkeitstheorie dazu, daß der Gesetzgeber grundsätzlich alle Berufswahlregelungen selbst erlassen muß.[146] Berufsverbände dürfen zur Normierung solcher Berufspflichten ermächtigt werden, „die keinen statusbildenden Charakter haben und die lediglich in die Freiheit der Berufsausübung von Verbandsmitgliedern eingreifen."[147] Solche Berufsausübungsregelungen jedoch, die statusbildend sind, das heißt: das Berufsbild mitbestimmen, müssen formellgesetzlich ergehen.[148]

---

140 Vgl. *Manssen,* in: v. Mangoldt / Klein, GG, Art. 12, Rn. 99; *Tettinger,* in: Sachs, GG, Art. 12, Rn. 82; vgl. auch *Wieland,* in: Dreier, GG, Art. 12, Rn. 88 ff.

141 Vgl. *Scholz,* in: Maunz / Dürig, GG, Art. 12, Rn. 309 ff.; *Tettinger,* in: Sachs, GG, Art. 12, Rn. 83 ff., insbes. Rn. 92; *Wieland,* in: Dreier, GG, Art. 12, Rn. 91 ff.

142 BVerfGE 76, 171, 185.

143 Vgl. BVerfGE 76, 171; 76, 196, 205; vgl. näher zu beiden Entscheidungen oben, Dritter Teil, C. III. 4.

144 Vgl. zum Parlamentsvorbehalt im Bereich des Berufsrechts *Jähnke,* NJW 1988, S. 1888 m. w. N.; allgemein zum Parlamentsvorbehalt *Schulze-Fielitz,* in: Dreier, GG, Art. 20 (Rechtsstaat), Rn. 107 ff.

145 Vgl. BVerfGE 61, 260, 275; *Schnapp,* in: v. Münch / Kunig, GG, Art. 20, Rn. 56; *Schulze-Fielitz,* in: Dreier, GG, Art. 20 (Rechtsstaat), Rn. 103 ff.; vgl. auch *Sachs,* in: Sachs, GG, Art. 20, Rn. 117.

146 Vgl. BVerfGE 33, 125, 160.

147 BVerfGE 76, 171, 185.

148 Vgl. BVerfGE 33, 125, 163.

2. *Grundsatz:* Regelungen, die in Form von Rechtsverordnungen ergehen, müssen den Vorgaben des Art. 80 Abs. 1 Satz 2 GG entsprechen. Für die in Satzungsform ergangenen Werbebeschränkungen der freiberuflichen Berufsordnungen gilt Art. 80 Abs. 1 Satz 2 GG zwar nicht;[149] gleichwohl muß für den Erlaß solcher Werbebeschränkungen eine ausdrückliche Satzungsermächtigung in einem formellen Gesetz vorliegen.

Hieraus folgt: Da Werbenormen nicht statusbildend sind,[150] müssen sie keine formellen Gesetze sein. Werbebeschränkungen können daher grundsätzlich auch in Satzungsform ergehen. Bei der Delegation von Rechtssetzungsmacht im Berufsbereich ergeben sich allerdings Besonderheiten. So muß der Gesetzgeber bedenken, „daß die Rechtssetzung durch Berufsverbände besondere Gefahren für die Betroffenen und die Allgemeinheit mit sich bringen kann; zum Nachteil der Berufsanfänger und Außenseiter kann sie ein Übergewicht von Verbandsinteressen oder ein verengtes Standesdenken begünstigen, das notwendigen Veränderungen und Auflockerungen festgefügter Berufsbilder hinderlich ist."[151]

2. Der Gesetzesvorbehalt des Art. 5 Abs. 2, 1. Alt. GG

Art. 5 Abs. 2, 1. Alt. GG enthält einen qualifizierten Gesetzesvorbehalt:[152] Die Rechte des Art. 5 Abs. 1 GG können unter anderem durch „Vorschriften der allgemeinen Gesetze" beschränkt werden. Das BVerfG definiert den Begriff „allgemeine Gesetze" in Kombination der schon zu Art. 118 Abs. 1 Satz 2 WRV entwikkelten Sonderrechtslehre[153] und der dieser entgegengesetzten, eher materialen Auffassung[154] wie folgt: Allgemeine Gesetze sind Gesetze im formellen wie im materiellen Sinn, „die ‚nicht eine Meinung als solche verbieten, die sich nicht gegen die Äußerung der Meinung als solche richten', die vielmehr ‚dem Schutze eines schlechthin, ohne Rücksicht auf eine bestimmte Meinung, zu schützenden Rechtsguts dienen', dem Schutze eines Gemeinschaftswertes, der gegenüber der Betätigung der Meinungsfreiheit den Vorrang hat."[155] Werbebeschränkungen des Berufs- und Standesrechts sind formelle (vgl. z. B. § 43 b BRAO) oder materielle Gesetze (die in Satzungsform erlassenen Vorschriften der §§ 6 bis 10 BORA sowie

149 Vgl. BVerfGE 21, 54, 62; 33, 125, 157; Art. 80 Abs. 1 Satz 2 GG ist eine Ausprägung der Wesentlichkeitstheorie, vgl. *Sachs,* Staatsrecht II, Kap. A 9, Rn. 13.

150 Vgl. aber *Ebbing,* NJW-CoR 1996, S. 242, 247.

151 BVerfGE 76, 171, 185; vgl. *Häberle,* DVBl. 1972, S. 909, 911 f.

152 Vgl. *Sachs,* Verfassungsrecht II, Kap. A 9, Rn. 16; vgl. zu Art. 5 Abs. 2 GG auch *Manssen,* Staatsrecht I, Rn. 539 ff.

153 Vgl. hierzu *Häntzschel,* in: Anschütz / Thoma, Staatsrecht II, S. 651, 659 f.

154 Vgl. *Smend,* VVDStRL 4 (1928), S. 44, 51 f.

155 BVerfGE 7, 198, 209 f. unter Berufung auf die gängige Auslegung des Begriffs des „allgemeinen Gesetzes" zu Zeiten der Weimarer Verfassung; vgl. auch *Hoffmann-Riem,* in: Benda / Maihofer / Vogel, HdB des Verfassungsrechts, § 7, Rn. 41.

der Berufsordnungen der Ärzte und Apotheker), die nicht Meinungen als solche verbieten, sondern den zu ihrer Rechtfertigung vorgebrachten Rechtsgütern dienen sollen. Sie sind daher allgemeine Gesetze im Sinne des Art. 5 Abs. 2, 1. Alt. GG. Weil die fraglichen Werbebeschränkungen auch dem qualifizierten Gesetzesvorbehalt des Art. 5 Abs. 2, 1. Alt. GG entsprechen, kann eine Entscheidung der Frage, an welchem von zwei unterschiedlichen Gesetzesvorbehalten eine Norm zu messen ist, die mehrere Grundrechte beschränkt,[156] offenbleiben.

Im übrigen gelten im Hinblick auf die Anforderungen an Normen, die eines der Grundrechte aus Art. 5 Abs. 1 GG einschränken, in formeller Hinsicht die Ausführungen zur Art. 12 Abs. 1 Satz 2 GG entsprechend.[157]

3. „Verfassungsmäßige Ordnung“ (Art. 2 Abs. 1 GG)

Eingriffe in den Schutzbereich des Art. 2 Abs. 1 GG sind durch die Rechte anderer, das Sittengesetz und die verfassungsmäßige Ordnung gerechtfertigt, wobei hier nur letztere Schranke relevant wird.[158] Die Schranke der „verfassungmäßigen Ordnung“ umfaßt alle Normen, die formell und materiell verfassungsgemäß sind.[159] Inhaltlich handelt es sich bei dieser Schranke um einen schlichten Gesetzesvorbehalt.[160]

Ob die berufs- und standesrechtlichen Werbebeschränkungen zur verfassungsmäßigen Ordnung gehören, wird sich im folgenden erweisen.

---

156 Vgl. hierzu z. B. *Lerche,* Werbung und Verfassung, S. 98 ff.; vgl. ferner *Dürig,* AöR Bd. 79 (1970), S. 57, 59 f.

157 Vgl. 1.

158 Vgl. zum Schutz der Moral, der nicht mit dem in der Rechtsprechung nahezu bedeutungslosen Sittengesetz identisch ist, unten, E. VI. 1. c) aa); vgl. zum Sittengesetz näher *Dürig,* in: Maunz / Dürig, GG, Art. 2 I, Rn. 16; zur geringen Bedeutung des Sittengesetzes vgl. *Höfling,* in: Friauf / Höfling, GG, Art. 2, Rn. 72; *Starck,* in: v. Mangoldt / Klein, Art. 2, Rn. 34.

159 So die Auslegung des Begriffs durch das BVerfG, vgl. BVerfGE 6, 32, 37 ff.; vgl. näher hierzu *Dreier,* in: Dreier, GG, Art. 2 I, Rn. 38 ff.; *Dürig,* in: Maunz / Dürig, GG, Art. 2 I, Rn. 18; *Höfling,* in: Friauf / Höfling, GG, Art. 2, Rn. 67 ff.; *Murswiek,* in: Sachs, GG, Art. 2, Rn. 89 f.; *Starck,* in: v. Mangoldt / Klein, GG, Art. 2, Rn. 23 ff.

160 Vgl. zum Charakter der Schranke „verfassungsmäßige Ordnung“ als schlichter Gesetzesvorbehalt *Sachs,* Staatsrecht II, Kap. A 9, Rn. 15; differenzierend *Starck,* in: v. Mangoldt / Klein, GG, Art. 2, Rn. 19.

II. Die Rechtfertigung der durch Werbebeschränkungen in die Kunstfreiheit (Art. 5 Abs. 3 Satz 1, 1. Alt. GG) vorgenommenen Eingriffe mittels kollidierenden Verfassungsrechts

Eingriffe in die ohne geschriebenen Gesetzesvorbehalt von Art. 5 Abs. 3 Satz 1, 1. Alt. GG garantierte Kunstfreiheit, die durch Werbebeschränkungen vorgenommen werden, können wegen der Unzulässigkeit der Übertragung anderer Schranken (etwa der des Art. 5 Abs. 2 oder des Art. 2 Abs. 1 GG)[161] nur durch kollidierendes Verfassungsrecht gerechtfertigt werden. Hierunter sind Grundrechte Dritter und andere mit Verfassungsrang ausgestattete Rechtswerte zu verstehen, die im Hinblick auf die Einheit der Verfassung und die durch sie geschützte Wertordnung zur Rechtfertigung herangezogen werden können.[162] Die zu schützenden Rechtsgüter müssen der Verfassung selbst entnommen werden[163] (wobei nicht jede Norm als Quelle für ein schützenswertes Rechtsgut fungieren kann)[164] und sind mit der Kunstfreiheit in ein Verhältnis praktischer Konkordanz zu bringen.[165] Die hierfür erforderliche Abwägung ist der im Rahmen der Prüfung des Übermaßverbots vorzunehmenden eng verwandt,[166] weswegen solche Werbebeschränkungen, die den Anforderungen der Gesetzesvorbehalte in Art. 12 Abs. 1 Satz 2, Art. 5 Abs. 2, Art. 2 Abs. 1 GG auch in materieller Hinsicht genügen, in der Regel auch nicht gegen die Kunstfreiheit des Art. 5 Abs. 3 GG verstoßen, es sei denn, es ergeben sich hierfür besondere Anhaltspunkte. Werbebeschränkungen, die den genannten Gesetzesvorbehalten entsprechen, erfüllen insbesondere auch die vom BVerfG aufgestellte Forderung nach einer gesetzlichen Grundlage auch für Grundrechtseingriffe, die durch kollidierendes Verfassungsrecht gerechtfertigt werden sollen.[167]

---

161 Vgl. z. B. BVerfGE 30, 173, 191 f.; 67, 213, 228; *Bethge,* in: Sachs, GG, Art. 5, Rn. 197; *Pernice,* in: Dreier, GG, Art. 5 III, Rn. 31; *Starck,* in: v. Mangoldt/Klein, GG, Art. 5, Rn. 302.

162 Vgl. z. B. BVerfGE 28, 243, 260 f.; 30, 173, 193; *Jarass,* AöR Bd. 120 (1995), S. 345, 371 f.; *v. Münch,* in: v. Münch/Kunig, GG, Art. 20, Rn. 57; *Pernice,* in: Dreier, GG, Art. 5 III (Kunst), Rn. 33; *Sachs,* Verfassungsrecht II, Kap. A 9, Rn. 32 ff.

163 Vgl. *Pernice,* in: Dreier, GG, Art. 5 III (Kunst), Rn. 33; *Starck,* in: v. Mangoldt/Klein, GG, Art. 5, Rn. 302.

164 Kritisch ist etwa der Rückgriff auf Kompetenztitel zu bewerten, den das BVerfG z. B. in BVerfGE 28, 243 vorgenommen hat, vgl. *Sachs,* in: Sachs, GG, vor Art. 1, Rn. 132; vgl. auch *Enders,* in: Friauf/Höfling, GG, vor Art. 1, Rn. 116; *Manssen,* Staatsrecht I, Rn. 613 ff.

165 Vgl. zur praktischen Konkordanz BVerfGE 77, 240, 255; *K. Hesse,* Verfassungsrecht, Rn. 317 ff.; *Manssen,* Staatsrecht I, Rn. 608.

166 Vgl. *Pernice,* in: Dreier, GG, Art. 5 III (Kunst), Rn. 34; *Sachs,* Verfassungsrecht II, Rn. 44.

167 Vgl. BVerfGE 52, 283, 298; 59, 231, 261; hierzu *Jarass,* AöR Bd. 120 (1995), S. 345, 372.

III. Anforderungen der verfassungsrechtlichen Rechtfertigung der in § 43 b BRAO liegenden Ungleichbehandlung

Ungleichbehandlungen in Fällen, in denen relative Gleichheitssätze wie Art. 3 Abs. 1 GG[168] einschlägig sind, lassen sich nach der auch „Willkürformel“[169] genannten „alten Formel“ durch das Vorliegen eines sachlichen Grundes rechtfertigen.[170] Nach der „neuen Formel“ verlangt das BVerfG nunmehr Unterschiede zwischen den Normadressaten, die so gewichtig sind, daß sie die ungleiche Behandlung rechtfertigen.[171] Erforderlich ist, daß sich eine Ungleichbehandlung „auf einen vernünftigen oder sonstwie einleuchtenden Grund zurückführen läßt.“[172]

Sachliche Gründe, die legitim und zur Einschränkung von Freiheitsrechten geeignet sind, können wegen der wechselseitigen Verschränkung von Gleichheits- und Freiheitsschutz auch Ungleichbehandlungen im Sinne von Art. 3 Abs. 1 GG legitimieren;[173] die Rechtfertigungsprüfung verläuft daher zu derjenigen, die für Eingriffe in Freiheitsrechte vorgenommen werden muß,[174] parallel.

IV. Formelle Voraussetzungen der Rechtfertigung der durch Werbebeschränkungen vorgenommenen Grundrechtseingriffe

Werbebeschränkungen müssen, damit durch sie vorgenommene Ungleichbehandlungen und Eingriffe in Freiheitsgrundrechte gerechtfertigt sind, eine Reihe formeller Anforderungen erfüllen.

1. Formelle Rechtmäßigkeit der Werbebeschränkungen für Rechtsanwälte

Zu prüfen ist die formelle Rechtmäßigkeit des § 43 b BRAO [vgl. a)] und das Vorliegen ausreichender Ermächtigungsgrundlagen für die Werbebeschränkungen der Berufsordnung für Rechtsanwälte [vgl. b) ff.].

---

168 Vgl. *Manssen,* Staatsrecht I, Rn. 681 f.

169 Vgl. *Osterloh,* in: Sachs, GG, Art. 3, Rn. 8.

170 Vgl. BVerfGE 17, 122, 130; vgl. zur „alten Formel“ kritisch im Hinblick auf das Willkürverbot z. B. *Heun,* in: Dreier, GG, Art. 3, Rn. 18.

171 Vgl. BVerfGE 55, 72, 88; vgl. zur „neuen Formel“ *Heun,* in: Dreier, GG, Art. 3, Rn. 19; *Osterloh,* in: Sachs, GG, Art. 3, Rn. 13 ff.

172 BVerfGE 75, 108, 157; vgl. auch BVerfGE 42, 374, 388.

173 Vgl. BVerfGE 84, 133, 158; 85, 238, 247; *Osterloh,* in: Sachs, GG, Art. 3, Rn. 15 ff.; vgl. zum engen Zusammenhang von Gleichheits- und Freiheitsrechten auch *Heun,* in: Dreier, GG, Art. 3, Rn. 35; vgl. ferner *K. Hesse,* AöR Bd. 109 (1984), S. 174, 188 ff.; *Jarass,* AöR Bd. 120 (1995), S. 345, 362 ff., 375 ff.; *Manssen,* Staatsrecht I, Rn. 704; *Schoch,* DVBl. 1988, S. 863, 875 ff.

174 Vgl. zu den einzelnen Argumenten unten, E.

a) Formelle Rechtmäßigkeit des § 43 b BRAO

Die BRAO selbst, insbesondere § 43 b BRAO, der eine Werbebeschränkung für Anwälte enthält, ist aufgrund der konkurrierenden Gesetzgebungszuständigkeit des Bundes gem. Art. 74 Abs. 1 Nr. 1, Art. 72 Abs. 2 GG formell korrekt zustandegekommen. Soweit § 43 b BRAO allgemein wettbewerbsbezogen ist, kann sich der Bund auf die Kompetenznormen des Art. 74 Abs. 1 Nr. 11 GG (Regelung des Rechts der Wirtschaft) und des Art. 74 Abs. 1 Nr. 16 GG (Regelung des Wettbewerbs) berufen.

b) Ermächtigungsgrundlage für § 6 BORA

§ 191 a Abs. 2 i. V. m. § 59 b Abs. 2 Nr. 3 BRAO ermächtigen die Satzungsversammlung zum Erlaß von Regelungen über Werbung und Angaben über selbst benannte Interessenschwerpunkte im Rahmen der Berufsordnung. Eine für die Werberegelung des § 6 BORA ausreichende Rechtsgrundlage liegt damit vor.

c) Ermächtigungsgrundlage für § 7 BORA

§ 7 BORA enthält eine Regelung über die Nennung von Interessen- und Tätigkeitsschwerpunkten. Hinsichtlich der Regelung von Interessenschwerpunkten besteht eine ausdrückliche Ermächtigungsgrundlage in § 59 b Abs. 2 Nr. 3 BRAO. Fraglich ist jedoch, ob die Regelung von Tätigkeitsschwerpunkten nicht ohne Ermächtigungsgrundlage erfolgte.[175] So wird die Meinung vertreten, aus der Gesetzesbegründung zur BRAO gehe hervor, daß der Gesetzgeber lediglich die Führung von Interessenschwerpunkten ermöglichen wollte, da der Begriff „Tätigkeitsschwerpunkt" nicht hinreichend zum Ausdruck bringe, daß die Berechtigung zum werbenden Hinweis – anders als beim Fachanwalt – nicht in einem formellen Verfahren erworben wurde, sondern auf einer Selbsteinschätzung des Anwalts beruhe.[176] Aufgrund dieses Sinns und Zwecks der Vorschrift könne eine Ermächtigungsgrundlage auch nicht aus § 59 b Abs. 2 Nr. 3 BRAO – Alternative: Regelung über Werbung – abgeleitet werden[177] mit der Folge, daß § 7 BORA teilnichtig und die Angabe von Tätigkeitsschwerpunkten daher berufsrechtlich ungeregelt sei; lediglich allgemeines Wettbewerbsrecht greife insofern ein.[178] Nach der Gegenansicht ist die Satzungsregelung über Tätigkeitsschwerpunkte von § 59 b Abs. 2 Nr. 3

---

175 So AnwG München, MDR 1999, S. 707 m. Anm. *Römermann*, S. 708 = AnwBl. 1999, S. 407 m. Anm. *Eylmann*, S. 557; AnwG München, MDR 1999, S. 900; LG Regensburg, MDR 1999, S. 574 m. Anm. *Römermann*, S. 575 f.; *Römermann*, in: Hartung / Holl, Berufsordnung, 2. Aufl., § 7 BO, Rn. 38 ff.; *Römermann*, MDR 1999, S. 1479, 1480 f.

176 Vgl. BT-Drs. 12 / 4993, S. 28, rechte Spalte; *Römermann*, in: Hartung / Holl, Berufsordnung, 2. Aufl., § 7 BO, Rn. 38, 12.

177 Vgl. *Römermann*, in: Hartung / Holl, Berufsordnung, 2. Aufl., § 7 BO, Rn. 38.

178 Vgl. *Römermann*, in: Hartung / Holl, Berufsordnung, 2. Aufl., § 7 BO, Rn. 43 f.

BRAO gedeckt:[179] Ausschlaggebend sei, daß sich bei objektiver Auslegung des § 59 b Abs. 2 Nr. 3 BRAO unter „Werbung" auch die Angabe von Tätigkeitsschwerpunkten subsumieren ließe, wovon im übrigen auch der Gesetzgeber in seiner Begründung[180] ausgehe.[181] Sich nur teilweise auf die Gesetzesbegründung zu berufen, nämlich hinsichtlich des Willens des Gesetzgebers, Tätigkeitsschwerpunkte ungeregelt zu lassen, jedoch zu verschweigen, daß der Gesetzgeber unter „Werbung" auch die Angabe von Tätigkeitsschwerpunkten verstanden habe, sei in sich widersprüchlich.[182]

Zum einen aus Gründen der methodisch richtigerweise anzuwendenden objektiven Auslegung, zum anderen deswegen, weil die Begründung des Gesetzgebers, der Rechtssuchende könne nicht erkennen, daß die Angabe von Tätigkeitsschwerpunkten nicht auf einem nachprüfbaren Verfahren beruhe, nicht nachzuvollziehen ist – der Begriff „Tätigkeitsschwerpunkt" legt in keiner Weise nahe, der Anwalt habe sich irgendeiner offiziellen Einschätzung unterwerfen müssen – ist davon auszugehen, daß die Ermächtigung zur Regelung der Angabe von Tätigkeitsschwerpunkten per Satzung aus § 59 b Abs. 2 Nr. 3 BRAO – Alternative: Werbung – abzuleiten ist. Für die Regelung des § 7 BORA gibt es also eine ausreichende Ermächtigungsgrundlage.

d) Ermächtigungsgrundlage für §§ 8, 9, 10 BORA

Die Regelungen in §§ 8 bis 10 BORA, die die Kundgabe beruflicher Zusammenarbeit, die Führung von Kurzbezeichnungen und die Gestaltung von Briefbögen betreffen, stehen zwar im zweiten Abschnitt der Berufsordnung unter der Überschrift „Besondere Berufspflichten im Zusammenhang mit der Werbung", werden aber in der Literatur teilweise als nicht von der Ermächtigungsgrundlage der § 191 a Abs. 2 i. V. m. § 59 b Abs. 2 Nr. 3 BRAO gedeckt angesehen, da die Regelungsgegenstände der §§ 8 bis 10 BORA mit Werbung „nur im weiteren Sinne etwas zu tun"[183] hätten. Stattdessen sei der Erlaß dieser Normen von § 59 b Abs. 2 Nr. 8 BRAO gedeckt, der eine Satzungsregelung über die „Pflichten bei beruflicher Zusammenarbeit, [und] die Pflichten im Zusammenhang mit der Beschäftigung von Rechtsanwälten und der Ausbildung sowie Beschäftigung anderer Mitarbeiter" ermöglicht.[184] Nach dem oben vertretenen weiten Werbungsbegriff[185] fällt der Erlaß

---

179 Vgl. BGH, BRAK-Mitt. 2001, S. 41; *Deichfuß*, AnwBl. 2001, S. 108, 110; *Deppert*, BRAK-Mitt. 2001, S. 57, 59 f.; *Feuerich/Braun*, BRAO, 5. Aufl., § 7 BO, Rn. 2; *Jessnitzer/Blumberg*, BRAO, § 43 b, Rn. 2; *L. Koch*, in: Henssler/Prütting, BRAO, § 59 b, Rn. 44.

180 Vgl. BT-Drs. 12/4993, S. 28.

181 So die Argumente von *Eylmann*, AnwBl. 1999, S. 557.

182 Vgl. *Eylmann*, AnwBl. 1999, S. 557.

183 *Römermann*, in: Hartung/Holl, Berufsordnung, 2. Aufl., vor § 6 BO, Rn. 67.

184 Vgl. im Hinblick auf § 10 BORA auch AnwGH Hamburg, NJW 2001, S. 2553, der zusätzlich § 59 Abs. 2 Nr. 5 BRAO nennt; AnwGH NRW, NJW 2001, S. 2555, drückt sich ge-

von §§ 8 bis 10 BORA als Regelung von Werbung unter § 59 b Abs. 2 Nr. 3 BRAO. Die Frage, auf welcher Ermächtigungsgrundlage die §§ 8 bis 10 BORA letztlich beruhen, muß jedoch deswegen nicht entschieden werden, weil eine Satzungsermächtigung auf jeden Fall vorliegt, gleich welcher Ansicht man folgen will.

e) Inkrafttreten der BORA

Lange Zeit war umstritten, ob und wann die Berufsordnung für Rechtsanwälte in Kraft getreten ist. Nach einer amtlichen Verlautbarung der Bundesrechtsanwaltskammer[186] sind die Berufs- und die Fachanwaltsordnung am 11. März 1997 in Kraft getreten.[187] In Rechtsprechung und Schrifttum wurde dies jedoch aus verfahrenstechnischen Gründen angezweifelt:[188] Gem. § 191 e BRAO tritt die Berufsordnung drei Monate nach Übermittlung an das Bundesministerium der Justiz in Kraft, um von diesem geprüft werden zu können. Als problematisch wurde es von einem Teil der Literatur angesehen, daß die Ausfertigung der Berufsordnung am selben Tag wie die Übermittlung stattfand.[189] Der Gegenauffassung zufolge hatte dieses Vorgehen keinen Einfluß auf das Inkrafttreten der Berufsordnung, da diese keinem Genehmigungsvorbehalt unterliege;[190] auch wurde vorgebracht, aus § 191 e BRAO ergebe sich, daß der Gesetzgeber von einem sofortigen Wirksamwerden der Berufsordnung bei Ausfertigung ausgegangen sei, da er von der Möglichkeit der „Aufhebung“ durch das Bundesjustizministerium spreche, die nur bei einer bereits gültigen Norm möglich sei.[191] Der Streit hat heute keine Bedeutung mehr und braucht deshalb auch nicht entschieden zu werden, da die Bundesrechtsanwaltskammer die Berufsordnung inzwischen erneut veröffentlicht hat.[192] Spätestens zum Zeitpunkt dieser Veröffentlichung ist die Berufsordnung endgültig in Kraft getreten.[193]

---

nauer aus und führt § 59 Abs. 2 Nr. 5 lit. a BRAO auf, wobei dieser Entscheidung zufolge dahingestellt bleiben kann, worauf der Erlaß von § 10 BORA letztlich gestützt wird.

185 Vgl. oben, Zweiter Teil, D.

186 Vgl. BRAK-Mitt. 1997, S. 81.

187 Vgl. auch *L. Koch,* AnwBl. 1999, S. 109.

188 Vgl. z. B. AnwG Düsseldorf, NJW 1998, S. 2296 m. w. N.; *Hartung,* AnwBl. 1997, S. 65 f.; *Römermann,* NJW 1998, S. 2249 ff.

189 Vgl. z. B. *Hartung,* in: Hartung / Holl, Berufsordnung, 1. Aufl., § 35 BO, Rn. 1, 7.

190 Vgl. *Kilian,* BRAK-Mitt. 1999, S. 247, 248.

191 Vgl. BGH, BRAK-Mitt. 1999, S. 234, 235; vgl. auch *Zuck,* MDR 1997, S. 325, 326.

192 In BRAK-Mitt. 1999, S. 123 ff.

193 Vgl. zum entsprechenden Problem des Inkrafttretens der Fachanwaltsordnung *G. Fischer,* in: FS für Geiß, S. 245, 246 f.

f) Ergebnis: formelle Rechtmäßigkeit der Werbebeschränkungen für Rechtsanwälte

Die Eingriffsnormen des anwaltlichen Berufs- und Standesrechts sind formell verfassungsgemäß.

2. Formelle Rechtmäßigkeit der Werbebeschränkungen für Ärzte

Die Werbebeschränkungen für Ärztinnen und Ärzte in Bayern befinden sich ausschließlich in der Berufsordnung für die Ärzte Bayerns, einer Satzung der Bayerischen Landesärztekammer. Die Berufsordnung ist formell rechtmäßig, wenn sie eine ihrerseits rechtmäßige gesetzliche Grundlage hat.

Als gesetzliche Grundlage der Berufsordnung dient Art. 20 BayHKaG. Diese Norm ermächtigt die Bayer. Landesärztekammer zum Erlaß einer Berufsordnung, deren möglicher Inhalt in Art. 19 BayHKaG näher beschrieben wird. Gem. Art. 19 Nr. 7 BayHKaG kann die Berufsordnung Regelungen über „das Ausmaß des Verbots oder der Beschränkung der Werbung“ enthalten.

Für den Erlaß beider Normen müßte der bayerische Gesetzgeber zuständig gewesen sein. Wie auch durch das BVerfG bestätigt wird, liegt nur die Zulassung von Bewerbern zu den Heilberufen gem. Art. 74 Abs. 1 Nr. 19 GG im Bereich der konkurrierenden Gesetzgebungszuständigkeit des Bundes;[194] die Zuständigkeit für die Regelung von Fragen der Berufsausübung liegt bei den Ländern (vgl. Art. 70 GG). Somit war Bayern für den Erlaß der Art. 19, 20 BayHKaG zuständig. Die Berufsordnung für die Ärzte Bayerns wurde aufgrund einer rechtmäßigen Ermächtigungsgrundlage erlassen und ist, da für Zweifel in anderen Formfragen kein Anlaß besteht, insgesamt formell rechtmäßig.

3. Formelle Rechtmäßigkeit der Werbebeschränkungen für Apotheker

Werbebeschränkungen des Standesrechts befinden sich für Bayerische Apothekerinnen und Apotheker in der Berufsordnung der Bayerischen Landesapothekerkammer sowie den Werberichtlinien, die gem. § 8 Abs. 2 Satz 2 BayBOApo Bestandteil der Berufsordnung sind. Für beide Normkomplexe dienten Art. 59 Abs. 1 i. V. m. Art. 19 Nr. 7, Art. 20 BayHKaG als Ermächtigungsgrundlage. Das BayHKaG selbst wurde aufgrund der Gesetzeskompetenz des Art. 70 GG rechtmäßig erlassen,[195] die Berufsordnung beruht somit auf einer ausreichenden gesetzlichen Grundlage. Die in ihr enthaltenen Werbebeschränkungen sind damit,

---

194 Vgl. BVerfGE 4, 74, 82 f.; 7, 18, 25; 33, 125, 154; *Ring,* Werberecht der Ärzte, Rn. 10 ff.

195 Vgl. oben, Dritter Teil, A. I. 2.

da Anhaltspunkte für weitere Zweifel in Formfragen nicht bestehen, formell rechtmäßig.

V. Materielle Voraussetzungen der Rechtfertigung

1. Übereinstimmung der Eingriffsnormen mit einfachen Gesetzen

a) Übereinstimmung der §§ 6 bis 10 BORA mit der BRAO

Die §§ 6 bis 10 BORA müssen sich gem. § 59 b Abs. 1, 2 Nr. 3 BRAO im Rahmen der Vorschriften der BRAO halten. § 43 b BRAO gestattet Werbung, wenn sie in Form und Inhalt sachlich ist und nicht auf die Erteilung eines Auftrags in einem Einzelfall gerichtet ist. Fraglich ist in diesem Zusammenhang, ob nicht der Wortlaut des § 6 Abs. 2 Satz 1 BORA – diese Vorschrift stellt eigentlich keine Werbebeschränkung dar[196] – mit § 43 b BRAO kollidiert. So wird die Ansicht vertreten, ein Rundschreiben sei als individuelles Anschreiben von potentiellen Mandanten von § 43 b BRAO nicht gestattet.[197] Dem ist jedoch entgegenzuhalten, daß diese Auffassung die Unterscheidung von „Werbung um Einzelmandanten" und „Werbung um Einzelaufträge" nicht richtig erkennt:[198] Ein Rundschreiben richtet sich nicht auf Erteilung eines Auftrags in einem konkreten Fall, was sich schon daran zeigt, daß es mit demselben Inhalt an mehrere potentielle Mandanten versendet wird. § 43 b BRAO muß daher so ausgelegt werden, daß er die Versendung von Rundschreiben nicht verbietet.

Die §§ 6 bis 10 BORA füllen bei richtiger Auslegung des § 43 b BRAO diese Vorschrift ergänzend aus, ohne deren Regelungsgehalt zu widersprechen.[199]

b) Übereinstimmung des § 9 Abs. 1 BORA mit Art. 5 lit. a VO Nr. 2137/85/EWG i. V. m. § 2 Abs. 2 Nr. 1 des zugehörigen deutschen Ausführungsgesetzes[200]

Aus Art. 5 lit. a VO Nr. 2137/85/EWG i. V. m. § 2 Abs. 2 Nr. 1 EWIV-Ausführungsgesetz folgt die Befugnis der Europäischen Wirtschaftsvereinigung (EWIV), eine Firma zu führen. Gegen diese Vorschriften verstößt § 9 Abs. 1 BORA, da er es unterläßt, die EWIV im Kreis der zur Führung einer Firma berechtig-

---

196 Vgl. oben, B. I. 2. a), B. II. 2. a).

197 Vgl. OLG Düsseldorf, Beschl. v. 22. 9. 1997 – 20 W 62/97 –, bei *Jessnitzer/Blumberg*, BRAO, § 43 b, Rn. 8.

198 Vgl. oben, Dritter Teil, C. IV. 1. c) dd).

199 Vgl. zum problematischen Verhältnis des § 6 Abs. 1 BORA zu § 43 b BRAO bereits oben, Dritter Teil, C. IV. 1. a).

200 Vgl. Abkürzungs- und Gesetzesverzeichnis.

ten Personenmehrheiten zu nennen. Diese Unterlassung dürfte wohl auf ein Redaktionsversehen der Satzungsversammlung zurückzuführen sein; für eine gesetzeskonforme Interpretation ist kein Raum; allerdings könnte man § 9 Abs. 1 BORA im Hinblick auf § 8 Satz 2 BORA, in dem die EWIV ausdrücklich erwähnt wird, teleologisch reduzieren.[201] Der Rechtssicherheit entspricht es jedoch eher, die Vorschrift neu zu fassen, und zwar unter ausdrücklicher Nennung der EWIV.[202]

c) Übereinstimmung der §§ 27, 28 und des Kap. D I BayBOÄ mit dem BayHKaG

Die Art. 19, 20 BayHKaG dienten in formeller Hinsicht als gesetzliche Grundlage zum Erlaß der Berufsordnung für die Ärzte Bayerns. In materieller Hinsicht ist es erforderlich, daß sich §§ 27, 28 und Kap. D I BayBOÄ im durch Art. 17 BayHKaG aufgerichteten Rahmen halten (vgl. Art. 19 BayHKaG). Art. 17 BayHKaG bestimmt als allgemeine Berufspflichten, daß Ärzte verpflichtet sind, ihren Beruf gewissenhaft auszuüben und dem ihnen im Zusammenhang mit dem Beruf entgegengebrachten Vertrauen zu entsprechen. Werbebeschränkungen widersprechen diesen allgemeinen Berufspflichten nicht; auch stellen sie keine Beeinträchtigung der gewissenhaften Berufsausübung dar. Außerdem sind Werbebeschränkungen nicht geeignet, das den Ärzten von der Bevölkerung entgegengebrachte Vertrauen zu untergraben, womit allerdings noch nichts darüber gesagt ist, inwieweit die Aufrechterhaltung bestehender Werberestriktionen durch ein solches Vertrauen im Hinblick auf Grundrechte von Ärzten und Publikum gerechtfertigt ist.[203]

d) Übereinstimmung des § 8 Abs. 1, 2 BayBOApo und der Werberichtlinien mit dem BayHKaG

Ähnlich wie Werberegelungen für Ärzte müssen die Werberegelungen für Apotheker materiell mit den in Art. 59 Abs. 1 i. V. m. Art. 17 BayHKaG geregelten Berufspflichten übereinstimmen (vgl. Art. 59 Abs. 1 i. V. m. Art. 19 BayHKaG). Inwiefern die in § 8 Abs. 1, 2 BayBOApo und den zur Berufsordnung gehörenden Werberichtlinien getroffenen Regelungen der gewissenhaften Berufsausübung und dem Vertrauen, das in den einzelnen Apotheker gesetzt wird, abträglich sind, ist nicht erkennbar. Damit ist jedoch nicht gesagt, daß die bestehenden Werberestriktionen der Berufsausübung und dem genannten Vertrauen nützlich sind.

---

201 Vgl. *Römermann,* in: Hartung / Holl, Berufsordnung, 2. Aufl., § 9 BO, Rn. 30, der mißverständlicherweise eine grundrechtskonforme Interpretation vorschlägt; richtigerweise handelt es sich um eine gesetzeskonforme Interpretation.

202 Vgl. näher zu den Rechtsfolgen einer Verfassungswidrigkeit unten, F. II.

203 Vgl. hierzu unten, E. VI. 2.

Eine Übereinstimmung der Werberichtlinien mit § 8 Abs. 1, 2 BayBOApo ist nicht zu prüfen: Trotz der normgeberischen Trennung der Werberichtlinien von der Berufsordnung sind die Richtlinien Bestandteil der Berufsordnung (vgl. § 8 Abs. 2 Satz 2 BayBOApo) und stehen damit auf gleicher Ebene wie § 8 Abs. 2 BayBOApo.

2. Das Übermaßverbot

a) Anforderungen des Übermaßverbotes[204]

Das Übermaßverbot, das auch unter dem Begriff „Verhältnismäßigkeit" diskutiert wird,[205] enthält vier Kriterien, denen auch Werbebeschränkungen genügen müssen, sollen sie nicht als verfassungswidrig eingestuft werden.

aa) Legitimer Zweck: insbesondere öffentliches Interesse und Gemeinwohl

Grundrechtseinschränkungen erfolgen zur Verwirklichung bestimmter Ziele, die der Normgeber – im Bereich der Berufsausübung auch unter Berücksichtigung der wirtschaftspolitischen Neutralität des Grundgesetzes[206] – grundsätzlich frei wählen kann.[207] Diese Ziele müssen allerdings, um zur Rechtfertigung von Grundrechtseingriffen dienen zu können, dem Gemeinwohl von Nutzen sein.[208] In der Literatur wird in diesem Zusammenhang auch von einem legitimen „öffentlichen Interesse"[209] oder von „Interessen der Allgemeinheit"[210] gesprochen. Es stellt sich die Frage, ob die Begriffe „Gemeinwohl" und „öffentliches Interesse" inhaltlich den gleichen Sachverhalt umschreiben.[211] „Öffentliches Interesse" ist ein in der

---

204 Vgl. allgemein z. B. *Lerche,* in: Isensee / Kirchhof, HStR V, § 122, Rn. 16 f.; *Manssen,* Staatsrecht I, Rn. 619 ff.; *v. Münch,* in: v. Münch / Kunig, GG, Art. 20, Rn. 55; *Pieroth / Schlink,* Staatsrecht II, 16. Aufl., Rn. 279 ff.; *Sachs,* in: Sachs, GG, Art. 20, Rn. 145 ff.; *Schulze-Fielitz,* in: Dreier, GG, Art. 20 (Rechtsstaat), Rn. 167 ff.; *Sommermann,* in: v. Mangoldt / Klein, GG, Art. 20, Rn. 298 ff.

205 Vgl. zur Begrifflichkeit *Manssen,* Staatsrecht I, Rn. 619; *Sommermann,* in: v. Mangoldt / Klein, GG, Art. 20, Rn. 298.

206 Vgl. *Manssen,* in: v. Mangoldt / Klein, GG, Art. 12, Rn. 29, 121; kritisch *Tettinger,* in: Sachs, GG, Art. 12, Rn. 14 a.

207 Vgl. z. B. BVerfGE 77, 84, 106; *Isensee,* in: Isensee / Kirchhof, HStR V, § 111, Rn. 73; *Manssen,* Staatsrecht I, Rn. 624; *Sachs,* in: Sachs, GG, Art. 20, Rn. 149.

208 Vgl. BVerfGE 36, 47, 59; *v. Münch,* in: v. Münch / Kunig, GG, Art. 20, Rn. 55; *Sachs,* in: Sachs, GG, Art. 20, Rn. 149; *Sommermann,* in: v. Mangoldt / Klein, GG, Art. 20, Rn. 298.

209 Vgl. z. B. *Manssen,* in: v. Mangoldt / Klein, GG, Art. 12, Rn. 120.

210 *Jähnke,* NJW 1988, S. 1888, 1889.

211 Vgl. z. B. *Ryffel,* in: Wohl der Allgemeinheit, S. 13, 14 f.; *Ule,* in: Wohl der Allgemeinheit, S. 125, 128 f.

Rechtssprache verwendeter unbestimmter Rechtsbegriff, „der die Belange der Allgemeinheit gegenüber Individualinteressen charakterisieren soll“[212]. „Gemeinwohl“ oder, wie es in Art. 14 Abs. 2 Satz 2 GG heißt, „Wohl der Allgemeinheit“, bezeichnet ebenfalls einen Belang der Sozietät. Das Gemeinwohl stellt semantisch nur einen Unterfall des öffentlichen Interesses dar, wird mit diesem jedoch häufig synonym gebraucht.[213] Für vorliegende Arbeit ist weniger eine abstrakte Definition des Begriffs „öffentliches Interesse“ von Bedeutung, deren Möglichkeit ohnehin angezweifelt werden kann,[214] die aber schon unternommen wurde,[215] als vielmehr die methodisch korrekte Ausfüllung des unbestimmten Rechtsbegriffs vom „öffentlichen Interesse„ / „Gemeinwohl“. Vorliegend soll daher grundsätzlich von der Synonymität beider Begriffe ausgegangen werden; aus Gründen der Deutlichkeit soll jedoch, wann immer möglich, 1. dem blassen Begriff „Gemeinwohl“ der des „öffentlichen Interesses“ vorgezogen werden, da letztere Bezeichnung die Bedeutung des Öffentlichen und der Öffentlichkeit für die öffentlichen Interessen deutlicher macht als die erstgenannte;[216] und 2. nicht von „dem“ öffentlichen Interesse, sondern von „öffentlichen Interessen“ (im Plural), allenfalls von „öffentlichem Interesse“ (ohne direktes Pronomen) gesprochen werden – dies wird der Vielzahl der zu berücksichtigenden Aspekte besser gerecht, denn worin das Gemeinwohl besteht, ist nicht a priori vorgegeben,[217] sodaß im demokratischen Staat mehrere möglicherweise relevante Interessen ins Blickfeld rücken können.[218]

Berufsausübungsregelungen verfolgen häufig nicht nur einen Zweck, sondern mehrere. Bei der Bewertung der Verfassungsmäßigkeit der für Freiberufler bestehenden Werbebeschränkungen ist diese Tatsache zu berücksichtigen: Es reicht grundsätzlich ein verfassungsgemäßer Zweck zur Eingriffsrechtfertigung aus.[219] Andererseits ist es unschädlich, wenn eine durch einen legitimen Zweck und Verhältnismäßigkeit zur Erreichung dieses Ziels verfassungsrechtlich gerechtfertigte Werbebeschränkung darüber hinaus noch andere Zwecke verfolgt, die alleine zur Rechtfertigung nicht geeignet wären, etwa weil sie nicht im öffentlichen Interesse liegen.[220]

---

212 *Creifelds / Weber*, Rechtswörterbuch, S. 953 (Stichwort: „öffentliches Interesse“).

213 Vgl. z. B. *Häberle*, AöR Bd. 95 (1970), S. 86, 89 f.

214 Vgl. *Taupitz*, Standesordnungen, S. 850.

215 Vgl. z. B. *Henkel*, Rechtsphilosophie, S. 457 ff.; vgl. auch *Uerpmann*, Öffentliches Interesse, S. 223 ff.

216 Vgl. die Terminologie bei *Häberle*, Öffentliches Interesse, S. 716.

217 Vgl. *Häberle*, Öffentliches Interesse, S. 35.

218 Vgl. *Häberle*, AöR Bd. 95 (1970), S. 86, 92; *ders.*, Öffentliches Interesse, S. 27, 35.

219 Vgl. *Manssen*, in: v. Mangoldt / Klein, GG, Art. 12, Rn. 121; *Taupitz*, Standesordnungen, S. 862.

220 Vgl. *Jarass*, NJW 1982, S. 1833, 1837; *Taupitz*, Standesordnungen, S. 862; vgl. aber BKartA, BT-Drs. 8 / 1925, S. 78: „[. . .] nur dem Schutz der Allgemeinheit, [. . .].“

bb) Geeignetheit, Erforderlichkeit, Angemessenheit (= Verhältnismäßigkeit im engeren Sinne) des Eingriffs

Nach der Prüfung der Legitimität des mit Werbebeschränkungen verfolgten Zweckes muß untersucht werden, ob Werberestriktionen als Mittel legitim[221] – dies ist im Grundsatz zu bejahen – und zur Erreichung des angestrebten Zweckes geeignet sind,[222] wobei dem Normgeber eine Einschätzungsprärogative zukommt.[223]

Erweisen sich Werbebeschränkungen als geeignet, das angestrebte Ziel zu erreichen, muß gefragt werden, ob und inwieweit sie hierfür erforderlich sind;[224] insbesondere müssen mildere berufsrechtliche Mittel gesucht werden, die möglicherweise als Regelungsalternative in Betracht kommen.[225] Idealerweise wird ein Vergleich mit einer gedachten anderen Regelung vorgenommen, „was jedenfalls dann leichter möglich ist, wenn es eine solche schon einmal gegeben hat, oder wenn eine solche für die Zukunft geplant ist, [...] oder wenn eine solche für vergleichbare Personengruppen nicht gilt oder wenn sie schon einmal abgeschafft worden ist."[226] Zu bedenken sind jedoch Schwierigkeiten tatsächlicher Art: So sind z. B. zur Ermittlung eines milderen Mittels fundierte Sachkenntnisse notwendig.[227] Die auch hinsichtlich der Frage der Erforderlichkeit bestehende[228] Einschätzungsprärogative des Gesetzgebers ist daher immer dann zu beachten, wenn die Existenz eines milderen Mittels nicht evident ist.[229] Nur wenn ein ebenso wirksamer, ohne bedeutenden Mehraufwand realisierbarer milderer Weg vom Gesetzgeber aus nicht nachvollziehbaren Überlegungen offensichtlich nicht genutzt worden ist, ist eine werbebeschränkende Vorschrift aus Gründen mangelnder Erforderlichkeit verfassungswidrig.

Schließlich müssen Werbebeschränkungen auch verhältnismäßig (im engeren Sinn) sein, wobei anstelle von „Verhältnismäßigkeit im engeren Sinne" auch von „Angemessenheit" oder „Zumutbarkeit"[230] des Eingriffs gesprochen wird.[231] Der

---

221 *Pieroth/Schlink,* Staatsrecht II, 16. Aufl., Rn. 279.

222 Vgl. zur Geeignetheit allgemein *Manssen,* Staatsrecht I, Rn. 627 f.; *Sachs,* in: Sachs, GG, Art. 20, Rn. 150 f.; *Sommermann,* in: v. Mangoldt/Klein, GG, Art. 20, Rn. 304.

223 Vgl. BVerfGE 25, 1, 12 f.; 39, 210, 230 ff.; *Schulze-Fielitz,* in: Dreier, GG, Art. 20 (Rechtsstaat), Rn. 178 f.

224 Vgl. allgemein zum Merkmal der Erforderlichkeit *Manssen,* Staatsrecht I, Rn. 629 ff.; *Sachs,* in: Sachs, GG, Art. 20, Rn. 152 f.

225 Vgl. zum notwendigen Inhalt einer verfassungsgerichtlichen Überprüfung von berufsfreiheitsbeschränkenden Regelungen *Jaeger,* AnwBl. 2000, S. 475, 481.

226 *Jaeger,* AnwBl. 2000, S. 475, 481.

227 Vgl. *Jaeger,* Stbg. 1997, S. 211, 214.

228 Vgl. *Schulze-Fielitz,* in: Dreier, GG, Art. 20 (Rechtsstaat), Rn. 179.

229 Vgl. BVerfGE 25, 1, 19 f.; 81, 70, 91.

230 So *v. Münch,* in: v. Münch/Kunig, GG, Vorb. Art. 1–19, Rn. 55.

231 Vgl. *Pieroth/Schlink,* Staatsrecht II, 16. Aufl., Rn. 289; *Sachs,* in: Sachs, GG, Art. 20, Rn. 154.

Eingriff – mag er auch geeignet und erforderlich sein – darf zum angestrebten Zweck nicht außer Verhältnis stehen.[232] Ob das der Fall ist, läßt sich durch eine Abwägung zwischen der Schwere des Eingriffs und dem Gewicht der diesen rechtfertigenden Gründe ermitteln.[233]

b) Konkretisierungen des Übermaßverbotes bei einzelnen Grundrechten

aa) Art. 12 Abs. 1 GG: Drei-Stufen-Theorie

Die Prüfung der Verhältnismäßigkeit eines Eingriffs in den Schutzbereich des Art. 12 Abs. 1 GG wird vom BVerfG durch die Drei-Stufen-Theorie konkretisiert.[234] Nach dieser bestehen für die drei möglichen Eingriffsarten Berufsausübungsregelung – subjektive Berufswahlregelung – objektive Berufswahlregelung unterschiedliche Voraussetzungen zur Rechtfertigung, die von der Schwere des jeweiligen Eingriffs abhängen.[235] Werbebeschränkungen sind Regelungen der Berufsausübung; solche geringstmöglichen Eingriffe können vorgenommen werden, „soweit vernünftige Erwägungen des Gemeinwohls es zweckmäßig erscheinen lassen."[236] Vor allem bei der im Rahmen der Prüfung der Verhältnismäßigkeit (im engeren Sinn) vorzunehmenden Abwägung kommt die Drei-Stufen-Theorie zur Geltung.

bb) Art. 5 Abs. 1 GG: Wechselwirkungslehre

Eine Konkretisierung der Prüfung der Verhältnismäßigkeit von Einschränkungen der Grundrechte aus Art. 5 Abs. 1 GG ist die vom BVerfG entwickelte Wechselwirkungslehre, wonach die sich aus allgemeinen Gesetzen ergebenden Einschränkungen ihrerseits im Lichte dieser Grundrechte gesehen und ggf. selbst eingeschränkt werden müssen.[237] Methodisch wirkt sich die Wechselwirkungslehre als Instru-

---

232 Vgl. BVerfGE 51, 193, 208; *Manssen,* Staatsrecht I, Rn. 632 ff.

233 Vgl. BVerfGE 30, 292, 316 ff.; 61, 291, 312; ferner 71, 162, 173 ff.; 76, 196, 207; *Sommermann,* in: v. Mangoldt / Klein, GG, Art. 20, Rn. 304; vgl. auch *Lorz,* NJW 2002, S. 169, 174, der dafür plädiert, Belangen, die als berufs- oder branchenspezifische Sonderinteressen identifiziert werden können, „in der Abwägung von vorneherein einen niedrigeren Stellenwert zuzumessen als den ‚echten' Gemeinwohlbelangen."

234 Vgl. BVerfGE 7, 377, 405 ff.; vgl. näher zur Stufentheorie *Manssen,* in: v. Mangoldt / Klein, GG, Art. 12, Rn. 133 ff.; *Tettinger,* in: Sachs, GG, Art. 12, Rn. 100 ff.; *Wieland,* in: Dreier, GG, Art. 12, Rn. 101 ff.; dazu, daß die Drei-Stufentheorie letztlich nicht auf das BVerfG, sondern auf *Uber,* Freiheit des Berufs, zurückzuführen ist, vgl. *Manssen,* BayVBl. 2001, S. 641.

235 Vgl. BVerfGE 7, 377, 6. Leitsatz.

236 BVerfGE 7, 377, 405.

237 Vgl. BVerfGE 7, 198, 208 f.; 59, 231, 265; 66, 116, 150; *Sachs,* in: Sachs, GG, Art. 5, Rn. 145; *Schulze-Fielitz,* in: Dreier, GG, Art. 5 I, II, Rn. 126 ff.; vgl. auch *Starck,* in: v. Mangoldt / Klein, GG, Art. 5, Rn. 184 f.

ment der Kontrolle darüber aus, ob im Rahmen der Verhältnismäßigkeitsprüfung die hohe Bedeutung der Kommunikationsgrundrechte berücksichtigt worden ist.[238] Die Wechselwirkungslehre muß im Rahmen der Prüfung der einzelnen Werbebeschränkungen [vgl. F.] insbesondere dann berücksichtigt werden, wenn Werbebeschränkungen sich vornehmlich auf Kommunikationsgrundrechte beziehen, d. h. immer dann, wenn Art. 5 Abs. 1 GG besondere Bedeutung gewinnt.[239]

E. Die zur Rechtfertigung von Werbebeschränkungen durch Rechtsprechung und Literatur vorgetragenen Argumente: Darstellung und kritische Analyse

I. Niedriger Differenzierungsgrad der Argumentationen zur Rechtfertigung von Werbebeschränkungen in Rechtsprechung und Literatur

Es fällt auf, daß Rechtsprechung und Literatur bei der Rechtfertigung von Werbebeschränkungen nicht immer nach einzelnen Grundrechten und deren jeweiligen Rechtfertigungsvoraussetzungen unterscheiden. Oft wird auf die Legitimität von mit Werbebeschränkungen verfolgten Zielen und auf die Verhältnismäßigkeit von Eingriffen in die Meinungsäußerungsfreiheit neben der Rechtfertigung von Eingriffen in die Berufsausübungsfreiheit nicht gesondert eingegangen. So wird beispielsweise in einer Entscheidung des BVerfG die Verhältnismäßigkeit von Werbebeschränkungen des anwaltlichen Standesrechts lediglich anhand von Art. 12 Abs. 1 GG geprüft,[240] obwohl in den vom Gericht eingeholten Stellungnahmen auch auf eine mögliche Verletzung von Art. 5 Abs. 1 GG hingewiesen wird.[241] An anderer Stelle heißt es in Bezug auf das ärztliche Werbeverbot lapidar: „Die aus dem Verbot folgende Beschränkung der Meinungsfreiheit ist ebensowenig unverhältnismäßig wie die bereits erörterte Beschränkung der Berufsfreiheit.“[242] Ebensowenig differenziert ein Großteil der Literatur zum Thema bezüglich der Rechtfertigung von Werbebeschränkungen im Hinblick auf Besonderheiten einzelner Grundrechte: „Da das Verbot der Qualitätswerbung zum Schutz der Funktionsfähigkeit der Rechtspflege grundsätzlich geeignet und erforderlich ist, verstößt es weder gegen Art. 5 GG [...] noch gegen Art. 12 GG.“[243] Die zur Rechtfertigung

238 Vgl. *Starck*, in: v. Mangoldt / Klein, GG, Art. 5, Rn. 184.

239 Beispiel: § 28 BayBOÄ, der sich auf Presseveröffentlichungen des Arztes bezieht, vgl. auch Dritter Teil, D. 5.

240 Vgl. BVerfGE 76, 196, 205 ff.

241 Vgl. die Stellungnahme des Bundes freier Rechtsanwälte, referiert in BVerfGE 76, 196, 204.

242 BVerfGE 71, 162, 176.

243 *Eylmann*, in: Henssler / Prütting, BRAO, § 43 b, Rn. 15.

von Eingriffen in Art. 12 Abs. 1 GG genannten Argumente werden von den meisten Autoren auch zur Rechtfertigung von Eingriffen in Art. 5 Abs. 1 GG geeignet gehalten, so z. B. bei der Rechtfertigung anwaltlicher Werbebeschränkungen der Schutz der Funktionsfähigkeit der Rechtspflege und das Vertrauen der Bevölkerung auf die Stellung der Rechtsanwaltschaft als unabhängiges Organ der Rechtspflege.[244]

Ferner fällt auf, daß eine Trennung der einzelnen Argumente, wie sie im folgenden praktiziert wird, in Rechtsprechung und Literatur häufig nicht vorgenommen wird: Oft werden mehrere vermeintliche Rechtfertigungsgründe undifferenziert ineinander verwoben. Eine Isolierung der einzelnen Rechtfertigungsargumente soll hier deswegen durchgeführt werden, weil nur so festzustellen ist, ob und gegebenenfalls aus welchen Gründen genau freiberufliche Werbebeschränkungen verfassungsrechtlich gerechtfertigt sind oder nicht. Häufig wird in Literatur und Rechtsprechung auch nicht auf die einzelnen Kriterien des Übermaßverbots (Geeignetheit, Erforderlichkeit, Verhältnismäßigkeit) gesondert eingegangen, sondern lediglich pauschal gesagt, ein Eingriff in Art. 12 Abs. 1 oder Art. 5 Abs. 1 GG sei durch ein gewisses Gut, z. B. die Funktionsfähigkeit der Rechtspflege, gerechtfertigt.[245] In solchen Fällen kann davon ausgegangen werden, daß derjenige Autor, der einen Eingriff in die genannten Grundrechte mittels Werbebeschränkungen durch ein gewisses Gemeinschaftsgut für gerechtfertigt hält, in diesem Gut ein im öffentlichen Interesse liegendes legitimes Ziel sieht, und daß Werbebeschränkungen zur Verwirklichung dieses Zieles seiner Meinung nach geeignet, erforderlich und verhältnismäßig (im engeren Sinne) sind.

II. Kritik an den in Rechtsprechung und Literatur vertretenen Rechtfertigungsmodellen

Kritik an der Literatur und Rechtsprechung, die Werbebeschränkungen für gerechtfertigt halten, läßt sich unter verschiedenen Aspekten üben: Zum einen sind einzelne der vorgetragenen Rechtfertigungsargumente keine legitimen Ziele, so etwa, wie aufzuzeigen sein wird, das Argument „Schutz bestehender Berufsbilder". Zum anderen werden legitime Ziele mit unverhältnismäßig stark in die Berufsfreiheit eingreifenden Methoden verfolgt. Vor allem bei der Prüfung der Erforderlich-

---

244 Formuliert wird meist pauschalierend, etwa wie von *Eylmann,* in: Henssler/Prütting, BRAO, § 43 b, Rn. 15: „Da das Verbot der Qualitätswerbung zum Schutz der Funktionsfähigkeit der Rechtspflege grundsätzlich geeignet und auch erforderlich ist, verstößt es weder gegen Art. 5 GG und Art. 10 EMRK noch gegen Art. 12 GG." Zur EMRK vgl. näher unten, G. II.

245 Vgl. z. B. *Laufs,* NJW 2001, S. 1768, 1769: „[...], daß sich zu den vernünftigen Erwägungen des Gemeinwohls, welche die Berufsausübungsfreiheit und damit die Werbung zu beschränken vermögen, der Erhalt des ärztlichen Berufsbilds in seiner ethisch fundierten Eigenart durchaus rechnen läßt."

keit von Werberestriktionen im Hinblick auf einzelne Rechtsgüter läßt sich fragen, ob die vorzustellenden Argumentationsmuster schlüssig sind. Abstrakt erörtert werden können i. d. R. nur Geeignetheit und Erforderlichkeit von Werbebeschränkungen zur Erreichung eines Ziels; die Prüfung der Angemessenheit muß für jede einzelne Norm gesondert durchgeführt werden.[246]

III. Die speziell auf den Rechtsanwaltsberuf bezogenen Argumente

Vorgetragen zur Rechtfertigung von Werbebeschränkungen bei Rechtsanwälten werden zwei Argumente: Werbebeschränkungen sollen zum einen zur Erhaltung der Funktionsfähigkeit der Rechtspflege beitragen [vgl. unten 1.], zum anderen sollen sie das Vertrauen der Bevölkerung auf diese Funktionsfähigkeit unterstützen [vgl. 2.].

1. Erhaltung der Funktionsfähigkeit der Rechtspflege

a) Legitimität des Zieles „Erhaltung der Funktionsfähigkeit der Rechtspflege"

Die Erhaltung der Funktionsfähigkeit der Rechtspflege[247] wird gelegentlich als einziges zulässiges Rechtfertigungsargument für anwaltliche Werbebeschränkungen betrachtet.[248] Unter zwei Aspekten wird die Erhaltung der Funktionsfähigkeit der Rechtspflege zur Rechtfertigung von Werberestriktionen herangezogen. Zum einen solle eine übermäßige Inanspruchnahme von anwaltlichen Leistungen verhindert werden, da sich hieraus eine Förderung der Inanspruchnahme auch der staatlichen Justizorgane ergeben könnte; daran, diese Förderung zu unterbinden, bestehe ein staatliches Interesse.[249] Daß nicht der am besten qualifizierte, sondern der am wirkungsvollsten werbende Rechtsanwalt ein Mandat erhalte, wodurch die Leistungsfähigkeit der Rechtspflege auf Dauer gesehen nachlasse, könne durch Werbebeschränkungen verhindert werden.[250] Letztere Argumentation wird entsprechend auch für andere freie Berufe vorgetragen.[251] Die Rechtspflege wird bisweilen etwas pauschal bemüht, etwa im Zusammenhang mit irreführender Werbung: „Wer so wirbt, beeinträchtigt offensichtlich die Funktion der Anwaltschaft

---

246 Vgl. unten, F.

247 Vgl. hierzu auch BVerfGE 76, 171, 189; 63, 266, 288.

248 Vgl. *Ring,* Werberecht der Rechtsanwälte, Rn. 85.

249 Vgl. *Manssen,* in: v. Mangoldt / Klein, GG, Art. 12, Rn. 161.

250 So argumentiert *Eylmann,* in: Henssler / Prütting, BRAO, § 43 b, Rn. 10.

251 Vgl. unten unter „Qualitätssicherung", VI. 5.

im System der Rechtspflege."[252] Worin genau diese Beeinträchtigung bestehen soll, bleibt offen. Im Zusammenhang mit dem Argument der Erhaltung der Funktionsfähigkeit der Rechtspflege wird auch „die Wahrung des Vorrangs von Mandanteninteressen"[253] vorgetragen.

Gegen das Argument als solches, Werbebeschränkungen könnten durch die Erhaltung der Funktionsfähigkeit der Rechtspflege gerechtfertigt werden, finden sich in Literatur und Rechtsprechung keine Einwände. Die Rechtspflege ist zwar rechtssoziologisch gesehen keine eigenständige Funktion des Rechts; sie trägt jedoch zur Erfüllung der eigentlichen Aufgaben der Rechtsordnung bei. Die Aufgaben der Rechtsordnung sind: Konfliktbereinigung (Reaktionsfunktion), Verhaltenssteuerung (Ordnungsfunktion), Legitimierung und Organisation sozialer Herrschaft (Verfassungsfunktion) und Gestaltung der Lebensbedingungen der Gesellschaft und des einzelnen (Planungsfunktion).[254] Die Rechtspflege dient dazu, die Funktionen der Rechtsordnung, die für das Zusammenleben einer Gemeinschaft notwendig sind, zu verwirklichen. Auch ist die Funktionsfähigkeit der Rechtspflege zur Realisierung der Idee der Gerechtigkeit unabdingbar.[255] Sie liegt daher im öffentlichen Interesse.

Daß die Funktionsfähigkeit der Rechtspflege durch Werbung insofern beeinträchtigt werden könnte, als nicht der für den konkreten Fall am besten qualifizierte, sondern der am wirkungsvollsten werbende Anwalt ausgewählt wird,[256] ist eine nicht zu belegende Vermutung: Fachliche Kompetenz und die Fähigkeit, sich selbst geschickt darzustellen, schließen sich nicht aus.[257]

Auch ein grundsätzlicher Vorrang von Mandanteninteressen[258] kann nicht anerkannt werden: Dieses Argument ist zu allgemein, als daß es Werbebeschränkungen abstrakt-generell rechtfertigen könnte.

b) Legitimität und Geeignetheit des Mittels Werbebeschränkungen

Werbebeschränkungen, die generell ein legitimes Mittel darstellen, müßten zur Erreichung des Ziels „Erhaltung der Funktionsfähigkeit der Rechtspflege" geeignet sein.[259] Hinsichtlich der Feststellung der Geeignetheit ist der Gesetzgeber relativ frei, ihm obliegt die Einschätzungsprärogative; das BVerfG führt lediglich eine

---

252 *Eylmann*, in: Henssler / Prütting, BRAO, § 43 b, Rn. 9.

253 *Ahrens*, NJW 2000, S. 3188, 3189.

254 Vgl. *Rehbinder*, Rechtssoziologie, S. 160 ff.

255 Vgl. BVerfGE 33, 367, 383.

256 Vgl. *Eylmann*, in: Henssler / Prütting, BRAO, § 43 b, Rn. 10.

257 Vgl. zur entsprechenden Problematik bei Werbebeschränkungen für Ärzte IV. 1. b).

258 Vgl. *Ahrens*, NJW 2000, S. 3188, 3189.

259 Vgl. zum Kriterium „Eignung" z. B. BVerfGE 30, 292, 316; 80, 1, 24 f.

Vertretbarkeitskontrolle durch.[260] Werbebeschränkungen werden in der Literatur grundsätzlich als geeignet zur Erhaltung der Funktionsfähigkeit der Rechtspflege angesehen;[261] dies ergibt sich jedoch nicht daraus, daß Werberestriktionen ausdrücklich als geeignet bezeichnet werden, sondern konkludent daraus, daß sie durch das Ziel „Erhaltung der Funktionsfähigkeit der Rechtspflege" gerechtfertigt angesehen werden.[262] Hinsichtlich der direkten Mandatswerbung beispielsweise wird ausgeführt: „Sie würde die anwaltliche Tätigkeit ihres Charakters als Dienst am Recht entkleiden [...]."[263]

Ob Werbebeschränkungen geeignet sind, das Ziel „Erhaltung der Funktionsfähigkeit der Rechtspflege" zu erreichen, kann in mehrfacher Hinsicht angezweifelt werden. Die Rechtspflegequalität werde, so wird argumentiert, durch Werbung nicht etwa schlechter; stattdessen förderten Werbung und Wettbewerb die Qualität anwaltlicher Leistungserbringung[264] (und damit die der Rechtspflege). Werbebeschränkungen werden hier bereits als ungeeignetes Mittel zur Erreichung des Ziels „Erhaltung der Qualität anwaltlicher Leistungserbringung" angesehen. Zum anderen könnte sich mit der Fortsetzung einer vom OLG Düsseldorf angestellten Überlegung die Geeignetheit von Werbebeschränkungen auch zur Verhinderung einer Überlastung der Rechtspflegeorgane in Frage stellen lassen. Eigentlich als Argument gegen Werbefreiheit – und zwar für die Geeignetheit von Werbebeschränkungen für die Erhaltung des Vertrauens des Publikums in die Unabhängigkeit des Rechtsanwalts – gemeint, äußert das OLG: „So wirkt der Rechtsanwalt – und dies ist seine vornehmste Aufgabe – zur Streitvermeidung und für die Justiz als „Filter", der prozeßunwürdige Streitfälle von ihr fernhält und im Prozeß unsachgemäßes Vorgehen vermeidet."[265] Sollte sich herausstellen, daß die vermehrte Inanspruchnahme anwaltlicher Leistungen, insbesondere im Bereich außergerichtlicher Streitschlichtung, v. a. der Mediation, eine Entlastung der Gerichte zur Folge hätte, wie sie als vornehmste Aufgabe der Rechtsanwaltschaft bezeichnet wird, wären Werbebeschränkungen, die eine stärkere Inanspruchnahme anwaltlicher Leistungen verhindern, ein ungeeignetes Mittel zur Erreichung des Ziels „Entlastung der Gerichte".

Gegen das Argument gerichtet, Rechtsanwälte seien aus dem freiberuflichen Charakter ihrer Tätigkeit heraus zum Verzicht auf Gewinnstreben verpflichtet,[266]

---

260 Vgl. etwa BVerfGE 57, 139, 159 ff.; *Jarass*, NJW 1982, 1833, 1837.

261 Vgl. explizit zum „Verbot der Qualitätswerbung" *Eylmann*, in: Henssler / Prütting, BRAO, § 43 b, Rn. 15.

262 Vgl. z. B. *Eylmann*, in: Henssler / Prütting, BRAO, § 43 b, Rn. 10; differenzierend jedoch *Ring*, Werberecht der Rechtsanwälte, Rn. 85.

263 *Eylmann*, in: Henssler / Prütting, BRAO, § 43 b, Rn. 11.

264 Vgl. *Römermann*, in: Hartung / Holl, Berufsordnung, 2. Aufl., vor § 6 BO, Rn. 50.

265 OLG Düsseldorf, NJW-RR 1992, S. 489, 490; vgl. auch *Manssen*, BayVBl. 2001, S. 641, 644.

266 Vgl. hierzu näher die Ausführungen zum Schutz von Berufsbildern, VI. 1.

heißt es an anderer Stelle: „Auch Rechtsberatung durch Anwälte kann nur dann stattfinden, wenn die Anwälte wirtschaftlich abgesichert werden, und zwar durch die von ihnen ausgeübte Tätigkeit.“[267] Dieser Gedanke, der übrigens der Überlegung des BVerfG im Handwerksbeschluß nahesteht, Voraussetzung für die Erhaltung der Qualitätsstandards des Handwerks sei dessen wirtschaftliche Absicherung,[268] läßt sich auch gegen das Argument, Werbebeschränkungen seien geeignet, die Funktionsfähigkeit der Rechtspflege zu erhalten, heranziehen: Wären nämlich auch gute Rechtsanwälte durch die Existenz von Werbebeschränkungen in ihrer wirtschaftlichen Existenz gefährdet, wären diese zur Erreichung des in Rede stehenden Zwecks schon ungeeignet. Allerdings scheint es unwahrscheinlich, daß auch hochbefähigte Anwälte allein durch Werbebeschränkungen wirtschaftlich in Schwierigkeiten gebracht werden können, v. a. wenn man in Rechnung stellt, daß gerade diese z. B. die Möglichkeit haben, sich entweder bei Kanzleien anstellen zu lassen oder aber als Syndikusanwälte zu arbeiten.[269] Bedenkt man zusätzlich, daß durch eine völlige Freigabe anwaltlicher Werbung möglicherweise tatsächlich eine stärkere Inanspruchnahme der Gerichte verursacht werden könnte, ein Zusammenhang, der trotz des in den letzten Jahren teilweise festzustellenden Rückgangs der Geschäftsbelastung der Gerichte in der Bundesrepublik[270] nicht widerlegbar ist, muß unter Beachtung der gesetzgeberischen Einschätzungsprärogative[271] eine Ungeeignetheit von Werbebeschränkungen zur Erreichung der Erhaltung der Funktionsfähigkeit der Rechtspflege trotz der eben angestellten Überlegungen abgelehnt werden.

c) Erforderlichkeit von Werbebeschränkungen zur Erhaltung der Funktionsfähigkeit der Rechtspflege

Das gewählte Mittel, hier die Werbebeschränkungen für Rechtsanwälte, muß zur Erreichung des angestrebten Ziels, der Erhaltung der Funktionsfähigkeit der Rechtspflege, erforderlich sein. Dies ist dann der Fall, wenn die mit dem Mittel

---

267 *Manssen,* in: v. Mangoldt / Klein, GG, Art. 12, Rn. 158.

268 Vgl. BVerfGE 13, 97, 107 ff.

269 Vgl. zur überdurchschnittlichen Qualifikation von Syndikusanwälten etwa *Hommerich / Prütting,* Berufsbild des Syndikusanwalts, S. 109 ff.

270 Abgenommen hat die Zahl der Klagen vor den Amtsgerichten in Zivilsachen (1996: 1.686.960 Neuzugänge, 1997: 1.686.844, 1998: 1.584.128) und vor den Landgerichten als erste Instanz in Zivilsachen (1996: 422.995 Neuzugänge, 1997: 422.407, 1998: 404.496); die Zahl der Neuzugänge in Strafsachen (erste Instanz) ist allerdings nur bei den Landgerichten zurückgegangen, bei den Amtsgerichten hingegen gestiegen (Landgerichte: 1996: 14.996 Neuzugänge, 1997: 14.702, 1998: 14.271; Amtsgerichte: 1996: 801.383 Neuzugänge, 1997: 815.018, 1998: 841.212); geringer geworden ist die Zahl der Klagen vor den Arbeitsgerichten (1996: 675.637 Neuzugänge, 1997: 659.185, 1998: 584.686) und den Verwaltungsgerichten (1996: 228.550 Neuzugänge, 1997: 215.733, 1998: 201.543); Quelle: Statistisches Jahrbuch für die Bundesrepublik Deutschland, Wiesbaden 2000, S. 346, 348 ff.

271 Vgl. hierzu oben, D. V. 2.

verfolgten Zwecksetzungen nicht durch ein anderes Mittel, das für die Grundrechtsträger weniger belastend ist, erreicht werden können.[272] Auch diesbezüglich hat der Gesetzgeber, wie auch bei Beurteilung der Geeignetheit, eine Einschätzungsprärogative, die verfassungsrechtlich nur auf ihre Vertretbarkeit hin überprüfbar ist.[273] Grundsätzlich werden Werbebeschränkungen von deren Befürwortern zur Erhaltung der Funktionsfähigkeit der Rechtspflege für erforderlich gehalten.[274] Das BVerfG hingegen differenziert nach dem Einzelfall; im Hinblick auf die früheren Standesrichtlinien für Rechtsanwälte entschied es, nur solche Werbebeschränkungen könnten aus diesen Richtlinien abgeleitet werden, die zur Aufrechterhaltung einer geordneten Rechtspflege unerläßlich, d. h. zwingend erforderlich, seien.[275] Dieser Grundsatz läßt sich auf die heutige Rechtslage übertragen: Die in § 43 b BRAO und § 6 BORA kodifizierten Werbebeschränkungen enthalten das in Generalklauselform festgelegte Sachlichkeitsgebot. Dieses muß verfassungskonform so ausgelegt werden, daß nur diejenige Werbung als unsachlich angesehen wird, die die Funktionsfähigkeit der Rechtspflege (oder andere anerkannte Rechtsgüter) gefährdet.

Kritisch einzuwenden ist hiergegen allerdings der schon im Rahmen der Geeignetheitsprüfung angesprochene[276] Umstand, daß in den letzten Jahren die Geschäftsbelastung der Gerichte in Deutschland zurückgegangen ist.[277] Möglicherweise ist dieser Rückgang als Indiz dafür zu werten, daß die oben[278] dargestellte Erweiterung der Möglichkeiten anwaltlicher Werbung sogar positiv auf die Belastung der Gerichte eingewirkt hat; beweisbar ist dieser Zusammenhang jedoch nicht. Unter Berücksichtigung der auch im Bereich der Erforderlichkeit bestehenden Einschätzungsprärogative des Gesetzgebers ist diesem die Annahme zuzugestehen, daß sich ein realisierbares Mittel zur Erhaltung der Funktionsfähigkeit der Rechtspflege, das milder ist als der Erlaß von Werbebeschränkungen, schwer finden läßt. Da diese Annahme auch nicht unvertretbar erscheint, ist von der Erforderlichkeit von Werbebeschränkungen zur Erhaltung der Funktionsfähigkeit der Rechtspflege auszugehen.

d) Verhältnismäßigkeit (im engeren Sinn) von Werbebeschränkungen zur Erhaltung der Funktionsfähigkeit der Rechtspflege

Zuletzt ist im Rahmen der Prüfung des Übermaßverbots zu untersuchen, ob die durch Werbebeschränkungen vorgenommenen Grundrechtseingriffe auch verhält-

272 Vgl. z. B. BVerfGE 30, 292, 316.

273 Vgl. *Manssen,* in: v. Mangoldt / Klein, GG, Art. 12, Rn. 131.

274 Vgl. z. B. *Eylmann,* in: Henssler / Prütting, BRAO, § 43 b, Rn. 15.

275 Vgl. BVerfGE 76, 171, 189; 76, 196, 205.

276 Vgl. soeben unter c).

277 Vgl. Fn. 270.

278 Vgl. insgesamt Dritter Teil, C.

nismäßig (im engeren Sinne) sind.[279] Die im Einzelfall bei der Rechtsanwendung vorzunehmende Gesamtabwägung muß auf der einen Seite – zugunsten der Grundrechtsträger – u. a. die Intensität des fraglichen Grundrechtseingriffs berücksichtigen, auf der anderen Seite – zu Gunsten einer Rechtfertigung des fraglichen Grundrechtseingriffs – den Grad der Beeinträchtigung des ordnungsgemäßen Funktionierens der Rechtspflege ohne den Grundrechtseingriff.[280]

Zwar hat das Rechtsgut der Funktionsfähigkeit der Rechtspflege einen hohen Rang;[281] auch wird die Intensität von durch Werbebeschränkungen vorgenommenen Eingriffen in anwaltliche Grundrechte für nicht sehr hoch gehalten, da lediglich ein Teilbereich der Berufsausübung betroffen sei.[282] Deswegen muß aber die erforderliche Abwägung häufig nicht zuungunsten der Werbefreiheit ausfallen,[283] da eine Beeinträchtigung der Rechtspflege nicht immer nachweisbar sein wird. Fragwürdig erscheint außerdem, ob „der Eingriff [...] nicht sehr schwer wiegt“[284], weil der Anwalt nur einem teilweisen Werbeverbot unterliege. Möglicherweise liegt dieser Ansicht die Auffassung zugrunde, daß Berufsausübungsregelungen generell nicht sehr gravierend seien, wie sie sich im Gefolge der Drei-Stufen-Theorie entwickelt hat.[285] Eine solche Geringschätzung der Berufsausübung ist jedoch verfehlt, da übersteigerte Berufsausübungsregeln „je für sich und erst recht kumulativ den Grundrechtsinhaber über ein ganzes langes Berufsleben drangsalieren und in seiner Freiheit förmlich einschnüren“[286] können. Die neuere Grundrechtsdogmatik berücksichtigt allerdings die auch vom BVerfG schon bald nach dem Apothekenurteil[287] anerkannte[288] Tatsache, daß Berufsausübungsregelungen ebenso gravierend sein können wie Berufswahlregelungen, durch eine modifizierte Anwendung der Drei-Stufen-Theorie.[289] Wenn auch Eingriffe in die Werbefreiheit schwerer wiegen mögen als teilweise behauptet, muß andererseits doch auch die hohe Bedeutung einer funktionierenden Rechtspflege für das Zusammenleben in einem Staat berücksichtigt werden. Eine völlige Liberalisierung anwaltlicher Werbung ohne die Möglichkeit einer Berücksichtigung der aufgezeigten Be-

---

279 Vgl. allgemein D. V. 2.

280 Vgl. BVerfGE 76, 171, 189; 76, 196, 208.

281 Vgl. BVerfGE 34, 238, 248 f.; *Eylmann*, in: Henssler / Prütting, BRAO, § 43 b, Rn. 15.

282 Vgl. *Eylmann*, in: Henssler / Prütting, BRAO, § 43 b, Rn. 15.

283 Vgl. zur Funktionsfähigkeit der Rechtspflege im Zusammenhang mit Abwägungen auch *Kröpil*, AnwBl. 2001, S. 198 ff., 204.

284 *Eylmann*, in: Henssler / Prütting, BRAO, § 43 b, Rn. 15.

285 Vgl. z. B. *Scheuner*, DVBl. 1958, S. 845, 848, der von „Regelung nach Zweckmäßigkeit“ spricht.

286 *Hufen*, NJW 1994, S. 2913, 2918.

287 BVerfG, Urt. v. 11. 6. 1958 – 1 BvR 596/56 –, BVerfGE 7, 377.

288 So relativiert das BVerfG die Drei-Stufen-Theorie in BVerfGE 30, 292, 313 zumindest mittelbar.

289 Vgl. *Manssen*, in: v. Mangoldt / Klein, GG, Art. 12, Rn. 136 ff.; *Tettinger*, in: Sachs, GG, Art. 12, Rn. 109 ff.; vgl. auch *Wieland*, in: Dreier, GG, Art. 12, Rn. 110.

lange der Rechtspflege – Sicherung der Qualität anwaltlicher Leistung einerseits, Verhinderung übermäßiger Inanspruchnahme der Gerichte andererseits – ist daher abzulehnen.

e) Ergebnis zum Argument „Erhaltung der Funktionsfähigkeit der Rechtspflege"

Im Einzelfall können Werbebeschränkungen für Rechtsanwälte mit dem Argument gerechtfertigt werden, sie dienten der Erhaltung der Funktionsfähigkeit der Rechtspflege.

2. Erhaltung des Vertrauens der Bevölkerung auf die Funktion der Anwaltschaft als unabhängiges Organ der Rechtspflege

a) Legitimität des Zieles „Erhaltung des Vertrauens der Bevölkerung auf die Funktion der Anwaltschaft als unabhängiges Organ der Rechtspflege"

„Indem ein Anwalt für sich wirbt wie ein Kaufmann, verzichtet er darauf, vom Publikum als Organ der Rechtspflege angesehen zu werden. [...] Einem solchen Anwalt trauen viele nicht mehr zu, daß er als ein unabhängiges Organ der Rechtspflege tätig werden wolle, bei welchem im Konfliktfall das eigene Gebühreninteresse dem Interesse des Mandanten zu weichen hat."[290] Diese Argumentation hat, anders als die später zur Eigenschaft des Anwalts als Freiberufler vorzustellende[291], die Funktion des Anwalts als unabhängiges Organ der Rechtspflege im Blickfeld. Das vom OLG Düsseldorf gemeinte Vertrauen dürfte wohl nicht das Individualverhältnis zwischen Mandanten und dem von ihm ausgewählten Rechtsanwalt betreffen, vielmehr eine Art Vertrauen des Mandanten in die Anwaltschaft als ganze, etwa im Sinne eines „Vertrauens der Öffentlichkeit gegenüber dem Beruf"[292]. Dieses Vertrauen wird letztlich als Voraussetzung zur Erhaltung einer ordnungsgemäßen Rechtspflege angesehen: „Dabei kommt es – selbstverständlich – auf die Auswirkungen der Werbemethoden nicht eines einzelnen Anwalts auf die Rechtspflege an, sondern darauf, ob es die Funktionsfähigkeit der Rechtspflege beeinträchtigen könnte, wenn sein Verhalten allgemeine Übung würde."[293] Vertrauen auf den einzelnen Rechtsanwalt ist also die Voraussetzung „für das Vertrauen in die Rechtsanwaltschaft als Ganzes [...]. In diesem Sinne bedarf es eines öffentlichen Vertrauens in die Anwaltschaft insgesamt."[294]

---

290 OLG Düsseldorf, NJW-RR 1992, S. 489, 490.

291 Vgl. die Ausführungen zum Berufsbild und der Kommerzialisierungsthese unten, VI. 1.

292 *Tettinger,* GewArch. 1999, S. 265, 269.

293 OLG Düsseldorf, NJW-RR 1992, S. 489, 490.

294 *Jaeger,* Stbg. 1997, S. 211, 213.

Durchaus zweifelhaft ist aber, ob das Publikum weiß, daß Rechtsanwälte in Deutschland die Stellung eines unabhängigen Organs der Rechtspflege innehaben. Die gesetzlich in § 1 BRAO festgeschriebene Stellung des Rechtsanwalts bringt es etwa mit sich, daß er auch vom Auftraggeber nicht gebunden werden kann, seiner Überzeugung zuwiderzuhandeln.[295] Diese und andere Ausprägungen der Unabhängigkeit des Rechtsanwalts dürften bei der Bevölkerung eher unbekannt sein. Ein nicht vorhandenes Vertrauen zu schützen, kann nicht als legitimes öffentliches Interesse zur Rechtfertigung von Grundrechtseingriffen herangezogen werden. Allerdings durfte der Normgeber aufgrund seiner Einschätzungsprärogative von der Existenz eines Vertrauens zumindest weiter Bevölkerungsteile auf die Eigenschaft der Rechtsanwaltschaft als unabhängiges Rechtspflegeorgan ausgehen.

Daß das Argument der Erhaltung des Vertrauens des Publikums auf die Stellung des Rechtsanwalts als Organ der Rechtspflege zur Rechtfertigung von Werbebeschränkungen vorgebracht wird, hängt wohl auch damit zusammen, daß Werbemaßnahmen unmittelbar nach den Entscheidungen des BVerfG zum anwaltlichen Standesrecht vom 14. Juli 1987[296] zunächst nur an § 43 BRAO gemessen wurden (§ 43 b BRAO wurde erst später eingefügt, die BORA existierte noch nicht). § 43 BRAO spricht vom Vertrauen, „welche[s] die Stellung des Rechtsanwalts erfordert, [...]". Die Erhaltung des Vertrauens der Bevölkerung auf die unabhängige Stellung der Anwaltschaft muß letztlich den Schutz der Rechtspflege zum Ziel haben, hängt also sehr eng mit dem vorher genannten Argument zusammen.[297] Nur unter diesem Aspekt ist der Argumentation, das Vertrauen auf die Kompetenz des Anwalts (gemeint wohl in seiner Eigenschaft als Rechtspflegeorgan, weniger als Person) und damit auf die Kompetenz der Anwaltschaft werde durch Werbung beeinträchtigt, zuzustimmen. Der Schutz des Vertrauens des Publikums auf die Funktion der Anwaltschaft per se dürfte eher ein vorgeschobenes Argument sein: So drängt sich „aus den Argumentationen der Standesorganisationen [...] zur Rechtfertigung einzelner Verhaltensweisen und zur Rechtfertigung von Einschränkungen der Berufsfreiheit [...] die eine Schlußfolgerung auf [...]: Vertrauen in den Berufsstand soll blindes Vertrauen sein."[298] Sehr gut drückt dieses Zitat aus, daß das Argument des Schutzes des Vertrauens auf die Rechtsanwaltschaft als ganze wohl eher dem (verfassungsrechtlich unzulässigen) Schutz des Rechtsanwaltsstandes dient.[299]

---

295 Vgl. *Bülow*, BRAO, § 1, Erl. 1.

296 Vgl. Nachweise und Darstellung oben, Dritter Teil, C. III. 4.

297 Vgl. OLG Düsseldorf, NJW-RR 1992, S. 489, 490: „Wenn § 43 BRAO das Vertrauen schützt, das das Publikum an die Stellung eines Rechtsanwalts als Organ der Rechtspflege knüpft, so ist damit auch die Rechtspflege als ganze geschützt."

298 *Jaeger*, Stbg. 1997, S. 211, 213.

299 Vgl. näher unten, VI. 3.

b) Legitimität und Geeignetheit von Werbebeschränkungen zur Erreichung des Ziels „Erhaltung des Vertrauens der Bevölkerung auf die Funktion der Anwaltschaft als unabhängiges Organ der Rechtspflege"

Wie dargestellt, wurden die als Mittel grundsätzlich zulässigen Werbebeschränkungen vom OLG Düsseldorf auch mit dem Argument der Erhaltung des Vertrauens der Bevölkerung auf die Funktion der Anwaltschaft als unabhängiges Organ der Rechtspflege gerechtfertigt und damit als zur Verwirklichung dieses Zieles geeignet angesehen.[300] Das als solches legitime Mittel „Werbebeschränkungen" ist zur Erhaltung des Vertrauens der Bevölkerung auf die Stellung der Anwaltschaft – setzt man ein solches Vertrauen voraus – geeignet.

c) Erforderlichkeit von Werbebeschränkungen zur Erhaltung des Vertrauens der Bevölkerung auf die Funktion der Anwaltschaft als unabhängiges Organ der Rechtspflege

Werbebeschränkungen werden zur Erhaltung des Vertrauens in die Eigenschaft der Anwaltschaft als unabhängiges Organ der Rechtspflege auch für erforderlich gehalten.[301]

Zweifel an der Erforderlichkeit spezifisch freiberuflicher Werbebeschränkungen zur Erhaltung des Vertrauens der Bevölkerung auf die Funktionsfähigkeit der Rechtspflege erheben sich deswegen, weil möglicherweise die Mittel des UWG zur Verhinderung solcher irreführenden und aufdringlichen Werbemethoden ausreichen, die das Vertrauen der Bevölkerung auf die Stellung der Anwaltschaft gefährden könnten: So verstoßen Irreführungen und aufdringliche, aggressive Werbemaßnahmen gegen §§ 1, 3 UWG.[302]

Gegen diese Überlegung spricht nicht, daß es Werbemaßnahmen von Rechtsanwälten gibt, die zwar das Vertrauen der Rechtssuchenden gefährden könnten, jedoch nicht unter die §§ 1, 3 UWG fallen: Solche Maßnahmen sind kaum denkbar, da die Generalklausel des § 1 UWG die unterschiedlichsten Fallkonstellationen erfaßt. Insbesondere werden bei der Ermittlung dessen, was unter „guten Sitten" zu verstehen ist, auch Anschauungen der Allgemeinheit, damit auch der Rechtssuchenden, berücksichtigt,[303] sodaß eventuell erhöhte Verhaltensanforderungen an Freiberufler auf diesem Weg in die Bewertung der Zulässigkeit einer Werbemaßnahme einfließen können.

---

300 Vgl. OLG Düsseldorf, NJW-RR 1992, S. 489, 490.

301 Vgl. OLG Düsseldorf, NJW-RR 1992, S. 489, 490.

302 Vgl. z. B. *Römermann,* in: Hartung / Holl, Berufsordnung, 2. Aufl., vor § 6 BO, Rn. 94, 112.

303 Vgl. *Piper,* in: Köhler / Piper, UWG, Einf., Rn. 176.

Ein Grund dafür, zusätzlich zum wettbewerbsrechtlichen Verbot noch eine standesrechtliche Absicherung vorzunehmen, könnte indes im unterschiedlichen Schutzzweck[304] beider Rechtsgebiete liegen: Die §§ 1, 3 UWG schützen den Wettbewerb, die standesrechtlichen Werbebeschränkungen unter anderem das Vertrauen der Bevölkerung auf die Stellung und Funktion der Rechtsanwaltschaft als Rechtspflegeorgan. Mittelbar wird dieses jedoch auch durch die §§ 1, 3 UWG geschützt, wenngleich sich dieser Schutz lediglich als Rechtsreflex darstellt: Nur zum Schutz des Vertrauens der Bevölkerung auf die Stellung der Rechtsanwaltschaft als Rechtspflegeorgan wäre es nicht erforderlich, Täuschungen und Aufdringlichkeiten zusätzlich standesrechtlich zu verbieten.

Entscheidend dagegen, daß das Wettbewerbsrecht die Erforderlichkeit für eine spezifisch berufs- und standesrechtliche Regelung sozialschädlicher Verhaltensweisen entfallen läßt, spricht jedoch, daß den Berufskammern aus § 13 Abs. 2 Nr. 2 UWG unter Berücksichtigung der verschiedenen Funktionen von Berufs- und Standesrecht als einem Teil des Rechts der (mittelbaren Staats-)Verwaltung einerseits und des Wettbewerbsrechts andererseits richtigerweise eine Prozeßführungsbefugnis nur für Fallkonstellationen zuzuerkennen ist, in denen außenstehende Dritte wettbewerbliche Interessen der Kammermitglieder gefährden, nicht aber für den Fall, daß die jeweilige Kammer gegen ihre eigenen Angehörigen wettbewerbsrechtlich vorgehen will.[305]

Selbst wenn man jedoch mit der Rechtsprechung aus § 13 Abs. 2 Nr. 2 UWG eine generelle Klageberechtigung der Kammern ableiten wollte, wäre eine spezifisch berufs- und standesrechtliche Kodifikation nicht etwa überflüssig: Durch die Qualifizierung eines Verhaltens als auch standesrechtlich relevant wird den Kammern eine Möglichkeit eröffnet, disziplinarische und berufsgerichtliche Maßnahmen einzuleiten. Nicht immer sind wettbewerbsrechtliche Methoden, etwa eine Unterlassungsklage oder eine vorhergehende Abmahnung[306], wirkungsvoll: Zwar ist diesen Mitteln eine gewisse Abschreckungswirkung zueigen, und in vielen Fällen sind sie, insbesondere auch wegen der Möglichkeit einstweiligen Rechtsschutzes (vgl. § 25 UWG), effizient. In Fällen aber, in denen es sich nur um kleinere, insbesondere einmalige Verstöße handelt, sind wettbewerbsrechtliche Mittel auch im Hinblick auf das mitunter hohe Kostenrisiko[307] nicht verhältnismäßig. Damit auch solche kleineren Verstöße, die jedoch im Hinblick auf die Ziele des Wettbewerbs-, aber auch des Berufs- und Standesrechts, schädlich sind, wirksam und angemessen verhindert werden können, ist eine berufs- und standesrechtliche Erfassung auch bei Anerkennung der Möglichkeit eines wettbewerbsrechtlichen Vorge-

304 Vgl. näher zum Verhältnis des Berufs- und Standesrechts zum Wettbewerbsrecht oben, Dritter Teil, A. VI.

305 Vgl. zur Frage der Prozeßführungsbefugnis der Kammern näher oben, Dritter Teil, A. VI. 5.

306 Vgl. hierzu näher *Baumbach/Hefermehl,* Wettbewerbsrecht, Einl. UWG, Rn. 529 ff.

307 Vgl. *Tröber/Käufer,* AnwBl. 2000, S. 347, 350.

hens der Rechtsanwaltskammern notwendig. Sie ermöglicht es nämlich, auf sozialschädliches Verhalten differenziert zu reagieren, bei geringen Verstößen auch mit außergerichtlichen Maßnahmen, z. B. Rügen durch den Kammervorstand (vgl. die §§ 74, 74 a BRAO).

Zur Verhinderung solcher Werbemaßnahmen, die durch wettbewerbsrechtliche Klagen nicht angemessen erfaßt werden können, die jedoch das Vertrauen der Bevölkerung auf die Stellung der Rechtsanwaltschaft als unabhängiges Organ der Rechtspflege dennoch erschüttern können, ist eine berufs- und standesrechtliche Regelung aus den genannten Gründen erforderlich. Selbst diejenigen Regelungen des Berufs- und Standesrechts, die auf Vorschriften des Wettbewerbsrechts direkt verweisen, sind nicht etwa überflüssig: Durch solche Verweisungen werden zunächst lediglich wettbewerbsrechtlich relevante Sachverhalte ins Berufs- und Standesrecht transformiert, was Voraussetzung für eine Verfolgbarkeit von Fehlverhalten auch mit berufs- und standesrechtlichen Mitteln ist.

d) Angemessenheit von Werbebeschränkungen zur Erhaltung des Vertrauens der Bevölkerung auf die Funktion der Anwaltschaft als unabhängiges Organ der Rechtspflege

Erkennt man die Erforderlichkeit von Werbebeschränkungen zur Erhaltung des Vertrauens der Bevölkerung auf die Stellung der Rechtsanwaltschaft als unabhängiges Organ der Rechtspflege an, ist in jedem Einzelfall schließlich noch die Angemessenheit von Werberestriktionen zu prüfen. Grundsätzlich ist es nicht ausgeschlossen, daß Werbebeschränkungen im Hinblick auf das Argument „Erhaltung des Vertrauens der Bevölkerung auf die Stellung der Rechtsanwaltschaft als Rechtspflegeorgan" angemessen sind.[308]

e) Ergebnis zum Argument „Erhaltung des Vertrauens der Bevölkerung auf die Funktion der Anwaltschaft als unabhängiges Organ der Rechtspflege"

Im Einzelfall können Werbebeschränkungen des anwaltlichen Berufs- und Standesrechts mit dem Argument der Notwendigkeit einer Erhaltung des Vertrauens der Bevölkerung auf die Stellung der Rechtsanwaltschaft als unabhängiges Organ der Rechtspflege gerechtfertigt werden.

---

308 Vgl. OLG Düsseldorf, NJW-RR 1992, S. 489, 490.

IV. Argumente zur Rechtfertigung von Werbebeschränkungen bei Ärzten

Zwei speziell auf den Arztberuf bezogene Argumente zur Rechtfertigung von Werbebeschränkungen werden vorgetragen: der Schutz der Gesundheit der Bevölkerung [vgl. unten 1.] und die besondere Stellung des Arztes im Gesundheitswesen [vgl. unten 2.].

1. Schutz der Gesundheit der Bevölkerung

a) Das Argument „Schutz der Gesundheit der Bevölkerung" in Rechtsprechung und Literatur

Werbebeschränkungen für Ärzte werden damit gerechtfertigt, daß sie dem Schutz der „Volksgesundheit" bzw. dem der Gesundheit der Bevölkerung dienten[309] – letzterer Ausdruck sollte aus semantischen Gründen bevorzugt werden[310] –, wobei häufig der Zusammenhang zwischen Werbung und Gesundheitsgefährdung überhaupt nicht erläutert wird.[311] So heißt es z. B.: „Die Zulassung von Werbemaßnahmen gewerblichen Stils durch Zahnärzte würde nämlich schwere Störungen in der Behandlung kranker Menschen erwarten lassen, die im Interesse der Öffentlichkeit nicht hingenommen werden dürfen."[312] Der Zusammenhang zwischen Werbung und Gefahren für die Gesundheit der Bevölkerung wird wohl auch bei Autoren, die auf eine nähere Erläuterung verzichten, darin gesehen, daß durch Schaffung von Wettbewerbsgleichheit unerwünschte Konkurrenzkämpfe unter Ärzten verhindert werden sollen, was einer Verwirrung der Patienten auf dem Gebiet der ärztlichen Versorgung durch eine Vielzahl anpreisender Angaben vorbeuge.[313] Da Patienten ein hochgradiges Interesse an Genesung hätten, seien sie besonders leicht ansprech- und beeinflußbar; sie müßten deswegen davor geschützt werden, daß ihre „Unkenntnis, Verzweiflung und Hoffnung zu einer Falschbeurteilung und Überschätzung von Werbeaussagen führen."[314]

---

309 Vgl. z. B. *Doepner,* WRP 1977, S. 318, 322; *Rieger,* Lexikon des Arztrechts, 1984, Rn. 1900.

310 Vgl. *Doepner,* HWG, 2. Aufl., Einl., Rn. 40.

311 Vgl. hierzu auch *A. Koch,* Kommunikationsfreiheit, S. 36 oben.

312 BG für Heilberufe beim VG Münster, Beschl. v. 17. 10. 1979 – T – 5/79 –, *Luyken,* Entscheidungssammlung, A 2.13 Nr. 16.

313 Vgl. *Ring,* Werberecht der Ärzte, Rn. 40 und *Ring,* Wettbewerbsrecht, S. 391 (mit dem selben Wortlaut).

314 *A. Koch,* Kommunikationsfreiheit, S. 35; *Römermann/Schulte,* MedR 2001, S. 178, 180, die als Schutz gegen solche Werbemaßnahmen, die die besondere Hilfsbedürftigkeit des Patienten ausnutzen (etwa überrumpelnde oder belästigende Werbung), die §§ 1, 3 UWG als ausreichend ansehen.

Anders als bei gewerblichen Berufen könne der einzelne Bürger den Wahrheitsgehalt von Werbeaussagen von Ärzten nicht beurteilen, woraus eine Verunsicherung resultiere.[315]

In der Verhinderung der Gefahr einer Verunsicherung von Patienten sah auch das BVerfG einen ausreichenden Grund für ein ärztliches Werbeverbot.[316] Allerdings sei das (zur Zeit der Entscheidung als umfassendes formulierte) ärztliche Werbeverbot verfassungsgemäß dahingehend auszulegen, daß nur berufswidrige Werbung verboten sei:[317] „In dieser Auslegung [und nur in dieser Auslegung, d. Verf.] kann die normative Regelung des allgemeinen Werbeverbots als verfassungsmäßig beurteilt werden."[318] Übertragen auf die werbebeschränkende Regelung in § 27 BayBOÄ neuer Fassung führen diese Überlegungen dazu, daß zu den dem Arzt erlaubten „sachlichen Informationen über seine berufliche Tätigkeit" (Abs. 1) jegliche Werbemaßnahmen zu zählen sind, deren Unterbleiben nicht aus legitimen Gründen des Allgemeinwohls erforderlich und dem Arzt zuzumuten ist. Entsprechend dürfen unter „berufswidriger Werbung" (Abs. 2) nur solche Maßnahmen verstanden werden, deren Unterlassung aus legitimen Gemeinwohlgesichtspunkten heraus erforderlich und dem Arzt zumutbar ist.

b) Kritik am Argument „Schutz der Gesundheit der Bevölkerung"

§ 1 Abs. 1 BÄO bestimmt es zur Aufgabe des Arztes, die Gesundheit der Bevölkerung zu erhalten, die auf der individuellen Gesundheit des einzelnen beruht. Individuelle Gesundheit als Basis für die ungehinderte freie Entfaltung der Persönlichkeit, die durch Art. 2 Abs. 1, Art. 1 GG gewährleistet wird, und die Gesundheit der Bevölkerung, die sich aus der Gesundheit der Einzelpersonen zusammensetzt, sind somit Güter, die durch die Rechtsordnung explizit anerkannt werden. Als wichtige Gemeinschaftsgüter[319] können sie generell als legitime Ziele dienen. Fraglich ist jedoch, ob Werbebeschränkungen zur Erreichung dieser Ziele geeignet sind. Durch sie soll ja verhindert werden, daß Patienten durch einen bei Aufhebung der Werbebeschränkungen härteren Wettbewerb verunsichert und durch eine Vielzahl von Werbehinweisen verwirrt werden. Ob jedoch eine verstärkte Reduzierung von Werbebeschränkungen tatsächlich eine Verschärfung des Wettbewerbs zur Folge hätte, ist durchaus nicht sicher. Seit mehreren Jahrzehnten ist die Zahl der Ärzte beständig angestiegen. Schon 1960 sprach das BVerfG von einer Verschärfung des

---

315 Vgl. *Vogt,* Ärztliche Selbstverwaltung, S. 341, 353.

316 So in BVerfGE 71, 162, 174.

317 Vgl. BVerfGE 71, 162, 174 unter Hinweis auf *Brangsch,* NJW 1980, S. 1817, 1819; *Jarass,* NJW 1982, S. 1833, 1836; *Kornblum,* BB 1985, S. 65, 66.

318 BVerfGE 71, 162, 174.

319 Vgl. im Hinblick auf die „Volksgesundheit" BVerfGE 7, 377, 414; vgl. auch *Kort,* GRUR 1997, S. 701: „[...] bei dem Schutz der medizinischen Versorgung um ein überragend wichtiges Gemeinschaftsgut handelt [...]."

Konkurrenzkampfes unter Ärzten,[320] obwohl es zu dieser Zeit in Deutschland (Bundesrepublik und DDR) nur 93.905 Ärztinnen und Ärzte gab (dies entspricht einer Arztdichte von 12,8 je 10.000 Einwohner). Diese Zahlen stiegen bis in die jüngste Zeit konstant: 1999 gab es in Deutschland bereits 291.171 Ärztinnen und Ärzte (die Arztdichte liegt damit bei 35,4 je 10.000 Einwohner).[321]

Das wegen der sog. „Ärzteschwemme" bestehende Überangebot an ärztlichen Leistungen führte zu einem Konkurrenzkampf unter den Medizinern. Daß dieser durch eine Liberalisierung ärztlicher Werbemöglichkeiten verstärkt würde, ist eher unwahrscheinlich: „Konkurrenzkampf herrscht [...] ohnehin, mit oder ohne Werbung."[322] Im Gegenteil kann Werbung in dieser Situation den Patienten auch Vorteile bringen: Durch sie wird mehr Transparenz auf dem Medizinmarkt geschaffen und unter Umständen auch die Wahl des geeigneten Arztes erleichtert.[323] Werbebeschränkungen sind also zumindest zur Verringerung des Wettbewerbs ungeeignet; insofern verhindern sie Gefahren für die Gesundheit nicht.

Ob sich Patienten, auch wenn es ihnen gesundheitlich schlecht geht, durch ärztliche Werbemaßnahmen leichter als durch andere Werbemaßnahmen verwirren lassen, ist zweifelhaft. Die Rechtsprechung zur ärztlichen Aufklärungspflicht[324] geht erstaunlicherweise vom genauen Gegenteil aus: In diesem Bereich sind weitestgehende Informationsrechte des Patienten anerkannt, was einen Widerspruch zum Argument darstellt, Patienten ließen sich leicht verwirren.[325] Will man jedoch trotzdem die Möglichkeit einer Verwirrung von Patienten annehmen – und diese Einschätzung ist im Hinblick auf die gesetzgeberische Einschätzungsprärogative zumindest vertretbar –, können Werbebeschränkungen einer Verunsicherung von Patienten durch irreführende Angaben von Ärzten vorbeugen, etwa indem sie Werbemaßnahmen standardisieren. Regeln sie z. B., welche persönlichen Daten in Telephonverzeichnissen angegeben werden dürfen, sind die Qualifikationen verschiedener Ärzte leichter vergleichbar. Unter diesem Aspekt sind berufsrechtliche Werbebeschränkungen zur Erreichung des Ziels der Erhaltung der Gesundheit mittels Verhinderung von Verwirrung der Patientenschaft nicht schlechthin ungeeignet.

Fraglich ist aber, ob sie in dieser Hinsicht erforderlich sind. Für Ärzte gilt wie für alle anderen am wirtschaftlichen Wettbewerb teilnehmenden Personenkreise das UWG;[326] gegen Verstöße eines Arztes kann der ärztliche Kreisverband nach fragwürdiger, jedoch weit verbreiteter Ansicht wettbewerbsrechtlich vorgehen (vgl. § 13 Abs. 2 Nr. 2 UWG). Entsprechend den oben[327] in bezug auf das Argu-

---

320 In BVerfGE 10, 354, 365.

321 Die Zahlen entstammen: Statist. Bundesamt (Hrsg.), Fachserie 12, Reihe 5, S. 7.

322 *A. Koch*, Kommunikationsfreiheit, S. 149.

323 Vgl. *A. Koch*, Kommunikationsfreiheit, S. 149.

324 Vgl. die umfassende Übersicht bei *Ehlers*, Ärztliche Aufklärung, S. 19–38; Beispiel aus neuerer Zeit: BGHZ 144, 1; vgl. auch *Geiß*, Arzthaftpflichtrecht, S. 169 ff.

325 Vgl. *Barth*, MedR 1999, S. 79, 80.

326 *Baumbach/Hefermehl*, Wettbewerbsrecht, Einl. UWG, Rn. 202, § 1 UWG, Rn. 679.

ment „Erhaltung des Vertrauens der Bevölkerung auf die Stellung des Rechtsanwalts als unabhängiges Organ der Rechtspflege“ getroffenen Feststellungen, die sich auf die Frage der Erforderlichkeit von Werbebeschränkungen für Ärzte übertragen lassen, sind spezifisch berufsrechtliche Werberestriktionen zur Verhinderung von Täuschungen von Patienten erforderlich, auch wenn man der herrschenden Ansicht zur Prozeßführungsbefugnis von Berufskammern folgen will; sie ermöglichen es, in Konstellationen, in denen wettbewerbsrechtliche Klagen aussichtslos sind oder vom Vorstand des ärztlichen Kreisverbands aus Gründen der Verhältnismäßigkeit nicht erhoben werden, zumindest eine Rüge auszusprechen (vgl. Art. 38 BayHKaG), die in vielen Fällen ausreichen dürfte. Grundsätzlich kann die Erforderlichkeit von berufs- und standesrechtlichen Werbebeschränkungen deswegen nicht mit Hilfe der Existenz des Wettbewerbsrechts in Frage gestellt werden.

Nicht geeignet zur Begründung der Erforderlichkeit von Werberestriktionen ist allerdings die Argumentation, Patienten seien aufgrund ihrer häufig labilen Situation besonders empfänglich für Werbemaßnahmen aller Art und daher leicht manipulierbar: Vielmehr ist davon auszugehen, daß Menschen in schwierigen Situationen die Wahl der Behandlungsmethode besonders sorgfältig vornehmen.

Ein anderes Argument zur Rechtfertigung von Werbebeschränkungen trägt die Bundesärztekammer vor: Das Werbeverbot diene „dem Schutz der Bevölkerung vor einer öffentlichen, die Nachfrage beeinflussenden Anpreisung ärztlicher Leistungen und vor der damit verbundenen Gefahr, daß der verunsicherte Kranke sich nicht dem fachlich kompetenten Arzt anvertraue, sondern demjenigen, der besonders wirksam für seine Behandlungsmethoden werbe.“[328] Diese Formulierung impliziert eine wohl nur mit standesdünkelhaften Attitüden einiger Freiberufler gegenüber den „bloß“ Gewerbetreibenden erklärbare Unterstellung, die in der Gegensatzbildung „fachlich kompetenter Arzt – werbender Arzt“ besteht: Wieso eigentlich soll der werbende Arzt nicht auch fachlich kompetent sein? Unterschwellig steht hinter diesem nicht vertretbaren Argument wohl die weiter unten[329] noch zu behandelnde Angst vor einer dem vermeintlich elitären Anspruch mancher Standesvertreter widersprechenden „Kommerzialisierung“ der freien Berufe.

Trotz der Untauglichkeit der beiden zuletzt dargestellten Argumentationen ist die Auffassung, Werbebeschränkungen seien zur Erhaltung des Gesundheitsschutzes geeignet und erforderlich, unter Beachtung der normgeberischen Einschätzungsprärogative vertretbar. Deswegen stellt sich noch die Frage der Zumutbarkeit der jeweiligen Werbebeschränkung für den betroffenen Arzt im Einzelfall.

---

327 Vgl. III. 2.

328 BVerfGE 71, 162, 170 (Stellungnahme der Bundesärztekammer).

329 Vgl. VI. 1. a).

c) Ergebnis zum Argument „Schutz der Gesundheit der Bevölkerung"

Im Einzelfall können Werbebeschränkungen für Ärzte mit dem Argument, sie dienten dem Schutz der Gesundheit der Bevölkerung, gerechtfertigt werden.

2. Staatliche Bindung des Arztberufs (§ 1 Abs. 1 BÄO)

a) Das Argument „Staatliche Bindung des Arztberufs" in Rechtsprechung und Literatur

Die in § 1 Abs. 1 BÄO statuierte Aufgabe des Arztes, der Gesundheit des einzelnen und des gesamten Volkes zu dienen, führt dazu, daß die ärztliche, insbesondere die vertragsärztliche Tätigkeit gelegentlich als Ausübung eines „staatlich gebundenen Berufs"[330] charakterisiert wird. Mit dieser auf die besondere Aufgabenstellung des Arztes zurückgeführten spezifischen Pflichtenbindung werden Wettbewerbs- und damit auch Werberestriktionen gerechtfertigt: „Sie sind nur dann [aber eben dann, d. Verf.] und soweit zulässig, als sie zur Gewährleistung der ärztlichen öffentlich-rechtlichen Aufgabenstellung und hier unabdingbar erforderlich sind – nur in diesem Rahmen sind sie auch geeignet, als vernünftige und sachgerechte Erwägungen des Allgemeinwohls die Berufsausübungsfreiheit des Arztes wirksam zu beschränken."[331]

b) Kritik am Argument „Staatliche Bindung des Arztberufs"

Zweierlei läßt sich zum Argument, durch Werbebeschränkungen würden Gefahren für die sich aus der öffentlichen Aufgabe des Arztes ergebende Pflichtenbindung verhindert, kritisch anmerken.

aa) Legitimität des Ziels, Gefahren für die staatliche Bindung des Arztberufs zu verhindern; Geeignetheit von Werbebeschränkungen zur Erreichung dieses Ziels

Das Ziel, Gefahren für die Erfüllung der in § 1 Abs. 1 BÄO festgelegten öffentlichen Aufgabe des Arztes zu verhindern, ist legitim. Die ungehinderte Durchfüh-

330 So z. B. *Triepel,* in: FS für Binding, Bd. 2, S. 1 ff.; vgl. näher zum ärztlichen Berufsbild oben, Dritter Teil, D. I.

331 *Ring,* Wettbewerbsrecht, S. 394. Entgegen der mißverständlichen Darstellung bei *Ring,* Wettbewerbsrecht, S. 390, wird diese Ansicht jedoch von *Rieger,* auf den sich *Ring* beruft, nicht vertreten: *Rieger* leitet das Werbeverbot für Ärzte nämlich aus dem Charakter des Arztberufs als einem freien Beruf ab; eine möglicherweise bestehende staatliche Bindung spielt in seiner Argumentation keine Rolle, vgl. *Rieger,* Lexikon des Arztrechts, 1984, Rn. 1900.

rung seiner Tätigkeit ist Voraussetzung dafür, daß der Arzt der individuellen Gesundheit und damit derjenigen der Bevölkerung insgesamt dienen kann. Inwiefern durch Werbung die Erfüllung ärztlicher Aufgaben gefährdet wird, ist indes nicht erkennbar und wird auch von keinem Autor plausibel dargelegt. Werbebeschränkungen sind zur Verhinderung von Beeinträchtigungen ärztlicher Pflichten daher nicht geeignet.

bb) Keine eigenständige Bedeutung des Arguments „Staatliche Bindung des Arztberufs“

Abgesehen von der mangelnden Eignung von Werbebeschränkungen zur Verhinderung von Beeinträchtigungen der ungehinderten Erfüllung des ärztlichen Auftrags ist die Berufung auf dieses Argument zur Rechtfertigung von Restriktionen überflüssig. Das Argument, Werbebeschränkungen dienten der Erfüllung der öffentlichen Aufgabe des Arztes (im folgenden wird dieses Argument der Einfachheit halber „Aufgabenerfüllung“ genannt),[332] hat nämlich engen Bezug zur Rechtfertigung von Werbebeschränkungen mit der Notwendigkeit der Erhaltung der Gesundheit des einzelnen und der Bevölkerung (im folgenden wird dieses Argument „Gesundheitsschutz“ genannt). Die Erfüllung der öffentlichen Aufgabe des Arztes ist kein Selbstzweck, sondern dient eben der Gesundheit. Eine eigenständige Existenzberechtigung hätte das Argument „Aufgabenerfüllung“ dann, wenn sich mit seiner Hilfe Werbebeschränkungen in größerem Umfang als mit dem Argument „Gesundheitsschutz“ rechtfertigen ließen. Dies ist indes nicht der Fall: In jeder Beeinträchtigung der Erfüllung ärztlicher Aufgaben – auch in solchen Beeinträchtigungen, die durch Werbung verursacht werden – liegt eine mittelbare Gefahr für die Gesundheit des einzelnen und der Bevölkerung. Ärztliche Werbung wird jedoch nicht nur wegen möglicherweise durch sie verursachter Beeinträchtigungen der Erfüllung ärztlicher Aufgaben für gesundheitsgefährdend gehalten, sondern auch, weil sie als Ursache für eine „Verwirrung des Publikums auf dem Gebiet der ärztlichen Versorgung“[333] betrachtet wird.

Das Argument „Aufgabenerfüllung“ stellt sich somit als ein Unterfall des Arguments „Erhaltung der Gesundheit der Bevölkerung“ dar. Neben letzterem Argument hat das Argument „Aufgabenerfüllung“ somit keine eigenständige Bedeutung, wenngleich es im Einzelfall eine differenziertere Argumentation ermöglicht.

---

332 Vgl. *Ring*, Wettbewerbsrecht, S. 394.

333 *Ring*, Wettbewerbsrecht, S. 391.

c) Ergebnis zum Argument „Staatliche Bindung des Arztberufs"

Allein mit dem Argument, die Erfüllung des gemeinwohlbezogenen ärztlichen Auftrags dürfe nicht gefährdet werden, können Werbebeschränkungen nicht gerechtfertigt werden.

3. Der Empfängerkreis als Kriterium zur Bewertung einzelner Werbemaßnahmen von Ärzten

Werbebeschränkungen für Ärzte lassen sich primär mit dem Argument eines Schutzes der Gesundheit der Bevölkerung rechtfertigen. Im Hinblick auf diesen Schutzzweck erscheint es zur leichteren Bewertung der Zulässigkeit von Werbemaßnahmen sinnvoll, eine in der Bayerischen Berufsordnung nur an zwei Stellen bestehende Differenzierung nach dem Werbungs-Empfänger vorzunehmen: Kap. D I Nr. 1 BayBOÄ regelt die Information anderer Ärzte, Kap. D I Nr. 5 Abs. 1 BayBOÄ enthält Vorschriften über Patienteninformationen in den Praxisräumen. Durch eine Unterscheidung der Empfänger einer Werbebotschaft in (a) Kollegen des Arztes, (b) Patientenstamm und (c) die Öffentlichkeit läßt sich der Grad der Beeinträchtigung des Schutzes der Gesundheit der Bevölkerung genauer ermitteln als durch eine pauschale Betrachtung.[334] Gegenüber anderen Ärzten muß Werbung demzufolge in größtem Umfang erlaubt sein; eine Gefahr für Belange der Gesundheit der Bevölkerung ist bei Werbung gegenüber Kollegen allenfalls indirekt gegeben, da Ärzte fachliche Informationen richtig zu bewerten wissen.[335] Größere Zurückhaltung ist bei Werbemaßnahmen gegenüber der Öffentlichkeit geboten. Methodisch kann die Zielrichtung einer Werbebotschaft im Rahmen der Prüfung der Verhältnismäßigkeit der entsprechenden Werbebeschränkung berücksichtigt werden.

V. Die Rechtfertigung von Werbebeschränkungen bei Apothekern

Drei Argumente zur Rechtfertigung freiberuflicher Werbebeschränkungen beziehen sich speziell auf den Beruf des Apothekers. Es sind dies die Sicherstellung der ordnungsgemäßen Versorgung der Bevölkerung mit Arzneimitteln [vgl. 1.], die Verhinderung von Arzneimittelfehlgebrauch [vgl. 2.] und der Schutz des Vertrauens der Bevölkerung auf die Stellung der Apothekerschaft als Teil des Gesundheitswesens [vgl. 3.].

---

334 Vgl. *K. Schulte,* Werbeverbot für Ärzte, S. 66 ff.; vgl. auch *Schiedermair/Pohl,* Gesetzeskunde für Apotheker, S. 117, für die Werbung für Arzneimittel.

335 Vgl. *K. Schulte,* Werbeverbot für Ärzte, S. 40.

1. Sicherstellung der ordnungsgemäßen Versorgung der Bevölkerung mit Arzneimitteln

a) Das Argument „Sicherstellung der ordnungsgemäßen Versorgung der Bevölkerung mit Arzneimitteln" in Rechtsprechung und Literatur

Eingriffe in die Schutzbereiche insbesondere der Art. 12 Abs. 1 und Art. 5 Abs. 1 GG durch Werbebeschränkungen für Apotheker werden hauptsächlich mit der Aufgabe der Apothekerschaft gerechtfertigt, die Arzneimittelversorgung der Bevölkerung sicherzustellen (vgl. § 1 Abs. 1 ApoG, § 1 Abs. 1 BApO): Das (früher strikte) Werbeverbot trage dazu bei, daß die Apothekerschaft ihre Aufgabe erfülle.[336] In der Sicherstellung der Versorgung der Bevölkerung mit Arzneimitteln wird das „öffentliche Interesse, das das ‚Sonderrecht' für Apotheken legitimiert"[337], sowie die „vorrangige Aufgabe der Apotheker (ihre öffentlich-rechtliche Pflichtenstellung unter Funktionalitätsgesichtspunkten)"[338] gesehen; hieran müßten sich Berufsfreiheitsbeschränkungen messen lassen. Zurückzutreten habe demgegenüber das „sonst in der gewerblichen Wirtschaft legitime und übliche Streben nach Gewinn"[339].

Werbebeschränkungen sollen den Apotheker bei der Erfüllung seiner Aufgabe auf folgende Weise unterstützen: „Durch Werberestriktionen wird verhindert, daß der Apotheker seine Hauptaufgabe, die Arzneimittelversorgung der Bevölkerung zu gewährleisten, durch eine Hinwendung zum lukrativeren Handel mit dem Nebensortiment vernachlässigt."[340] Durch Werberestriktionen soll die hohe Qualität der Leistungserbringung des freiberuflichen Apothekers gesichert werden: „In diesem Sinn sollen die Werbeverbote [...] die ordnungsgemäße Berufsausübung stärken."[341] Verhindert werden müsse aus diesem Grund ein Abgleiten der Apothekerschaft ins rein Kaufmännische: „Eine Entwicklung der Apotheke zum „drugstore" liege – wie die Begründung des Entwurfs zur ApBetrO (BR-Drs. 498/86 zu § 25) ausdrücklich ausführt – nicht im gesundheitspolitischen Interesse. Allein die gegenständliche Beschränkung des Sortiments reicht aber [...] nicht aus, der Entwicklung zum „drugstore" entgegenzuwirken."[342] Eine Übersteigerung des kaufmännischen Geschäftsgebarens von Apothekern

---

336 Vgl. *Ring*, EWiR 1996, S. 849.

337 BVerfGE 94, 372, 395; vgl. auch BVerfGE 53, 96, 98.

338 *Ring*, Wettbewerbsrecht, S. 513.

339 *Ring*, Wettbewerbsrecht, S. 513 (die Formulierung bei *Ring* „[...] die geordnete Arzneimittelversorgung der Bevölkerung" habe „hinter dem sonst [...] üblichen und legitimen Streben nach Gewinn" zurückzutreten, beruht wohl auf einem Versehen; das Verhältnis beider Gegenstände zueinander ist in Wirklichkeit umgekehrt; vgl. BVerfGE 17, 232, 238 ff.; 53, 96, 98.

340 *Ring*, Wettbewerbsrecht, S. 514.

341 BVerfGE 94, 372, 391.

342 BVerwG, NJW 1992, S. 994, 995.

wird als Gefahr für die Funktionstüchtigkeit der Gesundheitsvorsorge betrachtet.[343]

Zur Sicherung der Hauptaufgabe der Apothekerschaft werden Werbeverbote für das Randsortiment (für Arzneimittel gilt primär das HWG) auch als verhältnismäßig angesehen: „Es bedarf keiner umfänglichen Ausführungen, daß das Verbot der Außenwerbung diesem Zwecke zu dienen jedenfalls geeignet ist. [...] Zugleich erweist sich damit, daß der hier im Streit befindliche Eingriff in die berufliche Tätigkeit des selbständigen Apothekers unter dem Aspekt des Verhältnismäßigkeitsgrundsatzes nur geringes Gewicht hat, weil das Verbot der Außenwerbung ausschließlich die Warengruppen betrifft, die im Verhältnis zu den Arzneimitteln für den Betrieb einer Apotheke schon aus den in der Bundes-Apothekerordnung, dem Gesetz über das Apothekenwesen genannten und der ApBetrO vorgezeichneten Rechtsgründen von nachgeordneter Bedeutung sind."[344]

Eine Variante des Arguments, die Erfüllung der Hauptaufgabe der Apothekerschaft dürfe nicht gefährdet werden, ist das Argument, der Apotheker setze bei vermehrter Hinwendung zum Nebensortiment seine qualifizierten Angestellten hauptsächlich in diesem Bereich ein, nicht mehr aber vornehmlich zum Vertrieb von Arzneimitteln.[345]

Auch die Organisation des Notdienstes der Apotheken, die der ordnungsgemäßen Versorgung mit Arzneimitteln dient, soll durch Werbebeschränkungen besser aufrechterhalten werden können, wobei in dieser Argumentation auch Konkurrenzschutzgedanken eine Rolle spielen: „Im Interesse der Allgemeinheit ist der Zusammenhalt der Apotheker untereinander zur Gewährleistung eines funktionierenden Notdienstes unbedingt erforderlich. [...] Ein dichtes Apothekennetz hat einen leistungsfähigen Notdienst zu gewährleisten, der durch übertriebene Werbung nicht beeinträchtigt werden darf."[346]

b) Kritik am Argument „Sicherstellung der ordnungsgemäßen Versorgung der Bevölkerung mit Arzneimitteln"

Die Versorgung der Bevölkerung mit Medikamenten ist ein legitimes Ziel, da sie der Gesundheit der Bevölkerung dient. Werbebeschränkungen sind geeignet,

---

343 Vgl. BVerfGE 53, 96, 98.

344 BVerwG, NJW 1992, S. 994, 995.

345 Dieses Argument stammt aus einer Entscheidung des VG Köln – 2 T 9 (II)/82 –, wiedergegeben bei *Leisner*, Berufsordnungsrecht und Werbeverbote, S. 53.

346 *Ring*, Wettbewerbsrecht, S. 513; vgl. auch OVG NRW, WRP 1976, S. 650, 652 (hierauf beruft sich *Ring*, a. a. O.: „Es mag auch ein Interesse der Allgemeinheit daran zu bejahen sein, daß nicht der Zusammenhalt der Apotheken untereinander, an dem der Öffentlichkeit etwa im Interesse eines funktionierenden Notdienstes gelegen ist, durch eine breit ausufernde Werbung empfindlich gestört wird."

die Erreichung dieses Ziels zu unterstützen: Sie können verhindern, daß sich die Apotheke zum „Drugstore“ entwickelt,[347] und dadurch einer übersteigerten Zuwendung des Apothekers zum Nebensortiment vorbeugen, die möglicherweise eine Beeinträchtigung der Versorgung der Bevölkerung mit Arzneimitteln zur Folge haben könnte. Fraglich ist aber, ob Werbebeschränkungen zur Erreichung dieses Ziels erforderlich sind. Immerhin ist das Nebensortiment, das Apotheker erlaubtermaßen vertreiben dürfen, durch § 25 ApBetrO auf gewisse apothekenübliche Gegenstände beschränkt. Allein schon durch diese Beschränkung wird es aus betriebswirtschaftlichen Gründen verhindert, daß Apotheker sich völlig vom Vertrieb von Arzneimitteln zurückziehen, denn es dürfte nur schwer möglich sein, alleine durch den Verkauf von Gegenständen des Randsortiments genügend Umsatz zu erwirtschaften, abgesehen von der gesetzlichen Verpflichtung, die Bevölkerung mit Arzneimitteln zu versorgen (vgl. § 1 Abs. 1 ApoG), die durch § 2 Abs. 4 ApBetrO abgesichert wird.[348] Hiernach dürfen vom Apothekenleiter Artikel des Nebensortiments nur in einem Umfang angeboten oder feilgehalten werden, der den ordnungsgemäßen Betrieb der Apotheke und den Vorrang des Auftrags der Versorgung der Bevölkerung mit Arzneimitteln nicht beeinträchtigt.

Die gesetzlichen Verpflichtungen des Apothekers, insbesondere die Erfüllung der Hauptaufgabe Arzneimittelversorgung, können grundsätzlich mit den Mitteln des Ordnungsrechts durchgesetzt werden.[349] In Betracht kommen auch Maßnahmen der Apothekerkammern, denen gem. Art. 59 Abs. 1 i. V. m. Art. 2 Abs. 1 BayHKaG die Berufsaufsicht obliegt, die in den Art. 59 Abs. 1, 3 i. V. m. Art. 38, 39 BayHKaG näher ausgestaltet ist sowie in Art. 60 ff. BayHKaG um die Vorschriften zur Berufsgerichtsbarkeit ergänzt wird. Maßnahmen der Berufsaufsicht gegenüber einzelnen Apothekern stellen ein milderes Mittel dar als die präventive Beschränkung der Werbung für alle Berufsangehörigen. Diese Maßnahmen sind, wenn sie konsequent angewendet werden, mindestens ebenso effizient wie Werbebeschränkungen, deren Einhaltung – damit sie ihr Ziel erfüllen – flächendeckend überwacht werden muß. Weil es mildere Mittel als Werbebeschränkungen gibt, um das Ziel der Konzentration des einzelnen Apothekers auf seine Hauptaufgabe zu erreichen, sind Werberestriktionen zur Erreichung allein dieses Ziels nicht erforderlich.

Keineswegs sicher ist außerdem, ob die Gewinnspannen durch den Verkauf von Artikeln des Nebensortiments generell höher sind als die – zugegebenermaßen durch die AMPreisV eingeschränkten – Gewinnspannen aus dem Verkauf von Arzneimitteln. Zur Rechtfertigung von Eingriffen in Grundrechte müßte ein solcher Zusammenhang anhand von Berechnungen zumindest plausibel gemacht werden.

---

347 Hierin sieht das Bundesverwaltungsgericht eine der Aufgaben von Werbebeschränkungen für Apotheker, vgl. BVerwG, NJW 1992, S. 994, 995.

348 Vgl. zu dieser Argumentation auch das Vorbringen der Antragsteller des Ausgangsverfahrens, wiedergegeben im Sitzungsbericht von EuGH, Rs. C-292/92 (Hünermund), Slg. 1993, I-6787, I-6794.

349 Vgl. *Leisner*, Berufsordnungsrecht und Werbeverbote, S. 52.

Auch die andere Variante des Arguments „Aufgabenerfüllung“, durch eine verstärkte Hinwendung des Apothekers zum Vertrieb des Nebensortiments komme es deswegen, weil der Apotheker geschultes Personal aus dem Bereich des Arzneimittelverkaufs abziehe, zu Engpässen bei der Arzneimittelversorgung, ist eine bloße Vermutung und kaum nachvollziehbar: Solange Nachfrage nach Medikamenten besteht, wird jedem Apotheker schon aus betriebswirtschaftlichen Gründen daran gelegen sein, dieser Nachfrage entsprechen zu können. Möglich ist außerdem, daß der Apotheker – sollte die Hinwendung zum Randsortiment tatsächlich so lukrativ sein, wie es behauptet wird – mehr Arbeitskräfte einstellt.[350]

Im Einzelfall können Werbebeschränkungen allerdings tatsächlich erforderlich sein, um den Apotheker zur Erfüllung seiner Hauptaufgabe zu motivieren. Unter Berücksichtigung der Einschätzungsprärogative des Normgebers ist davon auszugehen, daß die Erforderlichkeit von Werbebeschränkungen zur Erreichung des genannten Ziels nicht generell verneint werden kann; jede Werbebeschränkung muß vielmehr im Hinblick auf ihre Erforderlichkeit genau untersucht werden.[351] Stellt sich eine Werbebeschränkung als erforderlich zur Sicherstellung einer ordnungsgemäßen Arzneimittelversorgung heraus, muß noch die Proportionalität der jeweiligen Restriktion untersucht werden.

c) Ergebnis zum Argument „Sicherstellung der ordnungsgemäßen Versorgung der Bevölkerung mit Arzneimitteln“

Mit dem Argument, die ordnungsgemäße Versorgung der Bevölkerung mit Arzneimitteln müsse sichergestellt werden, können Werbebeschränkungen für Apotheker grundsätzlich gerechtfertigt werden.

2. Verhinderung von Arzneimittelfehlgebrauch

a) Das Argument „Verhinderung von Arzneimittelfehlgebrauch“ in Rechtsprechung und Literatur

Als Teil der Aufgaben des Apothekers wird es angesehen, unter Einsatz seiner hohen fachlichen Kompetenz daran mitzuwirken, einem Arzneimittelfehlgebrauch entgegenzuwirken.[352] Die Pflicht, Arzneimittelfehlgebrauch zu verhindern, ist u. a.

---

350 Vgl. *Leisner,* Berufsordnungsrecht und Werbeverbote, S. 53.

351 Vgl. aber den Schlußantrag von GA *Tesauro* in EuGH, Rs. C-292/92 (Hünermund), Slg. 1993, I-6787, I-6814 f.

352 Vgl. BVerfGE 94, 372, 391, 399 f.; vgl. hierzu *Sucker,* Apotheke und Werbung, S. 16 f., die als vom BVerfG anerkannte Gründe die Verhinderung von „Mehrverbrauch und Fehlgebrauch von Arzneimitteln“ nennt: daß das BVerfG tatsächlich einen Mehrgebrauch von Arzneimitteln für einen Fehlgebrauch hält, ergibt sich nicht etwa aus den Ausführungen auf

in § 17 Abs. 8 ApBetrO festgeschrieben, wonach das pharmazeutische Personal einem erkennbaren Arzneimittelmißbrauch in geeigneter Weise entgegenzutreten hat, bei begründetem Verdacht ggf. durch Verweigerung der Abgabe des betreffenden Medikaments. Auch die Aufgabe, Arzneimittelfehlgebrauch zu verhindern, wird zur Rechtfertigung von Werbebeschränkungen herangezogen: „Da jeder Apotheker gehalten ist, dem Arzneimittelfehlgebrauch entgegenzuwirken, darf keine Werbemaßnahme auf eine Ausweitung des insgesamt umgesetzten Volumens im Arzneimittelgebrauch abzielen; es geht vielmehr um eine Umsatzverlagerung zugunsten der eigenen Apotheke.“[353] Diese Erwägung betrifft zum einen die Werbung für Arzneimittel selbst, die „nach Art, Form oder Inhalt nicht geeignet sein [darf, d. Verf.], den Entschluß zum Kauf, zur Verschreibung oder zur Anwendung des Arzneimittels unsachlich zu beeinflussen.“[354] Der ohnehin hohe Arzneimittelverbrauch dürfe zum anderen durch Werbung für das Nebensortiment auch nicht mittelbar „noch weiter angeheizt werden“[355].

b) Kritik am Argument „Verhinderung von Arzneimittelfehlgebrauch“

Einem Fehlgebrauch von Arzneimitteln vorzubeugen, ist ein zulässiger Zweck von Werbebeschränkungen. Arzneimittelfehlgebrauch gefährdet die Gesundheit der Bevölkerung, die zu schützen ein legitimes Ziel ist. Wieso jedoch die Verhinderung eines Arzneimittelmehrgebrauchs legitim sein soll, ist fraglich: Es gibt keinen Grundsatz, demzufolge möglichst wenige Arzneimittel verkauft werden sollen. Im Hinblick auf § 2 AMG sollten Medikamente vielmehr gerade in dem Umfang gekauft und eingenommen werden, wie es zur Erhaltung oder Wiederherstellung der Gesundheit erforderlich ist.[356] Hiergegen kann auch nicht eingewandt werden, es liege im öffentlichen Interesse, das Arzneimittelbudget der Krankenkassen gering zu halten: Ließe es sich vielleicht sogar nachweisen, daß das Verschreibungsverhalten von Ärzten durch Apothekenwerbung geändert wird, so ist doch nicht jeder Patient gesetzlich krankenversichert. Für diejenigen Patienten, die bereit sind, Arzneikosten selbst zu übernehmen, oder die aufgrund ihrer Versicherungsform einen großen Teil dieser Kosten alleine tragen müssen, trifft die Überlegung, durch Werbebeschränkungen würde die öffentliche Haushaltslage geschont, nicht zu. Gefährdungen, die sich aus einem übertriebenen Mehrgebrauch von Arzneimitteln für die Gesundheit der Bevölkerung ergeben, stellen einen Arzneimittelfehlgebrauch dar, den zu verhindern legitim ist. Mehrgebrauch als solcher darf jedoch nicht verhindert werden.

S. 391 (hier ist von „übermäßigem Arzneimittelverbrauch“ die Rede), als vielmehr mittelbar aus einer Formulierung auf S. 399 f. (vgl. sogleich die Ausführungen im laufenden Text).

353 BVerfGE 94, 372, 399 f.

354 *Schiedermair/Pohl*, Gesetzeskunde für Apotheker, S. 117.

355 *Ring*, Wettbewerbsrecht, S. 513; vgl. auch *Doepner*, HWG, 2. Aufl., Einl., Rn. 40.

356 Vgl. *Leisner*, Berufsordnungsrecht und Werbeverbote, S. 8.

Werbebeschränkungen müßten desweiteren geeignet sein, einem Arzneimittelfehlgebrauch vorzubeugen. Im Bereich der verschreibungspflichtigen Arzneimittel dürfte ein solcher Zusammenhang nur schwer plausibel zu machen sein: Daß Ärzte durch Apothekenwerbung dazu bewegt werden, falsche Arzneimittel zu verschreiben, ist eine bloße Vermutung. Werbung gegenüber Patienten wird in diesem Zusammenhang kaum relevant.

Im Bereich der nichtverschreibungspflichtigen Arzneimittel kann es leichter zu Fehlgebräuchen kommen; der Kunde kann sich das Medikament ohne ärztlichen Hinweis selbst beschaffen, wenn auch in der Regel mit Beratung durch den Apotheker. Werbebeschränkungen können in diesem Bereich unter Umständen einem Fehlgebrauch von Arzneimitteln vorbeugen, indem sie verhindern, daß Patienten überhaupt von der Existenz eines gewissen Medikaments Kenntnis nehmen, das für sie ungeeignet ist. Beschränkungen von Werbung für das Nebensortiment können Arzneimittelfehlgebrauch ebenfalls verhindern, wenn man annimmt, daß Personen, die einem Apothekenbesuch nicht abgeneigt sind, wegen eines Mangels an Werbung nicht auf die Idee kommen, eine Apotheke aufzusuchen und deswegen ein für sie schädliches Medikament nicht erhalten.

In beiden Fällen besteht aber nur ein sehr entfernter Kausalzusammenhang zwischen Werbebeschränkungen und einer Verhinderung von Arzneimittelfehlgebrauch. Es ist keineswegs gesichert, ob ein Kunde, der sich von Werbung zum Betreten einer Apotheke bewegen läßt, ein für ihn ungeeignetes Arzneimittel kaufen wird. Werbung für das Nebensortiment kann unentschlossene Kunden ebenfalls zum Aufsuchen einer Apotheke motivieren; eine Gefahr, daß Kunden, die beispielsweise durch ein Sonderangebot für Vitaminsaft angelockt werden, zusätzlich gleich noch ein für sie ungeeignetes Arzneimittel kaufen, besteht jedoch nicht. Ein solcher Zusammenhang ist rein hypothetisch und kann Werbebeschränkungen nicht rechtfertigen. In letzter Konsequenz müßte man mit diesem Argument auch Supermärkten verbieten, für ihr gesamtes Angebot zu werben, weil dadurch die Gefahr entsteht, daß Kunden angelockt werden und gesundheitsschädliche Spirituosen kaufen könnten.[357] Unterstellt wird bei der genannten Argumentation außerdem, daß der Apotheker und sein Personal ihrer gesetzlichen Pflicht, Kunden zu informieren und zu beraten, insbesondere bei nicht verschreibungspflichtigen Arzneimitteln die zur sachgerechten Anwendung erforderlichen Informationen zu geben (vgl. § 20 Abs. 1 ApBetrO), nicht nachkommen und Kunden sehenden Auges ein für diese ungeeignetes, mehr noch: schädliches Arzneimittel verkaufen. Diese Vermutung ist jedoch eine bloße Hypothese; im Gegenteil muß zunächst von einem gesetzeskonformen Verhalten ausgegangen werden.

Nach alldem sind Werbebeschränkungen zur Verhinderung von Arzneimittelfehlgebräuchen nur bedingt geeignet. Die Einschätzung des Normgebers, Werberestriktionen seien ein geeignetes Mittel, ist zwar grundsätzlich zu respektieren; die Geeignetheit muß jedoch, da sie in mehreren Konstellationen zweifelhaft ist, in je-

---

357 Vgl. zu dieser Konsequenz *Leisner*, Berufsordnungsrecht und Werbeverbote, S. 8.

dem Einzelfall gesondert geprüft werden. Bejaht man sie im konkreten Fall, muß zuletzt die Erforderlichkeit von spezifisch berufs- und standesrechtlichen Werbebeschränkungen zur Verhinderung von Arzneimittelfehlgebrauch untersucht werden. Hierbei ist wiederum zwischen Arzneimittelwerbung und Werbung für das Nebensortiment zu unterscheiden. Dem HWG unterliegt Werbung für verschreibungs- und nicht verschreibungspflichtige Arzneimittel sowie Teile des Nebensortiments (vgl. § 1 Abs. 1, 2 HWG). Die Vorschriften des HWG dienen auch der Verhinderung von Arzneimittelfehlgebräuchen,[358] weswegen eine berufs- und standesrechtliche Regelung zunächst keinen eigenständigen Regelungsgehalt zu haben scheint. Bedenkt man jedoch, daß durch eine standesrechtliche Absicherung den Kammern die Möglichkeit eröffnet wird, in Fällen, in denen eine Verfolgung unerwünschten Verhaltens gem. §§ 14, 15 HWG z. B. aus tatsächlichen Gründen nicht erfolgt – etwa wegen Überlastung der Staatsanwaltschaft –, eine Rüge auszusprechen (vgl. für Ärzte Art. 38 BayHKaG, für Apotheker Art. 59 Abs. 1 i. V. m. Art. 38 BayHKaG), kann einer solchen Absicherung unter Berücksichtigung der normgeberischen Einschätzungsprärogative die Erforderlichkeit nicht von vorneherein abgesprochen werden.

Werbung für Gegenstände des Nebensortiments fällt zum Teil ohnehin nicht unter das HWG, dann nämlich, wenn sich ihre Aussage nicht auf die Erkennung, Beseitigung oder Linderung von Krankheiten, Leiden, Körperschäden oder krankhaften Beschwerden bezieht – Beispiel: eine Werbung für Fruchtsäfte (vgl. § 25 Nr. 6 ApBetrO) –; das HWG kann berufs- und standesrechtliche Regelungen über solche Werbung nicht ersetzen.

Bejaht man die Erforderlichkeit einer einzelnen Werbebeschränkung zur Verhinderung eines Arzneimittelfehlgebrauchs, muß diese Werbebeschränkung noch auf ihre Proportionalität hin untersucht werden.

c) Ergebnis zum Argument „Verhinderung von Arzneimittelfehlgebrauch"

Berufs- und standesrechtliche Werbebeschränkungen können in Einzelfällen mit dem Argument, durch sie werde ein Arzneimittelfehlgebrauch verhindert, gerechtfertigt werden.

358 Vgl. *Doepner,* HWG, 2. Aufl., Einl., Rn. 40.

3. Schutz des Vertrauens der Bevölkerung auf die Stellung der Apothekerschaft als Teil des Gesundheitswesens bzw. darauf, die Apothekerschaft erfülle ihre Aufgaben frei von Gewinnstreben („Schutz apothekerbezogenen Vertrauens“)

a) Darstellung des Arguments „Schutz apothekerbezogenen Vertrauens“

Werbebeschränkungen für Apotheker werden auch damit gerechtfertigt, daß sie das Vertrauen auf die Stellung der Apothekerschaft als Teil des Gesundheitswesens erhalten sollen: „Die Bevölkerung soll darauf vertrauen dürfen, daß der Apotheker – obwohl auch Gewerbetreibender – sich nicht von Gewinnstreben beherrschen läßt, sondern seine Verantwortung im Rahmen der Gesundheitsberufe wahrnimmt.“[359] Ist das Vertrauen darauf, daß der Apotheker sich nicht von Gewinnstreben leiten läßt, ein Argument, das in dieser Form auch für Ärzte und Rechtsanwälte vorgetragen wird,[360] so ist das Vertrauen auf die Stellung des Apothekers im Gesundheitswesen spezifisch auf diesen Beruf bezogen. Es besitzt ein Pendant im Vertrauen des Publikums auf die Stellung der Rechtsanwaltschaft als unabhängiges Organ der Rechtspflege.

b) Kritik am Argument „Schutz apothekerbezogenen Vertrauens“

Das Vertrauen auf die sachgerechte Wahrnehmung der Aufgaben der Apothekerschaft durch den einzelnen Apotheker zu schützen, ist ein legitimes Ziel. Dieses Vertrauen auf die Apothekerschaft als ganze hat seine Grundlage im spezifisch freiberuflichen individuellen Vertrauensverhältnis zwischen dem Kunden und dem jeweiligen Apotheker, das in ähnlicher Form auch bei Rechtsanwälten und Ärzten festzustellen ist.[361] Daß ein besonderes individuelles Vertrauensverhältnis zwischen dem einzelnen Apotheker und dem Kunden besteht, erkennt auch Art. 59 Abs. 1 i. V. m. Art. 17 BayHKaG an. Hiernach sind Apotheker verpflichtet, dem ihnen im Zusammenhang mit ihrem Beruf entgegengebrachten Vertrauen zu entsprechen.

Die Argumentation, das Vertrauen der Bevölkerung auf die Wahrnehmung der apothekerlichen Verantwortung im Rahmen der Gesundheitsberufe durch den Apotheker dürfe nicht beschädigt werden, hängt eng mit dem auch für andere freie Berufe vorgebrachten Argument des Vertrauens der Bevölkerung auf die von Gewinnstreben unabhängige Erfüllung der Aufgaben durch den Freiberufler zusammen und wird vom BVerfG auch in diesem Zusammenhang genannt.[362]

---

359 BVerfGE 94, 372, 391.

360 Vgl. unten, VI. 2. b.

361 Vgl. zum Argument „Notwendigkeit der Erhaltung des besonderen persönlichen Vertrauensverhältnisses“ ausführlich unten, VI. 2.

362 Vgl. BVerfGE 94, 372, 391.

Ob es ein Vertrauen der Bevölkerung darauf gibt, Apotheker handelten unabhängig von Gewinnstreben, ist allerdings durchaus zweifelhaft. Anders als bei Rechtsanwälten und Ärzten, deren Tätigkeit als solche zunächst keine kommerziellen Elemente enthält – deswegen ist es im Hinblick auf diese Berufe auch vertretbar, davon auszugehen, daß es Bevölkerungsteile gibt, denen Werbung durch Rechtsanwälte und Ärzte suspekt ist –, besteht die Tätigkeit des Apothekers zum größten Teil aus dem Verkauf von Arzneimitteln; dem Kunden ist bekannt, daß Apotheker aus diesem Verkauf Gewinn erzielen wollen. Ein Vertrauen der Bevölkerung darauf, daß Apotheker unabhängig von Gewinnstreben handeln, ist eine reine Fiktion, was es jedoch nicht ausschließt, daß der Kunde zu Recht darauf vertraut, der Apotheker erfülle die ihm obliegenden Aufgaben sachgerecht und pflichtgemäß.

Sehr fragwürdig ist, ob Werbebeschränkungen zur Aufrechterhaltung des Vertrauens darauf, der Apotheker erfülle die ihm obliegenden Aufgaben sachgerecht und pflichtgemäß, geeignet sind. Damit dies der Fall ist, müßte ein Zusammenhang zwischen Werbemaßnahmen von Apothekern und einem Schwund des Vertrauens der Bevölkerung auf die verantwortungsbewußte Aufgabenwahrnehmung bestehen (nicht auf die Leistungsfähigkeit, die einen eigens zu behandelnden Gegenstand des Vertrauens darstellt, der auch im Hinblick auf Rechtsanwälte und Ärzte besteht[363]). Ein solcher Zusammenhang ist jedoch nur schwer nachweisbar: wieso sollen Kunden bzw. Patienten glauben, daß ein Apotheker, der Werbung treibt, verantwortungslos alles an jeden verkauft, der in seinen Laden kommt? Durch Werbung wird das Vertrauen der Bevölkerung auf die sachgerechte Aufgabenwahrnehmung durch den Apotheker nicht beeinträchtigt; Werbebeschränkungen sind daher zur Erhaltung dieses Vertrauens ungeeignet.

c) Ergebnis zum Argument „Schutz apothekerbezogenen Vertrauens"

Werbebeschränkungen für Apotheker können nicht mit dem Argument gerechtfertigt werden, sie dienten zur Aufrechterhaltung eines Vertrauens der Bevölkerung darauf, der Apotheker erfülle seine Aufgabe unabhängig von Gewinnstreben.

VI. Die im Hinblick auf alle drei Berufe vorgetragenen Argumente

Im folgenden werden Argumente vorgestellt, die für alle drei behandelten Berufe gleichermaßen bedeutsam sind; die Erörterungen zur Rechtfertigung von Werbebeschränkungen, die zu einzelnen Berufen vorgetragen werden, lassen sich auf andere freie Berufe übertragen. Werbebeschränkungen für Angehörige der drei näher behandelten und anderer freier Berufe werden häufig mit dem Argument gerecht-

---

363 Vgl. hierzu auch unten, VI. 2. a).

fertigt, das Berufsbild müsse geschützt werden [vgl. 1.]. Als Ausprägungen der freiberuflichen Berufsbilder stellen sich besondere Arten von Vertrauen dar, die ebenfalls bewahrt werden sollen [vgl. 2.]. Auch Interessen des jeweiligen Berufsstandes werden vorgetragen [vgl. 3.], wobei sich diese vom Argument „Schutz des Berufsbildes" nicht immer sauber trennen lassen. Außerdem werden die Notwendigkeit der Versorgung der Allgemeinheit [vgl. 4.], der Qualitätssicherung [vgl. 5.] sowie des Schutzes vor Konkurrenz [vgl. 6.] als Rechtfertigungskriterien herangezogen.

1. Schutz des Berufsbildes

Sehr oft wird zur Rechtfertigung von Werbebeschränkungen das Argument vorgebracht, diese dienten dazu, das jeweilige Berufsbild zu schützen. Die Tatsache, daß die Beachtung von Werbebeschränkungen seit jeher zum Pflichtenkreis freier Berufe gerechnet wird,[364] wird in der Literatur und Rechtsprechung unter mehreren Aspekten behandelt. Berufs- und standesrechtliche Werbebeschränkungen werden zum einen als spezifische Ausprägungen der Freiberuflichkeit von Rechtsanwälten, Ärzten und Apothekern betrachtet, wobei besonderer Wert auf die Abgrenzung der Freiberufler von den Gewerbetreibenden gelegt wird; in diesem Zusammenhang ist auf die sogenannte „Kommerzialisierungsthese" einzugehen [vgl. hierzu a)]. Der Aspekt „Einheitlichkeit des Berufsbildes" wird aufgrund seiner Nähe zu Argumenten, die sich auf den Berufsstand beziehen, im Zusammenhang mit dem auf den Berufsstand bezogenen Argument „Einheitlichkeit des Standes" behandelt.[365] Besonderheiten in der Verwendung des Berufsbildarguments bestehen bei Apothekern [vgl. hierzu b)]. Zweifelhaft ist in mehrfacher Hinsicht, ob das Argument „Berufsbildschutz" zur Rechtfertigung von Grundrechtseinschränkungen geeignet ist [vgl. c)].

a) Werbebeschränkungen als Ausprägungen der Freiberuflichkeit: Berufsbildschutz und Kommerzialisierungsthese

Eines der zentralen Argumente für die Existenz von Werbebeschränkungen wird seit jeher im Schutz des Berufsbildes gesehen. So formuliert etwa das BVerfG wie folgt: „Das Verbot standeswidriger Werbung will bei freien Berufen eine Verfälschung des Berufsbildes durch die Verwendung von Werbemethoden verhindern, wie sie in der gewerblichen Wirtschaft üblich sind."[366] Spezifisch berufsrechtliche

---

364 BGHSt 26, 131, 133 ff.

365 Vgl. unten, 3. a).

366 BVerfGE 33, 125, 170; 71, 162, 173; vgl. auch *Schardey,* AnwBl. 1979, S. 256, 260; *Tettinger,* in: Sachs, GG, Art. 12, Rn. 54 c; differenzierend *Wieland,* in: Dreier, GG, Art. 12, Rn. 135, 137.

Werbebeschränkungen und -verbote werden, wie an diesem Passus erkennbar wird, aus Gründen der Abgrenzung zu den gewerblichen Berufen als unabdingbarer Bestandteil der Freiberuflichkeit betrachtet. So wird behauptet, aus der Freiberuflichkeit der ärztlichen Tätigkeit resultiere der Verzicht auf Werbung als eines ihrer Wesensmerkmale.[367] Das Werbeverbot gehöre gar, heißt es an anderer Stelle, „derart zum Wesen dieses Berufs, daß jeder Verstoß gegen dieses Werbeverbot gleichzeitig auch den Generaltatbestand des berufsunwürdigen Verhaltens erfüllt."[368] Als Grund für die durch das Werbeverbot vorgenommene Abgrenzung der freien Berufen von den gewerblichen wird eine besondere Pflichtenstellung der Freiberufler angeführt: „Die Berufsangehörigen sollen ihren Beruf im Bewußtsein ihrer besonderen Verantwortung gegenüber Klienten und Patienten erfüllen."[369] Diese Pflichtenstellung, die auch die Aufgabe mit sich bringe, „dem Ansehen und der Würde des Standes, dem er [der jeweilige Freiberufler, d. Verf.] angehört, in seiner beruflichen Praxis gerecht zu werden"[370], wird als Ursache dafür betrachtet, daß der Freiberufler seine Erwerbsinteressen in den Hintergrund stellen müsse.[371] In diesem Zusammenhang gewinnt auch die Auffassung, Freiberufler hätten ihre Tätigkeit aus altruistischen Motiven zu erfüllen (das oben als „Axiom des Altruismus" bezeichnete 7. Merkmal der Freiberuflichkeit)[372], an Bedeutung.[373] Der Unterstützung der geforderten Distanz zu Erwerbsinteressen sollen das Werbeverbot bzw. Werbebeschränkungen dienen: „Es [das Werbeverbot, d. Verf.] ist [...] Teil der Bemühungen des Standesrechts, eine rein geschäftsmäßige Einstellung der Berufsangehörigen zu verhindern, eine Einstellung, die im Beruf allein eine Einkommensquelle sieht."[374] Der geschilderte Zusammenhang wird in der Literatur auch als Kommerzialisierungsthese bezeichnet.[375] Speziell im Hinblick auf Ärzte wird betont, deren Dienst, der „auf Wissenschaft und Humanität gründet"[376], habe primär die Hilfe für den kranken Menschen zum Ziel.[377] Von der Rechtsprechung wurde die Argumentation, Freiberufler dürften aufgrund ihres Berufsethos', wonach sie ihre Tätigkeit nicht aus Gewinnstreben betreiben dürften, nicht werben,

---

367 Vgl. *Rieger,* Lexikon des Arztrechts, 1984, Rn. 1900, in Bezug auf *Doepner,* WRP 1977, S. 318, 322.

368 *Doepner,* WRP 1977, S. 318, 322.

369 *Jarass,* NJW 1982, S. 1833, 1837.

370 *Doepner,* WRP 1977, S. 318, 322; vgl. zu den Standesinteressen als Rechtfertigungsgrund für Werbebeschränkungen unten, 3.

371 Vgl. *Doepner,* WRP 1977, S. 318, 322 (für Ärzte): „[...] Zurückhaltung und Mäßigung bei der Wahrnehmung von finanziellen Interessen."

372 Vgl. Zweiter Teil, A. VII. 7.

373 Vgl. z. B. OLG Koblenz, MedR 1998, S. 29, 31: „Die berufliche Außendarstellung des Ag. [eines Zahnarztes] im Internet beruht nicht auf selbstlosen Motiven, [...]. Damit zielt sie eindeutig darauf ab, Patienten zu gewinnen."

374 *Jarass,* NJW 1982, S. 1833, 1837.

375 Vgl. z. B. *Römermann,* in: Hartung / Holl, Berufsordnung, 2. Aufl., vor § 6 BO, Rn. 32.

376 Karl Jaspers, zit. nach *Laufs,* NJW 2001, S. 1768, 1769.

377 Vgl. etwa *Laufs,* NJW 2001, S. 1768, 1769.

erstmals in einer berufsgerichtlichen Entscheidung aus dem Jahr 1923[378] verwendet. In jüngerer Zeit wurde die Kommerzialisierungsthese durch das BVerfG ein wenig abgewandelt: Nach wie vor wird damit argumentiert, das Werbeverbot solle eine Verfälschung des Berufsbildes durch Verwendung von Werbemethoden verhindern, wie sie in der gewerblichen Wirtschaft üblich seien; auch könne das Werbeverbot eine rein geschäftsmäßige Einstellung der Freiberufler verhindern. Anerkannt wird vom BVerfG nun aber, daß auch die Tätigkeit von Rechtsanwälten (entsprechendes darf für Ärzte und Apotheker angenommen werden) auf Erwerb gerichtet ist,[379] wenngleich diese Anerkennung mit der Argumentation der Berufsbildverfälschung in gewissem Widerspruch steht,[380] wobei zu beachten ist, daß das BVerfG die Berufsbildthese nurmehr eingeschränkt vertritt und die Aufrechterhaltung von Berufsbildern um ihrer selbst willen ablehnt.[381] In der Literatur wird auf die Kommerzialisierungsthese nach wie vor Bezug genommen.[382]

Daß die Kommerzialisierungsthese als Unterfall des Arguments, Berufsbilder dürften nicht verfälscht werden, zu verstehen ist, wird anhand einer Entscheidung des BVerfG besonders deutlich: „Als solche [sc. berufsbildverfälschende, d. Verf.] Werbung sind aufdringliche Werbemethoden anzusehen, die Ausdruck eines rein geschäftsmäßigen, ausschließlich am Gewinn orientierten Verhaltens sind, wie das unaufgeforderte direkte Herantreten an potentielle Mandanten (gezielte Werbung um Praxis) oder das sensationelle bzw. reklamehafte Sich-Herausstellen [...].“[383]

Eine Begründung, aus welchen Gemeinwohlerwägungen heraus das Berufsbild geschützt werden soll, findet sich häufig nicht;[384] stattdessen wird der Erhalt des Berufsbildes kurzerhand selbst als vernünftige Erwägung des Gemeinwohls angesehen.[385] Überraschend klar hingegen äußert das BVerfG in einer neueren Entscheidung, daß „das Berufsbild des Apothekers nicht Selbstzweck ist, sondern zum

---

378 EGH, Urt. v. 24. 2. 1923, EGHE XVIII, 89, 92 f.

379 Vgl. BVerfGE 76, 196, 207 f.

380 Diese Kritik übt *Römermann*, in: Hartung / Holl, Berufsordnung, 2. Aufl., vor § 6 BO, Rn. 40.

381 Vgl. BVerfGE 94, 372, 395.

382 Vgl. aus neuerer Zeit *Laufs*, NJW 2000, S. 1757, 1758: „Die neue Sichtweise kommt dem sich überall ausbreitenden Marktbetrieb entgegen, und darin liegen Gefahren. [...] Die Spruchpraxis verfolgt den Zweck, [...], außerdem die Verfälschung des ärztlichen und zahnärztlichen Berufsbildes durch Kommerzialisierung zu verhüten.“ Vgl. auch die beifällige Zitierung einer ähnlichen Formulierung von Engler / Geserich / Räpple / Rieger, Werben und Zuwenden im Gesundheitswesen, Heidelberg 2000, S. 206, durch *Laufs*, MedR 2001, S. 252.

383 BVerfG, BRAK-Mitt. 1993, S. 227.

384 Vgl. z. B. *Doepner*, WRP 1977, S. 318, 322; *Rieger*, Lexikon des Arztrechts, 1984, Rn. 1900; angedeutet wird bei *Laufs*, NJW 2001, S. 1768, 1769, daß der Schutz des Berufsbildes auf ethischen Überlegungen basiert: „[...] daß sich zu den vernünftigen Erwägungen des Gemeinwohls, welche die Berufsausübungsfreiheit und damit die Werbung zu beschränken vermögen, der Erhalt des ärztlichen Berufsbilds *in seiner ethisch fundierten Eigenart* [Hervorhebung v. Verf.] durchaus rechnen läßt.“

385 Vgl. *Laufs*, NJW 2001, S. 1768, 1769.

Schutz der Volksgesundheit entwickelt und aufrechterhalten worden ist."[386] Die Ansicht, daß Berufsbilder nicht um ihrer selbst willen geschützt werden sollen, hat sich indes, wie die Belege aus der übrigen Rechtsprechung und Teilen der Literatur zeigen, noch nicht durchsetzen können.

b) Das Berufsbildargument bei Werbebeschränkungen für Apotheker

Deswegen, weil Apotheker bezüglich des Randsortiments mit anderen Berufsgruppen in Konkurrenz stehen, bestimmte das BVerfG – wohl auch unter Berücksichtigung des allgemeinen Gleichheitssatzes des Art. 3 Abs. 1 GG –, daß das Berufsbildargument zur Rechtfertigung von Einschränkungen von Apothekenwerbung nur bedingt herangezogen werden kann: „Mit ihrer Auslegung haben die Berufsgerichte die durch Art. 12 Abs. 1 Satz 1 GG gebotene berufs- und wettbewerbsfreundliche Auslegung der Berufsordnung verfehlt. Sie haben nicht beachtet, daß Erwägungen zum Berufsbild an Gewicht verlieren, soweit Apotheker mit ihrem Warenangebot in Konkurrenz zu sonstigen Berufsgruppen stehen."[387]

c) Kritische Analyse des Arguments „Berufsbildschutz"

aa) Die Legitimität des Arguments „Berufsbildschutz"

Das Argument, Werbebeschränkungen seien durch die Notwendigkeit des Schutzes bestehender Berufsbilder gerechtfertigt, ist aus zweierlei Gründen fragwürdig. Zum einen erscheint zweifelhaft, ob der Schutz von Berufsbildern als solcher im öffentlichen Interesse liegt [vgl. hierzu (1)], zum anderen stellt sich die rechtsphilosophische Frage, ob die Verwendung des Arguments, Werbebeschränkungen dienten dem „Berufsbildschutz", nicht einen verfassungsrechtlich unzulässigen Schutz von Moral darstellt [s. hierzu (2)].

(1) Schutz bestehender Berufsbilder und öffentliches Interesse

Wie gesehen, hat das BVerfG erstmals 1996 festgestellt, daß Berufsbilder nicht um ihrer selbst willen geschützt werden dürfen, sondern dem Schutz von Gemeinwohlbelangen, wie z. B. der Gesundheit der Bevölkerung, zu dienen bestimmt sein müssen.[388] Damit wurde eine Wende gegenüber früheren Entscheidungen vollzogen, die den Schutz von Berufsbildern allein als ausreichend für die Rechtfertigung

---

386 BVerfGE 94, 372, 395.

387 BVerfGE 94, 372, 397; vgl. auch, im Hinblick auf das Verbot für Apotheker, sich an verkaufsoffenen Sonntagen zu beteiligen, BVerfG, Urt. v. 16. 1. 2002 – 1 BvR 1236/99 –, Rn. 46 (veröffentlicht im Internet, Adresse: http://www.bverfg.de).

388 Vgl. BVerfGE 94, 372, 395.

von Eingriffen in die Berufsfreiheit angesehen haben.[389] Warum sich das BVerfG vom Berufsbildargument weitgehend distanziert und es in der genannten Entscheidung wohl endgültig aufgegeben hat,[390] bleibt jedoch offen. Es wird nicht explizit erklärt, warum der Schutz von Berufsbildern nicht Selbstzweck sein kann. Aus dem Entscheidungstext läßt sich allerdings erschließen, daß im Schutz von Berufsbildern allein kein öffentliches Interesse gesehen wird: „[...] weil das Berufsbild [...] nicht Selbstzweck ist, sondern zum Schutz der Volksgesundheit entwickelt und aufrechterhalten worden ist. Das öffentliche Interesse, das das „Sonderrecht" für Apotheken legitimiert, ist auf die Sicherstellung einer ordnungsgemäßen Arzneimittelversorgung der Bevölkerung gerichtet; [...]."[391] Tatsächlich stellt sich die Frage, inwiefern der Schutz bestehender Berufsbilder als solcher im öffentlichen Interesse liegen soll. „Öffentliches Interesse" ist ein Begriff, „der die Belange der Allgemeinheit gegenüber Individualinteressen charakterisieren soll"[392]. Es gibt keinen Grund dafür, daß der Schutz bestehender Berufsbilder den Belangen der Allgemeinheit förderlich sein muß.[393] Berufsbilder als solche sind kein eigenständiger Wert,[394] was sich auch an ihrer Dynamik und Wandelbarkeit[395] zeigt. Stattdessen können Veränderungen von Berufsbildern, insbesondere Verbesserungen durch Abschaffung von Mißständen, sogar im öffentlichen Interesse liegen. Aus diesem Grund können Werbebeschränkungen richtigerweise nicht mit dem Argument der Notwendigkeit des Schutzes bestehender Berufsbilder gerechtfertigt werden.

(2) Der Schutz bestehender Berufsbilder als Problem der Trennung von Recht und Moral

Im Schutz bestehender Berufsbilder um ihrer selbst willen könnte ein aus rechtsphilosophischer und verfassungsrechtlicher Sicht fragwürdiger Schutz von Moral durch das Recht liegen,[396] womit sich das Argument des Berufsbildschutzes als vollends untauglich erwiese. Zur Beantwortung dieser Frage soll zunächst geklärt werden, ob im Schutz von Berufsbildern überhaupt ein Schutz von Moral liegt [vgl. (a)]. Anschließend wird erörtert, inwiefern sich ein Schutz von Moral aus rechtsphilosophischer Perspektive verbietet [vgl. (b)]. Folgerungen aus den gewonnenen Erkenntnissen werden unter (c) gezogen.

---

389 Vgl. im einzelnen die Darstellung unter a).

390 Vgl. *Römermann,* in: Hartung / Holl, Berufsordnung, 2. Aufl., vor § 6 BO, Rn. 109.

391 BVerfGE 94, 372, 395.

392 *Creifelds / Weber,* Rechtswörterbuch, S. 953 (Stichwort: „öffentliches Interesse").

393 Vgl. *Eickhoff,* NJW 1998, S. 798, 799; *Heinrich,* MedR 1998, S. 32, 33.

394 Vgl. auch *Taupitz,* NJW 1996, S. 3033, 3036.

395 Vgl. zur Wandelbarkeit von Berufsbildern z. B. BVerfGE 97, 12; *Römermann,* in: Hartung / Holl, Berufsordnung, 2. Aufl., vor § 6 BO, Rn. 108.

396 Vgl. zum Schutz der Moral auch EGMR, EuGRZ 1985, S. 170, 174 (Barthold-Entscheidung); vgl. zu dieser Entscheidung näher G. II.; vgl. auch *Jähnke,* NJW 1988, S. 1888, 1890; insbesondere zur Standesmoral bei Ärzten *Taupitz,* NJW 1986, S. 2851 f.

(a) Der Begriff „Moral“; Berufsbilder als Ausprägungen von Moral

Zum Begriff „Moral“ gibt es unterschiedliche Auffassungen. Im wesentlichen lassen sich ein eher normativer, ein deskriptiver und ein Moralbegriff unterscheiden, der sowohl deskriptive als auch normative Elemente in sich vereint.

(aa) Normativer Moralbegriff

Ausschließlich normativ verstanden ist Moral (von lat. mos, die Sitte[397]) definierbar als Sittlichkeit im Sinne einer menschlichen Grundhaltung zum pflichtgemäßen Handeln.[398] Nur in diesem Sinne wird Moral von Radbruch verstanden, der die moralische Pflicht als „Pflicht schlechthin“[399] bezeichnet. Auch del Vecchio dürfte eine ähnliche Auffassung von Moral haben. Diese stellt für ihn eine „subjektive Ethik“[400] dar.

(bb) Deskriptiver Moralbegriff

Eher deskriptiv kann man mit Halder / Müller Moral definieren als „Sittlichkeit im Sinn der vom allgemeinen Bewußtsein für das Zusammenleben einer konkreten Gemeinschaft als unabdingbar angesehenen Regeln und die subjektive Bereitschaft, sich diesen Regeln zu fügen“[401]. Ein eher deskriptiver Moralbegriff dürfte wohl auch der Auffassung Würtenbergers von Moral als den „moralisch-ethischen Überzeugungen“[402] des Zeitgeistes zugrundeliegen.

(cc) Differenzierende Moralbegriffe

Eine Reihe von Autoren unterscheidet mehrere Bedeutungen des Begriffes „Moral“. So spricht Deimling einerseits eher deskriptiv von der „spießbürgerlichen Durchschnittsmoral“, andererseits stark normativ von Moral als Teil einer „mehr oder weniger subjektiven, singulären Sinndeutung des Lebens“[403].

Brieskorn versteht unter Moral einerseits eher individuell ein „Gesamt an Verbindlichkeiten, die sich dem Menschen ohne Rücksicht auf seine Wünsche, Neigungen und Interessen auferlegen und sein Leben zu einer sinnvollen Einheit füh-

397 Vgl. *Menge / Müller*, Wörterbuch Latein, S. 226.

398 So oder ähnlich wird Moral in vielen philosophischen Lexika definiert, vgl. z. B. *Halder / Müller*, Philosophisches Wörterbuch, S. 198.

399 *Radbruch*, Rechtsphilosophie, S. 130.

400 *Del Vecchio*, Grundlagen des Rechts, S. 32.

401 *Halder / Müller*, Philosophisches Wörterbuch, S. 198.

402 *Würtenberger*, Zeitgeist und Recht, S. 12.

403 *Deimling*, Recht und Moral, S. 58.

ren wollen"[404], andererseits einen stillschweigenden Konsens über richtige Verhaltensweisen, nicht jedoch das statistisch erhebbare Normalverhalten.[405]

Der schillernden Bedeutungsvielfalt, die der Begriff „Moral" in der Sprache hat, wird man nur gerecht, wenn man nicht entweder einen nur normativen oder deskriptiven Gehalt dieses Wortes annimmt, sondern die Bedeutung des Begriffes „Moral" aus dem jeweiligen Kontext bestimmt. Deswegen sind differenzierende Auffassungen des Begriffes vorzuziehen. Das Phänomen religiöser Moral etwa, z. B. das der Katholischen Kirche, läßt sich weder rein normativ noch rein deskriptiv verstehen: Der im Katechismus aufgestellte Moralkodex ist einerseits im Sinne der unter (aa) genannten Definition nicht nur normativ, denn hiernach müßte jedes Katechismusgebot der sittlichen Grundhaltung zum pflichtgemäßen Handeln jedes Gläubigen entsprechen. Andererseits ist die im Katechismus aufgestellte Moral keineswegs nur deskriptiv, was sich aus dem Sollenscharakter der einzelnen Gebote ergibt. Der Tatsache, daß es außer rein normativen und rein deskriptiven Bedeutungen des Begriffs Moral noch andere gibt, wird nur eine noch differenziertere Auffassung des Begriffs gerecht. Ein solches Begriffsverständnis hat Heinrich Henkel, der die folgende Einteilung der Moral in vier Untergruppen vornimmt. Seiner Ansicht nach ist unter Moral zu verstehen:

- die autonome Sittlichkeit (Gewissensethik), die der einzelne Mensch in „der Stimme des Gewissens zu erleben"[406] fähig ist;
- die Hochethik der religiösen und weltanschaulichen Systeme[407] (zu der z. B. auch das Moralsystem der Katholischen Kirche gehört);
- die Sozialmoral (Gruppenmoral), die dem oben beschriebenen deskriptiven Moralbegriff von Halder bzw. Müller[408] nahezu entspricht; Henkel verzichtet allerdings – wie Brieskorn – auf das Merkmal der tatsächlichen Befolgung;[409] und
- die Humanmoral, die Henkel als Inbegriff moralischer Grundsätze versteht, die für „alle denkbaren menschlichen Gemeinschaften gelten, wie und wo immer diese auch bestehen mögen."[410]

---

404 *Brieskorn,* Rechtsphilosophie, S. 73.

405 *Brieskorn* versteht unter Moral die „mores" im Sinne Ulpians und führt dessen Definition an: „Mores sunt tacitus consensus populi, longa consuetudine inveteratur", Rechtsphilosophie, S. 69; zur Unterscheidung von Normalverhalten und Moral vgl. *Brieskorn,* Rechtsphilosophie, S. 70.

406 *Henkel,* Rechtsphilosophie, S. 68.

407 Vgl. *Henkel,* Rechtsphilosophie, S. 70.

408 Vgl. *Halder/Müller,* Philosophisches Wörterbuch, S. 198.

409 *Henkel* versteht unter Sozialmoral einen „Grundbestand gemeinsamer Anschauungen hinsichtlich des moralisch guten Handelns", wobei es ihm nicht auf tatsächliche Befolgung ankommt; er spricht vielmehr von einem „im sozialen Kontakt und Verkehr geprägte[n] und vorherrschend gewordene[n] sittliche[n] Empfinden", Rechtsphilosophie, S. 71 f.

410 *Henkel,* Rechtsphilosophie, S. 73.

Die differenzierende Einteilung der Moral in vier Unterarten soll den folgenden Ausführungen zugrundegelegt werden, da sie den unterschiedlichen Bedeutungen, die der Begriff Moral schon in der Umgangssprache besitzt, am ehesten gerecht wird. Unter Sozialmoral soll allerdings nicht die nur auf Einstellungen basierende stillschweigende Übereinstimmung über Verhaltensweisen in der Bevölkerung verstanden werden, wie es Henkel und Brieskorn vertreten; vielmehr soll der Halder/Müllersche Begriff der Sozialmoral zugrundegelegt werden, der auch das Element tatsächlicher Befolgung umfaßt.

Fraglich ist, ob und inwiefern der Schutz von Berufsbildern ein Fall des Schutzes von Moral ist. Hierzu müßte sich der Begriff „Berufsbild" unter den Begriff „Moral" subsumieren lassen. Von den vier Moralbegriffen, von denen vorliegend ausgegangen werden soll, könnte das Berufsbild am ehesten dem der Sozialmoral zugeordnet werden. Das Berufsbild selbst ist zwar keine „Sittlichkeit im Sinn der vom allgemeinen Bewußtsein für das Zusammenleben einer konkreten Gemeinschaft [hier möglicherweise der Berufsgemeinschaft, d. Verf.] als unabdingbar angesehenen Regeln und die subjektive Bereitschaft, sich diesen Regeln zu fügen"[411]; wohl aber wird durch das Berufsbild eine solche Sittlichkeit im Sinne eines Regelwerks nicht verbindlicher Art aufgestellt: Berufsbilder dienen gerade dazu, Anknüpfungspunkte für solche Regeln zu sein, die für die ordnungsgemäße Berufsausübung und Zusammenarbeit der Berufsangehörigen als notwendig erachtet werden; häufig besteht auch die subjektive Bereitschaft der Berufsangehörigen, sich diesen Regeln zu fügen.

Nicht rechtsverbindliche, wohl aber moralische Normen sind etwa die an alle Freiberufler gestellte Forderung, ihr Gewinnstreben zurückzustellen, oder die Erwartung einer besonderen Vertrauenswürdigkeit von Rechtsanwälten, Ärzten und Apothekern. Auch Aussagen wie „Der Rechtsanwalt wirbt nicht" oder „Werbung widerspricht dem Berufsbild der Ärzte als Angehörigen eines freien Berufs" und die hierdurch begründete Erwartungshaltung gegenüber Freiberuflern ergeben sich aus den traditionellen Berufsbildern. Durch den Schutz traditioneller Berufsbilder wird folglich auch – wenngleich nur mittelbar – die sich aus diesen ergebende Sozialmoral geschützt.

(b) Die Zulässigkeit des Schutzes von Moral

Schon seit jeher ist umstritten, inwieweit sich die Bereiche Recht und Moral gegenseitig beeinflussen dürfen oder sollen.[412] Wegbereitend für die neuzeitliche Diskussion dieser Problematik war Christian Thomasius (1655–1728), auch „Vater der deutschen Aufklärung" genannt, der in seiner Naturrechtslehre (v. a. „Fundamenta iuris naturae et gentium" aus dem Jahr 1705) die Trennung der beiden Regelungskomplexe anhand des Kriteriums der Erzwingbarkeit durchzuführen ver-

---

411 *Halder/Müller*, Philosophisches Wörterbuch, S. 198.

412 Vgl. die umfangreiche Literaturübersicht bei *Roxin*, Strafrecht AT I, S. 8 ff.

suchte.[413] Im Zusammenhang mit den sich aus den jeweiligen Berufsbildern ergebenden Verhaltensanforderungen ist zu klären, inwiefern Moral in ihrer Ausprägung als Sozialmoral durch das Recht geschützt werden darf, da Berufsbilder dem Schutz dieser Moralvariante dienen. Hierzu werden zunächst Konzepte des Verhältnisses von Recht und Moral vorgestellt, wie sie in der Literatur vertreten werden [vgl. (aa)]. Anschließend werden Kriterien erarbeitet, anhand deren das Verhältnis von Recht und Moral bestimmt werden kann. So wird geprüft, ob ein Schutz der Sozialmoral gegen Art. 3 Abs. 1 oder Art. 4 Abs. 1 GG verstößt [vgl. (bb) und (cc)]. Danach werden die Problematik des Subsidiaritätsprinzips und tatsächliche Schwierigkeiten bei der Ermittlung der Sozialmoral angesprochen [vgl. (dd) und (ee)]. Unter Bezugnahme auf die vorgestellten Konzeptionen und unter Zugrundelegung der genannten Kriterien wird schließlich dargelegt, ob ein Schutz der Sozialmoral durch das Recht generell und insbesondere im Hinblick auf den Schutz von Berufsbildern zulässig ist [vgl. (ff)].

(aa) Konzepte des Verhältnisses von Recht und Moral

Die Frage, inwieweit das Recht die Moral, insbesondere die Sozialmoral, schützen dürfe, gehört der Problematik des Verhältnisses von Recht und Moral an. Fünf Möglichkeiten dieses Verhältnisses sind denkbar:[414]

1. Möglichkeit: Die Inhalte von Recht und Moral decken sich teilweise.

2. Möglichkeit: Die Moral ist ein Teil des Rechts, wobei es auch sittlich indifferente Rechtsnormen gibt.

3. Möglichkeit: Die Inhalte von Recht und Moral decken sich vollständig.

4. Möglichkeit: Recht und Moral stehen beziehungslos nebeneinander.

5. Möglichkeit: Das Recht ist ein Teil der Moral.

Vorgestellt werden im folgenden die wichtigsten Konzeptionen der Möglichkeiten 1 bis 4 (Möglichkeit 5 wird nur selten vertreten).

(aaa) 1. Möglichkeit: teilweise Deckung von Recht und Moral

Gustav Radbruch, der Moral eher als Individualmoral denn als Sozialmoral versteht – er spricht von der moralischen Pflicht als der „Pflicht schlechthin"[415] – konstatiert zwar eine teilweise Deckung des Inhalts der Forderungen von Recht und Moral.[416] Die eigentliche Beziehung beider Gebiete zueinander sieht er jedoch

---

[413] Zu Leben und Werk von Thomasius vgl. *Kleinheyer/Schröder,* Juristen, S. 424 ff.

[414] Die Zusammenstellung lehnt sich an *Nef,* Recht und Moral, S. 52 ff., an.

[415] *Radbruch,* Rechtsphilosophie, S. 130; vgl. auch die Aussage *Radbruchs*, die Moral verlange, daß „man seine Pflicht tue aus Pflichtgefühl", Rechtsphilosophie, S. 130.

[416] Vgl. *Radbruch,* Rechtsphilosophie, S. 134.

darin, „daß die Moral einerseits Zweck des Rechts und, eben deshalb, andererseits Grund seiner verpflichtenden Geltung ist."[417] Die Feststellung des Rechts obliege, und das ist im Zusammenhang mit der Fragestellung „Moralschutz durch Recht" wichtig, der Gesetzgebung.[418] Daraus zieht Radbruch die Schlußfolgerung, daß Moral nicht unmittelbarer Inhalt von Normen, also kein legitimes Schutzgut des Rechts, sein könne: „Freilich kann es [das Recht, d. Verf.] der Verwirklichung moralischer Pflichten nicht dadurch dienen wollen, daß es diese mit der Sanktion von Rechtspflichten versähe, denn die moralische Norm, die nur um ihrer selbst willen erfüllt werden will, kann eben deshalb dadurch, daß ihr andersartige Imperative gleichen Inhalts zur Seite treten, nicht gewinnen. Das Recht dient der Moral nicht durch die Rechtspflichten, die es auferlegt, sondern durch die Rechte, die es gewährt."[419]

Ähnlich sehen andere Autoren das Verhältnis von Recht und Moral. So wird gesagt, das Recht diene der Ermöglichung von Moral, „kann [...] die Moral [aber, d. Verf.] nicht unmittelbar verwirklichen, weil diese notwendig eine Tat der Freiheit ist [...]."[420] Ein direkter Schutz von Moral wird auch in dieser Konzeption ausgeschlossen.

(bbb) 2. Möglichkeit: Moral als Teil des Rechts

Für mehrere Autoren ist ein Schutz von Moral durch das Recht zumindest unter gewissen Umständen nicht ausgeschlossen. Brieskorn versteht unter dem Begriff Moral einerseits eine Gewissensethik, andererseits eine vom hier zugrundegelegten Begriff etwas abweichende Sozialmoral, in der er nicht das statistisch erhebbare Normalverhalten in der Gesellschaft sieht, sondern einen stillschweigenden Konsens über Verhaltensweisen, auch wenn diese nicht unbedingt immer verwirklicht werden.[421] Einen Schutz der Individualmoral durch das Recht lehnt Brieskorn ab;[422] hinsichtlich der Gesellschaftsmoral betont er die Subsidiarität des Rechts als „Folgerung [...] aus der Ausrichtung an der Freiheit"[423]. Moral in diesem Sinne dürfe eigentlich kein Schutzgut des Rechts sein: „Wer stillschweigend geübte und ohne Überlegung gelebte Verhaltensweisen [eben darunter ist die Sozialmoral im

417 *Radbruch,* Rechtsphilosophie, S. 134.

418 Vgl. *Radbruch,* Rechtsphilosophie, S. 135.

419 *Radbruch,* Rechtsphilosophie, S. 135.

420 *Reifferscheid/Böckel/Benseler,* Lexikon des Rechts, Bd. 1, S. 404.

421 Vgl. *Brieskorn,* Rechtsphilosophie, S. 69; zur Unterscheidung von Normalverhalten und Moral vgl. *Brieskorn,* Rechtsphilosophie, S. 70; zur Terminologie vgl. oben, (a).

422 *Brieskorn* weist darauf hin, daß das Recht nicht für Tugend sorgen dürfe; eine Rechtsordnung, die den „Zwang zum Guten" festlege, münde „regelmäßig in die unbeschränkte Kontrolle, in den unnachgiebigen Zwang, den unbeherrschten und bald unbeherrschbaren Terror als Programm", Rechtsphilosophie, S. 78.

423 *Brieskorn,* Rechtsphilosophie, S. 72; vgl. zur Problematik der Freiheitsverletzung auch *Noll,* in: FS für OLG Zweibrücken, S. 206, 217.

Sinne Henkels zu verstehen, d. Verf.] ausdrücklich vorschreibt, entzieht ihnen die Plausibilität, muß die vorgeschriebenen Normen rechtfertigen und bedarf der ausdrücklichen Sanktionsandrohung. Er verhält sich unökonomisch, politisch unklug und menschlich unangemessen.“[424] Nur um der Entlastung der Rechtsordnung willen sei es dennoch in seltenen Fällen gerechtfertigt, solche Verhaltensweisen zu schützen: „Da ausdrücklich vorgeschriebenes Normverhalten faktisch zur eingefleischten Gewöhnung werden kann, darf solche Absicherung gesucht werden, um den äußeren Druck verzichtbar zu machen, ohne Instabilität einzuhandeln. Die Rechtsordnung entlastet nicht bloß den Adressaten, sondern sie entlastet sich selbst auf diese Weise. Darin darf der sittliche Wert dieses Wegs in die Gewöhnung gesehen werden.“[425] Sozialmoralische Verhaltensweisen dürften also dann geschützt werden, wenn dadurch auf lange Sicht Gewöhnung eintritt, die es erlaubt, die betreffende rechtliche Vorschrift wieder zu beseitigen. Um ihrer selbst willen soll die Sozialmoral jedoch durch rechtliche Normen nicht geschützt werden.

Für Würtenberger, der unter Moral die Überzeugungen weiter Bevölkerungskreise versteht[426] und damit ähnlich wie Henkel die Sozialmoral,[427] besteht keine strikte Trennung zwischen dieser Moral und dem Recht. Vielmehr müsse Moral im genannten Sinne in der Rechtsfortbildung berücksichtigt werden. Das Recht müsse sich in gewissem Umfang an der Gesellschaftsmoral ausrichten.[428] An anderer Stelle heißt es sogar, die Rechtsprechung müsse edukatorisch dem Sittenverfall entgegenwirken,[429] worin ein klares Bekenntnis zum Schutz der Sozialmoral durch das Recht zu sehen ist.

Hanack äußert sich in Bezug auf das Strafrecht dahingehend, daß dieses sich im modernen Rechtsstaat und in einer pluralistischen Gesellschaft nicht derart auf die Moral beziehen dürfe, „daß es allein mit dem Schutz dieser Moral den strafenden Eingriff des Staates begründet oder gar Unmoral mit ‚Strafwürdigkeit' identifiziert.“[430] Dies heiße jedoch nicht, daß bestimmte sittliche Verhaltensweisen nicht doch mit Strafschutz zu garantieren wären, nämlich dann, wenn sie ein solches Maß an Sozialschädlichkeit aufweisen, „daß die Pönalisierung unabweisbar erscheint.“[431] Hanack betont in diesem Zusammenhang die Notwendigkeit eines Rückgriffs auf den Grundsatz „in dubio pro libertate“ und das Subsidiaritätsprinzip.[432]

---

424 *Brieskorn,* Rechtsphilosophie, S. 72.

425 *Brieskorn,* Rechtsphilosophie, S. 72.

426 Vgl. *Würtenberger,* Zeitgeist und Recht, S. 213 ff.

427 Vgl. oben, (a) (cc).

428 Vgl. *Würtenberger,* Zeitgeist und Recht, S. 222 f.

429 Vgl. *Würtenberger,* Zeitgeist und Recht, S. 229 ff.

430 *Hanack,* Gutachten A zum 47. DJT, S. 29.

431 *Hanack,* Gutachten A zum 47. DJT, S. 32.

432 *Hanack,* Gutachten A zum 47. DJT, S. 33 f.

Henkel bestimmt das Verhältnis jeder einzelnen von ihm festgestellten Moralvariante zum Recht gesondert. Einen Schutz der Sozialmoral durch das positive Recht schließt Henkel nicht aus, allerdings müsse dafür, die Moralnorm unter rechtliche Sanktionen zu stellen, ein Bedürfnis bestehen.[433]

(ccc) 3. Möglichkeit: völlige Deckung des Inhalts von Recht und Moral

Die These, Recht und Moral seien nicht divergent, wird nur gelegentlich vertreten, beispielsweise von Stüttler: „Hinsichtlich des noch immer behaupteten Dualismus von Sittlichkeit und Recht ergeben sich hieraus: Eine inhaltliche Abhebung von Sittlichkeit und Recht [...] kann heute von christlicher Seite nicht unterstützt werden; ein materialer Dualismus von Sittlichkeit und Recht ist geradezu unchristlich!“[434] Weniger extrem, vielleicht sogar eher der 2. Möglichkeit zuzurechnen, heißt es bei zwei anderen Autoren, man könne die Notwendigkeit einer Trennung von Recht und Moral nicht „rundheraus verwerfen. [...] Andererseits bedeutet die Einschränkung gesetzlicher und strafrechtlicher Regelungen nicht, daß die Gemeinschaft für die sittliche Wertordnung im Volke nicht verantwortlich wäre. Recht, Moral und Ethik gehören zum Freiheitsraum des Menschen; nur in diesem Freiheitsraum werden geschichtliche Entwicklung, verantwortliche Entscheidung des einzelnen und Vielfalt in Staat und Gesellschaft ermöglicht.“[435]

(ddd) 4. Möglichkeit: strenge Trennung beider Systeme

Roxin spricht jeglicher Moralvariante schon die Möglichkeit ab, Rechtsgut sein zu können; nur Rechtsgüter dürften aber durch das Recht geschützt werden: „Sie [sc. Moralwidrigkeiten, d. Verf.] können daher nur [...] als Verstöße gegen „Allgemeinbegriffe“ wie die Moral, nicht aber als Rechtsgüterverletzungen verstanden werden.“[436] Roxin tritt damit de lege ferenda für eine strenge Trennung von Recht und Moral ein.

(bb) Der Gleichheitssatz des Art. 3 Abs. 1 GG und der Schutz der Sozialmoral

Möglicherweise steht der Gleichheitssatz des Art. 3 Abs. 1 GG einem Schutz der Sozialmoral durch das Recht entgegen. Im Schutz einer bestimmten Sozialmoral könnte eine im Hinblick auf den allgemeinen Gleichheitssatz des Art. 3 Abs. 1 GG verfassungsrechtlich relevante Ungleichbehandlung derjenigen Bürger liegen, die die herrschende Sozialmoral nicht mittragen.

---

433 Vgl. *Henkel,* Rechtsphilosophie, S. 88.

434 *Stüttler,* Sittlichkeit und Recht, S. 86.

435 *Döpfner/Dietzfelbinger,* Gesetz des Staates, S. 11 f.

436 *Roxin,* Strafrecht AT I, § 2, Rn. 3.

(aaa) Ungleichbehandlung

Der in Art. 3 Abs. 1 GG festgelegte Gleichheitssatz gebietet es, eine Gruppe von Normadressaten gegenüber anderen Normadressaten gleich zu behandeln, wenn zwischen beiden Gruppen keine Unterschiede von solcher Art und solchem Gewicht bestehen, daß sie eine ungleiche Behandlung rechtfertigen können;[437] umgekehrt dürfen Personengruppen, die sich von anderen wesentlich unterscheiden, nicht gleich behandelt werden.

Gesetze, die eine gewisse Sozialmoral schützen, behandeln diejenigen Personen, die diese Sozialmoral tragen, und diejenigen, die sie nicht unterstützen, gleich, indem sie beide Personengruppen, obwohl sie in einer sozialmoralischen Anschauung nicht übereinstimmen, derselben Regelung unterwerfen. Fraglich ist, ob das die beiden Personengruppen unterscheidende Merkmal – die Haltung in einer sozialmoralischen Frage – wesentlich ist, ob also von einer verfassungsrechtlich relevanten Ungleichbehandlung gesprochen werden kann, denn nur dann „ist nach Art. 3 Abs. 1 GG Gleiches gleich, Ungleiches aber nach seiner Eigenart zu behandeln, wenn die Gleichheit oder Ungleichheit in dem jeweils in Betracht kommenden Zusammenhang so bedeutsam ist, daß ihre Beachtung bei einer gesetzlichen Regelung nach einer am Gerechtigkeitsgedanken orientierten Betrachtungsweise geboten erscheint."[438] Die Einstellung zu einer bestimmten moralischen Frage kann keine im Sinne des Art. 3 Abs. 1 GG wesentliche Verschiedenheit begründen. Führte man diesen Gedanken konsequent weiter, müßten auch die unterschiedlichen Einstellungen der Bürger zu einer gewissen Rechtsnorm bei Erlaß und Anwendung dieser Vorschrift berücksichtigt werden. Wenn jedoch richtigerweise schon religiöse Überzeugungen, die zu einer Straftat geführt haben, wegen der Gefahr eines Verstoßes gegen den Gleichheitssatz nicht als strafausschließend anerkannt werden können, obwohl sie doch dem Schutzbereich des Art. 4 Abs. 1 GG unterliegen,[439] kann die nicht einmal auf religiösen Überzeugungen oder Gewissensentscheidungen basierende Einstellung zu Fragen der Sozialmoral erst recht nicht als i. S. d. Art. 3 Abs. 1 GG verfassungsrechtlich relevantes Differenzierungskriterium dienen.

(bbb) Ergebnis: Art. 3 Abs. 1 GG und der Schutz der Sozialmoral

Art. 3 Abs. 1 GG steht einem Schutz der Sozialmoral nicht entgegen, da in diesem keine verfassungsrechtlich relevante Ungleichbehandlung liegt.

---

437 Vgl. BVerfGE 55, 72, 88; vgl. näher zum Gleichheitssatz die Ausführungen oben, B. XI.

438 BVerfGE 9, 124, 129 f.; vgl. auch BVerfGE 1, 264, 275 f.

439 Vgl. *Starck*, in: v. Mangoldt/Klein, GG, Art. 4, Rn. 41.

(cc) Der Schutz der Sozialmoral im Hinblick auf Art. 4 Abs. 1 GG

Fraglich ist, ob nicht Art. 4 Abs. 1 GG einem Schutz der Sozialmoral – ein solcher liegt ja im Schutz traditioneller Berufsbilder[440] – entgegensteht.

(aaa) Art. 4 Abs. 1, 1. u. 3. Alt. GG: Glaubens- und Bekenntnisfreiheit

Art. 4 Abs. 1, 1. u. 3. Alt. GG schützt die Freiheit des Glaubens und des religiösen oder weltanschaulichen Bekenntnisses. Auch die Freiheit, nach den vom Glauben oder Bekenntnis vorgegebenen Geboten zu handeln, wird gewährleistet.[441] Art. 4 Abs. 1 GG hat auch eine negative Ausprägung: In dieser Variante schützt er die Freiheit, keinen Glauben, keine Religion oder Weltanschauung anzunehmen.[442] Durch diese negative Glaubens- und Bekenntnisfreiheit wird auch garantiert, nicht nach einem bestimmten Glauben oder Bekenntnis handeln zu müssen. Insofern könnte Art. 4 Abs. 1 GG auch davor schützen, daß Berufsangehörigen sozialmoralische Vorstellungen, etwa Werbebeschränkungen, aufoktroyiert werden, denen sie gar nicht zustimmen. Solche Vorstellungen müßten, damit Art. 4 Abs. 1 GG überhaupt einschlägig ist, Ausprägungen eines Glaubens oder einer Weltanschauung sein. Dies ist jedoch nicht der Fall, da ein religiöser Glaube oder eine Weltanschauung nur dann vorliegen, wenn Gedanken oder Handlungen „aus einer Gesamtsicht der Welt oder aus einer hinreichend konsistenten (wenn auch wandelbaren) Gesamthaltung zur Welt entspringen“[443]. Diese Eigenschaft haben Anschauungen über sozialmoralische Pflichten der Angehörigen einzelner Berufe nicht, weshalb Art. 4 Abs. 1 GG in den Alternativen Glaubens- und Bekenntnisfreiheit nicht einschlägig ist.

(bbb) Art. 4 Abs. 1, 2. Alt. GG: Gewissensfreiheit

Neben der Glaubens- und Weltanschauungsfreiheit garantiert Art. 4 Abs. 1 GG auch die Freiheit des Gewissens als selbständiges Grundrecht,[444] wobei auch Handlungen von diesem Schutz mitumfaßt sind, die aus Gewissensentscheidungen resultieren.[445] Sähe man Handlungen, die die aus den Berufsbildern abgeleiteten

---

440 Vgl. oben, (a) (cc).

441 Vgl. *Morlok,* in: Dreier, GG, Art. 4, Rn. 52; *Starck,* in: v. Mangoldt / Klein, GG, Art. 4, Rn. 34.

442 Vgl. *Muckel,* in: Friauf / Höfling, GG, Art. 4, Rn. 25; *Kokott,* in: Sachs, GG, Art. 4, Rn. 26; *Starck,* in: v. Mangoldt / Klein, GG, Art. 4, Rn. 22; kritisch *Morlok,* in: Dreier, GG, Art. 4, Rn. 40.

443 *Starck,* in: v. Mangoldt / Klein, GG, Art. 4, Rn. 31; vgl. auch *Morlok,* in: Dreier, GG, Art. 4, Rn. 42.

444 Vgl. *Morlok,* in: Dreier, GG, Art. 4, Rn. 57 ff.; *Muckel,* in: Friauf / Höfling, GG, Art. 4, Rn. 57; *Kokott,* in: Sachs, GG, Art. 4, Rn. 73 ff.; *Starck,* in: v. Mangoldt / Klein, GG, Art. 4, Rn. 58.

445 Vgl. *Kokott,* in: Sachs, GG, Art. 4, Rn. 75; *Morlok,* in: Dreier, GG, Art. 4, Rn. 64; *Starck,* in: v. Mangoldt / Klein, GG, Art. 4, Rn. 62.

Verhaltensanforderungen verbieten, als Gewissensentscheidungen an, wäre der Schutzbereich des Art. 4 Abs. 1 GG in der zweiten Alternative eröffnet. Das Gewissen ist die innere Instanz des Menschen, die ihm subjektiv bindend vorschreibt, in einer konkreten Situation bestimmte Handlungen als „gut" zu tun oder als „böse" zu lassen.[446] Eine Gewissensentscheidung ist somit „jede ernste sittliche, d. h. an den Kategorien von „Gut" und „Böse" orientierte Entscheidung [...], die der einzelne in einer bestimmten Lage als für sich bindend und unbedingt verpflichtend innerlich erfährt, so daß er gegen sie nicht ohne ernste Gewissensnot handeln könnte."[447] Die Entscheidung eines Freiberuflers, eine gewisse, durch das Berufs- und Standesrecht untersagte Art von Werbung betreiben zu wollen, ist nicht als Gewissensentscheidung in diesem Sinne anzusehen.[448]

(ccc) Zwischenergebnis: Art. 4 Abs. 1 GG und der Schutz der Sozialmoral

Art. 4 Abs. 1 GG steht dem Schutz von Sozialmoral und damit von Berufsbildern, die die Aufgabe haben, sozialmoralische Anschauungen zu bewahren, nicht entgegen.

(dd) Das Prinzip der Subsidiarität des Rechts

Das Prinzip der Subsidiarität des Rechts besagt, daß die Regelung von Lebenssachverhalten erst dann durch rechtliche Normen vorgenommen werden soll, wenn andere soziale Ordnungsprinzipien, etwa die Sozialmoral, nicht mehr funktionieren.[449] Das Subsidiaritätsprinzip weist eine gewisse Nähe zum Verhältnismäßigkeitsgrundsatz auf, der verlangt, daß Eingriffe in Grundrechte nur dann vorgenommen werden dürfen, wenn sie erforderlich sind.[450] Bezüglich der Sozialmoral gilt: Sozialmoral ist nach dem hier zugrundegelegten Begriff nur so lange Sozialmoral, solange sie von der Mehrzahl der Betroffenen geübt wird.[451] Nimmt die Mehrzahl der Freiberufler keine Werbemaßnahmen vor, besteht eine sozialmoralische Verhaltensnorm, nicht zu werben. Der Schutz dieser sozialmoralischen Verhaltensnorm durch das Recht ist nach dem Subsidiaritätsprinzip nicht erforderlich. Nimmt die Überzeugung, Freiberufler sollten nicht werben, nach und nach ab, gibt es eine sozialmoralische Forderung, Freiberufler sollen nicht werben, nicht mehr; in diesem Fall entfällt die Sozialmoral als Schutzobjekt rechtlicher Regelungen.

---

446 Vgl. *Muckel,* in: Friauf/Höfling, Art. 4, Rn. 57; vgl. auch *Pieroth/Schlink,* Staatsrecht II, 16. Aufl., Rn. 522, die das Gewissen als „moralische Haltung" bezeichnen.

447 BVerfGE 12, 45, 55.

448 Vgl. die Ausführungen des BVerfG zur Robenpflicht von Rechtsanwälten, BVerfGE 28, 21, 23, 36.

449 Vgl. zum Subsidiaritätsprinzip *Henkel,* Rechtsphilosophie, S. 287; *Kaufmann,* in: FS für *Henkel,* S. 89 ff.

450 Vgl. zum Prinzip der Verhältnismäßigkeit (Übermaßverbot) oben, D. V. 2.

451 Zugrundegelegt wurde der Begriff von *Halder/Müller,* vgl. oben, (a) (bb).

Für beide Fälle gilt: Die Sozialmoral durch Werberegelungen zu schützen, ist nicht möglich. Besteht eine Sozialmoral dahingehend, Freiberufler sollten nicht werben, würde durch eine Kodifikation gegen das Subsidiaritätsprinzip verstoßen; besteht keine dahingehende Überzeugung, gibt es keine Sozialmoral, die geschützt werden könnte.

(ee) Probleme bei der Ermittlung der Sozialmoral

Gegen einen Schutz der Sozialmoral im hier zugrundegelegten Sinn Halder/Müllers durch rechtliche Normen spricht auch der praktische Grund, daß die Ermittlung einer solchen Sozialmoral mit immensen Anstrengungen statistischer Art verbunden ist. Legt man den Sozialmoral-Begriff Brieskorns oder Henkels zugrunde, die auf das Definitionselement „tatsächliche Befolgung" verzichten, wird die Ermittlung der Sozialmoral in diesem Sinne, also im Sinne des stillschweigenden Konsenses über richtiges Handeln, sogar nahezu unmöglich, da zur Ermittlung einer solchen Sozialmoral die Feststellung innerer Einstellungen erfolgen müßte, nicht nur äußerlich wahrnehmbarer Handlungen.[452]

Im Bereich des Berufs- und Standesrechts sind jedoch gewisse Erleichterungen bei der Feststellung der Sozialmoral zu bedenken: Versteht man unter Sozialmoral die „für das Zusammenleben einer konkreten Gemeinschaft als unabdingbar angesehenen Regeln"[453], kommt es primär auf die Anschauungen der Berufsangehörigen an. Diese sind insbesondere bei Berufen mit relativ wenigen Angehörigen leichter zu ermitteln als die Anschauungen der gesamten Bevölkerung. Auch hier würde sich jedoch der schnelle Wandel von sozialmoralischen Anschauungen als Problem erweisen: Normen, die die Sozialmoral schützen wollen, müßten häufig novelliert werden.

Virulent wird das Problem der Ermittlung der Sozialmoral auch und noch stärker in der Rechtsanwendung, was sich deutlich anhand der Ausfüllung von Generalklauseln zeigt, denen der Gedanke des Sozialmoralschutzes zugrundeliegt; eine solche ist z. B. § 138 BGB, die auf die „guten Sitten" verweist. Die gängige Formel der Ausfüllung dieser Klausel, die guten Sitten seien das, was dem „Anstandsgefühl aller billig und gerecht Denkenden"[454] entspreche, verlagert das Problem der Feststellung der „guten Sitten" auf die Ermittlung dessen, was „billig" und „gerecht" ist. Weitverbreitet ist es, die Generalklausel der „guten Sitten" mit der herrschenden Rechts- und Sozialmoral inhaltlich zu bestimmen,[455] wobei ein durch-

---

452 Vgl. auch *Brieskorn*, Rechtsphilosophie, S. 70 f.: „[...] zum ‚consensus' gehören auch Überzeugungen, über die ja gerade nach unserer Definition nicht sicher erhebbare Auskunft gegeben werden kann. So erlaubt die Statistik keine sicheren Erkenntnisse darüber, ob die Minderheit nicht doch in einer tiefer angelegten Übereinstimmung mit der Mehrheit steht oder die mittlerweile abweichende Mehrheit mit der – treu gebliebenen – Minderheit in eben solcher Bejahung von Grundüberzeugungen verharrt."

453 *Halder/Müller*, Philosophisches Wörterbuch, S. 198.

454 Vgl. z. B. RGZ 66, 143, 148 m. w. N.

schnittlicher Maßstab angelegt werden soll.[456] Wollte der Richter aber tatsächlich die vorherrschende Sozialmoral zugrundelegen, müßte ihm diese bekannt sein; um herauszufinden, welche Anschauungen herrschen, steht er vor demselben Problem wie ein Gesetzgeber, der die Sozialmoral schützen will: Es wären umfangreiche Befragungen der Bevölkerung nötig, die im Rahmen eines gerichtlichen Verfahrens – wenn auch nur von grob repräsentativen Erhebungen ausgegangen wird – nicht durchgeführt werden können. Es liegt also die Gefahr nahe, daß der Richter die Generalklauseln mit eigenen Anschauungen oder mit solchen, die sich in der Rechtsprechung nach und nach durchgesetzt haben, ausfüllt, und daß eben nicht durchschnittliche Auffassungen geschützt werden, sondern möglicherweise persönliche oder religiöse hochethische Modelle.

(ff) Beurteilung der dargestellten Konzeptionen – Lösungsvorschlag

Fraglich ist im Hinblick auf die Frage der Zulässigkeit eines Schutzes von Moral durch das Recht, welcher der oben vorgestellten Konzeptionen des Verhältnisses von Recht und Sozialmoral der Vorzug zu geben ist, insbesondere unter Beachtung des Subsidiaritätsprinzips.

(aaa) Zur 1. Möglichkeit (teilweise Deckung von Recht und Moral)

Die Tatsache, daß sich die Forderungen von Recht und (Sozial-)Moral teilweise decken – diese Theorie wird, wie dargestellt, z. B. von Gustav Radbruch vertreten[457] – , läßt sich leicht verifizieren. So ist etwa die Pflicht, seine Steuern ordnungsgemäß zu zahlen, einerseits eine Forderung des Rechts, andererseits eine Forderung der Sozialmoral. Aus dieser Tatsache folgt jedoch, wie Radbruch zu Recht feststellt,[458] nicht, daß die Sozialmoral durch das Recht geschützt werden dürfe: Dies wäre ein Verstoß gegen das Prinzip der Subsidiarität des Rechts als Normenordnung.

(bbb) Zur 2. Möglichkeit (Moral als Teil des Rechts)

Daß Moral, insbesondere die Sozialmoral, zur langfristigen Entlastung der Rechtsordnung vorübergehend durch diese geschützt werden dürfe, wird von Brieskorn vertreten.[459] Ähnlich schlägt Würtenberger vor, das Recht solle sich an der Sozialmoral orientieren und über die Rechtsprechung edukatorisch auf die Bevölkerung einwirken.[460] Hanack sieht einen Moralschutz dann als legitim an, wenn

---

455 Vgl. *Larenz/Wolf*, Bürgerliches Recht AT, § 41, Rn. 14 ff.

456 Vgl. BGHZ 10, 229, 232.

457 Vgl. *Radbruch*, Rechtsphilosophie, S. 134.

458 *Radbruch*, Rechtsphilosophie, S. 135.

459 Vgl. *Brieskorn*, Rechtsphilosophie, S. 72.

460 Vgl. *Würtenberger*, Zeitgeist und Recht, S. 223, 229 ff.

er notwendig ist zur Verhinderung von sozialschädlichen Zuständen;[461] vergleichbar sieht Henkel die Problematik, wenn er für den Schutz von Sozialmoral durch das Recht ein Bedürfnis fordert.[462]

Tritt ein nachweisbarer Schaden für die Gesellschaft ein, wenn man die Sozialmoral nicht schützt, so wird zugleich ein im öffentlichen Interesse liegendes Gut der Gesellschaft verletzt; der Schutz der Sozialmoral dient dann letztlich diesem Gut, sodaß die Sozialmoral in diesem Fall nicht um ihrer selbst willen geschützt wird. Ein Verstoß gegen das Subsidiaritätsprinzip läge hierin nicht. Die Auffassungen Hanacks und Henkels sind daher insoweit inhaltlich zutreffend. Notwendig ist es allerdings, auch terminologisch deutlich zu machen, daß für den Fall, daß Schäden für die Gesellschaft entstehen, nicht der Schutz von Moral eine Rechtsbeschränkung rechtfertigt, sondern der Schutz eines im öffentlichen Interesse liegenden Gemeinschaftsguts.

Der Ansicht Würtenbergers, die Rechtsprechung solle edukatorisch einem Sittenverfall entgegenwirken,[463] läßt sich entgegenhalten, daß Erziehung nicht die Aufgabe des Rechts ist. Der in einer solchen edukatorischen Wirkung liegende Moralschutz widerspricht dem Prinzip der Subsidiarität des Rechts. In der Verhinderung eines vermeintlichen Sittenverfalles durch rechtliche Institutionen und damit mittelbar durch die Rechtsordnung läge eine unzulässige Bevormundung des Bürgers.

Brieskorn erkennt das Subsidiaritätsprinzip grundsätzlich an;[464] er akzeptiert jedoch zugunsten einer langfristigen Entlastung der Rechtsordnung Durchbrechungen dieses Grundsatzes. Ob aber solche Durchbrechungen nötig sind, erscheint fraglich: Besteht eine Sozialmoral, ist die Rechtsordnung bereits durch deren Existenz entlastet. Einen Zustand sozialmoralischer Auffassung gesetzlich schützen zu wollen, auch wenn dieser Schutz nur vorübergehend ist, entlastet die Rechtsordnung zunächst nicht. Eine solche Entlastung wäre allenfalls insofern denkbar, als die Aufrechterhaltung einer gewissen Sozialmoral mit geringerem legislatorischen Aufwand möglich wäre als der Schutz von bei Wegfall dieses sozialmoralischen Zustandes gefährdeten Gemeinschaftsgütern. Dies plausibel zu machen, dürfte dem Gesetzgeber jedoch nur schwer möglich sein.

(ccc) Zur 3. Möglichkeit (Konvergenz von Recht und Moral)

Die Leugnung einer Divergenz von Recht und Moral schlechthin, wie es der oben[465] dargestellten dritten Möglichkeit dieses Verhältnisses entspricht, wird der Tatsache nicht gerecht, daß das Recht auf der einen und die Moral auf der anderen

---

461 Vgl. *Hanack*, Gutachten A zum 47. DJT, S. 32 f.

462 Vgl. *Henkel*, Rechtsphilosophie, S. 88.

463 Vgl. *Würtenberger*, Zeitgeist und Recht, S. 229 ff.

464 Vgl. *Brieskorn*, Rechtsphilosophie, S. 72.

465 Vgl. (aa) (ccc).

Seite zwei im Grundsatz eigenständige Ordnungsprinzipien sind, was sich z. B. an unterschiedlichen Wirkweisen beider Systeme zeigt.[466] Daß es rechtliche Normen einerseits und sozialmoralische Normen andererseits gibt, ist evident. Deshalb ist die Ansicht, beide Systeme seien nicht divergent, nicht vertretbar.

(ddd) Zur 4. Möglichkeit (strenge Trennung von Recht und Moral)

Daß sich Recht und (Sozial-)Moral nicht völlig beziehungslos einander gegenüberstehen, zeigt sich daran, daß sich ihre Forderungen inhaltlich teilweise dekken.[467]

Wenngleich eine Teil-Kongruenz in ihren Forderungen besteht, müssen beide Systeme doch aufgrund des mit dem Grundsatz des geringstmöglichen Eingriffs – dieser gehört dem Prinzip der Verhältnismäßigkeit an – zusammenhängenden Prinzips der Subsidiarität des Rechts insofern streng getrennt bleiben, als die Moral nicht durch das Recht geschützt werden darf und umgekehrt.

Der Ansicht Roxins, Moralwidrigkeiten dürften „nicht als Rechtsgüterverletzungen verstanden werden“[468], kann zwar aus terminologischen Gründen nicht beigepflichtet werden; Moral könnte nämlich auch nach Roxins eigener Definition durchaus ein Rechtsgut sein.[469] Die Absicht jedoch, nachdrücklich auf die Unzulässigkeit eines Schutzes der Sozialmoral durch das Recht hinzuweisen, ist im Hinblick auf das Prinzip der Subsidiarität des Rechts und der geschilderten Schwierigkeiten, überhaupt festzustellen, worin die herrschende Sozialmoral besteht, uneingeschränkt zu begrüßen.

(c) Ergebnis und dessen verfassungsrechtliche Bedeutung

In Anbetracht der Subsidiarität des Rechts und der tatsächlichen Schwierigkeiten bei der Ermittlung der herrschenden Sozialmoral ergibt sich die Unzulässigkeit eines Schutzes der Sozialmoral durch das Recht. Zwar decken sich Moral und Recht gelegentlich durch den Inhalt ihrer Forderungen; insofern ist der ersten Möglichkeit[470] zuzustimmen. Grundsätzlich jedoch sollte eine strenge Trennung von Moral und Recht als soziale Ordnungssysteme realisiert werden.

---

466 Von der Existenz dieser zwei Regelungskomplexe gehen nahezu alle der gängigen Rechtsphilophie-Lehrbücher aus, vgl. z. B. *Brieskorn*, Rechtsphilosophie, S. 69 ff.; *Henkel*, Rechtsphilosophie, S. 66 ff.; *Radbruch*, Rechtsphilosophie, S. 127 ff.; *Zippelius*, Rechtsphilosophie, S. 38 f.

467 Vgl. oben, (aaa); vgl. *Radbruch*, Rechtsphilosophie, S. 134.

468 *Roxin*, Strafrecht AT I, § 2, Rn. 3.

469 Die Definition lautet: „Rechtsgüter sind Gegebenheiten oder Zwecksetzungen, die dem einzelnen und seiner freien Entfaltung im Rahmen eines auf dieser Zielvorstellung aufbauenden Gesamtsystems oder dem Funktionieren dieses Systems selbst nützlich sind“, *Roxin*, Strafrecht AT I, § 2, Rn. 9.

470 Vgl. oben, (b) (aa) (aaa).

Zulässig erscheint allenfalls ein Schutz der der Rechtsordnung immanenten Grundprinzipien, des „ordre public", durch das Recht. Entsprechend sollten die z. B. im bürgerlichen Recht bestehenden Generalklauseln nicht mit diffusen sozialmoralischen Vorstellungen ausgefüllt werden, sondern ausschließlich mit diesen Grundprinzipien, die bis jetzt nur neben der Sozialmoral eine Rolle spielen;[471] Ermittlungsschwierigkeiten tatsächlicher Art träten dann nicht auf. Ein der Rechtsordnung immanentes Grundprinzip, das ebenfalls eine wichtige Rolle bei der Ausfüllung von Generalklauseln spielt, ist beispielsweise die im Grundgesetz verankerte objektive Wertordnung.[472]

Da aus den genannten Gründen der Schutz von Sozialmoral durch das Recht unzulässig ist, dürfen auch Berufsbilder als Quelle sozialmoralischer Forderungen durch das Recht nicht um ihrer selbst geschützt werden. Vorschriften des Berufs- und Standesrechts, die ausschließlich dem Schutz von Berufsbildern dienten, sind daher aus rechtsphilosophischer Perspektive unzulässig. Verfassungsrechtlich liegt in solchen Vorschriften ein nicht gerechtfertigter Eingriff in Grundrechte der Freiberufler, insbesondere in diejenigen der Art. 12 Abs. 1 und Art. 5 Abs. 1 GG: die Rechtfertigung scheitert daran, daß der Schutz von Moral kein legitimes Ziel ist. Eine bestehende (und damit die Funktion der Ordnung gesellschaftlicher Zustände erfüllende) Sozialmoral durch das Recht zu schützen, ist unnötig (was jedoch nicht etwa erst die Erforderlichkeit eines Moralschutzes entfallen läßt, denn dies würde die Legitimität des Ziels „Moralschutz" voraussetzen).

Dieses Ergebnis wird bisweilen in der Literatur erkannt, aber häufig nicht klar ausgesprochen.[473] Bezogen auf Ärzte heißt es beispielsweise, das Werbeverbot wolle „im Interesse des Schutzes der Volksgesundheit eine Verfälschung des ärztlichen Berufsbildes"[474] verhindern. Die aus dieser Feststellung folgende Konsequenz, zur Rechtfertigung von Werbebeschränkungen nur die Gesundheit der Bevölkerung zu berücksichtigen und das Berufsbildargument aufzugeben, wird jedoch nicht gezogen.

bb) Insbesondere: zur Kommerzialisierungsthese

Die Kommerzialisierungsthese unterliegt scharfer Kritik: Sie entziehe sich jeglicher verifizierbaren Definition, spiegele eher ein allgemeines Unmutsgefühl einiger Standesvertreter wider und sei in Wirklichkeit eine Chimäre.[475] Es stellt sich

---

471 Vgl. BGHZ 68, 1, 4.

472 Vgl. BVerfGE 7, 198, 206.

473 Vgl. aber z. B. *Jähnke*, NJW 1988, S. 1888, 1890: „Was darüber hinausgeht [gemeint: über die zur Erhaltung der Funktionsfähigkeit der Rechtspflege notwendigen Einschränkungen, d. Verf.], gehört zu dem – äußerst wichtigen, aber nicht justiziablen – Bereich der Standesmoral."

474 *Rieger*, MedR 1999, S. 513, 514.

475 Vgl. *Römermann*, in: Hartung / Holl, Berufsordnung, 2. Aufl., vor § 6 BO, Rn. 32 f.; zustimmend *Busse*, NJW 1999, S. 3017, 3020.

die Frage, ob die Kommerzialisierungsthese überhaupt ein legitimes Argument für die Existenz von Werbebeschränkungen sein kann. Abgesehen davon, daß es ein Widerspruch in sich ist, aus der bei Rechtsanwälten in §§ 1, 2 BRAO, bei Ärzten in § 1 Abs. 2 BÄO festgelegten Freiberuflichkeit besondere Beschränkungen im Werbebereich ableiten zu wollen,[476] wird in der Literatur die Existenz des oben als „Axiom des Altruismus" bezeichneten 7. Merkmals der Freiberuflichkeit, das Gewinnstreben zugunsten des Dienstes an einer höheren Sache – sei diese nun die Rechts- oder die Gesundheitspflege – zurückzustellen,[477] angezweifelt. Diese Auffassung, so heißt es, möge ja einem idealisierten Standesverständnis entsprechen, „gibt jedoch die Realität nicht wieder. Die ökonomischen Interessen treten als mindestens gleichgewichtiger und legitimer Antriebsfaktor für die freiberufliche Tätigkeit hervor."[478] Tatsächlich läßt sich kein im öffentlichen Interesse liegender Grund dafür finden, daß ein Rechtsanwalt, Arzt oder Apotheker „aus Erbschaften oder Lottogewinnen seinen Lebensunterhalt bestreiten sollte"[479], und nicht etwa ausschließlich oder überwiegend durch den von ihm erlernten Beruf.[480] Eine Berufsauffassung als solche, nicht hauptsächlich nach Gewinn zu streben, liegt nicht im öffentlichen Interesse und ist daher nicht geeignet, Grundrechtseingriffe materiell zu rechtfertigen.[481] Nur wenn sich ein zwingender Zusammenhang zwischen einer Einstellung von Freiberuflern, nach Gewinn zu streben, und Gefährdung öffentlicher Interessen, z. B. der Durchführung der beruflichen Aufgaben, nachweisen oder plausibel vertretbar machen ließe (Plausibilität genügte, da dem Gesetz- und Satzungsgeber eine Einschätzungsprärogative zukommt)[482], wäre der Schutz vor einer solchen Einstellung legitimes Ziel von Werbebeschränkungen. Ein sol-

---

476 Diese Kritik übt, bezogen auf anwaltliche Werbebeschränkungen, *Senninger,* AnwBl. 1991, S. 532.

477 Vgl. Zweiter Teil, A. VII. 7.

478 *Manssen,* in: v. Mangoldt / Klein, GG, Art. 12, Rn. 158.

479 *Römermann,* in: Hartung / Holl, Berufsordnung, 2. Aufl., vor § 6 BO, Rn. 38.

480 Vgl. auch *A. Koch,* Kommunikationsfreiheit, S. 147: „Der Arzt lebt nicht von Altruismus und Philanthropie, sondern vom wirtschaftlichen Erfolg, den Einnahmen seiner Dienstleistung"; *A. Koch,* Kommunikationsfreiheit, S. 148, weist auch auf eine Entscheidung des U.S. Supreme Court hin, in der dieser das Altruismusargument als „historisches Relikt" und „Anachronismus" bezeichnet hat, vgl. Bates v. State Bar of Arizona, 433 U.S. 350 (1977), S. 371 f.

481 Vgl. zur Legitimität des Strebens nach Gewinn auch *Hellwig,* AnwBl. 2 / 2000, Sonderheft, S. 29, 30; *Manssen,* BayVBl. 2001, S. 641, 644; vgl. ferner *Achim Krämer,* NJW 1995, S. 2313, 2315: „Ist der Rechtsanwalt frei sowie unabhängig und übt er nach § 2 II BRAO kein Gewerbe aus, so schließt dies selbstverständlich eine erwerbswirtschaftliche Tätigkeit nicht aus." Nicht zwingend hingegen ist die Argumentation von *Gleißner-Klein,* Private Standesregeln im Wettbewerbsrecht, S. 73, wonach wegen der grundsätzlich materialistischen Einstellung der Gesellschaft von „bestimmten Gruppen, hier den freien Berufen, nicht erwartet werden [kann], daß sie sich diesem Zug der Zeit entgegenstemmen und in erster Linie idealistisch tätig werden." Hier wird ein nicht zu akzeptierender Schluß von realen Fakten, dem Sein, auf etwas Sein-Sollendes vorgenommen; eine derart weit gehende normative Kraft des Faktischen ist nicht anzuerkennen.

482 Vgl. D. V. 2.

cher Zusammenhang besteht jedoch nicht. Vielmehr könnte man umgekehrt sogar daran denken, daß mit einer rein geschäftsmäßigen Einstellung eine stärkere Klienten- bzw. Patienten- oder Kundenorientierung der Freiberufler aus Angst vor Umsatzverlusten verbunden wäre, die letztlich dem gemeinschaftswichtigen Gut, daß Freiberufler ihre Aufgaben gewissenhaft erfüllen, zugute käme. Nur weil es möglicherweise von einigen wenigen Standesvertretern als ehrenrührig betrachtet wird, ein Gewinnstreben überhaupt zu akzeptieren, darf die Grundrechtssphäre von Freiberuflern nicht beschränkt werden.

Weiterhin gilt es zu bedenken, daß auch bei Anerkennung der Kommerzialisierungsthese die Beschränkung von Werbung kein geeignetes Mittel zur Verhinderung einer zu vermeidenden Kommerzialisierung wäre, denn Werbung als solche trägt zu dieser wenig bei; sie macht allenfalls eine schon bestehende Kommerzialisierung deutlich.[483]

Schließlich ist ein in Bezug auf Werbebeschränkungen für Apotheker geäußerter methodischer Einwand zu berücksichtigen. Es wird darauf hingewiesen, daß es unzulässig sei, die Freiheit der Berufsausübung im Namen des Berufsbildes zu beschränken, „wenn dies nicht durch allgemeine Auffassung, eben der „Betrachter des Bildes" gerechtfertigt"[484] sei. Das Berufsbild wird dieser Auffassung zufolge auch durch soziologisch nachweisbare Anschauungen innerhalb der Gesellschaft gebildet. Dieser Ansicht ist zuzustimmen; sie läßt sich im übrigen auch auf Ärzte und Rechtsanwälte übertragen. Dafür, zur Prägung des Berufsbilds lediglich den axiomatischen Idealtypus[485] heranzuziehen, der von den – moralisch, aber eben nicht rechtlich durchaus anerkennenswerten – hochethischen Vorstellungen konservativer Standesvertreter gekennzeichnet wird, besteht kein Anlaß. Vielmehr ist eine gewisse normative Kraft tatsächlicher Auffassungen im Bereich von Berufsbildern anzuerkennen.

Es findet schon lange zumindest in Teilen der Bevölkerung Zustimmung, daß auch Freiberufler nach finanziellem Gewinn streben dürfen; somit entspricht ein Tätigwerden von Rechtsanwälten, Ärzten und Apothekern primär aus altruistischen Motiven gar nicht mehr zwingend dem aktuellen Berufsbild – akzeptiert man auch tatsächliche Auffassungen als berufsbildmitbestimmend. Ein Indiz dafür, daß eine strenge Trennung zwischen gewerblichen, nach Gewinn strebenden Berufen einerseits und freiberuflichen Tätigkeiten andererseits gar nicht möglich ist, besteht schließlich darin, daß auch Vorschriften, die primär im Zusammenhang mit der beruflichen Tätigkeit Gewerbetreibender Bedeutung erlangen, auch für Angehörige freie Berufe gelten, z. B. das UWG.[486]

---

483 Hierauf weist *A. Koch,* Kommunikationsfreiheit, S. 148, hin.

484 *Leisner,* Berufsordnungsrecht und Werbeverbote, S. 57.

485 Vgl. näher hierzu oben, Zweiter Teil, A. VI. 3.

486 Vgl. *Mälzer,* Werbemöglichkeiten in der EU, S. 57 ff.

2. Schutz des spezifisch freiberuflichen persönlichen Vertrauensverhältnisses zwischen dem Freiberufler und seinem Vertragspartner

Als Argument zur Rechtfertigung von freiberuflichen Werbebeschränkungen wird der Schutz des Vertrauens der Bevölkerung auf den jeweiligen Berufsstand als ganzes vorgebracht, wie oben am Beispiel der Rechtsanwaltschaft dargestellt wurde.[487] Noch zwei andere Varianten des Vertrauens werden gelegentlich als legitime Schutzobjekte für Werbebeschränkungen genannt: zum einen das im Verhältnis zwischen dem einzelnen Freiberufler und seinem Vertragspartner bestehende individuelle Vertrauen, insbesondere das des Vertragspartners auf die fachlichen Fähigkeiten des Freiberuflers [vgl. hierzu unter a)], zum anderen als besondere Ausprägung dieses Vertrauens das Vertrauen des Mandanten bzw. Patienten oder Kunden darauf, daß der Freiberufler seine Aufgabe frei von finanziellen Erwägungen ausführt [vgl. hierzu b)].

a) Schutz des Vertrauensverhältnisses zwischen dem Freiberufler und seinem Vertragspartner im allgemeinen

aa) Darstellung des Arguments „Schutz des Vertrauensverhältnisses zwischen dem Freiberufler und seinem Vertragspartner im allgemeinen"

Wie bereits herausgearbeitet, wird es als Charakteristikum freier Berufe angesehen, „daß hier ein besonderes Vertrauensverhältnis zwischen dem Dritten und dem Fachmann notwendige Basis der Leistungserbringung ist."[488] Der Schutz dieses besonderen persönlichen Vertrauensverhältnisses wird zur Rechtfertigung von Werbebeschränkungen herangezogen: „Es ist ein vernünftiges Anliegen der Rechtsuchenden, aber auch der Anwälte und damit ein vernünftiger Belang des Gemeinwohls, daß Rechtsanwälte keine Werbung treiben, die sich nicht mit dem Ziel der Schaffung eines persönlichen Vertrauensverhältnisses verträgt. [...]: Anwaltliche Werbung, die nicht dem notwendigen Ergebnis der anwaltlichen Werbung, nämlich der Schaffung eines persönlichen Vertrauensverhältnisses im Mandat, entspricht, ist unzulässig."[489] Auch vom BVerfG wird versucht, eine Beziehung zwischen dem besonderen Vertrauensverhältnis und dem Gemeinwohl herzustellen, an der Aufrechterhaltung dieses Verhältnisses also öffentliches Interesse zu postulieren: „Es entspricht dem Rechtsstaatsgedanken und dient der Rechtspflege, daß dem Bürger schon aus Gründen der Chancen- und Waffengleichheit Rechtskundige zur Verfügung stehen, zu denen er Vertrauen hat und die seine Interessen möglichst frei und unabhängig von staatlicher Einflußnahme

---

487 Vgl. oben, III. 2.; vgl. im Hinblick auf die freien Berufe allgemein *Tettinger,* in: Sachs, GG, Art. 12, Rn. 54 c: „Schutz des Vertrauens der Öffentlichkeit gegenüber dem Beruf".

488 *Jaeger,* Stbg. 1997, S. 211, 213.

489 *Löwe,* AnwBl. 1988, S. 545, 548.

wahrnehmen können.“[490] Das Vertrauen auf den einzelnen Rechtsanwalt wird, was an diesem Zitat deutlich wird, als Grundlage für das Vertrauen auf die unabhängige Stellung der Rechtsanwaltschaft angesehen.[491] Noch unter einem anderen Aspekt sollen Werbebeschränkungen individuelles Vertrauen aufrechterhalten: Nicht überprüfbare Werbeaussagen, durch die unrichtige Erwartungen entstehen können, sollen vermieden werden;[492] auch durch solche Werbeaussagen könnte ein Vertrauensverlust entstehen. Der Schutz vor Irreführung durch Hervorrufen von nicht erfüllbaren Erwartungen ist hauptsächlich unter dem Aspekt des Vertrauens der Bevölkerung auf die unabhängige Stellung der freien Berufe insgesamt relevant.

Auch hinter der nicht explizit ausgesprochenen Vermutung, der werbende Apotheker sei fachlich wenig kompetent, verbirgt sich die Intention, das Vertrauen des Kunden auf die Fähigkeiten des Apothekers zu bewahren.[493]

bb) Kritik am Argument „Schutz des Vertrauensverhältnisses zwischen dem Freiberufler und seinem Vertragspartner im allgemeinen“

Kritisiert wird am Argument, Werbebeschränkungen dienten der Erhaltung des besonderen persönlichen Vertrauensverhältnisses zwischen Freiberufler und Vertragspartner, daß Vertrauensschutz ein „zu allgemeiner Topos“ ohne zur Legitimation spürbarer Beschränkungen der Berufstätigkeit hinreichendes Gewicht sei.[494] Allein mit einer undifferenzierten Berufung auf die Notwendigkeit des Schutzes eines nicht näher erläuterten Vertrauens können Eingriffe in Grundrechte tatsächlich nicht gerechtfertigt werden.

Möglicherweise lassen sich Grundrechtseingriffe jedoch, wenn nicht mittels undifferenzierter Berufung auf das Vertrauensverhältnis zwischen Freiberufler und Vertragspartner insgesamt, so doch unter Hinweis auf einzelne Besonderheiten dieses Verhältnisses begründen. Das Verhältnis zwischen einem Freiberufler und seinem Vertragspartner weist gegenüber dem Verhältnis zwischen einem Gewerbetreibenden und seinem Kunden zwei für das Werberecht möglicherweise relevante Besonderheiten auf, die oben[495] näher erläutert wurden. Zum einen werden Freiberuflern, bedingt durch ihre berufliche Stellung, häufig Intimitäten aus dem Leben des Vertragspartners bekannt, die dieser einem Gewerbetreibenden nicht anvertrauen muß; zum anderen ist es eine Besonderheit des freiberuflichen Vertrauensverhältnisses, daß die Qualität der Leistungserbringung durch Nicht-Fachleute schwe-

490 BVerfGE 63, 266, 284; vgl. auch BVerfGE 93, 213, 236.

491 Vgl. auch oben, III. 2.

492 BVerfGE 76, 196, 208.

493 Vgl. *Leisner,* Berufsordnungsrecht und Werbeverbote, S. 56 f., der als Beispiel für diese Vermutung OLG Stuttgart, WuW / E, OLG 545, nennt.

494 Vgl. *Manssen,* in: v. Mangoldt / Klein, GG, Art. 12, Rn. 159.

495 Vgl. Zweiter Teil, A. VII. 6.

rer zu beurteilen ist als die Qualität von Leistungen von Gewerbetreibenden, da freiberuflich erbrachte Leistungen überwiegend ideeller Natur sind. Gegen letzteres Argument spricht nicht, daß es auch gewerbliche Berufe gibt, deren Leistung ebenso schwer durch Nichtfachleute zu beurteilen ist; dies ist nicht der typische Fall. So kann zwar vielleicht die Qualität eines von einem Arzt hergestellten Zahnersatzes (freiberufliche Leistung) vom Laien leichter beurteilt werden als die Qualität der Beratungsleistung eines Immobilienmaklers (gewerbliche Leistung), weil letztere eine größere Anzahl ideeller Elemente enthält (Kenntnis des Marktes und dergleichen). Regelmäßig verhält es sich aber umgekehrt, d. h. so, daß die Qualität freiberuflich erbrachter Leistungen schwerer zu beurteilen ist als diejenige von Erzeugnissen gewerblicher Tätigkeit.

Aus den Besonderheiten des Verhältnisses zwischen Freiberufler und Vertragspartner ergibt sich die Notwendigkeit eines gesteigerten Vertrauens beider Beteiligten zueinander. Dieses genau spezifizierte Vertrauen zu schützen, ist ein legitimes Ziel.

Fraglich ist allerdings, ob das besondere Vertrauensverhältnis durch Werbung überhaupt Schaden nehmen kann. Ist dies nicht der Fall, wären Werbebeschränkungen zur Erreichung des Ziels nicht geeignet. Angst, daß Freiberufler die ihnen anvertrauten Geheimnisse weitergeben, müssen Klienten, Patienten und Kunden auch für den Fall einer fortschreitenden Liberalisierung der Werbung nicht haben; die Geheimhaltung wäre nach wie vor auch strafrechtlich abgesichert, vgl. §§ 203, 204 StGB (Verletzung von Privatgeheimnissen, Verwertung fremder Geheimnisse). Daß das Vertrauen auf die fachliche Befähigung von Freiberuflern abnähme, wäre bei weiteren Lockerungen der bestehenden Werbebeschränkungen ebenfalls nicht zu befürchten. Stattdessen ist davon auszugehen, daß eine möglichst weitgehende Information über den Freiberufler, die auch durch Werbung vermittelt wird, der Vertrauensbildung beim Kunden dient.[496] Hiergegen läßt sich auch nicht einwenden, daß Freiberufler, die mit Ämtern werben, die sie einstmals innehatten (z. B. „Minister a. D.“), verdächtigt werden könnten, Beziehungen, die sie durch ihr Amt erhalten haben, zu mißbrauchen, wodurch das besondere Vertrauensverhältnis geschädigt werden könnte.[497] Hierbei handelt es sich einerseits um einen nicht verallgemeinerungsfähigen Sonderfall; andererseits ist der generelle Verdacht eines Mißbrauchs von Beziehungen eine bloße Unterstellung.

Die Tatsache, daß Klienten von Freiberuflern deswegen, weil diese werben, an der Kompetenz des jeweiligen Rechtsanwalts, Arztes oder Apothekers zweifeln könnten, kann Werbebeschränkungen ebenfalls nicht rechtfertigen: Eine solche Geringschätzung des fachlichen Leistungsvermögens durch Klienten eines Freibe-

---

496 Dieses Argument trägt – bezogen auf Zweitberufsangaben durch Rechtsanwälte – *Löwe* vor, vgl. AnwBl. 1988, S. 545, 549.

497 Vgl. auch *Löwe,* AnwBl. 1988, S. 545, 549; als Beispiele der umfangreichen Literatur zum Thema „Angabe von Ämterbezeichnungen“ seien genannt: *Bornkamm,* WRP 1993, S. 643, 649 f.; *Kornblum,* AnwBl. 1988, S. 361, 365.

ruflers ist eine bloße Vermutung. Die auf Werbebeschränkungen für Apotheker bezogene Kritik läßt sich hierbei auch auf Regelungen für Rechtsanwälte und Ärzte übertragen: Es kann nicht angenommen werden, der Freiberufler verstehe sein Geschäft generell oder in den nicht beworbenen Bereichen nicht, nur weil er Werbung betreibt.[498]

Werbebeschränkungen sind aus den genannten Gründen nicht geeignet, das Ziel „Erhaltung des besonderen persönlichen Vertrauensverhältnisses“ zu erreichen.[499]

cc) Ergebnis zum Argument „Schutz des Vertrauensverhältnisses zwischen dem Freiberufler und seinem Vertragspartner im allgemeinen“

Das Argument „Erhaltung des besonderen persönlichen Vertrauensverhältnisses“ kann zur Rechtfertigung von Werbebeschränkungen nicht herangezogen werden.

b) Insbesondere: Schutz des Vertrauens des Vertragspartners darauf, der Freiberufler werde seine Angelegenheit unabhängig von eigennützigen finanziellen Erwägungen behandeln

aa) Darstellung des Arguments „Schutz des Vertrauens des Vertragspartners darauf, der Freiberufler werde seine Angelegenheit unabhängig von eigennützigen finanziellen Erwägungen behandeln“

Noch ein anderer Aspekt des Vertrauensverhältnisses zwischen Freiberufler und Vertragspartner als das Vertrauen auf die fachliche Kompetenz des Rechtsanwalts, Arztes oder Apothekers wird zur Rechtfertigung von Werbebeschränkungen herangezogen: das Vertrauen auf die Unabhängigkeit des Freiberuflers von finanziellen Erwägungen. Dieses Vertrauen wird z. B. folgendermaßen umschrieben: „[...] Das ärztliche Werbeverbot diene dem Schutz der Bevölkerung, es wolle das Vertrauen der Patienten darauf erhalten, daß der Arzt nicht aus Gewinnstreben bestimmte Untersuchungen vornehme, Behandlungen vorsehe oder Medikamente verordne. Dies alles sind ausreichende Gründe für ein ärztliches Werbeverbot, [...].“[500] Entsprechende Überlegungen werden für anwaltliche Werbebeschränkungen angestellt: „Auch kann die Abgrenzung von gewerblicher Tätigkeit durch das Verbot standeswidriger Werbung geeignet sein, [...] das Vertrauen der Rechtssuchenden darin zu stärken, daß Anwälte nicht aus Gewinnstreben zu Prozessen raten oder die Sachbehandlung an Gebühreninteressen ausrichten.“[501] Besonders

---

498 Vgl. *Leisner*, Berufsordnungsrecht und Werbeverbote, S. 57.

499 Vgl. auch *Mälzer*, Werbemöglichkeiten in der EU, S. 61 f.

500 BVerfGE 71, 162, 174.

501 BVerfGE 76, 196, 208; vgl. auch BVerfG, NJW 2000, S. 3195; *Mayen*, NJW 1995, S. 2317, 2319.

relevant wird das genannte Argument im Hinblick auf Apotheker, da deren Dienstleistung – anders als die der Rechtsanwälte oder Ärzte – Verkaufselemente enthält. Deswegen vermutet der Kunde hier möglicherweise stärker als im Hinblick auf andere freie Berufe eine auf Gewinnstreben gerichtete Einstellung. Dieser Vermutung soll mit Werbebeschränkungen entgegengetreten werden: So dürfe nicht der Eindruck erweckt werden, der Apotheker wende sich zu Lasten seiner Hauptaufgabe einträglicheren Geschäften mit dem Nebensortiment zu, „weil sonst das Vertrauen der Bevölkerung gefährdet wird, sie werde vom Apotheker unter Zurückstellung seines Gewinnstrebens fachkundig beraten.“[502] Teilweise überschneidet sich dieses Vertrauen mit dem Argument, die Bevölkerung solle auf die Erfüllung der Funktion des Apothekers im Gesundheitswesen vertrauen dürfen, das oben angesprochen wurde.[503]

bb) Kritik am Argument „Schutz des Vertrauens des Vertragspartners darauf, der Freiberufler werde seine Angelegenheit unabhängig von eigennützigen finanziellen Erwägungen behandeln“

Das Ziel von Werbebeschränkungen, das Vertrauen des Kunden darauf zu erhalten, daß sich sein Vertragspartner der eigenen Angelegenheit unabhängig von finanziellen Erwägungen sachgerecht und pflichtgemäß annehme, ist grundsätzlich legitim: Mittelbar dient es der Erhaltung des Vertrauensverhältnisses im allgemeinen.

Tatsächlich fragwürdig erscheint unter diesem Aspekt die Abgabe von Heilhilfsmitteln durch Ärzte auf dem „verkürzten Versorgungsweg“[504]. Wenn z. B. ein Augenarzt selbst Kontaktlinsen verkauft, könnte der Patient Zweifel an der Richtigkeit der Entscheidung des Arztes darüber haben, ob zur Korrektur der Sehschwäche tatsächlich Kontaktlinsen nötig sind (oder nicht doch eine Brille genügt). Das Vertrauensverhältnis in seiner Ausprägung „Vertrauen auf die Sachorientiertheit der Aufgabenerfüllung durch den Freiberufler“ kann hierdurch tatsächlich untergraben werden.

Etwas anderes gilt allerdings für Werbemaßnahmen von Freiberuflern. Im Hinblick auf Werbung von Ärzten kann eine Verbindung zwischen Behandlung, Untersuchung und Medikation zu Werbebeschränkungen – wenn überhaupt – nur schwer festgestellt werden.[505] Anders als die Abgabe von Heilhilfsmitteln auf dem verkürzten Versorgungsweg, die zeitlich mit der Behandlung durch den Arzt zusammenfällt und daher geeignet ist, das Vertrauen auf die Sachorientiertheit der Thera-

---

502 BVerwG, NJW 1992, S. 994, 995.

503 Vgl. V. 3.

504 Vgl. zum verkürzten Versorgungsweg näher *Kern,* NJW 2000, S. 833 ff.; kritisch *Zuck,* NJW 2001, S. 2055, 2058.

505 Vgl. *Ring,* Werberecht der Ärzte, Rn. 58.

piewahl tatsächlich zu untergraben, findet Werbung vor der eigentlichen Behandlung statt, wirkt also nicht unmittelbar auf das Arzt-Patienten-Verhältnis während der Therapie ein; vielmehr haben Patienten die Möglichkeit, einen Arzt, dessen Werbung ihnen suspekt ist, gar nicht erst aufzusuchen.

Diese Überlegung trifft entsprechend auch auf Rechtsanwälte zu: Wieso soll ein Mandant, der bereits einen Rechtsanwalt mit einer Angelegenheit beauftragt hat, deswegen, weil sein Rechtsanwalt Werbung treibt, glauben, daß seine Rechtssache nicht unabhängig vom Gewinnstreben verfolgt wird? Andererseits ist ein Rechtssuchender nicht gezwungen, einen Anwalt zu wählen, zu dem er kein Vertrauen hat; die anwaltliche Verpflichtung – und entsprechendes gilt für Ärzte und Apotheker –, sich von der Ausrichtung am Gewinn zu lösen, beginnt nach richtiger Ansicht erst mit der Übernahme eines Mandats; in diesem Augenblick endet dann jedoch im Hinblick auf dieses Mandat die Werbung.[506]

Wollte man Werbebeschränkungen nicht mit einem Vertrauensverlust gegenüber dem einzelnen Freiberufler, sondern gegenüber dem gesamten Berufsstand rechtfertigen,[507] müßte sich ein solcher Vertrauensverlust plausibel machen lassen. Dies ist aber nicht möglich: Ein Grund dafür, wieso das Vertrauen auf die Unabhängigkeit der Freiberufler von finanziellen Erwägungen bei der Sachbehandlung dadurch verlorengeht, daß einzelne Berufsangehörige Werbung betreiben, ist nicht ersichtlich.

Werbebeschränkungen sind demnach zur Erhaltung des Vertrauens der Bevölkerung darauf, daß Freiberufler ihre Aufgabe unabhängig von Gewinnstreben erfüllen, nicht geeignet.[508]

Speziell im Hinblick auf Werbebeschränkungen für Rechtsanwälte gilt es außerdem zu bedenken, woher das Altruismusgebot geschichtlich stammt: Die Vorstellung, Anwälte stünden moralisch-ethisch über den Gewerbetreibenden, geht auf die Anfänge der Anwaltschaft in Großbritannien zurück, als das Erteilen von Rechtsrat als eine ehrendienstliche Tätigkeit angesehen wurde, die von wohlhabenden Aristokraten ausgeübt wurde.[509] Die Wurzeln dieser Auffassung lassen sich bis ins antike Rom zurückverfolgen, wo Rechtsrat ebenfalls zum größten Teil nicht von hauptberuflichen Anwälten erteilt wurde; daran erinnert das noch heute verwendete Wort „Honorar", das seinen Ursprung im lateinischen Begriff „honos" (Ehre) hat.[510] Da sich die sozialen Verhältnisse auch im Bereich der Rechtsbera-

---

506 Vgl. *Löwe,* AnwBl. 1988, S. 545, 547.

507 Vgl. zur Unterscheidung einzelner Freiberufler – gesamter Berufsstand oben, Zweiter Teil, A. VI. 4.

508 Vgl. auch *Manssen,* BayVBl. 2001, S. 641, 644: „Die Vorstellung [...], mit Werbeverboten solle das Vertrauen der Rechtsuchenden gestärkt werden, der Anwalt werde nicht aus Gewinnstreben zu Prozessen raten oder die Sachbehandlung an Gebühreninteressen ausrichten [...], ist mehr Wunsch als Wirklichkeit."

509 So *S. Köhler,* Werbeverbot, S. 30, 31 unter Berufung auf U.S. Supreme Court, 433 U.S. 350 (1977), S. 371.

tung stark gewandelt haben, ist es unzulässig, damals vorherrschende Auffassungen über moralische Anforderungen an Anwälte auf die heutige Situation unkritisch zu übertragen. An dieser Stelle soll nicht einer generellen normativen Kraft des Faktischen das Wort geredet werden; die Fortentwicklung der Rechtsberatung innerhalb mehrerer Jahrhunderte muß jedoch insbesondere auch in Werbefragen Berücksichtigung finden, zumal das Berufsrecht an anderer Stelle, z. B. in den Gebührenordnungen, die Tatsache anerkennt, daß Freiberufler normalerweise von ihren Leistungen leben wollen oder müssen.

cc) Ergebnis zum Argument „Schutz des Vertrauens des Vertragspartners darauf, der Freiberufler werde seine Angelegenheit unabhängig von eigennützigen finanziellen Erwägungen behandeln"

Werbebeschränkungen des Berufs- und Standesrechts können nicht mit dem Argument gerechtfertigt werden, sie dienten der Erhaltung des Vertrauens der Bevölkerung darauf, daß Freiberufler ihre Aufgabe unabhängig von Gewinnstreben erfüllten.

3. Argumente, die sich auf den Berufsstand beziehen

Traditionellerweise werden zur Rechtfertigung von Werbebeschränkungen für Freiberufler auch Interessen des jeweiligen Berufsstandes genannt: „Es liegt daher [sc. zur Verhinderung einer Kommerzialisierung, d. Verf.] im Interesse dieses Berufsstandes [sc. des ärztlichen, d. Verf.] als ganzem, an dem generellen Werbeverbot festzuhalten und dessen Respektierung durch die Standesgenossen zu überwachen und nötigenfalls zu erzwingen."[511] Die höchstrichterliche Rechtsprechung hat, soweit ersichtlich, zur Frage, ob Standesinteressen zur Rechtfertigung von Werberestriktionen ausreichen, noch nicht explizit Stellung bezogen: „[...] dahingestellt bleiben kann, ob auch bloße Schutzinteressen der Standesgenossen [zur Rechtfertigung, d. Verf.] ausreichen könnten."[512] Mehrere Aspekte von Standesinteressen lassen sich in der Literatur feststellen: So werden die Einheitlichkeit [vgl. a)], das Ansehen bzw. die Würde [vgl. b)] und die Unabhängigkeit des Standes [vgl. c)] als Rechtfertigungsargumente vorgebracht.

---

510 Zur Rechtsberatung in der römischen Antike vgl. überblicksweise oben, Dritter Teil, C. I.

511 *Doepner,* WRP 1977, S. 318, 322.

512 BVerfGE 71, 162, 174.

a) Einheitlichkeit des Standes

Kommunikationsbeschränkungen allgemein, zu denen im weitesten Sinne auch Werberestriktionen gehören, werden gelegentlich mit dem Argument, „der Berufsangehörige müsse die Einheit des Standes nach außen dokumentieren, [...]“[513], gerechtfertigt. Das Argument, die Angehörigen eines Berufsstandes sollen gegenüber dem Publikum möglichst geschlossen auftreten, wird gelegentlich auch mit „Einheitlichkeit des Berufsbilds“[514] bezeichnet. Unter diesem Begriff behandelt etwa der VGH Baden-Württemberg die Problematik der Einheitlichkeit der Präsentation in der Öffentlichkeit in einer Entscheidung zur Frage, ob es einem Arzt aufgrund der Berufsordnung rechtmäßigerweise untersagt werden kann, für Besonderheiten seiner Praxisausstattung (z. B., wie hier, einen Computer-Tomographen), die nur wenige Praxen aufzuweisen haben, zu werben: „Auch im Interesse der Einheitlichkeit des Auftretens der Ärzte in der Öffentlichkeit, dessen schutzwürdiger Zweck darin liegt, einen Wettbewerb – auch in technologischer Hinsicht – zu verhindern, sind insoweit weitergehende restriktive Reglementierungen zulässig und geboten.“[515] Der BGH hielt das Verbot der früheren anwaltlichen Standesrichtlinien (§§ 2, 78 StRiLiRA), andere – auch rechtmäßig erworbene – Titel als solche, die im Zusammenhang mit der anwaltlichen Tätigkeit erlangt worden sind, zu führen, trotz des ersten Beschlusses des BVerfG vom 14. Juli 1987[516], mit dem entschieden wurde, daß die Standesrichtlinien weder als normative Regelung noch als Hilfsmittel zur Konkretisierung der Generalklausel des § 43 BRAO in Betracht kommen, aus denselben Erwägungen heraus für materiell wirksam: Gerechtfertigt sei dieses Verbot, das im weiteren Sinne eine Werbebeschränkung ist, „durch die dem Gemeinwohl verpflichtete Erwägung [...], daß die Einheitlichkeit des Berufsstandes der Funktionsfähigkeit der Rechtspflege am besten diene.“[517] Das BVerfG mißbilligte diese Überlegung: Die Einheitlichkeit des Berufsstandes wird zwar als zur Verhinderung von negativen Folgen, die sich aus einer Verfälschung des Berufsbildes ergeben könnten, geeignet, somit als mittelbar legitimes Ziel angesehen;[518] jedoch „müßte die postulierte Standespflicht am Grundsatz der Verhältnismäßigkeit scheitern“[519], und zwar an der Zumutbarkeit.

---

513 *Jarass*, NJW 1982, S. 1833, 1838, unter Bezug auf *Isele*, BRAO, S. 646.

514 VGH Bad.-Württ., MedR 1985, S. 238, 241.

515 VGH Bad.-Württ., MedR 1985, S. 238, 241.

516 Vgl. BVerfGE 76, 171; vgl. auch BVerfGE 76, 196.; zu beiden Entscheidungen vgl. oben, Dritter Teil, C. III. 4.

517 Urt. des BGH v. 23. 3. 1987 – AnwSt (R) 26/86 –, wiedergegeben in BVerfGE 82, 18, 24 f. (an anderer Stelle, S. 18, wird das Urteil mit „AnwSt (R) *20*/86“ bezeichnet, Hervorhebung vom Verf.).

518 Vgl. BVerfGE 82, 18, 28.

519 BVerfGE 82, 18, 28.

b) Ansehen und Würde des Standes

Auch das Ansehen oder die Würde des jeweiligen Berufsstandes werden zur Rechtfertigung von Werbebeschränkungen bemüht: „Eine Durchlöcherung und Verwässerung dieser Werbebeschränkung wäre dem Ansehen dieses Standes in der Gesellschaft wenig dienlich [...].“[520] Werberestriktionen haben hiernach auch die Aufgabe, Maßnahmen zu verhindern, die „[...] geeignet sind, dem ärztlichen Ansehen zu schaden.“[521]. Auch von „Sicherung der Integrität des Berufsstandes“[522] wird gesprochen. Der Zusammenhang zwischen Werbung des Freiberuflers und Schädigung seines Ansehens wird so erklärt: „[...], Werbung fördere das Konkurrenzdenken der Ärzte, dies habe ein Sinken der Berufsmoral zur Folge und schade somit dem Ansehen des Berufsstandes. Eben dieser Vorgang soll durch das Werbeverbot verhindert werden.“[523] Anderer Ansicht ist das BVerfG. Nach seiner Rechtsprechung kann es „auf das Ansehen der Anwaltschaft [...] nur ankommen, wenn es über bloße berufsständische Belange hinaus im Allgemeininteresse liegt [...].“[524] Das Argument der Bewahrung des „Ansehens des Standes“ ist dem Argument der Wahrung des Vertrauens auf gewisse Eigenschaften der jeweiligen Freiberuflerschaft, bei Rechtsanwälten z. B. auf die Stellung als unabhängiges Organ der Rechtspflege,[525] eng verwandt. Teilaspekte der Wahrung dieses Vertrauens lassen sich auch dem Argument „Wahrung des Ansehens des Standes“ zuordnen, so z. B. die Wahrung des „Vertrauens der Öffentlichkeit in die berufliche Integrität der Apotheker“[526].

c) Unabhängigkeit des Standes

Seltener werden berufs- und standesrechtliche Werbebeschränkungen mit dem Argument gerechtfertigt, der Stand als die Gesamtheit der Berufsangehörigen müsse in seiner Unabhängigkeit bewahrt bleiben: „Unabhängigkeit [...] brauchen zahlreiche Freie Berufe zur Wahrnehmung der ihnen anvertrauten öffentlichen Be-

---

520 *Doepner,* WRP 1977, S. 318, 322; vgl. auch *Hoffmann-Riem,* in: AK-GG, Art. 5 Abs. 1, 2, Rn. 84: „Angesichts der Gewöhnung an Werbeaussagen ist kaum vorstellbar, daß das Ansehen des Berufsstandes durch Berufswerbung nachhaltig beeinträchtigt werden kann.“

521 *Ratzel,* Ärztliches Standesrecht, S. 22; vgl. ferner EGH Karlsruhe, Urt. v. 20. 12. 1951, EGE IV, 234, 236; BGH, Urt. v. 8. 11. 1971, EGE XII, 65, 66.

522 *Tettinger,* in: Sachs, GG, Art. 12, Rn. 54 c.

523 *A. Koch,* Kommunikationsfreiheit, S. 34, unter Hinweis auf *Fleischmann,* Die freien Berufe, S. 161 f.; vgl. auch BG für die Heilberufe beim OLG München, Urt. v. 7. 4. 1982 – BG – Ap – 6/81 –, *Luyken,* Entscheidungssammlung, A 2.13 Nr. 2.21; *Tettinger,* MedR 2001, S. 287, 292: „[...] Zweck des Werbeverbots – [...] Sicherung der Integrität des Berufsstandes, [...].“

524 BVerfGE 76, 171, 189.

525 Vgl. oben, III. 2.

526 BVerfGE 94, 372, 393.

lange. [...] Die Unabhängigkeit des Freiberuflers herzustellen und zu sichern, ist das Hauptproblem des Standesrechts."[527] Unter Unabhängigkeit wird hier auch die wirtschaftliche Unabhängigkeit verstanden, die vornehmlich unter dem Aspekt des Konkurrenzschutzes Bedeutung erlangt.[528] Letztlich dürften sich hinter dieser Argumentation wirtschaftliche Interessen des jeweiligen Standes verbergen.

d) Kritik an den Argumenten, die sich auf den Berufsstand beziehen

Ob Belange des jeweiligen Berufsstandes legitime Ziele von berufs- und standesrechtlichen Werbebeschränkungen sein können, ist fraglich.

aa) Rechtsanwalt-, Ärzte- und Apothekerschaft als Stände

Wohl weil sie die Existenz eines einheitlichen Rechtsanwaltstandes und damit die Möglichkeit ablehnt, daß eine wie auch immer geartete Würde dieses Standes überhaupt geschützt werden könne, referiert eine Autorin folgendermaßen: „So wird etwa die Meinung vertreten, ein Berufsstand entstehe nicht bereits durch die organisatorische Zusammenführung einer Gruppe von Menschen gleichen Berufs, sondern er bedürfe eines Zusammengehörigkeitsgefühls der Beteiligten, des Bewußtseins sozialer Gleichordnung und Exklusivität des Glaubens an gemeinsame hohe Ideale. Solche Gemeinsamkeiten [...] habe die Rechtsanwaltschaft, die immer eine heterogene Gruppe gewesen sei, nie entwickelt."[529] Daß die Rechtsanwaltschaft kein Stand sei und deswegen auch von einer „Würde des Standes" nicht die Rede sein kann – so dürfte das Zitat wohl zu verstehen sein, wenngleich die Frage unter Hinweis auf deren angebliche verfassungsrechtliche Irrelevanz nicht näher ausgeführt wird[530] – ist eine Annahme, der eine zu eingeschränkte Definition des Begriffs „Stand" zugrundeliegt. „Stand" wird im Zusammenhang mit dem Begriff „Würde des Standes" synonym dem Suffix "-schaft" verwendet; der Begriff des Rechtsanwaltsstandes etwa meint nichts anderes als „Rechtsanwaltschaft".[531] Damit, Rechtsanwalt-, Ärzte- und Apothekerschaft nicht als Stände anzusehen, läßt sich eine Argumentation mit Interessen des jeweiligen Standes nicht entkräften.

527 *Harms*, NJW 1976, S. 1289, 1294.

528 Vgl. hierzu unten, 6.

529 *Sue*, Anwaltliches Standesrecht, S. 163; vgl. auch *Redeker*, NJW 1982, S. 2761.

530 Vgl. *Sue*, Anwaltliches Standesrecht, S. 163.

531 Vgl. z. B. den Gebrauch des Begriffs bei *Doepner*, WRP 1977, S. 318, 322.

bb) Standesinteressen und öffentliches Interesse

Entscheidend gegen die Möglichkeit einer Rechtfertigung von Grundrechtseinschränkungen durch Standesinteressen spricht die Tatsache, daß zur materiellen Rechtfertigung von Eingriffen in die betroffenen Grundrechte öffentliches Interesse an Werbebeschränkungen nötig ist. Interessen einzelner Berufsstände oder -schaften sind jedoch die Bündelung privater Interessen der einzelnen Berufsangehörigen: Ansehen und Einheitlichkeit des Standes können zwar dazu dienen, die öffentlichen Aufgaben der einzelnen Berufsangehörigen, bei Rechtsanwälten z. B. die Mitwirkung am Finden einer gerechten Entscheidung, zu unterstützen; am Argument der Wahrung der „Unabhängigkeit" des Standes, hinter dem sich finanzielle Interessen der Berufsangehörigen an der Erhaltung ihres Klientenstammes verbergen, wird jedoch besonders deutlich, was auch für die Argumente „Einheitlichkeit" und „Ansehen bzw. Würde des Standes" gilt, daß sich dahinter nämlich vornehmlich private Belange der einzelnen Freiberufler verbergen. Solche Interessen können Eingriffe in die Schutzbereiche insbesondere von Berufs- und Meinungsfreiheit nicht rechtfertigen.[532] Die Argumentation, durch eine gewisse Einheitlichkeit des jeweiligen Berufsstandes werde der Rechts- oder Gesundheitspflege am besten gedient, ähnelt derjenigen, die vorgibt, zur Durchsetzung der Belange der Rechts- oder Gesundheitspflege seien Konkurrenzschutzklauseln unabdingbare Voraussetzung.[533] Die genannten privaten Belange der Standesangehörigen werden auch nicht etwa dadurch zu öffentlichen, daß sie gelegentlich von den Standesorganisationen der freien Berufe, die bei Rechtsanwälten, Ärzten und Apothekern als Körperschaften des öffentlichen Rechts verfaßt sind, vertreten werden. Verbände mit Zwangsmitgliedschaft – und solche sind die Berufskammern – können nach höchstrichterlicher Rechtsprechung nur zur Wahrnehmung legitimer öffentlicher Aufgaben gebildet werden.[534] Weil die Berufskammern öffentlich-rechtlich verfaßt sind, ist es ihnen verwehrt, die Interessen des Berufsstandes uneingeschränkt wahrzunehmen; vielmehr sind sie als Körperschaften des öffentlichen Rechts ein Teil der mittelbaren Staatsverwaltung und damit dem öffentlichen Wohl verpflichtet: „Diese Kammerbildungen lassen sich also unter Gesichtspunkten des Demokratiegebotes nur halten, wenn ihnen nicht die Aufgabe der partikularen Interessenvertretung zugewiesen wird."[535] Werbebeschränkungen des in Satzungsform ergehen-

---

532 Vgl. auch *Jähnke,* NJW 1988, S. 1888, 1890: „Läßt sich eine rechtliche Grundlage für eine Einzelpflicht nicht ermitteln, werden allerdings auch höchste Wertkategorien wie die Würde des Standes [...] nicht ausreichen." I. Erg. ähnlich *Zuck,* in: Herrmann / Backhaus (Hrsg.), Staatlich gebundene Freiberufe im Wandel, S. 1, 8: „Auch ist zu akzeptieren, daß das Ansehen eines Standes, wenn man den Stand als Kaste und das Ansehen als Privileg mißdeutet, keine hermeneutische Kraft mehr hat."

533 Vgl. hierzu sogleich, 6.

534 Vgl. BVerfGE 10, 89, 102.

535 *Pietzcker,* NJW 1982, S. 1840, 1841; vgl. auch *Taupitz,* MedR 1998, S. 1, 4: die berufsständische Selbstkontrolle liege im Interesse der Gesellschaft, nicht im Eigeninteresse des Standes.

den Standesrechts, z. B. die §§ 6 ff. BORA, sind daher, wenn sie nur dem Schutz ständischer Interessen dienen sollten, unzulässig, weil die Kammern sich unter Berücksichtigung der bei der Interessenvertretung ihrer Mitglieder gebotenen Zurückhaltung nicht des hoheitlichen Mittels der Satzung bedienen dürften, um rein ständische Interessen durchzusetzen; diese sind lediglich privater Natur und deswegen kein legitimes Schutzgut.[536]

Selbst wenn man im Schutz des Ansehens des Standes ein legitimes Schutzgut von Werbeschränkungen sehen wollte, wären diese doch – wenn nicht schon ungeeignet, so zumindest – nicht erforderlich, da maßvolle Werbung das Ansehen eines Berufsstandes nicht beeinträchtigt: „Ferner ist zu berücksichtigen, daß sich die Grundauffassung der Verbraucher zur Werbung grundlegend geändert hat. Aus der „unseriösen Reklame“ ist die in den Begriff der Öffentlichkeitsarbeit eingeordnete „Werbung“ geworden. Werbung schadet daher nicht dem Ansehen des Berufsstandes; sie ist vielmehr ein ganz normales Phänomen unserer anonymen Konsumgesellschaft. [...] Das Argument der Werbegegner, des Verlusts von Würde und Ansehen des Berufsstandes, wird vielmehr zu Recht als „Mythos“ und „traditionelles Standesbewußtsein“ bezeichnet.“[537]

Auf einen anderen Grund, weshalb Eingriffe in Grundrechte durch ständische Interessen nicht geschützt werden können, sei zuletzt hingewiesen: Die mit dem Standesbegriff „einhergehende Vorstellung, einer bestimmten Gruppe könne eine besondere, gruppenspezifische Würde zukommen, die den übrigen Mitgliedern der Gesellschaft fehlt“, widerspreche, so wird richtigerweise festgestellt, dem „der Gleichheit und Demokratie verpflichteten Grundgesetz“[538], da Art. 1 Abs. 1 GG egalitär und individualistisch die Würde des Menschen, jedoch nicht die einer bestimmten Gruppe schütze. Auch aus diesem Grund sind ständische Argumente, insbesondere das der Notwendigkeit eines Schutzes der Standeswürde, zur Rechtfertigung von Eingriffen in Grundrechte ungeeignet.

4. Optimale Versorgung der Allgemeinheit mit Dienstleistungen von Freiberuflern

Die Beurteilung der Zulässigkeit von Werbemaßnahmen und umgekehrt der Unzulässigkeit von Werberestriktionen wird auch danach vorgenommen, wie die Allgemeinheit am besten mit freiberuflichen Dienstleistungen, bei Rechtsanwälten etwa mit Rechtsberatung und -vertretung, versorgt wird.[539] Werbebeschränkungen

536 Im Ergebnis ähnlich auch *Senninger,* AnwBl. 1990, S. 238 f.: „Die Grenze einer zumutbaren Beschränkung der Berufsausübung und der Meinungsfreiheit wird insbesondere überschritten, wenn Kammervorstände [...] Äußerungen eines Anwalts als standeswidrig mit der Begründung beanstanden, [...] sie seien für das Ansehen des Anwaltsstandes abträglich.“

537 *A. Koch,* Kommunikationsfreiheit, S. 145 m. w. N.

538 *Sue,* Anwaltliches Standesrecht, S. 163.

539 Z. B. *Kornblum,* BB 1985, S. 65, 69.

dürfen hiernach nur aus dem Funktionalitätsgesichtspunkt der optimalen Versorgung der Bevölkerung mit Dienstleistungen heraus bestehen.

Die Versorgung der Allgemeinheit mit Dienstleistungen von Freiberuflern ermöglicht den Schutz von Gemeinschaftsgütern wie der Funktionsfähigkeit der Rechtspflege, der Gesundheit der Bevölkerung oder der Arzneimittelversorgung. Somit erweist sich die Versorgung des Publikums mit solchen Dienstleistungen selbst als schützenswertes öffentliches Interesse.

Unter Berücksichtigung des Kriteriums „optimale Versorgung" sind solche Werbebeschränkungen, die notwendige Informationen über das Dienstleistungsangebot von Freiberuflern verbieten, unzulässig. Richtigerweise hat die Rechtsprechung aus § 27 BRAO, wonach der Rechtsanwalt eine Kanzlei errichten muß, sogar eine Pflicht zur Bereithaltung anwaltlicher Dienstleistungen, aber auch zu deren angemessener Ankündigung gegenüber dem Publikum abgeleitet.[540]

5. Qualitätssicherung; Förderung ordnungsgemäßer Berufsausübung

a) Darstellung der Argumente „Qualitätssicherung" und „Förderung ordnungsgemäßer Berufsausübung"

Nicht direkt auf Werbebeschränkungen bezogen wird auf die Gefahren für die Qualität freiberuflicher Leistungserbringung durch vermehrten Wettbewerb hingewiesen: Dieser verführe einzelne leicht zur Mißachtung beruflicher Pflichten; besonderes Augenmerk müsse bei vermehrtem Wettbewerb daher auch auf die Sicherung von Qualitätsstandards gelegt werden.[541] Gesetzgeberische Gestaltungsspielräume dürften legitimerweise an drohenden Qualitätsdefiziten anknüpfen.[542] Ob sich hieraus allerdings die Rechtfertigung von Werbebeschränkungen zur Verhinderung einer Ausweitung des Wettbewerbs unter Freiberuflern erkennen läßt, erscheint zweifelhaft.

Ein anderer Aspekt der Qualitätssicherung ist der, daß Werbebeschränkungen für Apotheker die „ordnungsgemäße Berufsausübung stärken"[543] sollen. Dieser Gedanke bezieht sich darauf, daß Apotheker Gefahr laufen könnten, sich durch verstärkte Werbung vornehmlich dem nicht zu ihrer Hauptaufgabe, der Versorgung der Bevölkerung mit Arzneimitteln, gehörenden Geschäft mit dem Nebensortiment zu widmen. Dieses Argument läßt sich auf Ärzte und Rechtsanwälte nicht übertragen, da es sich auf Besonderheiten des Apothekerberufs bezieht.

---

540 Vgl. BGHZ 38, 6, 11.

541 Vgl. *Tettinger*, NJW 1987, S. 294, 299 ff.

542 So *Tettinger*, NJW 1987, S. 294, 301.

543 BVerfGE 94, 372, 391.

b) Kritik an den Argumenten „Qualitätssicherung" und „Förderung ordnungsgemäßer Berufsausübung"

Ob die Feststellung, bei vermehrtem Wettbewerb sei auf die Sicherung der Qualität besonders zu achten, und die Aussage, drohende Qualitätsdefizite seien legitimer Anknüpfungspunkt für gesetzgeberische Gestaltungsspielräume,[544] auch auf die Rechtfertigung von Werbebeschränkungen abzielen, ist unklar. Zumindest aber ist gegen das Ziel, einen hohen Qualitätsstandard freiberuflicher Leistungen zu sichern, nichts einzuwenden; vielmehr liegt dieses Ziel im gesamtgesellschaftlichen öffentlichen Interesse.

Werbebeschränkungen müßten zur Erreichung der Sicherung hoher Qualität geeignet sein, um mit diesem Argument gerechtfertigt werden zu können. Ob dies der Fall ist, scheint zweifelhaft. Werbung verhindert Wettbewerb. Dieser jedoch ist grundsätzlich leistungsfördernd:[545] „Generell kann über mehr Transparenz der Wettbewerb zwischen den Leistungserbringern verstärkt werden, der wiederum zu erhöhter Wirksamkeit und Effizienz im Gesundheitswesen beizutragen vermag."[546] Entsprechendes gilt für die Qualität der Rechtspflege. Weil sich Wettbewerb qualitätssteigernd auswirkt, wird er für die Funktionsfähigkeit des Gesundheitswesens sogar als unabdingbar betrachtet.[547] Auch wenn man dieser Ansicht – ebenso im Hinblick auf die Funktionsfähigkeit des Rechtspflegesystems – nicht vollends beipflichten will, muß doch anerkannt werden, daß Werbebeschränkungen zur Qualitätssicherung ungeeignet sind; möglicherweise verhindern sie sogar die Sicherung eines hohen Leistungsniveaus bzw. die Verbesserung des bestehenden.

c) Ergebnis zu den Argumenten „Qualitätssicherung" und „Förderung ordnungsgemäßer Berufsausübung"

Die Argumente „Qualitätssicherung" und „Förderung ordnungsgemäßer Berufsausübung" können Werbebeschränkungen nicht rechtfertigen.

6. Schutz der Freiberufler vor Wettbewerb und Konkurrenz

a) Darstellung des Arguments „Schutz der Freiberufler vor Wettbewerb und Konkurrenz"

Der Schutz von bereits in einem Beruf tätigen Personen vor Konkurrenz durch neue Kollegen als solcher wird – soweit ersichtlich – nur selten ausdrücklich als

544 Vgl. *Tettinger,* NJW 1987, S. 294, 299 ff., 301.

545 Vgl. z. B. *Löwe,* AnwBl. 1988, S. 545, 546.

546 Sachverständigenrat für die Konzertierte Aktion im Gesundheitswesen, Sondergutachten 1997, Ziffer 5.2.1, zitiert nach LG Kiel, MedR 1999, S. 279, 282.

547 So etwa von *A. P. F. Ehlers,* in: FS für Deutsch, S. 531, 533 f.

Rechtfertigung für Werbebeschränkungen im Berufs- und Standesrecht herangezogen.[548] In der Literatur klingt jedoch häufiger an, daß der Schutz vor Konkurrenz dann als legitimes Rechtfertigungskriterium für Werbebeschränkungen angesehen werden kann, wenn er anderen legitimen Zielen dient: „Die Unabhängigkeit des Freiberuflers herzustellen und zu sichern, ist das Hauptproblem des Standesrechts. Wichtigste Mittel sind das Verbot der Werbung um Klienten [...].“ Das BVerfG habe „die Erhaltung der wirtschaftlichen Basis für eine leistungsfähige Ärzteschaft zur wichtigen öffentlichen Aufgabe erklärt.“[549] Der Schutz vor Konkurrenz wird hier also als Mittel zur Erhaltung der Leistungsfähigkeit der Ärzteschaft betrachtet.[550] Hinter dieser Argumentation verbirgt sich wohl der Gedanke, daß Freiberufler nur dann, wenn sie von Konkurrenzdruck befreit sind, ihre dem öffentlichen Interesse entsprechenden Aufgaben wahrnehmen können.[551] Die Freiheit von Wettbewerb wird hier als Voraussetzung sachorientierter Tätigkeit angesehen.[552]

Das Ergebnis, daß Werbebeschränkungen durch Konkurrenzschutz als solchen meist nicht gerechtfertigt werden, sondern daß dieser immer nur als Mittel zur Erreichung eines als legitim angesehenen Zwecks betrachtet wird, wird durch eine Betrachtung des Konkurrenzschutzgedankens im Zusammenhang mit anderen Beschränkungen der Berufsfreiheit bestätigt. In der sog. Handwerksentscheidung hat das BVerfG die Meisterprüfung im Handwerk, die eine subjektive Berufszulassungsbeschränkung ist, zwar für zulässig gehalten; der durch die Meisterprüfung geschaffene Konkurrenzschutz wurde jedoch nur als ein Mittel dafür betrachtet, den Leistungsstand des Handwerks zu erhalten.[553] In der Leistungsfähigkeit und dem Leistungsstand des Handwerks wurden die eigentlich schützenswerten Gemeinschaftsgüter erblickt. Die Verwirklichung des privaten Interesses Konkurrenzschutz war demnach kein Selbstzweck; vielmehr wurde dieses private Interesse zugleich als öffentliches angesehen.[554] Abgesehen von grundsätzlichen Gefahren, die sich in dieser an Hegel gemahnenden dialektischen Methode[555] verbergen – man denke nur an die Gleichsetzung von Einzel- und Gesamtinteresse im Nazi-Reich[556]

---

548 Vgl. z. B. *Schardey,* AnwBl. 1979, S. 256, 260; vgl. auch *Vogt,* Ärztliche Selbstverwaltung, S. 353: „Das Werbeverbot stellt im übrigen gleiche Wettbewerbsbedingungen innerhalb der Ärzteschaft her.“

549 Beide Zitate aus *Harms,* NJW 1976, S. 1289, 1294.

550 Vgl. *Lammel,* WuW 1984, S. 853, 869.

551 Vgl. auch *Ring,* Wettbewerbsrecht, S. 393: „[...] der mittelbare Schutz der Wettbewerbsposition unter den Standesgenossen als potentiellen Mitbewerbern (Schutzfunktion – Konkurrenzschutz)“.

552 Vgl. hierzu auch *Taupitz,* Standesordnungen, S. 885.

553 Vgl. BVerfGE 13, 97, 104 ff., insbesondere 107 f.

554 Vgl. ferner auch *Jarass,* NJW 1982, S. 1833, 1837.

555 Für Hegel war im Staat jegliche Polarität zwischen Individuum und Gemeinschaft in einer höheren Einheit „aufgehoben“ (in zweifachem Sinn), vgl. *Boehmer,* Bürgerliche Rechtsordnung II/1, S. 93 ff.

556 Vgl. *Boehmer,* Bürgerliche Rechtsordnung II/1, S. 202 f.

– läßt sich der Gedankengang der Handwerksentscheidung nicht ohne weiteres auf die freien Berufe übertragen, denen doch immer eine fast altruistisch zu nennende Gemeinwohlnützigkeit beigelegt wird.[557] Ein gewisses Indiz dafür, daß Konkurrenzschutz allein auch bei freien Berufen nicht als Rechtfertigung für Eingriffe in die Berufsausübungsfreiheit angesehen werden kann, ist die Handwerksentscheidung jedoch allemal.

Ähnlich wie das BVerfG argumentierte der BGH in Bezug auf Konkurrenzschutzklauseln in ärztlichen Berufsordnungen, die es neuapprobierten Ärzten untersagen, sich für eine gewisse Zeit nicht im Einzugsbereich des Arztes niederzulassen, bei dem sie ausgebildet wurden: Solche Konkurrenzschutzklauseln dienten auch und gerade dem Gemeinwohl, da sie die Aus- und Weiterbildungsbereitschaft niedergelassener Ärzte förderten.[558] Der sich aus den beiden genannten Urteilen ergebende Eindruck, daß die höchstrichterliche Rechtsprechung den Schutz vor Konkurrenz allein nicht als geeignetes Kriterium für Eingriffe in die Berufsfreiheit ansieht, wird durch den Apothekenwerbungsbeschluß des BVerfG vom 22. Mai 1996[559] bestätigt. Hier verwirft das Gericht die Rechtfertigung von Werbeverboten für Apotheker alleine durch Konkurrenzschutz unter Hinweis auf Kompetenzgrenzen: „Sofern die Werbeverbote vornehmlich dem Konkurrenzschutz zu dienen bestimmt sein sollten, [...] wären die Apothekerkammern nicht legitimiert, mit ihren Berufsordnungen in den Wettbewerb allein zum Zwecke des Konkurrenzschutzes einzugreifen.“[560] Das formell-rechtliche Argument mangelnder Bundeskompetenz trifft zwar auf die Regelungen für Rechtsanwälte nicht zu,[561] ist aber nicht die einzige Erwägung, mit der auch von Vertretern der Literatur[562] der Schutz vor Konkurrenz alleine nicht als ausreichende Rechtfertigung für die Beschränkung der Berufsausübungsfreiheit bei freien Berufen betrachtet wird. Entscheidend ist vielmehr, daß Konkurrenzschutz per se auch unter materiellen Gesichtspunkten nicht als geeignetes Schutzgut zur Rechtfertigung von Beschränkungen der Berufsfreiheit angesehen wird, weil er als solcher nicht im öffentlichen Interesse liege.[563] An die Gemeinwohlbezogenheit potentiell zugleich privater wirtschaftlicher Interessen werden nämlich hohe Anforderungen gestellt;[564] von Konkurrenzschutzklauseln wird angenommen, sie erfüllten diese Anforderungen nicht.

Nur wenige Autoren rechtfertigen Werbebeschränkungen damit, daß sie einen Verdrängungswettbewerb der großen gegen kleinere und mittelgroße Rechtsan-

557 Vgl. hierzu oben, Zweiter Teil, A. VII. 7.

558 Vgl. BGH, NJW 1997, S. 799, 801.

559 BVerfG, Beschl. v. 22. 5. 1996 – 1 BvR 744/88, 60/89, 1519/9 –, BVerfGE 94, 372.

560 BVerfGE 94, 372, 395.

561 Vgl. auch sogleich unten, b).

562 Vgl. *Brandstetter*, Erlaß von Berufsordnungen, S. 159 ff.; *Manssen*, in: v. Mangoldt/Klein, GG, Art. 12, Rn. 123; *Sucker*, Apotheke und Werbung, S. 17.

563 Ähnlich etwa auch *Taupitz*, Standesordnungen, S. 847 ff.

564 Vgl. *Brandstetter*, Erlaß von Berufsordnungen, S. 161.

waltspraxen verhinderten,[565] sehen also Konkurrenzschutz alleine als geeignetes Rechtfertigungsargument an.

Daß sich hinter anderen Argumenten zur Rechtfertigung von Werbebeschränkungen bei freien Berufen, z. B. hinter der immer wieder betonten Würde des Standes, in Wirklichkeit Konkurrenzschutzgedanken verbergen,[566] kann lediglich gemutmaßt werden, da dieses Argument zur Rechtfertigung bestehender Werberestriktionen nicht explizit genannt wird: „Aus der Sicht alteingesessener Anwälte mit einem gesicherten Mandantenstamm mag die Konkurrenz durch nachrückende jüngere Kollegen negativ zu beurteilen sein, worin sicherlich eine der Hauptmotivationen für die Befürwortung weitergehender normativer Restriktionen liegt."[567]

Der Schutz vor Konkurrenz als solcher wird also weder von der Rechtsprechung noch den meisten Vertretern der Literatur ausdrücklich zur Rechtfertigung freiberuflicher Werbebeschränkungen herangezogen. Konkurrenzschutz wird jedoch teilweise als legitimes Mittel – man könnte auch formulieren: als „Zwischenziel" – angesehen, andere Ziele zu erreichen. Solche anderen Ziele sind z. B. die Sicherung der Unabhängigkeit der Freiberufler oder die Erhaltung von Qualitätsstandards freiberuflicher Leistungserbringung.

b) Kritik am Argument „Schutz der Freiberufler vor Wettbewerb und Konkurrenz"

Wie dargelegt, wird der Schutz vor Konkurrenz alleine nur selten als Argument zur Rechtfertigung freiberuflicher Werbebeschränkungen herangezogen. Die hierfür vorgetragene formellrechtliche Begründung ist, daß den auf Landesebene bestehenden Berufskammern die Kompetenz zur Regelung von Wettbewerb fehle.[568] Durch Werberestriktionen würden nicht nur standesinterne berufliche Verhaltensweisen geregelt;[569] vielmehr werde in den Wettbewerb im Wirtschaftsverkehr allgemein eingegriffen, weshalb die konkurrierende Gesetzgebungskompetenz des Bundes gem. Art. 74 Abs. 1 Nr. 11 GG (Regelung der Wirtschaft), Art. 74 Abs. 1 Nr. 16 GG (Regelung des Wettbewerbs) eröffnet sei.[570] Nur ausnahmsweise und partiell dürfte daher „werbebeschränkendes Berufsstandesrecht" auf Landesebene

---

565 Vgl. *Schardey,* AnwBl. 1979, S. 256, 260; vgl. ferner *Anton Braun,* MDR 1995, S. 447.

566 Vgl. *Eylmann,* in: Henssler / Prütting, BRAO, § 43 b, Rn. 3.

567 *Römermann,* in: Hartung / Holl, Berufsordnung, 2. Aufl., vor § 6 BO, Rn. 49; vgl. aber EKMR, NJW 1992, S. 963 (Begründung der ehrengerichtlichen Entscheidung durch das Ehrengericht der RAK Stuttgart): „Eine Aufhebung oder Lockerung des Werbeverbotes würde in keinem Fall dem jungen Rechtsanwalt nützen, sondern nur den schon eingeführten Kanzleien."

568 Vgl. *Ring,* Wettbewerbsrecht, S. 192 ff.

569 Vgl. z. B. *Leisner,* Berufsordnungsrecht und Werbeverbote, S. 71.

570 Vgl. *Ring,* Wettbewerbsrecht, S. 196 f.

normiert werden.[571] Diese Argumentation überzeugt für den Bereich des Standesrechts der Ärzte und Apotheker nur teilweise: Zwar ist richtig, daß Werbebeschränkungen das Wettbewerbsrecht betreffen; sie haben jedoch auch Bezug zur Berufsausübung der Apotheker und Ärzte, und diese unterliegt gem. Art. 70 GG der Gesetzgebungskompetenz der Länder, wie sich e contrario aus Art. 74 Abs. 1 Nr. 19 GG ergibt, der dem Bund lediglich die Regelung der „Zulassung" zu Heilberufen ermöglicht, nicht aber die Normierung der Ausübung dieser Berufe. Die Materie „Werbebeschränkungen" unterfällt daher der Gesetzgebungskompetenz des Bundes und der Länder. In solchen Fällen sich überschneidender Gesetzgebungskompetenzen ist auf den Schwerpunkt der (angestrebten) Regelung abzustellen.[572] Läßt sich dieser, wie hier der Fall, nicht eindeutig feststellen, so hat derjenige Hoheitsträger, der die Regelung trifft – bei Werbebeschränkungen für Ärzte und Apotheker die Länder, denen die durch ihre Delegation auf die Berufskammern überhaupt erst ermöglichten Berufsordnungen im Verhältnis zum Bund zuzurechnen sind –, von seiner Kompetenz sparsam Gebrauch zu machen und sich auf den ihm zustehenden Regelungsbereich nach Möglichkeit zu beschränken. Insofern überzeugt die Ansicht, das Werberecht der Ärzte und Apotheker sei durch die Länder nur partiell zu regeln. Hieraus jedoch zu folgern, allein deshalb, weil Werbebeschränkungen auch dem alleinigen Konkurrenzschutz dienen könnten, bestehe keine Regelungskompetenz für diese, wäre verfehlt: Geprüft werden müßte vor dieser Annahme nämlich, ob für die Regelungen nicht doch, dann eben unter anderen Aspekten, eine Gesetzgebungszuständigkeit der Länder bestünde; daß die Werbebeschränkungen für Apotheker und Ärzte nur aus Konkurrenzschutzgründen erlassen worden sein sollen, müßte erst nachgewiesen werden. Überhaupt nicht anwendbar ist die Argumentation mangelnder Gesetzgebungskompetenz auf die für Rechtsanwälte bestehenden Werberegelungen. Bezüglich der auf Grundlage der BRAO, einem Bundesgesetz, von der Satzungsversammlung als Satzung erlassenen Werbebeschränkungen hatte der Bund unter allen denkbaren Aspekten die Regelungskompetenz: sowohl zur Regelung der Rechtspflege (Art. 74 Abs. 1 Nr. 1 GG) als auch des Rechts der Wirtschaft (Art. 74 Abs. 1 Nr. 11 GG) und des Wettbewerbs (Art. 74 Abs. 1 Nr. 16 GG) bestehen konkurrierende Gesetzgebungszuständigkeiten für den Bund.

Auch materiellrechtlich wird das Argument des Konkurrenzschutzes alleine als nicht geeignet zur Rechtfertigung von Eingriffen in die Berufsfreiheit und damit auch von Werbebeschränkungen angesehen. Der Aspekt des Konkurrenzschutzes sei kein legitimes öffentliches Interesse zur Rechtfertigung solcher Eingriffe.[573]

---

[571] So formuliert *Ring*, Wettbewerbsrecht, S. 197.

[572] Vgl. auch BVerfGE 36, 314, 319.

[573] Vgl. BVerfGE 93, 362, 370; *Eickhoff*, NJW 1998, S. 798, 799; *Eylmann*, in: Henssler/Prütting, BRAO, § 43 b, Rn. 10; *Jaeger*, Stbg. 1997, S. 211, 214; *Manssen*, in: v. Mangoldt/Klein, GG, Art. 12, Rn. 123; *Römermann*, in: Hartung/Holl, Berufsordnung, 2. Aufl., vor § 6 BO, Rn. 72; *Starck*, Grundgesetz und ärztliche Berufsordnungen, S. 40; *ders.*, NJW 1972, S. 1489, 1493; vgl. auch *Sucker*, Apotheke und Werbung, S. 17.

Dieser Ansicht ist zuzustimmen, da Konkurrenzschutz, wie aufgezeigt, nicht nur kein legitimes, sondern überhaupt kein öffentliches Interesse ist. Der Schutz vor neu auf den Markt drängender Konkurrenz liegt lediglich im Interesse alteingesessener Berufsangehöriger;[574] auch die Tatsache, daß diese sich in den berufsständischen Kammern öffentlich-rechtlich organisieren und so ein lediglich von einer kleinen Gruppe vertretenes Interesse, sich vor neu auf den Markt drängender Konkurrenz zu schützen, mittels einer Körperschaft des öffentlichen Rechts vertreten, macht dieses Interesse nicht zu einem öffentlichen. Interesse an Schutz vor neuer Konkurrenz hätten, so liest man scharfzüngig formuliert, lediglich Standesvertreter, die nach außen hin Gemeinwohlinteressen der Werbeverbote vorgaukeln, „in Wirklichkeit aber nur [...] auf die Sicherung ihrer Pfründe abstellen [...]."[575] Ähnlich heißt es an anderer Stelle: „Hinter dem Verbot der Werbung steht die Angst vor dem Markt und vor den Umsatzverlusten."[576] Genau diese Angst wurde in einer Entscheidung des Bayerischen Landesberufsgerichts für die Heilberufe artikuliert, in der regelmäßige Apothekerwerbung als unkollegiales Verhalten beurteilt wurde.[577] Das BVerfG hob dieses Urteil auf und führte zum Vorwurf unkollegialen Verhaltens aus: „Konkurrenzschutz und Schutz vor Umsatzverlagerungen sind im vorliegenden Zusammenhang keine legitimen Zwecke, die Einschränkungen der Berufsfreiheit rechtfertigen können. Der eigentliche Zweck der Werbung liegt darin, Kunden zu Lasten der Konkurrenz zu gewinnen. [...]; es geht [...] um eine Umsatzverlagerung zugunsten der eigenen Apotheke. Wenn nach den Berufsordnungen Werbung zulässig ist, kann erfolgreiche Werbung nicht unkollegial sein."[578]

Schließlich sprechen auch grundrechtsdogmatische Überlegungen gegen die Legitimität des Arguments „Konkurrenzschutz". Art. 12 Abs. 1 GG gewährt den Schutz möglichst unreglementierter Berufsausübung; der Schutz vor neuer Konkurrenz fällt jedoch nicht in den Garantiebereich dieses Grundrechts.[579] Auch aus anderen Grundrechten läßt sich ein subjektives Recht auf Erhaltung eines bestimmten Geschäftsumfangs und auf Sicherung von Erwerbsmöglichkeiten nicht ableiten.[580] Berücksichtigte man den Gedanken des Konkurrenzschutzes auf Rechtfertigungsebene, so umginge man die Absicht des Grundgesetzes, ein subjektives Recht auf Erhaltung eines gewissen Geschäftsumfanges nicht zu gewähren.

---

574 Vgl. z. B. *Emmerich*, in: FS für Gernhuber, S. 857, 869.

575 *Römermann*, in: Hartung / Holl, Berufsordnung, 1. Aufl., vor § 6 BO, Rn. 75; weniger scharf formuliert *ders.* an der entsprechenden Stelle in Hartung / Holl, Berufsordnung, 2. Aufl., vor § 6 BO, Rn. 72.

576 *Jaeger*, AnwBl. 2000, S. 475, 481; vgl. auch *Tröber / Käufer*, AnwBl. 2000, S. 347, 352.

577 Urt. vom 27. 6. 1991 – LBG-Ap-3 / 1991 –, teilweise wiedergegeben in BVerfGE 94, 372, 399.

578 BVerfGE 94, 372, 399 f.

579 Vgl. BVerfGE 55, 261, 269.

580 Vgl. z. B. BVerfGE 11, 168, 188 f.; 31, 8, 31 f.

Ein öffentliches Interesse an einem Schutz der Freiberufler vor neuer Konkurrenz ließe sich allenfalls dann bejahen, wenn die Gefahr bestünde, daß die Kosten, die durch mit der weiter fortschreitenden Liberalisierung der Werberestriktionen ermöglichten Werbung entstehen, der Allgemeinheit zur Last fielen.[581] Dies ist aber wegen der für Freiberufler bestehenden, in der Regel verbindlichen Gebührenordnungen, etwa der BRAGO oder der Gebührenordnung für Ärzte (GOÄ), sowie der AMPreisV zumindest kurz- und mittelfristig nicht zu erwarten.

Abgesehen davon, daß Konkurrenzschutz – wie gezeigt – kein legitimes Ziel von Werbebeschränkungen sein kann, ist zweifelhaft, ob sich bei weiterer Liberalisierung der Werbemöglichkeiten wesentliche Änderungen des Werbeverhaltens ergäben: Daß Werbung möglich ist, heißt noch lange nicht, daß sie auch wirtschaftlich sinnvoll ist und deswegen in übermäßigem Umfang von Freiberuflern genutzt wird. Keineswegs sicher ist außerdem, ob mit fortschreitender Liberalisierung des Werberechts kleinere Kanzleien, Praxen oder Apotheken von größeren verdrängt würden.[582]

Auch aus dem Charakter der Freiberuflichkeit ergibt sich nicht etwa eine Legitimation von Werbebeschränkungen durch Konkurrenzschutz.[583] Dieser allein kann also richtigerweise zur Rechtfertigung von Werbebeschränkungen für Freiberufler nicht herangezogen werden.

Im Zusammenhang mit Gedanken des Konkurrenzschutzes wird gelegentlich darauf hingewiesen, daß die Rechtsanwaltschaft ein Interesse daran habe, im Außenwettbewerb mit anderen Berufsgruppen (etwa Steuerberatern) bestehen zu können; Werbebeschränkungen seien letztlich der Rechtsanwaltschaft insgesamt hinderlich, da durch sie ein Verlust weiterer Beratungsfelder drohe und ein Rückgewinn verlorener Auftragsfelder unmöglich werde.[584] Entsprechendes gilt für die Konkurrenz zwischen Ärzten und Heilpraktikern oder zwischen Apothekern und Drogisten. Fraglich ist im Hinblick auf dieses Argument, ob öffentliches Interesse daran besteht, die bisherige Aufteilung der auf dem Rechtsberatungs- oder Gesundheitsmarkt vorzufindenden Aufgaben zwischen den einzelnen Berufsgruppen zu erhalten, ob es also dem Gemeinwohl dient, wenn Rechtsberatung im bisher üblichen Umfang von Rechtsanwälten durchgeführt wird. Gem. § 3 Abs. 1 BRAO ist der Rechtsanwalt der „berufene und unabhängige Berater und Vertreter in allen Rechtsangelegenheiten“. Nach dem RBerG ist jedoch in Grenzen auch anderen Personen als Rechtsanwälten Rechtsberatung möglich (vgl. § 1 Abs. 1 Satz 2

581 Vgl. *Löwe,* AnwBl. 1988, S. 545, 546.

582 Vgl. *Schardey,* AnwBl. 1979, S. 256, 259, der diese Überlegungen im Hinblick auf die Bekanntgabe von Fachgebietsbezeichnungen anstellt, jedoch zur Pressewerbung von Anwälten kritisch äußert: „So würde Einzelwerbung des Anwaltes in der Presse nach meiner Vorausschau nur zu einem unerfreulichen Gerangel führen, das zu Lasten junger Anwälte und weniger finanzstarker Praxen ginge“ (S. 260).

583 Vgl. BVerfGE 94, 372, 395; *Manssen,* in: v. Mangoldt / Klein, GG, Art. 12, Rn. 158.

584 Vgl. *Löwe,* AnwBl. 1988, S. 545, 546.

RBerG). Daran, daß der Gesetzgeber diese Möglichkeit eröffnet, zeigt sich, daß Rechtsberatung durch andere Personen als Rechtsanwälte zumindest öffentlichen Interessen nicht widerspricht.

c) Ergebnis zum Argument „Schutz der Freiberufler vor Wettbewerb und Konkurrenz"

Mit Erwägungen des Konkurrenzschutzes können Werbebeschränkungen nicht gerechtfertigt werden.

7. Unterwerfung unter die Standesregeln

a) Darstellung des Arguments „Unterwerfung unter die Standesregeln"

Das berufsrechtliche Werbeverbot für Apotheker wird gelegentlich auch damit gerechtfertigt, daß der einzelne Pharmazeut mit der Berufsaufnahme als Apotheker die Regelungen der Berufsordnung anerkennt: „Mit Aufnahme seiner beruflichen Tätigkeit hat sich der Apotheker der gesetzlichen Regelung seiner Berufspflichten unterworfen und sich in die vorgegebene Ordnung der Apothekerschaft eingegliedert."[585]

b) Kritik, Ergebnis zum Argument „Unterwerfung unter die Standesregeln"

Das Argument, Werbebeschränkungen fänden ihre Rechtfertigung in einer freiwilligen Unterwerfung des einzelnen Freiberuflers unter die ihn betreffende Berufsordnung, ist verfehlt: „Ein ‚Unterwerfungsakt' unter bestimmte Standesregeln oder ein bestimmtes Berufsbild zur Rechtfertigung von Werbebeschränkungen kann [...] nicht angenommen werden; es handelte sich um eine reine Fiktion."[586] Der einzelne Freiberufler hat bei Berufsaufnahme nicht die Möglichkeit, der Geltung einzelner Bestimmungen des Berufsrechts zuzustimmen oder diese abzulehnen. Vielmehr wird er in der für seinen Beruf und Bereich zuständigen Berufskammer zwangsweise Mitglied und unterliegt damit den ihm hoheitlich auferlegten Pflichten der Berufsordnung.[587] Einschränkungen von Grundrechten durch die Berufsordnungen, die ja als Satzungen ergehen, bedürfen daher – wie Grundrechtsbeschränkungen durch jede andere hoheitliche Norm – einer Rechtfertigung durch öffentliche Interessen. Diese kann durch die Fiktion einer Zustimmung nicht um-

---

585 *Ring*, NJW 1997, S. 768, 771.

586 *Manssen*, in: v. Mangoldt/Klein, GG, Art. 12, Rn. 158.

587 Vgl. oben, Dritter Teil, A. I., A. IV. 2.

gangen werden, weswegen die Behauptung, Freiberufler hätten sich den Standesregeln unterworfen, zur Rechtfertigung von standes-, aber auch berufsrechtlichen Werbebeschränkungen nicht geeignet ist.

VII. Zusammenfassende Bewertung der zur Rechtfertigung von Werbebeschränkungen durch Rechtsprechung und Literatur vorgetragenen Argumente

Als Eingriffe in Grundrechte von Freiberuflern sind Werbebeschränkungen nur dann zulässig, wenn sie durch öffentliche Interessen gerechtfertigt werden können.

Gerechtfertigt werden können Werbebeschränkungen für Rechtsanwälte durch das Argument der Notwendigkeit einer Erhaltung der Funktionsfähigkeit der Rechtspflege sowie des Vertrauens der Bevölkerung auf die Stellung der Rechtsanwaltschaft als ein unabhängiges Organ der Rechtspflege.

Werbebeschränkungen für Ärzte können mit dem Argument legitimiert werden, sie dienten der Gesundheit der Bevölkerung.

Da von der grundsätzlichen Legitimität, Geeignetheit und Erforderlichkeit der für Werbebeschränkungen bei Rechtsanwälten und Ärzten soeben genannten Argumente auszugehen ist, muß für jede Werbebeschränkung noch deren Proportionalität geprüft werden.

Werbebeschränkungen für Apotheker können damit gerechtfertigt werden, daß sie dem Schutz einer ordnungsgemäßen Versorgung der Bevölkerung mit Arzneimitteln dienen. Die Geeignetheit von Werbebeschränkungen zur Erreichung dieses Ziels muß im Einzelfall untersucht werden. Ob Werbebeschränkungen geeignet sind, Arzneimittelfehlgebrauch zu verhindern – diese Verhinderung stellt ein legitimes Ziel dar –, ist sehr zweifelhaft. Will man Beschränkungen der Werbung durch Apotheker mit diesem Argument rechtfertigen, muß man einen Arzneimittelfehlgebrauch für den Einzelfall plausibel machen. Zur Erhaltung des Vertrauens der Bevölkerung auf die Stellung der Apothekerschaft innerhalb des Gesundheitswesens sind Werbebeschränkungen ungeeignet.

Für alle drei hier behandelten und eine Reihe anderer freier Berufe werden Werbebeschränkungen damit gerechtfertigt, sie dienten dem Schutz des jeweiligen Berufsbildes. Diese Argumentation ist aus zwei Gründen unzulässig. Einerseits liegt der Schutz von Berufsbildern nicht im öffentlichen Interesse; andererseits verstößt er gegen den Grundsatz der Trennung von Recht und Moral. Deswegen ist der Schutz von Berufsbildern schon kein legitimes Ziel. Auch die im Zusammenhang mit dem Berufsbildschutz vorgetragene These, durch die Liberalisierung des Werberechts trete eine Kommerzialisierung der freien Berufe ein, ist zur Rechtfertigung von Grundrechtsbeschränkungen nicht geeignet.

Gleiches gilt für die Argumente, Werbebeschränkungen dienten dem Schutz des Vertrauensverhältnisses zwischen Freiberufler und Vertragspartner ebenso wie dem Schutz des Vertrauens der Mandanten bzw. Patienten oder Kunden darauf, daß der jeweils beauftragte Freiberufler seine Aufgabe unabhängig von Gewinnstreben erfüllt. Werbebeschränkungen sind zur Erreichung beider Ziele nicht geeignet.

Mit Interessen des jeweiligen Berufsstandes können Werbebeschränkungen schlechthin nicht gerechtfertigt werden; solche Interessen sind schon keine legitimen Ziele, da sie nicht dem Gemeinwohl dienen.

Anderes gilt für das Argument, die Allgemeinheit müsse optimal mit freiberuflichen Dienstleistungen versorgt werden. Hier ist für den Fall, daß sich eine Werbebeschränkung zur Erreichung dieses legitimen Ziels als geeignet und erforderlich erweisen sollte, Raum für eine Prüfung der Zumutbarkeit einer Werberestriktion im Einzelfall.

Daß Werbebeschränkungen der Sicherung der Qualität freiberuflicher Leistungserbringung dienen, ist nicht plausibel; mit Argumenten der Qualitätssicherung können sie aufgrund mangelnder Geeignetheit nicht gerechtfertigt werden. Ebenfalls unzulässig ist es, mit dem Schutz vor Konkurrenz zu argumentieren: Dieser stellt kein legitimes Ziel dar. Auch kann nicht von einer freiwilligen Unterwerfung des einzelnen Freiberuflers unter die für seinen Berufsstand geltenden Werbevorschriften ausgegangen werden.

F. Die Verfassungsmäßigkeit der einzelnen Werbebeschränkungen unter Berücksichtigung der Ergebnisse der kritischen Analyse der vorgebrachten Argumente

Im folgenden soll jede einzelne der oben[588] vorgestellten Werbebeschränkungen auf ihre Verfassungsmäßigkeit hin untersucht werden. Hierbei wird geprüft, inwieweit Werbebeschränkungen im Hinblick auf die Argumente, die grundsätzlich als Rechtfertigungsgründe nach den unter E. getroffenen Feststellungen dienen können, im Einzelfall geeignet, erforderlich und angemessen sind, nachdem bisher nur abstrakt auf diese Kriterien eingegangen werden konnte. Besondere Bedeutung spielt die im Rahmen der Prüfung der Verhältnismäßigkeit von Werbebeschränkungen vorzunehmende Abwägung derjenigen Argumente, die einen Grundrechtseingriff rechtfertigen, mit Gesichtspunkten, die einem solchen Eingriff entgegenstehen.

---

588 Vgl. Dritter Teil.

I. Einzelheiten zur im Rahmen der Prüfung der Verhältnismäßigkeit vorzunehmenden Abwägung

1. Abwägungsgesichtspunkte, insbesondere Argumente für weitgehende Informations- bzw. Werbefreiheit

Im Jahre 1867 forderte Rudolf Gneist: „Das Bedürfnis des rechtssuchenden Publicums muss an erster Stelle über die Gestaltung der Rechtsanwaltschaft entscheiden.“[589]

Wenn auch das Grundrecht auf Information aus allgemein zugänglichen Quellen aus Art. 5 Abs. 1 Satz 1, 2. Alt. GG im Hinblick auf die behandelten Werbebeschränkungen nicht einschlägig ist,[590] ist doch ein Interesse der Allgemeinheit an umfassender Information über die Tätigkeit der freien Berufe anzuerkennen.[591] Maßnahmen der Information über ihre Tätigkeit können sogar als Voraussetzung für die Erfüllung der Aufgabe der Freiberufler angesehen werden: „Will der freie Beruf den Gemeinwohlbelangen wie beispielsweise der Rechtspflege, der Steuergerechtigkeit oder der Volksgesundheit wirklich dienen, muß er für ein nachfrageorientiertes Angebot sorgen, was nur möglich ist, wenn hier eine weitgehende Information zugelassen wird.“[592] Diese Information dient nämlich auch dazu, schnell den für das eigene Problem richtigen Spezialisten zu finden,[593] was im Hinblick auf den jüngst zu beobachtenden Trend zur Spezialisierung[594] für Rechtsanwälte gleichermaßen wie für Ärzte gilt,[595] weniger allerdings für Apotheker, da bei diesen die Spezialisierung im Bereich der öffentlichen Apotheken noch eine relativ geringe Rolle spielt.[596] Mit der fortschreitenden Spezialisierung gehen erhöhte betriebswirtschaftliche Ausgaben einher; zudem sind insbesondere ärztliche Speziali-

589 *V. Gneist,* Freie Advocatur, S. 64.

590 Vgl. bereits oben, C. I.

591 Vgl. *Barth,* MedR 1999, S. 79, 80; *Büttner,* in: FS für Vieregge, S. 99, 106; *Emmerich,* in: FS für Gernhuber, S. 857, 869; *Rieger,* MedR 1999, S. 513, 518; speziell zu Werbebeschränkungen für Ärzte *Böhm,* ZRP 1994, S. 388, 389; im Hinblick auf Rechtsanwälte vgl. *Anton Meyer,* AnwBl. 1992, S. 241, 247; aus der Rspr. vgl. nur OLG München, MedR 1999, S. 76, 77 f.; LG Kiel, MedR 1999, S. 279, 281.

592 *Jaeger,* AnwBl. 2000, S. 475, 480.; vgl. auch *Brangsch,* AnwBl. 1976, S. 221, 225: dem Rechtssuchenden bei der Suche nach einem geeigneten Anwalt „zu helfen, ist Dienst an der Rechtspflege.“

593 Vgl. BT-Drs. 12/4993, S. 28.

594 Vgl. z. B. LG Kiel, MedR 1999, S. 279, 281; *Hillmann,* AnwBl. 1979, S. 446; vgl. für Rechtsanwälte näher *Endrös,* NJW 1990, S. 1561 ff.

595 Vgl. im Hinblick auf Rechtsanwälte *Busse,* BRAK-Mitt. 1999, S. 135: „Sie [gemeint: die Öffnung der Werbung, d. Verf.] trägt dazu bei, daß der Rechtssuchende den Schritt zum Anwalt gezielter und ohne das Gefühl gehen kann, sich zugleich der Güte Gottes anzuvertrauen.“

596 Vgl. *Friedl,* UNI 6/2000, S. 38.

sten, die häufig fachliches Neuland betreten, verstärkt darauf angewiesen, ihre innovativen Methoden auch gegen die Skepsis der Fachkollegen und des Publikums bekanntzumachen: „Betriebswirtschaftlicher Aufwand und innovativer Impetus" erhöhen für diese Fachleute das Interesse an Werbemaßnahmen; Werbebeschränkungen können daher, wenn sie legitime Informationsinteressen blockieren, „am Nerv der freiberuflich tätigen [...] Spezialisten"[597] rühren. Vermehrte Spezialisierung erhöht außerdem volkswirtschaftlich gesehen die Marktdynamik insgesamt;[598] zusätzlich ergeben sich durch sie größere Chancen für neue Anbieter, die sich gezielt in Marktnischen niederlassen können.[599] Die hierdurch verursachte Verbesserung der Angebotspalette freiberuflicher Dienstleistungen kommt der Allgemeinheit zugute.

Im Hinblick auf das Informationsbedürfnis der Bevölkerung scheinen die Gefahren größer, die aus einem Werbeverbot resultieren, als die, die durch bei fortschreitender Liberalisierung des Werberechts möglicherweise vorkommenden übertriebenen Anpreisungen hervorgerufen werden:[600] Durch bloße Mund-zu-Mund-Propaganda, die rein tatsächlich betrachtet nach wie vor die wichtigste Informationsquelle für einen großen Anteil der Bevölkerung darstellt,[601] werden lediglich subjektive Einschätzungen vermittelt;[602] eine wirklich sachliche Information kann nur auf (staatlicherseits kontrollierbaren und mit Mitteln z. B. des Wettbewerbsrechts auch kontrollierten) Werbemethoden beruhen. Ein großer Teil der Patientenschaft – und dies dürfte ebenso für potentielle Rechtsanwalts-Mandanten oder Apothekerkunden gelten – ist verstärkter Information gegenüber positiv eingestellt und erwartet diese sogar.[603] Gegebenenfalls muß auch deswegen der Meinungs- und Pressefreiheit aufgrund des Informationsbedürfnisses der Bevölkerung der Vorrang vor Werbebeschränkungen eingeräumt werden[604]. Die Berücksichtigung des Interesses der Öffentlichkeit an Information darf allerdings nicht vergessen lassen, daß es Freiberuflern grundsätzlich bereits kraft eigener Grundrechte gestattet ist, sich werbend an das Publikum zu wenden. Eine Verengung der Sichtweise auf

---

597 LG Kiel, MedR 1999, S. 279, 281 (beide Zitate); vgl. auch *Deutsch*, Medizinrecht, Rn. 30; *Papier/Petz*, NJW 1994, S. 1553, 1557.

598 Vgl. *Boss/Laaser/Schatz et al.*, Deregulierung, S. 290; vgl. auch *Merz*, in: Herrmann/Backhaus (Hrsg.), Staatlich gebundene Freiberufe im Wandel, S. 67, 90 ff.

599 Vgl. *Boss/Laaser/Schatz et al.*, Deregulierung, S. 289 f.

600 Vgl. *A. P. F. Ehlers*, in: FS für Deutsch, S. 531, 542.

601 Vgl. zum Ablauf der Arztwahl *Barth*, Mediziner-Marketing, S. 464 ff.

602 Vgl. auch *Michalski*, Gesellschafts- und Kartellrecht, S. 371, der auf eine andere negative Folge dieser Art der Verbreitung von Information hinweist: „Wären die Berufsangehörigen allein oder überwiegend auf die Mundpropaganda ihrer Klienten angewiesen, könnte letztlich deren äußerst unzuverlässige subjektive Einschätzung der beruflichen Fähigkeiten einen durch den Freiberufler selbst kaum mehr korrigierbaren negativen Einfluß auf die berufliche Existenz nehmen."

603 Vgl. *Barth*, Mediziner-Marketing, S. 469, der sich auf empirische Untersuchungen bezieht.

604 Vgl. OLG München, MedR 1999, S. 76.

Grundrechte von Mandanten, Patienten und Kunden ist daher unangebracht. Abzulehnen ist deswegen die Auffassung, wonach „der Informationsfluß zwischen Patient und Arzt im Grundsatz immer durch Initiative des Patienten zustande kommt“[605] bzw., auf Rechtsanwälte und Apotheker übertragen, auf Initiative des Mandanten oder Kunden; selbst wenn im konkreten Fall kein Interesse der Öffentlichkeit an Information besteht, sind Freiberufler von Verfassungs wegen berechtigt, Werbung zu treiben, solange dadurch kein schützenswertes Rechtsgut verletzt wird.

Im Hinblick auf die Informationsbedürfnisse der Bevölkerung dient weitgehende Informationsfreiheit für Freiberufler auch einer optimalen Versorgung der Bevölkerung mit Dienstleistungen von Rechtsanwälten, Ärzten und Apothekern.[606] Die Informationsfreiheit wird sogar selbst zum Gemeinschaftsanliegen: „Zu den Gemeinwohlbelangen, denen der freie Beruf stets verpflichtet ist, gehört es daher auch, den möglichen Nachfragern jedwede erforderliche Information zukommen zu lassen.“[607] Werbeverbote hingegen suggerieren dem Nachfrager, jeder Anbieter sei gleich gut; der Anbieter kann die Nachfrage nach Bequemlichkeit befriedigen,[608] was zu einer Verminderung der Qualität freiberuflicher Leistungserbringung führen könnte, die durch Wettbewerb grundsätzlich gefördert wird.[609]

Ein weiteres Argument für weitgehende Informationsfreiheit ist, daß Freiberufler durch ihnen ungerechtfertigterweise auferlegte Werbebeschränkungen gegenüber anderen Berufsgruppen, mit denen sie in Konkurrenz stehen,[610] benachteiligt werden.[611] Dieser Zusammenhang klingt in der Gesetzesbegründung der Bundesregierung zu § 43 b BRAO an: „Wenn der Marktanteil der Rechtsanwälte insbesondere im Vergleich zu anderen Beratungsberufen nicht noch weiter zurückgehen soll, müssen Rechtsanwälte die Möglichkeit haben, sich Mandanten und potentiellen Mandanten darstellen zu können.“[612] Zwar liegt die Sicherung eines gewissen Mindestanteils am Markt für gewisse Berufsgruppen nicht im öffentlichen Interesse; die Erhaltung eines solchen Anteils ist vielmehr ein privates Anliegen der Angehörigen dieser Berufsgruppen. Dieses darf aber nur aufgrund öffentlicher Interessen beschränkt, muß also in der Abwägung berücksichtigt werden. Dies ist kein Widerspruch dazu, daß die Argumentation, es komme zu Verschiebungen der

---

605 *Barth,* Mediziner-Marketing, S. 482.

606 Vgl. *Kornblum,* BB 1985, S. 65, 70.

607 *Jaeger,* AnwBl. 2000, S. 475, 480 f.

608 Vgl. *Boss/Laaser/Schatz et al.,* Deregulierung, S. 290.

609 Vgl. oben, E. VI. 5. b).

610 Vgl. zum Anwachsen dieses Wettbewerbs BT-Drs. 12/21, S. 35.

611 Vgl. allgemein zur Konkurrenz von Rechtsanwälten mit anderen Berufsgruppen *Zuck,* NJW 2001, S. 2055, 2056: „Am Markt beraten Gott und die Welt.“ Vgl. auch *Busse,* BRAK-Mitt. 1999, S. 135: „Die Öffnung der Werbung in angemessenen Grenzen hat die Wettbewerbsfähigkeit der Anwälte gestärkt“; s. ferner *Huff,* FAZ Nr. 177 v. 3. 8. 1998, S. 15.

612 BT-Drs. 12/4993, S. 28.

Verteilung der Aufträge auf dem Rechtsberatungsmarkt zu Ungunsten der Rechtsanwaltschaft, oben[613] als zur Einschränkung von Grundrechten nicht geeignet angesehen wurde, weil die Erhaltung einer Auftragslage kein öffentliches Interesse ist; zugunsten der Grundrechtsträger müssen in der Abwägung auch deren private Belange berücksichtigt werden.

Dieselben Überlegungen gelten insbesondere auch für Apotheker, die hinsichtlich des Randsortiments mit anderen Gewerbetreibenden in Konkurrenz stehen. Auch im Hinblick auf den internationalen Markt sind Werbebeschränkungen der Konkurrenzfähigkeit der ihnen unterworfenen Freiberufler abträglich,[614] was insbesondere im Bereich der Internetwerbung virulent werden kann.[615]

Im Hinblick auf die Konkurrenzfähigkeit, jedoch auch auf die Qualität freiberuflicher Leistungen gilt es zu bedenken, daß Werbebeschränkungen zur Verfestigung etablierter Strukturen führen; hierdurch können sie die Innovationsfähigkeit des Berufsbereichs gefährden.[616]

Nicht zu vernachlässigen ist außerdem ein im Einzelfall die Erforderlichkeit von Werberestriktionen beeinflussendes Faktum: Es gibt Selbstregulierungsmechanismen des Marktes, die übertriebene Werbung verhindern.[617] Wer zu aufdringlich wirbt, läuft Gefahr, als unseriös zu gelten. Hält der Werbende nicht, was seine Werbung verspricht, verliert er (abgesehen von den rechtlichen Folgen im Falle einer Irreführung) an Glaubwürdigkeit.[618] Außerdem hat eine maßvolle Liberalisierung nicht zwangsweise ein Ausufern freiberuflicher Werbung zur Folge, denn nicht immer lohnt es sich für Freiberufler, kostspielige Werbekampagnen durchzuführen; zudem haben nicht alle Rechtsanwälte, Ärzte oder Apotheker Werbung nötig, beispielsweise solche, die bereits einen festen Kundenstamm besitzen; auch dürfte es Freiberufler geben, die einfach nicht werben wollen.[619]

---

613 Vgl. E. VI. 6. b).

614 Vgl. auch *Fedtke,* AnwBl. 2000, S. 103.

615 Vgl. z. B. *Ebbing,* NJW-CoR 1996, S. 242, 246.

616 Vgl. *Hoffmann-Riem,* in: AK-GG, Art. 5 Abs. 1, 2, Rn. 84.

617 Vgl. *Barth,* Mediziner-Marketing, S. 471 f.; *Baruch,* Der Allgemeinarzt 2001, S. 576, berichtet, daß Auswüchse von Arztwerbung in den U.S.A. eher selten seien, wobei er allerdings eine sehr liberale Einstellung vertritt (konservativere Autoren dürften nicht nur die von ihm als „Auswüchse" bezeichneten Beispiele – z. B. das Pauschalangebot eines Arztes bei einer Werbeaktion in einer Kneipe „Grippeimpfung und Bier für 5,99 US-$" –, sondern alle von *Baruch* genannten Aktivitäten als übertrieben ansehen, etwa die Werbung mit der Anzahl bisher behandelter Patienten oder „Werbestrafzettel", die von ausgewanderten deutschen Ärzten z. B. auf Mallorca hinter den Scheibenwischer von Touristenfahrzeugen geklemmt werden); vgl. ferner *A. P. F. Ehlers,* in: FS für Deutsch, S. 531, 541 f.; *A. Koch,* Kommunikationsfreiheit, S. 151.

618 Vgl. *Blackburn,* AnwBl. 1991, S. 366, 368; *Römermann,* MDR 1998, S. 1508, im Hinblick auf die Zahl der angegebenen Schwerpunkte.

619 Vgl. auch *Sigle,* in: FS für Geiß, S. 167, 174: „Das Werbeverbot störte das Wachstum der Wirtschaftskanzleien nur am Rande. Sie waren nie interessiert, in Zeitungsanzeigen, im Fernsehen, im Rundfunk oder auf Plakaten Werbung für sich zu machen."

Solange sich der Markt selbst regulieren kann, muß sich der Staat aufgrund des Prinzips der Subsidiarität des Rechts[620] mit der Normierung von Werbeverhalten zurückhalten.

Schließlich ist – in den durch die Gebührenordnungen vorgegebenen Grenzen – durch eine Verstärkung des Wettbewerbs insgesamt von einer Verbesserung des Preis-Leistungs-Verhältnisses auszugehen.[621]

Für eine weitestgehende Informations- und damit, nach dem hier zugrundgelegten Begriff von Werbung[622], für eine weitestgehende Werbefreiheit sprechen somit gewichtige Gründe.

Bei der innerhalb der Verhältnismäßigkeitsprüfung vorzunehmenden Abwägung ist außer den genannten Argumenten auch zu beachten, daß die durch die Werbenormen geschützten Rechtsgüter durch freiberufliche Werbung häufig nur indirekt gefährdet werden. So bekämpfen ärztliche Werberestriktionen, die dem Schutz der Gesundheit der Bevölkerung dienen sollen, nicht unmittelbar bestimmte Gesundheitsgefahren, sondern sollen zunächst einer Verwirrung von Kranken vorbeugen; die Beziehung zum Schutzgut „Gesundheit der Bevölkerung" ist hier nicht so eng, daß die Abwägung von vorneherein zugunsten dieses Schutzgutes ausfallen müßte.[623] Ähnliches gilt bei Werbebeschränkungen für Rechtsanwälte und Apotheker z. B. für die Schutzgüter „Funktionsfähigkeit der Rechtspflege" und „ordnungsgemäße Versorgung der Bevölkerung mit Arzneimitteln".

2. Die von der Rechtsprechung vorgenommene Abwägung in werberechtlich relevanten Wettbewerbsfällen – Beispiele

Aus manchen wettbewerbsrechtlichen Entscheidungen lassen sich, da sie eine gewisse Nähe zum Werberecht der freien Berufe aufweisen, Anhaltspunkte dafür gewinnen, wie eine Abwägung in werberechtlichen Fällen vorzunehmen ist. Mehrmals hatten sich Gerichte z. B. mit sogenannten „Bestenlisten", „Hitlisten" oder „Rankings" von Magazinen zu beschäftigen, die Rechtsanwälte oder Ärzte nach verschiedenen Kriterien beurteilen.[624] Bei den Entscheidungen ging es jeweils um die Frage, ob durch die Veröffentlichung der Listen durch die Magazine eine sittenwidrige Förderung fremden Wettbewerbs und damit ein Verstoß gegen § 1 UWG vorlag. Mittelbar erlangen in solchen Fällen auch berufs- und standesrechtliche

620 Vgl. hierzu oben, E. VI. 1. c) aa) (2) (b) (dd).

621 Vgl. *Boss/Laaser/Schatz et al.*, Deregulierung, S. 290.

622 Vgl. oben, Zweiter Teil, D.

623 Vgl. *Papier/Petz*, NJW 1994, S. 1553, 1560.

624 Vgl. BGH, NJW 1997, S. 2679 = MedR 1998, S. 131 („Die Besten I") m. Anm. *Taupitz*, S. 132; BGH, NJW 1997, S. 2681 („Die Besten II"); OLG München, MedR 1999, S. 76 (betr. „Focus"-Ärzteliste) m. Anm. *Barth*, S. 79 f.

Werbebeschränkungen Bedeutung:[625] In gewissen Konstellationen wird etwa das Duldungsverbot des § 27 Abs. 1 BayBOÄ relevant.

Der BGH hatte einen Fall zu entscheiden, in dem ein Nachrichtenmagazin eine Artikelserie mit den „500 besten Ärzte[n] Deutschlands“, die persönlich vorgestellt werden sollten, veröffentlichen wollte.[626] Nach Ansicht des BGH wäre die tatsächliche Veröffentlichung des Artikels geeignet gewesen, den Wettbewerb der genannten Ärzte zum Nachteil der nicht genannten zu fördern. Der BGH traf im vorliegenden Fall eine Abwägung zwischen dem wettbewerblichen Unterlassungsgebot und der Pressefreiheit des Redakteurs. Letztere umfasse nicht die Möglichkeit, einzelne Mediziner als „die besten Deutschlands“ zu bezeichnen; das Verbot erstrecke sich andererseits nicht darauf, über Ärzte generell zu informieren. Die Pressefreiheit stand im konkreten Fall einer Unterlassungsverfügung folglich nicht entgegen.[627]

Das OLG München nahm in einer ähnlichen Fallkonstellation die Abwägung anders vor.[628] Diesmal wurde im Nachrichtenmagazin „Focus“ nicht mehr von den „besten“ Ärzten gesprochen, sondern lediglich davon, daß die genannten Ärzte auf ihrem Spezialgebiet besonders qualifiziert seien. Generell bedürfe es im Hinblick auf die Pressefreiheit konkreter Umstände, wonach „neben der Wahrnehmung der publizistischen Aufgabe die Absicht des Presseorgans, fremden Wettbewerb zu fördern, eine größere als nur eine notwendigerweise begleitende Rolle gespielt hat“; im konkreten Fall habe es an einer übermäßig werbenden Darstellung gefehlt, „die den Rahmen einer sachlich veranlaßten Information über die Spezialisierung und die Qualifikation der Ärzte in Deutschland verläßt.“[629]

II. Die Folgen eines nicht gerechtfertigten Grundrechtseingriffs für die Fortgeltung der jeweiligen Werbenorm

In der Rechtspraxis des BVerfG haben sich im Hinblick auf die Gültigkeit von Normen mehrere Entscheidungsvarianten herausgebildet.[630] Abgesehen von den

625 Vgl. bereits oben, Dritter Teil, A. VI.

626 Vgl. BGH, NJW 1997, S. 2679 = MedR 1998, S. 131.

627 Vgl. BGH, NJW 1997, S. 2679, 2680 f. = MedR 1999, S. 131, 132; ähnlich ist die Argumentation in BGH, NJW 1997, S. 2681: diese Entscheidung betrifft eine „Bestenliste“ von Rechtsanwälten; hier hat der BGH auch eine sittenwidrige Förderung des eigenen Wettbewerbs des Nachrichtenmagazins angenommen, hinsichtlich deren die klagende Rechtsanwaltskammer jedoch nicht gem. § 13 Abs. 2 Nr. 2 UWG klagen könne.

628 Vgl. OLG München, MedR 1999, S. 76 ff.

629 OLG München, MedR 1999, S. 76, 77.

630 Vgl. zum folgenden *Rupp-von Brüneck,* AöR Bd. 102 (1977), S. 19 ff.; *Schlaich/Korioth,* Bundesverfassungsgericht, Rn. 358 ff.

Fällen, in denen eine Norm verfassungsgemäß ist oder für noch verfassungsmäßig gehalten wird,[631] kommt es dann, wenn ein Verstoß gegen die Verfassung festgestellt werden kann, zur Nichtigerklärung des gesamten Gesetzes[632] oder einzelner Abschnitte desselben,[633] gelegentlich auch zur Teilnichtigerklärung ohne Reduzierung des Normtextes.[634] In anderen Fällen erklärt das BVerfG Gesetze nicht etwa für nichtig, sondern lediglich für mit dem Grundgesetz unvereinbar.[635]

Bevor ein Gesetz für nichtig oder für mit dem Grundgesetz unvereinbar gehalten wird, ist zunächst zu versuchen, eine Auslegung vorzunehmen, die sich am Rahmen der Verfassung orientiert.[636] Durch diese verfassungskonforme Auslegung können die schwerwiegenden Rechtsfolgen einer Nichtig- oder Unvereinbarerklärung eines Gesetzes vermieden werden. Eine verfassungskonforme Auslegung – die jeder Richter vornehmen muß – hat zur Voraussetzung, daß die betreffende Norm mehrere Auslegungen zuläßt, „die teils zu einem verfassungswidrigen, teils zu einem verfassungsgemäßen Ergebnis führen, [...].“[637] Ist eine verfassungskonforme Auslegung möglich, hat diese den Vorrang vor den soeben genannten Entscheidungsvarianten.[638] Grenzen findet die verfassungskonforme Auslegung im Wortsinn und Zweck der auszulegenden Norm.[639] In Fällen, in denen der Normgeber über das durch die Verfassung vorgegebene zulässige Maß hinausgehende Rechtsfolgen vorgesehen hat, nimmt das BVerfG bisweilen eine verfassungskonforme einschränkende „Auslegung“ vor; es soll das Maximum dessen aufrechterhalten werden, was nach der Verfassung noch aufrechterhalten werden kann.[640] Tatsächlich handelt es sich in solchen Fällen der teleologischen – d. h. den Regelungszweck der Norm berücksichtigenden – Reduktion des Regelungsgehalts bereits nicht mehr um Auslegung, sondern um verfassungskonforme Rechtsfortbildung.[641]

Anders als das BVerfG muß vorliegende Studie, die sich mit der Verfassungsmäßigkeit von Werbebeschränkungen nur theoretisch beschäftigt, nicht die mitunter schwerwiegenden Folgen des Verdikts der Verfassungswidrigkeit einer Norm be-

631 Letztere Variante – Feststellung, daß ein Gesetz noch verfassungsmäßig ist – ist die sogenannte Appellentscheidung, vgl. z. B. *M. Schulte,* DVBl. 1988, S. 1200 ff.

632 Vgl. zur Nichtigerklärung allgemein § 78 Satz 1, § 82 Abs. 1 i. V. m. § 78 Satz 1, § 95 Abs. 3 Satz 1 BVerfGG; zur Nichtigerklärung eines gesamten Gesetzes vgl. z. B. BVerfGE 61, 149, 151 (betr. Staatshaftungsgesetz).

633 Vgl. zur Teilnichtigerklärung z. B. BVerfGE 65, 1, 3, 71 (betr. Volkszählungsgesetz).

634 Vgl. z. B. *Sachs,* DVBl. 1979, S. 389 ff.; BVerfGE 62, 117, 119.

635 Vgl. zu diesem Entscheidungsausspruch insbesondere *Heußner,* NJW 1982, S. 257 ff.; Beispiel: BVerfGE 28, 227 (betr. Steuerprivilegierung für Landwirte).

636 Vgl. z. B. BVerfGE 69, 1, 55; 74, 297, 346 f.

637 BVerfGE 64, 229, 242.

638 Vgl. auch *Pestalozza,* Verfassungsprozeßrecht, § 20, Rn. 9.

639 Vgl. *Larenz,* Methodenlehre, S. 340.

640 Vgl. z. B. BVerfGE 33, 52, 70.

641 Vgl. *Larenz,* Methodenlehre, S. 340.

rücksichtigen. Es besteht daher kein Anlaß, Rechtsfortbildung anhand nicht mehr verfassungskonform auslegbarer Normtexte zu betreiben. Besteht die Möglichkeit der verfassungskonformen Auslegung einer Norm, so ist diese verfassungsgemäß; besteht lediglich die Möglichkeit der teleologischen Reduktion einer Vorschrift, so wird diese Norm im folgenden für mit der Verfassung gänzlich oder teilweise unvereinbar gehalten. In solchen Fällen wird jeweils ein Vorschlag einer verfassungsgemäßen Formulierung des Normtextes gemacht.

III. Die Werbebeschränkungen für Rechtsanwälte

Nach dem oben Gesagten[642] können Werbebeschränkungen für Rechtsanwälte durch drei Argumente gerechtfertigt werden: (a) durch die Funktionsfähigkeit der Rechtspflege, (b) das Vertrauen der Bevölkerung auf die Stellung der Rechtsanwaltschaft als Rechtspflegeorgan und (c) durch das Argument, die Versorgung der Bevölkerung mit anwaltlichen Dienstleistungen müsse sichergestellt werden.[643] Eine völlige Liberalisierung anwaltlicher Werbung ohne Rücksicht auf die genannten Gemeinwohlbelange ist nicht erstrebenswert.[644]

1. § 43 b BRAO: Werbung

a) Berufsbezogene Unterrichtung

Eine Auslegung des § 43 b BRAO, der Rechtsanwalt dürfe nur über seine Tätigkeit unterrichten, ist zur Erhaltung der Funktionsfähigkeit der Rechtspflege sowie des Vertrauens der Bevölkerung auf die Stellung der Anwaltschaft nicht erforderlich; ein solches Normverständnis enthielte eine unverhältnismäßige Einschränkung der Grundrechte des Rechtsanwalts. Vielmehr ist § 43 b BRAO dahingehend verfassungskonform auszulegen, daß der Rechtsanwalt auch über seine Person informieren darf, zumindest dann, wenn diese Informationen von gewissem Auskunftswert auch im Hinblick auf die Berufsausübung sind.[645] Der Wortlaut des § 43 b BRAO „über die berufliche Tätigkeit" ermöglicht eine solche Auslegung noch: Person und Tätigkeit des Anwalts sind nämlich nur schwer voneinander zu trennen; so betreffen werbewirksame persönliche Merkmale, wie der Erwerb akademischer Grade, auch in anderen Bereichen als dem juristischen, oft zugleich auch die Berufsausübung des Anwalts.

---

642 Vgl. E. III.

643 Vgl. aber *Mayen*, NJW 1995, S. 2317, 2319, der lediglich irreführende oder aufdringliche Werbung verboten wissen will.

644 Vgl. aber *Geiser*, BRAK-Mitt. 1999, S. 180, 181, der über ein Referat des Züricher Anwalts *Thouvenin* berichtet, welcher eine Steuerung anwaltlicher Werbung alleine durch den Wettbewerb befürwortet.

645 Vgl. *Römermann*, in: Hartung / Holl, Berufsordnung, 2. Aufl., § 6 BO, Rn. 55.

Fraglich ist, wie es sich mit berufsfremden Informationen z. B. über das Privatleben des Anwalts verhält. Inwiefern die Verbreitung solcher privater Daten per se eine Gefahr für die Rechtspflege oder die Versorgung der Bevölkerung darstellen soll, ist nicht erkennbar: warum soll ein Anwalt nicht über seine bevorzugten Freizeitbeschäftigungen informieren dürfen, ohne sich den Vorwurf einzuhandeln, der Rechtspflege Gewalt anzutun?[646] Auch Werbegeschenke, die bislang wegen des Gebots berufsbezogener Unterrichtung für unzulässig gehalten werden,[647] sind, zumindest wenn sie relativ geringen Wert haben, im Hinblick auf den Schutzzweck der Werbenormen unbedenklich.[648] Bei größeren Geschenken könnte allerdings das Vertrauen der Bevölkerung auf die Stellung der Rechtsanwaltschaft als unabhängiges Organ der Rechtspflege gefährdet werden, beispielsweise dadurch, daß sich Klienten durch übermäßig wertvolle Präsente unter Druck gesetzt fühlen; ein Verbot solcher Geschenke ist erforderlich. Bedenkt man, daß die Berufsfreiheit durch eine derartige Regelung nicht im Kernbereich betroffen wird – Grundrechte aus Art. 5 Abs. 1 GG sind im Hinblick auf Werbegeschenke i. d. R. ohnehin nicht einschlägig – erscheint ein Verbot größerer Werbegeschenke angemessen.

Die durch das Gebot der Berufsbezogenheit vorgenommene Einschränkung des anwaltlichen Rechts auf Werbung ist nicht erforderlich, damit unverhältnismäßig und sollte de lege ferenda aufgegeben werden. Im Hinblick auf Gefahren, die durch größere Werbegeschenke für das Vertrauen der Rechtssuchenden drohen könnten, ist in eine mögliche Neufassung eine Beschränkungsklausel aufzunehmen.

b) Sachlichkeit von Form und Inhalt

Das Gebot der Sachlichkeit von Form und Inhalt anwaltlicher Werbemaßnahmen ist, soweit es im Hinblick auf die Funktionsfähigkeit der Rechtspflege und das Vertrauen der Bevölkerung auf die Anwaltschaft sowie auf die optimale Versorgung der Bevölkerung mit anwaltlichen Dienstleistungen verhältnismäßig ist, mit dem Grundgesetz vereinbar. Im Hinblick auf das Sachlichkeitsgebot kann § 43 b BRAO verfassungskonform ausgelegt werden.

Reißerische Werbung ist geeignet, das Vertrauen möglicher Mandanten auf die unabhängige Stellung des Rechtsanwalts als Organ der Rechtspflege zu untergra-

---

646 Vgl. die Beispiele bei *Härting*, AnwBl. 2000, S. 343, 345: „Landschaftsabbildungen, der Hinweis auf die Mitgliedschaft im ‚Verein der Donaldisten', die Präsentation des ‚Cocktails des Monats', virtuelle Kunstausstellungen und auch ‚fachfremde Links' und Bannerwerbung sind erlaubt." Vgl. aber *Scheuerl*, NJW 1997, S. 1291, 1293; *Schmittmann*, MDR 1997, S. 601, 603; dazu, daß das „Donaldistentum" bei Rechtsanwälten offensichtlich eine gewisse Verbreitung erfahren hat (!), vgl. nur *Goez*, Gerichtsalltag in Entenhausen, AnwBl. 1997, S. 127 f., S. 183 f.

647 Vgl. OLG Düsseldorf, AnwBl. 1992, S. 542; *L. Koch*, AnwBl. 1995, S. 474, 475.

648 Vgl. aber *Jessnitzer/Blumberg*, BRAO, § 43 b, Rn. 14 (Papiertragetaschen mit Aufdruck).

ben. Bei der Berurteilung dessen, was sachliche Werbung ist, sind Geschmacksfragen nicht justitiabel. Für die Abgrenzung zwischen übertriebener, marktschreierischer Werbung, deren Unterbleiben wünschenswert ist, und sachlichen Werbemaßnahmen kommt es nicht auf die Meinung besonders „sensibler Berufskollegen, sondern auf das Empfinden eines gebildeten Durchschnittsbetrachters“[649] an. Beachtet werden müssen außerdem auch zeitbedingte Veränderungen in der Anschauung dessen, was als nicht marktschreierisch gilt: Zu Recht sieht das BVerfG mit diesem Argument etwa Sponsoringmaßnahmen von Rechtsanwälten als nicht von vorneherein unzulässig an.[650] Zu weit geht der Vorschlag, § 43 b BRAO so zu verstehen, daß das Sachlichkeitsgebot nur für berufsbezogene Informationen gelte, nicht jedoch für nicht-berufsbezogene Informationen,[651] für die dann keine berufsrechtliche Beschränkung bestünde, die allerdings auch nach hier vertretener Ansicht grundsätzlich zulässig sein müssen.

Methodisch falsch ist es, sogenannte Qualitätswerbung, also Werbung, die nicht in Form und Inhalt sachlich ist, mit Berufsbildargumenten oder der Kommerzialisierungsthese verbieten zu wollen.[652] Auch mit dem Argument, Werbemaßnahmen seien „reklamehaft“, darf deren Unzulässigkeit nicht behauptet werden: der Begriff „reklamehaft“ ist wegen seiner Unbestimmtheit aus dem Gesetzesentwurf gestrichen worden.[653] Seine Auslegung ist „maßgeblich vom konservativen Vorverständnis und einem traditionellen Denken bestimmter Richter geprägt [gewesen]“[654]. Die Intention des Gesetzgebers, nur sachliche Werbung zuzulassen, blieb jedoch letztlich auch nach Abänderung des Gesetzesentwurfs in diesem Punkt unverändert.[655]

Unter Zugrundelegung der genannten Kriterien ist nicht einzusehen, wieso die Plazierung einer Werbeanzeige auf einer Litfaßsäule[656] oder eine Zeitungsanzeige eines Rechtsanwalts für unzulässig erklärt wurden, letztere mit der die Kommerzialisierungsthese aufgreifenden Argumentation, daß sie neben den Anzeigen von Gewerbetreibenden erschienen sei, worin ein Indiz für die Absicht einer reklamehaften Selbstanpreisung gesehen wurde.[657] Grundsätzlich dürfte es mit dem Sach-

---

649 *Eylmann,* in: Henssler / Prütting, BRAO, § 43 b, Rn. 39.

650 Vgl. BVerfG, BRAK-Mitt. 2000, S. 137, 138 = NJW 2000, S. 3195, 3196.

651 Vgl. *Härting,* AnwBl. 2000, S. 343, 345.

652 Vgl. aber z. B. *Eylmann,* in: Henssler / Prütting, BRAO, § 43 b, Rn. 10: „Aus § 2 Abs. 2 [BRAO] ergibt sich, daß diese Aufgabe sich mit einer gewerblichen Tätigkeit nicht verträgt; insofern [...] spricht [sc. diese Vorschrift, d. Verf.] auch gegen die Zulässigkeit von Werbemethoden, wie sie gerade für die gewerbliche Wirtschaft typisch sind.“

653 Vgl. den ursprünglichen Gesetzentwurf, BT-Drs. 12 / 4993, S. 5, gegenüber der letztlich vom Rechtsausschuß zum Beschluß empfohlenen Fassung, BT-Drs. 12 / 7656, S. 8; die Streichung des Worts „reklamehaft“ erfolgte in der 121. Sitzung des Rechtsausschusses des Deutschen Bundestages am 13. 4. 1994, vgl. Protokoll Nr. 121, S. 27.

654 *Kleine-Cosack,* BRAO, § 43 b, Rn. 8.

655 Vgl. OLG Köln, MDR 1998, S. 1505.

656 Vgl. OLG Frankfurt, BRAK-Mitt. 1999, S. 195.

lichkeitsgebot auch vereinbar sein, wenn Rechtsanwälte in angemessener Form mittels Aufschriften auf Taxis oder Linienbussen werben,[658] wobei die Frage, ob die Grenze zu einer reißerischen Werbung nicht überschritten ist, in jedem Einzelfall gesondert geklärt werden muß.

c) Verbot der auf Erteilung eines Auftrags im Einzelfall gerichteten Werbung

Unter dem Verbot von Werbung, die auf Erteilung eines Auftrags im Einzelfall gerichtet ist, muß richtigerweise das Werben um ein einzelnes Mandat verstanden werden.[659] Denkbar sind Fälle, in denen Rechtsanwälte versuchen, Unfallopfer gezielt als Mandanten zu gewinnen – besonders drastisch etwa der Fall der Giftgaskatastrophe von Bhophal / Indien.[660] Überrumpelungen und Irreführungen von Personen, die unter dem Eindruck eines Schockereignisses stehen, müssen vermieden werden. Vor solchen Akquisitionsmethoden schützen zwar auch die Vorschriften der §§ 1, 3 UWG, jedoch machen diese aus bereits genannten Gründen[661] eine berufsrechtliche Regelung nicht entbehrlich, weswegen das in § 43 b BRAO angeordnete Verbot von einzelfallbezogener Werbung grundsätzlich verhältnismäßig ist. Daß § 43 b BRAO allerdings keinen Raum für die Berücksichtigung von Sonderfällen läßt, stellt ein Defizit dar. Es gibt Konstellationen, in denen weder die Rechtspflege noch das Vertrauen der Bevölkerung auf die Stellung der Rechtsanwaltschaft gefährdet werden können. Eine derartige Situation liegt z. B. vor, wenn ein Rechtsanwalt in der Zeitung von steuerrechtlichen Auseinandersetzungen eines Großkonzerns mit den Finanzbehörden liest und dem betreffenden Unternehmen Mitteilung davon macht, zur Übernahme des Mandats bereit zu sein, etwa weil es in sein Spezialgebiet fällt.[662] Hier ist das Verbot der Werbung um ein einzelnes Mandat zum Schutz der fraglichen Rechtsgüter nicht geeignet und damit unverhältnismäßig.

d) Ergebnis und Vorschlag einer verfassungsgemäßen Neufassung

§ 43 b BRAO ist teilweise verfassungswidrig, soweit die Vorschrift nämlich in Fällen, in denen keine Gefahr für die Rechtspflege oder das Vertrauen der Bevölkerung auf die Stellung der Rechtsanwaltschaft besteht, die Vergabe von Werbege-

---

657 Vgl. OLG Celle, BRAK-Mitt. 1996, S. 46, 47; vgl. auch OLG Karlsruhe, NJW-RR 1992, S. 300.

658 A. A. AGH NRW, AnwBl. 1999, S. 557; LG Nürnberg-Fürth, MDR 1998, S. 1505 f.

659 Vgl. oben, Dritter Teil, C. IV. 1. c) dd).

660 Vgl. hierzu näher oben, Dritter Teil, C. IV. 1. c) dd).

661 Vgl. insbesondere oben, Dritter Teil, A. VI. 5.

662 Vgl. zu diesem Beispiel *Römermann*, in: Hartung / Holl, Berufsordnung, 2. Aufl., § 43 b BRAO, Rn. 32.

schenken und solche Werbung verbietet, die auf die Erteilung eines Einzelfallauftrags gerichtet ist; im Hinblick auf das Sachlichkeitsgebot läßt sich die Norm verfassungskonform auslegen.

Als Textfassung, die die Absicht des Normgebers, Werbung in Einzelfällen zu unterbinden, soweit dies verfassungsrechtlich möglich ist, berücksichtigt, bietet sich de lege ferenda folgende Lösung an, die aus Klarstellungsgründen auch Werbung, die über die Person des Anwalts unterrichtet, aufnimmt, die bei verfassungskonformer Interpretation der gültigen Normfassung bereits erlaubt ist: „Werbung ist dem Rechtsanwalt nur erlaubt, soweit sie über seine Person und Tätigkeit in Form und Inhalt sachlich unterrichtet. Werbemaßnahmen dürfen auf die Erteilung eines Auftrages im Einzelfall gerichtet sein, wenn hierdurch eine Gefahr für die Rechtspflege oder für das Vertrauen, das der Rechtsanwaltschaft als einem unabhängigen Organ der Rechtspflege von der Bevölkerung entgegengebracht wird, nicht entsteht. Die Vergabe von Werbegeschenken ist unter denselben Voraussetzungen möglich."

2. § 6 BORA: Werbung, einzelne Werbemaßnahmen

a) § 6 Abs. 1 BORA: Werbung

Die inhaltlich nahezu vollständig mit § 43 b BRAO übereinstimmende Norm kann ebenso wie § 43 b BRAO verfassungskonform ausgelegt werden. Das im Einzelfall verfassungswidrige Merkmal, die Werbung dürfe nicht auf die Erteilung eines Auftrags im Einzelfall gerichtet sein, enthält § 6 Abs. 1 BORA nicht. Positiv fällt auf, daß durch § 6 Abs. 1 BORA die Zulässigkeit von Informationen über die Person des Rechtsanwalts klargestellt wird.

b) § 6 Abs. 2 BORA: Praxisbroschüren und ähnliches

§ 6 Abs. 2 Satz 1 BORA erklärt Praxisbroschüren, Rundschreiben und andere vergleichbare Informationsmittel für zulässig. § 6 Abs. 2 Satz 1 BORA enthält keinen numerus clausus möglicher Werbeträger[663] und stellt daher keinen Eingriff in Grundrechte dar; gleichwohl besteht für die Vorschrift Erörterungsbedarf, da durch falsche Auslegungen der Norm Grundrechtsverletzungen durch Kammermaßnahmen oder Gerichtsentscheidungen verursacht werden können.

Bezüglich der Verteilung von Rundschreiben, also allgemein formulierten, ganz oder weitgehend gleichlautenden Briefen eines Anwalts an Mandanten oder einen größeren Personenkreis, die z. B. Informationen über die Kanzlei, aber auch neuere Rechtsentwicklungen enthalten können,[664] läßt sich schon aus dem Gesetzeswort-

---

663 Vgl. *Römermann*, in: Hartung / Holl, Berufsordnung, 2. Aufl., § 6 BO, Rn. 112.

laut eine früher vertretene Ansicht[665], die die Versendung auf bestimmte Anlässe beschränkte, nicht begründen. Für diese einschränkende Auslegung sprechen auch keine legitimen Argumente. Ein Anlaß für die Versendung ist vielmehr nicht nötig.[666]

Was mit „anderen vergleichbaren Informationsmitteln" gemeint ist, ist unklar. Nach neuerer Rechtsprechung des OLG Nürnberg sollen hierunter auch Zeitungsanzeigen zu verstehen sein, da diese in Verbreitung und Adressatenkreis den Praxisbroschüren und Rundschreiben ähnlich seien.[667] Fälle wie der zum Beleg dieser These zitierte, in dem eine Kanzleibroschüre 30.000 Adressaten zugestellt wurde,[668] dürften jedoch in der Praxis nur selten vorkommen. Ein wesentlicher Unterschied zwischen Zeitungen und Informationsbroschüren bzw. Rundschreiben liegt darin, daß letztere gezielt an einzelne Empfänger verschickt werden, der Kreis der Zeitungsleser jedoch – abgesehen von Dauerabonnenten – unbestimmt und auch unbestimmbar ist. Der Begriff „andere vergleichbare Informationsmittel" dürfte Zeitungen folglich nicht umfassen. Dieses Ergebnis wird auch durch eine teleologische Auslegung des § 6 Abs. 2 BORA gestützt. Mit dem Passus „andere vergleichbare Informationsmittel" wollte die Satzungsversammlung Raum für zukünftige Entwicklungen lassen.[669] Eine solche stellt z. B. das Internet dar,[670] dessen Seiten von möglichen Klienten aufgerufen werden müssen, um lesbar zu sein.

Hinzu kommt, daß unter Berücksichtigung der Berufsausübungsfreiheit auch hier der Grundsatz gelten muß, daß alles, was nicht ausdrücklich verboten ist, erlaubt sein muß.[671] Das Sachlichkeitsgebot erfaßt indes auch neue Medien: Als unzulässig werden zu Recht durch die Technik des Internets ermöglichte „Links" auf sachfremde Seiten angesehen,[672] es sei denn, eine Gefahr für die relevanten Schutzgüter ist ausgeschlossen.

Auch § 6 Abs. 2 Satz 2 BORA stellt strenggenommen keinen Eingriff in Grundrechte dar;[673] der Kreis der durch die Vorschrift von der Regelung des § 7 BORA

---

664 Vgl. *Feuerich/Braun*, BRAO, 5. Aufl., § 6 BO, Rn. 22; *Römermann*, in: Hartung/Holl, Berufsordnung, 2. Aufl., § 6 BO, Rn. 121.

665 Vgl. etwa OLG Karlsruhe, AnwBl. 1992, S. 492.

666 Vgl. *Römermann*, in: Hartung/Holl, Berufsordnung, 2. Aufl., § 6 BO, Rn. 122.

667 Vgl. OLG Nürnberg, NJW 2001, S. 2481, 2482 f.

668 Vgl. OLG München, NJW 2000, S. 2824.

669 Vgl. *Römermann*, in: Hartung/Holl, Berufsordnung, 2. Aufl., § 6 BO, Rn. 127.

670 Vgl. für Internetseiten eines Zahnarztes OLG Koblenz, NJW 1997, S. 1932 = MedR 1998, S. 29 m. Anm. *Heinrich*, S. 32 = ZIP 1997, S. 377 m. Anm. *Ring*, S. 381; zu Internetseiten von Rechtsanwälten vgl. *Scheuerl*, NJW 1997, S. 1291 ff.

671 Vgl. *Feuerich/Braun*, BRAO, 5. Aufl., § 6 BO, Rn. 4; *Römermann*, in: Hartung/Holl, Berufsordnung, 2. Aufl., § 6 BO, Rn. 56 f.

672 Vgl. *Scheuerl*, NJW 1997, S. 1291, 1293, der drastische Beispiele ausfindig gemacht hat: So hat etwa eine Einzelkanzlei mit Sitz in Hessen per „Link" auf eine „World Sex Guide"-Seite verwiesen.

673 Vgl. hierzu näher oben, B. I. 2. a), B. II. 2. a).

ausgenommenen Werbeträger sollte jedoch aus Klarstellungsgründen de lege ferenda erweitert werden: Der Geltungsbereich des § 7 BORA müßte dann nicht mittels verfassungskonformer Auslegung ermittelt werden,[674] was der Rechtssicherheit zugute käme. Aus Deutlichkeitsgründen bietet es sich an, die derart zu erweiternde Regelung des derzeitigen § 6 Abs. 2 Satz 2 BORA als einen neuen Absatz des § 7 BORA zu fassen.

c) § 6 Abs. 3 BORA: Angabe von Erfolgs- und Umsatzzahlen

Das durch § 6 Abs. 3 Satz 1 BORA angeordnete Verbot der Angabe von Erfolgs- und Umsatzzahlen soll Irreführungen verhindern. Aus oben genannten Gründen[675] können mit den Mitteln des Wettbewerbsrechts nicht alle Irreführungen wirksam und verhältnismäßig unterbunden werden, weshalb § 6 Abs. 3 Satz 1 BORA nicht etwa von vorneherein unverhältnismäßig ist.

Werbung mit Erfolgs- und Umsatzzahlen kann jedoch eine optimale Versorgung der Bevölkerung mit anwaltlichen Dienstleistungen und damit mittelbar die Effizienz der Rechtspflege gefährden: Rechtssuchende könnten dazu tendieren, sich an die umsatzstärkste Kanzlei zu wenden und Rechtsbeistände nicht nach ihrer Qualifikation, sondern ihrem wirtschaftlichen Erfolg auszuwählen. Entsprechende Werbung zu verbieten, ist geeignet und erforderlich zur Erreichung einer Verbesserung der Versorgung der Bevölkerung. Ob es Anwälten allerdings zumutbar ist, die Angabe von Erfolgs- und Umsatzzahlen zu unterlassen, erscheint zweifelhaft: Einerseits ist zwar der Verzicht auf die Angabe allein von wirtschaftlichen Daten nicht sehr schwerwiegend, zumal wenn man die Stellung des Anwalts als Rechtspflegeorgan bedenkt, dem man im Hinblick auf die Funktionsfähigkeit der Rechtspflege gewichtige Pflichten auferlegen können muß; andererseits aber ist das Interesse des rechtssuchenden Publikums an umfassender Information auch in diesem Bereich zu berücksichtigen. Einen Rechtsanwalt allein nach Umsatzzahlen auszusuchen, ist eine Wahltechnik, deren Unterstützung der Gesetzgeber legitimerweise unterlassen darf – bedenkt man seine grundsätzlich bestehende Freiheit in der Wahl der mit einer Norm verfolgten Ziele;[676] denkbar sind allerdings Fälle, in denen es dem Interesse potentieller Mandanten entspricht, z. B. aus Haftungsgründen eine besonders umsatzstarke Kanzlei auszusuchen. So ist ein Grund dafür, wieso Umsatzzahlen keinesfalls mitgeteilt werden dürfen, nicht erkennbar: Einem potentiellen Klienten, der sich nach Umsatzzahlen erkundigt, kann nicht unterstellt werden, er wisse nicht, daß diese Daten keine direkten Aussagen über die Qualität der Leistungen des von ihm bemühten Anwalts enthalten; einer solchen Vermutung liegt vielmehr das fragwürdige Bild eines unmündigen, hilflosen Bürgers zugrun-

---

674 Diese nimmt z. B. OLG Nürnberg, NJW 2001, S. 2481 ff., vor.

675 Vgl. v. a. Dritter Teil, A. VI.

676 Vgl. hierzu oben, D. V. 2.

de. In einer Reihe denkbarer Fallkonstellationen werden die schützenswerten Rechtsgüter durch Mitteilungen über Umsatzzahlen nicht beeinträchtigt; daß Rechtsanwälte nicht einmal auf Anfrage derartige Daten mitteilen dürfen, ist deswegen eine unangemessene Einschränkung von Grundrechten. De lege ferenda muß § 6 Abs. 3 Satz 1 BORA eine entsprechende Möglichkeit vorsehen. Die verfassungskonforme Neufassung der Vorschrift könnte so lauten: „Die Angabe von Erfolgs- und Umsatzzahlen ist auf Anfrage zulässig."

Daß gem. § 6 Abs. 3 Satz 2 BORA die Mitteilung von Mandanten – selbstverständlich bei deren Einwilligung, es gilt die anwaltliche Schweigepflicht, vgl. auch § 203 Abs. 1 Nr. 3 StGB – nur mit bestimmten Informationsmitteln und auf Anfrage zulässig ist, erscheint fragwürdig.

Dafür, die Werbung mit Mandanten von Anfragen abhängig zu machen, könnte eine Gefährdung des Vertrauens der Bevölkerung auf die Unabhängigkeit der Anwaltschaft von finanziellen Erwägungen sprechen; dieses Argument ist jedoch zur Rechtfertigung von Werbebeschränkungen nicht geeignet, da ein solches Vertrauen nicht schutzwürdig ist: Wie behandelt, ist es Freiberuflern nicht verboten, nach Gewinn zu streben.[677]

Eine Gefahr für das Vertrauen auf die Rechtsanwaltschaft als Organ der Rechtspflege besteht in der Angabe von Mandanten als solcher ebenfalls nicht; allenfalls durch eine prahlerische Präsentation dieser Daten kann solches Vertrauen gefährdet werden. Reißerischen Werbemaßnahmen – z. B.: „Die erfolgreichste Prominentenkanzlei Bayerns; wir haben bereits vertreten: Seine Exzellenz Herrn Konsul von und zu XY, Frau Geheimrätin Edle zu Sonnenberg, ..." – wird jedoch schon durch das Sachlichkeitsgebot ein Riegel vorgeschoben. Die Beschränkung solcher Werbung durch das gegenwärtig bestehende Erfordernis einer Anfrage kann derartige Übertreibungen nicht verhindern. Stärker noch als die Angabe von Umsatzzahlen kann die Nennung von Mandanten andererseits Informationen enthalten, die zur Auswahl des für eine Rechtssache geeigneten Anwalts hilfreich sind: Ist z. B. bekannt, daß ein Spitzensportler steuerrechtliche Probleme hat, und wirbt ein Anwalt damit, diesen Sportler zu vertreten, kann man dieser Werbung mittelbar eine Information über bevorzugt steuerrechtliche Tätigkeit des Rechtsanwalts entnehmen. Die Vorschrift greift daher in zum Schutz der Versorgung der Bevölkerung und damit der Funktionsfähigkeit der Rechtspflege nicht geeigneter Weise in Grundrechte der Rechtsanwälte ein.[678]

§ 6 Abs. 3 Satz 2 BORA ist deswegen verfassungswidrig. Als verfassungskonforme Neufassung bietet sich de lege ferenda folgende Lösung an: „Hinweise auf Mandate und Mandanten sind zulässig, soweit der Mandant ausdrücklich eingewilligt hat."

---

677 Vgl. hierzu die Ausführungen zur Kommerzialisierungsthese oben, E. VI. 1. c) bb).

678 Im Ergebnis ähnlich *Römermann*, in: Hartung / Holl, Berufsordnung, 2. Aufl., § 6 BO, Rn. 149 f.; kritisch zur Werbung mit Namen von Mandanten hingegen *Streck*, NJW 2001, S. 3605 f.

d) § 6 Abs. 4 BORA: Werbung durch Dritte

Daß dem Rechtsanwalt durch § 6 Abs. 4 BORA verboten wird, an einer Werbung mitzuwirken, die ihm selbst nicht erlaubt ist, ist verfassungsrechtlich unbedenklich.[679] § 6 Abs. 4 BORA darf allerdings nicht so ausgelegt werden, daß der Anwalt alles tun müsse, um solche Werbemaßnahmen zu unterbinden. Hierin läge ein unzumutbarer Grundrechtseingriff.

3. § 7 BORA: Interessen- und Tätigkeitsschwerpunkte

§ 7 Abs. 1 BORA regelt die Angabe von Tätigkeits- und Interessenschwerpunkten. Daß die Vorschrift nur für den Rechtsanwalt als Person, nicht aber für die Kanzlei als solche gilt,[680] ist das Ergebnis einer systematischen Auslegung: In § 6 BORA, der Grundregelung des anwaltlichen Werberechts in der Berufsordnung, wird bestimmt, daß „der *Rechtsanwalt*" über „*seine*" Dienstleistung informieren dürfe. Diese Auslegung scheint jedoch nicht allgemein anerkannt zu sein, was daran deutlich wird, daß die Problematik in der Rechtsprechung immer wieder problematisiert werden muß.[681] Eine Klarstellung, daß die Beschränkung des § 7 Abs. 1 BORA für die Werbung für die Kanzlei als solche nicht gilt, wäre de lege ferenda erstrebenswert. Hierdurch würde auch das Bedürfnis großer Kanzleien, ihr gesamtes Leistungsspektrum der Öffentlichkeit bekanntzumachen,[682] ein für allemal explizit anerkannt werden.

Desweiteren fragt sich, ob die zahlenmäßige Beschränkung auf drei Tätigkeits- und insgesamt fünf Schwerpunkte geeignet ist, die angestrebte Verhinderung von Irreführungen zu erreichen: So hängt es nicht (alleine) von der Anzahl der Schwerpunkte ab, ob ein Rechtsanwalt in der Lage ist, diese tatsächlich zu beherrschen.[683] Gibt ein Anwalt beispielsweise als Tätigkeitsschwerpunkte „Bürgerliches und Öffentliches Recht" an, kann darin eine größere Irreführung liegen, als wenn er acht Schwerpunkte aus dem Familienrecht nennen würde.[684] Der Funktionsfähigkeit der Rechtspflege und der Versorgung der Allgemeinheit mit rechtsanwaltlichen Leistungen wäre es dienlicher, wenn ein Klient den für ihn geeigneten Anwalt

---

679 Vgl. im Hinblick auf Steuerberater auch *Henssler,* ZIP 1996, S. 485, 486: „Eine aufdringliche und unsachliche Werbung durch Dritte muß der Steuerberater dagegen unterbinden."

680 Vgl. zuletzt OLG Nürnberg, NJW 2001, S. 2481.

681 Vgl. BGH, NJW 2001, S. 1573 = AnwBl. 2001, S. 296; OLG Nürnberg, NJW 2001, S. 2481.

682 Vgl. zu diesem Bedürfnis näher OLG Nürnberg, NJW 2001, S. 2481, 2483.

683 Vgl. *Römermann,* in: Hartung / Holl, Berufsordnung, 2. Aufl., § 7 BO, Rn. 47.

684 Vgl. auch *Busse,* BRAK-Mitt. 2001, S. 65, 67, demzufolge die Behauptung eines Rechtsanwalts, der berufene Berater in allen Rechtsangelegenheiten zu sein, „unter wettbewerbsrechtlichen Gesichtspunkten verboten werden müsste, wenn sie nicht im Gesetz stünde."

schneller als bisher finden würde, was möglich wäre, wenn man statt einer zur Angabe von eher zu großen Bereichen motivierenden absoluten Zahlenbeschränkung eine flexiblere Regelung fände; die gegenwärtige starre Regelung über die Höchstzahl der angebbaren Schwerpunkte ist nicht geeignet, Irreführungen zu vermeiden,[685] auch wenn man bedenkt, daß die zahlenmäßige Beschränkung der angebbaren Schwerpunkte gem. § 6 Abs. 2 BORA nicht für Praxisbroschüren und andere vergleichbare Informationsmittel gilt.[686] Die neuerdings vom BVerfG vorgenommene Unterscheidung zwischen Tätigkeitsschwerpunkten bzw. Fachanwaltsbezeichnungen im engeren Sinne und Dienstleistungen, die im Rahmen eines Tätigkeitsschwerpunktes bzw. einer fachanwaltlichen Tätigkeit erbracht werden,[687] ermöglicht zwar die Angabe von mehr als insgesamt 5 Bereichen; unklar ist indes, wie umfangreich die genannten Dienstleistungsbereiche sein dürfen, um noch als im Rahmen eines Tätigkeitsschwerpunktes bzw. einer fachanwaltlichen Tätigkeit liegend angesehen werden zu können, außerdem, wie viele solcher Dienstleistungen aufgeführt werden dürfen. Wegen seiner mangelnden Eignung zur Vermeidung von Irreführungen ist § 7 Abs. 1 BORA verfassungswidrig.

Nicht zutreffend ist es hingegen, daß durch die Unterscheidung von Tätigkeits- und Interessenschwerpunkten das Vertrauen der Bevölkerung in jegliche Zusatzbezeichnung deswegen gestört wird, weil der Rechtssuchende den Unterschied zwischen den einzelnen Schwerpunkten und der Bezeichnung „Fachanwalt" nicht erkennen könnte.[688] Die drei Begriffe sind aus sich heraus leicht verständlich. Daß der wirtschaftliche Wert des Erwerbs einer Fachanwaltsbezeichnung durch die Möglichkeit der Angabe von Schwerpunkten eventuell gemindert wird,[689] ist keine verfassungsrechtliche, sondern eine lediglich rechtspolitische Problematik. An der aus Gründen der Information des Publikums über den Grad der Wissensvertiefung eines Rechtsanwalts auf einem bestimmten Gebiet sinnvollen Unterscheidung zwischen Interessensschwerpunkten, Tätigkeitsschwerpunkten und Fachanwaltsbezeichnungen sollte daher generell festgehalten werden. Aus dieser Unterscheidung ergibt sich entgegen dem Verständnis der These der „Qualifikationsleiter" durch das BVerfG[690] nicht, daß nur solche Tätigkeitsbereiche als Schwerpunkte genannt werden können, die sich für die Schaffung von Fachanwaltsbezeichnungen eignen würden (vgl. § 59 Abs. 2 Nr. 2 lit. a BRAO). Vielmehr ist die Größe der angebba-

---

685 Vgl. auch *Römermann,* in: Hartung/Holl, Berufsordnung, 1. Aufl., § 7 BO, Rn. 29: „Es ist schon mehr als blauäugig, anzunehmen, daß durch die Maximalgrenze von *drei Tätigkeitsschwerpunkten* sichergestellt werden könnte, daß der Anwalt diese Rechtsgebiete auch *tatsächlich beherrscht*" [Hervorhebungen im Original]; an entsprechender Stelle der 2. Aufl. (§ 7 BO, Rn. 32) ist die Formulierung abgemildert; inhaltlich hat sich an der Auffassung *Römermanns* jedoch nichts geändert.

686 Vgl. hierzu *Deichfuß,* AnwBl. 2001, S. 108, 109 f.

687 Vgl. BVerfG, NJW 2001, S. 2620.

688 So aber *C. Meyer,* ZRP 1998, S. 423, 424 ff.

689 Vgl. *C. Meyer,* ZRP 1998, S. 423, 424.

690 Vgl. BVerfG, NJW 2001, S. 2620.

ren Schwerpunkte unklar und regelungsbedürftig, will man tatsächlich an einer zahlenmäßigen Obergrenze festhalten.

Als Vorschlag einer verfassungskonformen Regelung bietet sich die Schaffung eines Punktesystems für zu nennende Rechtsgebiete an: Je nach Umfang erhalten die einzelnen Bereiche unterschiedliche Werte (z. B. „Bürgerliches Recht" oder „Öffentliches Recht" jeweils 15 Punkte, hingegen „Familienrecht" oder „Wettbewerbsrecht" nur 5 Punkte; „Erbscheinverfahren" 0,5 Punkte); die anzustrebende Regelung müßte einen nahezu vollständigen Katalog der relevanten Rechtsgebiete und eine Punkteobergrenze enthalten, über die hinaus die Angabe von entsprechend bewerteten Schwerpunktgebieten nicht zulässig wäre (für die Beispielswerte etwa 20 Punkte, sodaß maximal ein umfangreiches und ergänzend einige kleinere Rechtsgebiete, oder aber eine hohe Anzahl kleinster Bereiche genannt werden könnten). Die von der Satzungsversammlung angestrebte Unterscheidung von Interessen- und Tätigkeitsschwerpunkten[691] könnte hierbei aufrechterhalten werden.

Die Regelung des § 7 Abs. 2 BORA verlangt, daß Tätigkeitsschwerpunkte nur benennen darf, wer „nach der Zulassung mindestens zwei Jahre" auf dem benannten Gebiet nachhaltig tätig gewesen ist. Daß die Tätigkeit auf dem Schwerpunktgebiet gerade als Rechtsanwalt erfolgt sein muß, ist zur Erhaltung der Funktionsfähigkeit der Rechtspflege sowie des Vertrauens der Bevölkerung auf die Stellung der Anwaltschaft als ein Teil der Rechtspflege zwar geeignet, aber nicht erforderlich: Die Angabe des Tätigkeitsschwerpunktes „Baurecht" z. B. durch einen früheren Verwaltungsrichter mit langjähriger Erfahrung, der Rechtsanwalt geworden ist, stellt keine Gefahr für die genannten Rechtsgüter dar. Auch eine Irreführung liegt in solchen Fällen nach der Rechtsprechung nicht vor, da der Begriff „Tätigkeitsschwerpunkt" nicht zwangsweise auf eine Tätigkeit als Rechtsanwalt schließen läßt;[692] zur Vermeidung von Mißverständnissen könnte eine Neuregelung diesbezüglich eine Pflicht zur Klarstellung vorsehen, was gegenüber einem kompletten Verbot der Angabe von Tätigkeitsschwerpunkten innerhalb der ersten zwei Jahre nach Zulassung ein milderes Mittel darstellte.

Daß die Regeln des Berufsrechts, somit auch § 7 Abs. 2 BORA, nicht schon deswegen nicht erforderlich sind, weil die durch sie geregelten Sachverhalte auch vom Wettbewerbsrecht erfaßt werden, wurde bereits angesprochen.[693]

---

691 Dazu, daß die Satzungsversammlung diese Unterscheidung anstrebt, vgl. *Finzel*, BRAK-Mitt. 2001, S. 68.

692 Vgl. BGH, AnwBl. 1994, S. 418, 419: „Die Mitteilung des Bekl. über seine speziellen Tätigkeitsschwerpunkte im öffentlichen Recht gibt dem Rechtssuchenden konkrete Anhaltspunkte, in welchem bestimmten rechtlichen Bereich er mit speziellen Kenntnissen des Bekl. rechnen könne; [...]."

693 Vgl. aber im Hinblick auf § 6 des Entwurfs einer Berufsordnung, der dem heutigen § 7 Abs. 2 BORA entspricht, *Anton Braun*, in: Herrmann / Backhaus (Hrsg.), Staatlich gebundene Freiberufe im Wandel, S. 171, 187: „Nach § 6 [sc. Entwurf, d. Verf.] darf er [sc. der Rechtsanwalt, d. Verf.] nur drei Tätigkeitsschwerpunkte benennen, er muß mindestens zwei Jahre

Das Erfordernis einer genau zweijährigen Tätigkeit erweist sich auch unter Beachtung eines Vorrangs normgeberischer Einschätzung der Erforderlichkeit einer Vorschrift als unverhältnismäßig: In Einzelfällen muß es Anwälten ermöglicht werden, einen Tätigkeitsschwerpunkt nach kürzerer Beschäftigung mit dem jeweiligen Bereich anzugeben, so etwa dann, wenn ein Anwalt in einer Kanzlei von vorneherein nur Fälle aus einem Rechtsgebiet zu behandeln hat und sich ein Tätigkeitsschwerpunkt schon früher als nach zwei Jahren herausbildet.

Für die Möglichkeit einer verfassungskonformen Auslegung der Norm ist kein Raum, weswegen § 7 Abs. 2 BORA verfassungswidrig ist.[694] Eine verfassungsgemäße Lösung läge in einer Abschaffung der Frist, nach deren Ablauf Tätigkeitsschwerpunkte benannt werden dürfen, sowie in einem Verzicht auf das Merkmal, als Rechtsanwalt tätig gewesen sein zu müssen: „Tätigkeitsschwerpunkte darf nur benennen, wer auf dem benannten Gebiet nachhaltig tätig ist.“

4. § 8 BORA: Kundgabe beruflicher Zusammenarbeit

§ 8 Satz 2 BORA enthält keinen Grundrechtseingriff und ist daher grundrechtlich unbedenklich. Darin, daß § 8 Satz 1 BORA mittelbar verbietet, Einzelfallkooperationen anzugeben und Hinweise auf freie Mitarbeiter zu machen, die nicht gem. § 59 a BRAO sozietätsfähig sind, könnte ein Verstoß gegen das Übermaßverbot liegen. Wenn über den wahren Sachverhalt aufgeklärt wird – sei es darüber, daß eine Kooperation nicht dauerhaft ist, oder darüber, daß ein Rechtsreferendar freier Mitarbeiter ist –, stehen Belange der Rechtspflege einer solchen Angabe nicht entgegen; die genaue Information hierüber könnte sogar einer besseren Versorgung der Bevölkerung mit anwaltlichen Dienstleistungen dienlich sein. § 8 Abs. 2 BORA erweist sich folglich als nicht erforderlicher Eingriff in Grundrechte des Rechtsanwalts. Für eine verfassungskonforme Auslegung ist kein Raum, weswegen die Vorschrift verfassungswidrig ist.

Eine grundgesetzkonforme Fassung der Regelung könnte wie folgt lauten: „Auf eine gemeinschaftliche Berufsausübung darf hingewiesen werden, wenn sie in einer Sozietät oder in sonstiger Weise (Anstellungsverhältnis, freie Mitarbeit) mit sozietätsfähigen Personen im Sinne des § 59 a BRAO erfolgt; liegen diese Voraussetzungen nicht vor, muß dies bei der Angabe gemeinschaftlicher Berufsausübung deutlich hervorgehoben werden.“

---

auf diesem Gebiet nachhaltig tätig gewesen sein. Selbstverständlichkeiten des Wettbewerbsrechts.“

694 Vgl. hierzu *Römermann,* in: Hartung / Holl, Berufsordnung, 2. Aufl., § 7 BO, Rn. 61.

5. § 9 BORA: Kurzbezeichnungen

Deswegen, weil § 9 Abs. 1 BORA die Europäische Wirtschaftliche Interessenvereinigung (EWIV) nicht berücksichtigt, verstößt die Norm gegen Art. 5 lit. a EWG-VO 2137/85 i. V. m. § 2 Abs. 2 Nr. 1 des deutschen Ausführungsgesetzes und ist teilweise nichtig.[695]

§ 9 Abs. 2 BORA enthält keinen Grundrechtseingriff und ist im Hinblick auf Grundrechte unbedenklich. Daß gem. § 9 Abs. 3 BORA von Anwaltszusammenschlüssen keine anderen als solche Zusätze verwendet werden dürfen, die auf die gemeinschaftliche Berufsausübung hinweisen, ist eine unverhältnismäßige Einschränkung einschlägiger Grundrechte: einzelne Zusätze können informativen Gehalt haben (z. B. „Kartellrechtssozietät"); zur Erreichung einer optimal funktionierenden Rechtspflege und einer effizienten Versorgung der Bevölkerung mit anwaltlichen Leistungen ist das Verbot ergänzender Zusätze ungeeignet. § 9 Abs. 3 BORA könnte insgesamt weggelassen werden; der Rechtssicherheit dienlicher wäre es aber, die Norm so zu fassen: „Die Kurzbezeichnung darf auch andere als auf die gemeinschaftliche Berufsbezeichnung hinweisende Zusätze enthalten."

6. § 10 BORA: Briefbögen

Normzweck des § 10 BORA, der die obligatorischen und fakultativen Angaben auf Briefbögen regelt, ist die Information des Publikums und der Schutz vor Irreführung.[696] Die beiden Schutzzwecke sind anerkennenswert; es fragt sich jedoch, ob die in § 10 Abs. 1 BORA festgelegte Notwendigkeit der Angabe sämtlicher Gesellschafter mit mindestens einem ausgeschriebenen Vornamen erforderlich und im Hinblick auf Großkanzleien ggf. zumutbar ist; die erste Seite von Briefbögen solcher Kanzleien führt häufig in erster Linie Mitarbeiter, Kanzleiorte u. a. auf, die Anrede des Adressaten paßt meist gerade noch ans untere Ende der Seite; bei Wechseln von Teilhabern ist der organisatorische und finanzielle Aufwand, sämtliche Briefbögen neu drucken zu lassen, mitunter beträchtlich.[697]

In Anbetracht dieser Schwierigkeiten bietet sich als milderes Mittel zur Schaffung von Transparenz eine Vorschrift an, derzufolge eine Mitarbeiterliste jederzeit ohne Schwierigkeiten per Post oder Internet verfügbar gemacht werden müßte. Allerdings ist eine gewisse Hemmschwelle möglicher Mandanten in Rechnung zu stellen, die Mitgliederliste in der Kanzlei einzusehen oder anzufordern,[698] weswegen dieses mildere Mittel nicht gleich wirkungsvoll wäre wie die jetzige Regelung; diese erweist sich damit als erforderlich.

---

695 Vgl., auch für Fundstellennachweise, die Ausführungen zur materiellen Rechtmäßigkeit des § 9 BORA, D. V. 1. b).

696 Vgl. *Römermann,* in: Hartung / Holl, Berufsordnung, 2. Aufl., § 10 BO, Rn. 16 ff., 29.

697 Vgl. näher AnwGH Hamburg, NJW 2001, S. 2553, 2555.

698 Vgl. AnwGH NRW, NJW 2001, S. 2555, 2556.

Für Großkanzleien ist die gegenwärtige Regelung jedoch unter Abwägung aller Umstände nicht zumutbar. Bedenkt man, daß solche Kanzleien überwiegend von Kunden in Anspruch genommen werden, die in der Regel über modernste Kommunikationsmittel wie Internet u. ä. verfügen, mit denen Informationen auch anonym eingeholt werden können (große Unternehmen, Geschäftsleute etc.), erscheint die Pflicht, sämtliche Gesellschafter auf den Briefbögen nennen zu müssen, als eine unverhältnismäßige Einschränkung betroffener Grundrechte. Im Hinblick auf Großkanzleien ist eine Neufassung des § 10 BORA notwendig. Idealerweise sollte diese Neufassung Kriterien wie die Zahl und den Grad der Fluktuation der Gesellschafter, den Kundenkreis (Geschäfts- oder Privatkunden?) berücksichtigen; in der Realität ist dies allerdings nicht möglich. Hier bietet es sich an, Rechtsanwaltskanzleien ab einer bestimmten Größe von der Pflicht, alle Beschäftigten auf dem Briefbogen aufzuführen, zu entbinden, und stattdessen eine Pflicht zu statuieren, eine aktuelle Liste der Teilhaber und angestellten Rechtsanwälte im Internet oder auf Abruf postalisch zur Verfügung zu stellen.

7. § 29 Abs. 1 BORA i. V. m. Nr. 2.6 CCBE-Berufsregeln: Berufsordnung und CCBE-Berufsregeln

§ 29 Abs. 1 BORA erklärt für Fälle des grenzüberschreitenden Rechtsverkehrs die Berufsregeln des CCBE für vorrangig anwendbar, jedoch nur, soweit sie nicht europäischem Recht oder deutschem Standes-, Gesetzes- oder Verfassungsrecht widersprechen. Ausdrücklich wird also festgelegt, daß es durch die CCBE-Berufsregeln nicht zu Grundrechtsverletzungen kommen darf, weswegen der Vorschriftenkomplex insgesamt verfassungsmäßig ist.

Nr. 2.6.1 CCBE-Berufsregeln enthält lediglich eine Kollisionsvorschrift: Ist das Recht des Aufnahmestaates strenger als das des Herkunftsstaates des Rechtsanwalts, muß er dieses strengere Recht beachten; ist es allerdings liberaler als das seiner Heimatberufsorganisation, hat der Rechtsanwalt das Recht seines Herkunftsstaates zu beachten. Gegen diese Regelung bestehen im Hinblick auf die Übereinstimmung mit deutschem Verfassungsrecht keine Bedenken: Durch den Hinweis in § 29 Abs. 1 BORA ist nur solches strengere Recht anzuwenden, das nicht gegen Grundrechte des Rechtsanwalts verstößt; wenn deutsches Standesrecht angewendet wird, ist nicht der Verweis auf dieses, sondern möglicherweise die einschlägige Norm des Standesrechts selbst verfassungswidrig.

8. § 5 Abs. 2 Satz 2 EuRAG: Bezeichnung „europäischer Rechtsanwalt"

Die Norm schreibt vor, daß die Bezeichnung „Europäischer Rechtsanwalt" weder als Berufsbezeichnung noch in der Werbung verwendet werden darf. § 5 Abs. 2 Satz 2 EuRAG ist geeignet, Fehlvorstellungen über die Qualifikation von i. S. d.

Gesetzes „europäischen Anwälten" vorzubeugen: Möglicherweise entwickelte sich beim Publikum nämlich die Auffassung, es handele sich bei „europäischen Anwälten" um Rechtsanwälte, die eine besondere Befähigung im Bereich des Europarechts aufweisen. Die Norm ist auch erforderlich: Mit dem Verbot der Irreführung gem. § 3 UWG allein könnte auch bei Anerkennung einer umfassenden Prozeßführungsbefugnis der Rechtsanwaltskammern gem. § 13 Abs. 2 Nr. 2 UWG nur schwer gegen einen im Sinne des § 1 EuRAG europäischen Rechtsanwalt vorgegangen werden, der sich der Bezeichnung „europäischer Rechtsanwalt" bediente; hierin läge wohl kaum eine Irreführung des Publikums, erst recht nicht, wenn der Rechtsanwalt vielleicht sogar ausdrücklich auf das EuRAG hinwiese.

Bedenkt man, daß § 5 Abs. 2 Satz 2 EuRAG der optimalen Versorgung des Publikums mit rechtsanwaltlichen Dienstleistungen dient, ist die Einschränkung Anwälten auch zumutbar.

IV. Die Werbebeschränkungen für Ärzte

Lediglich zwei Argumente können als eigenständige legitime Ziele für die Rechtfertigung von Werbebeschränkungen bei Ärzten anerkannt werden: (a) der Schutz der Gesundheit der Bevölkerung und (b) die Sicherstellung einer optimalen Versorgung der Bevölkerung mit medizinischen Dienstleistungen.

Das Argument „Schutz der ungehinderten Erfüllung der Aufgaben des Arztes" kann nur insoweit herangezogen werden, als diese Aufgabenerfüllung dem Schutz der Gesundheit der Bevölkerung dienlich ist, hat gegenüber dem Argument „Schutz der Gesundheit der Bevölkerung" also keine eigenständige Bedeutung.

1. § 27 Abs. 1 BayBOÄ: erlaubte sachliche Information – berufswidrige Werbung

§ 27 Abs. 1 Satz 1 BayBOÄ erlaubt sachliche Informationen über die Tätigkeit des Arztes, Satz 2 verweist für den Gebrauch gewisser Informationsmedien auf Kap. D I Nr. 2 bis 5 BayBOÄ. § 27 Abs. 1 Sätze 3, 4 BayBOÄ ergänzen Satz 1, indem sie bestimmen, daß berufswidrige Werbung verboten ist, worunter insbesondere anpreisende, irreführende oder vergleichende Werbemaßnahmen zu verstehen seien.

Ob Überlegungen zu Werbebeschränkungen für Rechtsanwälte auch auf diejenigen für Ärzte übertragen werden können, ist zweifelhaft.[699] Die Frage kann jedoch deswegen bejaht werden, weil ein generelles Vorrangverhältnis der durch Regelungen für beide Berufe primär geschützten Rechtsgüter – Schutz der Rechtspflege

---

699 Vgl. z. B. Hans. OLG Hamburg, MedR 1997, S. 177, 179.

einerseits, Aufrechterhaltung der Gesundheit der Bevölkerung andererseits – nicht besteht. Der oben dargestellten[700] Auslegung des § 43 b BRAO entsprechend muß auch § 27 Abs. 1 Satz 1 BayBOÄ verfassungskonform so verstanden werden, daß der Arzt nicht nur über seine Tätigkeit, sondern auch über seine Person informieren darf; bei allen freien Berufen ist die Leistungserbringung besonders stark persönlichkeitsbezogen, sodaß sich eine Trennung zwischen Persönlichkeitsmerkmalen, die tätigkeitsbezogen sind, und solchen, die nicht tätigkeitsbezogen sind, nicht klar ziehen läßt.

Das Sachlichkeitsgebot als solches ist zur Aufrechterhaltung der Gesundheit der Bevölkerung geeignet, nicht aber in jedem Fall erforderlich; ähnliches gilt im Hinblick auf die optimale Versorgung der Bevölkerung. Da ein nur sehr entfernter Kausalzusammenhang zwischen ärztlicher Werbung und möglichen Gefahren für die Gesundheit oder für die optimale Versorgung der Bevölkerung besteht,[701] muß bei Anwendung der Norm die Erforderlichkeit bzw., wenn sich das Verbot einer Werbemaßnahme als erforderlich erweist, die Angemessenheit in jedem Einzelfall geprüft werden. Methodisch liegt in dieser Reduktion des Sachlichkeitsgebotes eine verfassungskonforme Interpretation.

Da § 27 Abs. 1 Satz 1 BayBOÄ im Hinblick auf Informationen über die Person des Arztes und das Sachlichkeitsgebot verfassungskonform ausgelegt werden kann, verstößt die Norm nicht gegen das Grundgesetz.

Der das Sachlichkeitsgebot ergänzende Hinweis in Satz 3, verboten sei „berufswidrige Werbung", ist begrifflich fragwürdig: Das Wort „berufswidrig" erinnert an unzulässige Berufsbildargumentationen und sollte besser aufgegeben werden. Auch das Verbot „anpreisender Werbung" in Satz 4 ist bedenklich, da es einen Anknüpfungspunkt für unzulässige Argumentationen mit der Kommerzialisierungsthese bietet. Die Sätze 3 und 4 sind zur Erreichung der anzustrebenden Ziele nicht erforderlich und deswegen verfassungswidrig.

Anhand der genannten Kriterien lassen sich die folgenden unter § 27 Abs. 1 Satz 1 BayBOÄ subsumierbaren[702] Fälle entscheiden; hieran soll beispielhaft aufgezeigt werden, welche Werbemaßnahmen bei verfassungskonformer Auslegung des § 27 Abs. 1 Satz 1 BayBOÄ erlaubt sind.

a) Rundschreiben

Rundschreiben an frühere und gegenwärtige Patienten des Arztes werden von der Rechtsprechung für zulässig gehalten.[703] Hierfür spricht allerdings weniger das

700 Vgl. III. 1.

701 Vgl. *Papier/Petz*, NJW 1994, S. 1553, 1560.

702 Vgl. auch oben, Dritter Teil, D. III. 3.

703 Vgl. LBG für Ärzte Bad.-Württ., MedR 1996, S. 387.

von der Literatur angeführte Argument, der jeweilige Adressat eines Rundschreibens müsse zur Kenntnisnahme der Informationen selbst aktiv werden, indem er den Umschlag öffne;[704] ist dem Umschlag nur der Absender zu entnehmen, etwa der Hausarzt des Empfängers, muß der Adressat nicht zwingend mit einer Werbesendung rechnen (es könnte sich ja auch um eine Rechnung handeln), sodaß die Kenntnisnahme des Inhalts psychologischen Zwängen unterliegt. Entscheidend für die Zulässigkeit von Rundschreiben spricht vielmehr, daß diese keine Rechtsgüter gefährden.

Ein legitimer Grund dafür, daß nach § 27 Abs. 1 Satz 1 BayBOÄ nicht auch Dritte angeschrieben werden dürfen sollen, ist nicht ersichtlich: Zum einen läßt sich z. B. die Ankündigung einer Praxiseröffnung mittels einer Postwurfsendung nur schwerlich nicht unter den Wortlaut der Vorschrift („sachliche Information“) subsumieren;[705] zum anderen stellen Rundschreiben als solche keine Gefahr für die zu schützenden Rechtsgüter dar, wenn sie inhaltlich und formal dem Sachlichkeitsgebot entsprechen.

b) Rundfunk- und Fernsehwerbung

Werbung eines Arztes im Fernsehen oder per Radio ist nicht per se als unsachlich zu werten: Ein genereller Ausschluß eines Mediums als potentieller Werbeträger ist nicht zulässig.[706] Aufgrund der Möglichkeiten zur suggestiven Beeinflussung der Zuschauer ist bei Werbespots im Fernsehen oder Radio die Gefahr, die Grenze zur Unsachlichkeit hin zu überschreiten, jedoch besonders groß; die für beide Medien charakteristische Vergänglichkeit der Botschaft und die wegen mitunter immenser Kosten gebotene zeitliche Kürze der Sendungen verleitet leicht zu reißerischen Anpreisungen, weswegen der Einzelfallprüfung hier besondere Bedeutung zukommt.

c) Empfänge, Vernissagen und ähnliche Veranstaltungen

Im Hinblick auf Veranstaltungen differenziert die Rechtsprechung ähnlich wie bei Rundschreiben nach den angesprochenen Personenkreisen. Als zulässig wurde die Durchführung einer Kunstausstellung für bisherige Patienten angesehen,[707] be-

---

704 Vgl. *Bonvie,* MedR 2000, S. 195.

705 Das Bezirksberufsgericht für Ärzte Freiburg (Urt. v. 12. 11. 1980 – 5/80 –, *Luyken,* Entscheidungssammlung, A.2.13 Nr. 2.12) hat jedoch eine solche Ankündigung für unzulässig gehalten.

706 Vgl. BVerfGE 94, 372, 392 (betr. Werbebeschränkungen für Apotheker); vgl. für Rechtsanwälte OLG Nürnberg, NJW 1999, S. 2126.

707 Dies läßt sich mittelbar folgender Entscheidung entnehmen: BG für Heilberufe beim VG Frankfurt, Urt. v. 10. 7. 1979 – BG 3/77 –, *Luyken,* Entscheidungssammlung, A.2.13

reits die Ankündigung eines für die Allgemeinheit ausgerichteten „Tags der offenen Tür" hingegen wurde als unzulässig bewertet.[708] Bedenkt man, wie entfernt der Kausalzusammenhang zwischen Werbung, Verunsicherung von Patienten und Gefahren für die Gesundheit der Bevölkerung ist, stellt sich die Frage, ob ein solcher „Tag der offenen Tür" – vorausgesetzt, er wird zu sachlicher Information der Besucher genutzt – grundsätzlich als unzulässig eingestuft werden muß: Lädt ein neu niedergelassener Arzt die Bewohner der näheren Umgebung ein – die gegenwärtig möglicherweise zum größten Teil gesund sind und daher auch nicht unter dem Druck stehen, einen Arzt auswählen zu müssen –, bestehen nur ganz entlegene Gefahren für die betroffenen Schutzgüter. Andererseits können sich Nachbarn über das Leistungsangebot des neuen Arztes informieren, um diesen gegebenenfalls – vielleicht sogar in Notfällen – aufzusuchen, womit der Versorgung der Bevölkerung mit ärztlichen Leistungen gedient wird. Aus § 27 Abs. 1 Satz 1 BayBOÄ ein Verbot von „Tagen der offenen Tür" herleiten zu wollen, stellt eine unangemessene Einschränkung ärztlicher Grundrechte dar.

d) Ergebnis zu § 27 Abs. 1 BayBOÄ

§ 27 Abs. 1 Satz 1 BayBOÄ kann verfassungskonform ausgelegt werden und steht deswegen in Einklang mit dem Grundgesetz. § 27 Abs. 1 Satz 2 BayBOÄ ist lediglich eine Verweisungsnorm und als solche verfassungsgemäß. § 27 Abs. 1 Sätze 3, 4 BayBOÄ sind nicht erforderlich und deswegen verfassungswidrig; de lege ferenda müssen die Sätze 3 und 4 entfallen.

2. § 27 Abs. 2 BayBOÄ: Werbung durch Dritte

a) § 27 Abs. 2 Sätze 1, 3 BayBOÄ: Regelfälle der Werbung durch Dritte

aa) Allgemeines zu § 27 Abs. 2 Sätze 1, 3 BayBOÄ

§ 27 Abs. 2 Satz 1 BayBOÄ verbietet es dem Arzt, berufswidrige Werbung durch andere weder zu veranlassen noch zu dulden. Der Begriff „berufswidrig" bezieht sich auf Abs. 1 der Norm, sollte jedoch zur Verhinderung eines unzulässigen Gebrauchs von Berufsbildargumenten vermieden werden.[709] Unter berufswidriger Werbung ist, bedenkt man den Regelungszweck des § 27 Abs. 1 BayBOÄ, jede

---

Nr. 15, wonach gerade die Ausdehnung des Besucherkreises auf solche Personen, die noch nicht bei den Beschuldigten in Behandlung waren, als unrechtsbegründend angesehen wurde (vgl. z. B. S. 861: „Sie [die Beschuldigten, d. Verf.] hätten es in der Hand gehabt, durch entsprechende Anordnungen den Besucherkreis auf ihre Patienten zu beschränken.").

708 Vgl. Bezirksberufsgericht für Ärzte Freiburg, Urt. v. 25. 8. 1982 – 6/82 –, *Luyken*, Entscheidungssammlung, A 2.13 Nr. 2.23.

709 Vgl. auch unter 1.

nicht sachliche Werbung zu verstehen. Daß der Arzt unsachliche Werbung, die gegen verfassungskonforme Werberestriktionen verstößt, nicht veranlassen darf, ist kein unzulässiger Eingriff in Grundrechte; dieses Verbot ist erforderlich, um Umgehungen der Beschränkungen direkter Werbung zu verhindern; es ist grundsätzlich auch zumutbar.

Inwieweit das in § 27 Abs. 2 Satz 3 BayBOÄ für (Bild-)Berichte eigens wiederholte Verbot, „berufswidrig" (= unsachlich) werbende Herausstellungen zu dulden, verhältnismäßig (im engeren Sinne) ist, muß für jeden Einzelfall gesondert geprüft werden; zur Abwehr von Umgehungen der Beschränkungen direkter Werbung ist die Vorschrift zumindest geeignet und erforderlich, weswegen eine verfassungskonforme Auslegung möglich ist. Unangemessen dürfte es z. B. sein, einem Arzt aufzuerlegen, gegen stark lobende (und damit nicht mehr sachliche) Äußerungen eines Patienten über eine Behandlung einzuschreiten. Auch weil ein Duldungsverbot unzulässigerweise in Rechte Dritter eingreifen könnte, hat sich die Satzungsversammlung bei der Bundesrechtsanwaltskammer dazu entschlossen, in der dem § 27 Abs. 2 BayBOÄ entsprechenden Regelung des § 6 Abs. 4 BORA auf ein Duldungsverbot zu verzichten.[710]

bb) Anforderungen, die § 27 Abs. 2 BayBOÄ bei einer Zusammenarbeit mit der Presse an den Arzt stellt – die Fälle „Frischzellentherapie"[711] und „Hackethal"[712]

Für einen besonders wichtigen Bereich mittelbarer Werbung, den der Zusammenarbeit des Arztes mit der Presse, hat das BVerfG genaue Vorgaben gemacht, bei deren Beachtung § 27 Abs. 2 Sätze 1, 3 BayBOÄ verfassungsgemäß ausgelegt werden können und mit dem Grundgesetz in Einklang stehen.[713]

Dem ersten der beiden Beschlüsse, in denen das BVerfG Hinweise zur Frage gibt, welche Anforderungen an einen Arzt bei einer Zusammenarbeit mit der Presse gestellt werden können – dem „Frischzellentherapie"-Beschluß –, liegt folgender Fall zugrunde: Der ärztliche Inhaber eines Privatsanatoriums für Frischzellenbehandlungen erhob Verfassungsbeschwerde, nachdem er vom Berufsgericht zu einer Geldbuße verurteilt worden war und dagegen die Berufungsinstanz, das Landesberufsgericht für Heilberufe, erfolglos angerufen hatte. Zur Last gelegt wurde ihm, wegen der im folgenden genannten drei Handlungen gegen das Werbeverbot der §§ 21, 22 BayBOÄ i. d. F. v. 1977[714] verstoßen zu haben (die Vorschriften ent-

---

710 Vgl. hierzu *Römermann,* in: Hartung / Holl, Berufsordnung, 2. Aufl., § 6 BO, Rn. 15 f., 168 f.

711 Beschl. des Ersten Senats v. 19. 11. 1985 – 1 BvR 934 / 82, BVerfGE 71, 162.

712 Beschl. des Ersten Senats v. 11. 2. 1992 – 1 BvR 1531 / 90, BVerfGE 85, 248.

713 Vgl. aber *Römermann / Schulte,* MedR 2001, S. 178, 179, die das Duldungsverbot für „überholt" und rechtswidrig" halten.

714 Vgl. Abkürzungs- und Gesetzesverzeichnis.

sprechen in den hier relevanten Teilen den §§ 27, 28 BayBOÄ n. F.): zum einen durch die Veröffentlichung eines autobiographisch gehaltenen Buches, das lobende Äußerungen über die von ihm praktizierte ärztliche Methode der Frischzellentherapie enthält, zum anderen durch die Versendung einer Presseinformation über die Buchveröffentlichung an interessierte Journalisten, schließlich durch die Herausgabe einer Werbezeitschrift, die im wesentlichen an ehemalige Patienten versandt wurde.[715] Im Zusammenhang mit dem Verbot mittelbarer Werbung des § 27 Abs. 2 BayBOÄ ist zunächst nur die Presseinformation relevant. Buchveröffentlichungen und die Herausgabe von Journalen fallen hingegen unter § 28 BayBOÄ. Das BVerfG entschied, daß die Verurteilung bezüglich der Presseinformation zumindest nicht auf Auslegungsfehlern beruht, die auf einer grundsätzlich unrichtigen Auffassung von der Bedeutung eines Grundrechts, insbesondere vom Umfang seines Schutzbereichs basieren und auch in ihrer materiellen Bedeutung für den entschiedenen Fall einigermaßen erheblich sind.[716] Wegen seiner auf Fälle spezifischer Verfassungsverstöße beschränkten Jurisdiktion[717] geht das BVerfG in dieser Entscheidung jedoch nicht näher auf den genauen Umfang der Pflichten ein, die ein Arzt bei der Weitergabe von Informationen an die Presse hat.

Aufschlußreicher ist diesbezüglich die „Hackethalentscheidung“[718]. Dem Verfassungsbeschwerdeführer, Prof. Dr. Hackethal, Inhaber einer Privatklinik, war in einem Urteil des OLG Karlsruhe aufgegeben worden, die Duldung von Artikeln in Illustrierten zu unterlassen, die für ihn dadurch werben, „daß er in Berufskleidung und/oder bei der Ausübung seines ärztlichen Berufes abgebildet, der Service und die Ausstattung der von ihm geleiteten Klinik anpreisend beschrieben wird und/oder daß Patienten ihre Krankengeschichte schildern und sich dankbar und lobend über die Behandlung bei ihm und die Behandlungserfolge äußern, [...].“[719] In der Zeitschrift „Bild der Frau“ waren nämlich zwei Berichte über Hackethal mit diesem Inhalt erschienen, nachdem die Methode des Arztes einige Zeit vorher in der Zeitschrift „Stern“ mit deutlichen Worten kritisiert worden war. Hackethal hatte der Reporterin von „Bild der Frau“ Zutritt zu seiner Klinik gewährt, nachdem er ihr Vorhaben, erneut über seine Klinik zu berichten, gebilligt hatte. Die Vorlage des Manuskripts oder einen Genehmigungsvorbehalt hatte Hackethal sich nicht ausbedungen. Das OLG Karlsruhe sah hierin einen Verstoß unter anderem gegen § 21 Abs. 4 BayBOÄ i. d. F. v. 1977[720], der dem heutigen § 27 Abs. 2 Sätze 1 und 3 BayBOÄ n. F. entspricht. Dieser Verstoß ergebe sich daraus, daß die Artikel werbewirksam seien, und dem Beschwerdeführer diese Werbewirkung zugerechnet werden könne: Ein Wettbewerbsteilnehmer, der Informationen an die Presse gibt,

---

715 Vgl. BVerfGE 71, 162, 165 f.

716 Vgl. BVerfGE 71, 162, 177.

717 Vgl. im einzelnen *Schlaich/Korioth*, Bundesverfassungsgericht, Rn. 274 ff.

718 BVerfG, Beschl. v. 11. 2. 1992 – 1 BvR 1531/90 –, BVerfGE 85, 248.

719 BVerfGE 85, 248, 252.

720 Vgl. Abkürzungs- und Gesetzesverzeichnis.

müsse dafür einstehen, daß von den aufgrund dieser Informationen verfaßten Presseberichten keine wettbewerbsrechtlich zu beanstandende Werbewirkung ausgehe.[721] Diese aus § 21 Abs. 4 BayBOÄ a. F., § 11 HWG abgeleitete Folgerung und die Annahme einer hieraus resultierenden Pflicht des Arztes, sich die Genehmigung bei Presseartikeln, an denen er z. B. durch ein Interview mitgewirkt hat, vorzubehalten, erklärte das BVerfG für nicht mit Art. 5 Abs. 1 und Art. 12 Abs. 1 GG vereinbar. § 21 Abs. 4 BayBOÄ a. F. als solcher sei zwar bei einschränkender Auslegung nicht zu beanstanden;[722] trotz des Zwecks der Norm, aus Gründen der Gesundheit der Bevölkerung das ärztliche Werbeverbot zu wahren, und der diesbezüglichen Geeignetheit der Vorschrift sei eine derartige Beschränkung der genannten Grundrechte nicht verfassungsmäßig, da es an der Zumutbarkeit fehle.[723] Art. 5 Abs. 1 GG war im Hackethal-Fall deswegen einschlägig, weil die Vorgaben des OLG Karlsruhe darauf hinausgelaufen wären, daß sich der Beschwerdeführer überhaupt nicht gegen die ihm nachteilige Berichterstattung im „Stern" hätte wehren dürfen; Genehmigungsvorbehalte sind für die Presse nämlich meist nicht annehmbar, was zur Folge gehabt hätte, daß für Hackethal keine Möglichkeit mehr bestanden hätte, seinen Ruf wieder einigermaßen herzustellen; ein Reporter, der unter den vom OLG geforderten Bedingungen arbeitet, läßt sich – nicht nur nach Ansicht des BVerfG – wohl nur schwer finden.[724] Daß bezüglich der Berufsausübungsfreiheit die Zumutbarkeit entfällt, ergebe sich dem BVerfG zufolge aus einer fehlerhaft vorgenommenen Abwägung zwischen der Schwere des Eingriffs – hier sei, wenn auch nur im Randbereich der beruflichen Selbstdarstellung, eine erhebliche Betroffenheit des Beschwerdeführers festzustellen – und dem Gewicht der diesen Eingriff rechtfertigenden Gründe – diesbezüglich habe lediglich eine entfernte Gefahr für die Gesundheit der Bevölkerung durch Aushöhlung des Werbeverbots für Ärzte bestanden.[725] Ähnliche Erwägungen stellte das BVerfG im Hinblick auf Art. 5 Abs. 1 GG an.[726]

§ 27 Abs. 2 Sätze 1, 3 BayBOÄ muß, wie sich aus der „Hackethal"-Entscheidung ergibt, so ausgelegt werden, daß die Norm es dem Arzt nicht ausnahmslos verbietet, an Presseartikeln mitzuwirken, auch wenn er sich deren Prüfung und Genehmigung nicht vorbehalten hat. Stattdessen muß für jeden Einzelfall gesondert beurteilt werden, ob die Vorschrift des § 27 Abs. 2 Sätze 1 und 3 BayBOÄ verletzt wurde. Kriterien hierfür sind:

(a) die Frage, ob möglicherweise unsachliche Passagen solche redaktioneller Art sind oder Äußerungen des Arztes selbst darstellen,[727]

---

721 Vgl. BVerfGE 85, 248, 253.

722 Vgl. BVerfGE 85, 248, 257.

723 Vgl. BVerfGE 85, 248, 261.

724 Vgl. BVerfGE 85, 248, 262.

725 Vgl. BVerfGE 85, 248, 261 ff.

726 Vgl. BVerfGE 85, 248, 263 ff.

727 Vgl. *Ratzel,* in: Ratzel / Lippert, MBO-Ä, §§ 27 / 28, Rn. 8.

(b) die Frage nach der Urheberschaft des Artikels, also danach, ob die Initiative vom Arzt oder von der Presse ausging,[728]

(c) schließlich die Prüfung des Artikels darauf hin, ob der Arzt nicht etwa die Presse zu Werbezwecken instrumentalisiert hat,[729] was vor allem dann der Fall sein kann, wenn die redaktionelle Einkleidung eines Beitrags nur dessen Werbecharakter verschleiern soll.[730]

Diese Rechtsprechung des BVerfG scheint sich jedoch, obwohl sie aus dem Jahre 1992 stammt, noch nicht vollends durchgesetzt zu haben. So wird etwa in einem 1998 erschienenen Kommentar zur MBO-Ä der Hinweis gegeben: „Verweigert der zuständige Redakteur dies [gemeint: die Vorlage des Manuskripts der geplanten Veröffentlichung, d. Verf.] mit dem Hinweis darauf, dies sei völlig unüblich oder technisch nicht machbar, sollte man im Zweifel besser von der geplanten Veröffentlichung Abstand nehmen."[731] An anderer Stelle heißt es, der Arzt müsse sich regelmäßig ein Prüfungsrecht vorbehalten, im Falle eines Interviews sogar auf der Vorlage der Druckfahnen bestehen, wobei der Autor sich hier auf ältere Rechtsprechung des BGH beruft, obwohl er die „Hackethal"- Entscheidung an anderer Stelle nennt, sie also gekannt haben muß.[732] Offensichtlich wird in der Literatur die „Hackethal-Entscheidung" des BVerfG im Hinblick auf den Gehalt ärztlicher Grundrechte noch nicht ernst genug genommen.[733]

Aus § 27 Abs. 2 Sätze 1, 3 BayBOÄ eine Pflicht des Arztes abzuleiten, einen Journalisten auf das standesrechtliche Werbeverbot hinzuweisen, da man normalerweise nicht darauf vertrauen könne, daß dieses nach Inhalt und Umfang bei Reportern bekannt ist,[734] ist hingegen eine verfassungskonforme Auslegung; ein solcher Hinweis kann in der Regel jedem Arzt zugemutet werden.

Ein weiteres Beispiel für mittelbare Arztwerbung ist ein im Jahre 1997 vom BGH entschiedener Fall[735], in dem sich das Gericht mit einer Artikelserie über die „besten Ärzte Deutschlands" aus wettbewerbsrechtlicher Perspektive auseinandersetzen mußte. Berufsrechtlich wäre die Veröffentlichung der Artikelserie auch an § 27 Abs. 2 BayBOÄ zu messen gewesen.

---

728 Vgl. BVerfGE 85, 248, 264.

729 Vgl. BVerfGE 85, 248, 264.

730 Vgl. BVerfGE 85, 248, 260.

731 *Ratzel,* in: Ratzel / Lippert, MBO-Ä, §§ 27 / 28, Rn. 8.

732 Vgl. *Ring,* Werberecht der Ärzte, Rn. 565; *Ring* geht in dieser Veröffentlichung in Rn. 377 ff. auf die Entscheidung „Hackethal" ein.

733 Differenzierend *Hennies,* Das Krankenhaus 2001, S. 230, 231; vgl. hierzu das von *Hennies* kommentierte Urteil des OLG München v. 19. 10. 2000 – 29 U 2664 / 00 –, Das Krankenhaus 2001, S. 229, 230, wonach allein in der Tatsache, daß sich der Arzt in concreto ein Überprüfungsrecht nicht vorbehalten habe und deshalb vor Erscheinen des Artikels keine Beanstandungen vorbringen konnte, kein Standesverstoß zu sehen sei.

734 Vgl. LBG für Heilberufe beim OVG Rh.-Pf., MedR 1995, S. 125, 128.

735 Vgl. BGH, MedR 1998, S. 131; s. hierzu bereits oben, C. II.

b) § 27 Abs. 2 Satz 2 BayBOÄ: Sonderfall Sanatoriumswerbung

§ 27 Abs. 2 Satz 2 BayBOÄ schränkt das Verbot, Werbung, die dem Arzt selbst untersagt wäre, durch andere zu veranlassen oder zu dulden, dahingehend ein, daß es sich in Ankündigungen gewisser Gesundheitseinrichtungen (unter anderem Sanatorien) lediglich auf anpreisende Herausstellungen bezieht. Diese Erleichterung des Verbots der mittelbaren Werbung für Sanatoriums- und Ärzte anderer Anstalten ist im Hinblick auf die Grundrechte der betroffenen Ärzte aus Art. 5 Abs. 1 und Art. 12 Abs. 1 GG unbedenklich, da sie einen Eingriff in diese Rechte lediglich erschweren. Im Hinblick auf Art. 3 Abs. 1 GG, den allgemeinen Gleichheitssatz, behandelt die Regelung Sanatoriums- und Nicht-Sanatoriumsärzte ungleich. Diese Ungleichbehandlung ist jedoch mit dem hinreichend gewichtigen sachlichen Grund[736] gerechtfertigt, daß der Betrieb eines Sanatoriums oder einer ähnlichen Institution ungleich höhere betriebswirtschaftliche Aufwendungen verlangt als der einer Arztpraxis.[737] Auch im Hinblick auf Art. 3 Abs. 1 GG ist § 27 Abs. 2 Satz 2 BayBOÄ folglich verfassungsgemäß.

c) Ergebnis zu § 27 Abs. 2 BayBOÄ

§ 27 Abs. 2 BayBOÄ kann verfassungskonform ausgelegt werden und ist deswegen nicht verfassungswidrig.

3. § 28 BayBOÄ: öffentliches Wirken und Medientätigkeit

Veröffentlichungen und Vorträge medizinischen Inhalts oder die Mitwirkung des Arztes an aufklärenden Veröffentlichungen in den Medien sind gem. § 28 BayBOÄ zulässig, soweit das Gebot der Sachlichkeit eingehalten wird. Im Regelungsbereich dieser Vorschrift wird insbesondere die Pressefreiheit des Art. 5 Abs. 1 Satz 2 GG relevant. Im Hinblick auf deren hohe Bedeutung im freiheitlich-demokratischen Rechtsstaat[738] einerseits und die große Entfernung von Gefahren für die Schutzgüter „Gesundheit" und „Versorgung der Bevölkerung"[739] andererseits muß das Sachlichkeitsgebot in diesem Bereich besonders genau auf Erforderlichkeit und Angemessenheit hin untersucht werden; Bedeutung gewinnt bei dieser Prüfung insbesondere auch die Wechselwirkungslehre des BVerfG.[740]

---

736 Vgl. zu den Voraussetzungen der Rechtfertigung einer Ungleichbehandlung oben, D. III.

737 Vgl. BVerfGE 71, 183, 199; *Ring*, Werberecht der Ärzte, Rn. 504.

738 Vgl. z. B. *Bethge*, in: Sachs, GG, Art. 5, Rn. 15 ff.; *Starck*, in: v. Mangoldt / Klein, GG, Art. 5, Rn. 1.

739 Vgl. zum nur entfernten Kausalzusammenhang *Papier/Petz*, NJW 1994, S. 1553, 1560.

740 Vgl. zur Wechselwirkungslehre oben, D. V. 2. b) bb).

Dafür, daß im Rahmen des § 28 BayBOÄ mehr Informationen zulässig sind als in den unter § 27 BayBOÄ zu subsumierenden Fällen, spricht der Wortlaut der Norm: Auf welche „sachlichen Informationen" die Mitwirkung des Arztes beschränkt ist, wird nicht festgelegt, solange die Veröffentlichung nur medizinischer Natur ist. Hieraus läßt sich e contrario schließen, daß – anders als in § 27 BayBOÄ vorgesehen – nicht nur über Tätigkeit und Person informiert werden darf.

Der „Frischzellentherapiebeschluß"[741] vom 19. November 1985 – 1 BvR 934/82, nicht zu verwechseln mit dem Sanatoriumswerbungsbeschluß[742] vom selben Tag – ist in diesem Zusammenhang in mehrfacher Hinsicht von Interesse, da er Vorgaben des BVerfG zu einer verfassungskonformen Auslegung enthält, die sich auch auf § 28 BayBOÄ anwenden lassen.

Zur Erinnerung: Ein Arzt war unter anderem wegen der Veröffentlichung eines autobiographisch gehaltenen Buches sowie der Herausgabe eines Journals, in dem er über die Erfolge der von ihm praktizierten „Frischzellentherapie" berichten ließ, vom Berufsgericht und dem anschließend angerufenen Landesberufsgericht zu einer Geldbuße verurteilt worden. Das BVerfG gab der daraufhin eingelegten Verfassungsbeschwerde teilweise statt und stellte Kriterien für die Auslegung des § 22 BayBOÄ a. F. (dieser enspricht dem heutigen § 28 BayBOÄ) im Hinblick auf die Veröffentlichung von Büchern und Zeitschriften durch Ärzte auf.

a) Buchveröffentlichungen

Das vom Beschwerdeführer veröffentlichte Buch mit dem Titel „Sieg über das Altern – Frischzellentherapie heute" enthielt im wesentlichen autobiographische Züge. Als Verstoß gegen §§ 21 f. BayBOÄ a. F. beurteilten es die Instanzgerichte, daß der Beschwerdeführer an zahlreichen Stellen seine Person und seine ärztlichen Leistungen sowie die von ihm durchgeführte Therapie herausgestellt und lobende Äußerungen prominenter Patienten wiedergegeben hatte; zahlreiche Textstellen des Buches hätten insofern zweifelsfrei werbenden, teilweise sogar anpreisenden Charakter aufgewiesen.[743] Das BVerfG hob die Urteile des Berufs- und des Landesberufsgerichts bezüglich der Buchveröffentlichung auf: Zwar sei die Regelung des § 21 Abs. 1, 4 BayBOÄ a. F., der ein absolutes Werbeverbot für Ärzte enthielt, nicht als solche verfassungswidrig; die Vorschrift müsse jedoch einschränkend als Verbot nur berufswidriger Werbung ausgelegt werden.[744]

Vor allem wegen seiner autobiographischen Züge, mehr noch aber wegen seiner Funktion als Medium, die Öffentlichkeit von der bis anhin offenbar nicht anerkannten Methode der Frischzellentherapie zu überzeugen, stehe die Veröffentli-

---

741 BVerfGE 71, 162.

742 BVerfGE 71, 183.

743 Vgl. BVerfGE 71, 162, 166 f.

744 Vgl. BVerfGE 71, 162, 172 ff.

chung des Buches „Sieg über das Altern" unter dem Schutz des Art. 5 Abs. 1 GG; die §§ 21, 22 BayBOÄ (a. F.) als Schranken müßten ihrerseits im Lichte der Meinungsäußerungsfreiheit gesehen werden (Wechselwirkungslehre[745]), weswegen „sich jedenfalls eine undifferenzierte Anwendung des Werbeverbots, welche den Schutz der Meinungsfreiheit ohne jede Güterabwägung immer dann preisgibt, wenn eine Veröffentlichung einen Werbeeeffekt ausübt"[746], verbiete. Wenn auch von dem Buch, was ohnehin nicht gesichert angenommen werden könne, eine Werbewirkung ausgehe, so müsse eine solche in diesem Fall, in dem sich die Meinungsäußerung als „Kampf um die Anerkennung einer neuen Behandlungsmethode, deren Wirkung mit naturwissenschaftlichen Mitteln nicht oder noch nicht beweisbar ist, notwendig mit einem Kampf um die eigene Anerkennung"[747] verbinde, hingenommen werden. Das BVerfG prüfte in diesem Urteil Werbebeschränkungen übrigens erstmals an Art. 5 Abs. 1 GG, wohl unter dem Einfluß der Barthold-Entscheidung des Europäischen Gerichtshofs für Menschenrechte;[748] Probleme des Art. 12 GG wurden vom BVerfG hingegen nicht thematisiert.

Folgende Erkenntnisse lassen sich für die Zulässigkeit von Buchveröffentlichungen und damit für die Auslegung von § 28 BayBOÄ aus dem Beschluß „Frischzellentherapie" gewinnen:

(1) Die Anforderungen, die an einen Verstoß gegen das Sachlichkeitsgebot des § 28 BayBOÄ bei Buchveröffentlichungen zu stellen sind, liegen höher als bei anderen Publikationen: „Bücher [...] sind eher untypischer Träger für eine kommerzielle Werbung, weil sie vom Käufer bezahlt werden müssen [...]"[749], weshalb man schon daran zweifeln kann, ob sie überhaupt unter § 28 BayBOÄ n. F. fallen.

(2) Insbesondere bei autobiographischen Buchveröffentlichungen durch einen Arzt muß der besondere Persönlichkeitsbezug der Publikation beachtet werden, was zur Folge hat, daß werbende Effekte gegebenenfalls hingenommen werden müssen, um der Meinungsfreiheit genüge zu tun. Als Richtschnur läßt sich eine Relation zwischen dem Grad des personalen Bezugs der Veröffentlichung und der Stärke des zu akzeptierenden Werbeeffekts aufstellen, wobei die Gefahr einer Umgehung dieser Vorgabe durch Ärzte, die unter dem Vorwand, eine Autobiographie zu veröffentlichen, plumpe Werbung für sich betreiben, in Anbetracht des hierfür nötigen Aufwands wohl gering sein dürfte.

---

745 Vgl. oben, D. V. 2. b) bb).

746 BVerfGE 71, 162, 181.

747 BVerfGE 71, 162, 182.

748 Vgl. auch *Ring,* Werberecht der Ärzte, Rn. 64; zur Barthold-Entscheidung vgl. unten, G. II.

749 BVerfGE 71, 162, 181.

b) Herausgabe von Journalen und Zeitschriften

Auch zur Fragestellung, wie § 28 BayBOÄ im Hinblick auf die Veröffentlichung von Zeitschriften auszulegen ist, ist der „Frischzellentherapie"-Beschluß aufschlußreich. Der beschwerdeführende Arzt ließ durch einen Mitarbeiter ein „Frischzellenjournal" konzipieren, das als eine Art „Hauszeitschrift" periodisch erscheinen sollte. Eine Ausgabe wurde in einer Auflage von 12.000 Stück an ehemalige Patienten und andere Interessenten verschickt. Das Heft enthielt Farbphotographien prominenter Patienten, die teilweise den Arzt mitabbildeten. Auch Faksimile-Abdrucke aus Gästebüchern unter der Überschrift „Ein Dankeschön aus vielen Ländern der Welt" waren zu finden. Die Instanzgerichte entschieden, daß die Veröffentlichung des Frischzellenjournals eine berufswidrige Werbung darstelle, wobei der Beschwerdeführer entgegen der Verpflichtung in § 21 Abs. 4 BayBOÄ a. F., der dem heutigen § 27 Abs. 2 Sätze 1 und 3 BayBOÄ n. F. entspricht, fahrlässig nicht genügend Vorsorge zur Einhaltung des ärztlichen Standesrechts (durch die mit der Erstellung der Schrift beauftragte Person) getroffen habe.[750] Richtigerweise wäre der Vorgang heute jedoch weniger an § 27 Abs. 2 Sätze 1 und 3 BayBOÄ n. F. zu messen, als vielmehr an § 28 Satz 1 BayBOÄ n. F.; die Veröffentlichung des „Frischzellenjournals" wäre dem Arzt, da er einen Mitarbeiter seines Sanatoriums beauftragt hatte und nicht etwa nur duldete, daß ein außenstehendes Presseunternehmen über ihn berichtete, als eigene Veröffentlichung zuzurechnen.

Das BVerfG bestätigte in seiner Entscheidung die Verfassungsmäßigkeit der instanzgerichtlichen Entscheidungen hinsichtlich der Veröffentlichung des „Frischzellenjournals" insofern, als es attestierte, daß ihnen zumindest keine grundsätzlich unrichtige Auffassung von der Bedeutung eines Grundrechts, insbesondere seines Schutzbereichs, zugrundeliege.[751] Aufgrund der von ihm selbst gewählten Beschränkung seiner richterlichen Kompetenzen ging das BVerfG auf die Rechtmäßigkeit der Veröffentlichung des Frischzellenjournals im Hinblick auf die Bestimmungen der §§ 21, 22 BayBOÄ a. F. allerdings nicht näher ein.

c) Ergebnis zu § 28 BayBOÄ

Bei der Auslegung von § 28 BayBOÄ ist die für die berufliche Existenz des betroffenen Grundrechtsträgers bisweilen essentielle Meinungs- und Pressefreiheit in besonderem Maße zu berücksichtigen, etwa in Fällen, in denen der Grundrechtsträger um die Anerkennung einer neuen Methode ringt, auf die er seine praktische Tätigkeit gründen will. Auf § 28 BayBOÄ gestützte Eingriffe sind nur dann rechtmäßig, wenn sie aufgrund einer verfassungskonformen Auslegung der Vorschrift ergehen. Eine solche Auslegung ist möglich: Das Sachlichkeitsgebot kann auf das

---

750 Vgl. BVerfGE 71, 162, 167.

751 Vgl. BVerfGE 71, 162, 177.

durch die zulässigerweise geschützten Rechtsgüter – Gesundheit und optimale Versorgung der Bevölkerung – bestimmte Maß reduziert werden. Weil § 28 BayBOÄ verfassungskonform ausgelegt werden kann, ist die Vorschrift rechtmäßig.

4. Die ergänzenden Bestimmungen des Kap. D I BayBOÄ

a) Kap. D I Nr. 1 Satz 2: Information anderer Ärzte

Daß bei der nach Kap. D I Nr. 1 Satz 1 grundsätzlich zulässigen Information anderer Ärzte „jede berufswidrig werbende Herausstellung" der eigenen Tätigkeit untersagt ist, darf nicht etwa als Hinweis darauf verstanden werden, daß das bestehende Berufsbild zu schützen sei; der mißverständliche Begriff „berufswidrig" ist als „unsachlich" auszulegen. Jedoch muß im Hinblick auf den Empfängerkreis, der bei den von Kap. D I Nr. 1 BayBOÄ erfaßten Fällen nur aus Fachkollegen besteht, berücksichtigt werden,[752] daß Gefahren für die Gesundheit und optimale Versorgung der Bevölkerung durch andere als lediglich sachliche Informationen nur entfernt bestehen: Ein approbierter Arzt sollte die Werbung eines Fachkollegen, auch wenn sie anpreisend ist, richtig zu bewerten wissen. Wägt man den mitunter schwerwiegenden Eingriff in die Berufs- und Meinungsfreiheit des werbenden Arztes – man denke etwa an eine kostenintensive Radiologie-Praxis, die sich nur bei entsprechender Auslastung rentiert, zu deren Erreichung Werbung getrieben werden muß – mit der Tatsache ab, daß die einschlägigen Schutzgüter nur weit entfernt gefährdet werden, erscheinen auf Kap. D I Nr. 1 BayBOÄ gestützte Eingriffe häufig unangemessen. Zumindest in Fällen, in denen keine Gefahr für schützenswerte Schutzgüter besteht, sollte Ärzten auch andere als sachliche, etwa anpreisende Werbung, erlaubt werden; dies muß de lege ferenda klargestellt werden. Kap. D I Nr. 1 BayBOÄ ersatzlos abzuschaffen, ist hingegen nicht angebracht. Die Tatsache nämlich, daß Werbung des Arztes gegenüber Kollegen in diesem Fall lediglich unter die allgemeine Vorschrift des § 27 BayBOÄ fiele, könnte eine restriktive Rechtsprechungslinie unterstützen, die solche Werbung mit den gleichen Maßstäben mäße wie Werbung gegenüber der Allgemeinheit. Erstrebenswert ist es deshalb, normgeberisch klarzustellen, daß Werbung gegenüber Kollegen in weiterem Umfang als gegenüber dem allgemeinen Publikum erlaubt sein muß. Eine Möglichkeit der Neufassung von Kap. D I Nr. 1 BayBOÄ wäre die folgende, die strikt verhindert, daß Gerichte mit Berufsbildargumenten oder der Kommerzialisierungsthese argumentieren: „Ärzte dürfen andere Ärzte über ihre Qualifikation und über ihr Leistungsangebot informieren, soweit dadurch nicht die Gesundheit oder die optimale Versorgung der Bevölkerung gefährdet wird."

---

752 Vgl. zur Differenzierung nach dem Empfängerkreis oben, E. IV. 3).

b) Kap. D I Nr. 2: Praxisschilder

Wenngleich Praxisschilder die Funktion haben, die ärztliche Tätigkeit formal anzukündigen, sind sie doch auch Werbemittel im Sinne der hier vertretenen weiten Definition von „Werbung“[753]: Gerade die Gestaltung der Ankündigung der Tätigkeit kann erheblichen Einfluß auf den Zuspruch haben, den eine Praxis seitens der Patientenschaft erfährt. Wenn auch formale Elemente bei Praxisschildern überwiegen mögen,[754] müssen die einschlägigen Vorschriften als Beschränkungen der Werbefreiheit doch verfassungsrechtlich gerechtfertigt werden können; die bloße Erleichterung berufsrechtlicher Überwachung erlaubt eine Einschränkung von Grundrechten auch in stärker formalisierungsbedürftigen Bereichen nicht. Die detaillierten Vorschriften über Praxisschilder sind vielmehr nur insoweit gerechtfertigt, als sie einer Verunsicherung von Patienten vorbeugen und zu einer optimalen Versorgung der Bevölkerung beitragen, insbesondere dadurch, daß deren Informationsbedürfnisse erfüllt werden. Eine gewisse Einheitlichkeit des Erscheinungsbildes von Arztpraxen hat hierbei den Vorteil, daß dem Betrachter ein Vergleich der Inhalte der Schilder nicht durch allzu große Unterschiede in der Aufmachung erschwert wird. Insofern kommt bei der (seltenen) Abwägung zwischen dem Informationsinteresse einerseits und dem hauptsächlich auf Art. 12 Abs. 1, Art. 5 Abs. 1 GG beruhenden Werberecht des Arztes andererseits grundsätzlich ersterem ein höheres Gewicht zu (selten ist diese Art der Abwägung deswegen, weil in den meisten Fällen Informationsinteresse der Patienten und Werberecht des Arztes auf derselben Seite zusammen gegen andere Interessen abgewogen werden).

Die Angaben in Abs. 1 dienen der Information der potentiellen Patienten; eine Verpflichtung des Arztes zur Bekanntmachung dieser Daten ist verhältnismäßig. Abs. 2, 3, 4 und 5 enthalten eine Reihe zulässiger Angaben und stellen als solche keine Eingriffe dar;[755] so sind z. B. die Tätigkeiten als „Durchgangsarzt“ oder als „Belegarzt“ besondere Funktionen, hinsichtlich deren die Berufsordnung ein gesteigertes Informationsinteresse des Publikums anerkennt.[756] Die Möglichkeit, auf die Durchführung ambulanter Operationen hinzuweisen, dient übrigens auch einer Kostendämpfung im Gesundheitswesen.[757] Daß die Berufsordnung hierfür ebenso wie in Abs. 6 für die Führung der Bezeichnung „Praxisklinik“ eine Reihe von Bedingungen aufstellt, rechtfertigt sich ebenfalls mit dem Informationsinteresse der Bevölkerung: Diese muß vor einem übermäßigen Gebrauch solcher Bezeichnungen geschützt werden, wofür auch bei Anerkennung einer umfassenden Prozeßführungsbefugnis der Ärztekammern gem. § 13 Abs. 2 Nr. 2 UWG allein wettbewerbsrechtliche Mittel nicht ausreichen dürften, da man unter den Begriffen „am-

---

[753] Vgl. Zweiter Teil, D.

[754] Vgl. *Ratzel,* in: Rieger, Lexikon des Arztrechts, 2001, Nr. 4310, Rn. 2.

[755] Ein Eingriff ist jedoch in der gem. Abs. 12 angeordneten Ausschließlichkeit der durch die anderen Absätze geregelten Angaben zu sehen, vgl. auch oben, B. I. 2. b), B. II. 2. b).

[756] Vgl. *Alban Braun,* BayÄBl. 1999, S. 401.

[757] Vgl. *Alban Braun,* BayÄBl. 1999, S. 401.

bulante Operation" und „Praxisklinik" semantisch mehr verstehen könnte, als es die Berufsordnung tut, weswegen eine Irreführung des Publikums (vgl. § 3 UWG) nicht in jedem Fall der Verwendung dieser Begriffe vorläge. Abs. 7, der Nachweispflichten des Arztes gegenüber der Kammer statuiert, wenn er eine gewisse Bezeichnung führen will, ist durch das Interesse des Publikums an wahrheitsgemäßer Information gerechtfertigt, da es für den Arzt keinen schwerwiegenden, unzumutbaren Eingriff bedeutet, die entsprechenden Unterlagen vorzulegen. Abs. 8 regelt die Führung der Bezeichnung „Professor". Ein ausländischer Professorentitel darf hiernach geführt werden, wenn er „nach Beurteilung durch die Kammer der deutschen Bezeichnung ‚Professor' gleichwertig ist"; in diesem Fall muß der Titel mit einem auf die Herkunft verweisenden Zusatz versehen werden. Da ausländische Professorentitel nicht unter das Gesetz über die Führung akademischer Grade[758], das als Landesrecht weitergilt, fallen,[759] findet eine Anerkennungsprüfung außer derjenigen durch die Kammer nicht statt. Eine solche Prüfung ist indessen erforderlich, um eine bessere Information des Publikums zu gewährleisten.

Abs. 9 und 10 regeln die obligatorischen und freiwilligen Angaben bei Berufsausübungsgemeinschaften. Die genauen Vorgaben sind durch das Informationsbedürfnis der Patienten gerechtfertigt. Bedenken bestehen allerdings dagegen, daß die Namen ausgeschiedener Partner nicht mehr weitergeführt werden dürfen, auch nicht mit einem auf das Ausscheiden hinweisenden Zusatz. Diese Beschränkung ist, auch wenn sie deswegen, weil der Name einer Partnerschaftsgesellschaft unberührt bleibt, nur geringfügig ist, nicht erforderlich: Das Interesse des Publikums an richtiger Information, die der optimalen Versorgung dient, könnte auch durch einen Hinweis auf das Ausscheiden berücksichtigt werden. Die Bestimmung des Abs. 9 Satz 3 ist mit § 9 Abs. 2 BORA, der es ermöglicht, die Kurzbezeichnung der Rechtsanwaltskanzlei auch nach dem Ausscheiden eines Mitarbeiters beizubehalten,[760] allerdings nicht zu vergleichen; bei Kap. D I Nr. 2 Abs. 9 Satz 2 BayBOÄ geht es um die Nennung einzelner ärztlicher Mitarbeiter, nicht um einen Praxisnamen. Im Hinblick auf eine Neuregelung bietet sich indes ein Vergleich mit § 10 Abs. 4 BORA an. Diese Vorschrift bestimmt, daß ausgeschiedene Mitarbeiter auf Briefbögen genannt werden dürfen, wenn ihr Ausscheiden kenntlich gemacht wird. Entsprechend sollte Kap. D I Nr. 2 Abs. 9 Satz 3 BayBOÄ neugefaßt werden.

Daß gem. Abs. 11 Zusammenschlüsse zu bloßen Organisationsgemeinschaften nicht angekündigt werden dürfen, verhindert möglicherweise sinnvolle Hinweise für Patienten; zum Schutz der Gesundheit der Bevölkerung ist diese Vorschrift nicht geeignet. Sie sollte daher dahingehend abgeändert werden, daß auch Zusam-

---

758 Gesetz über die Führung akademischer Grade v. 7. 6. 1939 (RGBl. I, S. 985); vgl. die hierzu ergangene Durchführungsverordnung v. 21. 7. 1939 (RGBl. I, S. 1326); vgl. auch Art. 88 Abs. 1 Satz 3 Bayerisches Hochschulgesetz (BayHSchG).

759 Vgl. BayObLG, NJW 1978, S. 2348; hierzu *Ratzel,* in: Ratzel / Lippert, MBO-Ä, Kap. D I Nr. 2, Rn. 5; vgl. ferner BVerwG, NJW 1968, S. 668.

760 Vgl. oben, Dritter Teil, C. IV. 8).

menschlüsse zu bloßen Organisationsgemeinschaften genannt werden können, jedoch ausdrücklich als solche bezeichnet werden müssen.

Abs. 12 verbietet es, weitere als die genannten Zusätze auf dem Praxisschild zu führen. Hierin besteht hinsichtlich aller nicht aufgeführten Bezeichnungen ein Eingriff in ärztliche Grundrechte. Zur Rechtfertigung dieses Eingriffs könnte man an ein Bedürfnis nach einer gewissen Vergleichbarkeit und damit zumindest nach einer minimalen Einheitlichkeit von Praxisschildern denken. Obwohl die bayerische Regelung die Angabe der meisten zur Information notwendigen Eigenschaften eines Arztes und seiner Praxis ermöglicht,[761] und obwohl – anders als durch den völligen Ausschluß eines Mediums aus dem Kreis der zulässigen Werbemittel[762] – die betroffenen Grundrechte deswegen nicht in ihrem Kernbereich berührt sind, ist doch kein Grund dafür ersichtlich, nicht auch andere Angaben zuzulassen, soweit sie nicht irreführend sind und die Öffentlichkeit sachlich informieren. So hat das BVerfG jüngst zu Recht entschieden, daß die Angabe „Tätigkeitsschwerpunkt Implantologie" eines als Zahnarzt und zugleich Arzt niedergelassenen Mediziners zulässig ist, obwohl die entsprechende Berufsordnung zu dieser Frage schweigt; die vom BVerfG anerkannten Rechtsgüter „rechtfertigen es nicht, alle Angaben und Zusätze, die nach der Berufsordnung nicht als zulässige Berufsqualifikation auf einem Briefbogen oder einem Praxisschild erscheinen dürfen, ohne Rücksicht auf ihren Sinn und Zweck oder ihren Informationswert für Dritte generell zu verbieten."[763] De lege ferenda muß Abs. 12 mangels Erforderlichkeit weggelassen werden.

Die Regelung des Abs. 13, der die formale Gestaltung von Praxisschildern betrifft, ist im Hinblick auf ärztliche Grundrechte wohl zu eng geraten. Wieso ein Schild nicht größer als „etwa 35 x 50 cm" sein dürfen soll (vgl. lit. a), ohne den Schutz der Gesundheit oder der Versorgung der Bevölkerung zu gefährden, ist nur schwer einzusehen.[764] Auf großen Plätzen ist eine Arztpraxis z. B. bei größerer Beschilderung leichter zu finden. Keinesfalls sollte die Norm Anlaß dafür geben, kleinere Abweichungen von Schildern vom üblichen Erscheinungsbild berufsrechtlich zu ahnden. Im Hinblick auf die Relation zwischen Aufwand und Ergebnis fragwürdig erscheint z. B. der Streit, ob ein Praxisschild beleuchtet werden darf oder nicht.[765] Bejaht wurde die Zulässigkeit einer dezenten Beleuchtung für das

---

761 Vgl. aber z. B. für die Rechtslage für Zahnärzte in Nordrhein-Westfalen LG Aachen, Urt. v. 4. 4. 2000 – 1 O 481/99 –, bei *Röver,* MedR 2001, S. 140; OLG Köln, Urt. v. 26. 5. 2000 – 6 U 167/99 –, bei *Röver,* MedR 2001, S. 195 (beide Entscheidungen betreffen die Führbarkeit von Schwerpunktbezeichnungen).

762 Vgl. z. B. die Reglementierungen für Zeitungsanzeigen, die sogleich behandelt werden, c).

763 BVerfG, NJW 2001, S. 2788, 2789; vgl. zum entsprechenden Problem bei Briefköpfen OLG Hamm, NJW 2001, S. 2809.

764 Vgl. *Römermann/Schulte,* MedR 2001, S. 178, 180: „Ein legitimes Interesse für diese kleinkariert anmutende Grundrechtseinschränkung ist nicht erkennbar."

765 Dagegen: OVG Hamburg, NJW 1988, S. 2968; OVG Lüneburg, NJW 1989, S. 1562; dafür z. B. *Ratzel,* in: Ratzel/Lippert, MBO-Ä, Kap. D I Nr. 2, Rn. 10.

Hinweisschild eines Rechtsanwalts.[766] Für die Zulässigkeit einer Beleuchtung des Praxisschildes auch bei Ärzten streitet nicht etwa nur das Argument, daß hierdurch dem ortsunkundigen Patienten geholfen werde, rechtzeitig einen für ihn passenden Arzt zu finden[767] – selten (vor allem im Sommer) haben Ärzte ihre allgemeinen Sprechstunden in Zeiten der Dunkelheit. Eher spricht dafür, daß eine dem Abs. 12 entsprechende Regelung, die explizit die Ausschließlichkeit der Regelung des Abs. 13 über die Form bestimmt, fehlt. Die Frage, ob ein Praxisschild beleuchtet werden darf, ist also durch Abs. 13 zumindest nicht negativ entschieden. Deswegen ist der Hinweis darauf, daß das ärztliche Ansehen durch eine dezente Beleuchtung des Praxisschildes keinen Schaden nehmen dürfte und eine Beleuchtung deswegen zugelassen werden muß,[768] richtig, wenngleich es auf das „ärztliche Ansehen" nicht ankommt; entscheidender Grund für die Zulässigkeit einer Beleuchtung ist vielmehr, daß dadurch die Gesundheit und die Versorgung der Bevölkerung nicht gefährdet werden. Gleiches gilt für ein dezentes Schild an der Wohnung des Arztes, das auf den Ort der Praxis hinweist,[769] ebenso wie für weitere Arztschilder (vgl. lit. b): Mitunter erfordert es das Informationsinteresse der Bevölkerung sogar, auch dann, wenn keine „besonderen Umstände", die dem unter lit. b genannten Beispiel (versteckt liegende Praxiseingänge) ähnlich sind, vorliegen, ein zweites Praxisschild anzubringen.[770]

Auch für die Regelung in lit. c, die die Dauer der Anbringung eines Hinweisschildes bei Umzug auf ein halbes Jahr begrenzt, ist ein legitimes Interesse nicht erkennbar.[771]

Zum Schutz öffentlicher Interessen ist auch das Erfordernis einer Genehmigung zur Kennzeichnung ausgelagerter Praxisräume nicht erforderlich und damit nicht verhältnismäßig (vgl. Abs. 14). Daß der Arzt seine Diensträume, auch die „ausgelagerten", kennzeichnen darf, damit sie Patienten finden, gehört zu den elementaren Bedingungen der Berufsausübung.

c) Kap. D I Nr. 3: Anzeigen

Gem. Kap. D I Nr. 3 BayBOÄ dürfen Ärzte Zeitungsanzeigen nur zu gewissen Anlässen aufgeben. Zulässig sind etwa die Bekanntgabe der Niederlassung, der Zulassung zur vertragsärztlichen Versorgung, der Praxisauf- bzw. übergabe und anderer organisatorischer Änderungen (Abs. 1, 2). Form und Inhalt der Anzeigen müssen sich hierbei nach den örtlichen Gepflogenheiten richten (Abs. 3).

---

766 Vgl. OLG Düsseldorf, NJW-RR 1988, S. 101.

767 Vgl. *Ratzel,* in: Ratzel / Lippert, MBO-Ä, Kap. D I Nr. 2, Rn. 10.

768 Vgl. z. B. *Ratzel,* in: Ratzel / Lippert, MBO-Ä, Kap. D I Nr. 2, Rn. 10.

769 Vgl. *Ratzel,* in: Ratzel / Lippert, MBO-Ä, Kap. D I Nr. 2, Rn. 9.

770 Vgl. z. B. VG Stade, Urt. v. 17. 5. 2000 – 6 A 1629/99 –, berichtet von *Röver,* MedR 2000, S. 424.

771 Vgl. *Römermann/Schulte,* MedR 2001, S. 178, 180 f.

Durch diese restriktiven Regelungen werden Zeitungen als Werbeträger für Ärzte nahezu vollständig ausgeschlossen: Anlaßlose Inserate sind gänzlich verboten. Bei den Bestimmungen des Kap. D I Nr. 3 BayBOÄ handelt es sich um empfindliche Eingriffe insbesondere in die Grundrechte des Art. 5 Abs. 1 GG, v. a., wenn man die hohe Bedeutung der Meinungs- und der Pressefreiheit bedenkt. Der vollständige Ausschluß eines Mediums als Werbeträger ist meist unverhältnismäßig,[772] außer er ließe sich durch reale Gefahren für wichtige Schutzgüter rechtfertigen. Durch Werbeanzeigen in einer Zeitung wird jedoch weder die Gesundheit der Bevölkerung noch deren Versorgung gefährdet. Hinter dem Verbot der Zeitungswerbung dürfte wohl der Gedanke stehen, das ärztliche Berufsbild könne Schaden nehmen, wenn jeder Arzt nach Belieben inserieren dürfte. Das Berufsbild als solches zu erhalten, ist jedoch unzulässig.[773]

Ein im öffentlichen Interesse liegender Grund für die strikte Regelung des Kap. D I Nr. 3 BayBOÄ läßt sich nicht finden. Die Vorschrift stellt deswegen einen zum Schutz legitimer öffentlicher Interessen ungeeigneten Eingriff in ärztliche Grundrechte dar und sollte de lege ferenda ersatzlos abgeschafft werden. Auswüchse, die schützenswerte Rechtsgüter in Gefahr bringen könnten, lassen sich durch die nach Abschaffung der Norm auch für Zeitungsinserate geltende Generalklausel des § 27 BayBOÄ, möglicherweise in Kombination mit § 28 BayBOÄ, regeln.

Die im Hinblick auf Grundrechte ohnehin nicht vertretbare Ansicht, der Arzt dürfe nur in örtlichen Zeitungen inserieren,[774] deren Entstehung sich wohl auf Kap. D I Nr. 3 Abs. 3 BayBOÄ bzw. ähnlich lautende Vorschriften anderer Ärztekammern als der bayerischen stützt (in Kap. D I Nr. 3 Abs. 3 ist von „örtlichen Gepflogenheiten" die Rede), ließe sich dann erst recht nicht mehr aufrechterhalten.

d) Kap. D I Nr. 4: Verzeichnisse

Die in für die Öffentlichkeit bestimmten Verzeichnissen möglichen Eintragungen beschränken sich auf die nach Kap. D I Nr. 2 (betr. Praxisschilder) erlaubten Angaben (Abs. 1); weitere Angaben müssen sich im Rahmen des Kap. D I Nr. 5 halten (Abs. 2); hinsichtlich des Inhalts der erlaubten Eintragungen wird auf die Ausführungen zu diesen beiden Vorschriften verwiesen.[775] Verfassungsrechtlich fragwürdig ist Abs. 1 lit. a, der bestimmt, daß Ärzte sich nur in Verzeichnisse eintragen lassen dürfen, die allen Ärzten, die die Kriterien des Verzeichnisses erfüllen, gleichermaßen mit einem kostenfreien Grundeintrag zur Verfügung stehen. Hinter dieser Regelung steht eine nicht legitime Intention: Die Vorschrift schützt diejenigen Ärzte, die sich eine teuere Eintragung in das Verzeichnis eines privaten Anbie-

---

772 Vgl. BVerfGE 94, 372, 392; BVerfG, NJW 1996, S. 3070, 3071.

773 Vgl. oben, E. VI. 1.

774 Vgl. *Ring,* Werberecht der Ärzte, Rn. 290.

775 Vgl. b), e).

ters nicht leisten können / wollen. Ein öffentliches Interesse für diese Art von Konkurrenzschutz ist nicht erkennbar. Die Norm läßt sich insoweit nicht verfassungskonform auslegen.

Daß in Verzeichnisse nicht mehr Angaben aufgenommen werden dürfen, als auf Praxisschildern oder Medien nach Kap. D I Nr. 5 BayBOÄ erlaubt sind (Abs. 1 lit. b bzw. Abs. 2), ist eine insbesondere im Hinblick auf Rechte des Patienten nicht hinnehmbare Beschränkung. Wenn auch eine aus dem grundsätzlich anzuerkennenden Grundrecht des Patienten auf freie Arztwahl resultierende justitiable Schutzpflicht des Staates im Hinblick auf die Information des Publikums nur in krassen Ausnahmefällen zu bejahen sein mag, weswegen dieses Patientengrundrecht nicht einschlägig ist,[776] so muß doch die Tatsache berücksichtigt werden, daß Gründe des öffentlichen Wohls für diese Beschränkung nicht erkennbar sind; solche Gründe wären jedoch zur Einschränkung auch ärztlicher Grundrechte notwendig. Insbesondere besteht darin, daß Patienten „ihren" Arzt nach Sympathie, Bekanntheitsgrad oder Religion wählen, keine Gefahr für die Gesundheit der Bevölkerung, wenn man ein pflichtbewußtes Handeln der Ärzteschaft annimmt: Ein nach sachfremden Kriterien fälschlicherweise ausgewählter Arzt – man denke etwa daran, daß ein Augenarzt von einem Patienten, der ihn persönlich kennt, zur Behandlung eines Lungenleidens aufgesucht wird – muß gegebenenfalls eine Behandlung ablehnen.

Kap. D I Nr. 4 Abs. 1, 2 BayBOÄ ist verfassungswidrig, da die Norm nicht verfassungskonform ausgelegt werden kann. De lege ferenda sollte die Vorschrift entfallen.

e) Kap. D I Nr. 5: Patienteninformationen in Praxisräumen und im Internet; beruflicher Schriftverkehr

Daß gem. Kap. D I Nr. 5 Abs. 1 in Praxisräumen lediglich sachliche Informationen, die mit der Leistungserbringung in Zusammenhang stehen, und organisatorische Hinweise zur Patientenbehandlung zulässig sind, wenn eine „berufswidrige" (hierunter ist richtigerweise „unsachliche" zu verstehen[777]) Herausstellung des Arztes unterbleibt, ist ein zur Erhaltung der Gesundheit der Bevölkerung geeigneter und erforderlicher Grundrechtseingriff: Reißerische Anpreisungen einer Therapiemethode könnten die Patienten verunsichern und so die Gesundheit mittelbar beeinträchtigen. Der Eingriff ist auch angemessen, wenn man einerseits bedenkt, daß dadurch nicht etwa die Gewinnung neuer Patienten verhindert wird (die im Wartezimmer sitzenden Personen bedürfen keiner weiteren Umwerbung), und andererseits berücksichtigt, daß der Arzt die durch die Therapiefreiheit garantierte Möglichkeit hat, für neue Methoden mündlich beim Patienten zu werben. Daß hin-

[776] Vgl. oben, C. I.

[777] Vgl. zur Auslegung des Begriffs „berufswidrig" oben, 1.

gegen auch in öffentlich abrufbaren Computerkommunikationsnetzen[778] nur sachliche Informationen, die im Zusammenhang mit der Leistungserbringung stehen oder besondere Untersuchungs- und Behandlungsmöglichkeiten betreffen, und organisatorische Hinweise gegeben werden dürfen sollen, ist durch öffentliche Interessen nicht zu rechtfertigen, denn aus der positiven Darstellung der eigenen Leistung durch einen Arzt läßt sich kaum auf eine Gefahr für die Gesundheit der Bevölkerung oder einen Vertrauensschwund gegenüber diesem Arzt schließen.[779] Unhaltbar ist auch deswegen ein Beschluß des OLG Koblenz, wonach Informationen über „das Praxisteam" sowie Hinweise auf Parkmöglichkeiten oder die behindertengerechte Ausstattung der Arztpraxis berufswidrig sein sollen.[780] Abgesehen davon, daß der Bevölkerung hier notwendige sachliche Informationen vorenthalten werden sollen, sind die vom OLG Koblenz als unzulässig erachteten Hinweise nach bayerischer Rechtslage als sachliche Informationen über die Leistungserbringung und organisatorische Hinweise zulässig (vgl. § 27 Abs. 1 i. V. m. Kap. D I Nr. 5 Abs. 1 BayBOÄ).[781]

Der Grundsatz des § 27 Abs. 1 Satz 1 BayBOÄ, wonach sachliche Informationen über Tätigkeit und Person des Arztes (beides läßt sich kaum trennen) möglich sein müssen, wird durch die Beschränkung auf organisatorische Hinweise, die Kap. D I Nr. 5 BayBOÄ vornimmt, nahezu entwertet. Begrenzte Informationen selbst über private Angelegenheiten im Internet schaden der Gesundheit der Bevölkerung nicht; vielmehr wird es durch sie erst möglich, den betreffenden Arzt frei auszuwählen. Darin, daß ein an einen Ort Zugezogener einen neuen Hausarzt z. B. nach dessen Konfession oder Lieblingssportart auswählt, liegt keine Gefahr für die Gesundheit, wenn dieser Arzt ordnungsgemäß zugelassen ist.[782] Auch ist nicht zu erkennen, welche Rechtsgüter durch sogenannte „Etablissementbezeichnungen", die für unzulässig gehalten werden,[783] gefährdet werden: Meist sind solche Be-

---

778 Im Zusammenhang mit Werbung in Computerkommunikationsnetzen auf von Pharma-Firmen kostenlos bereitgestellten Homepages sind § 32 BayBOÄ („Annahme von Geschenken und anderen Vorteilen"), § 34 BayBOÄ („Verordnungen, Empfehlungen und Begutachtung von Arznei-, Heil- und Hilfsmitteln") zu beachten; im Hinblick darauf sind sog. „Links" zu einzelnen Arzneimittelherstellern bedenklich, vgl. insgesamt BLÄK (Hrsg.), Merkblatt, S. 4.

779 Vgl. *Eickhoff*, NJW 1998, S. 798, 799 (Bespr. zu OLG Koblenz, MedR 1998, S. 29 = NJW 1997, S. 1932 = ZIP 1997, S. 377).

780 Vgl. OLG Koblenz, MedR 1998, S. 29, 31, wo das Gericht die Internet-Seite eines Zahnarztes mit in der gewerblichen Wirtschaft üblichen Werbeprospekten vergleicht und feststellt: „Es fehlt auch nicht der Hinweis auf eine behindertengerechte Gestaltung der Praxis und ihres Zugangs sowie auf eine ausreichende Zahl von Parkplätzen in unmittelbarer Nähe" (!).

781 Vgl. *H. Koch*, BayÄBl. 2001, Beil. zu Heft 1, S. 1, 4: „Kammer fördert Arzt-Suche im Internet"; *Ottmann / Adam*, BayÄBl. 2001, S. 144, 145.

782 Vgl. auch *Barth*, Mediziner-Marketing, S. 181 f.

783 Vgl. *Alban Braun*, BayÄBl. 1999, S. 460; vgl. zur entsprechenden Problematik im Standesrecht der Rechtsanwälte *Römermann*, in: Hartung / Holl, Berufsordnung, 2. Aufl., § 9 BO, Rn. 78.

zeichnungen informativ und einprägsam und erleichtern das Auffinden einer betreffenden Praxis (z. B. „Radiologen am Stadtmarkt"). Daß hinter der Auffassung, die solche Hinweise verbieten will, letztlich ein im Hinblick auf das Grundgesetz nicht zu vertretendes Standesdenken, zumindest aber unzulässige Konkurrenzschutzerwägungen stehen, nicht aber Gründe des öffentlichen Wohls, wird z. B. an folgender Formulierung deutlich: „Eine Etablissementbezeichnung ist eine Art ‚Firmenname', diese werden von gewerblichen Unternehmen geführt; nicht jedoch von Angehörigen freier Berufe, wie den Ärzten."[784]

Die Zulässigkeit einer Internetinformation danach bewerten zu wollen, ob sie „im Informationsinteresse des potenziellen Patienten liegt oder ob der Patient primär zur Inanspruchnahme der Leistung dieses Arztes motiviert werden soll"[785], ist nicht möglich, gibt es doch Informationen – und diese sind nach dem hier vertretenen weiten Werbungsbegriff sogar sehr häufig[786] –, die im Informationsinteresse des Patienten liegen, zugleich aber auch werbenden Charakter haben.

Die Vorschrift des Kap. D I Nr. 5 Abs. 1 ist im Hinblick auf Computerkommunikationsnetze zu restriktiv und verletzt ärztliche Grundrechte.

Daß gem. Kap. D I Nr. 5 Abs. 2 Angaben über besondere Untersuchungs- und Behandlungsmethoden in Praxisinformationen und in Arztinformationen in öffentlich abrufbaren Computerkommunikationsnetzen nur gemacht werden dürfen, wenn sie nicht mit offiziell von den Ärztekammern verliehenen Qualifikationen verwechselt werden können, bzw. daß darauf hingewiesen werden muß, daß der verwendeten Bezeichnung nicht eine von einer Ärztekammer verliehene Qualifikation zugrundeliegt, ist eine Einschränkung ärztlicher Grundrechte, die im Hinblick auf eine Vermeidung von Irreführungen verhältnismäßig ist.

Kap. D I Nr. 5 Abs. 3 definiert, was praxisorganisatorische Hinweise sind und stellt keinen selbstständigen Eingriff in Grundrechte der Ärzte dar.

Kap. D I Nr. 5 Abs. 4 bestimmt, daß auf Briefbögen und im sonstigen beruflichen Schriftverkehr Vorgaben gelten, die den Absätzen 1 bis 3 entsprechen. Die für diese Regelungen gemachten Ausführungen lassen sich auf Kap. D I Nr. 5 Abs. 4 übertragen.

Die Absätze 1 und 4 verletzen ärztliche Grundrechte, soweit sie sich nicht auf Patienteninformationen in den Praxisräumen beziehen. Sie sollten ersatzlos gestrichen werden, da die durch sie geregelten Sachverhalte von der Generalklausel des § 27 Abs. 1 Satz 1 BayBOÄ angemessen erfaßt werden. Mit dem Wegfall von Kap. D I Nr. 5 Abs. 1 und 4 BayBOÄ wäre auch mehr Raum für eine Abwägung im Einzelfall verbunden: Nicht immer müssen z. B. Dankesschreiben oder Pro-

---

784 *Alban Braun*, BayÄBl. 1999, 460; vgl. auch OLG Koblenz, MedR 1998, S. 29, 31: „Wie bei einer Werbebroschüre der vielfach in der gewerblichen Wirtschaft anzutreffenden Art [...]."

785 BLÄK (Hrsg.), Merkblatt, S. 2.

786 Vgl. zu diesem weiten Begriff von Werbung oben, Zweiter Teil, D.

duktempfehlungen im Internet einschlägige Rechtsgüter gefährden.[787] Eine abschließende Aufzählung der erlaubten Informationen hingegen ließe für eine Berücksichtigung der Einzelfallumstände weniger Raum, will man nicht auf das Mittel der Reduktion des Normtextes zurückgreifen.

5. Vorschriften, die Spezialfälle von Werbung betreffen: § 34 Abs. 3, § 11 Abs. 2 Satz 2 BayBOÄ[788]

Die Vorschrift des § 34 Abs. 3 Satz 1 BayBOÄ, nach der es dem Arzt nicht gestattet ist, für Arzneimittel und ähnliche Waren Werbung zu treiben, hat zum Ziel, eine Abhängigkeit des Arztes von der Pharma-Industrie zu verhindern;[789] gleiches gilt für den sachlich mit Satz 1 zusammenhängenden Satz 2, wonach ein Arzt eine Verwendung seiner Gutachten und Zeugnisse zu Werbezwecken dem Empfänger ausdrücklich zu untersagen hat.

Dadurch, daß eine Abhängigkeit des Arztes von einem oder mehreren Arzneimittelherstellern mittelbar zu einem Verordnungsverhalten führen kann, das weniger das Wohl des Patienten als vielmehr wirtschaftliche Prosperität zum Ziel hat,[790] können sich zumindest entfernte Gefahren für die Gesundheit der Bevölkerung ergeben. Das in den meisten Fallkonstellationen unzutreffende Argument, die Bevölkerung müsse auf die Unabhängigkeit der Ärzte von finanziellen Erwägungen vertrauen können, erlangt in diesem Bereich ebenfalls Bedeutung: Zwar ist es nicht ehrenrührig, daß Ärzte nach Gewinn streben, und in der Regel sind Werbebeschränkungen aus dieser Überlegung heraus allein nicht zu rechtfertigen. Hat der Patient aber das Gefühl, der Arzt verschreibe ihm ein Medikament nur deswegen, um beispielsweise eine Provision zu erhalten, wird das persönliche Vertrauensverhältnis gestört: Anders als Werbung für die ärztliche Tätigkeit, die während der Behandlung in der Regel keine Bedeutung mehr hat, wirkt Fremdwerbung für Arzneimittel auf das Behandlungsverhältnis selbst ein. Hierin ist der entscheidende Grund dafür zu sehen, daß in diesem Fall das persönliche Vertrauensverhältnis (in der Ausprägung des Vertrauens darauf, der Arzt handele unabhängig von materiellen Erwägungen) ausnahmsweise eine Werbebeschränkung legitimieren kann:[791] § 34

---

787 Vgl. BLÄK (Hrsg.), Merkblatt, S. 3: „Regelmäßig berufswidrig werbend sind z. B. elektronische Gästebücher, Vorher-Nachherbilder, Wettbewerbe, Preisausschreiben, Patienten-Diskussionsforen und Produktempfehlungen."

788 Zur Rechtmäßigkeit der Werbebeschränkungen des HWG vgl. auch *Strunz*, Verbraucherschutz, S. 276, der das berechtigte Informationsbedürfnis der Verbraucher betont.

789 Vgl. *K. Schulte*, Werbeverbot für Ärzte, S. 154.

790 Vgl. *Lippert*, in: Ratzel/Lippert, MBO-Ä, § 34, Rn. 4; vgl. ferner § 34 Abs. 5 BayBOÄ, der es Ärzten verbietet, Patienten ohne hinreichenden Grund an bestimmte Apotheken, Geschäfte oder Anbieter von gesundheitlichen Leistungen zu verweisen, s. hierzu z. B. BGH, NJW-RR 2001, S. 407.

791 Vgl. zu diesem Argument im einzelnen oben, E. VI. 2.

Abs. 3 BayBOÄ ist zur Erhaltung dieses Vertrauens geeignet und erforderlich. Schließlich ist es dem Arzt zuzumuten, aufgrund seiner Pflichten aus dem Verhältnis zum Patienten auf Werbung zugunsten der Pharmaindustrie zu verzichten. Hierfür spricht auch der weitere Grund, daß bei der Werbung für ein Arzneimittel durch einen Arzt der Eindruck entstehen könnte, dieser Arzt verstehe den Umgang mit dem Arzneimittel besonders gut,[792] was eine unsachliche Suggestivwerbung darstellen kann; auch dies muß bei der Abwägung zugunsten einer Einschränkung der ärztlichen Werbefreiheit berücksichtigt werden.

Unangemessen ist dieses Verbot nur für Ärzte, die sich ausschließlich in der pharmazeutischen Forschung betätigen und keine Patienten betreuen. Diesbezüglich bedürfte es einer Einschränkung in der Formulierung des § 34 Abs. 3 BayBOÄ.

§ 11 Abs. 2 Satz 2 BayBOÄ[793], der es insbesondere bei unheilbaren Krankheiten verbietet, Heilerfolge als gewiß zuzusichern, ist nur zum Teil eine Werbevorschrift; es sind Fälle denkbar, in denen eine solche Zusicherung keine Werbung ist, etwa, wenn ein Arzt einem Moribunden bestätigt, er werde sicher gesund werden, um diesen zu beruhigen, in dem Bewußtsein, der Patient werde in Zukunft die ärztlichen Leistungen nicht mehr annehmen können. Um solches und anderes Verhalten, das menschlich verständlich, jedoch im Hinblick auf Menschenwürde und Selbstbestimmungsrecht des Sterbenden abzulehnen ist, zu verhindern, ist § 11 Abs. 2 Satz 2 BayBOÄ erforderlich.

Hinsichtlich des Werbecharakters des § 11 Abs. 2 Satz 2 BayBOÄ hingegen ist die Erforderlichkeit der Norm fraglich. Da jeder Heilbehandlung das Risiko des Mißlingens innewohnt, ist eine Werbung, die den Erfolg einer Therapie zusichert, irreführend und eigentlich schon wettbewerbsrechtlich bzw. gem. § 27 Abs. 1 Satz 3, 4 BayBOÄ als berufswidrig verboten. Eine Aufspaltung des § 11 Abs. 2 Satz 2 BayBOÄ in einen werbebezogenen und einen nicht werbebezogenen Teil ist jedoch nicht möglich: § 11 Abs. 2 Satz 2 BayBOÄ ist als insgesamt verfassungsgemäß anzusehen.

V. Die Werbebeschränkungen für Apotheker[794]

1. Allgemeines

Zur Rechtfertigung von Werbebeschränkungen für Apotheker kann nach dem Ausschluß einer Reihe von Argumenten insbesondere (a) die Begründung, durch Werberestriktionen werde die ordnungsgemäße Versorgung der Bevölkerung mit

792 Vgl. hierzu auch *Doepner,* HWG, 1. Aufl., § 11 Nr. 2, Rn. 9.

793 Vgl. zu Einzelheiten *Ratzel,* in: Ratzel / Lippert, MBO-Ä, § 11, Rn. 2.

794 Zur Rechtmäßigkeit der Regelungen des Wettbewerbsrechts vgl. BVerfGE 32, 311, 317.

Arzneimitteln sichergestellt, herangezogen werden; das auch für andere Berufe vorgetragene Argument, Einschränkungen im Werbebereich dienten (b) einer optimalen Versorgung der Bevölkerung mit freiberuflichen Dienstleistungen, ist damit teilweise deckungsgleich. Zu den Dienstleistungen des Apothekers gehört neben der reinen Versorgung allerdings auch die Beratung über Arzneimittel; deswegen hat das Argument „optimale Versorgung der Bevölkerung mit freiberuflichen Dienstleistungen" einen eigenständigen, weiteren Gehalt gegenüber dem Argument „ordnungsgemäße Versorgung der Bevölkerung mit Arzneimitteln".

Sehr eingeschränkt kann (c) die Notwendigkeit, Arzneimittelfehlgebräuche zu verhindern, zur Rechtfertigung von Werbebeschränkungen herangezogen werden; jedoch müssen die Umstände des Einzelfalles bei Berufung auf dieses Argument besonders sorgfältig geprüft werden.[795]

Besonders im Bereich der Werbung durch Apotheker muß aufgrund deren Konkurrenz mit anderen Gewerbetreibenden Raum für eine Einzelfallbetrachtung bleiben. Werden die zur Rechtfertigung von Werbebeschränkungen bei Apothekern vorgetragenen Belange vom BVerfG auch grundsätzlich als legitime Ziele angesehen, so hat das Gericht hinsichtlich der Verhältnismäßigkeit von Werbebeschränkungen zur Erreichung dieser Ziele differenzierte Vorgaben gemacht. Zu § 10 Nr. 11 der Berufsordnung Baden-Württemberg in der Fassung von 1970 führte das BVerfG aus: „Es ist nicht ersichtlich, wie die genannten Gemeinwohlbelange eine Beschränkung der Berufsausübung von solcher Reichweite rechtfertigen könnten. [...] Selbst wenn der Zweck der Regelung den Ausschluß bestimmter Werbeträger noch rechtfertigen sollte, führt jedenfalls eine Gesamtabwägung zwischen der Schwere des Eingriffs und dem Gewicht der ihn rechtfertigenden Gründe zu dem Ergebnis, daß die Grenzen der Zumutbarkeit überschritten sind, wenn die Berufsordnung keinen Raum für eine Prüfung der konkreten Werbung läßt."[796]

Die Beurteilung der Zulässigkeit von Apothekerwerbung in Einzelfällen kann differenzierter vorgenommen werden, wenn man außer der Tatsache, daß Apotheker einerseits verschreibungs- und nicht-verschreibungspflichtige Arzneimittel vertreiben, andererseits aber auch Artikel des sogenannten Rand- oder Nebensortiments,[797] berücksichtigt, daß sich Apothekerwerbung – wie auch Arztwerbung – an unterschiedlich qualifizierte Empfänger wenden kann. Auf der Basis des Grundsatzes, daß „die Werbung für Arzneimittel [...] nach Art, Form oder Inhalt nicht geeignet sein [darf, d. Verf.], den Entschluß zum Kauf, zur Verschreibung oder zur Anwendung des Arzneimittels unsachlich zu beeinflussen"[798] – dieser Grundsatz beruht auf der Aufgabe der Apothekerschaft, die Bevölkerung ordnungsgemäß mit Arzneimitteln zu versorgen –, kann eine Differenzierung nach dem Kreis der Emp-

795 Vgl. oben, E. V. 2.

796 BVerfGE 94, 372, 392 f.

797 Diese Problematik wird im Zusammenhang mit der insoweit relevanten Norm, Abschnitt II Abs. 10 a WRL, erörtert, vgl. 3. b) gg) (1).

798 *Schiedermair/Pohl,* Gesetzeskunde für Apotheker, S. 117.

fänger der Werbung vorgenommen werden, wobei sich zwischen dem allgemeinen Publikum und den medizinisch-pharmazeutischen Fachkreisen unterscheiden läßt.[799] Das Heilmittelwerberecht nimmt diese Unterscheidung bereits vor (vgl. z. B. §§ 11 i. V. m. 2 HWG). Im Standesrecht der Apotheker in Bayern findet sich diese Differenzierung ebenfalls: Abschnitt II Abs. 8 WRL regelt die Unzulässigkeit einer an Patienten gerichteten Werbung in Praxen von Ärzten oder anderen Einrichtungen.[800]

Bei Werbung gegenüber Fachkollegen entfällt das Ziel, das Vertrauen der Bevölkerung auf die Stellung des Apothekerstandes als Teil des Gesundheitswesens schützen zu wollen, als Rechtfertigungsargument, weil der Empfänger der Werbung ja selbst Teil dieses Apothekerstandes ist; allenfalls das Vertrauen auf die berufliche Integrität von Kollegen könnte in gewissen Fallkonstellationen tangiert sein, das allerdings als solches nicht schützenswert ist.

2. Erforderlichkeit von spezifisch berufs- und standesrechtlichen Werberegelungen für Apotheker neben dem Heilmittelwerberecht

Wie dargestellt, unterliegt Werbung des Apothekers für Arzneimittel sowohl dem Heilmittelwerberecht, insbesondere dem HWG, als auch den Vorschriften des Standesrechts. Für die Frage der Erforderlichkeit von Werberegelungen des Standesrechts der Apotheker neben dem HWG soll zunächst der Regelungsgehalt beider Normkomplexe erörtert werden.

Vom Heilmittelwerberecht werden Werbemaßnahmen erfaßt, die sich beziehen auf:

(1) Arzneimittel, und zwar verschreibungspflichtige, apothekenpflichtige und freiverkäufliche, vgl. § 1 Abs. 1 Nr. 1 HWG, und teilweise Werbung für

(2) apothekenübliche Waren, vgl. § 1 Abs. 1 Nr. 2 HWG (Werbemaßnahmen für Mittel, Behandlungen und Gegenstände, soweit sich die Werbeaussage auf die Erkennung, Beseitigung oder Linderung von Krankheiten bezieht); einige der in § 25 ApBetrO aufgezählten Waren unterfallen dieser Definition, so z. B. Verbandmittel (§ 25 Nr. 1 ApBetrO) oder Mittel und Gegenstände zur Krankenpflege (§ 25 Nr. 2 ApBetrO);

nicht erfaßt wird Werbung für die Apotheke als solche. Nicht alle vom Apotheker vorgenommenen Werbemaßnahmen unterfallen also dem HWG. Hinsichtlich solcher Werbung, die nicht dem HWG unterfällt, haben Berufs- und Standesrecht diesem gegenüber einen eigenständigen Regelungsgehalt, weshalb sich schon deswegen eine standesrechtliche Regelung nicht mangels Erforderlichkeit erübrigt. Aber auch hinsichtlich solcher Werbemaßnahmen, die unter das HWG fallen, ist

799 Vgl. entsprechend für Werbung von Ärzten oben, E. IV. 3.

800 Vgl. auch *Schiedermair/Pohl*, Gesetzeskunde für Apotheker, S. 117 f., 119.

eine spezifisch berufs- und standesrechtliche Kodifikation nicht etwa überflüssig: Sie ermöglicht es den Apothekerkammern, gegen gemeinwohlschädliches Fehlverhalten ihrer Mitglieder auch dann vorzugehen, wenn eine Ahndung auf dem durch §§ 14, 15 HWG vorgesehenen Weg des Straf- oder Ordnungswidrigkeitenverfahrens ausbleibt, etwa aus Gründen mangelnder Verhältnismäßigkeit; auch der Einsatz des weniger schweren Mittels der Rüge (vgl. Art. 59 Abs. 1, 3 i. V. m. Art. 38 BayHKaG) wird möglich. Zudem gilt es zu bedenken, daß eine zwingende Zuordnung von Werbemaßnahmen zu einem der beiden Rechtsgebiete nicht immer einfach ist: Werbung mit besonderen Preisen für gewisse Artikel bezieht sich direkt auf diese Artikel, entfaltet jedoch auch Wirkung für die Apotheke als solche.

Hinzu kommt, daß die Schutzrichtung des HWG eine andere ist als die von Werbebeschränkungen des Berufs- und Standesrechts von Ärzten und Apothekern. Letztere schützen legitimerweise primär die Versorgung der Bevölkerung mit ärztlichen und Apotheker-Dienstleistungen, die Gesundheit der Bevölkerung und die Funktionsfähigkeit der Arzneimittelversorgung; das HWG hat zwar auch den Schutz der Gesundheit des einzelnen und der Allgemeinheit zum Zweck, darüber hinaus dient es aber zusätzlich ökonomischen Interessen: Die Abnehmerschaft von Heilmitteln soll wirtschaftlich nicht übervorteilt werden (wobei Konkurrenten von Werbetreibenden allerdings nicht zum geschützten Personenkreis gehören).[801] Zwar decken sich die Schutzzwecke des HWG mit denen des Berufs- und Standesrechts stärker als diejenigen des UWG, weswegen eine zusätzliche Regelung von Sachverhalten, die unter das HWG fallen, häufiger entbehrlich erscheint als eine ergänzende Normierung von solchen Situationen, die auch wettbewerbsrechtlich relevant sind; gleichwohl ist eine berufs- und standesrechtliche Absicherung – wie dargestellt – aus Gründen besserer Verfolgbarkeit sozialschädlichen Verhaltens erforderlich und nicht etwa der Existenz des HWG wegen ausgeschlossen.[802]

3. Verfassungsmäßigkeit der Vorschriften im einzelnen

a) § 8 Abs. 2 Satz 1 BayBOApo: werberechtliche Generalklausel

§ 8 Abs. 2 Satz 1 BayBOApo, der mit der Formulierung, Apotheker seien berechtigt, „angemessen zu werben“, eine ausfüllungsbedürftige Generalklausel enthält, entspricht inhaltlich dem § 8 Abs. 1 BayBOApo i. d. F. v. 1983[803], zu dem das BVerfG entschieden hat, er erfülle noch das verfassungsrechtliche Bestimmtheitsgebot und die sonstigen Vorgaben des Grundgesetzes.[804] Nach den oben getroffenen Feststellungen können Werbebeschränkungen für Apotheker nur mit drei

801 Vgl. näher zum Schutzzweck des HWG *Doepner*, HWG, 2. Aufl., Einl., Rn. 40.

802 Dazu, daß das HWG berufs- und standesrechtliche Regelungen nicht ausschließt, vgl. auch *Doepner*, HWG, 2. Aufl., § 17, Rn. 1, 5.

803 Vgl. Abkürzungs- und Gesetzesverzeichnis.

804 Vgl. BVerfGE 94, 372, 394.

Argumenten gerechtfertigt werden.[805] Der numerus clausus zulässiger Schutzzwecke muß bei der Auslegung des Begriffs „angemessene Werbung" beachtet werden, ebenso bei der Beurteilung der durch die Werberichtlinien vorgenommenen Konkretisierung dieser Generalklausel. „Angemessene Werbung" ist verfassungskonform so zu verstehen, daß nur solche Werbung nicht unter diesen Begriff zu subsumieren ist, die die ordnungsgemäße Versorgung der Bevölkerung mit Arzneimitteln oder Dienstleistungen des Apothekers gefährden oder einem Arzneimittelfehlgebrauch Vorschub leisten könnte. Da eine solche verfassungskonforme Auslegung möglich ist, verstößt § 8 Abs. 2 Satz 1 BayBOApo nicht gegen das Grundgesetz.

b) Die Werberichtlinien der Bayer. Landesapothekerkammer

Die Werberichtlinien enthalten in Abschnitt II keinen numerus clausus unzulässiger Werbemaßnahmen, sondern lediglich eine beispielhafte Aufzählung (vgl. Abschnitt I WRL). Auf jeden Fall soll unzulässige Werbung allerdings dann vorliegen, wenn eine der Fallgruppen der Werberichtlinien erfüllt ist. Diese Fallgruppen haben zwingenden Charakter[806] und stellen als Ausfüllung der Generalklausel des § 8 Abs. 2 Satz 1 BayBOApo Eingriffe in Grundrechte des Apothekers dar. Abschnitt II Abs. 10 WRL indes regelt Tatbestände, durch deren Erfüllung alleine ausnahmsweise noch nicht zwingend ein Fall unangemessener Werbung vorliegt; vielmehr müssen hierfür besondere Umstände hinzutreten.

aa) Abschnitt I WRL: allgemeine Bestimmungen

Abschnitt I WRL enthält lediglich Erläuterungen zu § 8 Abs. 2 BayBOApo; Eingriffe in Grundrechte finden direkt durch Abschnitt I WRL nicht statt. Dieser Abschnitt erlangt allenfalls mittelbare Bedeutung, wenn auf ihn Bezug genommen wird (vgl. z. B. Abschnitt II Abs. 2 WRL).

bb) Abschnitt II Abs. 1 WRL: unlauterer Wettbewerb

Abschnitt II Abs. 1 WRL verbietet Werbung, die unlauteren Wettbewerb darstellt. Mit diesem Verweis auf die Vorschriften des Wettbewerbsrechts, den das BVerfG für zulässig hält,[807] könnte in unverhältnismäßiger Weise in Grundrechte von Apothekern eingegriffen werden. Wie erörtert,[808] ist eine neben dem Wettbe-

---

805 Vgl. E. V.

806 Anders verhält es sich mit den strafrechtlichen Regelbeispielen, vgl. hierzu etwa *Wessels/Hillenkamp*, Strafrecht BT II, Rn. 195 ff.

807 Vgl. BVerfGE 94, 372, 390.

808 Vgl. Dritter Teil, A. VI.

werbsrecht stehende zusätzliche Verhinderung gewisser sozialschädlicher Verhaltensweisen durch das Standesrecht aus verschiedenen Gründen nicht überflüssig. Im konkreten Fall ist das Verbot unlauterer Werbung nicht nur zur Sicherung einer optimalen Versorgung der Bevölkerung mit Arzneimitteln und Dienstleistungen des Apothekers geeignet und erforderlich – diese wird durch unverfälschten Wettbewerb am ehesten gewährleistet –, sondern auch zur Verhinderung von Arzneimittelfehlgebräuchen: Insbesondere irreführende Werbung (vgl. § 3 UWG) kann mittelbar zu Fehlkäufen und Fehlgebrauch von Medikamenten führen.

Abschnitt II Abs. 1 WRL ist verfassungsmäßig.

cc) Abschnitt II Abs. 2 WRL: Irreführung, Übertreibung

Abschnitt II Abs. 2 WRL stellt, soweit er irreführende Werbung verbietet, eine verfassungsgemäße Einschränkung von Grundrechten der Apotheker dar; hierfür gelten, ebenso wie für das Verbot der Werbung, die einen Arzneimittelfehlgebrauch begünstigt, die Feststellungen zu Abs. 1 entsprechend.

Soweit sie Werbung verbietet, die im Sinne des Abschnitts I WRL nach Form, Inhalt oder Häufigkeit übertrieben ist, muß die Regelung des Abschnitts II Abs. 2 WRL differenziert beurteilt werden. Nach Abschnitt I WRL ist nur angemessene Werbung erlaubt, die (1) die Versorgung der Bevölkerung mit Arzneimitteln, (2) das Vertrauen der Öffentlichkeit darauf, daß im Vordergrund der apothekerlichen Tätigkeit diese Hauptaufgabe steht, und (3) das Ansehen des Berufsstandes nicht gefährdet. Den oben zum legitimen Zweck von Werbebeschränkungen bei Apothekern[809] angestellten Überlegungen zufolge ist von diesen drei Zielsetzungen nur die erste zulässig; Abschnitt II Abs. 2 WRL ist daher, soweit sich die Norm auf die Ziele (2) und (3) bezieht, verfassungswidrig, weswegen de lege ferenda lediglich auf Punkt (1) verwiesen werden sollte. Welche Werbemaßnahmen im Hinblick auf die Versorgung der Bevölkerung mit Arzneimitteln und, was ein weiterer legitimer Schutzzweck von Werberestriktionen ist, die Versorgung der Kunden mit Apotheker-Dienstleistungen aufgrund ihrer Unsachlichkeit beeinträchtigen können, ist eine Frage des Einzelfalls. Die Vorgängerregelung, Nr. 3 Abs. 3 WRL i. d. F. v. 1983[810], war zu starr, da sie eine Abwägung von Umständen, die für, mit solchen, die gegen eine Einschränkung sprachen, verhinderte, hatte sie doch Einzelwerbung in Zeitungen und anderen Medien verboten, wenn sie mehr als Namen und Anschrift von Apotheker und Apotheke enthalten hatte und größer als 40 cm^2 war. Diese Vorschrift wurde höchstrichterlich als verfassungsrechtlich fehlerhaft beurteilt: Werbebeschränkungen sind dem BVerfG zufolge dann als unverhältnismäßig anzusehen, wenn sie bestimmte Werbeträger ohne Rücksicht auf Form und Inhalt vollständig ausschließen oder wenn sie als strikte Regelung einer Würdigung aller

809 Vgl. E. V.

810 Vgl. Abkürzungs- und Gesetzesverzeichnis.

maßgeblichen Umstände keinen Raum lassen.[811] Die aktuelle Vorschrift des Abschnitts II Abs. 2 WRL genügt den vom BVerfG vorgegebenen Anforderungen. Die Frage der Angemessenheit einer Werbemaßnahme muß immer aus einer Zusammenschau aller maßgeblichen Umstände ermittelt werden.

Ein Fall, der sich in Nordrhein-Westfalen ereignete, dürfte daher unter Zugrundelegung des Abschnitts II Abs. 2 der Bayerischen WRL wohl ebenso entschieden werden, wie ihn der BGH beurteilte. Die Tatsache, daß ein Apotheker im Straßenraum vor seiner Apotheke (hier „Pinguin-Apotheke") aus Anlaß der Geschäftseröffnung durch eine als Pinguin verkleidete Person kleine Werbegeschenke verteilen ließ (Papierfähnchen, Kugelschreiber mit Werbeaufdruck), wurde in letzter Instanz als berufs- und wettbewerbsrechtlich unbedenklich eingestuft. Insbesondere bestehe nicht die Befürchtung, durch dieses Werbeverhalten würden Passanten zum Kauf von Arzneimitteln bewegt, für die kein echter Bedarf vorliege.[812] Da das BVerfG einen generellen Ausschluß von Werbeträgern in der Regel für unzulässig hält,[813] muß folglich auch Werbung einer Apotheke auf den Trikots einer Sportmannschaft erlaubt sein:[814] Werbung mittels dieses Mediums gehört heute zu den „allgemeinen Gepflogenheiten der seriösen geschäftlichen Werbung im Rahmen von Sponsoring"[815]. Selbst die Teilnahme eines Apothekers an einem Faschingsumzug mit einem eigenen Wagen muß nicht generell wegen Unangemessenheit unzulässig sein: Ob hierdurch „plump aufdringliche Werbung marktschreierischer Art betrieben wird"[816], unterliegt dem BVerfG zufolge der Beurteilung durch die Fachgerichte, woraus sich ergibt, daß auch dieses – allerdings ungewöhnliche – Werbemedium nach Abschnitt II Abs. 2 WRL nicht von vorneherein verboten ist.

Für eine ausschließlich am Schutz legitimer Rechtsgüter orientierte Neufassung des Abschnitt II Abs. 2 WRL bietet sich folgende Formulierung an: „Unzulässig ist eine Werbung, die irreführend ist oder die optimale Versorgung der Allgemeinheit mit Medikamenten und Dienstleistungen des Apothekers gefährden kann, sowie eine Werbung, die einen Fehlgebrauch von Arzneimitteln begünstigt."

dd) Abschnitt II Abs. 3 WRL: Außenwerbung für apothekenpflichtige Arzneimittel

Das Verbot der Außenwerbung für apothekenpflichtige Arzneimittel ist geeignet, einem Arzneimittelfehlgebrauch vorzubeugen; es ist dafür jedoch nicht erfor-

---

811 Vgl. BVerfGE 94, 372, 395; BVerfG, NJW 1996, S. 3070, 3071.

812 Vgl. BGH, MDR 1994, S. 999, 1000.

813 Vgl. BVerfGE 94, 372, 392.

814 Vgl. hierzu BVerfGE 94, 372, 395, 398 f.

815 BVerfGE 94, 372, 399.

816 BVerfGE 94, 372, 398.

derlich. Die Apothekenpflicht besteht für nicht völlig unbedenkliche Arzneimittel gerade deswegen, um eine Beratung des Kunden durch den Apotheker zu ermöglichen. Der Kausalzusammenhang zwischen Werbung und dem Kauf von für den Kunden im konkreten Fall ungeeigneten Arzneimitteln wird an einer Stelle entscheidend unterbrochen: Vor der endgültigen Kaufentscheidung des Kunden muß dieser vom Apotheker über das zu erwerbende Medikament beraten werden (vgl. § 20 Abs. 1 ApBetrO). Ausdrücklich obliegt es dem gesamten pharmazeutischen Personal der Apotheke außerdem, Arzneimittelmißbräuche zu verhindern, ggf. durch Verweigerung der Abgabe des betreffenden Arzneimittels (vgl. § 17 Abs. 8 ApBetrO). Ein Totalverbot der Außenwerbung für apothekenpflichtige Arzneimittel ist aufgrund dieser Bestimmungen nicht erforderlich und damit unverhältnismäßig.

De lege ferenda empfiehlt es sich, das Außenwerbungsverbot grundsätzlich abzuschaffen und nur für Ausnahmefälle aufrechtzuerhalten: „Zulässig ist Werbung für apothekenpflichtige Arzneimittel außerhalb der Apothekenbetriebsräume, soweit sie nicht die ordnungsgemäße Versorgung der Bevölkerung [offen formuliert, um sowohl Arzneimittelversorgung als auch andere Dienstleistungen zu erfassen] gefährden oder Arzneimittelgebrauch begünstigen kann."

ee) Abschnitt II Abs. 4, 5, 6 WRL: Preiswerbung, Werbung für gesetzwidrige und selbstverständliche Leistungen

Das Verbot, damit zu werben, die Apotheke sei besonders preisgünstig, wenn nicht auf die Einheitlichkeit des Preises für apothekenpflichtige Arzneimittel hingewiesen wird (Abs. 4), und das Werbeverbot für gesetzlich vorgeschriebene und daher selbstverständliche Leistungen (Abs. 5, 2. Alt.) betreffen Sonderfälle irreführender Werbung. Irreführende Werbung wird zwar auch durch § 3 UWG erfaßt; aus bereits erörterten Gründen erübrigt sich eine zusätzliche Absicherung durch das Standesrecht jedoch nicht;[817] außerdem führt irreführende Werbung zu Verzerrungen des Wettbewerbs zwischen Apotheken, wodurch die ordnungsgemäße Versorgung der Bevölkerung mit Arzneimitteln gefährdet werden kann. Die Regelung des Abschnitts II Abs. 4 WRL ist deswegen verhältnismäßig im Hinblick auf Grundrechte des Apothekers und verstößt nicht gegen das Grundgesetz.

Auch Werbung für gesetzwidrige Leistungen (Abs. 5, 1. Alt.) ist wettbewerbswidrig (vgl. § 1 UWG);[818] sie gefährdet außerdem den Rechtsrahmen und damit die Ordnungsmäßigkeit der Arzneimittelversorgung. Das Verbot der Werbung mit gesetzwidrigen Leistungen ist deswegen erforderlich und angemessen. Daß nicht mit kostenlosen Blutdruckmessungen und ähnlichen Verfahren geworben werden darf (Abs. 5, 3. Alt.), beruht auf der Notwendigkeit einer Trennung zwischen der

817 Vgl. oben, Dritter Teil, A. VI.

818 Vgl. z. B. *Piper,* in: Köhler/Piper, UWG, § 1, Rn. 621.

Tätigkeit des Arztes und der des Apothekers (vgl. § 20 Abs. 1 Satz 2 ApBetrO)[819] und ist durch die gesetzlich vorgegebene Aufgabenteilung zwischen beiden Berufen gerechtfertigt, die für den Apotheker ein weitgehendes Kurierverbot mit sich bringt. Zwar ist dem Apotheker die Durchführung von Blutdruckmessungen nicht generell verboten, befindet sie sich doch im Grenzbereich von Diagnose und Beratung.[820] Durch das Verbot der Werbung mit kostenlosen Blutdruckmessungen und ähnlichen Verfahren indes soll einer Abwerbung von potentiellen Arzt-Patienten vorgebeugt werden.[821]

Die Vorschrift des Abschnitt II Abs. 6 WRL verbietet die Werbung mit Zustelldiensten. Allein mit der Argumentation, andere Apotheker sollten davor geschützt werden, selbst einen Zustelldienst einrichten zu müssen, wäre die Norm nicht zu rechtfertigen: In dieser Zielsetzung läge ein unzulässiger Schutz vor Konkurrenz.[822] Durch die Organisation eines regelmäßigen Zustelldienstes kann jedoch die Versorgung der Bevölkerung mit Arzneimitteln insofern gefährdet werden, als sich der Apotheker zu stark auf diese neben seiner Hauptaufgabe liegende Tätigkeit konzentrieren könnte, etwa indem er Personal verstärkt zu Fahrdiensten heranzieht. Zur Versorgung der Kundschaft mit Arzneimitteln kann es zwar im Einzelfall gehören, z. B. gebrechlichen Patienten ein Medikament zuzustellen; die Zustellung darf aber nicht zur Regel werden, sondern muß auf Fälle beschränkt bleiben, in denen sie unabdingbar ist. Das Verbot der Werbung mit Zustelldiensten ist daher – paradoxerweise – geeignet, die Arzneimittelversorgung zu verbessern. Ebenso wie zur Verhinderung einer zu starken Konzentration des Apothekers auf das Nebensortiment ist es zur Erreichung der Verhinderung einer Konzentration des Apothekers auf die Arzneimittelverschickung jedoch nicht erforderlich, Werbebeschränkungen zu erlassen: Mittel des Ordnungsrechts genügen, um den Apotheker für den Fall, daß er seine eigentliche Aufgabe zu vernachlässigen droht, zur Pflicht zu rufen. Abschnitt II Abs. 6 WRL erweist sich damit als verfassungswidrig.

ff) Abschnitt II Abs. 7, 8, 9 WRL: Werbung mit Drittbezug

Das Verbot, Ausstellungsflächen der Apotheke anderen zu überlassen (vgl. Abs. 7), und das Verbot, Werbung zu treiben, die mit der Verpflichtung verbunden ist, bestimmte Arzneimittel bevorzugt anzubieten (vgl. Abs. 9), wollen eine Abhängigkeit des Apothekers von Dritten, z. B. Pharmakonzernen, verhindern, die

---

819 Vgl. *Morck,* in: ABDA (Hrsg.), Apothekenreport Nr. 40, S. 33, 35 f.; *Pieck,* in: Gebler/Kindl, Pharmazie, S. 97, 100 ff.

820 Zur Abgrenzung und zum Kurierverbot s. näher *Schiedermair/Pohl,* Gesetzeskunde für Apotheker, S. 110.

821 Vgl. zur Zulässigkeit von physiologisch-chemischen Untersuchungen in Apotheken *H.-D. Horn,* PZ 1999, S. 2224 f.

822 Vgl. hierzu näher die Ausführungen oben, E. VI. 6.

seine auf der Freiberuflichkeit basierende Beratungsfreiheit[823] einschränken könnte. Beide Verbote sind deswegen zur Aufrechterhaltung einer optimalen Versorgung mit freiberuflichen Dienstleistungen, hier der Beratungsleistung des Apothekers, und damit mittelbar auch zur Sicherung einer optimalen Versorgung mit Arzneimitteln geeignet, erforderlich und im Grundsatz angemessen.

Das durch Abs. 8 statuierte Verbot der Apothekerwerbung in Arztpraxen ist, soweit es nicht nur das Vertrauen der Kundschaft auf die Unabhängigkeit des Apothekers schützen soll, verhältnismäßig: Es dient der Sicherung der fachlichen Unabhängigkeit des Apothekers, die unter allen Umständen geschützt werden muß; diese fachliche Entscheidungsfreiheit soll z. B. auch durch § 11 ApoG gewahrt werden.[824] Zum Schutz dieser Unabhängigkeit, die wesentlich zur Freiberuflichkeit des Apothekers gehört und zur Sicherung der ordnungsgemäßen Arzneimittelversorgung der Bevölkerung unerläßlich ist, ist das Verbot der Werbung in Arztpraxen geeignet, erforderlich und angemessen. Zusätzlich dient es auch dem Vertrauen auf die Unabhängigkeit des Arztes.

gg) Abschnitt II Abs. 10 WRL: weitere unzulässige Einzelfälle

Unter Abs. 10 WRL werden weitere Fälle aufgelistet, in denen, „vorbehaltlich der Umstände des konkreten Einzelfalls", Werbemaßnahmen unzulässig sind. Der Vorbehalt der Berücksichtigung aller Einzelumstände ermöglicht eine Abwägung und ist verfassungsrechtlich geboten, schließt jedoch nicht aus, daß einzelne Verbotsnormen trotzdem per se verfassungswidrig sind.

(1) Abschnitt II Abs. 10 lit. a WRL: Werbung für freiverkäufliche Arzneimittel und apothekenübliche Waren

Der Streit, inwieweit ein Verbot der Außenwerbung für Apotheken generell gegen Grundrechte verstößt,[825] spielt in Anbetracht der aktuellen Rechtslage in Bayern keine Rolle: Gem. Abschnitt II Abs. 10 a WRL ist Werbung für apothekenübliche Waren und freiverkäufliche Arzneimittel erlaubt, soweit sie sich im Rahmen der üblichen Werbung anderer Anbieter gleichartiger Waren hält; bei der Werbung für freiverkäufliche Arzneimittel habe der Apotheker allerdings seiner berufstypischen Verantwortung, Arzneimittelfehlgebrauch zu verhindern, gerecht zu werden. In dieser Formulierung liegt eine minimale Erschwerung der Werbemöglichkeiten

---

823 Vgl. hierzu auch die Ausführungen zum Berufsbild des Apothekers, oben, Dritter Teil, E. I. 2.

824 Vgl. zu Inhalt und Bedeutung der fachlichen Unabhängigkeit *Schiedermair/Pohl*, Gesetzeskunde für Apotheker, S. 90 f.

825 Vgl. für die Zulässigkeit eines solchen Verbots BVerwG, NJW 1992, S. 994; vgl. zur Gegenansicht BGH, NJW-RR 1991, S. 1067; beide Entscheidungen behandelt *Taupitz*, NJW 1992, S. 937 ff.

von Apothekern gegenüber anderen Gewerbetreibenden, die zwar nicht unter Art. 3 Abs. 1 GG fällt,[826] jedoch an anderen Grundrechten gemessen werden muß.

Eine ähnliche Differenzierung zwischen Apothekern und sonstigen Gewerbetreibenden wurde vom BVerfG als Verstoß gegen Art. 3 Abs. 1 GG angesehen: Aus dem Selbstbedienungsbeschluß des BVerfG[827] lassen sich einzelne Kriterien für die Auslegung auch der Vorschrift des Abschnitts II Abs. 10 lit. a WRL gewinnen. Gem. § 10 Abs. 2 Satz 1 ApBetrO a. F., § 52 Abs. 3 AMG a. F. war es verboten, apothekenfreie Arzneimittel in Apotheken mittels Selbstbedienung in den Verkehr zu bringen; für den übrigen Einzelhandel war (und ist) dies jedoch erlaubt, wenn eine sachkundige Person zur Verfügung steht (vgl. § 52 Abs. 1, 3 AMG n. F.). In dieser Schlechterstellung der Apotheken sah das BVerfG einen Verstoß gegen Art. 3 Abs. 1 GG, da die Ungleichbehandlung weder durch den Schutz der Volksgesundheit, noch durch Berufsbilderwägungen, noch durch das Argument, der Apotheker solle von einer übertriebenen Befassung mit dem Nebensortiment abgehalten werden, gerechtfertigt werden könne.[828]

Die vom Gericht angestellten Überlegungen können auf Ungleichbehandlungen von Apothekern gegenüber sonstigen Gewerbetreibenden im Hinblick auf Werbemöglichkeiten übertragen werden, wobei Abschnitt II Abs. 10 a WRL nur ein Beispiel für eine Verschiedenbehandlung darstellt. Eine solche Übertragung scheitert nicht daran, daß vorliegend Art. 3 Abs. 1 GG nicht einschlägig ist.

Im Hinblick auf den Schutz der Gesundheit der Bevölkerung sei kein Grund dafür erkennbar, so das BVerfG, daß eine Selbstbedienung in Apotheken eine stärkere Gefahr darstellt als eine Selbstbedienung mit Arzneimitteln im sonstigen Einzelhandel.[829] Dieses Argument gilt auch für Werbung für apothekenfreie Arzneimittel und das Randsortiment: Daß diese dann, wenn sie durch Apotheken vorgenommen wird, größere Gefahren für die Gesundheit der Bevölkerung verursachen soll, als dann, wenn sie der sonstige Einzelhandel vornimmt, ist nicht plausibel; aufgrund seiner Ausbildung und Funktion kann der Apotheker mögliche Fehlgebräuche von Arzneimitteln oder Artikeln des Nebensortiments sogar besser als sonstige Einzelhändler verhindern.

Deutlich stellt das BVerfG fest, daß der Schutz des Berufsbildes des Apothekers in erster Linie dem Schutz der Gesundheit der Bevölkerung dient und kein Selbstzweck ist.[830] Diese Überlegung gilt entsprechend im Hinblick auf Werbebeschränkungen auch für andere Freiberufler.[831]

---

826 Die einschlägigen Vorschriften – die Werberichtlinien einerseits, das allgemeine Heilmittelwerbe- und Wettbewerbsrecht andererseits – stammen von unterschiedlichen Hoheitsträgern, vgl. oben, B. XI. 3.

827 BVerfG, Beschl. v. 14. 4. 1987 – 1 BvL 25/84 –, BVerfGE 75, 166.

828 Vgl. BVerfGE 75, 166, 179 ff.

829 Vgl. BVerfGE 75, 166, 180.

830 Vgl. BVerfGE 75, 166, 181.

831 Vgl. bereits E. VI. 1.

Auch die Gefahr, daß der Apotheker sich zu stark dem Nebensortiment zuwendet, sieht das BVerfG als nicht geeignet an, das Selbstbedienungsverbot zu rechtfertigen.[832] Gleiches gilt für Werbebeschränkungen bei Apothekern allgemein, und insbesondere auch im Hinblick auf Ungleichbehandlungen gegenüber anderen Gewerbetreibenden: Gefahren, die sich aus einer zu starken Akzentuierung des Vertriebs von apothekenfreien Arzneimitteln und Artikeln des Nebensortiments ergeben, können mittels individueller Ordnungsmaßnahmen wirkungsvoller abgewendet werden als durch allgemeine Werbebeschränkungen.[833]

Nach diesen Überlegungen kann die Einschränkung, schon bei der Werbung für apothekenfreie Arzneimittel habe der Apotheker seiner berufstypischen Verantwortung, Arzneimittelfehlgebrauch zu verhindern, als nicht erforderlich angesehen werden: Es genügt, wenn der Apotheker drohenden Arzneimittelfehlgebräuchen bei der Beratung des Kunden vorbeugt (vgl. § 20 Abs. 1, § 17 Abs. 8 ApBetrO). Der Vorbehalt der Beachtung der besonderen berufstypischen Verantwortung ist daher ein nicht erforderlicher Eingriff in die Werbefreiheit des Apothekers und muß de lege ferenda entfallen.

(2) Abschnitt II Abs. 10 lit. b WRL: Werbung für Dienstleistungen

Gem. Abschnitt II Abs. 10 lit. b WRL ist die Werbung für Dienstleistungen verboten, soweit sie nicht der besonderen Stellung des Apothekers als Heilberufler und den Geboten einer wahren und sachlichen Information entspricht. Zweifelhaft ist, ob die Vorschrift im Hinblick auf die anzustrebenden Ziele erforderlich ist. Daß nur sachliche Informationen erteilt werden dürfen, ergibt sich bereits aus § 8 Abs. 2 Satz 1 BayBOApo, wonach der Apotheker „angemessen" werben darf; dieser Begriff ist als „sachlich" auszulegen; auch unwahre Informationen werden, vom Wettbewerbsrecht abgesehen, bereits durch § 8 Abs. 2 Satz 1 BayBOApo untersagt. Für Abschnitt II Abs. 10 lit. b WRL besteht daher kein Bedürfnis.

Darüberhinaus weckt die Betonung der „besonderen Stellung des Apothekers als Heilberufler" Assoziationen mit dem Berufsbild. Die Formulierung müßte, um nicht einem unzulässigen Berufsbildschutz[834] zur Anknüpfung zu dienen, so ausgelegt werden, daß nur die Aufgabenerfüllung des Apothekers geschützt werden darf. Diese besteht aber hauptsächlich in der Versorgung der Bevölkerung mit Arzneimitteln, weshalb die Formulierung „besondere Stellung des Apothekers als Heilberufler" keine eigenständige Bedeutung hat und nicht erforderlich ist.

Weil nicht erforderlich, ist Abschnitt II Abs. 10 lit. b WRL verfassungswidrig. De lege ferenda sollte die Norm daher insgesamt weggelassen werden; schließlich ist die Rechtsprechung bereits unter der Geltung der Werberichtlinien

832 Vgl. BVerfGE 75, 166, 181 f.

833 Vgl. oben, E. V. 1. b).

834 Vgl. oben, E. VI. 1. c).

von 1983[835] hinsichtlich der Zulässigkeit von Werbung für Dienstleistungen großzügig verfahren.[836]

(3) Abschnitt II Abs. 10 lit. c WRL: Werbung durch bildliche Darstellung des Apothekers

Ähnlich wie die Vorschrift des § 11 Nr. 4 HWG will Abschnitt II Abs. 10 lit. c WRL mit dem Verbot der Werbung durch bildliche Darstellung von Personen in der Berufskleidung oder bei der Ausübung der Tätigkeiten des Apothekerberufs wohl eine unsachliche Beeinflussung medizinisch-pharmazeutischer Laien durch die Suggestivkraft bildlicher Darstellungen verhindern und hiermit verbundenen Irreführungen vorbeugen.[837] Die Norm schließt nicht etwa ein Werbemedium generell aus und ist nicht schon aus diesem Grund verfassungswidrig,[838] sondern regelt nur den Inhalt zulässiger Werbebotschaften: Anzeigen mit Bildwerbung ohne Personen in Berufskleidung z. B. sind nicht verboten.

Allerdings ist zweifelhaft, ob Werbung mit Bildern von Personen in Berufskleidung unangemessen (i. S. d. Abschnitts I WRL, soweit auf diesen verwiesen werden darf[839]) ist: Unter den Begriff „unangemessene Werbung" fallen nur solche Maßnahmen, die eines der drei legitimen Schutzgüter von Werbebeschränkungen für Apotheker tangieren könnten. Inwieweit aber durch bildliche Darstellungen des Apothekers in Berufskleidung die Versorgung der Bevölkerung mit Arzneimitteln und Dienstleistungen gefährdet werden könnte, ist unklar. Anders als § 11 Nr. 4 HWG kann die Regelung des Abschnitts II Abs. 10 lit. c WRL auch nicht damit gerechtfertigt werden, Kunden würden durch die scheinbare fachliche Autorität des Abgebildeten von der Güte eines Arzneimittels überzeugt;[840] kann durch Werbung für Medikamente durch Abbildungen von Personen in Berufskleidung möglicherweise tatsächlich noch ein Arzneimittelfehlgebrauch verursacht werden, so betrifft Abschnitt II Abs. 10 lit. c WRL auch Werbung für die Apotheke als solche. Der Kausalzusammenhang zwischen Werbung für die Einrichtung Apotheke als solche und der Gefahr eines Arzneimittelfehlgebrauchs ist so entfernt, daß Abschnitt II Abs. 10 lit. c WRL im Hinblick auf Werbung für die Apotheke als solche wenn eventuell noch geeignet, so doch zumindest nicht erforderlich ist. Aus diesem Grund ist die Norm teilweise verfassungswidrig, ganz abgesehen davon, daß hinter ihr auch unzulässige Berufsbildüberlegungen stehen dürften. De lege ferenda sollte Abschnitt II Abs. 10 lit. c WRL in einer Neufassung nur die Werbung für

835 Vgl. Abkürzungs- und Gesetzesverzeichnis.

836 Vgl. BVerfGE 94, 372, 382, 399.

837 Vgl. *Doepner,* HWG, 2. Aufl., § 11 Nr. 4, Rn. 1.

838 Vgl. hierzu BVerfGE 94, 372, 392.

839 Vgl. soeben oben, cc.

840 Vgl. zu dieser Zielsetzung des § 11 Nr. 4 HWG *Doepner,* HWG, 2. Aufl., § 11 Nr. 4, Rn. 1, 5.

Waren durch bildliche Darstellung von Personen in Berufskleidung einschränken, und auch nur insoweit, als dadurch einschlägige Rechtsgüter gefährdet werden könnten.

(4) Abschnitt II Abs. 10 lit. d WRL: entgeltliche Bildberichte

Bildberichte, die konkret oder üblicherweise nur gegen Entgelt erstellt werden, sind gem. Abschnitt II Abs. 10 lit. d WRL verboten. Ein genereller Ausschluß von Werbemedien ist unverhältnismäßig:[841] Wenn eigene Werbebeiträge als solche nicht erkennbar sind, vielmehr mit redaktionellen verwechselt werden können, liegt hierin eine Täuschung, die auch wettbewerbsrechtlich relevant wäre.[842] Handelt es sich jedoch bei einem Beitrag um einen redaktionellen, so stehen weder der Schutz der Versorgung der Bevölkerung noch Bedenken hinsichtlich eines Arzneimittelfehlgebrauchs einer Veröffentlichung dieser Art im Wege. Zum Schutz dieser Gemeinschaftsgüter ist das Verbot bezahlter redaktioneller Beiträge nicht geeignet. Hinter diesem Verbot dürften sich vielmehr nur unzulässige Berufsbildargumente verbergen, insbesondere die Kommerzialisierungsthese: Bezahlte redaktionelle Beiträge sind nämlich vornehmlich in der gewerblichen Wirtschaft üblich. Hierdurch darf jedoch nicht ausgeschlossen werden, daß sich auch Apotheker dieses Werbemittels bedienen.

Abschnitt II Abs. 10 d WRL sollte daher ersatzlos gestrichen werden.

(5) Abschnitt II Abs. 10 lit. e WRL: Anbieten von Speisen und Getränken

Das Anbieten von Speisen und Getränken ist, soweit es über das Gewähren einer Warenprobe hinausgeht, durch Abschnitt II Abs. 10 lit. e WRL verboten. Angebote, die über Warenprobengröße hinausgehen, könnten von Kunden als Lockversuche mißverstanden werden und fielen wettbewerbsrechtlich unter § 1 UWG (Fallgruppe „unlautere Kundenwerbung“ durch psychologischen bzw. moralischen Kaufzwang).[843] Insofern bezieht sich Abschnitt II Abs. 10 lit. e WRL mittelbar auf das Wettbewerbsrecht. Die Wahrung der Lauterkeit des Wettbewerbs dient, langfristig gesehen, der Sicherung einer ordnungsgemäßen Arzneimittelversorgung. Abschnitt II Abs. 10 lit. e WRL ist zur Verhinderung solcher Werbung nicht etwa deswegen nicht erforderlich, weil das Wettbewerbsrecht das Verhalten bereits geregelt.[844] Das durch diesen Absatz statuierte Verbot ist im Hinblick auf das Anbieten

---

841 Vgl. BVerfGE 94, 372, 392.

842 Vgl. § 1 UWG; einschlägig wäre die Fallgruppe „unlautere Kundenwerbung“; es handelte sich um eine Täuschung über den Werbecharakter, vgl. *Köhler/Piper*, in: Köhler/Piper, UWG, § 1, Rn. 17 f.

843 Vgl. *Piper*, in: Köhler/Piper, UWG, § 1, Rn. 201 ff.; BGH, MDR 1994, S. 999 f. (Pinguin-Apotheke), vgl. hierzu auch oben, Dritter Teil, E. III.

844 Vgl. näher zum Verhältnis des Berufs- und Standesrechts zum allgemeinen Wettbewerbsrecht oben, Dritter Teil, A. VI.

von Speisen und Getränken in großem Umfang auch angemessen; das Interesse des Apothekers daran, seinen Kunden größere Imbisse anzubieten, unterliegt nur einem Grundrecht (Art. 12 Abs. 1 GG) – die bedeutenden Rechte aus Art. 5 Abs. 1 GG sind nicht einschlägig. Auch deswegen wiegt der Eingriff nicht so schwer wie die – wenn auch relativ weit entfernten – Gefahren, die durch das betreffende Verhalten mittelbar für die Arzneimittelversorgung entstehen könnten.[845] Allerdings wäre es nicht mit dem Schutzzweck der Werbevorschriften unvereinbar, wenn es dem Apotheker gestattet würde, Kleinigkeiten anzubieten, die nicht Warenproben sind: Wieso es der Arzneimittelversorgung schaden soll, einem Kunden, der auf das Ergebnis eines soeben durchgeführten Gesundheitstests wartet, zur Überbrükkung dieser Zeit eine Tasse Kaffee zu reichen, auch wenn die Apotheke keinen Kaffee verkauft und es sich bei der Tasse daher nicht um eine Warenprobe handelt, ist nicht zu erkennen (kritisch zu sehen ist dieses Verhalten allerdings unter dem Aspekt, daß Apotheken letztlich der Gesundheit der Bevölkerung dienlich sein sollen, wenn man die Arzneimittelversorgung als Vorstufe des Endziels Gesundheitsschutz ansehen will; ob dann ein gesundheitsschädliches Getränk wie Kaffee ausgeschenkt werden darf, wenn auch in kleinen Mengen, ist fraglich). Als Kriterium, in welchem Umfang Speisen und Getränke angeboten werden dürfen sollen, kann auf die übliche Größe von Warenproben verwiesen werden. Abschnitt II Abs. 10 lit. e WRL könnte de lege ferenda folgendermaßen lauten: „[Unzulässig ist ferner vorbehaltlich der Umstände des konkreten Einzelfalls insbesondere] e) das Anbieten von Speisen und Getränken zum Verzehr in der Apotheke, soweit sie den üblichen Wert einer Warenprobe übersteigen."

hh) Abschnitt II Abs. 11 WRL: Hinweisschilder

Die Regelung, wonach Hinweisschilder auf die Apotheke außerhalb des Apothekengebäudes zulässig sind, soweit sie sachliche Informationen enthalten, ist verfassungsrechtlich unbedenklich, wenn man den Begriff „sachlich" verfassungskonform auslegt: Die Beschränkung auf sachliche Werbung ist nur insoweit zulässig, als sie den anzustrebenden Zielen förderlich ist. Die Bezugnahme auf die Absätze 1 bis 10 verstößt, soweit diese selbst verfassungsgemäß sind, nicht gegen das Grundgesetz.

---

[845] Vgl. die Auslegung des § 43 b BRAO (Merkmal „Sachliche Information"), die nur dann verfassungsgemäß ist, wenn zumindest kleinere Geschenke als hiernach erlaubt anzusehen sind, oben, F. III. 1.

G. Exkurs: Vereinbarkeit berufs- und standesrechtlicher Werbebeschränkungen mit Europarecht

I. EG-Vertrag

Werbebeschränkungen des nationalen Berufs- und Standesrechts freier Berufe stellen möglicherweise Verstöße gegen Vorschriften des EG-Vertrags dar, wobei insbesondere die Grundfreiheiten betroffen sein können.[846]

1. Art. 28 ff. EG: Warenverkehrsfreiheit

Die durch Art. 23 ff. EG garantierte Warenverkehrsfreiheit umfaßt neben der Abschaffung von Binnenzöllen (vgl. Art. 23 EG) das Verbot mengenmäßiger Ein- und Ausfuhrbeschränkungen sowie aller Maßnahmen gleicher Wirkung zwischen den Mitgliedstaaten (vgl. Art. 28, 29 EG). Die Vorschriften beziehen sich auf Waren, d. h. körperliche Gegenstände, die über Grenzen verbracht und deswegen Gegenstand von Handelsgeschäften sein können.[847]

Gegenstände, die nur der Werbung dienen, wie z. B. anwaltliche Prospekte oder Rundbriefe, fallen nicht unter die Warenverkehrsfreiheit, da sie bloßer Annex der freiberuflichen Dienstleistung sind.[848] Die Warenverkehrsfreiheit könnte jedoch im Hinblick auf Werbung für von Apothekern vertriebene Arzneimittel verletzt sein, da auf diese als körperliche Gegenstände die Vorschriften über den freien Warenverkehr grundsätzlich angewendet werden können.[849] Insofern ist der Schutzbereich der Warenverkehrsfreiheit eröffnet.

Werberestriktionen für Apotheker müßten, da sie keine mengenmäßigen Ein- oder Ausfuhrbeschränkungen sind, Maßnahmen gleicher Wirkung sein, damit ein Eingriff in den Schutzbereich der Warenverkehrsfreiheit vorläge. Unter einer Maßnahme gleicher Wirkung versteht der EuGH „jede Handelsregelung der Mitgliedstaaten, die geeignet ist, den innergemeinschaftlichen Handel unmittelbar oder mittelbar, tatsächlich oder potentiell zu behindern, [...]“[850], wobei unter den Begriff

---

846 Vgl. allgemein zum Einfluß des EG-Rechts auf die ärztliche Berufsausübung *Gräf*, BayÄBl. 1999, S. 27 ff.; *Hakenberg*, MedR 2000, S. 55 ff.; zur europarechtlichen Beurteilung von Werbeverboten *Stein*, EuZW 1995, S. 435 ff.

847 Vgl. EuGH, Rs. 17/68 (Kommission./.Italien), Slg. 1968, 633.

848 Vgl. EuGH, Rs. C-275/92 (Schindler), Slg. 1994, I-1039, Rn. 16 ff.; vgl. hierzu und zur Abgrenzung der Warenverkehrs- von der Dienstleistungsfreiheit *Kugelmann*, EuR 2001, S. 363, 366 ff.

849 Vgl. auch *Lux*, in: Lenz, EGV, Art. 23, Rn. 18.

850 EuGH, Rs. 8/74 (Dassonville), Slg. 1974, 837, 1. Leitsatz; vgl. zum Begriff der Maßnahme gleicher Wirkung auch *Epiney*, in: Calliess/Ruffert, EUV/EGV, Art. 28 EGV, Rn. 13 ff.; *Lux*, in: Lenz, EGV, Art. 28, Rn. 14 ff.; *Müller-Graff*, in: v. d. Groeben/Thiesing/Ehlermann, EWG-Vertrag, Art. 30, Rn. 16 ff.

nicht solche nationalen Bestimmungen zu subsumieren sind, „die bestimmte Verkaufsmodalitäten beschränken oder verbieten, [...], sofern diese Bestimmungen für alle betroffenen Wirtschaftsteilnehmer gelten, die ihre Tätigkeit im Inland ausüben, und sofern sie den Absatz der inländischen Erzeugnisse und der Erzeugnisse aus anderen Mitgliedstaaten rechtlich wie tatsächlich in der gleichen Weise berühren.“[851] Zwar können Werbebeschränkungen für Apotheker den innergemeinschaftlichen Handel potentiell und mittelbar behindern, indem sie nämlich gleiche Wirkung wie eine Einfuhrbeschränkung entfalten: „Rechtsvorschriften, die bestimmte Formen der Werbung und bestimmte Methoden der Absatzförderung beschränken oder verbieten, können, obwohl sie den Handel nicht unmittelbar regeln, geeignet sein, das Handelsvolumen zu beschränken, weil sie die Absatzmöglichkeiten beeinträchtigen.“[852] Diese Eignung bezieht sich sowohl auf Beschränkungen der Ein- als auch der Ausfuhr von Produkten. Allerdings liegt ein Verstoß gegen die Warenverkehrsfreiheit nicht vor, „sofern diese Bestimmungen für alle betroffenen Wirtschaftsteilnehmer gelten, die ihre Tätigkeit im Inland ausüben, und sofern sie den Absatz der inländischen Erzeugnisse aus anderen Mitgliedstaaten rechtlich wie tatsächlich in der gleichen Weise berühren. Sind diese Voraussetzungen erfüllt, so ist die Anwendung derartiger Regelungen auf den Verkauf von Erzeugnissen aus einem anderen Mitgliedstaat, die den von diesem Staat aufgestellten Bestimmungen entsprechen, nicht geeignet, den Marktzugang für diese Erzeugnisse zu versperren oder stärker zu behindern, als sie dies für inländische Erzeugnisse tut. Diese Regelungen fallen daher nicht in den Anwendungsbereich von Art. 30 [entspricht Art. 28 EG n. F., d. Verf.].“[853] Unter die Art. 28, 29 EG lassen sich also solche unterschiedslos anwendbaren und daher nicht diskriminierenden Regelungen des Berufs- und Standesrechts der Apotheker nicht subsumieren, die für alle Apotheker im Zuständigkeitsbereich der jeweiligen Kammer die Werbung für von ihnen vertriebene Waren verbieten, wobei sich der EuGH ausdrücklich nur auf das Nebensortiment bezieht, die von ihm angestellten Erwägungen jedoch auch für Apothekenwerbung allgemein gelten.[854] Da Landesberufsrecht und die Standesregeln der jeweiligen Landesapothekerkammer für alle Apotheker im Bereich der Kammer unterschiedslos gelten, liegt ein Eingriff in die Warenverkehrsfreiheit durch diese Normen, insbesondere durch das BayHKaG und die BayBOApo, nicht vor.

---

851 EuGH, Rs. C-267/91 und C-268/91, Slg. 1993, I-6097, Rn. 16 (Keck, Mithouard); vgl. hierzu *Epiney*, in: Calliess/Ruffert, EUV/EGV, Art. 28 EGV, Rn. 27 ff.

852 EuGH, Rs. C-362/88 (GB-Inno-MB), Slg. 1990, I-667, 1. Leitsatz.

853 EuGH, Rs. C-292/92 (Hünermund), Slg. 1993, I-6787, 2. Leitsatz; vgl. auch *Möschel*, NJW 1994, S. 782.

854 Kritisch hierzu *Wägenbaur*, EuZW 1998, S. 709, 713 f.; vgl. ferner *Wägenbaur*, EuZW 1995, S. 431 ff.

2. Art. 39 EG: Freizügigkeit der Arbeitnehmer

Im Hinblick auf angestellte Freiberufler kann der Anwendungsbereich der durch Art. 39 ff. EG garantierten Freizügigkeit der Arbeitnehmer eröffnet sein; die in Art. 39 Abs. 2, 3 EG näher dargelegten Freizügigkeitsrechte[855] werden jedoch alleine durch die Existenz von berufs- und standesrechtlichen Werbebeschränkungen nicht berührt.

3. Art. 43 EG: Niederlassungsfreiheit

Die Niederlassungsfreiheit des Art. 43 EG schützt die tatsächliche Ausübung einer wirtschaftlichen Tätigkeit mittels einer festen Einrichtung in einem anderen Mitgliedstaat auf unbestimmte Zeit.[856] Die Niederlassungsfreiheit gilt für Freiberufler, insbesondere auch Rechtsanwälte, trotz der Einschränkung in Art. 45 EG, wonach Tätigkeiten, die zeitweise mit der Ausübung öffentlicher Gewalt verbunden sind, vom Anwendungsbereich der Art. 43 ff. EG ausgenommen sind: Grundsätzlich werden nicht ganze Berufsgruppen, sondern nur bestimmte Tätigkeiten von Art. 45 EG erfaßt.[857] Art. 43 EG verbietet als Ausprägung von Art. 12 EG Diskriminierungen,[858] andererseits aber auch, wie sich bereits aus dem Wortlaut ergibt, bloße Beschränkungen der Niederlassungsfreiheit.[859] Solche Beschränkungen liegen jedoch nicht in nationalen Berufsausübungsregelungen, die für in- wie ausländische Freiberufler gleichermaßen gelten, soweit sie durch öffentliche Interessen gerechtfertigt sind.[860] Durch Werbebeschränkungen des Berufs- und Standesrechts, die zu solchen Berufsausübungsregelungen zählen, wird die Niederlassungsfreiheit folglich nicht berührt.[861]

---

855 Vgl. hierzu z. B. *Scheuer,* in: Lenz, EGV, Art. 39, Rn. 3 ff.

856 Vgl. z. B. EuGH, Rs. C-221/89 (Factortame), Slg. 1991, I-3905, Rn. 20; Rs. C-55/94 (Gebhard), Slg. 1995, I-4165, Rn. 25; vgl. zur Rs. C-55/94 (Gebhard) *Ewig,* BRAK-Mitt. 1996, S. 13 ff.

857 Vgl. EuGH, Rs. 2/74 (Reyners), Slg. 1974, 631, Rn. 46/47; *Brangsch,* AnwBl. 1962, S. 234, 236 ff.; *Jarass,* in: FS für Lerche, S. 443, 448 ff.; *Völker,* Passive Dienstleistungsfreiheit, S. 54 ff.

858 Vgl. z. B. EuGH, Rs. 2/74 (Reyners), Slg. 1974, 631, Rn. 15, 16/20.

859 Vgl. EuGH, Rs. 107/83 (Klopp), Slg. 1984, 2971, Rn. 9; vgl. hierzu *Everling,* DB 1990, S. 1853, 1855 f.: „[...] Ausfluß des weit verstandenen Diskriminierungsverbots, [...].“

860 Vgl. speziell zu Rechtsanwälten EuGH, Rs. 292/86 (Gullung), Slg. 1988, 111, Rn. 28 ff.

861 Im Ergebnis ähnlich *Mälzer,* Werbemöglichkeiten in der EU, S. 203 f.

4. Art. 49 EG: Dienstleistungsfreiheit

a) Anwendungsbereich des Art. 49 EG

Der Anwendungsbereich der Dienstleistungsfreiheit erfaßt in sachlicher Hinsicht gem. Art. 50 EG alle grenzüberschreitenden[862] Leistungen, die in der Regel gegen Entgelt erbracht werden, soweit sie nicht den Vorschriften über den freien Waren- und Kapitalverkehr und über die Freizügigkeit der Personen unterliegen, wobei insbesondere gewerbliche und freiberufliche Tätigkeiten als Dienstleistungen gelten. Für die Abgrenzung der Dienstleistungsfreiheit von der Niederlassungsfreiheit (vgl. Art. 43 EG) kommt es auf die Dauer der ausgeübten Tätigkeit an: Handelt es sich um ein nur vorübergehendes Tätigwerden, ist Art. 49 Abs. 1 EG einschlägig.[863] Die Dienstleistungsfreiheit bindet Organe der Mitgliedstaaten, in der Bundesrepublik insbesondere auch die Träger funktionaler Selbstverwaltung;[864] die Berufsordnungen sind daher auch an Art. 49 EG zu messen.

Der persönliche Geltungsbereich des Art. 49 EG ist auf in den Mitgliedstaaten ansässige Personen beschränkt.[865]

Die Dienstleistungsfreiheit des Art. 49 EG gliedert sich in drei Arten:[866] (a) die „aktive" Dienstleistungsfreiheit, die das Tätigwerden des Dienstleisters in einem anderen Mitgliedstaat schützt; denkbar ist z. B., daß ein Rechtsanwalt, Arzt oder Apotheker zur Beratung kurzfristig in ein Nachbarland fährt; (b) die „passive" Dienstleistungsfreiheit: Bei ihr begibt sich der Dienstleistungsempfänger zum Dienstleister, der in einem anderen Staat ansässig ist; man stelle sich das Aufsuchen einer ausländischen Apotheke oder eines Arztes im Ausland vor;[867] (c) schließlich die sogenannte Korrespondenzdienstleistungsfreiheit (auch „personenunabhängige"[868] oder „isolierte"[869] Dienstleistungsfreiheit genannt), bei der nur die Leistung selbst die Grenze überschreitet; sie umfaßt z. B. brieflich erteilte Rechtsberatung; für Ärzte ist bei der Erbringung von Korrespondenzdienstleistungen das Verbot der Fernbehandlung zu beachten (vgl. für Bayern § 7 Abs. 3 BayBOÄ).[870] Unter die Korrespondenzdienstleistungsfreiheit fällt insbesondere der

---

862 Vgl. hierzu z. B. EuGH, Rs. C-41/90 (Höfner u. Elser), Slg. 1991, I-1979, 3. Leitsatz; LBG für die Heilberufe beim OVG NRW, Urt. v. 2. 10. 1990, – ZA 4/89 (ZA 8/88) –, *Luyken*, Entscheidungssammlung, A 2.13 Nr. 26.

863 Vgl. *Troberg*, in: v. d. Groeben / Thiesing / Ehlermann, EWG-Vertrag, Art. 60, Rn. 6.

864 Vgl. *Kluth*, in: Calliess / Ruffert, EUV / EGV, Art. 50 EGV, Rn. 44.

865 Vgl. *Hakenberg*, in: Lenz, EGV, Art. 49/50, Rn. 2.

866 Vgl. *Hakenberg*, in: Lenz, EGV, Art. 49/50, Rn. 18.

867 Vom EuGH wurde die Beratung eines ausländischen Patienten durch einen Arzt unter die Dienstleistungsfreiheit subsumiert: EuGH, Rs. 286/82 und 26/83 (Luisi und Carbone), Slg. 1984, 377, 1. Leitsatz.

868 *Breitenmoser/Bühler*, Europarecht, S. 411.

869 *Becker*, NJW 1996, S. 179, 180.

870 Vgl. näher zum Fernbehandlungsverbot *Lippert*, in: Ratzel / Lippert, MBO-Ä, § 7, Rn. 8 ff.

Versand von Werbematerial für Dienstleistungen,[871] wenn er vom Erbringer der Dienstleistung selbst vorgenommen wird.[872] Von der durch Art. 49 EG garantierten Dienstleistungsfreiheit werden auch solche Betätigungen geschützt, die der Vorbereitung der grenzüberschreitenden Leistung dienen oder diese begleiten;[873] hierzu zählen auch Werbemaßnahmen.[874]

b) Eingriff in den Schutzbereich der Dienstleistungsfreiheit durch Werberegelungen

Zwei Arten von Erschwerungen des Marktzugangs[875] sind im Hinblick auf Dienstleistungen denkbar: Diskriminierungen und allgemeine Beschränkungen. Wurde in Art. 49 EG früher ein reines Diskriminierungsverbot gesehen, so wird die Dienstleistungsfreiheit heute auch als Verbot von sonstigen Beschränkungen aufgefaßt.[876]

Diskriminierungen sind Ungleichbehandlungen aufgrund der Staatsangehörigkeit. Es werden offene und versteckte Diskriminierungen unterschieden, d. h. solche, die ausdrücklich an die Staatsangehörigkeit anknüpfen, und solche, bei denen nur eine faktische Anknüpfung an dieses Kriterium stattfindet.[877] Sonstige Beschränkungen sind alle Marktzugangserschwerungen, die keine Diskriminierungen sind, also solche, die geeignet sind, die Tätigkeit des Dienstleistungserbringers, der

---

871 EuGH, Rs. C-275/92 (Schindler), Slg. 1994, I-1039, Rn. 22: „Die Einfuhr und die Verteilung von Gegenständen [hier: Werbematerial und Lotterielose, d. Verf.] sind kein Selbstzweck, sondern sollen den Personen, die in den Mitgliedstaaten wohnen, in die diese Gegenstände eingeführt und in denen sie verteilt werden, die Teilnahme an der Lotterie ermöglichen." Und weiter, Rn. 23: „Der [...] Umstand, daß [...] die Bevollmächtigten der SKL körperliche Gegenstände für die Werbung und den Verkauf dieser Lotterie nach Großbritannien versandten und die hergestellten körperlichen Gegenstände Waren im Sinne der Rechtsprechung des Gerichtshofs waren, genügt nicht, um in ihrer Tätigkeit lediglich eine Ausfuhr oder Einfuhr zu sehen."

872 Vgl. EuGH, Rs. C-159/90 (Society for the protection of unborn children Ireland), Slg. 1991, I-4685, 3. Leitsatz: „Nicht als eine Dienstleistung im Sinne von Art. 60 EWG-Vertrag [entspricht Art. 50 EG n. F., d. Verf.] ist die Verbreitung von Informationen über eine wirtschaftliche Tätigkeit anzusehen, wenn diese Informationen nicht im Auftrag eines Wirtschaftsteilnehmers verbreitet werden, sondern lediglich eine Inanspruchnahme der Meinungsfreiheit darstellen."

873 Vgl. *Kort,* JZ 1996, S. 132, 134.

874 Vgl. *Mälzer,* Werbemöglichkeiten in der EU, S. 188 f.; vgl. auch *Ratzel,* MedR 1999, S. 510, 512; *A. Zimmermann,* NJW 1993, S. 2966, 2967.

875 Vgl. EuGH, Rs. C-118/96 (Safir), Slg. 1998, I-1897, Rn. 25 spricht von „Hindernissen".

876 Vgl. z. B. EuGH, Rs. C-76/90 (Säger), Slg. 1991, I-4221; Rs. C-275/92 (Schindler), Slg. 1994, I-1039, Rn. 43; *Kort,* JZ 1996, S. 132, 135 ff.; für eine Rückbesinnung auf die traditionelle Funktion der Grundfreiheiten als Diskriminierungsverbote plädiert hingegen *Kingreen,* Struktur der Grundfreiheiten, S. 202 ff.

877 Vgl. z. B. *Hakenberg,* in: Lenz, EGV, Art. 49/50, Rn. 22.

in einem anderen Mitgliedstaat ansässig ist und dort rechtmäßigerweise ähnliche Dienstleistungen erbringt, zu unterbinden, zu behindern oder weniger attraktiv zu machen;[878] kennzeichnend für solche sonstigen Beschränkungen ist, daß sie unterschiedslos auch auf Inländer angewendet werden, sich jedoch für den Dienstleistungsverkehr nachteilig auswirken.[879]

Die Voraussetzungen sonstiger Beschränkungen werden z. B. durch das Verbot gewisser Kontaktaufnahmen zu möglichen Kunden erfüllt.[880] Auch Werbebeschränkungen – insbesondere solche des Berufs- und Standesrechts – stellen auf Aus- wie Inländer unterschiedslos anwendbare Beschränkungen der Dienstleistungsfreiheit dar, wenn sie im Vergleich zu den Regelungen des Staates, aus dem die Dienstleistung stammt, strenger sind.[881] Daß es mit den Berufsregeln des CCBE für Rechtsanwälte ein einheitliches Standesrecht gibt, das gem. § 29 Abs. 1 BORA bei grenzüberschreitender Tätigkeit zwischen den meisten europäischen Staaten, deren Anwaltschaften im CCBE vertreten sind, angewendet wird, schließt einen Verstoß gegen Art. 49 EG durch deutsches Berufs- und Standesrecht, z. B. durch § 43 b BRAO, nicht aus, da dieses der Anwendung der CCBE-Berufsregeln vorgeht.[882]

Welche Werberegelungen des deutschen Berufs- und Standesrechts der jeweiligen Profession strenger sind als die entsprechenden des jeweils betroffenen anderen europäischen Staats, ist durch Rechtsvergleichung im Einzelfall zu ermitteln.[883]

c) Rechtfertigung von Eingriffen in den Schutzbereich der Dienstleistungsfreiheit

Neben der Ausnahmeregelung der Art. 55 i. V. m. 45 EG, die für die hier behandelten Berufe nicht greift,[884] und der eng auszulegenden, vorliegend nicht einschlägigen Ausnahme der Art. 55 i. V. m. 46 EG[885] können zur Rechtfertigung von

---

878 Vgl. EuGH, Rs. C-222/95 (Parodi), Slg. 1997, I-3899, Rn. 18; vgl. auch EuGH, Rs. C-158/96 (Kohll), Slg. 1998, I-1931, Rn. 33.

879 Vgl. z. B. *Hakenberg*, in: Lenz, EGV, Art. 49/50, Rn. 19.

880 Vgl. EuGH, Rs. C-384/93 (Alpine Investments), Slg. 1995, I-1141, Rn. 33 ff. (betr. das niederländische Verbot des sog. „cold calling").

881 Vgl. *Hakenberg*, in: Lenz, EGV, Art. 49/50, Rn. 23; vgl. ferner im Hinblick auf Diskriminierungen *Schweitzer/Hummer*, Europarecht, Rn. 1191.

882 Vgl. hierzu *Lörcher*, in: Hartung/Holl, Berufsordnung, 2. Aufl., § 29 BO, Rn. 33.

883 Vgl. zur Entwicklung und Stand der Werbemöglichkeiten für Rechtsanwälte in den einzelnen Mitgliedstaaten der Europäischen Union allgemein z. B. *Mälzer*, Werbemöglichkeiten in der EU, S. 63 ff.; *dies.*, AnwBl. 1993, S. 481 ff. (beide Veröffentlichungen sind teilweise überholt).

884 Vgl. zu Art. 45 EG näher oben, 3.

885 Vgl. hierzu näher *Bröhmer*, in: Calliess/Ruffert, EUV/EGV, Art. 46 EGV, Rn. 1 ff.

Beschränkungen der Dienstleistungsfreiheit, die keine Diskriminierungen sind,[886] nach st. Rspr. des EuGH zwingende Gründe des Allgemeininteresses herangezogen werden.[887] Die vom EuGH bislang berücksichtigten öffentlichen Interessen stellen keinen abschließenden Katalog von Rechtfertigungsgründen dar.[888] Als zwingender Grund des Allgemeininteresses wurde z. B. der Verbraucherschutz angesehen,[889] wobei sich mit diesem Argument nach dem Begriffsverständnis des EuGH Werbebeschränkungen nicht rechtfertigen lassen: Der EuGH geht vom Bild eines mündigen Verbrauchers aus, der in der Lage ist, Werbung richtig zu beurteilen.[890]

Die zur Rechtfertigung von Werbebeschränkungen auf nationaler Ebene ermittelten Belange der Allgemeinheit, die geeignet sind, Grundrechte des Grundgesetzes einzuschränken, können grundsätzlich als „zwingende Gründe des Allgemeininteresses" auch zur Rechtfertigung von Beschränkungen der Dienstleistungsfreiheit des Art. 49 EG herangezogen werden. Der EuGH hat die Funktionsfähigkeit der Rechtspflege als zwingenden Grund des Allgemeininteresses gewertet;[891] als solche Gründe können auch der Schutz der öffentlichen Gesundheit – abgesehen davon, daß dieser in Art. 46 EG, der hier allerdings nicht einschlägig ist, genannt wird[892] –, ebenso wie eine ordnungsgemäße Arzneimittelversorgung, die für die Erhaltung der öffentlichen Gesundheit unabdingbar ist, betrachtet werden.

Beschränkungen der Dienstleistungsfreiheit müssen, um gerechtfertigt werden zu können, verhältnismäßig, insbesondere geeignet und erforderlich zur Erreichung des jeweiligen zwingenden Grundes des Allgemeininteresses sein.[893] Werbebeschränkungen, die ein solches Ziel verfolgen und der strengen Verhältnismäßigkeitsprüfung am Maßstab des Grundgesetzes standhalten, sind auch als Beschränkungen der Dienstleistungsfreiheit des Art. 49 EG gerechtfertigt.

---

886 Vgl. *Kluth*, in: Calliess / Ruffert, EUV / EGV, Art. 50 EGV, Rn. 57, der versteckte Diskriminierungen als sonstige Beschränkungen behandeln will; hiergegen spricht sich aus: *Holoubek*, in: Schwarze, EU-Kommentar, Art. 49 EGV, Rn. 63, 75, 99.

887 Vgl. z. B. EuGH, Rs. C-288 / 89 (Stichting Gouda), Slg. 1991, I-4007, Rn. 13, 14.

888 Vgl. *Holoubek*, in: Schwarze, EU-Kommentar, Art. 49 EGV, Rn. 100.

889 Vgl. die Aufzählung in EuGH, Rs. C-288 / 89 (Stichting Gouda), Slg. 1991, I-4007, Rn. 14.

890 Vgl. *Mälzer*, Werbemöglichkeiten in der EU, S. 198; *A. H. Meyer*, WRP 1993, S. 215, 221 ff.

891 Vgl. EuGH, Rs. C-3 / 95 (Broede), Slg. 1996, I-6511, 2. Leitsatz, vgl. auch Rn. 38 ff.

892 Vgl. zur Auslegung des Begriffs „öffentliche Gesundheit" in Art. 46 EG *Bröhmer*, in: Calliess / Ruffert, Art. 46 EGV, Rn. 2: der Begriff „öffentliche Gesundheit" ist abschließend durch Art. 4 i. V. m. Anhang A der RL 64 / 221 / EWG konkretisiert.

893 Vgl. EuGH, Rs. C-3 / 95 (Broede), Slg. 1996, I-6511, Rn. 28.

d) Ergebnis zu Art. 49 EG

Werbebeschränkungen, die nicht aus zwingenden Gründen des Allgemeininteresses gerechtfertigt werden können, verstoßen gegen Art. 49 EG.

5. Die Vereinbarkeit standesrechtlicher Werbebeschränkungen mit europäischem Kartellrecht

Werbebeschränkungen in den von den Berufskammern der Rechtsanwälte, Ärzte und Apotheker erlassenen Berufsordnungen stellen möglicherweise Verstöße gegen europäisches Kartellrecht dar.

a) Art. 81 Abs. 1, 2 EG: Kartellverbot

Gem. Art. 81 Abs. 1 EG sind Vereinbarungen zwischen Unternehmen, Beschlüsse von Unternehmensvereinigungen und aufeinander abgestimmte Verhaltensweisen, die den Handel zwischen den Mitgliedstaaten zu beeinträchtigen geeignet sind und eine Verhinderung, Einschränkung oder Verfälschung des Wettbewerbs innerhalb des Gemeinsamen Marktes bezwecken oder bewirken, mit dem Gemeinsamen Markt unvereinbar und verboten; gem. Art. 81 Abs. 2 EG sind solche Vereinbarungen und Beschlüsse nichtig. Unter den Begriff „Vereinbarungen" fallen unter gewissen Umständen Satzungen,[894] damit möglicherweise auch die von den Kammern erlassenen Berufsordnungen.

aa) Die Kammern als „Unternehmen" oder „Unternehmensvereinigungen"

Der spezifisch europarechtliche, funktionale Unternehmensbegriff[895] umfaßt jede eine wirtschaftliche Tätigkeit ausübende Einheit unabhängig von Rechtsform und Art der Finanzierung.[896] Wirtschaftlich in diesem Sinne ist eine Tätigkeit dann, wenn sie auf den Austausch von Leistungen oder Gütern am Markt gerichtet ist.[897] Die Tätigkeit der Bundesrechtsanwaltskammer, der Ärzte- sowie der Apothekerkammern erfüllt diese Voraussetzung nicht; vielmehr sind die Kammern mit Aufgaben der Staatsverwaltung betraut und zu diesem Zweck mit Hoheitsgewalt

---

894 Vgl. EuGH, Rs. C-250/92 (DLG), Slg. 1994, I-5641, 2. Leitsatz.

895 Vgl. *Weiß*, in: Calliess / Ruffert, EGV / EUV, Art. 81 EGV, Rn. 31.

896 Vgl. EuGH, Rs. C-41/90 (Höfner und Elser), Slg. 1991, I-1979, Rn. 21; vgl. auch *Emmerich*, in: Immenga / Mestmäcker, EG-Wettbewerbsrecht I, Art. 85 Abs. 1, Rn. 13, 14, demzufolge zur Auslegung des Begriffs auch Art. 1 des 22. Protokolls zum EWR-Abkommen herangezogen werden kann (das Protokoll 22 über die Definition der Begriffe „Unternehmen" und „Umsatz" findet sich im BGBl. 1993 II, S. 407; vgl. i. ü. Abkürzungs- und Gesetzesverzeichnis).

897 Vgl. z. B. EuGH, Rs. 118/85 (Kommission./.Italien), Slg. 1987, 2599, Rn. 7.

ausgestattet. Als Hoheitsträger sind die genannten Berufskammern keine Unternehmen.[898]

Die Kammern könnten jedoch Unternehmensvereinigungen darstellen, worunter bei Erfüllung gewisser Voraussetzungen Zusammenschlüsse von Unternehmen zu verstehen sind.[899] Dazu müßte der einzelne Rechtsanwalt, Arzt und Apotheker als „Unternehmen" anzusehen sein. Die Tätigkeit der genannten Personen ist auf den Austausch von Leistungen oder Gütern gerichtet; Rechtsanwälte, Ärzte und Apotheker stellen daher, zumindest wenn sie selbständig tätig sind,[900] Unternehmen im Sinne des Art. 81 EG dar.[901] Die Berufskammern können daher Zusammenschlüsse von Unternehmen sein, wenn auch die Mitgliedschaft des einzelnen Freiberuflers auf Zwang beruht; daß die Kammern Körperschaften des öffentlichen Rechts sind, hindert ihre Einordnung als Unternehmensvereinigungen i. S. d. Art. 81 Abs. 1 EG zunächst nicht.[902] Damit sie als Unternehmensvereinigungen i. S. d. Art. 81 Abs. 1 EG qualifiziert werden können, müssen die Kammern allerdings zwei weitere Kriterien erfüllen:

Sie dürfen (1) nicht überwiegend aus Vertretern öffentlicher Gewalt bestehen;[903] die Vereinigung muß sich hauptsächlich aus solchen Personen zusammensetzen, von denen anzunehmen ist, daß sie vornehmlich Interessen der einzelnen Unternehmen vertreten.[904] Die Kammern der Rechtsanwälte, Ärzte und Apotheker erfüllen dieses Kriterium, da sie ausschließlich aus Berufsträgern bestehen, die rein tatsächlich vorwiegend an ihrem eigenen wirtschaftlichen Wohlergehen interessiert sind.

(2) Desweiteren ist es erforderlich, daß die fragliche Unternehmensvereinigung nicht zur Einhaltung öffentlicher Interessen verpflichtet ist: Der EuGH qualifizierte

898 Vgl. EuGH, Rs. 94/74 (Igav/ENCC), Slg. 1975, 699, Rn. 33/35; vgl. auch EuGH, Rs. 30/87 (Bodson/Pompes Funèbres), Slg. 1988, 2479, Rn. 18.

899 Vgl. *Weiß*, in: Calliess/Ruffert, EGV/EUV, Art. 81 EGV, Rn. 48.

900 Vgl. zum Problem, ob auch angestellte Rechtsanwälte Unternehmen sein können, EuGH, Rs. C-180/98 u. a. (Pavlov u. a.), Schlußantrag GA Jacobs, Slg. 2000, I-6451, Rn. 112.

901 Vgl. auch EuGH, Rs. C-35/96 (CNSD), Slg. 1998, I-3851, Rn. 36 ff. (betr. Zollspediteure); EuGH, Rs. C-180/98 u. a. (Pavlov u. a.), Slg. 2000, I-6451, Rn. 73 ff. (betr. Fachärzte); EuG, Rs. T-144/99, EWS 2001, S. 233, Rn. 62 (auch im Internet veröffentlicht, Adresse: http://europa.eu.int); EuGH, Rs. C-309/99 (Nederlandse Orde van Advocaten, NOvA), Schlußantrag GA Léger, Rn. 45 ff. (veröffentlicht im Internet, Adresse: http://curia.eu.int); *Gleiss/Hirsch*, EG-Kartellrecht, Rn. 24.

902 Vgl. EuGH, Rs. C-35/96 (CNSD), Slg. 1998, I-3851, Rn. 40.

903 Vgl. EuGH, Rs. C-309/99 (NOvA), Schlußantrag GA Léger, Rn. 70 (veröffentlicht im Internet, Adresse: http://curia.eu.int).

904 Vgl. EuGH, Rs. C-35/96 (CNSD), Schlußantrag GA Cosmas, Slg. 1998, I-3851, Rn. 59, 60 m. w. N.; EuGH, Rs. 123/83 (BNIC/Clair), Slg. 1985, 391, Rn. 18 f.; beim BNIC (Bureau national interprofessionnel du cognac) handelt es sich um eine spartenübergreifende Organisation von durch den Landwirtschaftsminister ernannten Mitgliedern mit der Aufgabe, Preise für zu destillierende Weißweine und Cognac-Branntweine durch Beschluß festzulegen.

die Vereinigung der freiberuflichen italienischen Zollspediteure hauptsächlich deswegen als Unternehmensvereinigung i. S. d. Art. 81 Abs. 1 EG, weil ihre Mitglieder „durch keine nationale Rechtsvorschrift dazu verpflichtet oder auch nur angeregt [werden, d. Verf.], Kriterien des öffentlichen Interesses zu berücksichtigen.“[905] Dieses Merkmal wird denkbar weit verstanden: So soll nach dem Vorschlag des Generalanwalts Léger der „Nederlandse Orde van Advocaten“, eine der Bundesrechtsanwaltskammer in etwa vergleichbare Einrichtung, das Merkmal, auch öffentlichen Interessen verpflichtet zu sein, nicht erfüllen, obwohl Verordnungen des „Orde van Advocaten“ aufgehoben werden können, wenn sie gegen „das Allgemeininteresse“ verstoßen, und obwohl die Leitungsorgane des „Orde van Advocaten“ verpflichtet sind, ihre Befugnisse im Interesse der ordnungsgemäßen Berufsausübung wahrzunehmen.[906] Indessen wird an den weiteren Ausführungen deutlich, daß hinter dieser Auffassung die Intention steht, das Verhalten einer Einrichtung, die ausschließlich aus privaten Wirtschaftsteilnehmern besteht, durch die EG-Wettbewerbsbehörden überprüfbar zu machen[907] – worauf übrigens auch einschlägige Entscheidungen der Kommission abzuzielen scheinen, die auf das Kriterium, ob eine Verpflichtung der jeweiligen Vereinigung zur Einhaltung öffentlicher Interessen besteht, gar nicht eingehen[908] –, auch wenn eine solche Einrichtung, was GA Léger zunächst als Voraussetzung dafür ansieht, die betreffende Vereinigung vom Anwendungsbereich des Art. 81 EG auszunehmen, „wegen des Rahmens ihrer Tätigkeit als staatliche Stelle anzusehen ist.“[909] Diese ergebnisorientierte Auslegung des Begriffs Unternehmensvereinigung berücksichtigt nicht, daß staatliche Stellen auch ausschließlich aus privaten Wirtschaftsteilnehmern bestehen können: Die deutschen Berufskammern sind als Teil der mittelbaren Staatsverwaltung Träger hoheitlicher Gewalt, die aus privaten Wirtschaftsteilnehmern bzw. aus solchen juristischen Personen des öffentlichen Rechts bestehen, die sich ihrerseits aus privaten Wirtschaftsteilnehmern zusammensetzen (so die Bundesrechtsanwaltskammer und die Bayer. Landesapothekerkammer bzw. die Bayerische Landesärztekammer). Als Teil der Verwaltung sind die Kammern dem öffent-

905 EuGH, Rs. C-35/96 (CNSD), Slg. 1998, I-3851, Rn. 43, vgl. auch den Schlußantrag von GA Cosmas zu dieser Entscheidung, Rn. 61; vgl. auch EuGH, Rs. C-309/99 (NOvA), Schlußantrag von GA Léger, Rn. 69, 70 (veröffentlicht im Internet, Adresse: http://curia.eu.int).

906 Vgl. EuGH, Rs. C-309/99 (NOvA), Schlußantrag GA Léger, Rn. 73 f. (veröffentlicht im Internet, Adresse: http://curia.eu.int).

907 Vgl. EuGH, Rs. C-309/99 (NOvA), Schlußantrag GA Léger, Rn. 83 (veröffentlicht im Internet, Adresse: http://curia.eu.int).

908 Vgl. Entscheidung 93/438/EWG v. 30. 6. 1993 (ABl. L 203, S. 27, Rn. 41); Entscheidung 95/188/EG v. 30. 1. 1995 (ABl. L 122, S. 37, Rn. 33); Entscheidung 1999/267/EG v. 7. 4. 1999 (ABl. L 106, S. 14, Rn. 24); letztgenannte Entscheidung wurde vom EuG teilweise für nichtig erklärt, vgl. EuG, Rs. T-144/99, EWS 2001, S. 233 (auch im Internet veröffentlicht, Adresse: http://europa.eu.int).

909 EuGH, Rs. C-309/99 (NOvA), Schlußantrag GA Léger, Rn. 83 (veröffentlicht im Internet, Adresse: http://curia.eu.int); vgl. auch EuGH, Rs. C-67/96 (Albany), Schlußantrag GA Jacobs, Slg. 1999, I-5751, Rn. 184.

lichen Wohl verpflichtet, was insbesondere für ihre Satzungstätigkeit gilt.[910] Deswegen erfüllen sie – obwohl sie letztlich ausschließlich aus Privaten bestehen – das zweite vom EuGH aufgestellte Kriterium, nicht zumindest auch dem öffentlichen Wohl verpflichtet zu sein, nicht. Hiergegen spricht auch nicht eine neuere Entscheidung des Europäischen Gerichts Erster Instanz[911], wonach das Institut der beim Europäischen Patentamt (EPA)[912] zugelassenen Vertreter (EPI)[913], das u. a. die Aufgabe hat, die Berufsausübung seiner Mitglieder zu überwachen, eine Unternehmensvereinigung sein soll; da das EPI gegen seine Einstufung als Unternehmensvereinigung durch die Kommission keine Einwände erhoben hatte, ging das EuG auf diese Problematik nicht näher ein.[914]

Die Bundesrechtsanwaltskammer und die Ärzte- und Apothekerkammern sind daher weder Unternehmen noch Unternehmensvereinigungen i. S. d. Art. 81 EG,[915] weswegen die von ihnen erlassenen Werberestriktionen nicht an dieser Vorschrift gemessen werden können.

bb) Ergebnis zu Art. 81 Abs. 1, 2 EG

Die Werberegelungen der Berufsordnungen verstoßen nicht gegen Art. 81 Abs. 1, 2 EG.

b) Art. 82 EG: Mißbrauch marktbeherrschender Stellung

Werbebeschränkungen in den Berufsordnungen der Kammern könnten einen Verstoß gegen Art. 82 EG darstellen. Diese unabhängig von Art. 81 EG anwendbare[916] Norm untersagt die mißbräuchliche Ausnutzung einer beherrschenden Stellung auf dem Gemeinsamen Markt oder auf einem wesentlichen Teil desselben

---

910 Vgl. zum Mitgliederkreis und weiteren Charakteristika der Berufskammern oben, Dritter Teil, A. VI. 5.

911 Vgl. EuG, Rs. T-144/99, EWS 2001, S. 233 (auch im Internet veröffentlicht, Adresse: http://europa.eu.int).

912 Vgl. zur Europäischen Patentorganisation und zum EPA Art. 5 ff. des Europäischen Patentübereinkommens (EPÜ).

913 Vgl. zum EPI näher *Schäfers,* GRUR 1985, S. 746 ff.; vgl. zu den Europäischen Patentvertretern *R. Schulte,* PatG, § 25, Rn. 3 ff.

914 Vgl. EuG, Rs. T-144/99, EWS 2001, S. 233, 235 f., Rn. 62 (auch im Internet veröffentlicht, Adresse: http://europa.eu.int): „Zunächst ist festzustellen, daß [...] die Einstufung des Klägers [sc. EPI, d. Verf.] als Unternehmensvereinigung im Sinne des Art. 81 Abs. 1 EG [...] vom Kläger nicht beanstandet [wird]"; sodann, Rn. 63: „Im Rahmen der vorliegenden Rechtssache geht es also nur um die Frage, [...]."

915 A. A., allerdings noch ohne Berücksichtigung der CNSD-Entscheidung des EuGH (Rs. C-35/96, Slg. 1998, I-3851) *Emmerich,* in: Immenga/Mestmäcker, EG-Wettbewerbsrecht I, Art. 85 Abs. 1, Rn. 37.

916 Vgl. *Weiß,* in: Calliess/Ruffert, EUV/EGV, Art. 82 EGV, Rn. 2.

durch ein oder mehrere Unternehmen, soweit sie dazu führen kann, den Handel zwischen den Mitgliedstaaten zu beeinträchtigen. Denkbar wäre, da die Kammern nicht selbst Unternehmen sind – auch nicht im Sinne des Art. 82 EG[917] –, die Kammern als Zusammenfassungen mehrerer Unternehmen anzusehen. Die Berufsordnungen der Kammern werden jedoch in Ausübung hoheitlicher Tätigkeit erlassen; für diese ist Art. 82 EG nicht anwendbar,[918] weswegen ein Verstoß gegen diese Vorschrift nicht in Betracht kommt.

II. Art. 10 EMRK: insbesondere die „Barthold-Entscheidung" des Europäischen Gerichtshofs für Menschenrechte

Art. 10 Abs. 1 Sätze 1, 2 der auch von der Bundesrepublik Deutschland ratifizierten Europäischen Menschenrechtskonvention (EMRK)[919] gewährleistet einen Anspruch auf freie Meinungsäußerung, der einzelnen in Abs. 1 Satz 3, Abs. 2 näher bestimmten Voraussetzungen unterliegt. Werbebeschränkungen des Berufs- und Standesrechts der Rechtsanwälte, Ärzte und Apotheker verstoßen unter gewissen Umständen gegen Art. 10 der EMRK,[920] die innerstaatlich den Rang eines einfachen Bundesgesetzes hat.[921]

Unabhängig von den Möglichkeiten, daß innerstaatliche Instanzgerichte Satzungsrecht, das gegen die EMRK verstößt und deswegen materiell rechtswidrig ist, verwerfen (ohne Anrufung des BVerfG, dessen Verwerfungsmonopol nur für formelle Gesetze gilt, vgl. Art. 100 Abs. 1 GG), oder daß Gesetze (im formellen Sinn) vom BVerfG für mit dem Grundgesetz unvereinbar erklärt werden, weil sie Grundgedanken der EMRK zuwiderlaufen und das Grundgesetz völkerrechtskonform ausgelegt werden muß,[922] besteht die Möglichkeit, daß der Europäische Gerichtshof für Menschenrechte (EGMR) auf Anrufung durch eine Einzelperson (vgl. Art. 25 EMRK) oder durch einen Staat (vgl. Art. 24 EMRK) eine Werbenorm als Verstoß gegen die Europäische Menschenrechtskonvention beurteilt, wobei die Entscheidung für den Vertragsstaat, dessen Recht mit der EMRK unvereinbar ist, völkerrechtlich bindend ist (vgl. Art. 53 EMRK).[923]

---

917 Vgl. EuGH, Rs. C-309/99 (NOvA), Schlußantrag GA Léger, Rn. 154 (veröffentlicht im Internet, Adresse: http://curia.eu.int).

918 Vgl. EuGH, Rs. C-343/95 (Diego Cali & Figli), Slg. 1997, I-1547, Leitsatz: der EuGH lehnt hier die Anwendung der Wettbewerbsregeln mit der Begründung ab, die fragliche Tätigkeit (Überwachung eines Erdölhafens zum Schutz vor Umweltverschmutzung) weise keinen wirtschaftlichen Charakter auf, was auch für die Satzungstätigkeit der Kammern als solche gilt; vgl. auch *Weiß*, in: Calliess / Ruffert, EUV / EGV, Art. 82 EGV, Rn. 12.

919 Vgl. hierzu ausführlich *Herdegen*, Europarecht, § 3.

920 Vgl. *Brangsch*, NJW 1980, S. 1817, 1821.

921 Vgl. *Schweitzer*, Staatsrecht III, Rn. 709.

922 Vgl. BVerfGE 83, 119, 128.

923 Vgl. *Beys*, in: FS für Gaul, S. 53, 56 ff.

Beispielhaft soll ein vom EGMR entschiedener Fall vorgestellt werden, der sich auf eine Werbebeschränkung für Tierärzte bezieht. Im sogenannten „Barthold-Fall“[924] ging es insbesondere um das Verhalten des Arztes gegenüber der Presse. Dr. Sigurd Barthold, ein Hamburger Tierarzt, Leiter einer Tierklinik, äußerte sich in einem Interview einer Boulevard-Zeitung über Mißstände in der tierärztlichen Notfallversorgung in Hamburg. Das Interview war eingebunden in einen Bericht, in dem der Fall des Kätzchens „Shalen“ geschildert wurde, dessen Eigentümer nachts stundenlang einen Tierarzt für eine dringende Notfallbehandlung gesucht hatte, bis er an Dr. Barthold geriet, der die Katze in letzter Sekunde rettete. Dem Artikel waren ein Photo der Katze und eines des Arztes beigefügt. Ferner erschien in einer Berichtigung der Bildunterschrift in derselben Zeitung am folgenden Tag der volle Name Dr. Bartholds mit dem Hinweis, er sei Leiter der Tierklinik Fuhlsbüttel. Eine „Zentrale zur Bekämpfung unlauteren Wettbewerbs“ erwirkte zunächst im Wege einstweiligen Rechtsschutzes, sodann auch im Hauptsacheverfahren die Verurteilung des Arztes aufgrund seiner Mitwirkung am Artikel in der Boulevard-Zeitung unter anderem wegen Verstoßes gegen das Werbeverbot des § 7 a der Berufsordnung der Hamburger Tierärzteschaft, der in der einschlägigen Fassung lautete: „Es ist standeswidrig: a) für die eigene tierärztliche Praxis in der Öffentlichkeit zu werben, [...].“ Der zuletzt vor dem BVerfG unterliegende Tierarzt rief daraufhin den EGMR an. Dieser stellte einen Verstoß gegen die in Art. 10 EMRK statuierte Meinungsäußerungsfreiheit fest.

Die Barthold-Entscheidung hatte auch Bedeutung für die Frage der Bewertung von Werbebeschränkungen nach deutschem Recht insofern, als die Feststellung des EGMR, daß Werbung zumindest dann der Meinungsäußerungsfreiheit unterfalle, wenn sie eingebunden sei in ein Gesamt von Erklärungen, „in dessen Mittelpunkt die Äußerung einer ‚Meinung‘ und die Mitteilung von ‚Nachrichten‘ zu einem Gegenstand allgemeinen Interesses steht“[925], dem Art. 5 Abs. 1 GG zu einer gestärkten Position in der Rechtsprechung des BVerfG zum Werberecht verholfen hat.[926] Abgesehen davon hatte die Barthold-Entscheidung auch eine gewisse Relevanz für die wettbewerbsrechtliche Rechtsprechung.[927] Interessant ist außerdem, daß die Bundesregierung ganz offen zugunsten der Urteile der deutschen Instanzgerichte vorgetragen hat, sie seien notwendig gewesen zum „Schutz der Moral“

---

924 EGMR, Urt. Nr. 10/1983/66/101 vom 25. 3. 1985 – Dr. Sigurd Barthold gegen Bundesrepublik Deutschland, EuGRZ 1985, 170 ff.; vgl. im Zusammenhang mit Art. 10 Abs. 1 EMRK auch die Entscheidung v. 7. 3. 1991 – Nr. 14622/89 – der Europ. Kommission für Menschenrechte (NJW 1992, S. 963 f.), wonach ein gegenüber einem Rechtsanwalt bestehendes Werbeverbot zwar in Art. 10 Abs. 1 EMRK eingreift, jedoch durch Art. 10 Abs. 2 EMRK gerechtfertigt sein kann.

925 EGMR, EuGRZ 1985, S. 170, 173, Rn. 42.

926 Vgl. BVerfGE 71, 162, 175; *Ring,* Werberecht der Ärzte, Rn. 65, spricht von einem sichtbaren „Bemühen um Konkordanz mit der Barthold-Entscheidung des EGMR“; vgl. auch *Starck,* in: v. Mangoldt/Klein, GG, Art. 5, Rn. 25.

927 Vgl. hierzu im einzelnen *Ring,* Wettbewerbsrecht, S. 381.

(dieser wird indes von Art. 10 Abs. 2 EMRK als Rechtfertigungsgrund anerkannt).[928] Daß eine derartige Argumentation im Hinblick auf die Prüfung der Verfassungsmäßigkeit von Werbebeschränkungen nach deutschem Recht unzulässig ist, wurde oben erörtert.[929]

---

928 Vgl. EGMR, EuGRZ 1985, S. 170, 174.

929 Vgl. oben, E. VI. 1. c) aa) (2).

Fünfter Teil

Zusammenfassung, Ausblick

A. Zusammenfassung der Ergebnisse

Wie aufgezeigt, muß die Rechtfertigung der durch Werbebeschränkungen vorgenommenen Einschränkung von Grundrechten von Freiberuflern, aber auch solchen des Publikums, sich ausschließlich an öffentlichen Interessen orientieren: Argumente, die nicht strikt gemeinwohlbezogen sind, wie z. B. Erwägungen des Konkurrenzschutzes oder der Standesmoral, auf der die Berufsbild- und deren Unterform, die Kommerzialisierungsthese beruhen, dürfen nicht zur Legitimation von Werbebeschränkungen herangezogen werden. Da dies jedoch nach wie vor geschieht, ergeben die gegenwärtig bestehenden berufs- und standesrechtlichen Werbebeschränkungen für Rechtsanwälte, Ärzte und Apotheker ein unbefriedigendes Bild: Sie halten zu einem beträchtlichen Teil einer strikt an verfassungsrechtlich anerkennenswerten Schutzgütern orientierten Überprüfung nicht stand; eine Reihe von Normen läßt sich auch nicht verfassungskonform auslegen und bedarf deswegen der Neufassung. Zwischen den Regelungen der einzelnen Berufsstände gibt es Unterschiede: So finden sich im anwaltlichen Berufs- und Standesrecht kaum schwerwiegende Verstöße gegen Grundrechte, einzelne Normen sind gar nicht zu beanstanden (z. B. § 5 Abs. 2 Satz 2 EuRAG, § 29 BORA i. V. m. Nr. 2.6 CCBE-Berufsregeln, § 6 Abs. 1, 4 BORA), andere lassen sich leicht verfassungskonform formulieren (z. B. § 43 b BRAO). Das Werberecht der Apotheker weist ebenfalls nur kleinere Mängel auf: Insgesamt ist eine Reihe wichtiger Regelungen akzeptabel. Innerhalb des berufs- und standesrechtlichen Werberechts der Ärzte hingegen gibt es Normen, die die freiheitliche Rechtsordnung des Grundgesetzes völlig zu ignorieren scheinen: Man denke als besonders drastischen Fall eines verfassungsrechtlichen Mißstandes an Kap. D I Nr. 3 BayBOÄ, der es Ärzten verwehrt, sich ohne einen der genannten Anlässe mittels Zeitungsanzeigen an die Öffentlichkeit zu wenden!

Für die Neufassung der grundgesetzwidrigen Vorschriften bietet es sich an, die zu schützenden Rechtsgüter in den Normtext aufzunehmen, soweit dies sprachlich und inhaltlich vertretbar ist; hierdurch wird verhindert, daß trotz einer Überarbeitung der Normtexte solche Argumente, die als verfassungsrechtlich unzulässig erkannt wurden, von Kammervorständen oder den bisweilen mit (im negativen Sinne) traditionell und konservativ denkenden Personen (bisweilen Standesvertretern) besetzten (Berufs-)Gerichten nach wie vor zur Rechtfertigung herangezogen werden.[1]

Im folgenden soll ein zusammenfassender Überblick über den Grad der Verfassungskonformität der einzelnen Normen gegeben werden, wobei diese in drei Kategorien eingeteilt werden (die tabellarische Kategorisierung ist, wie alle Einteilungen solcher Art, pauschalierender als eine verbale Darstellung und dient nur einem zusammenfassenden Überblick):

Kategorie (1): verfassungskonforme bzw. solche Normen, die verfassungskonform auslegbar sind;

Kategorie (2): teilweise verfassungswidrige Normen: das sind solche, die im Hinblick auf einen Teil ihres Regelungsgehaltes verfassungswidrig sind, jedoch mit kleineren Modifikationen aufrechterhalten werden können;

Kategorie (3): insgesamt verfassungswidrige Normen.

Bei den Werbebeschränkungen für Rechtsanwälte, die (a) mit der Notwendigkeit der Erhaltung der Funktionsfähigkeit der Rechtspflege, (b) mit dem Schutz des Vertrauens der Bevölkerung auf die Stellung der Rechtsanwaltschaft als Rechtspflegeorgan (dies sind die rechtsanwaltsspezifischen Argumente) und (c) mit dem Bedürfnis der Bevölkerung nach optimaler Versorgung mit rechtsanwaltlichen Dienstleistungen (dies ist ein bei anderen Freiberuflern entsprechend vorkommendes Argument) gerechtfertigt werden können, ergibt sich folgendes Bild:

Norm	*Kategorie (1)*	*Kategorie (2)*	*Kategorie (3)*
§ 43 b BRAO		+	
§ 6 Abs. 1 BORA	+		
§ 6 Abs. 2 BORA	+[2]		
§ 6 Abs. 3 Satz 1 BORA		+	
§ 6 Abs. 3 Satz 2 BORA			+
§ 6 Abs. 4 BORA	+		
§ 7 Abs. 1 BORA		+[3]	
§ 7 Abs. 2 BORA			+
§ 8 Satz 1 BORA			+
§ 8 Satz 2 BORA	+[4]		

---

1 Immer wieder passiert es, daß Gerichte die Vorgaben des BVerfG zum Werberecht der freien Berufe nicht berücksichtigen. Das zeigt sich daran, daß sich das BVerfG trotz der Tatsache, daß es die wesentlichen Fragen als bereits entschieden erachtet, häufig gezwungen sieht, einschlägige Verfassungsbeschwerden zur Entscheidung anzunehmen, vgl. näher unten, B.

2 § 6 Abs. 2 BORA stellt keinen Eingriff dar, ist daher verfassungskonform, sollte jedoch aus Klarstellungsgründen geändert werden, vgl. oben, Vierter Teil, F. III. 2. b).

3 Der Grundgedanke der Norm (die Qualifikationsleiter Interessenschwerpunkt – Tätigkeitsschwerpunkt – Fachanwaltschaft) sollte aufrechterhalten bleiben; daher die Einordnung in Kategorie (2).

4 In § 8 Satz 2 BORA liegt kein Eingriff in Grundrechte; aus diesem Grund ist die Norm verfassungskonform.

Norm	*Kategorie (1)*	*Kategorie (2)*	*Kategorie (3)*
§ 9 Abs. 1 BORA			+[5]
§ 9 Abs. 2 BORA	+[6]		
§ 9 Abs. 3 BORA			+
§ 10 BORA		+	
§ 29 BORA i. V. m. Nr. 2.6 CCBE	+		
§ 5 Abs. 2 Satz 2 EuRAG	+		

Werbebeschränkungen für Ärzte können (a) mit der Notwendigkeit der Erhaltung der Gesundheit der Bevölkerung (arztspezifisches Argument) und (b) mit dem Bedürfnis nach Erzielung einer optimalen Versorgung des Publikums mit ärztlichen Dienstleistungen gerechtfertigt werden: Diesen strengen Vorgaben halten nur wenige Vorschriften stand.

Norm	*Kategorie (1)*	*Kategorie (2)*	*Kategorie (3)*
§ 27 Abs. 1 Satz 1 BayBOÄ	+		
§ 27 Abs. 1 Satz 2 BayBOÄ	+[7]		
§ 27 Abs. 1 Satz 3 BayBOÄ			+
§ 27 Abs. 1 Satz 4 BayBOÄ			+
§ 27 Abs. 2 BayBOÄ	+		
§ 28 BayBOÄ	+		
Kap. D I Nr. 1 Satz 1 BayBOÄ	+[8]		
Kap. D I Nr. 1 Satz 2 BayBOÄ			+
Kap. D I Nr. 2 BayBOÄ		+	
Kap. D I Nr. 3 BayBOÄ			+
Kap. D I Nr. 4 Abs. 1, 2 BayBOÄ			+
Kap. D I Nr. 5 BayBOÄ		+	
§ 34 Abs. 3 BayBOÄ		+	
§ 11 Abs. 2 Satz 2 BayBOÄ		+	

Im Hinblick auf die berufs- und standesrechtlichen Werbebeschränkungen für Apotheker, die (a) mit dem Argument der Notwendigkeit einer optimalen Versorgung der Bevölkerung mit Arzneimitteln bzw. (b) mit sonstigen Dienstleistungen und (c) mit der Verhinderung von Arzneimittelfehlgebrauch gerechtfertigt werden können, ergibt sich folgende Tabelle:

5 Die Vorschrift verstößt bereits gegen einfaches Gesetzesrecht.

6 § 9 Abs. 2 BORA stellt keinen Eingriff in Grundrechte dar.

7 Die Norm stellt eine bloße Verweisung dar und ist als solche verfassungsrechtlich zulässig.

8 Die Vorschrift ist bereits kein Eingriff in Grundrechte.

Norm	*Kategorie (1)*	Kategorie (2)	*Kategorie (3)*
§ 8 Abs. 2 Satz 1 BayBOApo	+		
Abschnitt I WRL	+[9]		
Abschnitt II Abs. 1 WRL	+		
Abschnitt II Abs. 2 WRL		+	
Abschnitt II Abs. 3 WRL			+
Abschnitt II Abs. 4 WRL	+		
Abschnitt II Abs. 5 WRL	+		
Abschnitt II Abs. 6 WRL			+
Abschnitt II Abs. 7 WRL	+		
Abschnitt II Abs. 8 WRL	+		
Abschnitt II Abs. 9 WRL	+		
Abschnitt II Abs. 10 lit. a WRL			+
Abschnitt II Abs. 10 lit. b WRL			+
Abschnitt II Abs. 10 lit. c WRL		+	
Abschnitt II Abs. 10 lit. d WRL			+
Abschnitt II Abs. 10 lit. e WRL		+	
Abschnitt II Abs. 11 WRL	+		

B. Beurteilung des gegenwärtigen Standes der Durchsetzung der Grundrechte auf dem Gebiet des Werberechts der Rechtsanwälte, Ärzte und Apotheker in Rechtsprechung und Literatur; Ausblick

Die Werberegelungen des Berufs- und Standesrechts der Rechtsanwälte, Ärzte und Apotheker sind in verfassungsrechtlicher Hinsicht nur zum Teil zufriedenstellend. Die verfassungswidrigen Regelungen in diesem Bereich neu formuliert zu verabschieden, ist eine wesentliche Voraussetzung für eine stärker grundrechtsorientierte Tätigkeit der Kammern und der Gerichte. Bis zu einer Neufassung der rechtswidrigen Vorschriften wird man sich mit verfassungskonformen Textreduktionen behelfen müssen: Richtlinien zur Auslegung von Werbenormen können der einschlägigen Rechtsprechung des BVerfG entnommen werden. Diese Rechtsprechung des BVerfG zum Thema „Werbung durch Freiberufler" ist im Hinblick auf die Berücksichtigung insbesondere der Grundrechte der Berufsträger vorbildlich: In mehreren grundlegenden Entscheidungen[10] orientiert sich das Gericht bei der

9 In Abschnitt I als solchem liegt kein Eingriff.

10 Vgl. insbesondere BVerfGE 82, 18 (betr. die rechtmäßige Führung der Berufsbezeichnung „Architekt" durch einen Rechtsanwalt; 85, 248 (betr. Werbeverbot für Ärzte); 94, 372

Einschränkung von Grundrechten durch Werberegelungen strikt am Gemeinwohlgedanken und dem Prinzip der Verhältnismäßigkeit. Deutliche Absagen werden dem Konkurrenzschutzgedanken[11] und dem Argument des Schutzes von Berufsbildern erteilt, der nicht Selbstzweck sei,[12] sondern anderen Rechtsgütern zu dienen habe, etwa dem Schutz der Gesundheit der Bevölkerung[13]. Obwohl die einschlägige Rechtsprechung des BVerfG bereits einige Jahre alt ist,[14] hat sie sich noch nicht vollständig durchsetzen können. Häufig sieht sich das BVerfG nach wie vor genötigt, Fragen freiberuflicher Werbung zu behandeln. So wurde in den letzten Jahren eine Reihe von Verfassungsbeschwerden von Freiberuflern, die mit Sanktionen wegen angeblicher Werberechtsverstöße belegt worden waren, gem. § 93 a Abs. 1, 2 lit. b BVerfGG deswegen zur Entscheidung angenommen, weil es zur Durchsetzung von Grundrechten angezeigt war[15] (§ 93 a Abs. 2 lit. a BVerfGG hingegen war nicht einschlägig, da die maßgeblichen Fragen bereits entschieden sind, worauf das BVerfG immer wieder hinweist[16]). Gelegentlich war der Grundrechtsverstoß so offensichtlich, daß der jeweiligen Verfassungsbeschwerde sogleich durch eine der Kammern des BVerfG stattgegeben werden konnte (vgl. § 93 c Abs. 1 BVerfGG).[17] Für die Durchsetzung der Grundrechte von Rechtsanwälten, Ärzten und Apothekern wäre bereits viel gewonnen, wenn zumindest die Vorgaben des BVerfG bei der Auslegung der Werbenormen berücksichtigt würden; aus verfassungsrechtlicher Perspektive ist auf Dauer eine Neufassung einer Reihe von berufs- bzw. standesrechtlichen Werbevorschriften allerdings unumgänglich.

(betr. Werbeverbot für Apotheker); auf diese Entscheidungen nimmt das BVerfG selbst z. B. in NJW 2001, S. 1926, 1927 Bezug.

11 Vgl. BVerfGE 82, 18, 28; 94, 372, 395 (die Ablehnung dieses Arguments erfolgt hier bereits wegen kompetentieller Erwägungen).

12 So ausdrücklich BVerfGE 94, 372, 395.

13 Vgl. BVerfGE 85, 248, 260; 94, 372, 395.

14 Die Entscheidung BVerfGE 82, 18 stammt v. 4. 4. 1990, BVerfGE 94, 372 v. 22. 5. 1996.

15 Vgl. z. B. im Hinblick auf Rechtsanwälte BVerfG, NJW 2000, S. 3195; BVerfG, NJW 2001, S. 1926 (Aufhebung von OLG Nürnberg, NJW 2000, S. 1648); BVerfG, NJW 2001, S. 2620; BVerfG, BRAK-Mitt. 2001, S. 295; im Hinblick auf Ärzte: BVerfG, NJW 2001, S. 2788; im Hinblick auf Apotheker: BVerfG, NJW 1996, S. 3070; vgl. aber BVerfG, Beschl. v. 1. 12. 1999 – 1 BvR 1630/98 –, BRAK-Mitt. 2000, S. 89, wo das Gericht dem Bf. in der Sache letztlich zustimmt, mangels schweren und fortdauernden Nachteils jedoch ein Eingreifen ablehnt; ähnlich auch BVerfG, Beschl. v. 11. 11. 1999 – 1 BvR 754/98 –, BRAK-Mitt. 2000, S. 89.

16 Vgl. z. B. BVerfG, NJW 2000, S. 3195; BVerfG, NJW 2001, S. 1926, 1927 (jeweils unter Bezug auf BVerfGE 85, 372; 94, 372).

17 Vgl. z. B. BVerfG, NJW 2000, S. 3195; BVerfG, NJW 2001, S. 1926, 1927.

Literaturverzeichnis

ABDA (Bundesvereinigung Deutscher Apothekerverbände, Hrsg.): Apothekenreport Nr. 31: Das Berufsbild des Apothekers, Bundesapothekerordnung, Frankfurt / M., 1987; zit.: ABDA (Hrsg.), Apothekenreport Nr. 31.

Adlung, A. / *Urdang,* G.: Grundriß der Geschichte der deutschen Pharmazie, Berlin 1935; zit.: Adlung / Urdang, Pharmaziegeschichte.

Ahlers, Dieter: Die Zulässigkeit der Anwalts-GmbH – Bemerkungen zum Beschluß des Bayerischen Obersten Landesgerichts –, in: AnwBl. 1995, S. 3 ff.

Ahrens, Hans-Jürgen: Anwaltssponsoring vor dem BVerfG, Bespr. von BVerfG (2. Kammer des ersten Senats), Beschl. v. 17. 4. 2000 – 1 BvR 721 / 99 –, in: NJW 2000, S. 3188 f.

Anschütz, Gerhard / *Thoma,* Richard: Handbuch des Deutschen Staatsrechts. Zweiter Band, Tübingen 1932; zit.: Anschütz / Thoma, Staatsrecht II.

Auerbach, Rainer: Richtig werben mit der Kundenkarte, in: PZ 1999, S. 910 f.

Baas, Johann Hermann: Die Geschichtliche Entwicklung des ärztlichen Standes und der medicinischen Wissenschaften, Wiesbaden 1967 (Neudruck der Ausgabe von 1896); zit.: Baas, Entwicklung des ärztlichen Standes.

Barth, Dieter: Anm. zu OLG München, Urt. v. 12. 11. 1998 – 29 U 3251 / 98 –, in: MedR 1999, S. 79 f.

Barth, Dieter: Mediziner-Marketing: Vom Werbeverbot zur Patienteninformation. Eine rechtsvergleichende und interdisziplinäre Studie zur Kommunikation zwischen Patienten und Ärzten, Berlin u. a., 1999; zit.: Barth, Mediziner-Marketing.

Baruch, Michael: Ärztewerbung. Ein Blick über den großen Teich, in: Der Allgemeinarzt 2001, S. 576 ff.

Bauer, Hartmut / *Kahl,* Wolfgang: Europäische Unionsbürger als Träger von Deutschen-Grundrechten?, in: JZ 1995, S. 1077 ff.

Baumbach, Adolf (Begr.) / *Duden,* Konrad / *Hopt,* Klaus: Handelsgesetzbuch, mit GmbH & Co., Handelsklauseln, Bank- und Börsenrecht, Transportrecht (ohne Seerecht), 30. Aufl., München 2000; zit.: Baumbach / Duden / Hopt, HGB.

Baumbach, Adolf (Begr.) / *Hefermehl,* Wolfgang: Wettbewerbsrecht. Gesetz gegen den unlauteren Wettbewerb, Zugabeverordnung, Rabattgesetz und Nebengesetze, 20. Aufl., München 1998; zit.: Baumbach / Hefermehl, Wettbewerbsrecht.

Bayer. Landesärztekammer (Hrsg.): Darstellungsmöglichkeiten des Arztes in Computer-Kommunikationsnetzen nach dem Beschluß des 53. Bayerischen Ärztetages zur Berufsordnung für die Ärzte Bayerns, (Internet-)Merkblatt, München 2001; zit.: BLÄK, Merkblatt.

Becker, Ulrich: Voraussetzungen und Grenzen der Dienstleistungsfreiheit, in: NJW 1996, S. 179 ff.

Beckmann, Christoph: Werbung mit Auslandsberührungen, in: WRP 1993, S. 651 ff.

Benda, Ernst / *Maihofer,* Werner / *Vogel,* Hans-Jochen (Hrsg.): Handbuch des Verfassungsrechts der Bundesrepublik Deutschland, 2. Aufl., Berlin, New York 1994; zit.: Benda / Maihofer / Vogel, HdB Verfassungsrecht.

Berger, Christian: Rechtliche Rahmenbedingungen anwaltlicher Dienstleistungen über das Internet, in: NJW 2001, S. 1530 ff.

von Beringe: Anm. zu KG, Beschl. v. 12. 1. 1960 – 5 Kart. V 4 / 59 –, in: DB 1960, S. 409.

Bethge, Herbert: Die Grundrechtssicherung im föderativen Bereich, in: AöR Bd. 110 (1985), S. 169 ff.

Beuck, Günter: Neue Freiheiten in der Berufsausübung – Werbung für Steuerberater. Erste Einblicke in die neue Berufsordnung, in: Stbg. 1997, S. 118 ff.

Beys, Costas E.: Zur Verbindlichkeit der Entscheidungen des Europäischen Gerichtshofs für Menschenrechte, in: Festschrift für Hans Friedhelm Gaul zum 70. Geburtstag, 19. November 1997, Bielefeld 1997, S. 53 ff.

Blackburn, Bill: Anwalt und Werbung: Die Erfahrung der englischen Solicitors, in: AnwBl. 1991, S. 366 ff.

Bleckmann, Albert / *Eckhoff,* Rolf: Der „mittelbare" Grundrechtseingriff, in: DVBl. 1988, S. 373 ff.

Blume, Henning: Herstellung und Qualitätskontrolle: Beiträge der Apotheke zur sicheren Arzneibehandlung, in: ABDA (Hrsg.), Apothekenreport Nr. 40: 750 Jahre Apothekerberuf, Aufgaben und Funktion des Apothekers heute, Vorträge anläßlich des Pressesymposiums der Arbeitsgemeinschaft für Pharmazeutische Information (API) mit Wissenschafts- und Medizinjournalisten am 6. Juni 1991 in Mainz, S. 13 ff., Frankfurt a. M. 1991.

Blumenwitz, Dieter: Rechtsprobleme im Zusammenhang mit der Angleichung von Rechtsvorschriften auf dem Gebiet des Niederlassungsrechts der freien Berufe, in: NJW 1989, S. 621 ff.

Böhm, Frank: Das Werbeverbot des § 26 Musterberufsordnung der Ärzte, in: ZRP 1994, S. 388 ff.

Boehmer, Gustav: Grundlagen der Bürgerlichen Rechtsordnung. Zweites Buch, Erste Abteilung: Dogmengeschichtliche Grundlagen des bürgerlichen Rechtes, Tübingen 1951; zit.: Boehmer, Bürgerliche Rechtsordnung II / 1.

Boin, Kai: Weg frei für die Anwalts-GmbH?, Bespr. von BayObLG, Beschl. v. 24. 11. 1994 – 3 ZBR 115 / 94 –, in: NJW 1995, S. 371 ff.

Boin, Kai: Die Allgegenwarth des Advocaten – Oder: Warum der Rechtsanwalt keine Gewerbesteuer zahlt –, in: AnwBl. 2000, S. 168 ff.

Bonvie, Horst: Die Umgehung des ärztlichen Werbeverbots – Von der Rechtsprechung sanktioniert? Gedanken zur Sanatoriumsrechtsprechung des Bundesverfassungsgerichts und zu ihrer Fortschreibung, in: MedR 1994, S. 308 ff.

Bonvie, Horst: Vorbemerkung zu: Hans. OLG Hamburg, Urt. v. 8. 4. 1999 – 3 U 265 / 98 –, in: MedR 2000, S. 195.

Borgmann, Brigitte: Der Anwalt und sein Mandant: Die Informationspflicht des Mandanten und die anwaltliche Pflicht zur Sachverhaltsaufklärung, in: BRAK-Mitt. 2001, S. 72 f.

Bornkamm, Joachim: Die Grenzen anwaltlicher Werbung, in: WRP 1993, S. 643 ff.

Boss, Alfred / *Laaser,* Claus-Friedrich / *Schatz,* Klaus-Werner et al.: Deregulierung in Deutschland. Eine empirische Analyse, Tübingen 1996; zit.: Boss / Laaser / Schatz et al., Deregulierung.

Brandstetter, Arnulf: Der Erlaß von Berufsordnungen durch die Kammern der freien Berufe, Berlin 1971; zit.: Brandstetter, Erlaß von Berufsordnungen.

Brangsch, Heinz: Die Entwicklung des Anwaltsrechts in der EWG, in: AnwBl. 1962, S. 234 ff.

Brangsch, Heinz: Tätigkeitsbericht 1975 / 76, AnwBl. 1976, S. 221 ff.

Brangsch, Heinz: Spezialisierung und Werbung im Bereich des Anwaltsberufs, in: NJW 1980, S. 1817 ff.

Brangsch, Heinz: Grenzüberschreitende Dienstleistungen der Anwälte in der Europäischen Gemeinschaft, in: NJW 1981, S. 1177 ff.

Braun, Alban: Das Praxisschild, in: BayÄBl. 1999, S. 401.

Braun, Alban: Der Briefkopf, in: BayÄBl. 1999, S. 460.

Braun, Anton: Contra Anwalts-GmbH, in: MDR 1995, S. 447.

Braun, Anton: Aktuelle Entwicklungen des deutschen Rechtsanwalts- und Notarrechts, in: Herrmann, Harald / Backhaus, Jürgen (Hrsg.): Staatlich gebundene Freiberufe im Wandel. Rechtliche und ökonomische Aspekte aus Wissenschaft und Praxis, Baden-Baden 1998, S. 171 ff.

Braun, Rainer: Vorwort zu: ABDA (Hrsg.), Apothekenreport Nr. 40: 750 Jahre Apothekerberuf, Aufgaben und Funktion des Apothekers heute, Vorträge anläßlich des Pressesymposiums der Arbeitsgemeinschaft für Pharmazeutische Information (API) mit Wissenschafts- und Medizinjournalisten am 6. Juni 1991 in Mainz, S. 3 f., Frankfurt a. M. 1991.

Breitenmoser, Stephan / *Bühler,* Stefan P.: Praxis des Europarechts, Zürich 1996; zit.: Breitenmoser / Bühler, Europarecht.

Breuer, Stefan: Anwaltliche Werbung: Inhalt und Grenzen, Bonn 1994; zit.: Breuer: Anwaltliche Werbung.

Breyer, Martin: Gesetz über das Apothekenwesen – Bundesapothekengesetz –, Kommentar mit Bemerkungen zur Apothekenbetriebsordnung, Köln u. a., 1961; zit.: Breyer, ApoG.

Brieskorn, Norbert: Rechtsphilosophie, Stuttgart u. a., 1990.

Bülow, Arthur: Bundesrechtsanwaltsordnung vom 1. August 1959, Erläuterungsbuch für die Praxis, Berlin, Frankfurt a. M., 1959; zit.: Bülow, BRAO.

Bürck, Harald: Verfassungsrechtliche Probleme der Zulassung als Kassenarzt, in: MedR 1989, S. 63 ff.

Büttner, Hermann: Anwaltswerbung zwischen Berufsrecht und Wettbewerbsrecht, in: Festschrift für Ralf Vieregge zum 70. Geburtstag am 6. November 1995, Berlin, New York 1995, S. 99 ff.

Bundesärztekammer (BÄK) / *Kassenärztliche Bundesvereinigung* (KBV; Hrsg.): Beurteilungskriterien für Leitlinien in der medizinischen Versorgung, Beschlüsse der Vorstände von Bundesärztekammer und Kassenärztlicher Bundesvereinigung, in: DÄBl. 94 (1997), S. A-2154 f.

Bundesärztekammer (Hrsg.): Darstellungsmöglichkeiten des Arztes im Internet: – Öffentlich abrufbare Arztinformationen gemäß Kap. D I Nr. 6 MBO –, in: DÄBl. 96 (1999), S. A-228.

Bundesrechtsanwaltskammer (Hrsg.): Fortgeltung der einzelnen Paragraphen des anwaltlichen Standesrechts. Der Richtlinienausschuß der BRAK zur Situation nach den Entscheidungen des Bundesverfassungsgerichts vom 14. 7. 1987, in: BRAK-Mitt. 1988, S. 11 ff.

Busse, Felix: Das Ende des Anfangs. Bemerkungen am Ende der Satzungsversammlung am 22. 3. 1999 in Köln, in: BRAK-Mitt. 1999, S. 135 f.

Busse, Felix: Gedanken zur anwaltlichen Berufsordnung, in: NJW 1999, S. 3017 ff.

Busse, Felix: Keine neuen Fachanwaltsbezeichnungen. Satzungsversammlung tagte in Berlin, in: BRAK-Mitt. 2001, S. 65 ff.

Calliess, Christian / *Ruffert,* Matthias (Hrsg.): Kommentar des Vertrages über die Europäische Union und des Vertrages zur Gründung der Europäischen Gemeinschaft – EUV / EGV –, Neuwied, Kriftel 1999; zit.: Calliess / Ruffert, EUV / EGV.

Carl, Dieter: Beratende Berufe im Europäischen Binnenmarkt. Berufliche Perspektiven und rechtlicher Rahmen der steuer-, rechts- und wirtschaftsberatenden Tätigkeit, Bielefeld 1995; zit.: Carl, Beratende Berufe.

Clausnitzer, Martin: Niederlassungs- und Dienstleistungsfreiheit der Anwälte in der EG, in: BRAK-Mitt. 1989, S. 59 ff.

Conrad, J. / *Elster,* L. / *Lexis,* W. / *Loening,* Edg. (Hrsg.): Handwörterbuch der Staatswissenschaften, Vierter Band: Fabrik – Gewerkvereine, 3. Aufl., Jena 1909; zit.: Conrad / Elster / Lexis / Loening, Handwörterbuch Staatswissenschaften, Bd. IV.

Cramer, Udo H. / *Henkel,* Markus P.: Standesordnung und Wettbewerb – Plädoyer für Einheit von Norm und Vollzug, in: MedR 2000, S. 565 ff.

Creifelds, Carl (Begr.) / *Weber,* Klaus (Hrsg.): Rechtswörterbuch, 16. Aufl., München 2000.

Creutz, Markus: Anm. zu Brandenburg. OLG Potsdam, Urt. v. 28. 10. 1997 – 6 W 65 / 97 –, in: MDR 1998, S. 311 f.

Dahm, Georg: Völkerrecht, Band I, Stuttgart 1958; zit.: Dahm, Völkerrecht I.

Daumke, Michael: Aktuelles Berufsrecht für den Steuerberater, Textsammlung mit den Änderungen durch das 7. StBÄndG und einer Einführung in das Berufsrecht, Bielefeld 2000; zit.: Daumke, Berufsrecht für den Steuerberater.

Degenhart, Christoph: Staatsrecht I. Staatsorganisationsrecht, 16. Aufl., Heidelberg 2000; zit.: Degenhart, Staatsrecht I.

Deichfuß, Hermann: Verfassungswidrigkeit des § 7 der anwaltlichen Berufsordnung?, in: AnwBl. 2001, S. 108 ff.

Deimling, Gerhard: Recht und Moral. Gedanken zur Rechtserziehung, Neuwied, Berlin 1972; zit.: Deimling, Recht und Moral.

Deneke, J. F. Volrad: Die freien Berufe, Stuttgart 1956; zit.: Deneke, Freie Berufe.

Deneke, J. F. Volrad: Klassifizierung der freien Berufe. Statistische Erfassung und Systematik, Berufstätigkeiten und Berufsbenennungen nach der Volks- und Berufszählung von 1961, Köln, Berlin 1969; zit.: Deneke, Klassifizierung freier Berufe.

Denninger, Erhard / *Hoffmann-Riem,* Wolfgang / *Schneider,* Hans-Peter / *Stein,* Ekkehart (Hrsg.): Kommentar zum Grundgesetz für die Bundesrepublik Deutschland (Reihe Alternativkommentare), 3. Aufl., Neuwied, Kriftel 2001; zit.: AK-GG.

Deppert, Katharina: Die Rechtsprechung des Senats für Anwaltssachen des Bundesgerichtshofs im Jahre 2000, Teil 1, in: BRAK-Mitt. 2001, S. 57 ff.

Deutsch, Erwin: Medizinrecht. Arztrecht, Arzneimittelrecht und Medizinprodukterecht. Eine zusammenfassende Darstellung mit Fallbeispielen und Texten, 3. Aufl., Berlin u. a., 1997; zit.: Deutsch, Medizinrecht.

Deutscher Bundestag (Hrsg.): Drucksache 3 / 2745: Entwurf einer Bundesärzteordnung, Bonn 1961; zit.: BT-Drs. 3 / 2745.

Deutscher Bundestag (Hrsg.): Drucksache 8 / 1925: Unterrichtung durch die Bundesregierung: Bericht des Bundeskartellamtes über seine Tätigkeit im Jahre 1977 sowie über Lage und Entwicklung auf seinem Aufgabengebiet (§ 50 GWB), Bonn 1978; zit.: BT-Drs. 8 / 1925.

Deutscher Bundestag (Hrsg.): Drucksache 8 / 3139: Unterrichtung durch die Bundesregierung: Bericht der Bundesregierung über die Lage der freien Berufe in der Bundesrepublik Deutschland, Bonn 1979; zit.: BT-Drs. 8 / 3139.

Deutscher Bundestag (Hrsg.): Drucksache 12 / 21 v. 3. 1. 1991: Unterrichtung durch die Bundesregierung: Fortschreibung des Berichts der Bundesregierung über die Lage der Freien Berufe in der Bundesrepublik Deutschland, Bonn 1991; zit.: BT-Drs. 12 / 21.

Deutscher Bundestag (Hrsg.): Drucksache 12 / 4993 v. 19. 5. 1993: Gesetzentwurf der Bundesregierung: Entwurf eines Gesetzes zur Neuordnung des Berufsrechts der Rechtsanwälte und der Patentanwälte, Bonn 1993; zit.: BT-Drs. 12 / 4993.

Deutscher Bundestag (Hrsg.): Drucksache 12 / 6152 v. 11. 11. 1993: Gesetzentwurf der Bundesregierung: Entwurf eines Gesetzes zur Schaffung von Partnerschaftsgesellschaften und zur Änderung anderer Gesetze, Bonn 1993; zit.: BT-Drs. 12 / 6152.

Döpfner, Julius Kardinal / *Dietzfelbinger,* Hermann (Hrsg.): Das Gesetz des Staates und die sittliche Ordnung. Zur öffentlichen Diskussion über die Reform des Eherechts und des Strafrechts, Trier 1970; zit.: Döpfner / Dietzfelbinger, Gesetz des Staates.

Doepner, Ulf: Standesrechtliche Grenzen der Werbung für Ärzte, in: WRP 1977, S. 318 ff.

Doepner, Ulf: Heilmittelwerbegesetz, Kommentar, 1. Aufl., München 1980; zit.: Doepner, HWG, 1. Aufl.

Doepner, Ulf: Heilmittelwerbegesetz, Kommentar, 2. Aufl., München 2000; zit.: Doepner, HWG, 2. Aufl.

Dolzer, Rudolf / *Vogel,* Klaus (Hrsg.): Bonner Kommentar zum Grundgesetz, Heidelberg, Stand: 96. Lfg., Mai 2001; zit.: Dolzer / Vogel, Bonner Kommentar.

Dreier, Horst (Hrsg.): Grundgesetz, Kommentar, Band I: Art. 1 – 19, Tübingen 1996; zit.: Dreier, GG.

Dreier, Horst (Hrsg.): Grundgesetz, Kommentar, Band II: Art. 20 – 82, Tübingen 1998; zit.: Dreier, GG.

Dreier, Horst (Hrsg.): Grundgesetz, Kommentar, Band III: Art. 83 – 146, Tübingen 2000; zit.: Dreier, GG.

Drosdowski, Günther: Duden Etymologie, Herkunftswörterbuch der deutschen Sprache, 2. Aufl., Mannheim u. a., 1989; zit.: Drosdowski, Etymologie.

Dünisch, Friedrich: Standesrechtliche Werbebeschränkungen bei freien Berufen und Wettbewerbsordnung, in: BayVBl. 1982, S. 102 ff.

Dürig, Günther: Art. 2 des Grundgesetzes und die Generalermächtigung zu allgemeinpolizeilichen Maßnahmen, in: AöR Bd. 79 (1953 / 54), S. 57 ff.

Ebbing, Frank: Virtuelle Rechtsberatung und das anwaltliche Werbeverbot, in: NJW-CoR 1996, S. 242 ff.

Ehlers, Alexander P. F.: Die ärztliche Aufklärung vor medizinischen Eingriffen. Bestandsaufnahme und Kritik, Köln u. a., 1987; zit.: Ehlers, Ärztliche Aufklärung.

Ehlers, Alexander P. F.: Das Bild des Arztes in der Öffentlichkeit. Arzt und Werbung, in: Festschrift für Erwin Deutsch zum 70. Geburtstag, Köln u. a., 1999, S. 531 ff.

Ehlers, Dirk: Das Wirtschaftsverwaltungsrecht im europäischen Binnenmarkt, in: NVwZ 1990, S. 810 ff.

Eickhoff, Marion: Berufsrecht contra Verfassungsrecht – ein Perpetuum mobile?, in: NJW 1998, S. 798 ff.

Emmerich, Volker: Wettbewerbsbeschränkungen durch die Rechtsprechung, in: Festschrift für Joachim Gernhuber zum 70. Geburtstag, Tübingen 1993.

Emmerich, Volker: Anm. zu BayObLG, Beschl. v. 24. 11. 1984 – 3 ZBR 115 / 94 –, in: JuS 1995, S. 261 f.

Emmerich, Volker: Das Recht des unlauteren Wettbewerbs, 5. Aufl., München 1998; zit.: Emmerich, Recht des unlauteren Wettbewerbs.

Endrös, Alfred: Der spezialisierte Anwalt in den neunziger Jahren, in: NJW 1990, S. 1561 ff.

Engisch, Karl: Die Idee der Konkretisierung in Recht und Rechtswissenschaft unserer Zeit, 2. Aufl., Heidelberg 1968; zit.: Engisch, Idee der Konkretisierung.

Everling, Ulrich: Welche gesetzlichen Regelungen empfehlen sich für das Recht der rechtsberatenden Berufe, insbesondere im Hinblick auf die Entwicklung in der Europäischen Gemeinschaft?, Gutachten C zum 58. Deutschen Juristentag, München 1990; zit.: Everling, Gutachten C zum 58. DJT.

Everling, Ulrich: Das Niederlassungsrecht in der Europäischen Gemeinschaft, in: DB 1990, S. 1853 ff.

Ewig, Eugen: Niederlassungsfreiheit für Anwälte in Europa. Folgerungen aus dem Urteil des EuGH C-55/94 vom 30. 11. 1995 – Rechtssache Gebhard, in: BRAK-Mitt. 1996, S. 13 ff.

Eylmann, Horst: Reglementierung der Werbung in der Berufsordnung – sinnvoll, überflüssig oder unzulässig?, in: AnwBl. 1996, S. 481 ff.

Eylmann, Horst: Anm. zu AnwG München, Beschl. v. 30. 3. 1999 – 4 AnwG Nr. 92/98 –, in: AnwBl. 1999, S. 557.

von Falkenhausen, Joachim Freiherr: Darf der Rechtsanwalt um Praxis werben?, in: NJW 1992, S. 25 ff.

von Falkenhausen, Joachim Freiherr: Einzelfragen zur Anwaltswerbung, in: AnwBl. 1994, S. 513 ff. (Nachdruck aus Kammerreport, Sept. 1994, der Hanseatischen Rechtsanwaltskammer Hamburg; vgl. zu Teil 2 des Artikels unter „Hanseatische Rechtsanwaltskammer Hamburg“).

von Falkenhausen, Joachim Freiherr / *Hausmann*, Friedrich Ludwig: Anwaltswerbung in der Berufsordnung – Welche Schranken setzt das Kartellrecht? –, in: AnwBl. 1996, S. 486 ff.

Fastenrath, Ulrich: Inländerdiskriminierung – Zum Gleichbehandlungsgebot beim Zusammenwirken mehrerer (Teil)rechtsordnungen im vertikal gegliederten und international integrierten Staat –, in: JZ 1987, S. 170 ff.

Fedtke, Eberhard: Kommerzielle Anziehungskraft versierter anwaltlicher Marketing- und Werbemethoden, in: AnwBl. 2000, S. 103 ff.

Feuchtwanger, Sigbert: Die freien Berufe. Im besonderen: Die Anwaltschaft. Versuch einer allgemeinen Kulturwirtschaftslehre, München, Leipzig 1922; zit.: Feuchtwanger, Die freien Berufe.

Feuerich, Wilhelm: Bundesrechtsanwaltsordnung, Anwaltsrecht im Gebiet der ehem. DDR, Recht für Anwälte aus dem Gebiet der Europäischen Gemeinschaften, Kommentar, 2. Aufl., München 1992; zit.: Feuerich, BRAO, 2. Aufl.

Feuerich, Wilhelm / *Braun*, Anton: Bundesrechtsanwaltsordnung, Kommentar, 5. Aufl., München 2000; zit.: Feuerich / Braun, BRAO, 5. Aufl.

Finzel, Dieter: Diskussion zu §§ 6 und 7 BORA, in: BRAK-Mitt. 2001, S. 68.

Fischer, Gero: Gerichtliche Überprüfung anwaltlicher Selbstverwaltung – dargestellt an der Fachanwaltsordnung, in: Festschrift für Karlmann Geiß zum 65. Geburtstag, Köln u. a., 2000, S. 245 ff.

Fischer, I.: Ärztliche Standespflichten und Standesfragen. Eine historische Studie, Wien, Leipzig 1912; zit.: I. Fischer, Ärztliche Standespflichten.

Fleischmann, Eugen: Die freien Berufe im Rechtsstaat. Eine Untersuchung von Begriff und Wesen der freien Berufe und ihrer verfassungsrechtlichen Stellung nach dem Grundgesetz unter besonderer Berücksichtigung der freien Heil- und Beratungsberufe, Berlin 1970; zit.: Fleischmann, Freie Berufe.

Forstmann, Max D.: Die Verfassungsmäßigkeit des Verbots der gesundheitsbezogenen Werbung im Gesetz über den Verkehr mit Lebensmitteln, Tabakerzeugnissen, kosmetischen Mitteln und sonstigen Bedarfsgegenständen vom 15. August 1974, in: WRP 1977, S. 461 ff.

Friauf, Karl Heinrich / *Höfling,* Wolfram (Hrsg.): Berliner Kommentar zum Grundgesetz, Band 1, Berlin 2000; zit.: Friauf / Höfling, GG.

Friedl, Katja: Ohne Risiken und Nebenwirkungen. Weiterbildung zum Fachapotheker, in: UNI 6 / 2000, S. 38 f.

Friedlaender, Adolf / *Friedlaender,* Max: Kommentar zur Rechtsanwaltsordnung vom 1. Juli 1878, 3. Aufl., München u. a., 1930; zit.: A. Friedlaender / M. Friedlaender, RAO.

Friedlaender, Max: Grundzüge des in Deutschland geltenden internationalen Anwaltsrechts, in: AnwBl. 1954, S. 1 ff.

Friedrich, Roland O.: Der Grundrechtsschutz der Außenwerbung, in: WRP 1972, S. 113 ff.

Fröhler, Ludwig / *Mörtel,* Georg: Die „Berufsbildlehre" des Bundesverfassungsgerichts, in: GewArch. 1978, S. 249 ff.

Gebler, Herbert / *Kindl,* Gerd (Hrsg.): Pharmazie für die Praxis. Ein Lehrbuch für den 3. Ausbildungsabschnitt. Ein Handbuch für die Apotheke, 4. Aufl., Stuttgart 2000; zit.: Gebler / Kindl, Pharmazie.

Geiser, Hanspeter: 20. DACH-Tagung in München: Das künftige Berufsbild des Anwalts in Europa, in: BRAK-Mitt. 1999, S. 180 f.

Geiß, Karlmann: Arzthaftpflichtrecht, 2. Aufl., München 1993.

Gleiss, Alfred (Begr.) / *Hirsch,* Martin / *Burkert,* Thomas O. J.: Kommentar zum EG-Kartellrecht, Band 1: Art. 85 und Gruppenfreistellungsverordnungen, 4. Aufl., Heidelberg 1993.

Gleißner-Klein, Ingrid: Private Standesregeln im Wettbewerbsrecht. Die Berufsordnung der Heilpraktiker, Berlin 1990; zit.: Gleißner-Klein, Private Standesregeln im Wettbewerbsrecht.

von Gneist, Rudolf: Freie Advocatur. Die erste Forderung aller Justizreform in Preußen, Berlin 1911 (unveränderter Abdruck der 1867 erschienenen Ausgabe); zit.: v. Gneist, Freie Advocatur.

Görl, Maximilian: Die freien Berufe im Internationalen Steuerrecht der Bundesrepublik Deutschland, München 1983; zit.: Görl, Freie Berufe im Steuerrecht.

Goez, Karl W.: Gerichtsalltag in Entenhausen, in: AnwBl. 1997, S. 127 f.; S. 183 f.

Gräf, Stefan: Konsequenzen europäischer Regelungen für die ärztliche Berufsausübung, in: BayÄBl. 1999, S. 27 ff.

von der Groeben, Hans / *Thiesing,* Jochen / *Ehlermann,* Claus-Dieter (Hrsg.): Kommentar zum EWG-Vertrag, Band 1, Artikel 1 – 84, 4. Aufl., Baden-Baden 1991; zit.: v. d. Groeben / Thiesing / Ehlermann, EWG-Vertrag.

Groepper, Michael: Berufsfreiheit und freie Berufe, in: GewArch. 2000, S. 366 ff.

Grunewald, Barbara: Die Entwicklung der Rechtsprechung im anwaltlichen Berufsrecht in den Jahren 1999 und 2000, in: NJW 2002, S. 188 ff.

de Gryse, Achille: Die Geschichte des CCBE, in: AnwBl. 1988, S. 631.

Haas, Eberhard: Vertrauen schaffen, in: BRAK-Mitt. 1992, S. 1.

Haas, Eberhard: Unabhängigkeit der Anwaltschaft und Berufsfreiheit, in: BRAK-Mitt. 1992, S. 65 f.

Häberle, Peter: Öffentliches Interesse als juristisches Problem. Eine Analyse von Gesetzgebung und Rechtsprechung, Bad Homburg 1970; zit.: Häberle, Öffentliches Interesse.

Häberle, Peter: „Gemeinwohljudikatur" und Bundesverfassungsgericht. Öffentliche Interessen, Wohl der Allgemeinheit in der Rechtsprechung des BVerfG, in: AöR Bd. 95 (1970), S. 86 ff., 261 ff.

Häberle, Peter: Berufs„ständische" Satzungsautonomie und staatliche Gesetzgebung. Zur Facharztentscheidung des BVerfG vom 9. 5. 1972, in: DVBl. 1972, S. 909 ff.

Härting, Niko: Anwaltliche Werbung im Internet, in: AnwBl. 2000, S. 343 ff.

Hahn, Dierk: Die öffentlich-rechtliche Alterssicherung der verkammerten freien Berufe, Berlin 1974; zit.: Hahn, Öffentlich-rechtliche Alterssicherung.

Hain, Karl-Eberhard: Der Gesetzgeber in der Klemme zwischen Übermaß- und Untermaßverbot?, in: DVBl. 1993, S. 982 ff.

Hakenberg, Waltraud: Europarechtliche Perspektiven der ärztlichen Berufsausübung, in: MedR 2000, S. 55 ff.

Halder, Alois / *Müller,* Max: Philosophisches Wörterbuch, Freiburg u. a., 1993.

Hanack, Ernst-Walter: Empfiehlt es sich, die Grenzen des Sexualstrafrechts neu zu bestimmen?, Gutachten A zum 47. Deutschen Juristentag, München 1968; zit.: Hanack, Gutachten A zum 47. DJT.

Hanika, Heinrich: Internetrecht versus Schutz der öffentlichen Gesundheit und Standesrecht, in: MedR 2000, S. 205 ff.

Hanseatische Rechtsanwaltskammer Hamburg (Hrsg.): Einzelfragen zur Anwaltswerbung, in: AnwBl. 1995, S. 89 f. (Fortsetzung von J. Freiherr v. Falkenhausen, AnwBl. 1994, S. 513 f.).

Harms, Wolfgang: Gebührenwettbewerb unter Architekten und Rechtsanwälten?, in: NJW 1976, S. 1289 ff.

Hart, Dieter: Ärztliche Leitlinien – Definitionen, Funktionen, rechtliche Bewertungen, in: MedR 1998, S. 8 ff.

Hart, Herbert Lionel A.: Der Begriff des Rechts, Frankfurt 1973; zit.: H. L. A. Hart, Begriff des Rechts.

Hartstang, Gerhard: Anwaltsrecht, Köln u. a., 1991.

Hartung, Wolfgang: Inkrafttreten der Berufsordnung gefährdet?, in: AnwBl. 1997, S. 65 f.

Hartung, Wolfgang: Der Anwaltsberuf im Wandel, in: MDR 1999, S. 1301 ff.

Hartung, Wolfgang: Anwaltliche Selbstverwaltung im Wandel, in: AnwBl. 2000, S. 9 ff.

Hartung, Wolfgang / *Holl,* Thomas (Hrsg.): Anwaltliche Berufsordnung. Fachanwaltsordnung, Europäische Berufsregeln – CCBE, §§ 43 – 59 m BRAO. Kommentar mit Berufsrechts- und Werbe-ABC, 2. Aufl., München 2001; zit.: Hartung / Holl, Berufsordnung.

Hattenhauer, Hans: Einführung in die Geschichte des Preußischen Allgemeinen Landrechts, in: Allgemeines Landrecht für die Preußischen Staaten von 1794, 3. Aufl., Neuwied u. a., 1996; zit.: Hattenhauer, ALR.

Heinrich, Michael: Anm. zu OLG Koblenz, Urt. v. 13. 2. 1997 – 6 U 1500/96 –, in: MedR 1998, S. 32 ff.

Hellwig, Hans-Jürgen: Der Anwalt zwischen Kommerzialisierung und Berufsethos, in: AnwBl. 2000 (Sonderheft), S. 29 ff.

Hempfing, Walter G. / *Röhm,* Eberhard: Werbeverbot für Rechtsanwälte verstößt in den USA seit dem 27. Juni gegen Meinungsäußerungsfreiheit, in: JZ 1977, S. 710 ff.

Henke, Norbert: Rechtsprobleme ärztlicher Zusammenarbeit im ambulanten Bereich, in: NJW 1974, 2035 ff.

Henkel, Heinrich: Einführung in die Rechtsphilosophie. Grundlagen des Rechts, 2. Aufl., München 1977; zit.: Henkel, Rechtsphilosophie.

Hennies, Kristina: Anm. zu OLG München, Urt. v. 19. Okt. 2000 – 29 U 2664/00 –, in: Das Krankenhaus 2001, S. 230 f.

Henssler, Martin: Anm. zu BGH, Urt. v. 4. 3. 1996 – StbSt (R) 4/95 –, in: JZ 1996, S. 1186 ff.

Henssler, Martin: Zur Drittwerbung zugunsten von Freiberuflern, in: ZIP 1996, S. 485 ff.

Henssler, Martin: Anwaltliches Berufsrecht und Mediation, in: AnwBl. 1997, S. 129 ff.

Henssler, Martin / *Prütting,* Hanns (Hrsg.): Bundesrechtsanwaltsordnung, mit Rechtsanwaltsprüfungsgesetz, Rechtsberatungsgesetz, Partnerschaftsgesellschaftsgesetz, Rechtsanwaltsdienstleistungsgesetz und Eignungsprüfungsgesetz, Kommentar, München 1997; zit.: Henssler / Prütting, BRAO.

Herdegen, Matthias: Europarecht, 3. Aufl., München 2001.

Herrmann, Harald: Staatlich gebundene Freiberufe im interprofessionellen und internationalen Vergleich – eine Problemeinführung, in: Herrmann, Harald / Backhaus, Jürgen: Staatlich gebundene Freiberufe im Wandel. Rechtliche und ökonomische Aspekte aus Wissenschaft und Praxis, Baden-Baden 1998, S. 143 ff.

Hesse, Hans Albrecht: Der Einzelne und sein Beruf: Die Auslegung des Art. 12 Abs. 1 GG durch das Bundesverfassungsgericht aus soziologischer Sicht, in: AöR Bd. 95 (1970), S. 449 ff.

Hesse, Konrad: Der Gleichheitssatz in der neueren deutschen Verfassungsentwicklung, in: AöR Bd. 109 (1984), S. 174 ff.

Hesse, Konrad: Grundzüge des Verfassungsrechts der Bundesrepublik Deutschland, 19. Aufl., Heidelberg 1993; zit.: K. Hesse, Verfassungsrecht.

Heuss, Theodor: Organisationsprobleme der „freien Berufe“, in: Festschrift für Lujo Brentano zum Siebzigsten Geburtstag, München, Leipzig 1916, S. 237 ff.

Heußner, Hermann: Folgen der Verfassungswidrigkeit eines Gesetzes ohne Nichtigerklärung, in: NJW 1982, S. 257 ff.

Heyde, Johannes Erich: Typus. Ein Beitrag zur Typologik, in: Studium Generale 1952, S. 235 ff.

Hillmann, Henning: Bedeutung und Funktion der freien Berufe – Zum Lagebericht der Bundesregierung – in: AnwBl. 1979, S. 446 ff.

Höppner, M.: Problematik und Widersprüche der Wirtschaftsprüferordnung, in: BB 1961, S. 1209 ff.

Hörle, Steffen: Apotheken, Berufsordnung und Werbung, in: WRP 1983, S. 596 ff.

Hoffmann, Elisabeth / *Neundörfer,* Dominik: Die europäische Richtlinie zur Niederlassung von Rechtsanwälten in einem anderen Mitgliedstaat, in: AnwBl. 1999, S. 680 ff.

Hoffmann, Heinrich: Gesetz über das Apothekenwesen. Kommentar, München, Berlin 1961; zit.: H. Hoffmann, ApoG.

Hofmann, Stefan: Internationales Anwaltsrecht. Dienstleistungs- und Niederlassungsfreiheit in der Europäischen Gemeinschaft, 1. Aufl., Konstanz 1991; zit.: Hofmann, Internationales Anwaltsrecht.

Hommerich, Christoph / *Prütting,* Hanns: Das Berufsbild des Syndikusanwalts, Bonn 1998; zit.: Hommerich / Prütting, Berufsbild des Syndikusanwalts.

Horn, Hans-Dieter: Abgabe von Speisen und Getränken in Apotheken, in: PZ 1999, S. 1608 f.

Horn, Hans-Dieter: Physiologisch-chemische Untersuchungen, in: PZ 1999, S. 2224 f.

Horn, Hans-Dieter: Unerlaubte Zusammenarbeit zwischen Arzt und Apotheker, in: PZ 1999, S. 3374 ff.

Horn, Norbert: Einführung in die Rechtswissenschaft und Rechtsphilosophie, Heidelberg 1996; zit.: N. Horn, Rechtswissenschaft.

Hufen, Friedhelm: Berufsfreiheit – Erinnerung an ein Grundrecht, in: NJW 1994, S. 2913 ff.

Hufen, Friedhelm: Inhalt und Einschränkbarkeit vertragsärztlicher Grundrechte, in: MedR 1996, S. 394 ff.

Hufen, Friedhelm: Anm. zu BVerfG, Beschl. v. 22. 5. 1996 – 1 BvR 744 / 88 u. a. –, in: ZLR 1997, S. 39 ff.

Huff, Martin W.: Werbung und freie Berufe, in: FAZ v. 3. 8. 1998, S. 15.

Huff, Martin W.: Werbung und Marketing des Rechtsanwalts – Zulässigkeit, Sinn und Zweck, in: MDR 1999, S. 464 ff.

Huff, Martin W.: Einladung mit Imbiss. BGH lässt Veranstaltungsmarketing zu, in: Anwalt 2001, Heft 8 / 9, S. 6 ff.

Hummes, Wolfgang: Die rechtliche Sonderstellung der freien Berufe im Vergleich zum Gewerbe, Göttingen 1979; zit.: Hummes, Sonderstellung der freien Berufe.

Hundhausen, Carl: Wirtschaftswerbung, Berlin 1971.

Husmann, Hermann: Verfassungsmäßigkeit der anwaltlichen Ehrengerichtsbarkeit, in: NJW 1970, S. 1070 ff.

Immenga, Ulrich / *Mestmäcker,* Ernst-Joachim (Hrsg.): EG-Wettbewerbsrecht. Kommentar, Bd. 1, München 1997; zit.: Immenga / Mestmäcker, EG-Wettbewerbsrecht I.

Isele, Walter: Bundesrechtsanwaltsordnung, vom 1. August 1959 nach dem Stande vom 15. September 1975, Kommentar, Essen 1976; zit.: Isele, BRAO.

Isensee, Josef: Die staatsrechtliche Stellung der Ausländer in der Bundesrepublik Deutschland, Mitbericht [zum ersten Beratungsgegenstand], in: VVDStRL Heft 32, Berlin, New York 1974.

Isensee, Josef / *Kirchhof,* Paul (Hrsg.): Handbuch des Staatsrechts der Bundesrepublik Deutschland, Band V: Allgemeine Grundrechtslehren, Heidelberg 1992; zit.: Isensee / Kirchhof, HStR V.

Jaeger, Renate: Verfassungsrechtliche Anstöße für die Weiterentwicklung des Rechts der Freien Berufe, in: Stbg. 1997, S. 211 ff.

Jaeger, Renate: Die freien Berufe und die verfassungsrechtliche Berufsfreiheit, in: AnwBl. 2000, S. 475 ff.

Jähnke, Burkhard: Rechtliche Vorgaben einer künftigen Neuregelung des anwaltlichen Standesrechts, in: NJW 1988, S. 1888 ff.

Jarass, Hans D.: Rechtsfragen der Öffentlichkeitsarbeit. Zugleich ein Beitrag zum Thema „Werbung und Recht", in: NJW 1981, S. 193 ff.

Jarass, Hans D.: Die freien Berufe zwischen Standesrecht und Kommunikationsfreiheit, in: NJW 1982, S. 1833 ff.

Jarass, Hans D.: Grundstrukturen der Niederlassungsfreiheit in der Europäischen Gemeinschaft, in: Wege und Verfahren des Verfassungslebens, Festschrift für Peter Lerche zum 65. Geburtstag, München 1993.

Jarass, Hans D.: Bausteine einer umfassenden Grundrechtsdogmatik, in: AöR Bd. 120 (1995), S. 345 ff.

Jarass, Hans D. / *Pieroth,* Bodo: Grundgesetz für die Bundesrepublik Deutschland, Kommentar, 5. Aufl., München 2000; zit: Jarass / Pieroth, GG.

Jeske, Anne-Kathrin: Die falsche Verwendung des Begriffs „Europäische Union", in: NJW 2001, S. 1986 f.

Jessnitzer, Kurt (Begr.) / *Blumberg,* Hanno: Bundesrechtsanwaltsordnung, Kommentar, 9. Aufl., Köln u. a., 2000; zit.: Jessnitzer / Blumberg, BRAO.

Kääb, Ottheinz: Berufseinstieg und Berufserfolg junger Rechtsanwältinnen und Rechtsanwälte, in: BRAK-Mitt. 2000, S. 65 ff.

Karl, Fritz: Recht der freien Berufe, Berlin 1976.

Kaufmann, Arthur: Subsidiaritätsprinzip und Strafrecht, in: Grundfragen der gesamten Strafrechtswissenschaft, Festschrift für Heinrich Henkel zum 70. Geburtstag am 12. September 1973, Berlin, New York 1974, S. 89 ff.

Kaufmann, Arthur: Analogie und „Natur der Sache". Zugleich ein Beitrag zur Lehre vom Typus, 2. Aufl., Heidelberg 1982; zit.: Kaufmann, Analogie.

Kempter, Fritz: Die Rechtsanwalts-GmbH und das Bayerische Oberste Landesgericht – was nun?, in: BRAK-Mitt. 1995, S. 4 f.

Kern, Bernd-Rüdiger: Heilhilfsmittelversorgung durch den behandelnden Arzt. Zur Zulässigkeit des verkürzten Versorgungsweges, in: NJW 2000, S. 833 ff.

Kilian, Matthias: Das Inkrafttreten der BORA, in: BRAK-Mitt. 1999, S. 247 f.

Kingreen, Thorsten: Die Struktur der Grundfreiheiten des Europäischen Gemeinschaftsrechts, Berlin 1999; zit.: Kingreen, Struktur der Grundfreiheiten.

Klein, Andreas: EU-Anwälte ab sofort gleichberechtigt auf deutschem Markt, in: AnwBl. 2000, S. 190 f.

Klein, Arnulf: Preisgegenüberstellungen, in: PZ 1999, S. 602.

Klein, Arnulf: Verkauf unter Einstandspreis und Lockvogelangebote, in: PZ 1999, S. 1734 ff.

Klein, Arnulf: Richtige Preisauszeichnung, in: PZ 1999, S. 3552 f.

Kleine-Cosack, Michael: Berufsständische Autonomie und Grundgesetz, 1. Aufl., Baden-Baden 1986; zit.: Kleine-Cosack, Berufsständische Autonomie.

Kleine-Cosack, Michael: Verfassungswidriges Standesrecht, Notwendigkeit einer Ersetzung der Standesrichtlinien durch ein grundgesetzkonformes Berufsrecht, in: NJW 1988, S. 164 ff.

Kleine-Cosack, Michael: Bundesrechtsanwaltsordnung, Kommentar, 3. Aufl., München 1997; zit.: Kleine-Cosack, BRAO.

Kleine-Cosack, Michael: Das Werberecht der rechts- und steuerberatenden Berufe. Die geltenden Regelungen für Steuerberater, Wirtschaftsprüfer, Rechtsanwälte und Notare, 1. Aufl., Freiburg u. a., 1999; zit.: Kleine-Cosack, Werberecht.

Kleine-Cosack, Michael: Zukunft der Anwaltsgerichtsbarkeit, Abschaffung oder Reform?, in: AnwBl. 1999, S. 565 ff.

Kleinheyer, Gerd / *Schröder,* Jan: Deutsche und europäische Juristen aus neun Jahrhunderten, 4. Aufl., Heidelberg 1996; zit.: Kleinheyer / Schröder, Juristen.

Koch, Angelika F.: Kommunikationsfreiheit und Informationsbeschränkungen durch das Standesrecht der Ärzte in der Bundesrepublik Deutschland und den Vereinigten Staaten von Amerika, Köln 1991; zit.: A. Koch, Kommunikationsfreiheit.

Koch, H. Hellmut: Ein gemeinsames Dach für fast 60 000 Ärzte. Arbeitsbericht des Präsidenten Dr. H. Hellmut Koch, in: BayÄBl. 2001, Beilage zu Heft 1, S. 1 ff.

Koch, Ludwig: Konkrete Beispiele für zulässige Anwaltswerbung – Thesen und Bilder, in: AnwBl. 1995, S. 474 ff.

Koch, Ludwig: Pro Anwalts-GmbH, in: MDR 1995, S. 446.

Koch, Ludwig: Satzungsversammlung – 6. Sitzung, in: AnwBl. 1999, S. 109.

Köhler, Helmut / *Piper,* Henning: Gesetz gegen den unlauteren Wettbewerb, mit Zugabeverordnung, Rabattgesetz und Preisangabenverordnung, 2. Aufl., München 2001; zit.: Köhler / Piper, UWG.

Köhler, Stefan A.: Das Werbeverbot für Rechtsanwälte und Steuerberater. Eine kritische Analyse aus betriebswirtschaftlicher Sicht, 1. Aufl., Baden-Baden 1988; zit.: S. Köhler, Werbeverbot.

Kopp, Ferdinand: Kollisionsrecht im öffentlichen Recht, in: DVBl. 1967, S. 469 ff.

Kopp, Ferdinand: Grundrechtliche Schutz- und Förderungspflichten der öffentlichen Hand, in: NJW 1994, S. 1753 ff.

Kornblum, Udo: Zum Werbeverbot für die rechts- und wirtschaftsberatenden akademischen freien Berufe, in: BB 1985, S. 65 ff.

Kornblum, Udo: Die anwaltlichen Werbeverbote im Lichte der neuesten Rechtsprechung des BVerfG, in: AnwBl. 1988, S. 361 ff.

Kort, Michael: Schranken der Dienstleistungsfreiheit im europäischen Recht, in: JZ 1996, S. 132 ff.

Kort, Michael: Wettbewerbsrechtliche Fragen der Werbung freier Berufe, in: GRUR 1997, S. 701 ff.

Krämer, Achim: Die verfassungsrechtliche Stellung des Rechtsanwalts, in: NJW 1995, S. 2313 ff.

Krämer, Achim: Anwaltswerbung und UWG, in: Festschrift für Henning Piper, München 1996, S. 327 ff.

Krämer, Andreas: Neue Anforderungen an das anwaltliche Marketing, in: AnwBl. 2000, S. 337 ff.

Kraemer, Hans-Joachim: Die präjudizierende Bedeutung des „Apothekenurteils", in: DVBl. 1958, S. 850 ff.

Kröpil, Karl: Zur Funktionstüchtigkeit der Rechtspflege als Argumentationstopos in der Rechtsprechung des BVerfG – Zugleich ein Beitrag zur Bedeutung des Verfassungsrechts im Strafprozess –, in: AnwBl. 2001, S. 198 ff.

Kugelmann, Dieter: Werbung als Dienstleistung, in: EuR 2001, S. 361 ff.

Kutscha, Martin: Soziale Grundrechte und Staatszielbestimmungen in den neuen Landesverfassungen, in: ZRP 1993, S. 339 ff.

Lammel, Siegbert: Wettbewerbsrecht contra Standesrecht. Zur Anwendung von Wettbewerbsrecht auf Freie Berufe, in: WuW 1984, S. 853 ff.

Larenz, Karl: Methodenlehre der Rechtswissenschaft, 6. Aufl., Berlin u. a., 1991; zit.: Larenz, Methodenlehre.

Larenz, Karl (Begr.) / *Wolf*, Manfred: Allgemeiner Teil des Bürgerlichen Rechts, 8. Aufl., München 1997; zit.: Larenz / Wolf, Bürgerliches Recht AT.

Laufs, Adolf: Arzt und Recht im Wandel der Zeit, in: MedR 1986, S. 163 ff.

Laufs, Adolf: Der ärztliche Heilauftrag aus juristischer Sicht, Heidelberg 1989; zit.: Laufs, Ärztlicher Heilauftrag.

Laufs, Adolf: Zum Wandel des ärztlichen Berufsrechts, in: Verantwortlichkeit und Freiheit, Die Verfassung als wertbestimmte Ordnung, Festschrift für Willi Geiger zum 80. Geburtstag, Tübingen 1989.

Laufs, Adolf: Arztrecht, 5. Aufl., München 1993.

Laufs, Adolf: Arzt und Recht im Umbruch der Zeit, in: NJW 1995, S. 1590 ff.

Laufs, Adolf: Zur neuen Berufsordnung für die deutschen Ärztinnen und Ärzte, in: NJW 1997, S. 3071 ff.

Laufs, Adolf: Zur Freiheit des Arztberufs, in: Festschrift für Erwin Deutsch zum 70. Geburtstag, Köln u. a., 1999, S. 625 ff.

Laufs, Adolf: Arzt, Patient und Recht am Ende des Jahrhunderts, in: NJW 1999, S. 1758 ff.

Laufs, Adolf: Nicht der Arzt allein muss bereit sein, das Notwendige zu tun, in: NJW 2000, S. 1757 ff.

Laufs, Adolf: Buchbespr. zu Engler, Cornelia u. a., Werben und Zuwenden im Gesundheitswesen, Heidelberg 2000, in: MedR 2001, S. 252.

Laufs, Adolf: Werbende Ärzte?, in: NJW 2001, S. 1768 ff.

Laufs, Adolf / *Uhlenbruck,* Wilhelm u. a.: Handbuch des Arztrechts, 2. Aufl., München 1999.

Laut, Ulrich: Problemfall Eröffnungswerbung, in: PZ 1999, S. 56 f.

Laut, Ulrich: Der Apotheker als Referent in einer Seminarveranstaltung, in: PZ 1999, S. 1896 f.

Laut, Ulrich: Redaktionelle Werbung, in: PZ 1999, S. 2358 f.

Leenen, Detlef: Typus und Rechtsfindung. Die Bedeutung der typologischen Methode für die Rechtsfindung dargestellt am Vertragsrecht des BGB, Berlin 1971; zit.: Leenen, Typus und Rechtsfindung.

Lehment, Cornelis: Anm. zu BGH, Urt. v. 10. 11. 1999 – I ZR 121 / 97 –, in: MedR 2000, S. 536 f.

Leisner, Walter: Berufsordnungsrecht und Werbeverbote, dargestellt am Beispiel der Werbung für apothekenübliche Erzeugnisse, München 1984; zit.: Leisner, Berufsordnungsrecht und Werbeverbote.

Lenz, Carl Otto (Hrsg.): EG-Vertrag, Kommentar zu dem Vertrag zur Gründung der Europäischen Gemeinschaften, in der durch den Amsterdamer Vertrag geänderten Fassung, 2. Aufl., Köln u. a., 1999; zit.: Lenz, EGV.

Lerche, Peter: Werbung und Verfassung, München, Berlin, 1967.

Lichtenthaeler, Charles: Der Eid des Hippokrates, Ursprung und Bedeutung, Köln 1984; zit.: Lichtenthaeler, Eid des Hippokrates.

Lingenberg, Joachim / *Hummel,* Fritz / *Zuck,* Rüdiger / *Eich,* Alexander: Kommentar zu den Grundsätzen des anwaltlichen Standesrechts (Richtlinien gemäß § 177 Abs. 2 Nr. 2 BRAO) mit Sonderteil „Die Neuordnung des anwaltlichen Berufsrechts", 2. Aufl., Köln 1988; zit.: Lingenberg / Hummel / Zuck / Eich, Anwaltliches Standesrecht.

Löwe, Ernst: Werbung im künftigen Berufsrecht der Rechtsanwälte – Versuch praktischer Abgrenzungen –, in: AnwBl. 1988, S. 545 ff.

Lorz, Ralph Alexander: Die Erhöhung der verfassungsgerichtlichen Kontrolldichte gegenüber berufsrechtlichen Einschränkungen der Berufsfreiheit. Eine Analyse am Beispiel der berufsrechtlichen Werbeverbote, in: NJW 2002, S. 169 ff.

Lücke, Oliver: Die Hierarchie des ärztlichen Dienstes im Spannungsfeld von Direktionsrecht und freiem Beruf, Frankfurt / M. u. a., 1995; zit.: Lücke, Hierarchie des ärztlichen Dienstes.

Lühr, Rosemarie: Neuhochdeutsch, 4. Aufl., München 1993.

Luyken, Rudolf (Begr.): Sammlung von Entscheidungen der Berufsgerichte für die Heilberufe – HeilBGE –, Band II, Stand: 9. Ergänzungslieferung, Köln 1999.

Mälzer, Susanne: Die Werbemöglichkeiten von Rechtsanwälten in den Mitgliedstaaten der Europäischen Gemeinschaft, in: AnwBl. 1993, S. 481 ff.

Mälzer, Susanne: Werbemöglichkeiten für Rechtsanwälte in der Europäischen Union, Bonn 1995; zit.: Mälzer, Werbemöglichkeiten in der EU.

Mävers, Bettina: Schöne neue Welt? Werbung der anwaltlichen Zu(ku)nft, in: Anwalt 2001, Heft 8 / 9, S. 10 ff.

von Mangoldt, Hermann (Begr.) / *Klein,* Friedrich / *Starck,* Christian (Hrsg.): Das Bonner Grundgesetz, Kommentar, Band 1: Präambel, Artikel 1 bis 19, 4. Aufl., München 1999; zit.: v. Mangoldt / Klein, GG.

von Mangoldt, Hermann (Begr.) / *Klein,* Friedrich / *Starck,* Christian (Hrsg.): Das Bonner Grundgesetz, Kommentar, Band 2: Artikel 20 bis 78, 4. Aufl., München 2000; zit.: v. Mangoldt / Klein, GG.

von Mangoldt, Hermann (Begr.) / *Klein,* Friedrich / *Starck,* Christian (Hrsg.): Das Bonner Grundgesetz, Kommentar, Band 3: Artikel 79 bis 146, 4. Aufl., München 2001; zit.: v. Mangoldt / Klein, GG.

Mankowski, Peter: Anwendbares Recht beim Mandatsverhältnis einer internationalen Anwaltssozietät, in: AnwBl. 2001, S. 249 ff.

Manssen, Gerrit: Staatsrecht I, Grundrechtsdogmatik, München 1995; zit.: Manssen, Staatsrecht I.

Manssen, Gerrit: Buchbesprechung zu Sodan, Freie Berufe als Leistungserbringer im Recht der gesetzlichen Krankenversicherung, in: Verw. 1999, S. 557 ff.

Manssen, Gerrit: Grundrechte, München 2000.

Manssen, Gerrit: Berufsfreiheit bei der Berufsausübung?, in: BayVBl. 2001, S. 641 ff.

Mattik, Dierk: Tätigkeitsbericht 1998 / 99 der Geschäftsführung des DAV, AnwBl. 1999, S. 381 ff.

Maunz, Theodor / *Dürig,* Günter (Begr.): Grundgesetz, Kommentar, München, 38. Lfg., Stand: März 2001; zit.: Maunz / Dürig, GG.

Maurer, Hartmut: Allgemeines Verwaltungsrecht, 12. Aufl., München 2000; zit.: Maurer, Allg. Verwaltungsrecht.

Mayen, Thomas: Die verfassungsrechtliche Stellung des Rechtsanwalts – Ausprägungen und Auswirkungen auf das anwaltliche Berufsrecht, in: NJW 1995, S. 2317 ff.; nahezu identische Fassung in: AnwBl. 1995, S. 427 ff.; zit. wird die NJW-Fassung.

Mecking, Bettina: Werbung mit „Gesundheitszentrum" oder „Haus der Gesundheit", in: PZ 1999, S. 2630 f.

Mecking, Bettina: Werbung mit Selbstverständlichkeiten, in: PZ 1999, S. 4265 f.

Menge, Hermann: Langenscheidts Taschenwörterbuch der Griechischen und Deutschen Sprache, Erster Teil: Griechisch – Deutsch, 30. Aufl., Berlin u. a., 1964; zit.: Menge, Wörterbuch Griechisch.

Menge, Hermann / *Müller,* Heinrich: Langenscheidts Taschenwörterbuch der Lateinischen und Deutschen Sprache, Erster Teil: Lateinisch – Deutsch, 25. Aufl., Berlin 1961; zit.: Menge / Müller, Wörterbuch Latein.

Menger, Christian-Friedrich: Zur Einschränkung von Grundrechten aufgrund vorkonstitutionellen Gewohnheitsrechts, in: VerwArch. Bd. 64 (1973), S. 423 ff.

Merle, Henner: Freizügigkeit für Rechtsanwälte in der Europäischen Union, am Beispiel der Bundesrepublik Deutschland, Frankfurt/M. u. a., 1995; zit.: Merle, Freizügigkeit für Rechtsanwälte.

Merz, Joachim: Privatisierung, Deregulierung und staatlich gebundene Freie Berufe – Einige ökonomische Aspekte, in: Herrmann, Harald/Backhaus, Jürgen (Hrsg.): Staatlich gebundene Freiberufe im Wandel. Rechtliche und ökonomische Aspekte aus Wissenschaft und Praxis, Baden-Baden 1998, S. 67 ff.

Messal, Ehrenfried: Gesetz über die Kammern für Heilberufe Sachsen-Anhalt (KGHB-LSA), Kommentar, Starnberg 1999; zit.: Messal, KGHB-LSA.

Meßner, Alfred: Die Reichsapothekerordnung vom 18. April 1937, in: DÄBl. 1937, S. 629 ff.

Meyer, Alfred Hagen: Das Verbraucherleitbild des Europäischen Gerichtshofs – Abkehr vom „flüchtigen Verbraucher", in: WRP 1993, S. 215 ff.

Meyer, Anton: Freie Berufe und Werbung – Eine kritische Analyse des Werbeverbotes für Rechtsanwälte –, in: AnwBl. 1992, S. 241 ff.

Meyer, Christoph: Die Werbung mit Tätigkeits- und Interessenschwerpunkten – ein Beitrag zur Verwirrung?, in: ZRP 1998, S. 423 ff.

Michalski, Lutz: Das Gesellschafts- und Kartellrecht der berufsrechtlich gebundenen freien Berufe, Köln 1989; zit.: Michalski, Gesellschafts- und Kartellrecht.

Michalski, Lutz: Der Begriff des freien Berufs im Standes- und im Steuerrecht, Köln 1989; zit.: Michalski, Begriff des freien Berufs.

Michalski, Lutz/*Römermann,* Volker: PartGG, Kommentar zum Partnerschaftsgesellschaftsgesetz, Köln 1999; zit.: Michalski/Römermann, PartGG.

Model, Otto (Begr.)/*Müller,* Klaus: Grundgesetz für die Bundesrepublik Deutschland, Taschenkommentar für Studium und Praxis, 11. Aufl., Köln u. a., 1996; zit.: Model/Müller, GG.

Möschel, Wernhard: Anm. zu EuGH, Urteil v. 15. 12. 1993, Rs. C-292/92 (Hünermund), in: NJW 1994, S. 782.

Mogwitz, Hansjörg: Unzulässige Alleinstellungswerbung, in: PZ 1999, S. 249.

Mogwitz, Hansjörg: Irreführende Werbung mit der Bezeichnung „Umweltapotheke", in: PZ 1999, S. 1414.

Mogwitz, Hansjörg: Preisausschreiben, Preisrätsel, Gratisverlosungen, Gewinnspiele, in: PZ 1999, S. 2488 f.

Morck, Hartmut: Gesundheitsberatung in der Apotheke, in: ABDA (Hrsg.), Apothekenreport Nr. 40: 750 Jahre Apothekerberuf, Aufgaben und Funktion des Apothekers heute, Vorträge anläßlich des Pressesymposiums der Arbeitsgemeinschaft für Pharmazeutische Information (API) mit Wissenschafts- und Medizinjournalisten am 6. Juni 1991 in Mainz, S. 33 ff., Frankfurt a. M. 1991.

Müller, Wolfgang: Einbeziehung der Freien Berufe in das Handelsrecht unter besonderer Berücksichtigung von Arzt, Apotheker, Rechtsanwalt, Wirtschaftsprüfer und Architekt, Berlin 1968; zit.: Müller, Einbeziehung der Freien Berufe in das Handelsrecht.

von Münch, Ingo (Begr.) / *Kunig,* Philip (Hrsg.): Grundgesetz-Kommentar, Band 1 (Präambel bis Art. 19), 5. Aufl., München 2000; zit.: v. Münch / Kunig, GG.

von Münch, Ingo (Begr.) / *Kunig,* Philip (Hrsg.): Grundgesetz-Kommentar, Band 3 (Art. 70 bis Art. 146 und Gesamtregister), 3. Aufl., München 1996.

Muschallik, Thomas: Kontrahierungszwang in der vertragsärztlichen Versorgung?, in: MedR 1995, S. 6 ff.

Nagel, Klaus Andreas: Werbeverbote. Die grundrechtliche Problematik genereller Werbeeinschränkungen – dargestellt am Beispiel von Werbeverboten für Anwälte und Genußmittel unter besonderer Berücksichtigung der betroffenen Dienstleistungs- bzw. Produktanbieter, 1. Aufl., Baden-Baden 1992; zit.: Nagel, Werbeverbote.

Narr, Helmut (Begr.) / *Hess,* R. / *Schirmer,* H.-D.: Ärztliches Berufsrecht. Ausbildung, Weiterbildung, Berufsausübung, 2. Aufl., 14. Lfg., Köln, Stand: Januar 2000; zit.: Narr, Ärztliches Berufsrecht.

Nef, Hans: Recht und Moral in der deutschen Rechtsphilosophie seit Kant, St. Gallen 1937; zit.: Nef, Recht und Moral.

Neumeyer, Karl: Internationales Verwaltungsrecht. Erster Band: Innere Verwaltung I, München, Berlin 1910.

Neumeyer, Karl: Internationales Verwaltungsrecht. Zweiter Band: Innere Verwaltung II, 1922.

Neumeyer, Karl: Internationales Verwaltungsrecht. Dritter Band, Erste Abteilung: Innere Verwaltung III, München u. a., 1926.

Neumeyer, Karl: Internationales Verwaltungsrecht. Dritter Band, Zweite Abteilung: Innere Verwaltung III, München u. a., 1930.

Neumeyer, Karl: Internationales Verwaltungsrecht. Vierter Band: Allgemeiner Teil, Zürich, Leipzig 1936.

Noll, Peter: Begriff und Funktion der guten Sitten im Strafrecht, in: Festschrift zum 150-jährigen Bestehen des Oberlandesgerichts Zweibrücken, Wiesbaden 1969, S. 206 ff.

Oberreit, Walter W. / *Knapp,* Wolfgang: Rechtsanwälte und Anwaltsfirmen in den Vereinigten Staaten, in: AnwBl. 1980, S. 328 ff.

Oppermann, Thomas: Wirtschaftswerbung und Art. 5 Grundgesetz, in: Verfassung, Verwaltung, Finanzen, Festschrift für Gerhard Wacke zum 70. Geburtstag, Köln 1972.

Ottmann, Klaus / *Adam,* Dieter: Das Ende der freien Ausübung des ärztlichen Berufs?, in: BayÄBl. 2001, S. 144 ff.

Paintner, Kurt (Begr.) / *Reithmeier,* Alfons: Apotheken-Vorschriften in Bayern, 63. Ergänzungslieferung, Stuttgart 2001; zit.: Paintner / Reithmeier, Apotheken-Vorschriften.

Papier, Hans-Jürgen / *Petz,* Helmut: Rechtliche Grenzen des ärztlichen Werbeverbots, in: NJW 1994, S. 1553 ff.

Peikert, Peter: Persönliche Leistungserbringungspflicht, in: MedR 2000, S. 352 ff.

Pestalozza, Christian: Verfassungsprozeßrecht. Die Verfassungsgerichtsbarkeit des Bundes und der Länder, mit einem Anhang zum Internationalen Rechtsschutz, 3. Aufl., München 1991; zit.: Pestalozza, Verfassungsprozeßrecht.

Peters, Hans: Das Recht auf freie Entfaltung der Persönlichkeit in der höchstrichterlichen Rechtsprechung, Köln, Opladen 1963; zit.: Peters, Entfaltung der Persönlichkeit.

Pieroth, Bodo / *Schlink,* Bernhard: Grundrechte, Staatsrecht II, 11. Aufl., Heidelberg 1995; zit.: Pieroth / Schlink, Staatsrecht II, 11. Aufl.

Pieroth, Bodo / *Schlink,* Bernhard: Grundrechte, Staatsrecht II, 16. Aufl., Heidelberg 2000; zit.: Pieroth / Schlink, Staatsrecht II, 16. Aufl.

Pietrzak, Alexandra: Die Schutzpflicht im verfassungsrechtlichen Kontext – Überblick und neue Aspekte, in: JuS 1994, S. 748 ff.

Pietzcker, Jost: Standesaufsicht durch Wettbewerbsklagen?, in: NJW 1982, S. 1840 ff.

Piper, Henning: Zur wettbewerbs- und berufsrechtlichen Bedeutung des Werbeverbots der ärztlichen Berufsordnungen, in: FS für Hans Erich Brandner, Köln 1996, S. 449 ff.

Podlech, Adalbert: Gehalt und Funktionen des allgemeinen verfassungsrechtlichen Gleichheitssatzes, Berlin 1971; zit.: Podlech, Gleichheitssatz.

Poll, Jens: Der Begriff der Freien Berufe, in: JR 1996, S. 441 ff.

Ponsold: Lehrbuch der gerichtlichen Medizin, 2. Aufl., Stuttgart 1957.

Prinz, Matthias: Anwaltswerbung. Eine rechtsvergleichende Darstellung des deutschen und amerikanischen Rechts, Frankfurt / M. u. a., 1986; zit.: Prinz, Anwaltswerbung.

Pschyrembel, Willibald (Hrsg. bis zur 254. Aufl.): Medizinisches Wörterbuch, 257. Aufl., Berlin 1993.

Quaas, Michael: Zur Berufsfreiheit des Freiberuflers, insbesondere der Ärzte, in: MedR 2001, S. 34 ff.

Rabe, Hans-Jürgen: Internationales Anwaltsrecht – Dienstleistung und Niederlassung, in: NJW 1987, S. 2185 ff.

Radbruch, Gustav: Rechtsphilosophie, 8. Aufl., Stuttgart 1973.

Ratzel, Rudolf: Ärztliches Standesrecht, Eine Darstellung für Klinik und Praxis, Neuwied, Frankfurt / M., 1990; zit.: Ratzel, Ärztliches Standesrecht.

Ratzel, Rudolf: Ärztliches Werbeverbot und neue Kooperationsformen, in: MedR 1995, S. 91 ff.

Ratzel, Rudolf: Grenzüberschreitender Gesundheitsmarkt innerhalb der EU, neue Chanchen für Patienten und Leistungserbringer, in: MedR 1999, S. 510 ff.

Ratzel, Rudolf / *Lippert,* Hans-Dieter: Kommentar zur Musterberufsordnung der deutschen Ärzte (MBO), 2. Aufl., Berlin u. a., 1998; zit.: Ratzel / Lippert, MBO-Ä.

Redeker, Konrad: Kammerbegriff und Grundgesetz, in: DVBl. 1952, S. 201 ff.; 239 ff.

Redeker, Konrad: Anwaltliches Standesrecht zwischen heute und morgen, in: NJW 1982, S. 2761 ff.

Redeker, Konrad: Anwaltschaft zwischen Freiheit und Bindung, in: AnwBl. 1988, S. 14 ff.

Reemann, Christiane / *Mecking,* Bettina: Unlautere und übertriebene Werbung, in: PZ 1999, S. 58 f.

Rehbinder, Manfred: Rechtssoziologie, 3. Aufl., Berlin, New York 1993.

Reifferscheid, Adolf / *Böckel,* Eberhard / *Benseler,* Frank: Lexikon des Rechts, Bd. 1, Neuwied 1968.

Reinhart, Gert: Änderung privatrechtlicher Begriffe durch Einflüsse des Kartellrechts, in: GRUR 1976, S. 517 ff.

Ress, Georg / *Ukrow,* Jörg: Niederlassungsrecht von Apothekern in Europa. Europarechtliche und rechtsvergleichende Studie, Stuttgart 1991; zit.: Ress / Ukrow, Niederlassungsrecht von Apothekern.

de Ricci, Denis: Die europäische Anwaltschaft existiert!, in: AnwBl. 1988, S. 630.

Rick, Markus B.: Die verfassungsrechtliche Stellung des Rechtsanwalts, Köln 1998.

Rieger, Hans-Jürgen: Lexikon des Arztrechts, Berlin, New York 1984; zit.: Rieger, Lexikon des Arztrechts, 1984.

Rieger, Hans-Jürgen: Anm. zu Hans. OLG Hamburg, Urt. v. 10. 11. 1994 – 3 U 266/93 –, in: MedR 1995, S. 117.

Rieger, Hans-Jürgen: Vernetzte Praxen. Rechtsbeziehungen zwischen den Beteiligten – berufs-, vertragsarzt- und wettbewerbsrechtliche Aspekte, in: MedR 1998, S. 75 ff.

Rieger, Hans-Jürgen: Vorbemerkung zu LG Kiel, Urt. v. 10. 11. 1998 – 16 O 19/98 –, in: MedR 1999, S. 279 ff.

Rieger, Hans-Jürgen: Informationsfreiheit versus Werbeverbot unter besonderer Berücksichtigung der Klinikwerbung, in: MedR 1999, S. 513 ff.

Rieger, Hans-Jürgen: Anm. zu BVerfG, Beschl. v. 4. 7. 2000 – 1 BvR 547/99 –, in: MedR 2000, S. 525 f.

Rieger, Hans-Jürgen (Hrsg.): Lexikon des Arztrechts, Heidelberg 2001; zit.: Rieger, Lexikon des Arztrechts, 2001.

Ring, Gerhard: Wettbewerbsrecht der freien Berufe. Unlauterer Wettbewerb durch standeswidriges Verhalten, 1. Aufl., Baden-Baden 1989; zit.: Ring, Wettbewerbsrecht.

Ring, Gerhard: Werberecht der Rechtsanwälte, 1. Aufl., Baden-Baden 1990.

Ring, Gerhard: Anm. zu BVerfG, Beschl. v. 22. 5. 1996 – 1 BvR 744/88 u. a. –, in: EWiR 1996, S. 849 f.

Ring, Gerhard: Berufsbild und Werbemöglichkeiten der Apotheker nach der zweiten Apothekenentscheidung des Bundesverfassungsgerichts, in: NJW 1997, S. 768 ff.

Ring, Gerhard: Anm. zu OLG Koblenz, Urt. v. 13. 2. 1997 – 6 U 1500/96 –, in: ZIP 1997, S. 381 f.

Ring, Gerhard: Werberecht der Ärzte, 1. Aufl., Baden-Baden 2000.

Rittner, Fritz: Unternehmen und freier Beruf als Rechtsbegriffe. Freiburger Antrittsvorlesung, Tübingen 1962; zit.: Rittner, Unternehmen und freier Beruf.

Römer, Gustav: Notariatsverfassung und Grundgesetz, München, Berlin 1963.

Römermann, Volker: Berufsordnungen freier Berufe als verbotene Kartelle, in: MDR 1998, S. 1149 f.

Römermann, Volker: Anm. zu AnwG Hamburg, Beschl. v. 2. 10. 1998 – II AnwG 15/98 –, in: MDR 1998, S. 1508.

Römermann, Volker: Anwaltliche Berufsordnung – Ende oder Neuanfang?, Unwirksamkeit der Berufsordnung und ihre Auswirkung auf die Praxis, in: NJW 1998, S. 2249 ff.

Römermann, Volker: Anm. zu LG Regensburg, Beschl. v. 4. 2. 1999 – 2HK O 875/98 –, in: MDR 1999, S. 575 f.

Römermann, Volker: Anm. zu AnwG München, Beschl. v. 30. 3. 1999 – 4 AnwG Nr. 92/1998 – in: MDR 1999, S. 708.

Römermann, Volker: Anwaltliches Werberecht – Verfassungswidrigkeit des § 7 BerufsO –, in: MDR 1999, S. 1479 ff.

Römermann, Volker/*Schulte,* Mark: Werberecht und Verbot der überörtlichen Gemeinschaftspraxis nach der neuen ärztlichen Musterberufsordnung, in: MedR 2001, S. 178 ff.

Röver, Julia: Rechtsprechung aktuell: OLG München, Urt. v. 21. 10. 1999 – 29 U 2435/99 –, in: MedR 2000, S. 229.

Röver, Julia: Rechtsprechung aktuell: OLG Nürnberg, Urt. v. 26. 10. 1999 – 3 U 1519/99 –, in: MedR 2000, S. 271.

Röver, Julia: Rechtsprechung aktuell: VG Stade, Urt. v. 17. 5. 2000 – 6 A 1629/99 –, in: MedR 2000, S. 424.

Röver, Julia: Rechtsprechung aktuell: Landesberufsgericht für Heilberufe Münster, Beschl. v. 15. 2. 2000 – 12 A 1082/97. T –, in: MedR 2000, S. 591.

Röver, Julia: Rechtsprechung aktuell: LG Aachen, Urt. v. 4. 4. 2000 – 1 O 481/99 –, in: MedR 2001, S. 140.

Röver, Julia: Rechtsprechung aktuell: OLG Köln, Urt. v. 26. 5. 2000 – 6 U 167/99 –, in: MedR 2001, S. 195.

Röver, Julia: Rechtsprechung aktuell: Niedersächsisches OVG, Urt. v. 4. 11. 1999 – 8 L 1821/99 –, in: MedR 2001, S. 307.

Roxin, Claus: Strafrecht, Allgemeiner Teil, Band I: Grundlagen, Aufbau der Verbrechenslehre, 2. Aufl., München 1994; zit.: Roxin, Strafrecht AT I.

Rozenberg, Joshua: The search for justice. An anatomy of the law, London 1994; zit.: Rozenberg, The search for justice.

Rüthers, Bernd: Die unbegrenzte Auslegung, Tübingen 1968; zit.: Rüthers, Unbegrenzte Auslegung.

Rupp-von Brüneck, Wiltraut: Verfassungsgerichtsbarkeit unt gesetzgebende Gewalt. Wechselseitiges Verhältnis zwischen Verfassungsgericht und Parlament, in: AöR Bd. 102 (1977), S. 1 ff.

Ryffel, Hans: Öffentliche Interessen und Gemeinwohl. Reflexionen über Inhalt und Funktion, in: Wohl der Allgemeinheit und öffentliche Interessen, Vorträge und Diskussionsbeiträge der 86. Staatswissenschaftlichen Fortbildungstagung der Hochschule für Verwaltungswissenschaften Speyer, Berlin 1968, S. 13 ff.

Sachs, Michael: Teilnichtigerklärung: Von der Kassation zur Gesetzesneugestaltung durch das Bundesverfassungsgericht, in: DVBl. 1979, S. 389 ff.

Sachs, Michael (Hrsg.): Grundgesetz, Kommentar. 2. Aufl., München 1999; zit.: Sachs, GG.

Sachs, Michael: Verfassungsrecht II: Grundrechte, Berlin u. a., 2000; zit.: Sachs, Verfassungsrecht II.

Schäfers, Alfons: Das Institut der beim Europäischen Patentamt zugelassenen Vertreter – Völkerrechtliche und verfassungsrechtliche Aspekte –, in: GRUR 1985, S. 746 ff.

Schardey, Günter: Werbung und Fachgebietsbezeichnung – Ein aktuelles Thema? –, in: AnwBl. 1979, S. 256 ff.

Scheuerl, Walter: Anwaltswerbung im Internet, Die berufsrechtlich zulässige Selbstdarstellung auf der Homepage, in: NJW 1997, S. 1291 ff.

Scheuner, Ulrich: Das Grundrecht der Berufsfreiheit, in: DVBl. 1958, S. 847 ff.

Schiedermair, Rudolf (Begr.) / *Pohl,* Hans-Uwe: Gesetzeskunde für Apotheker, 13. Aufl., Frankfurt / M. 1996.

Schiefer, Wolfgang: Anwalt im Zeitalter der Dienstleistung – Herausforderung zum Wandel, in: NJW 1987, S. 1969 ff.

Schier, Wolfgang: Die Stellung des Rechtsanwalts in der Rechtsprechung der Verfassungsgerichte, in: AnwBl. 1984, S. 410 ff.

Schlaich, Klaus (Begr.) / *Korioth,* Stefan: Das Bundesverfassungsgericht. Stellung, Verfahren, Entscheidungen. Ein Studienbuch, 5. Aufl., München 2001; zit.: Schlaich / Korioth, Bundesverfassungsgericht.

Schlez, Georg: Baunutzungsverordnung: BauNVO, Kommentar, 3. Aufl., Wiesbaden, Berlin 1994; zit.: Schlez, BauNVO.

Schmidt, Alfred: Die Kölner Apotheken. Von der ältesten Zeit bis zum Ende der reichsstädtischen Verfassung, 2. Aufl., Köln 1931; zit.: A. Schmidt, Kölner Apotheken.

Schmidt, Reiner (Hrsg.): Öffentliches Wirtschaftsrecht, Besonderer Teil 2, Heidelberg 1996; zit.: R. Schmidt, Öfftl. Wirtschaftsrecht BT II.

Schmittmann, Jens: Werbung von Angehörigen der rechts- und steuerberatenden Berufe im Internet, in: MDR 1997, S. 601 ff.

Schneck, Ottmar: Lexikon der Betriebswirtschaft, 3. Aufl., München 1998.

Schneider, Günther: Patientenrechte, in: MedR 2000, S. 497 ff.

Schneider, Ludwig: Anwaltsrecht im EG-Raum. Der freie Dienstleistungsverkehr der Rechtsanwälte innerhalb der Europäischen Gemeinschaft, Köln u. a., 1979; zit.: L. Schneider, Anwaltsrecht im EG-Raum.

Schoch, Friedrich: Der Gleichheitssatz, in: DVBl. 1988, S. 863 ff.

Scholtissek, Karl: Werbeverbot – Ist der freie Apothekerberuf wirklich frei?, in: GewArch. 1992, S. 264 ff.

Schulte, Knut: Das standesrechtliche Werbeverbot für Ärzte, unter Berücksichtigung wettbewerbs- und kartellrechtlicher Bestimmungen, Frankfurt/M. u. a., 1992; zit.: K. Schulte, Werbeverbot für Ärzte.

Schulte, Martin: Appellentscheidungen des Bundesverfassungsgerichts, in: DVBl. 1988, S. 1200 ff.

Schulte, Rainer: Patentgesetz mit Europäischem Patentübereinkommen. Kommentar auf der Grundlage der deutschen und europäischen Rechtsprechung, 6. Aufl., Köln u. a., 2001; zit.: R. Schulte, PatG.

Schumann, Ekkehard: Die Befreiung der Rechtsanwaltschaft von obrigkeitlichen Schranken, in: NJW 1990, S. 2089 ff.

Schuppert, Gunnar Folke: Die Erfüllung öffentlicher Aufgaben durch verselbständigte Verwaltungseinheiten, eine verwaltungswissenschaftliche Untersuchung, Göttingen 1981; zit.: Schuppert, Erfüllung öffentlicher Aufgaben.

Schwarze, Jürgen (Hrsg.): EU-Kommentar, 1. Aufl., Baden-Baden 2000.

Schweitzer, Michael: Staatsrecht III: Staatsrecht, Völkerrecht, Europarecht, 7. Aufl., Heidelberg 2000; zit.: Schweitzer, Staatsrecht III.

Schweitzer, Michael/*Hummer,* Waldemar: Europarecht: das Recht der Europäischen Union; das Recht der Europäischen Gemeinschaften (EGKS, EG, EAG), 5. Aufl., Neuwied u. a., 1996; zit.: Schweitzer/Hummer, Europarecht.

Seidl-Hohenveldern, Ignaz/*Stein,* Torsten: Völkerrecht, 10. Aufl., Köln u. a., 2000.

Senninger, Erhard: Deregulierung und Selbstbestimmung – Die Anwaltschaft im Spannungsfeld zwischen ihrer Stellung als „unabhängiges Organ der Rechtspflege" und den Entwicklungen des Gemeinschaftsrechts –, in: AnwBl. 1990, S. 238 ff.

Senninger, Erhard: Anm. zu BGH, Urt. v. 4. 7. 1991 – I ZR 2/90 –, in: AnwBl. 1991, S. 532.

Seybold, Karl/*Hornig,* Erich (Begr.)/*Schippel,* Helmut (Hrsg.): Bundesnotarordnung, Kommentar, 7. Aufl., München 2000; zit.: Seybold/Hornig/Schippel, BNotO.

Sigle, Walter: Das Berufsrecht der Rechtsanwälte – ein Hemmschuh für die Entwicklung deutscher Wirtschaftskanzleien?, in: Festschrift für Karlmann Geiß zum 65. Geburtstag, Köln u. a., 2000, S. 167 ff.

Simon, Ines/*Schmittmann,* Jens M.: Rechtliche Rahmenbedingungen für Internet-Präsentationen von Krankenhäusern unter besonderer Berücksichtigung des ärztlichen Berufsrechts, in: MedR 2001, S. 228 ff.

Skouris, Wassilios: Werbung und Grundrechte in Europa, Ergebnisse einer rechtsvergleichenden Analyse, in: EuZW 1995, S. 438 ff.

Smend, Rudolf: Das Recht der freien Meinungsäußerung, Mitbericht [zum ersten Beratungsgegenstand], in: VVDStRL Heft 4 (1928), S. 44 ff.

Sodan, Helge: Freie Berufe als Leistungserbringer im Recht der gesetzlichen Krankenversicherung. Ein verfassungs- und verwaltungsrechtlicher Beitrag zum Umbau des Sozialstaats, Tübingen 1997; zit.: Sodan, Freie Berufe.

Sodan, Helge: Der Öffentlich bestellte Vermessungsingenieur – Freier Beruf oder „staatlich gebundener Beruf"?, in: Herrmann, Harald / Backhaus, Jürgen (Hrsg.): Staatlich gebundene Freiberufe im Wandel. Rechtliche und ökonomische Aspekte aus Wissenschaft und Praxis, Baden-Baden 1998, S. 41 ff.

Spann, Wolfgang: Ärztliche Rechts- und Standeskunde, München 1962.

Staehle, Hansjörg: 2. Konferenz der Berufsrechtsreferenten, in: BRAK-Mitt. 2000, S. 86 ff.

Starck, Christian: Grundgesetz und ärztliche Berufsordnungen, Baden-Baden 1969.

Starck, Christian: Regelungskompetenzen im Bereich des Art. 12 Abs. 1 GG und ärztliches Berufsrecht, Bemerkungen zum Facharzt-Beschluß des BVerfG, in: NJW 1972, S. 1489 ff.

Statistisches Bundesamt (Hrsg.): Statistisches Jahrbuch für die Bundesrepublik Deutschland, Wiesbaden 1998.

Statistisches Bundesamt (Hrsg.): Statistisches Jahrbuch für die Bundesrepublik Deutschland, Wiesbaden 2000.

Statistisches Bundesamt (Hrsg.): Fachserie 12, Reihe 5: Berufe des Gesundheitswesens 1999, Wiesbaden 2000; zit.: Statist. Bundesamt, Fachserie 12, Reihe 5.

Stein, Torsten: Freier Wettbewerb und Werbeverbote in der Europäischen Union. Kompetenzrechtlicher Rahmen und europarechtlicher Grundrechtsschutz, in: EuZW 1995, S. 435 ff.

Steindorff, Ernst: Freie Berufe – Stiefkinder der Rechtsordnung?, Hugo Sinzheimer-Gedächtnisvorlesung 1979, Köln 1980.

Stern, Klaus: Das Staatsrecht der Bundesrepublik Deutschland, Band III / 1: Allgemeine Lehren der Grundrechte, München 1988; zit.: Stern, Staatsrecht III / 1.

Stober, Rolf: Besonderes Wirtschaftsverwaltungsrecht: Gewerberecht und andere Wirtschaftszweige; Subventionsrecht, 11. Aufl., Stuttgart u. a., 1998; zit.: Stober, Wirtschaftsverwaltungsrecht BT II.

Strache, Karl-Heinz: Das Denken in Standards. Zugleich ein Beitrag zur Typologik, Berlin 1968; zit.: Strache, Denken in Standards.

Streck, Michael: Anwaltliche Werbung – Ein Beitrag zur Auslegung des § 43 b BRAO –, in: AnwBl. 1995, S. 64 ff.

Streck, Michael: Über die Entwertung der anwaltlichen Vertraulichkeit durch die Anwälte selbst, in: NJW 2001, S. 3605 f.

Strunz, Heinrich: Heilmittelwerbegesetz, Wettbewerbsrecht und Verbraucherschutz, München 1987; zit.: Strunz, Verbraucherschutz.

Stückemann, Wolfgang: Werbung mit Zertifizierung nach DIN ISO 9001 gestattet, in: AnwBl. 2001, S. 111.

Stüttler, J. A.: Sittlichkeit und Recht, Aschaffenburg 1971.

Sucker, Kirsten: Apotheke und Werbung. Was ist erlaubt? Was ist verboten?, Stuttgart 2000.

Sue, Ingrid: Rechtsstaatliche Probleme des anwaltlichen Standesrechts, Göttingen 1986; zit.: Sue, Anwaltliches Standesrecht.

Taupitz, Jochen: Rechtliche Bindungen des Arztes: Erscheinungsweisen, Funktionen, Sanktionen, in: NJW 1986, S. 2851 ff.

Taupitz, Jochen: Die Standesordnungen der freien Berufe. Geschichtliche Entwicklung, Funktionen, Stellung im Rechtssystem; Berlin, New York, 1991; zitiert: Taupitz, Standesordnungen.

Taupitz, Jochen: Wettbewerb der Apotheker im Zwiespalt der aktuellen höchstrichterlichen Rechtsprechung, in: NJW 1992, S. 937 ff.

Taupitz, Jochen: Anm. zu BGH, Urt. v. 25. 11. 1993 – I ZR 281/91 –, in: MedR 1994, S. 154 f.

Taupitz, Jochen: Rechtsanwalts-GmbH zugelassen: Durchbruch oder Intermezzo?, in: NJW 1995, S. 369 ff.

Taupitz, Jochen: Anm. zu BGH, Urt. v. 25. 4. 1996 – I ZR 106/94 –, in: EWiR 1996, S. 703 f.

Taupitz, Jochen: Zur Verfassungswidrigkeit des Verbots, ärztliche Praxen in Form einer juristischen Person des Privatrechts zu führen, in: NJW 1996, S. 3033 ff.

Taupitz, Jochen: Die Zukunft der ärztlichen Selbstverwaltung, in: MedR 1998, S. 1 ff.

Taupitz, Jochen: Anm. zu BGH, Urt. v. 30. 4. 1997 – I ZR 196/94 –, in: MedR 1998, S. 132 f.

Taupitz, Jochen: Die Ärzte-GmbH und das ärztliche Werbeverbot, in: FS für Karlmann Geiß zum 65. Geburtstag, Köln u. a., 2000, S. 503 ff.

Taupitz, Jochen / *Schelling,* Holger: Das apothekenrechtliche Verbot des „Mehrbesitzes" – auf ewig verfassungsfest?, in: NJW 1999, S. 1751 ff.

Tettinger, Peter J.: Wettbewerb in den freien Berufen – berufsgrundrechtliche Aspekte, in: NJW 1987, S. 294 ff.

Tettinger, Peter J.: Aktuelle Akzente der Berufsfreiheit für Freie Berufe auf europäischer und deutscher Ebene, in: GewArch. 1999, S. 265 ff.

Tettinger, Peter J.: Freie Berufe und Kammerrechte im Wandel der Staatsaufgaben, in: DÖV 2000, S. 534 ff.

Tettinger, Peter J.: Grundfragen zahnärztlicher Freiberuflichkeit, in: MedR 2001, S. 287 ff.

Thys, Jean-Régnier: Was ist die CCBE?, in: AnwBl. 1988, S. 631 f.

Tipke, Klaus / *Lang,* Joachim: Steuerrecht, 16. Aufl., Köln 1998.

Tisch, Lutz: Erfolglose Wiederaufnahmeverfahren, in: PZ 1997, S. 4168 f.

Tisch, Lutz: Veranstaltung von Gesundheitstagen, in: PZ 1999, S. 3184 f.

Tisch, Lutz: Apotheker auf Märkten, Messen und Leistungsschauen, in: PZ 1999, S. 4080 f.

Triepel, Heinrich: Staatsdienst und staatlich gebundener Beruf, in: Festschrift für Karl Binding zum 4. Juni 1911, Bd. 2, Leipzig 1911, S. 1 ff.

Tröber, Jörn Christian / *Käufer,* Katja: Anwaltliche Werbung zwischen Chance und Risiko, in: AnwBl. 2000, S. 347 ff.

Uber, Giesbert: Freiheit des Berufs. Artikel 12 des Grundgesetzes, Hamburg 1952; zit.: Uber, Freiheit des Berufs.

Uerpmann, Robert: Das öffentliche Interesse. Seine Bedeutung als Tatbestandsmerkmal und als dogmatischer Begriff, Tübingen 1999; zit.: Uerpmann, Öffentliches Interesse.

Ule, Carl Hermann: Allgemeines Wohl und öffentliche Interessen in der Rechtsprechung der Verfassungs- und Verwaltungsgerichte, in: Wohl der Allgemeinheit und öffentliche Interessen, Vorträge und Diskussionsbeiträge der 36. Staatswissenschaftlichen Fortbildungstagung der Hochschule für Verwaltungswissenschaften Speyer, Berlin 1968.

del Vecchio, Giorgio: Grundlagen und Grundfragen des Rechts, Göttingen 1963; zit.: del Vecchio, Grundlagen des Rechts.

Vesting, Jan-W.: Die Verbindlichkeit von Richtlinien und Empfehlungen der Ärztekammern nach der Musterberufsordnung 1997, in: MedR 1998, S. 168 ff.

Völker, Stefan: Passive Dienstleistungsfreiheit im Europäischen Gemeinschaftsrecht, Berlin 1990.

Vogel, Klaus: Der räumliche Anwendungsbereich der Verwaltungsrechtsnorm. Eine Untersuchung über die Grundfragen des sog. Internationalen Verwaltungs- und Steuerrechts, Frankfurt / M., Berlin, 1965; zit.: Vogel, Anwendungsbereich der Verwaltungsrechtsnorm.

Vogt, Gerhard: Ärztliche Selbstverwaltung im Wandel. Eine historische Dokumentation am Beispiel der Ärztekammer Nordrhein, Köln 1998; zit.: Vogt, Ärztliche Selbstverwaltung.

Volkmann, K.: Unterschiede berufsrechtlicher Gestaltung in der Reichsärzteordnung und Reichsrechtsanwaltsordnung, in: DÄBl. 1937, 377 ff.

Wacke, Gerhard: Werbeaussagen als Meinungsäußerungen, in: Hamburger Festschrift für Friedrich Schack, S. 197 ff.

Wägenbaur, Rolf: Werberecht und Werbeverbote. Einige Bemerkungen aus der Sicht des Gemeinschaftsrechts, in: EuZW 1995, S. 431 ff.

Wägenbaur, Rolf: Das Verbot „indirekter" Tabakwerbung und seine Vereinbarkeit mit Art. 30 EGV, in: EuZW 1998, S. 709 ff.

Weber, Max: Die „Objektivität" sozialwissenschaftlicher und sozialpolitischer Erkenntnis, in: Gesammelte Aufsätze zur Wissenschaftslehre, 3. Aufl., herausgegeben von Johannes Winckelmann, Tübingen 1968, S. 146 ff.

Weides, Peter: Wirtschaftswerbung und Grundrechte. Überlegungen zur grundrechtlichen Zulässigkeit von gesetzlichen Begrenzungen der Wirtschaftswerbung, in: WRP 1976, S. 585 ff.

Weil, Heinz: Standesregeln in der Europäischen Gemeinschaft – Warum?, in: AnwBl. 1988, S. 632 f.

Weiß, Wolfgang: Zur Wirkung von Richtlinien vor Ablauf der Umsetzungsfrist, in: DVBl. 1998, S. 568 ff.

Weißler, Adolf: Geschichte der Rechtsanwaltschaft, Leipzig 1905.

Wessels, Johannes (Begr.) / *Hillenkamp*, Thomas: Strafrecht Besonderer Teil / 2, 23. Aufl., Heidelberg 2000; zit.: Wessels / Hillenkamp, Strafrecht BT II.

Westermann, Harm Peter: Das Verhältnis von Standesregeln und guten Sitten im Wettbewerbsrecht, in: Wirtschaftsfragen der Gegenwart. Festschrift für Carl Hans Barz zum 65. Geburtstag am 6. Dezember 1974, Berlin, New York 1974, S. 545 ff.

Willandsen, Volker: Die verwaltungs- und standesrechtliche Stellung des auch im Ausland zugelassenen deutschen Rechtsanwaltes oder Rechtsbeistandes, in: NJW 1989, S. 1128 ff.

Wöhe, Günter: Einführung in die Allgemeine Betriebswirtschaftslehre, 20. Aufl., München 2000; zit.: Wöhe, Einführung BWL.

Wolff, Hans J. (Begr.) / *Bachof,* Otto / *Stober,* Rolf: Verwaltungsrecht I, 10. Aufl., München 1994.

Würtenberger, Thomas: Zeitgeist und Recht, 2. Aufl., Tübingen 1991.

Zerres, Karl Stefan: Werbung in Arztpraxen, in: PZ 1999, S. 2770 f.

Zerres, Karl Stefan: Werbung bei Ärzten für Impfstoffe, in: PZ 1999, S. 3902 f.

Zimmermann, Andreas: Verbreitung von Informationen über Schwangerschaftsunterbrechungen und Europäische Menschenrechtskonvention, in: NJW 1993, S. 2966 ff.

Zimmermann, Dorothea (Hrsg.): Zimmermanns Zitatenlexikon für Juristen, Köln 1998; zit.: D. Zimmermann, Zitatenlexikon.

Zippelius, Reinhold: Rechtsphilosophie, 2. Aufl., München 1989.

Zuck, Rüdiger: Anwaltsberuf und Bundesverfassungsgericht, in: NJW 1979, S. 1121 ff.

Zuck, Rüdiger: Internationales Anwaltsrecht, in: NJW 1987, S. 3033 ff.

Zuck, Rüdiger: Die notwendige Reform des anwaltlichen Berufs- und Standesrechts, in: NJW 1988, S. 175 ff.

Zuck, Rüdiger: Der Standort der besonderen Therapierichtungen im deutschen Gesundheitswesen, in: NJW 1991, S. 2933 ff.

Zuck, Rüdiger: Die berufsrechtlichen Pflichten des Rechtsanwalts, in: MDR 1996, S. 1204 ff.

Zuck, Rüdiger: BORA und FAO – Das neue Berufsrecht der Rechtsanwälte –, in: MDR 1997, S. 325 ff.

Zuck, Rüdiger: Die Zukunft der freien Berufe und staatlich gebundenen Freiberufe, in: Herrmann, Harald / Backhaus, Jürgen (Hrsg.): Staatlich gebundene Freiberufe im Wandel. Rechtliche und ökonomische Aspekte aus Wissenschaft und Praxis, Baden-Baden 1998, S. 1 ff.

Zuck, Rüdiger: Das innere Berufsbild: Hürde oder Hilfe für das anwaltliche Selbstverständnis?, in: AnwBl. 2000, S. 3 ff.

Zuck, Rüdiger: Die Bedeutung des Berufsbilds bei der Beurteilung anwaltlicher Berufsausübung, in: Festschrift für Karlmann Geiß zum 65. Geburtstag, Köln u. a., 2000, S. 323 ff.

Zuck, Rüdiger: Die Berufsfreiheit der freien Berufe, in: NJW 2001, S. 2055 ff.

Anhang: Normtexte

Im folgenden werden die wichtigsten einschlägigen Normen (im weiteren Sinn) wiedergegeben. Die Fundstellen ergeben sich aus dem Abkürzungs- und Gesetzesverzeichnis.

A. Bundesrecht

I. Bundesärzteordnung (BÄO; Auszug)

§ 1

(1) Der Arzt dient der Gesundheit des einzelnen Menschen und des gesamten Volkes.

(2) Der ärztliche Beruf ist kein Gewerbe; er ist seiner Natur nach ein freier Beruf.

II. Bundes-Apothekerordnung (BApO; Auszug)

§ 1

Der Apotheker ist berufen, die Bevölkerung ordnungegemäß mit Arzneimitteln zu versorgen. Er dient damit der Gesundheit des einzelnen Menschen und des gesamten Volkes.

III. Bundesrechtsanwaltsordnung (BRAO; Auszug)

§ 1: Stellung des Rechtsanwalts in der Rechtspflege

Der Rechtsanwalt ist ein unabhängiges Organ der Rechtspflege.

§ 2: Beruf des Rechtsanwalts

(1) Der Rechtsanwalt übt einen freien Beruf aus.

(2) Seine Tätigkeit ist kein Gewerbe.

§ 3: Recht zur Beratung und Vertretung

(1) Der Rechtsanwalt ist der berufene unabhängige Berater und Vertreter in allen Rechtsangelegenheiten.

(2), (3) ...

§ 43 b: Werbung

Werbung ist dem Rechtsanwalt nur erlaubt, soweit sie über die berufliche Tätigkeit in Form und Inhalt sachlich unterrichtet und nicht auf die Erteilung eines Auftrags im Einzelfall gerichtet ist.

§ 59 b: Satzungskompetenz

(1) Das Nähere zu den beruflichen Rechten und Pflichten wird durch Satzung in einer Berufsordnung bestimmt.

(2) Die Berufsordnung kann im Rahmen der Vorschriften dieses Gesetzes näher regeln:

1. ...; 2. ...;

3. die besonderen Berufspflichten im Zusammenhang mit der Werbung und Angaben über selbst benannte Interessenschwerpunkte;

4. bis 9. ...

§ 191 a: Einrichtung und Aufgabe [der Satzungsversammlung]

(1) ...

(2) Die Satzungsversammlung erläßt als Satzung eine Berufsordnung für die Ausübung des Rechtsanwaltsberufs unter Berücksichtigung der beruflichen Pflichten und nach Maßgabe des § 59 b.

(3), (4) ...

IV. Gesetz über die Tätigkeit europäischer Rechtsanwälte in Deutschland (EuRAG; Auszug)

§ 5

(1) ...

(2) Der niedergelassene europäische Rechtsanwalt ist berechtigt, im beruflichen Verkehr zugleich die Bezeichnung „Mitglied der Rechtsanwaltskammer“ zu verwenden. Die Bezeichnung „europäischer Rechtsanwalt“ darf als Berufsbezeichnung und in der Werbung nicht verwendet werden.

B. Landesrecht

Bayerisches Heilberufekammergesetz (BayHKaG; Auszug)

Art. 17 [Allgemeine Berufspflichten]

Die Ärzte sind verpflichtet, ihren Beruf gewissenhaft auszuüben und dem ihnen im Zusammenhang mit dem Beruf entgegengebrachten Vertrauen zu entsprechen.

Art. 19 [Inhalt der Berufsordnung]

Die Berufsordnung kann weitere Vorschriften über Berufspflichten im Rahmen des Art. 17 enthalten, insbesondere über

1. bis 6. ...

7. das Ausmaß des Verbots oder der Beschränkung der Werbung,

9. bis 13. ...

Art. 59 [Anzuwendende Vorschriften]

(1) Im übrigen finden auf die Berufsausübung und die Berufsvertretung der Apotheker die Vorschriften des Ersten Teils mit Ausnahme des Art. 18 Abs. 2 sinngemäß Anwendung.

(2) bis (4) ...

C. Satzungsrecht

I. Berufsordnung für Rechtsanwälte (BORA; Auszug)

§ 1: Freiheit der Advokatur

(1) Der Rechtsanwalt übt seinen Beruf frei, selbstbestimmt und unreglementiert aus, soweit Gesetz oder Berufsordnung ihn nicht besonders verpflichten.

(2) Die Freiheitsrechte des Rechtsanwalts gewährleisten die Teilhabe des Bürgers am Recht. Seine Tätigkeit dient der Verwirklichung des Rechtsstaates.

(3) ...

Zweiter Abschnitt: Besondere Berufspflichten im Zusammenhang mit der Werbung

§ 6: Werbung

(1) Der Rechtsanwalt darf über seine Dienstleistung und seine Person informieren, soweit die Angaben sachlich unterrichten und berufsbezogen sind.

(2) Praxisbroschüren, Rundschreiben und andere vergleichbare Informationsmittel sind zulässig. In ihnen dürfen weitere als die nach § 7 erlaubten Hinweise gegeben werden.

(3) Die Angabe von Erfolgs- und Umsatzzahlen ist unzulässig. Hinweise auf Mandate und Mandanten sind nur in den in Absatz 2 benannten Informationsmitteln oder auf Anfrage zulässig, soweit der Mandant ausdrücklich eingewilligt hat.

(4) Der Rechtsanwalt darf nicht daran mitwirken, daß Dritte für ihn Werbung betreiben, die ihm selbst verboten ist.

§ 7: Interessen- und Tätigkeitsschwerpunkte

(1) Unabhängig von der Angabe von Fachanwaltsbezeichnungen dürfen als Teilbereiche der Berufstätigkeit nur Interessen- und / oder Tätigkeitsschwerpunkte benannt werden. Insgesamt sind nicht mehr als fünf Benennungen zulässig, davon höchstens drei Tätigkeitsschwerpunkte. Interessen- und Tätigkeitsschwerpunkte sind jeweils als solche zu bezeichnen.

(2) Tätigkeitsschwerpunkte darf nur benennen, wer nach der Zulassung mindestens zwei Jahre auf dem benannten Gebiet nachhaltig tätig gewesen ist.

§ 8: Kundgabe beruflicher Zusammenarbeit

Auf eine gemeinschaftliche Berufsausübung darf nur hingewiesen werden, wenn sie in einer Sozietät, in sonstiger Weise (Anstellungsverhältnis, freie Mitarbeit) mit sozietätsfähigen Personen im Sinne des § 59 a Bundesrechtsanwaltsordnung oder in einer auf Dauer angelegten und durch tatsächliche Ausübung verfestigten Kooperation erfolgt. Zulässig ist auch der Hinweis auf die Mitgliedschaft in einer Europäischen Wirtschaftlichen Interessenvereinigung.

§ 9: Kurzbezeichnungen

(1) Bei beruflicher Zusammenarbeit, soweit sie in einer Sozietät, Partnerschaftsgesellschaft oder in sonstiger Weise (Anstellungsverhältnis, freie Mitarbeit) mit sozietätsfähigen Personen im Sinne des § 59 a Bundesrechtsanwaltsordnung erfolgt, darf eine Kurzbezeichnung geführt werden. Diese muß bei der Unterhaltung mehrerer Kanzleien einheitlich geführt werden.

(2) Die Namen früherer Kanzleiinhaber, Gesellschafter, Angestellter oder freier Mitarbeiter dürfen in der Kurzbezeichnung weitergeführt werden.

(3) Die Kurzbezeichnung darf im übrigen nur einen auf die gemeinschaftliche Berufsausübung hinweisenden Zusatz enthalten.

§ 10: Briefbögen

(1) Auf Briefbögen müssen auch bei Verwendung einer Kurzbezeichnung die Namen sämtlicher Gesellschafter mit mindestens einem ausgeschriebenen Vorna-

men aufgeführt werden. Gleiches gilt für Namen anderer Personen, die in einer Kurzbezeichnung gemäß § 9 Abs. 1 enthalten sind. Es muß mindestens eine der Kurzbezeichnung entsprechende Zahl von Gesellschaftern, Angestellten oder freien Mitarbeitern auf den Briefbögen namentlich aufgeführt werden.

(2) Bei beruflicher Zusammenarbeit mit Angehörigen anderer Berufe sind die jeweiligen Berufsbezeichnungen anzugeben.

(3) Werden mehrere Kanzleien unterhalten, so ist für jeden auf den Briefbögen Genannten seine Kanzleianschrift anzugeben.

(4) Ausgeschiedene Kanzleiinhaber, Gesellschafter, Angestellte oder freie Mitarbeiter können auf den Briefbögen nur weitergeführt werden, wenn ihr Ausscheiden kenntlich gemacht wird; § 9 Abs. 2 bleibt unberührt.

Siebter Abschnitt: Besondere Berufspflichten im grenzüberschreitenden Rechtsverkehr

§ 29: Berufsordnung und CCBE-Berufsregeln

(1) Bei grenzüberschreitender Tätigkeit im Sinne von Nr. 1.5 der Berufsregeln der Rechtsanwälte der Europäischen Gemeinschaft (CCBE) in der Fassung vom 28. November 1998 (Anlage zu dieser Berufsordnung) gelten anstelle dieser Berufsordnung jene Berufsregeln, soweit nicht europäisches Gemeinschaftsrecht oder deutsches Verfassungs-, Gesetzes- oder Verordnungsrecht Vorrang haben. Sind die Berufsregeln der Rechtsanwälte der Europäischen Gemeinschaft anzuwenden, dann hat der Rechtsanwalt den ausländischen Rechtsanwalt unverzüglich auf den Vorrang des europäischen Gemeinschaftsrechts und des deutschen Verfassungs-, Gesetzes- oder Verordnungsrechts hinzuweisen; dies kommt insbesondere bei der Anwendung von Nr. 5.3 jener Berufsregeln in Betracht.

(2) Sonstige grenzüberschreitende anwaltliche Tätigkeit unterliegt dieser Berufsordnung.

Anhang (zu § 29 BORA): CCBE-Berufsregeln

1.5: Sachlicher Anwendungsbereich

Unbeschadet des Zieles einer allmählichen Vereinheitlichung des innerstaatlich geltenden Berufsrechtes sind die nachstehenden Berufsregeln auf die grenzüberschreitende Tätigkeit des Rechtsanwaltes innerhalb der Europäischen Union und des Europäischen Wirtschaftsraumes anwendbar. Als grenzüberschreitende Tätigkeit gilt:

a) jede Tätigkeit gegenüber Rechtsanwälten anderer Mitgliedstaaten anläßlich anwaltlicher Berufsausübung,

b) die berufliche Tätigkeit eines Rechtsanwaltes in einem anderen Mitgliedstaat, gleichgültig ob er dort anwesend ist oder nicht.

2.6: Persönliche Werbung

2.6.1: Der Rechtsanwalt darf nicht persönlich werben oder für sich werben lassen, wo dies unzulässig ist. In anderen Fällen darf der Rechtsanwalt nur insoweit persönlich werben oder für sich werben lassen, wie dies durch die Regeln der Berufsorganisation, der er angehört, gestattet ist.

2.6.2: Persönliche Werbung, insbesondere Werbung in den Medien, gilt als an einem Ort vorgenommen, wo sie zulässig ist, wenn der Rechtsanwalt nachweist, daß sie mit dem Ziel erfolgte, Mandanten oder potentielle Mandanten an diesem Ort zu erreichen und die Kenntnisnahme an einem anderen Ort unbeabsichtigt erfolgt.

II. Berufsordnung für die Ärzte Bayerns (BayBOÄ; Auszug)

§ 1: Aufgaben des Arztes

(1) Der Arzt dient der Gesundheit des einzelnen Menschen und der Bevölkerung. Der ärztliche Beruf ist kein Gewerbe. Er ist seiner Natur nach ein freier Beruf.

(2) ...

§ 11: Ärztliche Untersuchungs- und Behandlungsmethoden

(1) ...

(2) Der ärztliche Berufsauftrag verbietet es, diagnostische oder therapeutische Methoden unter mißbräuchlicher Ausnutzung des Vertrauens, der Unwissenheit, der Leichtgläubigkeit oder der Hilflosigkeit von Patienten anzuwenden. Unzulässig ist es auch, Heilerfolge, insbesondere bei nicht heilbaren Krankheiten, als gewiß zuzusichern.

IV. Berufliches Verhalten; 1.) ... ; 2.) Berufliche Kommunikation

§ 27: Erlaubte sachliche Information über die berufliche Tätigkeit – berufswidrige Werbung

(1) Dem Arzt sind sachliche Informationen über seine Berufstätigkeit gestattet. Für Praxisschilder, Anzeigen, Verzeichnisse, Patienteninformationen in Praxisräumen, öffentlich abrufbare Arztinformationen in Computerkommunikationsnetzen und Ankündigungen auf Briefbögen, Rezeptvordrucken, Stempeln sowie im sonstigen beruflichen Schriftverkehr gelten hinsichtlich Form, Inhalt und Umfang die Grundsätze des Kapitels D I Nrn. 2 – 5. Berufswidrige Werbung ist dem Arzt untersagt. Berufswidrig ist insbesondere eine anpreisende, irreführende oder vergleichende Werbung.

(2) Der Arzt darf eine berufswidrige Werbung durch andere weder veranlassen noch dulden. Dies gilt auch für die anpreisende Herausstellung von Ärzten in An-

kündigungen von Sanatorien, Kliniken, Institutionen oder anderen Unternehmen. Der Arzt darf nicht dulden, daß Berichte oder Bildberichte veröffentlicht werden, die seine ärztliche Tätigkeit oder seine Person berufswidrig werbend herausstellen.

§ 28: Öffentliches Wirken und Medientätigkeit

Veröffentlichungen medizinischen Inhalts oder die Mitwirkung des Arztes an aufklärenden Veröffentlichungen in den Medien sind zulässig, so weit die Veröffentlichung und die Mitwirkung des Arztes auf sachliche Information begrenzt und die Person sowie das Handeln des Arztes nicht berufswidrig werbend herausgestellt werden. Dies gilt auch für öffentliche Vorträge medizinischen Inhalts.

4. Wahrung der ärztlichen Unabhängigkeit bei der Zusammenarbeit mit Dritten

§ 34: Verordnungen, Empfehlungen und Begutachtung
von Arznei-, Heil- und Hilfsmitteln

(1), (2) ...

(3) Dem Arzt ist es nicht gestattet, über Arznei-, Heil- und Hilfsmittel, Körperpflegemittel oder ähnliche Waren Werbevorträge zu halten oder zur Werbung bestimmte Gutachten zu erstellen. Der Arzt hat eine solche Verwendung seiner Gutachten und Zeugnisse dem Empfänger ausdrücklich zu untersagen.

(4), (5) ...

D. Ergänzende Bestimmungen zu einzelnen ärztlichen Berufspflichten

I. Regeln der beruflichen Kommunikation, insbesondere zulässiger Inhalt und Umfang sachlicher Information über die berufliche Tätigkeit

Nr. 1: Information anderer Ärzte

Ärzte dürfen Ärzte über ihre Qualifikation und über ihr Leistungsangebot informieren. Bei der Information ist jede berufswidrig werbende Herausstellung der eigenen Tätigkeit untersagt.

Nr. 2: Praxisschilder

(1) Der Arzt hat auf seinem Praxisschild seinen Namen und die Bezeichnung als Arzt oder eine Facharztbezeichnung nach der Weiterbildungsordnung anzugeben und Sprechstunden anzukündigen. Die nach der Weiterbildungsordnung erworbenen Bezeichnungen dürfen nur in der nach der Weiterbildungsordnung zulässigen Form und nur dann geführt werden, wenn der Arzt die von weiterbildungsrechtlichen Qualifikationen umfaßten Tätigkeiten nicht nur gelegentlich ausübt.

(2) Das Praxisschild darf über die Angaben nach Abs. 1 hinaus Qualifikationen, die von einer Ärztekammer verliehen wurden, enthalten. Für die Angaben nach Satz 1 gilt Abs. 1 Satz 2 entsprechend. Privatwohnung, Kommunikationsverbindungen, medizinisch-akademische Grade und ärztliche Titel können angekündigt

werden. Andere akademische Grade dürfen nur in Verbindung mit der Fakultätsbezeichnung genannte werden.

(3) Folgende weitere Angaben dürfen, sofern die Voraussetzungen vorliegen, auf dem Praxisschild genannt werden:

a) Zulassung zu den Krankenkassen,
b) „hausärztliche Versorgung",
c) „Durchgangsarzt" oder „D-Arzt", „H-Arzt",
d) „Dialyse",
e) Bereitschaftsdienst- oder Notfallpraxis.

(4) Ein Arzt, der Belegarzt ist, darf auf seine belegärztliche Tätigkeit durch den Zusatz „Belegarzt" auf dem Praxisschild hinweisen; außerdem darf er den Namen des Krankenhauses, in dem er die belegärztliche Tätigkeit ausübt, hinzufügen.

(5) Ein Arzt, der ambulante Operationen durchführt, darf dies mit dem Hinweis „Ambulante Operationen" oder „Ambulantes Operieren" auf dem Praxisschild ankündigen, wenn er ambulante Operationen, die über kleine chirurgische Eingriffe hinausgehen, ausführt und die Bedingungen der von der Kammer eingeführten Qualitätssicherungsmaßnahmen erfüllt.

(6) Ein Arzt darf mit der Bezeichnung „Praxisklinik" eine besondere Versorgungsweise und besondere Praxisausstattung auf seinem Praxisschild ankündigen, wenn er

a) im Rahmen der Versorgung seiner ambulanten Patienten eine ärztliche und pflegerische Betreuung bei Bedarf auch über Nacht gewährleistet,

b) neben den für die ärztlichen Maßnahmen notwendigen Voraussetzungen auch die nach den anerkannten Qualitätssicherungsregeln erforderlichen apparativen, personellen und organisatorischen Vorkehrungen für eine Notfallintervention erfüllt und

c) auch die Nachbetreuung des entlassenen Patienten sicherstellt.

(7) Der Arzt hat der Kammer vor Ankündigung der Bezeichnungen nach den Absätzen 4 bis 6 diese Absicht unter Vorlage der Unterlagen anzuzeigen, aus denen sich die Erfüllung der Voraussetzungen für die Ankündigung der Bezeichnungen ergeben. Die Kammer ist befugt, ergänzende Auskünfte zu verlangen.

(8) Die Bezeichnung „Professor" darf geführt werden, wenn sie auf Vorschlag der medizinischen Fakultät (Fachbereich) durch die Hochschule oder das zuständige Landesministerium verliehen worden ist. Dasselbe gilt für die von einer medizinischen Fakultät einer ausländischen wissenschaftlichen Hochschule verliehene Bezeichnung, wenn sie nach Beurteilung durch die Kammer der deutschen Bezeichnung „Professor" gleichwertig ist. Die Bezeichnung „Professor" muß in den Fällen des Satzes 2 mit einem auf die Herkunft hinweisenden Zusatz sowie mit etwaigen Zusätzen nach Maßgabe der Verleihungsurkunde geführt werden.

(9) Bei Berufsausübungsgemeinschaften von Ärzten (Gemeinschaftspraxis, Ärztepartnerschaft, Kapitel D Nr. 9) sind – unbeschadet des Namens einer Partner-

schaftsgesellschaft – die Namen und Arztbezeichnungen aller in der Gemeinschaft zusammengeschlossenen Ärzte anzuzeigen. Der Zusammenschluß ist ferner entsprechend der Rechtsform mit dem Zusatz „Gemeinschaftspraxis" oder „Partnerschaft" anzukündigen. Die Fortführung des Namens eines nicht mehr berufstätigen, eines ausgeschiedenen oder verstorbenen Partners ist – unbeschadet des Namens einer Partnerschaftsgesellschaft – unzulässig. Hat eine ärztliche Gemeinschaftspraxis oder Partnerschaft gemäß Kapitel D Nr. 9 mehrere Praxissitze, so ist für jeden Partner zusätzlich der Praxissitz anzugeben.

(10) Bei Berufsausübungsgemeinschaften zwischen Ärzten und Angehörigen anderer Fachberufe in der Rechtsform einer Gesellschaft bürgerlichen Rechts darf der Name des Arztes in ein gemeinsames Praxisschild mit den Kooperationspartnern und dem Zusatz „Kooperationsgemeinschaft" aufgenommen werden. Bei Partnerschaften gemäß Kapitel D Nr. 10 darf der Arzt, wenn die Angabe seiner Berufsbezeichnung vorgesehen ist, nur gestatten, daß die Bezeichnung Arzt oder eine andere führbare Bezeichnung angegeben wird.

(11) Zusammenschlüsse zu Organisationsgemeinschaften dürfen nicht angekündigt werden.

(12) Das Führen von Zusätzen, die nicht gemäß den vorstehenden Vorschriften erlaubt sind, ist untersagt.

(13) Für die Form und Anbringung von Praxisschildern gelten folgende Regeln:

a) Das Praxisschild zeigt der Bevölkerung die Praxis des Arztes an. Es darf nicht in aufdringlicher Form gestaltet und angebracht sein und das übliche Maß (etwa 35 x 50 cm) nicht übersteigen.

b) Bei Vorliegen besonderer Umstände, zum Beispiel bei versteckt liegenden Praxiseingängen, darf der Arzt mit Zustimmung des ärztlichen Kreisverbandes weitere Arztschilder anbringen.

c) Bei Verlegung der Praxis darf der Arzt an dem Haus, aus dem er fortgezogen ist, bis zur Dauer eines halben Jahres ein Schild mit einem entsprechenden Vermerk anbringen.

(14) Mit Genehmigung des ärztlichen Kreisverbandes darf der Arzt ausgelagerte Praxisräume gemäß § 18 erforderlichenfalls mit einem Hinweisschild kennzeichnen, welches seinen Namen, seine Arztbezeichnung und den Hinweis „Untersuchungsräume" oder „Behandlungsräume" ohne weitere Zusätze enthält.

Nr. 3: Anzeigen

(1) Anzeigen über die Niederlassung oder Zulassung zur vertragsärztlichen Versorgung dürfen nur in Zeitungen erfolgen. Sie dürfen außer der Anschrift der Praxis nur die für die Schilder des Arztes gestatteten Angaben enthalten und nur dreimal in der gleichen Zeitung innerhalb eines Zeitraumes von drei Monaten zur Bekanntgabe der Niederlassung oder der Aufnahme der Vertragsarztpraxis veröffentlicht werden.

(2) Im übrigen sind Anzeigen nur bei Praxisaufgabe, Praxisübergabe, längerer Abwesenheit von der Praxis oder Krankheit sowie bei der Verlegung der Praxis und bei der Änderung der Sprechstundenzeit oder der Fernsprechnummer gestattet. Derartige Anzeigen dürfen höchstens dreimal je Anlaß veröffentlicht werden.

(3) Form und Inhalt dieser Zeitungsanzeigen müssen sich nach den örtlichen Gepflogenheiten richten.

Nr. 4: Verzeichnisse

(1) Ärzte dürfen sich in für die Öffentlichkeit bestimmte Informationsmedien eintragen lassen, wenn diese folgenden Anforderungen gerecht werden:

a) Sie müssen allen Ärzten, die die Kriterien des Verzeichnisses erfüllen, zu denselben Bedingungen gleichermaßen mit einem kostenfreien Grundeintrag offen stehen,
b) die Eintragungen müssen sich grundsätzlich auf die nach Kapitel D I Nr. 2 ankündigungsfähigen Bezeichnungen beschränken.

(2) Soll das Verzeichnis weitere Angaben enthalten, darf sich der Arzt eintragen lassen, wenn sich die Angaben im Rahmen der Bestimmungen nach Nr. 5 halten und insbesondere die Form, der Inhalt, der Umfang und die Systematik der Angaben vom Herausgeber des Verzeichnisses vor der Veröffentlichung mit der Kammer abgestimmt worden sind.

(3) Ärzte, welche sich zu einem zugelassenen Praxisverbund (Kapitel D II Nr. 11) zusammengeschlossen haben, dürfen dies in Verzeichnissen zusätzlich zu eventuellen Einzelangaben der Praxis bekannt geben.

Nr. 5: Patienteninformation in den Praxisräumen, öffentlich abrufbare Arztinformationen in Computerkommunikationsnetzen und Ankündigungen auf Briefbögen, Rezeptvordrucken, Stempeln sowie im sonstigen beruflichen Schriftverkehr

(1) Sachliche Informationen, die im Zusammenhang mit der Erbringung ärztlicher Leistungen stehen, und organisatorische Hinweise zur Patientenbehandlung (Abs. 3) sind in Praxisräumen des Arztes sowie in öffentlich abrufbaren Arztinformationen in Computerkommunikationsnetzen zur Unterrichtung der Patienten zulässig, wenn eine berufswidrig werbende Herausstellung des Arztes und seiner Leistungen unterbleibt.

(2) Angaben nach Abs. 1 dürfen, soweit sie auf besondere Untersuchungs- und Behandlungsmethoden (Tätigkeiten) verweisen, in Praxisinformationen und öffentlich abrufbaren Arztinformationen in Computerkommunikationsnetzen nur dann aufgenommen werden, wenn diese Angaben nicht mit solchen der Weiterbildungsordnung oder solchen Qualifikationen, die von Ärztekammern verliehen wurden, verwechselt werden können. Den Angaben muß der deutliche Hinweis vorange-

stellt werden, daß ihnen nicht eine von einer Ärztekammer verliehene Qualifikation zugrunde liegt.

(3) Bei praxisorganisatorischen Hinweisen handelt es sich um Hinweise, welche die „Organisation" der Inanspruchnahme des Arztes durch Patienten in seinen Praxisräumen sowie den organisatorischen Ablauf in der Praxis selbst betreffen. Hinweise auf Sprechstunden, Sondersprechstundenzeiten, Telephonnummern, Erreichbarkeit außerhalb der Sprechstunde, Praxislage im Bezug auf öffentliche Verkehrsmittel (Straßenplan), Angabe über Parkplätze, besondere Einrichtungen für Behinderte können Gegenstand von praxisorganisatorischen Hinweisen sein.

(4) Entsprechendes gilt für Ankündigungen auf Briefbögen, Rezeptvordrucken, Stempeln und im sonstigen beruflichen Schriftverkehr.

III. Pflichten bei grenzüberschreitender ärztlicher Tätigkeit

Nr. 12: Praxen deutscher Ärzte in anderen EU-Mitgliedstaaten

Führt ein Arzt neben seiner Niederlassung oder neben seiner ärztlichen Berufstätigkeit im Geltungsbereich dieser Berufsordnung in einem anderen Mitgliedstaat der Europäischen Union eine Praxis oder übt er dort eine weitere ärztliche Berufstätigkeit aus, so hat er dies dem ärztlichen Kreisverband anzuzeigen. Der Arzt hat Vorkehrungen für eine ordnungsgemäße Versorgung seiner Patienten am Ort seiner Berufsausübung im Geltungsbereich dieser Berufsordnung während seiner Tätigkeit in den anderen Mitgliedstaaten zu treffen. Der ärztliche Kreisverband kann verlangen, daß der Arzt die Zulässigkeit der Eröffnung der weiteren Praxis nach dem Recht des betreffenden Mitgliedstaates der Europäischen Union nachweist.

Nr. 13: Grenzüberschreitende ärztliche Tätigkeit von Ärzten aus anderen EU-Mitgliedstaaten

Wird ein Arzt, der in einem anderen Mitgliedstaat der Europäischen Union niedergelassen ist oder dort seine berufliche Tätigkeit entfaltet, vorübergehend im Geltungsbereich dieser Berufsordnung grenzüberschreitend ärztlich tätig, ohne eine Niederlassung zu begründen, so hat er die Vorschriften dieser Berufsordnung zu beachten. Die gilt auch, wenn der Arzt sich darauf beschränken will, im Geltungsbereich dieser Berufsordnung auf seine Tätigkeit aufmerksam zu machen; die Ankündigung seiner Tätigkeit ist ihm nur in dem Umfang gestattet, als sie nach dieser Berufsordnung erlaubt ist.

III. Weiterbildungsordnung für die Ärzte Bayerns (BayWBOÄ; Auszug)

§ 1: Ziel und Struktur

(1) ...

(2) Die Weiterbildung erfolgt nach Maßgabe dieser Weiterbildungsordnung zur Qualifizierung in

1. Gebieten
2. Schwerpunkten
3. fakultativer Weiterbildung in Gebieten
4. Bereichen.

...

(3) Der erfolgreiche Abschluß einer Weiterbildung wird durch eine Urkunde (Anerkennung) bescheinigt. Diese berechtigt

- in Gebieten (Abs. 2 Nr. 1) zur Führung einer Facharztbezeichnung und bescheinigt die eingehenden Kenntnisse, Erfahrungen und Fertigkeiten, die Inhalt der Weiterbildung im Gebiet sind,
- in Schwerpunkten (Abs. 2 Nr. 2) zur Führung einer zur Facharztbescheinigung zusätzlichen Schwerpunktbezeichnung und bescheinigt die besonderen Kenntnisse und Erfahrungen, die Inhalt der Weiterbildung im Schwerpunkt sind,
- in Bereichen (Abs. 2 Nr. 4) zur Führung einer Zusatzbezeichnung und bescheinigt die besonderen Kenntnisse und Erfahrungen, die Inhalt der Weiterbildung im Bereich sind.

...

(4), (5) ...

IV. Berufsordnung für Apothekerinnen und Apotheker (BayBOApo; Auszug)

§ 8

(1) Wettbewerb ist verboten, wenn er unlauter ist.

(2) Der Apotheker ist, soweit nicht gesetzlich[e] Werbeverbote bestehen, berechtigt, angemessen zu werben. Das Nähere regeln Werberichtlinien, die von der Delegiertenversammlung als Bestandteil dieser Berufsordnung beschlossen werden.

Werberichtlinien

I. Allgemeines

Nach § 8 Abs. 2 der Berufsordnung darf der Apotheker angemessen werben. Die Beschränkung auf „angemessene“ Werbung soll dazu beitragen, daß der Apotheker und der Berufsstand insgesamt ihrer Pflicht, die Bevölkerung ordnungsgemäß mit Arzneimitteln zu versorgen, gerecht werden. Zweck dieser Werbebeschränkung[en] ist nicht der Schutz vor Konkurrenz, vielmehr sollen sie das berufliche Verantwortungsbewußtsein des Apothekers stärken und das Vertrauen der Öffentlichkeit, daß im Vordergrund seiner Berufstätigkeit die ordnungsgemäße Arzneimittelversorgung steht. Deshalb können Apotheker nicht uneingeschränkt wie sonstige Gewerbetreibende werben. Bei der Beurteilung, ob Werbemaßnahmen in diesem Sinne angemessen oder unangemessen sind, sind Werbeträger und Werbeaussage sowie deren Intensität und Häufigkeit zu bewerten. Wegen der höheren Wirkung auf die Öffentlichkeit und das Ansehen des Berufsstandes sind an Seriosität von Werbemaßnahmen bei der Außendarstellung der Apotheke gesteigerte und höhere Anforderungen zu stellen als beim Werbeverhalten innerhalb der Apotheke.

Diese Werberichtlinien enthalten keine erschöpfende, sondern nur eine beispielhafte Aufzählung von Sachverhalten zur Abgrenzung zulässiger von unzulässigen Werbemaßnahmen. Gesetzliche Vorschriften, wie zum Beispiel das Gesetz gegen den unlauteren Wettbewerb, das Rabattgesetz, die Zugabeverordnung, das Heilmittelwerbegesetz und das Lebensmittel- und Bedarfsgegenständegesetz bleiben naturgemäß unberührt und müssen im Rahmen des Gebotes angemessener Werbung ebenfalls beachtet werden.

II. Unangemessene Werbung

(1) Unzulässig ist die Werbung, die unlauteren Wettbewerb darstellt.

(2) Unzulässig ist eine Werbung, die irreführend oder nach Form, Inhalt oder Häufigkeit übertrieben im Sinne von Ziffer I wirkt, sowie eine Werbung, die einen Fehlgebrauch von Arzneimitteln begünstigt.

(3) Unzulässig ist die Werbung für apothekenpflichtige Arzneimittel außerhalb der Apothekenbetriebsräume.

(4) Unzulässig ist eine allgemeine Werbung mit Preisen, die die Apotheke als preisgünstiger herausstellt, wenn nicht deutlich auf die Einheitlichkeit des Abgabepreises für apothekenpflichtige Arzneimittel hingewiesen wird.

(5) Unzulässig ist eine Werbung

- für gesetzwidrige Leistungen,
- für gesetzlich vorgeschriebene Leistungen, die als Besonderheit hervorgehoben werden,
- für kostenlose Durchführung von Blutdruckmessungen und von physiologisch-chemischen Bestimmungen.

(6) Unzulässig ist jegliche Werbung innerhalb oder außerhalb der Apotheke mit Zustelldiensten.

(7) Unzulässig ist das Überlassen von Ausstellungsflächen der Apotheke gegen Entgelt oder sonstige Gegenleistungen.

(8) Unzulässig ist eine an Patienten gerichtete Werbung in Praxen von Ärzten oder anderen Personen, die sich mit der Behandlung von Krankheiten befassen, oder in Einrichtungen der Kranken- und Altenbetreuung.

(9) Unzulässig ist die Werbung für jede Art von Arzneimitteln, wenn ihr eine Verpflichtung zugrundeliegt, bestimmte Arzneimittel ausschließlich oder bevorzugt anzubieten oder abzugeben, oder anderweitig die Auswahl der von der Apotheke abzugebenden Arzneimittel auf das Angebot bestimmter Hersteller oder Händler oder von Gruppen von solchen zu beschränken.

(10) Unzulässig sind ferner vorbehaltlich der Umstände des konkreten Einzelfalls insbesondere

a) die Werbung für apothekenübliche Waren und freiverkäufliche Arzneimittel, soweit sie sich nicht im Rahmen der üblichen Werbung anderer Anbieter gleichartiger Waren hält. Bei der Werbung für freiverkäufliche Arzneimittel hat der Apotheker seiner berufstypischen Verantwortung, Arzneimittelfehlgebrauch zu verhindern, gerecht zu werden;

b) die Werbung für Dienstleistungen, soweit sie nicht der besonderen Stellung des Apothekers als Heilberufler und den Geboten einer wahren und sachlichen Information ohne anpreisende Zusätze entspricht;

c) die Werbung für Waren oder Dienstleistungen durch bildliche Darstellung von Personen in der Berufskleidung oder bei der Ausübung der Tätigkeiten des Apothekerberufs;

d) das werbliche Herausstellen der Apotheke oder der beruflichen Tätigkeit in Berichten, Bildberichten oder redaktionellen Beiträgen, die gegen Entgelt oder üblicherweise nur gegen Entgelt angefertigt werden;

e) das Anbieten von Speisen und Getränken zum Verzehr in der Apotheke über das Gewähren einer Warenprobe hinaus.

(11) Das Anbringen oder Dulden von Hinweisschildern auf die Apotheke außerhalb des Apothekengebäudes, die sich auf sachliche Aussagen zu Namen oder Lage der Apotheke beschränken und keine anpreisenden Zusätze enthalten, ist im Rahmen der vorstehenden Absätze 1 bis 10 zulässig.

D. Sonstige Texte

I. Richtlinien für die publizistische Tätigkeit von Ärzten

Die Berufsordnung für die deutschen Ärzte legt fest, daß dem Arzt jegliche Werbung und Anpreisung untersagt und damit standesunwürdig ist. § 21 Abs. 4 der Musterberufsordnung für die deutschen Ärzte nennt als weitere Berufspflicht des Arztes, daß er nicht dulden dürfe, wenn Berichte oder Bildberichte mit werbendem Charakter über seine ärztliche Tätigkeit angefertigt und mit Verwendung seines Namens oder seiner Anschrift veröffentlicht werden.

Selbstverständlich ist damit nicht die wissenschaftliche Berichterstattung eines Arztes in Fachbüchern oder Fachzeitschriften über die Möglichkeiten spezieller diagnostischer und therapeutischer Maßnahmen berührt, die der Information anderer Ärzte dient und die in § 22 Abs. 1 der Musterberufsordnung ausdrücklich zugelassen wird.

Darstellungen medizinischer und ärztlicher Vorgänge in illustrierten Zeitungen, in Filmen und im Fernsehen begründen ein wachsendes Interesse der Öffentlichkeit an medizinischen und gesundheitspolitischen Fragestellungen. Sie bedingen zunehmend mehr eine sachbezogene Mitarbeit von Ärzten als Vertreter ihres Berufsstandes in den Medien mit dem Ziel,

- dem Leser oder Zuschauer fachlich einwandfrei medizinische Aufklärung zu vermitteln,
- die Gesundheitspflege in der Bevölkerung zu fördern und
- Verständnis und damit Unterstützung für Probleme und Anliegen der Ärzteschaft in der Öffentlichkeit zu gewinnen.

§ 22 der gültigen Musterberufsordnung für die deutschen Ärzte weist ausdrücklich auf die Mitwirkung des Arztes an aufklärenden Veröffentlichungen medizinischen Inhalts in Presse, Funk und Fernsehen hin, die dann zulässig ist, wenn und soweit die Mitwirkung des Arztes auf sachliche Information begrenzt und seine Person nicht werbend herausgestellt wird. Um hier dem Mediziner hinsichtlich seines Verhaltens in der Öffentlichkeit mehr Sicherheit bei der Einhaltung der Grundsätze über Werbung und Anpreisung in der Öffentlichkeit zu geben, hatte der Vorstand der Bundesärztekammer bereits im Jahre 1973 „Richtlinien über die Mitwirkung bei Publikationen, Hörfunk-, Fernseh- und Filmdarstellungen sowie öffentlichen Vorträgen" veröffentlicht. Fünf Jahre Erfahrung im Umgang mit den Richtlinien haben gezeigt, daß sie sich grundsätzlich bewährt haben, jedoch auch in verschiedener Hinsicht eine Korrektur bedingen. Der Vorstand der Bundesärztekammer hat deshalb nunmehr eine Überarbeitung der Richtlinien über die Mitwirkung bei Publikationen vorgelegt und sie den Landesärztekammern mit der Bitte um Anwendung in ihrem Bereich zugeleitet.

Es ergibt sich daraus die zwingende Forderung, daß der Arzt bei der Darstellung medizinischer oder gesundheitspolitischer Themen in den Massenmedien zu beachten hat, daß die Sache und nicht die Person im Vordergrund zu stehen hat. Dies bedeutet, daß die Mitwirkung des Arztes auf die sachliche Aufklärung und Information der Bevölkerung gerichtet sein muß, Person, Leistung oder Werdegang des Arztes aber nicht werbend hervorgehoben werden dürfen.

Für die publizistische Praxis sind deshalb nachfolgende Punkte neben den einschlägigen Bestimmungen der ärztlichen Berufsordnung zu beachten:

1. Die Erwähnung des Namens des Arztes, seiner Wirkungsstätte und der nach der Berufsordnung zulässigen Bezeichnungen ist erlaubt, hingegen ist die wiederholte, betonte oder auffällige Nennung des Namens untersagt.

2. Das Bild des ärztlichen Autors ist nur dann zu verwenden, wenn es zur Art des Mediums gehört oder wenn es aus anderen Gründen sachlich gerechtfertigt ist.

3. Ärztliche Leistungen dürfen nicht werbend herausgestellt werden.

4. Unbeschadet sachlicher Kritik sind Äußerungen in herabsetzender Form über Kollegen, ihre Tätigkeit und über medizinische Methoden zu unterlassen.

5. Bei Veröffentlichungen sind persönliche Auffassungen nicht als Normen für ärztliches Handeln herauszustellen.

6. Vor Veröffentlichungen soll sich der Arzt das Recht vorbehalten (auch bei Rundfunk- und Fernsehsendungen), Einsicht zu nehmen und Korrekturen anzubringen. Die endgültige Form der Veröffentlichung ist nach Möglichkeit zu überprüfen.

7. Bei Live-Sendungen und Magnetaufzeichnungen ist im Hinblick darauf, daß nachträgliche Korrekturen nicht mehr möglich sind, besondere Sorgfalt geboten.

II. Darstellungsmöglichkeiten des Arztes im Internet, Interpretationsbeschluß des Vorstandes der Bundesärztekammer v. 14. 2. 1998 (DÄBl. 96, 1999, S. A-228)

Der Vorstand der Bundesärztekammer hat in seiner Sitzung am 14. 2. 1998 zu Kapitel D I Nr. 6 (Muster-)Berufsordnung (Öffentlich abrufbare Arztinformationen in Computerkommunikationsnetzen) den nachstehenden Interpretationsbeschluß gefaßt.

Dieser Interpretationsbeschluß soll dazu beitragen, daß Ärzte, die von der Möglichkeit der Darstellung im Internet oder anderen Kommunikationsmedien Gebrauch machen wollen, dies unter Beachtung der berufsrechtlichen Vorschriften tun können. Über die aufgeführten Informationen hinaus sind keine weiteren Angaben zulässig. Auch für die Präsentation in Computerkommunikationsnetzen gilt, daß werbende Herausstellung und anpreisende Darstellung unzulässig sind. In Zweifelsfällen sollte vor einer Präsentation die Abstimmung mit der zuständigen Landesärztekammer herbeigeführt werden.

Nach der Beschlußfassung des 100. Deutschen Ärztetages ist das Angebot öffentlich abrufbarer Arztinformationen in Computerkommunikationsnetzen zulässig (vgl. Kap. D I Nr. 6). Im einzelnen ist bei der Präsentation in Computerkommunikationsnetzen folgende Unterscheidung zu treffen:

1. Informationen gegenüber Dritten auf einer „Homepage".
2. Weitergehende Informationen, die nur über eine Schaltfläche auf der Homepage abgefragt werden können.
3. Informationen gegenüber anderen Ärzten in einem Intranet.

Die unter 1. – 3. genannten Angaben dürfen die Person des Arztes nicht werbend herausstellen und müssen sich auf sachliche Inhalte (§§ 27, 28 MBO) begrenzen. Persönliche Qualifizierungen sind ebenso wie Hinweise auf „Qualifikationen", die nicht auf einer von den Ärztekammern legitimierten Grundlage beruhen, unzulässig.

1. Zulässige Informationen gegenüber Dritten (vgl. Kap. D I Nr. 6 S. 1 MBO)

In öffentlich abrufbaren Computerkommunikationsnetzen dürfen Ärzte in einer dem allgemeinen Publikum zugänglichen „Homepage" folgende Angaben aufnehmen:

- Name,
- Praxisanschrift einschließlich Telephon- und Faxnummer, e-mail, Internet-Adresse,
- Bezeichnung als Arzt oder führbare Facharztbezeichnung (Facharzt, Schwerpunkt und Zusatzbezeichnung),
- Sprechstunde,
- med. akademische Grade,
- ärztliche Titel,
- andere akademische Grade in Verbindung mit der Fakultätsbezeichnung,
- Gemeinschaftspraxis, Partnerschaft,
- Privatwohnung und Telephonnummer / Fax-Nummer,
- Zulassung zu den Krankenkassen,
- Durchgangsarzt,
- Belegarzt, ggf. Name des Krankenhauses*,
- ambulante Operationen*,
- Praxisklinik*,
- ggf. Professor.

Die mit * gekennzeichneten Angabe dürfen nur geführt werden, wenn die in der Berufsordnung genannten Voraussetzungen vorliegen (vgl. Kap. D I Nr. 2).

Über die genannten Angaben hinaus kann auf dieser Seite eine Schaltfläche „weitere Informationen“ vorgesehen werden, über welche die unter 2.) genannten Informationen abgefragt werden können.

2. Praxisinformationen, die nur über die Homepage des Arztes abgefragt werden können (vgl. Kap. D I Nr. 6 S. 2 BO)

Wenn durch verläßliche technische Verfahren sichergestellt ist, daß der Nutzer beim Suchprozeß zunächst nur Zugang zu einer Homepage des Arztes erhalten kann, welche ausschließlich die unter 1.) genannten Angaben enthält, sind folgende sachliche Informationen – soweit sie der ausgeübten Tätigkeit entsprechen – zulässig:

- sachliche Informationen über bestimmte medizinische Vorgänge, die in der Praxis des Arztes zur Vorbereitung des Patienten auf spezielle Untersuchungs- und Behandlungsmaßnahmen vorgehalten werden,
- Hinweis auf besondere Untersuchungs- und Behandlungsverfahren, soweit diese nicht den Kern seines Fachgebietes ausmachen,
- fakultative Weiterbildung,
- Fachkunde,
- weitere durch die Ärztekammer zuerkannte Qualifikation,
- Geburtsjahr des Praxisinhabers,
- Zeitpunkt der Approbationserteilung,
- Zeitpunkt der Facharztanerkennung, die geführt wird,
- Zeitpunkt der Niederlassung,
- Sonder-Sprechstunden,
- Sprachkenntnis,
- Konfession,
- besondere Einrichtungen für Behinderte,
- Erreichbarkeit außerhalb der Sprechstunden,
- Praxislage in Bezug auf öffentliche Verkehrsmittel,
- Angabe von Parkplätzen,
- Bilder des Praxisteams,
- Logo der Praxis,
- Zugehörigkeit zu einem Praxisverbund,
- Zusammenarbeit mit Selbsthilfegruppen,
- Anzeigen, z. B. über die Niederlassung, Urlaub, Vertretung etc.

3. Information anderer Ärzte in einem Intranet

In geschlossenen Netzen, d. h. solchen Computerkommunikationsnetzen, die nur Ärzten offenstehen (Intranet), darf umfassend über das Leistungsangebot der Praxis informiert werden.

Sachwortverzeichnis[1]

[1] Das Verzeichnis, das nur ausgewählte Fundstellen nachweist, ist alphabetisch nach Substantiven geordnet, bei feststehenden Begriffen (z. B. „Freie Advokatur“) hingegen ausnahmsweise nach dem Anfangsbuchstaben des Adjektivs. Die Zahlen bezeichnen Seiten.